LEI DO INQUILINATO
Comentada artigo por artigo
Visão atual na doutrina e jurisprudência

O GEN | Grupo Editorial Nacional – maior plataforma editorial brasileira no segmento científico, técnico e profissional – publica conteúdos nas áreas de concursos, ciências jurídicas, humanas, exatas, da saúde e sociais aplicadas, além de prover serviços direcionados à educação continuada.

As editoras que integram o GEN, das mais respeitadas no mercado editorial, construíram catálogos inigualáveis, com obras decisivas para a formação acadêmica e o aperfeiçoamento de várias gerações de profissionais e estudantes, tendo se tornado sinônimo de qualidade e seriedade.

A missão do GEN e dos núcleos de conteúdo que o compõem é prover a melhor informação científica e distribuí-la de maneira flexível e conveniente, a preços justos, gerando benefícios e servindo a autores, docentes, livreiros, funcionários, colaboradores e acionistas.

Nosso comportamento ético incondicional e nossa responsabilidade social e ambiental são reforçados pela natureza educacional de nossa atividade e dão sustentabilidade ao crescimento contínuo e à rentabilidade do grupo.

Organização
Luiz Antonio Scavone Junior
Tatiana Bonatti Peres

LEI DO INQUILINATO
Comentada artigo por artigo
Visão atual na doutrina e jurisprudência

4.ª edição *revista, atualizada e reformulada*

Lei 8.245/1991

- Os autores deste livro e a editora empenharam seus melhores esforços para assegurar que as informações e os procedimentos apresentados no texto estejam em acordo com os padrões aceitos à época da publicação, e todos os dados foram atualizados pelos autores até a data de fechamento do livro. Entretanto, tendo em conta a evolução das ciências, as atualizações legislativas, as mudanças regulamentares governamentais e o constante fluxo de novas informações sobre os temas que constam do livro, recomendamos enfaticamente que os leitores consultem sempre outras fontes fidedignas, de modo a se certificarem de que as informações contidas no texto estão corretas e de que não houve alterações nas recomendações ou na legislação regulamentadora.

- Fechamento desta edição: 10.02.2025

- Os autores e a editora se empenharam para citar adequadamente e dar o devido crédito a todos os detentores de direitos autorais de qualquer material utilizado neste livro, dispondo-se a possíveis acertos posteriores caso, inadvertida e involuntariamente, a identificação de algum deles tenha sido omitida.

- **Atendimento ao cliente: (11) 5080-0751 | faleconosco@grupogen.com.br**

- Direitos exclusivos para a língua portuguesa
  Copyright © 2025 by
  Editora Forense Ltda.
  Uma editora integrante do GEN | Grupo Editorial Nacional
  Travessa do Ouvidor, 11 – Térreo e 6º andar
  Rio de Janeiro – RJ – 20040-040
  www.grupogen.com.br

- Reservados todos os direitos. É proibida a duplicação ou reprodução deste volume, no todo ou em parte, em quaisquer formas ou por quaisquer meios (eletrônico, mecânico, gravação, fotocópia, distribuição pela Internet ou outros), sem permissão, por escrito, da Editora Forense Ltda.

- Capa: Aurélio Corrêa

- **CIP-BRASIL. CATALOGAÇÃO NA PUBLICAÇÃO**
  SINDICATO NACIONAL DOS EDITORES DE LIVROS, RJ

L537
4. ed.

Lei do inquilinato comentada artigo por artigo : visão atual na doutrina e jurisprudência / organização Luiz Antonio Scavone Junior, Tatiana Bonatti Peres. - 4. ed., rev., atual. e ampl. - Rio de Janeiro : Forense, 2025.
    472 p. ; 24 cm.

    Inclui bibliografia
    ISBN 978-85-3099-648-2

    1. Brasil. [Lei do inquilinato (1991)]. 2. Locação de imóveis - Brasil. 3. Direito imobiliário - Brasil. I. Scavone Junior, Luiz Antonio. II. Peres, Tatiana Bonatti.

25-96584   CDU: 347.2(81)

Gabriela Faray Ferreira Lopes - Bibliotecária - CRB-7/6643

"**Construções**

O espaço da moradia é obtido através de regulamento.
A casa é feita à base de pedras.
O lar é formado pela educação.
A subsistência é mantida com trabalho.
A família é sustentada nos alicerces do respeito.
A vida feliz é construída na consciência tranquila com a bênção do amor."

Emmanuel

SOBRE OS AUTORES

Organizadores

LUIZ ANTONIO SCAVONE JUNIOR

Doutor e Mestre em Direito Civil pela Pontifícia Universidade Católica de São Paulo (PUC-SP). Professor dos cursos de graduação em Direito da Universidade Presbiteriana Mackenzie em São Paulo. Professor titular do curso e do mestrado em Direito da Escola Paulista de Direito – EPD. Coordenador e professor do curso de pós-graduação em Direito Imobiliário da EPD. Advogado militante e administrador de empresas pela Universidade Presbiteriana Mackenzie. Autor, coautor e coordenador de diversas obras jurídicas.

TATIANA BONATTI PERES

Doutora e Mestra em Direito Civil pela PUC-SP. Graduada pela PUC-SP. Advogada em São Paulo. Autora de obras e diversos artigos jurídicos na área de Direito Civil.

Coautores

ADRIANA MARCHESINI DOS REIS

MBA em Direito do Seguro e Resseguro da Escola Superior Nacional de Seguros (ESNS), da Fundação Nacional de Seguro (Funenseg). Especialista em regulação de sinistros complexos de seguro-garantia. Especialista em negociações internacionais e em economia política internacional. Graduada em Relações Internacionais e em Direito pela Pontifícia Universidade Católica de São Paulo (PUC-SP). Membro efetivo da Comissão de Direito Securitário da OAB-SP no triênio 2016/2018. Autora de diversos textos e artigos. Advogada atuante na área consultiva de grandes riscos.

ALESSANDRO SCHIRRMEISTER SEGALLA

Mestre em Direito Civil pela USP. Especialista em Direito do Consumidor pela PUC-SP. Pós-graduado em Processo Civil pela PUC-SP. Professor dos cursos de graduação em Direito da UNIFMU, da USJT e da Escola Paulista de Direito – EPD. Professor convidado do Curso Êxito (São José dos Campos-SP), da Escola Superior da Advocacia – ESA (OAB-SP) e da Associação dos Advogados de São Paulo (AASP). Palestrante permanente do Conselho Regional dos Corretores de Imóveis (CRECI-SP). Advogado e consultor jurídico em São Paulo. Autor de obras e artigos jurídicos.

BEATRIZ VILLAÇA AVOGLIO DE SOUZA MARCOMINI
Graduada pela Faculdade de Direito da Universidade Presbiteriana Mackenzie. Pós-graduada em Direito Imobiliário pela Pontifícia Universidade Católica de São Paulo. Advogada em São Paulo.

CAIO MÁRIO FIORINI BARBOSA
Graduado pela Faculdade de Direito da Universidade Mackenzie de São Paulo, em 1998. Especialista em Direito Privado e Direito Processual Civil pela Escola Estadual Paulista da Magistratura. Advogado. Colaborador da Escola Nacional de Formação e Aperfeiçoamento de Magistrados Ministro Sálvio de Figueiredo Teixeira – Enfam. Integrante da Comissão Permanente de Estudos de Direito Imobiliário, do Instituto dos Advogados de São Paulo – IASP. Colaborador no caderno de imóveis do jornal *O Estado de São Paulo* e do *Diário das Leis Imobiliárias – Boletim do Direito Imobiliário*.

CAMILA ALVES REZENDE
Graduada pela Universidade de Uberaba/MG. Pós-graduada em Direito Imobiliário pela FMU. Advogada em Uberaba/MG.

CARLA WAINER CHALRÉO LGOW
Mestre em Direito Civil pela Universidade do Estado do Rio de Janeiro. Professora de Direito Civil de cursos de pós-graduação *lato sensu* no Rio de Janeiro. Autora de obras jurídicas. Advogada.

CHRISTIANE MACARRON FRASCINO
Mestra em Direito Civil pela PUC-SP. Graduada pela PUC-SP. Advogada em São Paulo. Coautora de obras jurídicas. Professora de Direito Civil na Universidade de Mogi das Cruzes – SP, de 2011 a 2013.

DANIEL WILLIAN GRANADO
Doutor, Mestre e Especialista em Direito Processual Civil pela PUC-SP. Graduado pela PUC-SP. Professor da pós-graduação *lato sensu* da PUC-SP e das Faculdades Damásio. Professor de Direito Processual Civil da FMU – Faculdades Metropolitanas Unidas. Membro do Conselho Editorial da *Revista Forense*. Membro da Comissão Permanente de Estudos de Processo Constitucional do IASP. Coordenador Editorial e Membro Fundador da Academia de Pesquisas e Estudos Jurídicos – APEJUR. Advogado.

EDUARDO ARANHA ALVES FERREIRA
Doutorando em Direito Processual Civil pela PUC-SP. Mestre em Direito pela PUC-SP. Graduado em Direito pela PUC-Campinas. Professor do curso de bacharelado em Direito da Unità Faculdade (Campinas/SP). Membro do Conselho Editorial da *Revista Forense*. Advogado.

EDUARDO SANTOS BEZERRA

Mestre em Direito Comercial pela PUC-SP. Especialista em Direito Comercial pelo Mackenzie-SP. Advogado em São Paulo. Coautor de obras jurídicas. Ex-Secretário-geral da Comissão de Direito Empresarial da Ordem dos Advogados do Brasil, Secção de São Paulo (2010/2011).

EVERALDO AUGUSTO CAMBLER

Doutor, Mestre e Graduado em Direito pela PUC-SP. Advogado, árbitro, consultor jurídico e parecerista em São Paulo/SP. Professor-assistente. Doutor em Direito Civil da PUC-SP. Coco-ordenador do curso de especialização em Direito Imobiliário da PUC-SP. Professor titular do programa de graduação e pós-graduação *stricto sensu* (mestrado e doutorado) da Faculdade Autônoma de Direito de São Paulo – FADISP. Membro do corpo editorial de diversas revistas jurídicas. Autor de diversos artigos e livros jurídicos.

FRANKLIN GOMES FILHO

Advogado. LL.M. (Master of Laws) em Corporate Law na New York University – NYU. Especialista em Direito dos Contratos pelo Instituto de Ensino e Pesquisa – Insper. Graduado pela Universidade Salvador.

FREDERICO FAVACHO

Advogado e árbitro. Mestre em Filosofia do Direito pela USP. MBA pela FGV/SP. Pós-graduado em Direito Processual Civil pela PUC-SP e em Direito Internacional pela Guildhall University. LL.M. em International Commercial Practice pela Lazarsky University e LL.M. em Direito Marítimo e Portuário pela Maritime Law Academy. FCIArb. Membro do Comitê Brasileiro de Arbitragem – CBAR, do Instituto Brasileiro de Estudo do Direito de Energia – IBDE e do Center for International Law Study – CILS.

GABRIEL SEIJO LEAL DE FIGUEIREDO

Doutor e Mestre em Direito Civil pela Pontifícia Universidade Católica de São Paulo. Graduado pela Faculdade de Direito da Universidade Federal da Bahia. Professor da Faculdade Baiana de Direito. Membro do Instituto dos Advogados de São Paulo, do Instituto dos Advogados da Bahia, do Instituto de Direito Privado e do Institute for Transnational Arbitration. Advogado em São Paulo e Salvador.

GISELA SAMPAIO DA CRUZ GUEDES

Professora adjunta do Departamento de Direito Civil da Universidade do Estado do Rio de Janeiro. Doutora e Mestre em Direito Civil pela Universidade do Estado do Rio de Janeiro. Professora de Direito Civil dos cursos de pós-graduação do CEPED/UERJ, da Fundação Getulio Vargas e da PUC-Rio. Professora da Escola de Magistratura do Rio de Janeiro – EMERJ. Advogada, parecerista e árbitra.

JOÃO LUÍS ZARATIN LOTUFO

Mestre em Direito Civil pela PUC-SP. Pós-graduado em Direito Civil Italiano e Europeu pela Escuola di Specializzazione in Diritto Civile dell'Università di Camerino. Membro da Comissão dos Novos Advogados do IASP. Bacharel em Direito pela PUC-SP. Advogado em São Paulo.

LEONARD ZIESEMER SCHMITZ

Doutor e Mestre em Direito Processual Civil pela PUC-SP. Pesquisador convidado da Harvard Law School/EUA (2018). Pesquisador em política judiciária na George Washington University – GWU/EUA (2007) e em filosofia política na Università Degli Studi di Padova – UNIPD/Itália (2009). Advogado.

LUIZ ALEXANDRE CYRILO PINHEIRO MACHADO COGAN

Mestre em Processo Penal pela Pontifícia Universidade Católica de São Paulo – PUC-SP. Promotor de Justiça do Estado do Ceará. Membro do Conselho Editorial da *Revista da Escola Superior do Ministério Público do Estado do Ceará*. Professor convidado do curso de pós-graduação *lato sensu* em Direito Penal e Processo Penal da PUC-SP (Cogeae).

MARCELO CHIAVASSA DE MELLO PAULA LIMA

Doutor em Direito Civil pela Universidade de São Paulo (USP). Mestre em Direito Civil pela PUC-SP. Pós-graduando em Direito Civil Italiano e Europeu pela Scuola di Specializzazione dell'Università degli Studi di Camerino. Especialista em Direito Contratual pela PUC-SP. Professor de Direito Civil, Direito Digital e Direito da Inovação da Universidade Presbiteriana Mackenzie. Autor de artigos jurídicos nas áreas de Direito Civil, Direito Digital, Direito Processual Civil e Direito do Consumidor. Advogado com atuação na área cível e na regulação de novas tecnologias.

MARCELO TERRA

Advogado. Sócio de Duarte Garcia, Serra Netto e Terra – Sociedade de Advogados. Graduado pela Faculdade de Direito da USP. Membro do Conselho Jurídico do Secovi-SP. Cofundador do curso de pós-graduação em Negócios Imobiliários do Secovi-SP. Idealizador do curso de especialização em Direito Imobiliário Empresarial, organizado pela Universidade Secovi-SP. Vencedor do "Prêmio Master Imobiliário", concedido pela FIABCI-Brasil, na categoria "Consultoria Jurídica". Conselheiro Nato do Secovi-SP em reconhecimento dos relevantes serviços prestados à Indústria Imobiliária. Reconhecido na área de Direito Imobiliário pelos guias internacionais Chambers Latin America, na categoria "Star Individuals" (2011, 2012, 2013, 2014, 2015, 2016, 2017, 2018, 2019 e 2020), pelo The Legal 500 (2012, 2014, 2015, 2017, 2018 e 2019), pelo Who's Who Legal: Brazil (2010, 2012, 2013, 2014, 2018 e 2019), pelo Leaders League Brasil, na categoria Leading Lawyer, (2019 e 2020) e pelo Best Lawyers (2019). De acordo com a última edição do guia Chambers Latin America 2019, Marcelo Terra (Star individuals) continua sendo recomendado com unanimidade "como a maior referência no mercado". Indicado, por diversos anos consecutivos, como advogado mais admirado pelo guia Análise Advocacia 500 recomendado nas especialidades Imobiliário e Ambiental, com reconhecida atuação nos setores de agricultura e pecuária, alimentos, bebidas e fumo, bancos, construção e engenharia, financeiro, hotelaria e turismo, imobiliário, produtos de consumo, química e petroquímica e saúde (2018 e 2019).

MARCIO LAMONICA BOVINO

Doutor junto ao programa de pós-graduação *stricto sensu* em Direito da PUC-SP. Mestre em Direitos Difusos e Coletivos pela Pontifícia Universidade Católica de São Paulo (2010). Especialista em Direito Civil (UNIFMU/1997) e em Direito Processual Civil

(Cogeae/PUC-SP/2003). Graduado em Direito pela Pontifícia Universidade Católica de São Paulo (1993). Autor e coautor de obras jurídicas.

MARCOS LOPES PRADO

Possui graduação em Direito pela USP (2000) e especialização em Direito Contratual pela Pontifícia Universidade Católica de São Paulo – Cogeae (2003), em Direito Urbanístico pela SBDP (2002) e em Direito Notarial e Registral Imobiliário pelo IRIB (em 2005). Foi professor da Saint Paul Escola de Negócios, examinador de banca de mestrado profissional na FGV-SP, palestrante e coautor de diversas obras e temas de Direito Imobiliário. Membro da MDDI, Ibradim, IBDIC, Ad Anotare, GRI Real Estate Club e Smartus. Foi membro da Comissão de Direito Notarial e Registral da OAB-SP (2015/2018). Advogado em São Paulo/SP e sócio da área imobiliária do escritório Cescon, Barrieu, Flesch e Barreto Advogados. Recomendado pelas publicações internacionais *Chambers and Partners, Legal 500, Leaders League, Latin Lawyers e Análise Advocacia 500.*

MARESKA TIVERON SALGE DE AZEVEDO

Pós-graduada em Direito Societário pela Escola de Direito de São Paulo da Fundação Getulio Vargas (FGV – GVLaw). Graduada pela PUC-SP. Coautora de obras jurídicas e autora de artigos jurídicos na área de Direito Empresarial publicados nos principais meios de comunicação especializados. Membro efetiva do IASP. Advogada. Vice-Presidente de Departamento Jurídico e *Compliance.*

MARIANA BITTAR MOURA MATTOS RODRIGUES CAVARIANI

Graduada pela Faculdade de Direito de Franca. Advogada em São Paulo. Pós-graduada em Direito Imobiliário pela Faculdade Autônoma de Direito de São Paulo (FADISP-SP). Especialista em Negócios Imobiliários pela Faculdade Getulio Vargas de São Paulo (FGV-SP).

RENATO PINHEIRO JABUR

Graduado em Direito pela Faculdade de Direito do Largo São Francisco – USP. Especialista em Administração de Empresas pela Fundação Getulio Vargas. Professor em cursos de pós-graduação em Direito em São Paulo/SP. Advogado em São Paulo/SP. Integrante do Tribunal de Ética e Disciplina da Ordem dos Advogados do Brasil, seção de São Paulo. Ex-conselheiro titular do Conselho de Tributos e Multas – CTM, do Município de São Bernardo do Campo (2010-2015). Coautor de obras e de diversos artigos jurídicos. Diretor Cultural do Instituto de Direito Societário Aplicado – IDSA para o biênio 2019-2020.

RENNAN FARIA KRÜGER THAMAY

Pós-doutor pela Universidade de Lisboa. Doutor em Direito pela PUC-RS e pela Università degli Studi di Pavia. Mestre em Direito pela Unisinos e pela PUC-Minas. Especialista em Direito pela UFRGS. Professor do programa de graduação e pós-graduação (doutorado, mestrado e especialização) da Fadisp. Ex-professor assistente (visitante) do programa de graduação da USP. Ex-professor do programa de graduação e pós-graduação (*lato sensu*) da PUC-RS. Membro do International Association of Procedural Law (IAPL), do Instituto Iberoamericano de Derecho Procesal (IIDP), do Instituto Brasileiro de Direito Processual (IBDP), do Instituto dos Advogados de São Paulo (IASP), da Academia Brasileira de Direito Processual Civil (ABDPC) e do Centro Brasileiro de Estudos e Pesquisas Judiciais (CEBEPEJ). Membro do Grupo de Processo Constitucional do IASP. Membro do corpo editorial de diversas revistas nacionais e internacionais. Advogado, consultor jurídico e parecerista.

SABRINA BERARDOCCO

Especialista em Direito Imobiliário e Direito Tributário pela Pontifícia Universidade Católica de São Paulo. Especialista em Direito Empresarial pela Escola Paulista da Magistratura – SP. Professora de Direito Imobiliário no curso de pós-graduação da PUC-SP – Cogeae. Advogada. Mestre em Direito Processual Civil pela PUC-SP.

TATIANA ANTUNES VALENTE RODRIGUES

Graduada pela Faculdade de Direito do Largo de São Francisco – USP. Advogada especialista em Família e Sucessões, Planejamento Sucessório e Patrimonial em São Paulo. Coautora de obras jurídicas.

PREFÁCIO

Ficamos imensamente honrados com o convite dos organizadores Luiz Antonio Scavone Jr. e Tatiana Bonatti Peres para prefaciar a obra *Lei do Inquilinato comentada artigo por artigo*.

A obra faz jus à epígrafe cunhada no subtítulo: é atualíssima, rica em referências doutrinárias e jurisprudenciais que, criticamente analisadas pelos autores, auxiliam na interpretação de cada dispositivo legal.

A qualidade desta obra é atestada pela organização exemplar e pelo trabalho conjunto de um excelente corpo de juristas, cuja maioria possui vasta experiência na área do Direito Imobiliário e qualificação nas instituições de ensino mais renomadas do Brasil.

O conteúdo está em plena sintonia com a evolução do Direito Civil na perspectiva constitucional, voltando-se, em específico, para o direito à moradia, especialmente tutelado pela Lei do Inquilinato.

Por fim, além de recorrerem à jurisprudência mais recente, os presentes comentários se olvidam do tratamento da tutela dos direitos à luz do atual Código de Processo Civil (CPC/2015), permitindo ao leitor uma compreensão mais abrangente dos problemas e das soluções que poderão advir.

Nossas congratulações aos autores e à editora pela publicação desta obra coletiva, leitura imprescindível àqueles que se interessam pelo Direito Imobiliário.

São Paulo, setembro de 2016.

José Manoel de Arruda Alvim Netto

Advogado. Desembargador aposentado do TJSP. Livre-docente pela Pontifícia Universidade Católica de São Paulo e professor titular (mestrado e doutorado) da Pontifícia Universidade Católica de São Paulo.

SUMÁRIO

LEI 8.245, DE 18 DE OUTUBRO DE 1991 – LEI DO INQUILINATO

TÍTULO I
DA LOCAÇÃO

CAPÍTULO I – Disposições Gerais 1

Seção I – Da locação em geral 1

- **Art. 1º** – Tatiana Bonatti Peres 1
- **Art. 2º** – Everaldo Augusto Cambler 5
- **Arts. 3º e 4º** – Christiane Macarron Frascino 9
- **Art. 5º** – Marcio Lamonica Bovino 15
- **Arts. 6º e 7º** – Christiane Macarron Frascino 17
- **Art. 8º** – Gabriel Seijo Leal de Figueiredo 22
- **Art. 9º** – Christiane Macarron Frascino 34
- **Arts. 10 a 12** – Everaldo Augusto Cambler 39
- **Art. 13** – Mareska Tiveron Salge de Azevedo 44

Seção II – Das sublocações 51

- **Arts. 14 a 16** – Tatiana Bonatti Peres e Camila Alves Rezende 51

Seção III – Do aluguel 58

- **Arts. 17 a 21** – Marcelo Chiavassa de Mello Paula Lima 58

Seção IV – Dos deveres do locador e do locatário 75

- **Art. 22** – Tatiana Bonatti Peres e Franklin Gomes Filho 75

Art. 23 – Tatiana Bonatti Peres 101
Art. 24 – Tatiana Antunes Valente Rodrigues 132
Art. 25 – Renato Pinheiro Jabur 133
Art. 26 – Tatiana Antunes Valente Rodrigues 133

Seção V – Do direito de preferência 134
Arts. 27 a 34 – Gisela Sampaio da Cruz Guedes e Carla Wainer Chalréo Lgow 134

Seção VI – Das benfeitorias 173
Arts. 35 e 36 – Tatiana Antunes Valente Rodrigues 173

Seção VII – Das garantias locatícias 178
Arts. 37 a 40 – Alessandro Schirrmeister Segalla 178
Art. 41 – Adriana Marchesini dos Reis 232
Art. 42 – Alessandro Schirrmeister Segalla 241

Seção VIII – Das penalidades criminais e civis 242
Arts. 43 e 44 – Luiz Alexandre Cyrilo Pinheiro Machado Cogan 242

Seção IX – Das nulidades 244
Art. 45 – Eduardo Santos Bezerra 244

CAPÍTULO II – Das Disposições Especiais 258

Seção I – Da locação residencial 258
Arts. 46 e 47 – Sabrina Berardocco 258

Seção II – Da locação para temporada 277
Arts. 48 a 50 – Marcos Lopes Prado 277

Seção III – Da locação não residencial 306
Arts. 51 e 52 – Luiz Antonio Scavone Junior 307
Art. 53 – Mariana Bittar Moura Mattos Rodrigues Cavariani e Beatriz Villaça Avoglio de Souza Marcomini 329
Art. 54 – Marcelo Terra e Caio Mário Fiorini Barbosa 333
Art. 54-A – Frederico Favacho 340
Arts. 55 a 57 – Mariana Bittar Moura Mattos Rodrigues Cavariani e Beatriz Villaça Avoglio de Souza Marcomini 361

TÍTULO II
DOS PROCEDIMENTOS

CAPÍTULO I – Das Disposições Gerais 369
Art. 58 – Leonard Ziesemer Schmitz e Eduardo Aranha Alves Ferreira 369

CAPÍTULO II – Das Ações de Despejo 375
    Arts. 59 a 66 – Marcio Lamonica Bovino 375

CAPÍTULO III – Da Ação de Consignação de Aluguel e Acessórios da Locação 388
    Art. 67 – Daniel Willian Granado 388

CAPÍTULO IV – Da Ação Revisional de Aluguel 394
    Arts. 68 a 70 – João Luís Zaratin Lotufo 394

CAPÍTULO V – Da Ação Renovatória 406
    Arts. 71 a 75 – Luiz Antonio Scavone Junior 406

TÍTULO III
DAS DISPOSIÇÕES FINAIS E TRANSITÓRIAS

    Art. 76 – Leonard Ziesemer Schmitz e Eduardo Aranha Alves Ferreira 422
    Arts. 77 e 78 – Sabrina Berardocco 423
    Art. 79 – Tatiana Bonatti Peres 426
    Art. 80 – Marcio Lamonica Bovino 426
    Art. 81 – Gisela Sampaio da Cruz Guedes e Carla Wainer Chalréo Lgow 426
    Art. 82 – Alessandro Schirrmeister Segalla 428
    Art. 83 – Renato Pinheiro Jabur 428
    Art. 84 – Gabriel Seijo Leal de Figueiredo 429
    Art. 85 – Marcelo Chiavassa de Mello Paula Lima 429
    Art. 86 – Rennan Faria Krüger Thamay 430
    Arts. 87 e 88 – Renato Pinheiro Jabur 434
    Art. 89 – Tatiana Bonatti Peres 435
    Art. 90 – Daniel Willian Granado 435

BIBLIOGRAFIA 437

LEI 8.245, DE 18 DE OUTUBRO DE 1991 – LEI DO INQUILINATO

O PRESIDENTE DA REPÚBLICA

Faço saber que o Congresso Nacional decreta e eu sanciono a seguinte lei:

TÍTULO I
DA LOCAÇÃO

CAPÍTULO I
Disposições Gerais

Seção I
Da locação em geral

Art. 1º A locação de imóvel urbano regula-se pelo disposto nesta lei:

Parágrafo único. Continuam regulados pelo Código Civil e pelas leis especiais:

a) as locações:

1. de imóveis de propriedade da União, dos Estados e dos Municípios, de suas autarquias e fundações públicas;

2. de vagas autônomas de garagem ou de espaços para estacionamento de veículos;

3. de espaços destinados à publicidade;

4. em *apart*-hotéis, hotéis-residência ou equiparados, assim considerados aqueles que prestam serviços regulares a seus usuários e como tais sejam autorizados a funcionar;

b) o arrendamento mercantil, em qualquer de suas modalidades.

Comentários (Tatiana Bonatti Peres):

1. Locações regidas pelo Código Civil

O Código Civil traz regras aplicáveis aos contratos de locação não regidos pelas leis especiais, nos seus arts. 565 a 578.

O art. 565 do Código Civil indica em que consiste o contrato de locação, a saber: "Na locação de coisas, uma das partes se obriga a ceder à outra, por tempo determinado ou não, o uso e gozo de coisa não fungível, mediante certa retribuição".

Bens imóveis são bens infungíveis, pois não podem substituir-se por outros (vide art. 85 do CC), isto é, ao final da locação é o mesmo bem que deve ser devolvido ao locador.

2. Locações regidas pela Lei do Inquilinato – locação de imóvel urbano, com as exceções enumeradas no artigo

Em seu primeiro artigo, a Lei do Inquilinato define quais contratos que serão regidos por esta Lei, ou seja, os contratos de locação de imóveis urbanos, enumerando os casos específicos que são regidos pelo Código Civil e por leis especiais.

3. Locações regidas pelo Estatuto da Terra – locação de imóvel rural

O Estatuto da Terra e seu regulamento[1] regulam o uso temporário do imóvel rural, entendido este como "prédio rústico, de área contínua qualquer que seja a sua localização que se destina à exploração extrativa agrícola, pecuária ou agroindustrial, quer através de planos públicos de valorização, quer através de iniciativa privada".[2]

Em outras palavras, o critério para a caracterização de locação de imóvel urbano (aplicação da Lei do Inquilinato) ou arrendamento de imóvel rural (aplicação do estatuto da Terra) deve ser não a localização do imóvel, mas a atividade a ser nele desenvolvida.

É assim que o arrendamento rural é definido no artigo 3º do Regulamento do Estatuto da Terra: "Art. 3º Arrendamento rural é o contrato agrário pelo qual uma pessoa se obriga a ceder à outra, por tempo determinado ou não, o uso e gozo de imóvel rural, parte ou partes do mesmo, incluindo, ou não, outros bens, benfeitorias e ou facilidades, com o objetivo de nele ser exercida atividade de exploração agrícola, pecuária, agroindustrial, extrativa ou mista, mediante, certa retribuição ou aluguel, observados os limites percentuais da Lei".

Por esta razão, ainda que o imóvel seja rural (em razão da sua localização), não se aplicam ao seu uso temporário as regras relativas ao arrendamento se a atividade nele desenvolvida não for rural, conforme já decidiu, por exemplo, em 23.05.2013, a 16ª Câmara Cível do TJRS, nos autos da Apelação 70051709780, tendo como relatora a Desembargadora Catarina Rita Krieger Martins:

> "O contrato de arrendamento de imóvel rural, cuja finalidade não atende o disposto no art. 3º do Decreto 59.566/66, porque nele é desenvolvida atividade comercial ou industrial, cabe ser revisado quanto a sua natureza, para que passe a vigorar como

---

[1] Lei 4.504, de 30 de novembro de 1964, e Decreto 59.566, de 14 de novembro de 1966.
[2] Art. 4º do Estatuto da Terra.

contrato de locação comercial de imóvel rural, aplicando-se, analogicamente, a Lei nº 8.245/91, e não as regras gerais dos contratos, previstas no Código Civil. Precedentes do Tribunal".

4. Locações de imóveis de propriedade da União, dos Estados e dos Municípios, de suas autarquias e fundações públicas

Imóveis locados pela União, dos Estados e dos Municípios, de suas autarquias e fundações públicas, na qualidade de locatárias, também são regidos pela Lei do Inquilinato.

Por outro lado, quando tais partes são locadoras, a situação é diferente:

"A locação de imóveis urbanos da União está regida pelo Decreto-Lei nº 9.760, de 5 de setembro de 1946, em seus artigos 86 a 91. (...). Os Estados e Municípios disciplinam, em legislação própria, a locação de seus imóveis que segue, em geral, as mesmas linhas do Decreto-Lei nº 9.760. O objetivo de afastar dos imóveis da União e das demais pessoas jurídicas de direito público a incidência da Lei do Inquilinato é o de livrar o contrato das peias e restrições ali inseridas".[3]

5. Locações de vagas autônomas de garagem ou de espaços para estacionamento de veículos

O mesmo artigo da Lei também exclui a sua incidência à locação apenas de vagas de garagem, cuja interpretação deve observar o quanto segue:

"A norma do art. 1º, parágrafo único, 'a', da Lei nº 8.245/91, que retira do âmbito de incidência desse diploma legal 'as locações de vagas autônomas de garagem ou de espaços para estacionamentos de veículos', refere-se a uma única vaga, ou a vagas (ou boxes) determinados, dentro de um estacionamento. Quando, porém, se trata da locação de um terreno onde se instalam diversos boxes de estacionamento, é evidente que tal relação se caracteriza como locação de imóvel urbano, fazendo incidir sobre ela a legislação inquilinária".[4]

Além disso, se a locação da vaga se dá em conjunto com o imóvel, não se aplica a ela o Código Civil, mas a Lei do Inquilinato.

"À vaga de garagem pertencente ao mesmo locador do imóvel, por não se tratar de vaga autônoma, não se aplica o Código Civil (2º TACiv – Ap. 493.388 – 12ª Câm. – Rel. Gama Pellegrini – j. 16.10.1997 – *DOE* – Poder Judiciário 15.05.1998, p. 15 – *Ementário* 8/98).

Já a garagem de edifício, quando locada isoladamente e desvinculada da unidade residencial, submete-se à denúncia vazia (Rel. Martins Costa – *RT* 629/186)".[5]

---

[3] SOUZA, Sylvio Capanema de. *A Lei do Inquilinato comentada*. 7. ed. Rio de Janeiro: GZ, 2012, p. 13-14.
[4] Conforme acórdão de 25.10.2000 da 15ª Câmara de Direito Privado do TJRS, nos autos da Apelação Cível 70001073139, tendo como relator o Des. Manuel José Martinez Lucas.
[5] SANTOS, Gildo dos. *Locação e despejo*. 7. ed. rev., ampl. e atual. São Paulo: RT, 2011, p. 68.

6. Locações de espaços destinados à publicidade

Sobre a locação de espaços de publicidade, também não é regida por esta Lei, mas pelo Código Civil, como se extrai do artigo ora comentado e da decisão abaixo:

> "A locação de espaços destinados à publicidade guarda caráter eminentemente civil, sem qualquer incidência da Lei 8.245/91, portanto, o locador não pode se valer, para desocupação do espaço, da ação de despejo, mas sim de medida possessória, inclusive liminar".[6]

7. Locações em *apart*-hotéis, hotéis-residência ou equiparados

Nas palavras de Sylvio Capanema de Souza: "a razão para a exclusão é clara e merece aplausos. É que, em geral, tais locações são por prazos curtos, para atender a necessidades emergenciais ou esporádicas, e se caracterizam, assim, por uma acentuada rotatividade. Ou, então, tais locações decorrem de interesses de trabalho ou de lazer, ou para atender a uma situação familiar específica do locatário, como no caso de pessoas que vivem sós, ou de casais sem filhos, e que, gozando de boa situação financeira, não querem enfrentar as dificuldades da vida doméstica".[7]

Todavia, a aplicação da Lei do Inquilinato ou do Código Civil depende da análise do caso concreto, não bastando a condição de *flat* ou *apart*-hotel. "Deve haver uma conjugação de dois contratos típicos, um de locação de coisa, e outro de prestação de serviços, a gerar um terceiro, que não se subordina à legislação inquilinatícia".[8]

Se, por exemplo, o imóvel for utilizado para residência por muitos anos, sem prestação de serviços típicos de *apart*-hotel, ou seja, "se há típica relação de locação para fim residencial, aplica-se a Lei 8.245/91".[9]

8. O Código de Defesa do Consumidor e os contratos de locação

Já se decidiu que o Código de Defesa do Consumidor (CDC) não se aplica aos contratos de locação. É o que se verifica, por exemplo, no acórdão de 12.03.2008 da 15ª Câmara Cível do TJRS, nos autos da Apelação Cível 70023046345, tendo como relator o Desembargador Vicente Barroco de Vasconcellos:

> "O Código de Defesa do Consumidor não incide nos contratos de locação de imóvel, por não se tratar de relação de consumo e nem prestação de serviço, caracterizando-se, objetivamente, como uma cessão de uso remunerado.
>
> O locador não é fornecedor, pois que não realiza nenhuma das atividades elencadas no art. 3º do CDC. Por outro lado, também não se enquadra o locatário como consumidor, vez que não é destinatário final do produto que recebe pelo contrato locatício, até por

---

[6] Conforme acórdão de 19.02.1997 da 9ª Câmara do extinto 2º TACivSP, nos autos do AgIn 477.834-00/0, tendo como relator o Juiz Francisco Casconi – *RT* 740/355.
[7] SOUZA, Sylvio Capanema de. *A Lei do Inquilinato comentada*. 7. ed. Rio de Janeiro: GZ, 2012, p. 17.
[8] SOUZA, Sylvio Capanema de. *A Lei do Inquilinato comentada*. 7. ed. Rio de Janeiro: GZ, 2012, p. 17.
[9] Conforme acórdão de 20.05.2013 da 34ª Câmara de Direito Privado do TJSP, nos autos do Agravo de Instrumento 0056571-40.2013.8.26.0000, tendo como relator o Des. Gomes Varjão.

que a cessão da coisa locada é temporária, devendo este restituí-la quando findar a relação locatícia".

Todavia, vale apontar que existe entendimento doutrinário em sentido contrário, por exemplo, como se extrai da posição de Sílvio de Salvo Venosa: "O ordenamento consumerista será aplicado naquilo que completar e se harmonizar com o espírito não só da lei inquilinária como de tantos outros diplomas legais".[10]

9. O contrato de arrendamento mercantil, em qualquer de suas modalidades

Por outro lado, o CDC é aplicável aos contratos de arrendamento mercantil, desde que o bem adquirido seja utilizado para consumo final:

> "Os contratos de *leasing*, como modalidade de contrato bancário, envolvendo um misto de locação e compra e venda de bens, também se sujeitam às regras do CDC, em razão das disposições contidas no artigo 52 desse diploma legal, que trata da compra e venda de bens móveis e imóveis, envolvendo fornecimento de crédito ao consumidor".[11]

Nesse sentido, a 28ª Câmara de Direito Privado do TJSP já decidiu, em acórdão de 01.06.2010, nos autos do Agravo de Instrumento 990.09.361724-2 (em ação de reintegração de posse), tendo como relator o Desembargador Cesar Lacerda, pela inaplicabilidade do CDC quando "os bens objeto da ação (imóveis) são utilizados na geração de lucro como insumo na atividade econômica desenvolvida pela arrendatária (administradora de *shopping center*)".

A ação para retomada do imóvel no arrendamento mercantil é a reintegração de posse e não despejo, conforme, por exemplo, se verifica do acórdão de 01.10.2008 da 16ª Câmara Cível do TJMG, nos autos da Apelação Cível 1.0684.07.000988-2/001, tendo como relator o Desembargador Batista de Abreu:

> "Como não se aplica o disposto na Lei nº 8.245/91, referente à locação de imóvel urbano (art. 1º), ao contrato de arrendamento mercantil, a ação adequada seria a de reintegração de posse (...)".

Art. 2º Havendo mais de um locador ou mais de um locatário, entende-se que são solidários se o contrário não se estipulou.

Parágrafo único. Os ocupantes de habitações coletivas multifamiliares presumem-se locatários ou sublocatários.

Comentários (Everaldo Augusto Cambler):

1. Da solidariedade em havendo mais de um locador ou mais de um locatário

Ao tratarmos das obrigações solidárias, tivemos a oportunidade de referir que "A obrigação com pluralidade de credores (ativa), devedores (passiva), ou credores e devedores (mista),

---

[10] VENOSA, Sílvio de Salvo. *Lei do Inquilinato comentada* – doutrina e prática. 13. ed. São Paulo: Atlas, 2014, p. 31.
[11] Conforme acórdão de 06.11.2003 da 5ª Câmara Cível do TJMG, nos autos da Apelação Cível 409.722-5, tendo como relatora a Desa. Eulina do Carmo Almeida.

cada qual com direito ou obrigado ao total, como se houvesse um só credor ou devedor, é denominada solidária (art. 264)".[12]

De ordinário, o princípio prevalente é o da divisibilidade do crédito, em que cada credor nada mais pode exigir a não ser a sua parte e cada devedor somente responde pela parte respectiva.[13] Como hipótese excepcional a esse princípio, a solidariedade nunca se presume, dependendo sempre de disposição legal expressa – solidariedade legal – ou da vontade das partes – solidariedade convencional (art. 265 do Código Civil).

A obrigação solidária poderá, contudo, ser pura e simples para um dos cocredores ou codevedores, condicional, a prazo ou pagável em lugar diferente para o outro (art. 266 do CC), aproveitando a todos a declaração de nulidade (art. 177 do CC), seja a obrigação solidária, seja indivisível, e a interrupção da prescrição (art. 204, § 1º, do CC). A obrigação solidária distingue-se da indivisível, pois nesta ocorre o fenômeno objetivo, com a demanda da execução a um dos coobrigados resultando da prestação, enquanto naquela o fenômeno é subjetivo, derivando o laço unificador da lei, ou de ajuste, vinculando-se todas as pessoas à obrigação, seja ativa, seja passivamente, e independentemente do objeto.[14]

Não se faz possível, portanto, suscitar violação ao art. 2º da Lei 8.245/1991 sob a alegação de que, "tratando-se de obrigação indivisível (a locação é uma só), a aceitação de um dos condôminos basta à consumação da renovação contratual de toda a locação".[15]

Na relação jurídica locatícia (residencial, para temporada ou não residencial), havendo mais de um locador ou mais de um locatário, a solidariedade decorre, simultaneamente, da lei e da vontade, na medida em que o art. 2º da Lei 8.245/1991, ao qualificar o vínculo obrigacional locatício como solidário, possibilita às partes convencionarem em sentido contrário, em prestígio ao princípio da autonomia da vontade. Destarte, somente diante do silêncio do contrato a obrigação locatícia considera-se solidária, podendo, as partes, caso assim pactuem, restringir a solidariedade a obrigações específicas, bem como estender esse liame ao garantidor da obrigação.

Essa multiplicidade subjetiva pode abranger pessoas naturais – os cônjuges (a propósito da solidariedade ativa da esposa separada do marido, veja-se o seguinte julgado: "Despejo – Colocação – Colocadora que se separou do marido e colocador – Legitimidade desta para administrar o imóvel e notificar extrajudicialmente a locatária para desocupá-lo – Regularidade da notificação por serem credores solidários. (...) Em segundo lugar, porque, firmada a locação pela apelada e seu ex-marido, aplica-se o disposto no art. 2º da Lei 8.245/91, ou seja, são eles credores solidários, cabendo a administração do contrato a cada um, isoladamente (arts. 898 e segs., CC de 1916, vigente à época), presumindo-se mandatária comum, já que administrou o condomínio sem oposição de seu ex-marido (art. 640 do CC de 1916)",[16] os

---

[12] CAMBLER, Everaldo Augusto. *Responsabilidade civil na incorporação imobiliária*. 2. ed. rev., atual. e ampl. São Paulo: RT – Thomson Reuters, 2014, Livro II, Parte I, n. 3.1, p. 203.

[13] Veja-se NONATO, Orozimbo. *Curso de obrigações (generalidades – espécies)*. Rio de Janeiro: Forense, 1959, vol. I, p. 85.

[14] Cf. CAMBLER, Everaldo Augusto. As obrigações divisíveis e indivisíveis e o novo Código Civil. In: ALVIM, Arruda; CÉSAR, Joaquim Portes de Cerqueira; ROSAS, Roberto (coords.). *Aspectos controvertidos do novo Código Civil* – escritos em homenagem ao Ministro José Carlos Moreira Alves. São Paulo: RT, 2003.

[15] STJ, REsp 81.275, 6ª Turma, j. 12.08.1997.

[16] 2º TACivSP, Ap. s/ Rev. 653.275/00-6, 3ª Câmara, j. 01.04.2003.

companheiros, os sócios de uma empresa –, ou jurídicas, e instrumentalizada em um único ou diversos instrumentos, desde que o objeto imobiliário da locação permaneça o mesmo.

Quanto ao objeto econômico da avença, a solidariedade se estende ao aluguel, aos encargos, às penalidades e a todas as obrigações assumidas no contrato. Como resultado da solidariedade, a ação correspondente pode ser promovida por somente um dos locadores, circunstância que bem se evidencia no seguinte julgado: "Locação – Revisional de aluguel – Ação proposta pela filha do locador falecido, sem a presença dos demais sucessores – Legitimidade 'ad causam' – Herdeiros considerados locadores solidários – Inteligência do art. 2º da Lei 8.245/1991. (...) Passando a titularidade da locação a vários herdeiros, como diz a lei, devem eles ser considerados locadores solidários, na forma do art. 2º da Lei 8.245/1991. Como resultado dessa solidariedade, qualquer dos locadores, de per si, sem necessidade de presença dos demais, pode mover ação de despejo, assim como de cobrança de aluguéis ou encargos, ou qualquer outra ação derivada diretamente da relação locatícia".[17]

Deveras, a existência do vínculo solidário em nada afronta a necessidade de integração da lide de todos os locadores ou locatários diante da configuração do litisconsórcio necessário (em sentido contrário, entendendo ser hipótese de litisconsórcio passivo facultativo, veja-se julgado publicado na *RT* 725:287). Arruda Alvim, ao comentar o art. 47 do CPC/1973 (correspondente aos arts. 115/116 do CPC/2015), leciona que "No litisconsórcio decorrente da indisponibilidade da propositura da demanda contra todos, porque todos estão ligados à relação jurídica, a lei processual dispõe que, toda vez que a sentença tenha, a luz dessa hipótese, necessariamente que produzir efeitos em face de diversas pessoas, todas deverão ser citadas".[18]

Por exemplo, versando a lide, não sobre a cobrança de aluguéis, mas sobre o desfazimento da avença, a hipótese é de litisconsórcio necessário, pois a sentença que desconstituir o vínculo locatício deverá abranger a todos, indistintamente, o que gera a necessidade da citação e participação no processo de todos os integrantes da relação jurídica. Neste sentido, veja-se o seguinte julgado:

> "Despejo – Pluralidade de locatários – Desistência em relação a um dos corréus – Inadmissibilidade – Litisconsórcio necessário – Obrigatoriedade de participação de todos os inquilinos para que a sentença que decreta a rescisão contratual possa prevalecer contra todos – Inteligência do art. 2º, da Lei 8.245/91. (...) A solidariedade prevista no art. 2º da Lei 8.245/91 diz respeito às obrigações patrimoniais decorrentes do contrato de locação, estabelecendo que qualquer dos locatários é responsável pela satisfação dos alugueres e demais encargos locatícios. Do mesmo modo, em se cuidando de mais de um locador, poderá o locatário efetuar o pagamento dos alugueres a qualquer dos locadores. Entretanto, no que tange ao pedido de despejo, há que prevalecer as regras de direito processual, impondo-se a necessária participação de todos os locatários a fim de que a sentença que decrete a rescisão contratual possa prevalecer contra todos".[19]

Como antes referido, a solidariedade pode ocorrer no polo ativo ou passivo da relação locatícia. Por aplicação extensiva do Código Civil, quando a solidariedade for ativa, cada um

---

[17] 2º TACivSP, AgIn 371.322/5-00, 7ª Câmara, j. 10.11.1992, *RT* 699:123.
[18] ALVIM, Arruda. *Manual de direito processual civil* – segunda parte. 16. ed. rev., atual. e ampl. São Paulo: RT – Thomson Reuters, 2013, p. 621.
[19] 2º TACivSP 395.253-00/7, 6ª Câmara, j. 26.01.1994, *RT* 705:162 – no mesmo sentido: *RT* 714:181.

dos locadores solidários poderá exigir do locatário o cumprimento da prestação, por inteiro, de maneira que, enquanto algum dos locadores solidários não demandar o devedor comum, a qualquer daqueles poderá este pagar. Do mesmo modo que diante de outras causas extintivas das obrigações (*v.g.*, novação, compensação, remissão), o pagamento feito a um dos locadores solidários extingue a dívida do locatário, até o montante do que foi pago (arts. 267 a 269 do CC).

Sendo passiva a solidariedade locatícia, o locador tem o direito de exigir e receber de um ou alguns dos locatários, parcial, ou totalmente, a dívida comum. Satisfeita a dívida por inteiro por um dos locatários solidários, tem ele o direito a exigir de cada um dos demais locatários a sua quota, presumindo-se iguais, no débito, as partes de todos eles (cuidando desses e de outros efeitos jurídicos da solidariedade ativa e passiva civil, veja-se trabalho de nossa lavra).[20]

2. Da solidariedade passiva na locação entre os ocupantes de habitações coletivas multifamiliares

Os ocupantes de habitações coletivas multifamiliares presumem-se locatários ou sublocatários (presunção relativa, que admite prova em contrário), nos termos do parágrafo único do art. 2º da Lei 8.245/1991, sendo, em razão disso, considerados solidariamente responsáveis pelos aluguéis, encargos, penalidades e todas as obrigações assumidas no contrato (o fato jurídico vinha antes regulado no art. 35, que tratava sobre ação de despejo, da Lei 6.649/1979, revogada pela Lei 8.245/1991).

A caracterização das habitações como "coletivas multifamiliares" constitui fator de divergência na doutrina. Para José Guy de Carvalho Pinto, habitações coletivas multifamiliares são "prédios urbanos de ordinário bem localizados no centro das grandes cidades, destinados à habitação de um sem-número de famílias. A ocupação se dá por quarto ou até por vaga, em precárias condições de higiene, servindo poucas dependências sanitárias a um elevado número de pessoas".[21] José Osório de Azevedo Jr. designa essas habitações como "cômodos" (por alguns designados de "cortiços"), sendo que no imóvel "o proprietário geralmente mantém um administrador do prédio, que cobra os aluguéis e cuida dos pequenos reparos e das reclamações. Também é comum esse administrador aparecer como locatário, que faz contratos de sublocação com os moradores. O locatário, então, aparece como sublocador e os moradores como sublocatários".[22]

Para a aplicação da Lei Municipal de São Paulo 13.297/2002, considera-se habitação coletiva multifamiliar ou cortiço o imóvel que apresente total ou parcialmente as seguintes características: (a) constituído por uma ou mais edificações construídas em lote urbano; (b) subdividido em vários cômodos alugados, subalugados ou cedidos a qualquer título; (c) várias funções exercidas no mesmo cômodo; (d) acesso e uso comum dos espaços não edificados e instalações sanitárias; (e) circulação e infraestrutura, no geral precárias; (f) superlotação de pessoas.

Vale gizar que, sendo distintos os vínculos do locador com os locatários e os sublocatários, assim considerados pela lei os ocupantes de habitações coletivas multifamiliares,

---

[20] CAMBLER, Everaldo Augusto (coord.). *Curso avançado de direito civil* – direito das obrigações. São Paulo: RT, 2001, vol. 2, n. 4.1.2, 4.1.3, p. 86-89.
[21] PINTO, José Guy de Carvalho. *Locação e ações locativas*. São Paulo: Saraiva, 1997, p. 99.
[22] AZEVEDO JR., José Osório de. *Direitos imobiliários da população urbana de baixa renda*. São Paulo: Sarandi, 2011, n. 3.2, p. 72.

não responderão eles solidariamente por eventuais créditos de titulação do locador, salvo se no vínculo obrigacional específico for estabelecida uma pluralidade passiva (*v.g.*, cônjuges, companheiros).

Como consequência da presunção da lei, nas ações de despejo dar-se-á ciência do pedido aos ocupantes, que poderão intervir no processo como assistentes (art. 59, § 2º, da Lei 8.245/1991). A Corregedoria-Geral de Justiça de São Paulo, no art. 1º de seu Provimento 09/1997, reproduz essa providência nos seguintes termos: "Art. 1º Acrescentar subitem ao item 10, do Capítulo VI, Tomo I, das Normas de Serviço da Corregedoria-Geral, com a seguinte redação: 10... 10.1. Nas ações de despejo, verificando que se trate de imóvel de habitação coletiva multifamiliar, o oficial de justiça dará ciência a todos os ocupantes do imóvel, que serão identificados, e certificará a respeito".

Não configurada a habitação coletiva multifamiliar, mostra-se desnecessária a notificação ou cientificação de pensionistas, hóspedes, usuários de cômodos ou equivalentes, ocupantes de imóveis cuja finalidade é a habitação temporária. Neste sentido, veja-se o seguinte julgado:

> "Ação de Despejo – Imóvel utilizado como pensão – Desnecessária a notificação ou cientificação dos pensionistas na Ação de Despejo, em face da inexistência de relação locatícia – Hipótese justificada apenas no caso de sublocação legítima – Recurso improvido. (...) Diversa é a situação nos hotéis, pensões ou pensionatos. Nestes, existe um responsável pelo imóvel que nele recebe pessoas com o objetivo de propiciar-lhes abrigo de caráter temporário ou permanente, com ou sem fornecimento de alimentação, ficando obrigado a prestar-lhe serviços essenciais mínimos de guarda, limpeza e manutenção de serviços essenciais (água, luz, telefone etc.). Entre o responsável e as pessoas ali admitidas não se estabelece uma relação de locação, pois não se resume na garantia do uso e gozo de parte do imóvel mediante remuneração em dinheiro, mas de uma relação de hotelaria ou hospedagem, sujeitas às regras previstas no Código Civil. Há uma ocupação organizada e dirigida do imóvel, acrescida de prestação de serviços. Por isto o pensionista ou hóspede não tem a posse do seu quarto, apartamento ou local, mas simplesmente a detenção precária, sequer protegida pelos interditos".[23]

Art. 3º O contrato de locação pode ser ajustado por qualquer prazo, dependendo de vênia conjugal, se igual ou superior a dez anos.

Parágrafo único. Ausente a vênia conjugal, o cônjuge não estará obrigado a observar o prazo excedente.

Comentários (Christiane Macarron Frascino):

O contrato de locação pode ser estabelecido por qualquer prazo, vale aqui a ampla liberdade das partes. "A Lei do Inquilinato privilegiou o princípio da autonomia da vontade ao dispor que o contrato locativo pode ser ajustado por 'qualquer prazo', exigindo a vênia conjugal apenas no caso de ser superior a dez anos".[24]

---

[23] 2º TACivil, Ap. c/ Rev. 403.145-00/4/SP, 5ª Câm., Rel. Juiz Laerte Sampaio, j. 11.05.1994, v.u.
[24] Acórdão publicado em 20.10.2008 da 5ª Turma do STJ, nos autos do Recurso Especial 793.082/CE, tendo como relator o Min. Jorge Mussi.

As relações são cada vez mais dinâmicas e, normalmente, as pessoas não querem ficar atreladas a longos prazos contratuais. O mesmo acontece na locação, tendo como exemplo o prazo legal mínimo na locação residencial de 30 meses, que é costumeiramente excepcionado por cláusula de não indenizar após 12 meses. Os prazos maiores são de cinco anos, o necessário para preencher o requisito da ação renovatória; salvo hipóteses de grande investimento em que podemos alcançar os 10 anos ou mais. Nesse sentido:

> "Um exame, ainda que apressado, da realidade do mercado locativo atual, revela a tendência, de reduzir cada vez mais os prazos dos contratos de locação de imóveis urbanos. Os prazos longos são raríssimos, e só se encontram em locações especiais, de grandes imóveis, geralmente para fins industriais ou comerciais, em que o locatário fará pesados investimentos, instalações e adaptações, tendo de garantir prazo suficiente para o retorno do capital investido no imóvel".[25]

Sendo tão raro o contrato de locação por prazo igual ou superior a 10 anos, determinou o legislador a concordância do cônjuge de ambas as partes (locador e locatário), diante da longa disposição da posse, "para evitar que se transforme, por via oblíqua, em compra e venda".[26]

Seria correto também exigir-se a vênia do companheiro, visto que a Constituição Federal reconhece a união estável como entidade familiar (art. 226, § 3º).

> "Tratando-se de consentimento conjugal, na sua recusa ou impossibilidade, como em qualquer outro caso, admite-se o suprimento judicial, convencendo-se o juiz de sua oportunidade e conveniência. Aplica-se o artigo 1.648 do Código Civil."[27]

Se o contrato for de prazo indeterminado e ultrapassar os 10 anos não é necessária a vênia conjugal, sendo requisito apenas do contrato de prazo determinado que se inicia com 10 anos ou mais.

> "O casamento posterior não repercute no contrato celebrado com igual ao superior a dez anos."[28]

A vênia deve ser dada independentemente do regime de bens, entretanto, entendemos que nos casos em que a propriedade é exclusiva de um dos cônjuges, não há razão para tal imposição legal ao locador.

Diante do princípio da conservação dos contratos a lei estabelece que o contrato seja válido sem a vênia conjugal, mas "o cônjuge não estará obrigado a observar o prazo excedente", "que, para ele, passa a vigora por prazo indeterminado".[29] Ou seja, o cônjuge só poderá se opor a partir de 10 anos, ou nada fazer, hipótese em que o contrato será respeitado.

---

[25] SOUZA, Sylvio Capanema de. *A Lei do Inquilinato comentada*. 7. ed. Rio de Janeiro: GZ, 2012, p. 28.
[26] SOUZA, Sylvio Capanema de. *A Lei do Inquilinato comentada*. 7. ed. Rio de Janeiro: GZ, 2012, p. 28.
[27] VENOSA, Sílvio de Salvo. *Lei do Inquilinato comentada*. 13. ed. São Paulo: Atlas, 2014, p. 39.
[28] BARROS, Francisco Carlos Rocha de. *Comentários à Lei do Inquilinato*. 2. ed. rev. e atual. São Paulo: Saraiva, 1997, p. 12.
[29] SOUZA, Sylvio Capanema de. *A Lei do Inquilinato comentada*. 7. ed. Rio de Janeiro: GZ, 2012, p. 31.

TÍTULO I – DA LOCAÇÃO • **Art. 4º**

> **Nota do organizador Luiz Antonio Scavone Junior:**
>
> Nesse caso, havendo estipulação de prazo superior e ausente a autorização conjugal, o contrato não é nulo nem anulável. O efeito é o de autorizar o cônjuge que não anuiu à propositura da ação de despejo – única forma, nos termos do art. 5º, de retomar o imóvel locado – ainda que não tenha participado do contrato é até por essa exata razão.

Há também uma clara proteção ao cônjuge do locador sendo possível a anulação com base no Código Civil diante do vício de consentimento. "Se um dos cônjuges aluga um imóvel para prejudicar o outro, por exemplo, quando estão se desquitando ou em vias de se divorciar, então a anulação é viável, ou, ao contrário, o consentimento do outro cônjuge sempre se justifica para manter a lisura do negócio".[30]

Apesar de o artigo em comento estabelecer que o contrato poderia ser ajustado por qualquer prazo, a Lei 9.514/1997, sobre alienação fiduciária, traz importante requisito, em seu art. 37-B: "Será considerada ineficaz, e sem qualquer efeito perante o fiduciário ou seus sucessores, a contratação ou a prorrogação de locação de imóvel alienado fiduciariamente por prazo superior a um ano sem concordância por escrito do fiduciário".

> "Sem essa anuência, o ajuste locatício não terá eficácia ao menos em face do fiduciário e de seus sucessores, o que lhes permitirá, em última análise, promover ação tendente a desalojar o locatário do bem dado em garantia."[31]

Art. 4º Durante o prazo estipulado para a duração do contrato, não poderá o locador reaver o imóvel alugado. Com exceção ao que estipula o § 2º do art. 54-A, o locatário, todavia, poderá devolvê-lo, pagando a multa pactuada, proporcional ao período de cumprimento do contrato, ou, na sua falta, a que for judicialmente estipulada. (Redação dada pela Lei 12.744, de 2012.)

Parágrafo único. O locatário ficará dispensado da multa se a devolução do imóvel decorrer de transferência, pelo seu empregador, privado ou público, para prestar serviços em localidades diversas daquela do início do contrato, e se notificar, por escrito, o locador com prazo de, no mínimo, trinta dias de antecedência.

Comentários (Christiane Macarron Frascino):

Os contratos nascem para serem cumpridos, é o que se espera das partes, em observância ao princípio do *pacta sunt servanda* e, no tocante a locação, a lei vai reforçar essa obrigatoriedade por parte do locador, sendo vedado a ele reaver o imóvel durante o prazo estipulado, salvo as hipóteses legais do art. 9º. É uma proteção ao locatário, visto como hipossuficiente da relação jurídica e, portanto, protegido pelo legislador.

> "Se durante o prazo certo não é possível a retomada, subentende-se que após o prazo estipulado há a faculdade de o locador reaver o imóvel. (...) Ao término do prazo de 30

---

[30] COSTA, Carlos Celso Orcesi. *Locação de imóvel urbano*. São Paulo: Saraiva, 1992, p. 14.
[31] SANTOS, Gildo dos. *Locação e despejo*. 7. ed. rev., ampl. e atual. São Paulo: RT, 2011, p. 84.

meses, se o locador quiser morar na própria casa, ou emprestá-la a um ascendente, ou reformá-la, não precisará invocar esse motivo para o efeito da retomada do imóvel. O motivo continuará existindo (ou não) no foro íntimo do locador, mas não deverá nem sequer ser exteriorizado no processo."[32]

> **Nota do organizador Luiz Antonio Scavone Junior:**
>
> Portanto, durante o prazo do contrato, o locador não pode reaver o imóvel, a não ser que haja, por parte do inquilino, infração legal ou contratual.
>
> A retomada, durante o prazo convencionado, não é possível sequer para uso próprio.
>
> Nesse sentido, ilustra a ideia do art. 4º da Lei do Inquilinato o seguinte aresto, no qual a locadora propôs ação de despejo durante o prazo do contrato por força maior, alegando, a esse título, a inesperada recondução de seu marido ao posto de trabalho na localidade do imóvel, o que foi repelido:
>
>> "Locação residencial – Ação de rescisão contratual por força maior – Inocorrência. Improcedência mantida. Apelação Improvida. 1. Descabe o pedido de retomada durante o prazo estipulado para a duração do contrato locativo (art. 4º da Lei nº 8.245/91). 2. Não se constitui em força maior justificadora da inexecução contratual e da retomada, a transferência de local de trabalho do locador por ter ele a possibilidade de alugar imóvel semelhante para a moradia até o término do prazo avençado."[33]

Já o locatário, pode devolver o imóvel mediante pagamento de multa compensatória estipulada, com abatimento proporcional de acordo com o cumprimento do contrato, buscando equilíbrio contratual, como também prevê o art. 413 do Código Civil: "A penalidade deve ser reduzida equitativamente pelo juiz se a obrigação principal tiver sido cumprida em parte, ou se o montante da penalidade for manifestamente excessivo, tendo-se em vista a natureza e a finalidade do negócio", e remansosa Jurisprudência:

> "Agravo regimental em recurso especial. Contrato de locação comercial e outras avenças. Inexecução contratual. Cláusula penal. Redução. Possibilidade. Artigos 924 do Código Civil/1916 e 413 do Código Civil/2002. 1. O acórdão recorrido está em harmonia com a orientação desta Corte no sentido de que, mesmo antes da entrada em vigor do Código Civil de 2002, era faculdade do órgão julgador reduzir o valor da cláusula penal se evidenciada a sua manifesta excessividade. Precedentes. 2. Agravo regimental não provido."[34]

> "Repetição do indébito. Locação. Devolução do imóvel antes de findo o prazo contratual. Multa compensatória cobrada integralmente. Obrigatória redução da cláusula penal. Disposição legal dos arts. 4º, da lei nº 8.245 e 413, CC. Devolução dos valores recebidos indevidamente. Recurso provido."[35]

---

[32] COSTA, Carlos Celso Orcesi. *Locação de imóvel urbano*. São Paulo: Saraiva, 1992, p. 19 e 40.
[33] TJSP. Apelação n. 9151471-08.2003.8.26.0000, 26ª Câmara, Rel. Norival Oliva, Comarca não informada, j. 18.04.2005.
[34] Acórdão publicado em 12.02.2015 da 3ª Turma do STJ, nos autos do Agravo Regimental no Recurso Especial 1.351.671-PR, tendo como relator o Min. Ricardo Villas Bôas Cueva.
[35] TJSP, Apelação 9079340-59.2008.8.26.0000, 28ª Câmara, Rel. Des. Eduardo Sá Pinto Sandeville, j. 07.02.2012.

TÍTULO I – DA LOCAÇÃO • **Art. 4º**

> **Nota do organizador Luiz Antonio Scavone Junior:**
>
> Afastando a remissão ao art. 924 do revogado Código Civil de 1916, correspondente ao art. 413 do atual Código Civil, o art. 4º da Lei 8.245/1991, com a redação dada pela Lei 12.112/2009, determinava, de forma imperativa, a redução proporcional ao período de cumprimento do contrato.
>
> Manteve-se tal determinação com a Lei 12.744/2012, que alterou o citado art. 4º. Seja como for, a ideia de proporcionalidade da redução surge expressa na Lei do Inquilinato, em razão da redação do seu art. 4º empreendida pela Lei 12.112/2009, que revogou o Enunciado 357 da IV Jornada de Direito Civil do Conselho da Justiça Federal.
>
> Posta assim a questão, por exemplo, em contrato de trinta meses, com cláusula penal compensatória de três aluguéis, a devolução do imóvel pelo locatário depois de quinze meses de vigência implicará o pagamento de cláusula penal de um aluguel e meio.
>
> O raciocínio é simples: descumprido o contrato pela metade, o locatário pagará metade da multa pactuada para o descumprimento integral.
>
> Trata-se de norma cogente, de tal sorte que, a teor do art. 45 da Lei 8.245/1991, não pode ser afastada pelo contrato.
>
> Assim, as cláusulas comumente encontradas nos pactos de locação que determinam o pagamento da multa de forma integral, independentemente do prazo contratual, não produzem qualquer efeito.

Se o contrato for silente no tocante a multa para o caso de devolução antecipada pelo locatário, e as partes não chegarem a um consenso sobre o montante, podem, qualquer das partes, pedir a fixação ao juiz. Nesse sentido: "É remansoso na doutrina que se permite ao inquilino a restituição do prédio locado, antes do termo final estipulado no contrato de locação. Para isso, a título de indenização do prejuízo que teve o locador, bem como pela falta de cumprimento das condições avençadas (*pacta sunt servanda*), o locatário terá que pagar a multa convencionada ou, **se não houver acordo neste aspecto, a fixada em juízo, mediante arbitramento judicial**" (grifamos).[36]

O mercado adota como praxe o montante de três aluguéis para multa por rescisão antecipada e demais infrações contratuais. Sobre o tema, entende o Tribunal Paulista: "Apelação cível. Locação. Rescisão antecipada. Multa compensatória. Não pagamento. Ação ordinária de cobrança. Sentença de procedência parcial para condenação ao pagamento de 20% dos aluguéis previstos até o final do contrato. Insurgência da ré. Multa devida, porém, com os suprimentos das normas do 4º da Lei nº 8.245/91 e do artigo 413 do Código Civil. Inteligência. **Multa compensatória que referenda o justo na equivalência de três aluguéis, observada sua redução à medida do tempo cumprido do contrato**" (grifamos).[37]

Entretanto, nada impede que seja fixada multa específica "para o caso de rescisão antecipada. Entendemos que essas multas podem ser exigidas através de cobrança executiva".[38]

---

[36] Acórdão publicado em 20.05.2002 da 5ª Turma do STJ, nos autos do Recurso Especial 331.365/MG, tendo como relator o Min. Jorge Scartezzini.

[37] TJSP, Apelação 9173411-19.2009.8.26.0000, 3ª Câmara Extraordinária de Direito Privado, Rel. Des. Hélio Nogueira, j. 06.03.2014.

[38] COSTA, Carlos Celso Orcesi. *Locação de imóvel urbano*. São Paulo: Saraiva, 1992, p. 19.

Diversamente:

> "No entanto, sendo a multa uma obrigação que depende de condição, devendo o credor fazer prova do inadimplemento do devedor, em razão da ausência da prestação devida, a via executiva se torna inadequada. Controvertida, pois, essa questão. No caso de multa fixada pelo juiz, contudo, a via será ordinária."[39]

A lei veda multa equivalente aos aluguéis a vencer, salvo nas hipóteses autorizadas no § 2º do art. 54-A, justificada diante de alto investimento feito na aquisição, reforma ou construção do imóvel, que pode virar um elefante branco nas mãos do proprietário que não tem o que fazer com o imóvel nas configurações que só interessavam aquele locatário, como nos contratos de *built to suit*, em que a construção é feita pelo locador para servir aquele locatário. "Será difícil, para o locador, realugar o imóvel, em razão de suas peculiaridades, de sua destinação específica, o que acarretará suportar o proprietário a incidência dos impostos e taxas que sobre ele recaem."[40]

> "Ao juiz, desde que motivadamente, é possibilitado, nos casos referentes ao art. 4º da Lei nº 8.245/91, manter íntegra a cláusula penal pactuada. Afinal, dependendo da situação concreta, pode a multa representar um valor pequeno diante do inadimplemento, ainda que parcial, caso em que não está o julgador obrigado a reduzir o *quantum* conforme preceituado no art. 924 do Código Civil."[41]

O locador não pode se opor ao recebimento das chaves, cabendo ao locatário o direito de ajuizar ação consignatória mediante o depósito das chaves e da multa contratual respectiva ou, a ser arbitrada pelo juízo, conforme entende o E. Tribunal de Justiça de São Paulo: "Recurso. Apelação. Locação de imóveis. Ação consignatória de chaves e multa rescisória. 1. Ação objetivando a consignação das chaves do imóvel locado, bem como da competente multa contratual diante da ausência de interesse da locatária em continuar a locação pactuada. Possibilidade. Adequação da via eleita. Petição inicial bem instruída e patente o interesse de agir da requerente para ver alcançado seu direito. 2. Diante da iniciativa da oferta das chaves e multa rescisória, a locadora confirmou a recusa ao seu recebimento sem apresentar justa razão, sua atitude, identificando mora, confere eficácia ao depósito realizado, o que determina a liberação do locatário a partir de então".

É válida a cláusula que libera a respectiva multa, principalmente em locações residenciais, onde se reduz o prazo para 12 meses, como na hipótese a seguir mencionada:

> "Locação de imóveis. Cobrança. Contrato de locação por prazo indeterminado. Locadora que abria mão da multa contratual pela rescisão antecipada do contrato. Cláusulas contratuais que permaneceram em vigor. Desocupação autorizada sem o pagamento de qualquer multa. Reconhecimento. Sentença reformada. Ação improcedente. (...) Ora, se assim é, e decorridos mais de 12 meses, lícito era à locatária desocupar o imóvel sem que com isso viesse a incidir a multa contratual, nos exatos termos da cláusula 16ª já transcrita".[42]

---

[39] VENOSA, Sílvio de Salvo. *Lei do Inquilinato comentada*. 13. ed. São Paulo: Atlas, 2014, p. 39.
[40] SOUZA, Sylvio Capanema de. *A Lei do Inquilinato comentada*. 7. ed. Rio de Janeiro: GZ, 2012, p. 36.
[41] Acórdão publicado em 11.03.2003 da 5ª Turma do STJ, nos autos do Recurso Especial 365.085/RJ, tendo como relator o Min. Felix Fischer.
[42] TJSP, Apelação 9187326-14.2004.8.26.0000, 36ª Câmara de Direito Privado, Rel. Des. Jayme Queiroz Lopes, j. 16.03.2006.

A multa prevista neste artigo é compensatória, com intuito de indenizar a rescisão antecipada, e pode ser cumulada com a multa moratória, decorrente do atraso do pagamento, como entende o E. Superior Tribunal de Justiça: "Conquanto, seja possível a cumulação das multas moratória e compensatória, é indispensável para tanto que ambas estejam previstas na avença locatícia e tenham fatos geradores distintos".[43]

O parágrafo único visa proteger o locatário residencial que devolver antecipadamente o imóvel, exonerando-o da multa se em decorrência de "transferência, pelo seu empregador, privado ou público, para prestar serviços em localidades diversas daquela do início do contrato, e se notificar, por escrito, o locador com prazo de, no mínimo, trinta dias de antecedência".

Em referida notificação é de boa-fé que o locatário faça prova inequívoca da transferência.

O rol do parágrafo único é taxativo, ou seja, não admite outras hipóteses além da ali prevista: "A hipótese prevista no parágrafo único do dispositivo, é inegável, porque reveladora do caráter excepcional atribuído pelo legislador, sufraga a única possibilidade legal de o locatário vir a ser dispensado do pagamento da multa. Não se há, pois, até mesmo em respeito à explícita taxatividade de que se reveste o parágrafo único do artigo 4º da Lei nº 8.425/91, de conferir-lhe interpretação outra".[44]

Art. 5º Seja qual for o fundamento do término da locação, a ação do locador para reaver o imóvel é a de despejo.

Parágrafo único. O disposto neste artigo não se aplica se a locação termina em decorrência de desapropriação, com a imissão do expropriante na posse do imóvel.

Comentários (Marcio Lamonica Bovino):

O art. 5º da Lei das Locações de Imóveis Urbanos, por sua aparente simplicidade de redação, pode, numa análise superficial, retratar o óbvio: locador que pretende ter a coisa de volta precisa despejar o inquilino. Correto? Não é tão simples assim.

Numa relação de locação consentida, quer dizer, onde o proprietário ou o possuidor negociou com o interessado as condições básicas do contrato (prazo, valor do aluguel, forma de pagamento, critério de correção, objeto etc.), basta o locador cientificar o locatário da intenção de retomada da coisa para que a relação locatícia se encerre, desde que atendidos os requisitos legais específicos das locações residenciais e comerciais, cada qual com regras próprias.

Nota do organizador Luiz Antonio Scavone Junior: Para ilustrar, a cláusula pode ser redigida nos seguintes termos: "Embora a presente locação tenha sido celebrada pelo prazo de 30 meses, vinculando o locador, o locatário poderá devolver o imóvel após 12 meses de vigência do presente contrato, sem qualquer penalidade, mediante prévio aviso com prazo de 30 dias. Caso não comunique sua intenção de desocupar o imóvel com prazo mínimo de 30 dias, o que somente poderá fazer depois da vigência de 12 meses da presente locação, pagará o equivalente a 1 aluguel vigente. Caso devolva o imóvel antes do prazo de 12 meses, ficará responsável pela multa proporcional, considerado o prazo de 30 meses, nos termos do art. 4º da Lei 8.245/1991."

[43] Acórdão publicado em 11.10.2010 da 5ª Turma, nos autos do Recurso Especial 844.882/RJ, tendo como relatora a Min. Laurita Vaz.

[44] Acórdão publicado em 04.02.2002 da 6ª Turma do STJ, nos autos do Recurso Especial 77.457/SP, tendo como relator o Min. Hamilton Carvalhido.

No caso de locação verbal residencial ajustada com prazo inferior a 30 meses, findo o prazo estabelecido, a locação prorroga-se automaticamente, por prazo indeterminado, somente podendo ser retomado o imóvel por mútuo acordo, em decorrência da prática de infração legal ou contratual, na hipótese de falta de pagamento do aluguel e demais encargos, para a realização de reparações urgentes determinadas pelo Poder Público, em decorrência de extinção do contrato de trabalho, se for pedido para uso próprio do locador, cônjuge, companheiro, ascendente ou descendente que não disponham de imóvel residencial próprio, e finalmente se a vigência ininterrupta da locação ultrapassar cinco anos.

Por outro lado, numa relação de locação não consentida, por exemplo, nos casos de cessão ou sublocação não permitidas e desconhecidas pelo locador, é possível o manejo da ação possessória para retomada da coisa pelo proprietário ou possuidor.

À guisa de esclarecimento, a cessão da locação, a sublocação e o empréstimo do imóvel, total ou parcialmente, dependem do consentimento prévio e escrito do locador, autorização que não se presume pela demora em manifestar-se formalmente a sua oposição. No entanto, a permanência de terceiro não autorizado no imóvel por um período suficiente a caracterizar a aquiescência do locador, permite a conclusão que a retomada coercitiva do imóvel dependerá do ajuizamento da ação de despejo.

Pela pertinência e apenas a título ilustrativo, nas locações residenciais ajustadas por escrito e por prazo igual ou superior a 36 meses, a resolução (e não a rescisão) do contrato ocorrerá findo o prazo estipulado independentemente de notificação ou aviso prévio pelo locador.

No entanto, caso o locatário permaneça, sem oposição do locador, na posse do imóvel alugado por mais de 30 dias, a locação é legalmente presumida prorrogada por prazo indeterminado, quando então a retomada pelo locador dependerá de notificação ou aviso prévio da intenção de retomada com prazo de 30 dias para resolução (desocupação voluntária).

No caso de locação não residencial ou comercial, o contrato por prazo determinado (não obrigatoriamente originariamente por prazo igual ou superior de 36 meses) cessa, de pleno direito, findo o prazo estipulado, independentemente de notificação ou aviso tal qual a locação residencial.

Da mesma forma, findo o prazo estipulado, caso o locatário permaneça, sem oposição do locador, na posse do imóvel alugado por mais de 30 dias, a locação é legalmente presumida prorrogada por prazo indeterminado, quando então a retomada pelo locador dependerá de notificação ou aviso prévio da intenção de retomada com prazo de 30 dias para resolução (desocupação voluntária).

Desde que no prazo de 90 dias contados da extinção do fideicomisso ou da averbação da extinção do usufruto, a locação poderá ser denunciada com o prazo de 30 dias para a desocupação, sob pena de presunção da prorrogação por prazo indeterminado, quando então a retomada pelo locador dependerá de notificação ou aviso prévio da intenção de retomada com prazo de 30 dias para resolução (desocupação voluntária).

Se o imóvel for alienado durante a locação, o adquirente poderá denunciar o contrato no prazo de 90 dias contados do registro da venda ou do compromisso, concedendo os mesmos 90 dias de prazo para a desocupação, salvo se a locação for por tempo determinado e o contrato contiver cláusula de vigência em caso de alienação e estiver averbado junto à matrícula do imóvel.

Seja residencial ou comercial, extinção do fideicomisso ou da averbação da extinção do usufruto, ou mesmo no caso de alienação, somente no caso de resistência do locatário na desocupação voluntária que exsurge a ação de despejo como medida judicial coercitiva satisfatória na busca da rescisão da locação. Essa é a regra do art. 5º da Lei das Locações.

Pela regra do art. 9º da norma comentada, a locação também poderá ser desfeita por mútuo acordo (sendo desnecessário o despejo coercitivo judicial), em decorrência da prática de infração legal ou contratual (sendo necessário o despejo coercitivo judicial) em decorrência da falta de pagamento do aluguel e demais encargos (sendo necessário o despejo coercitivo judicial caso o locatário não consinta na desocupação voluntária), e finalmente para a realização de reparações urgentes determinadas pelo Poder Público, que não possam ser normalmente executadas com a permanência do locatário no imóvel ou, podendo, ele se recuse a consenti-las (sendo necessário o despejo coercitivo judicial caso o locatário não consinta na desocupação voluntária).

Não sendo renovada judicialmente a locação comercial, nos termos do art. 74 da norma comentada, o juiz pode determinar a expedição de mandado de despejo com prazo de 30 dias para a desocupação voluntária, se houver pedido na contestação. Essa ordem de despejo incidental da ação renovatória tecnicamente não se confunde com a ação judicial de despejo própria.

A obrigatoriedade da ação de despejo coercitivo judicial não se aplica se a locação (residencial ou comercial) terminar em decorrência de desapropriação.

Nesse caso, basta ao poder expropriante formular pedido de imissão na posse do imóvel. Nos termos do Decreto-lei 3.365/1941, a imissão provisória poderá ser feita, independentemente da citação do réu, mediante o depósito do preço oferecido ou 20 vezes o valor locativo, o que for maior, caso o imóvel esteja sujeito ao imposto predial.

A imissão provisória na posse, vale lembrar, não deve ser condicionada ao depósito prévio do valor relativo ao fundo de comércio eventualmente devido ao locatário, tendo em vista que o pagamento desta indenização deve ser apurado em ação própria autônoma.

Nesse sentido o posicionamento majoritário do Superior Tribunal de Justiça: "A imissão provisória na posse não deve ser condicionada ao depósito prévio do valor relativo ao fundo de comércio eventualmente devido ao locatário, tendo em vista que o pagamento da indenização, apurada em ação própria, está sujeito à sistemática do art. 100 da Constituição Federal. Precedentes do STJ".[45]

Art. 6º O locatário poderá denunciar a locação por prazo indeterminado mediante aviso por escrito ao locador, com antecedência mínima de trinta dias.

Parágrafo único. Na ausência do aviso, o locador poderá exigir quantia correspondente a um mês de aluguel e encargos, vigentes quando da resilição.

Comentários (Christiane Macarron Frascino):

O locatário de contrato por prazo indeterminado pode, a qualquer tempo, notificar ao locador que no prazo de 30 dias irá devolver o imóvel. "É uma denúncia vazia, oca, imotivada, ou seja, o locatário não precisa dar o motivo de seu ato."[46]

---

[45] STJ, REsp 1.337.295/SP, 2ª Turma, Rel. Min. Herman Benjamin, j. 20.02.2014, *DJe* 07.03.2014.
[46] BARROS, Francisco Carlos Rocha de. *Comentários à Lei do Inquilinato*. 2. ed. rev. e atual. São Paulo: Saraiva, 1997, p. 30.

A notificação pode ser judicial ou extrajudicial, se aceita também correspondência, *e-mail* ou *fax*, desde que haja a inequívoca comprovação de recebimento.

> "O inquilino, para conseguir melhor documentação, pode ser utilizar de carta com aviso de recebimento, se não preferir a notificação por Cartório de Registro de Títulos e Documentos. Idôneo será também o recibo do locador passado em cópia de seu aviso. (...) o termo 'aviso' está para denotar que a lei dispensa maiores formalidades na obediência do dispositivo. (...) Não se pode excluir também o uso do correio eletrônico (*e-mail*) para essa forma de comunicação, bem como de várias outras do campo jurídico (...)."[47]

Os tribunais consolidaram entendimento da possibilidade de envio de carta com aviso de recebimento, o que torna desnecessário o custo da Notificação via Cartório:

> "Locação. Despejo por denúncia vazia. Contrato que estava vigendo por prazo indeterminado. Notificação prévia, de acordo com o artigo 6º da Lei n. 8.245/91. Recebimento da notificação por terceiro. Irrelevância na hipótese. Recurso improvido. (...)
>
> A finalidade da notificação é apenas dar ciência ao locador sobre desinteresse do locatário em prosseguir com o contrato de locação com antecedência mínima de 30 dias, conforme o art. 6º da Lei n. 8.245/91. (...)
>
> Está consolidado o entendimento de que para a constituição em mora do devedor, neste caso da locadora, basta o envio de notificação ao seu endereço, como ocorreu na espécie:
>
> 'Para comprovação da mora é suficiente a notificação por carta com AR entregue no endereço do devedor, não se exigindo que a assinatura constante do referido aviso seja a do próprio destinatário' (REsp 145.703/SP, rel. Min. César Asfor Rocha, j. 14.6.1999).
>
> 'Agravo regimental. Agravo de instrumento. Reintegração de posse. Arrendamento mercantil. Comprovação da mora. Entrega da notificação. Endereço do devedor. É válida, para efeito de constituição em mora do devedor, a entrega da notificação em seu endereço, não se exigindo que a assinatura constante do referido aviso seja a do próprio destinatário. Agravo Regimental improvido' (AgRg no Ag 1.284.958/MS, Rel. Min. Sidnei Beneti, *DJe* 27.05.2010).
>
> Ainda: REsp 167.356-SP, Rel. Min. Ruy Rosado de Aguiar, j. 13.10.1998, AgRg nos EDcl no REsp 1.039.210, Rel. Min. Aldir Passarinho Junior, j. 15.12.2008.
>
> Conforme salientou o d. magistrado, não é razoável exigir que o locatário se valha de todos os meios de comunicação para dar ciência sobre seu desinteresse na continuidade da relação locatícia com o locador".[48]

> "Contudo, na ausência deste aviso, fica o mesmo (inquilino) sujeito ao ônus previsto no parágrafo único do art. 6º da Lei de Locação, devendo ressarcir o locador na quantia correspondente a um mês de aluguel e encargos, vigentes quando da resilição."[49]

---

[47] VENOSA, Sílvio de Salvo. *Lei do Inquilinato comentada*. 13. ed. São Paulo: Atlas, 2014, p. 55-56.
[48] TJSP, Apelação 0013164-18.2010.8.26.0152, 32ª Câmara de Direito Privado, Rel. Des. Hamid Bdine, j. 04.04.2013.
[49] Acórdão publicado em 27.03.2000 da 5ª Turma do STJ, nos autos do Recurso Especial 140.587/SP, tendo como relator o Min. Jorge Scartezzini.

"Doutro lado, se o inquilino, mesmo tendo enviado aviso-prévio, desisti de abandonar o imóvel, não entregando as chaves, tal não autoriza o senhorio a considerar a relação locatícia pura e simplesmente extinta."[50]

O locador não deve se opor ao recebimento das chaves, independentemente do descumprimento das obrigações do locador, deve recebê-las e registrar o descumprimento contratual, estado do imóvel e outros prejuízos no recibo de entrega de chaves e vistoria. Se o imóvel estiver danificado, pode o locador se valer de fotos ou ato notarial que descreva as condições em que o imóvel foi entregue. É prudente que as partes façam a vistoria ao receber e devolver as chaves, com fotos do imóvel ou descrição detalhada do estado do imóvel, informando o estado da pintura, piso, portas, parte elétrica, encanamento, telhado etc.

"Na hipótese de ter sido danificado o imóvel por culpa do inquilino, poderá o locador, já na posse do imóvel, requerer vistoria judicial para apuração dos danos. Constatados este, além de responder pela indenização, o ex-inquilino será responsável, também, por valor igual ao dos aluguéis correspondentes ao período gasto na produção daquela prova. (...) O locador, às vezes, para evitar despesas e perda de tempo, dispensa a apuração judicial, valendo-se de laudo de vistoria extrajudicial, fotografias, orçamentos etc., prática que vem sendo aceita por alguns juízes."[51]

Caso o locador se oponha ao recebimento das chaves, cabe ao locatário ajuizar ação de consignação para se exonerar dos aluguéis e demais encargos. Nesse sentido é o entendimento de nossos tribunais:

"1. A Lei 8.245/91, em seu art. 6º, *caput*, condiciona o direito assegurado ao locatário de rescindir o contrato locatício à notificação do locador com antecedência mínima de 30 dias, cuja injusta recusa viabiliza a utilização da ação consignatória de entrega das chaves. 2. É irrelevante o fato de a notificação do locador ter sido realizada antes do final do prazo originalmente pactuado, tendo em vista que o locatário buscava devolver o imóvel após o fim do contrato de locação. 3. Findo o prazo estipulado no contrato de locação e ausente o interesse do locatário em permanecer no imóvel locado, tem ele o direito de devolvê-lo ao locador, cuja resistência autorizará o manejo de ação de consignação. 4. A entrega das chaves do imóvel ao locador não exonera o locatário pelos eventuais danos causados ao imóvel, decorrentes de sua má utilização, cuja indenização poderá ser exigida por meio da competente ação de perdas e danos".[52]

A recusa das chaves será justa se o imóvel não estiver desocupado de coisas, como leciona o E. Superior Tribunal de Justiça: "Recurso especial. Locação. Entrega de chaves. Recusa. Não desocupação do imóvel. 1. O poder de denúncia do contrato de locação por prazo indeterminado é de natureza potestativa, estando o seu exercício condicionado à prévia comunicação no prazo assinado pela lei e à transmissão da posse do imóvel ao locador, pela entrega de suas

---

[50] VENOSA, Sílvio de Salvo. *Lei do Inquilinato comentada*. 13. ed. São Paulo: Atlas, 2014, p. 56.
[51] BARROS, Francisco Carlos Rocha de. *Comentários à Lei do Inquilinato*. 2. ed. rev. e atual. São Paulo: Saraiva, 1997, p. 30-31.
[52] Acórdão publicado em 17.03.2008 da 5ª Turma do STJ, nos autos do Agravo Regimental no Agravo de Instrumento 853.350/SP, tendo como relator o Min. Arnaldo Esteves Lima.

chaves. 2. A transmissão da posse do imóvel ao locador, contudo, somente se opera com o restabelecimento do seu poder de uso e gozo do bem restituído, induvidosamente inocorrente quando se tem a embaraçá-lo a existência de bens do locatário no seu interior".[53]

Se o locatário quiser devolver o imóvel no término do prazo da locação não há que se falar em multa, sendo desnecessária inclusive notificação diante da previsão contratual de término, mas é de boa-fé a comunicação e agendamento de vistoria e entrega das chaves.

Art. 7º Nos casos de extinção de usufruto ou de fideicomisso, a locação celebrada pelo usufrutuário ou fiduciário poderá ser denunciada, com o prazo de trinta dias para a desocupação, salvo se tiver havido aquiescência escrita do nu-proprietário ou do fideicomissário, ou se a propriedade estiver consolidada em mãos do usufrutuário ou do fiduciário.

Parágrafo único. A denúncia deverá ser exercitada no prazo de noventa dias contados da extinção do fideicomisso ou da averbação da extinção do usufruto, presumindo-se, após esse prazo, a concordância na manutenção da locação.

Comentários (Christiane Macarron Frascino):

O usufrutuário tem a posse direta e, assim o poder de usar e gozar da coisa, direito real temporário, oponível *erga omnes*, sendo, portanto, muito utilizada à locação da coisa pelo usufrutuário, sendo dispensada a concordância do nu-proprietário, que permanece apenas coma posse indireta da coisa e o poder de dispor.

> "Ação de despejo. Locação firmada com usufrutuário do imóvel. Falecimento do locador. Consolidação da propriedade por parte do nu-proprietário. Sub-rogação contratual. Desinteresse na manutenção da locação. Notificação do locatário para desocupação. Possibilidade. Inteligência do artigo 7º, 'caput', da Lei nº 8.245/91. Despejo corretamente decretado. Sentença mantida. Recurso não provido."[54]

A substituição fideicomissária há muito era criticada pela doutrina, pois impede a livre circulação de riquezas, e foi restringida pelo Código Civil de 2002, pois "somente se permite em favor dos não concebidos ao tempo da morte do testador" (art. 1.952) até o 2º grau (art. 1.959 do Código Civil).

> "Dá-se a substituição fideicomissária quando, em ordem sucessiva, é chamado o fiduciário à propriedade da coisa, para transmiti-la ao fideicomissário depois de sua morte, no decurso de certo tempo, ou sob condição. (...) Por exemplo, deixo a casa que moro a Pedro; por sua morte, ela passará aos filhos que vier a ter."[55]

> "Figurando um exemplo clássico, o avô-proprietário deixa em testamento determinado imóvel (até o limite de sua parte disponível, que é 50%) a seu filho, porém, com

---

[53] Acórdão publicado em 17.09.2002 da 6ª Turma, nos autos do Recurso Especial 254.949/SP, tendo como relator o Min. Hamilton Carvalhido.
[54] TJSP, Apelação 1001126-27.2013.8.26.0127, 27ª Câmara de Direito Privado, Rel. Des. Daise Fajardo Nogueira Jacot, j. 17.03.2015.
[55] MONTEIRO, Washington de Barros. *Curso de direito civil*. Direito das sucessões. 38. ed. São Paulo: Saraiva, 2011, vol. 6, p. 249.

a expressa obrigação deste transmitir dito imóvel ao seu neto (... neto primogênito). Portanto, o fiduciário (o filho), que recebeu o imóvel do testador (seu pai, o proprietário original), pode usar e fruir do prédio enquanto viver, mas sem deter a propriedade plena, na medida em que da doação original já consta a obrigação de transmiti-la ao fideicomissário (neto do testador-doador)."[56]

Assim, quando a propriedade se consolidar nas mãos do nu-proprietário ou segundo herdeiro (fideicomissário, ainda não concebido na morte do testador), poderá exercer o seu direito de reavê-lo no prazo de 90 dias contados da averbação da extinção do usufruto ou morte do fiduciário, mediante notificação para desocupação no prazo de 30 dias.

Passados os 90 dias sem o exercício do direito, é válida a locação e o novo locador só poderá denunciar a locação nas demais hipóteses legais ou contratuais.

O artigo em comento esta em observância com o princípio da relatividade dos contratos, pois o nu-proprietário ou fideicomissário não foram partes no contrato de locação, razão pela qual não pode a eles ser imposto, ninguém pode ser obrigado a contratar com outrem.

É irrelevante se o contrato de locação era por prazo determinado, residencial, ou qualquer outro, é uma prerrogativa que pode ou não ser exercida pelo nu-proprietário. Não pode o locatário alegar desconhecimento, cabia a ele verificar a relação do locador com o imóvel locado analisando a matrícula do imóvel.

Na verdade, destacamos que não apenas na hipótese acima deve o locador ser prudente, aconselhamos sempre a análise da matrícula do imóvel pelo locador, e sempre que possível obter a concordância do nu-proprietário ou fideicomissário com a locação.

O usufruto pode se dar por prazo determinado e indeterminado, e "extingue-se, cancelando-se o registro no Cartório de Registro de Imóveis: I – pela renúncia ou morte do usufrutuário; II – pelo termo de sua duração; III – pela extinção da pessoa jurídica, em favor de quem o usufruto foi constituído, ou, se ela perdurar, pelo decurso de trinta anos da data em que se começou a exercer; IV – pela cessação do motivo de que se origina; V – pela destruição da coisa, guardadas as disposições dos arts. 1.407, 1.408, 2ª parte, e 1.409; VI – pela consolidação; VII – por culpa do usufrutuário, quando aliena, deteriora, ou deixa arruinar os bens, não lhes acudindo com os reparos de conservação, ou quando, no usufruto de títulos de crédito, não dá às importâncias recebidas a aplicação prevista no parágrafo único do art. 1.395; VIII – pelo não uso, ou não fruição, da coisa em que o usufruto recai (arts. 1.390 e 1.399)" (art. 1.410 do Código Civil).

Das hipóteses de extinção, o artigo em análise excetua a extinção por consolidação, que é a hipótese comum em que o usufrutuário adquire a nua propriedade, consolidando-se todos os poderes na sua mão. A consolidação também pode acontecer ao fiduciário. Nessa hipótese não poderá haver a denúncia da locação, porque não seria lógico e de boa-fé o indivíduo locar como usufrutuário ou fiduciário, mas denunciar a locação quando adquirir a propriedade plena.

Nota-se que o artigo não fala da extinção do usufruto, mas de seu registro no cartório de imóveis. "Abre-se para o nu-proprietário a possibilidade de manter o locatário ameaçado, indefinidamente, com a possibilidade de ver denunciada a locação."[57]

---

[56] COSTA, Carlos Celso Orcesi. *Locação de imóvel urbano*. São Paulo: Saraiva, 1992, p. 31.
[57] BARROS, Francisco Carlos Rocha de. *Comentários à Lei do Inquilinato*. 2. ed. rev. e atual. São Paulo: Saraiva, 1997, p. 34.

Outra exceção é a hipótese do nu-proprietário ou fideicomissário anuir, por escrito, ao contrato de locação, quando extinto o usufruto não poderá se opor a locação. A anuência deve ser expressa quanto à concordância com a locação, não basta que o nu-proprietário seja testemunha, ou procurador do usufrutuário ou fideicomisso.[58]

Se há diversos usufrutuários vitalícios, sem direito de acrescer entre eles, cada um que falecer, a propriedade no tocante aquele quinhão se consolidará nas mãos do nu-proprietário, que poderá requisitar o imóvel quando for o condômino majoritário, mas pagando o mesmo aluguel aos usufrutuários remanescentes. Nessa hipótese é prudente buscar a concordância do nu-proprietário para evitar problemas.

Se o usufrutuário renunciar, "há de se ver se não há intuito de fraude ou má-fé para prejudicar o locatário".[59]

Ao direito de uso aplicam-se os mesmos dispositivos do usufruto nos termos do art. 1.413 do Código Civil, assim, trata-se de um direito que pode ser extinto com o fim da necessidade do usuário, o que requer ainda mais a necessidade do locador buscar a aquiescência do nu-proprietário.

> "O nu-proprietário de imóvel locado não tem legitimidade para postular direito derivado do contrato de locação celebrado entre o inquilino e o usufrutuário, salvo após o falecimento deste ou em caso de renúncia ao usufruto."[60]

Art. 8º Se o imóvel for alienado durante a locação, o adquirente poderá denunciar o contrato, com o prazo de noventa dias para a desocupação, salvo se a locação for por tempo determinado e o contrato contiver cláusula de vigência em caso de alienação e estiver averbado junto à matrícula do imóvel.

§ 1º Idêntico direito terá o promissário comprador e o promissário cessionário, em caráter irrevogável, com imissão na posse do imóvel e título registrado junto à matrícula do mesmo.

§ 2º A denúncia deverá ser exercitada no prazo de noventa dias contados do registro da venda ou do compromisso, presumindo-se, após esse prazo, a concordância na manutenção da locação.

Comentários (Gabriel Seijo Leal de Figueiredo):

1. Introdução

O art. 8º da Lei 8.245/1991 cuida dos efeitos da alienação do bem locado. Em resumo, a transferência da propriedade não implica a extinção automática da relação locatícia. Porém, confere ao adquirente o direito potestativo de denunciar o contrato no prazo de 90 dias. O locatário só poderá obstar a resilição unilateral se, vigorando a locação por prazo determinado, o instrumento contratual contiver cláusula de vigência em caso de alienação e constar da matrícula do imóvel.

Aparentemente, trata-se de um dispositivo de interpretação simples. Contudo, sua aplicação é desafiadora, ensejando controvérsias que levaram à formação de uma rica casuística. Ao longo

---

[58] SOUZA, Sylvio Capanema de. *A Lei do Inquilinato comentada*. 7. ed. Rio de Janeiro: GZ, 2012, p. 51.
[59] VENOSA, Sílvio de Salvo. *Lei do Inquilinato comentada*. 13. ed. São Paulo: Atlas, 2014, p. 58.
[60] 2º TAC-SP, Apelação 9116047-07.2000.8.26.0000, 4ª Câmara de Direito Privado, Rel. Des. Amaral Vieira, j. 01.07.2003.

desses comentários, serão abordados problemas como a mitigação da exigência legal de registro, caso o adquirente tenha prévio conhecimento da locação; a discussão sobre o cabimento de averbação ou registro; a extensão do direito de denúncia ao adquirente de direitos reais de gozo; ou mesmo a necessidade de notificação do locatário antes do ajuizamento da ação de despejo.

A solução desses problemas reclama alicerces teóricos coerentes com o direito civil contemporâneo. Embora fundamental, a análise estrutural do art. 8º não basta para determinar seu sentido e alcance. Em consonância com o movimento de constitucionalização do direito privado, também impende atentar para a influência dos preceitos da Carta de 1988, como a função social da propriedade (e a função social da empresa dela decorrente) e o direito à moradia. Ademais, é imperioso adequar a norma aos princípios da eticidade, da operabilidade e da socialidade, que, impulsionados pelo Código Civil de 2002, informam todo o direito contratual brasileiro.

2. Histórico

A extinção da locação pelo adquirente do bem alugado remonta ao direito romano, assim como a faculdade de pactuar cláusula de vigência em caso de alienação.[61] Ainda hoje se fala em *emptio tollit locatum*, embora com certos temperos.

No direito brasileiro, o instituto também é tradicional, presente tanto dos códigos quanto da legislação extravagante e até mesmo da emergencial.[62]

Por exemplo, em seu art. 1.197, relativo às locações em geral, o Código Civil de 1916 dispunha que "se, durante a locação, for alienada a coisa, não ficará o adquirente obrigado a respeitar o contrato, se nele não for consignada a cláusula da sua vigência no caso de alienação, e constar de registro público".

O art. 19, § 2º, do Decreto 24.150, de 24 de abril de 1934, também disciplinava a questão. A chamada *Lei de Luvas*, ao versar sobre os contratos de locação renovados judicialmente, estipulava que "se o contrato prorrogado estipular cláusula que torne obrigatória a sua vigência para com terceiros, no caso de alienação do prédio, o registro, a que se refere este artigo, será igualmente feito, no Registro de Imóveis, da situação do prédio".

Do mesmo modo, o art. 14 da Lei 6.649, de 16 de maio de 1979, estabelecia que "se, durante a locação, for alienado o prédio, poderá o adquirente denunciá-la, salvo se a locação for por tempo determinado e o respectivo contrato contiver cláusula de vigência em caso de alienação e constar do Registro de Imóveis".

Como se vê, o art. 8º da Lei nº 8.245/1991 – que, aliás, já conta com décadas de vigência – não representou uma inovação substancial no ordenamento brasileiro. Entretanto, a contemporaneidade tem despertado questões desafiadoras para a doutrina e a jurisprudência.

3. Direito do adquirente à resilição unilateral do contrato

3.1. Função

A livre circulação de bens e serviços é um desdobramento do princípio da livre iniciativa, insculpido nos arts. 1º, IV, e 170, parágrafo único, da Constituição Federal. Em uma perspec-

---

[61] Cf., por todos, PONTES DE MIRANDA, Francisco Cavalcanti. *Tratado de direito privado*. 3. ed. São Paulo: RT, 1984, vol. 40, p. 222.
[62] PONTES DE MIRANDA, Francisco Cavalcanti. *Tratado de direito privado*. 3. ed. São Paulo: RT, 1984, vol. 40, p. 236.

tiva mais específica, o poder de disposição do bem é um dos elementos que caracterizam a complexidade da propriedade,[63] elencada pelo art. 5º, XXII, entre os direitos fundamentais.

Por outro lado, a circulação de bens é indispensável para a movimentação da economia. Restrições à faculdade de alienação diminuem o valor do bem e, por vezes, impedem o aproveitamento pleno de seu potencial social e econômico.

A existência de uma relação locatícia pode desestimular interessados na aquisição do imóvel. Em algumas situações, admite-se, o comprador é atraído pela possibilidade de suceder o alienante e passar a perceber os aluguéis. Entretanto, trata-se de uma circunstância rara, verificada principalmente na vida empresarial. No geral, o adquirente pretende o bem para uso próprio ou para pactuar nova locação com terceiros. Desse modo, embora juridicamente a locação não impeça a alienação do bem, pode prejudicá-la sob o ponto de vista econômico.

A essas constatações práticas, soma-se um argumento jurídico-estrutural. A locação não cria direitos reais, mas meramente pessoais. Essa característica – fundamental para distinguir a locação dos direitos de superfície, usufruto, uso e habitação – significa que os direitos do locatário não aderem ao bem nem se opõem *erga omnes*. Na realidade, consubstanciam-se em *res inter alios acta* e são regidos pelo princípio da relatividade.

Assim, ao autorizar a denúncia pelo adquirente, o art. 8º da Lei 8.245/1991 visa evitar que a locação importe um óbice econômico intransponível à negociação do imóvel. Ademais, conforma o direito do locatário a sua natureza jurídica obrigacional.[64]

Não obstante, a legislação também contempla a função social da locação. Na esfera residencial, o inquilinato é agasalhado como um dos principais instrumentos para a consecução do direito social de moradia (CF, art. 6º). No âmbito não residencial, o reconhecimento da função social da propriedade dos bens de produção[65] e da empresa (CF, arts. 5º, XXIII, e 170, III) enseja uma elaborada tutela jurídica do ponto empresarial.

Da necessidade de equilibrar a liberdade de disposição com a proteção da locação, resulta que o próprio art. 8º da Lei 8.245/1991 permite às partes estabelecer a sobrevivência do contrato na hipótese de alienação do imóvel. Não se cuida de um direito *ope legis* do locatário, eis que o ordenamento dá primazia à livre circulação dos bens. Ao contrário, é requerido o consentimento do locador mediante a estipulação da cláusula de vigência em caso de locação. Afora a declaração de vontade, é preciso que o contrato tenha prazo determinado e – o que pode ser custoso – esteja registrado.

Note-se que, mesmo sendo oponível ao adquirente do imóvel, o direito do locatário perde sua natureza obrigacional. A permanência da locação em vigor reflete uma obrigação com eficácia real, categoria que ontologicamente não se confunde com os direitos reais propriamente ditos.

As razões expostas, a par da topologia da Lei 8.245/1991, também embasam a aplicação do art. 8º tanto às locações residenciais quanto às não residenciais.

---

[63] GOMES, Orlando. *Direitos reais*. 18. ed. atual. por Humberto Theodoro Júnior. Rio de Janeiro: Forense, 2002, p. 97.

[64] Apesar da faculdade conferida pelo art. 8º, a presença de um locatário pode ser um estorvo à circulação do imóvel. Afinal, se o inquilino se recusar a deixar o imóvel, o comprador terá de manejar ação de despejo para obter sua posse direta. O processo que se seguirá – por vezes tortuoso – acarretará perda de tempo, dinheiro e oportunidades para o adquirente.

[65] COMPARATO, Fábio Konder. Função social da propriedade dos bens de produção. *Revista de Direito Mercantil, Industrial, Econômico e Financeiro*, São Paulo: Malheiros, n. 63, jul.-set. 1986, p. 71.

3.2. Natureza jurídica

O direito outorgado ao adquirente pelo art. 8º tem natureza potestativa.[66] Ou seja, são despiciendos o consentimento ou a colaboração do locatário.[67] Basta a declaração de vontade do adquirente para que o locatário se sujeite a ter a locação extinta.

A declaração de vontade do adquirente – designada como denúncia – tem natureza receptícia.[68] Vale dizer, produz seus efeitos a partir do recebimento pelo locatário.[69]

A extinção do contrato, instrumentalizada pela denúncia, tem a natureza de resilição unilateral. Sendo o art. 8º norma especial, não se aplica a ressalva do art. 473, parágrafo único, do Código Civil. Logo, o locatário não poderá postergar o término da locação, ainda que demonstre ter feito investimentos consideráveis para a sua execução.[70]

O locatário também não terá direito de indenização contra o adquirente ou o locador originário,[71] visto que a denúncia não caracterizará ato ilícito. Nem frustração de legítima expectativa o locatário poderá alegar, haja vista que, ao celebrar uma locação sem as cautelas que garantiriam sua sobrevivência em caso de alienação, expõe-se ao risco de a aplicação do art. 8º privá-lo do imóvel a qualquer tempo.[72]

3.3. Título aquisitivo

3.3.1. Natureza do título aquisitivo

O direito de extinguir o contrato é, por óbvio, exercido contra o locatário. Seu titular é o adquirente do imóvel, e não o alienante.

A aquisição deve decorrer de negócio jurídico *inter vivos*, pois a locação se transmite aos sucessores *causa mortis* (Lei 8.245/1991, art. 10). Não importa o título, que pode ser compra e venda, doação, permuta, dação em pagamento, conferência a capital para integralização de participação societária etc.[73]

O § 1º do art. 8º estende a faculdade de resilição ao titular de direito real de aquisição, seja ele o compromissário comprador ou seu cessionário. Para tanto, requer-se que o compromisso seja irrevogável e seu instrumento esteja registrado na matrícula – o que, de resto, são pressupostos da constituição do direito real de aquisição (CC, art. 1.417). Em adendo, é

---

[66] SLAIBI, FILHO, Nagib; SÁ, Romar Navarro de. *Comentários à Lei do Inquilinato*. 10. ed. Rio de Janeiro: Forense, 2010, p. 105.
[67] GOMES, Orlando. *Introdução ao direito civil*. 18. ed. Rio de Janeiro: Forense, 2001, p. 283.
[68] SLAIBI, FILHO, Nagib; SÁ, Romar Navarro de. *Comentários à Lei do Inquilinato*. 10. ed. Rio de Janeiro: Forense, 2010, p. 107.
[69] GOMES, Orlando. *Introdução ao direito civil*. 18. ed. Rio de Janeiro: Forense, 2001, p. 117.
[70] Não obstante, caberá direito de indenização por benfeitorias (ou levantamento) se presentes os pressupostos dos arts. 35 e 36 da Lei 8.245/1991.
[71] STJ, REsp 745.504, 5ª Turma, j. 12.09.2006.
[72] Obviamente, a ausência de cláusula de vigência em caso de alienação não tolhe o direito de preferência; se desrespeitado, o locatário poderá pleitear tutela específica ou indenização na forma do art. 33 da Lei 8.245/1991.
[73] SOUZA, Sylvio Capanema de. *A Lei do Inquilinato comentada*. 9. ed. Rio de Janeiro: Forense, 2014, p. 55. Quanto à doação – que desperta especial interesse por ser negócio jurídico a título gratuito, cf. STJ, REsp 28.472, 6ª Turma, j. 1º.12.1992; o julgamento se baseou na Lei 6.649/1979, mas seus fundamentos se aplicam no regime jurídico atual.

necessário que seja pactuada a imissão do compromissário na posse do imóvel; se o compromitente conserva a posse indireta do imóvel, não há motivo para que desalojar o locatário até que a transferência da propriedade se consume.

Embora não haja menção no texto da Lei 8.245/1991, entendemos que a faculdade de resilição abrange os compromissos de permuta irrevogáveis, registrados na matrícula e que prevejam a imissão de posse. A situação é corriqueira no mercado imobiliário, com o proprietário de um imóvel se obrigando a trocá-lo com o incorporador por unidades de um prédio a ser erigido. Esse modelo de negócios – legítimo e disseminado – restaria frustrado se a locação não pudesse ser rompida. O fundamento para estender o direito de denúncia ao compromissário permutante está no art. 533 do Código Civil, que submete a permuta ao regime jurídico da compra e venda.

A solução não é tão clara, porém, quando se criam direitos reais limitados de gozo. Se alguém não adquire a propriedade plena do bem de raiz, mas sim o direito de superfície, usufruto, uso ou habitação, terá a possibilidade de extinguir a locação? Há controvérsias sobre o tema.

A Súmula 23 do antigo Segundo Tribunal de Alçada Civil de São Paulo gizava que "o usufrutuário não se equipara ao adquirente para o fim de aplicação do art. 14 da Lei nº 6.649/79". A Lei 8.245/1991 não promoveu alterações que pudessem infirmar o enunciado, editado sob a legislação anterior. Segundo esse posicionamento, apenas o adquirente da propriedade do imóvel está intitulado a pôr fim à locação.[74]

> **Nota do organizador Luiz Antonio Scavone Junior:**
>
> A Súmula 25 do Tribunal de Justiça de São Paulo repete a antiga Súmula 23 do Segundo Tribunal de Alçada Civil de São Paulo nos seguintes termos: "O usufrutuário não se equipara ao adquirente para o fim de aplicação do art. 8º, da Lei nº 8.245/91".

Entretanto, não adotamos esse entendimento. O art. 8º não menciona a transmissão do domínio como pressuposto do rompimento da locação. O *caput* do dispositivo emprega o vocábulo "alienado", e o conceito de alienação não se restringe à transferência da propriedade – ao contrário, também inclui a constituição de direitos reais de gozo.[75]

É certo que o § 2º do art. 8º, ao regular o tempo do exercício do direito de denúncia, menciona o "registro da venda ou do compromisso". Porém, parece-nos que a norma não tem a finalidade de atribuir a faculdade de resilição apenas ao adquirente da propriedade. A título de exemplo, sua exegese literal conduziria ao absurdo de impedir que adquirentes da propriedade por doação ou permuta denunciassem a locação, permitindo-o apenas a compradores e compromissários. Aliás, a redação legal é tão falha que sequer menciona o registro da cessão do compromisso, referida expressamente no parágrafo anterior. Portanto, por qualquer ângulo que se o examine, o § 2º é um caso típico de *lex minus dixit quam voluit*.

---

[74] Nesse sentido, Sylvio Capanema de Souza afirma que o direito de resilir a locação cabe ao adquirente da propriedade (*A Lei do Inquilinato comentada*. 9. ed. Rio de Janeiro: Forense, 2014, p. 55). Sílvio de Salvo Venosa reitera a Súmula e nega a aplicação do art. 8º na hipótese de constituição de usufruto (*Lei do Inquilinato comentada*. 12. ed. São Paulo: Atlas, 2013, p. 69).

[75] PONTES DE MIRANDA, Francisco Cavalcanti. *Tratado de direito privado*. 3. ed. São Paulo: RT, 1984, vol. 40, p. 241.

Além disso, o conteúdo e a natureza dos direitos reais de gozo[76] recomendam que se confira a seus adquirentes o direito de terminar a locação. Fortes na elasticidade do direito de propriedade, esses direitos implicam a alienação dos poderes de uso ou gozo da coisa. A consecução de sua função – em especial na superfície, no uso e na habitação, demanda a imissão do titular na posse direta do bem.

Portanto, o espírito e a redação da Lei 8.245/1991 não são condizentes com a restrição do direito de extinguir a locação aos casos de transferência da propriedade, ou de criação de direito real de aquisição com imissão de posse. Por razões estruturais e funcionais, também se deve assegurá-lo a quem adquire direito real limitado de gozo.

Nesse sentido, o Superior Tribunal de Justiça já decidiu que "o dispositivo que faculta ao adquirente denunciar o contrato com o prazo de 90 dias quando a locação for por prazo indeterminado (art. 8º, da Lei nº 8.245/91), não exige que o mesmo tenha adquirido a propriedade plena do imóvel, não cabendo ao intérprete criar tal exigência".[77]

3.3.2. Registro do título aquisitivo

A necessidade de prévio registro do título aquisitivo, para que a denúncia seja válida e eficaz, constitui uma *vexata quaestio*.

Existem acórdãos afirmando que a simples lavratura da escritura pública – ou do auto de arrematação, nas alienações extrajudiciais – seria suficiente para ensejar o direito de resilição do contrato de locação. O Superior Tribunal de Justiça proferiu decisões afirmando que o conceito de adquirente, para fins de aplicação do art. 8º da Lei 8.245/1991, não se confunde com aquele do atual art. 1.245 do Código Civil. Logo, o registro do título não seria uma condicionante da denúncia da locação.[78]

Entretanto, com a devida vênia, partilhamos de opinião diferente.

A aquisição da propriedade dos bens de raiz é regida pelo art. 1.245 do Código Civil, segundo o qual "transfere-se entre vivos a propriedade mediante o registro do título translativo no Registro de Imóveis".[79] O § 1º do mesmo dispositivo também determina que "enquanto não se registrar o título translativo, o alienante continua a ser havido como dono do imóvel".

A interpretação sistemática da Lei 8.245/1991 e do Código Civil nos conduz a crer que, sem o registro, não ocorre a transmissão do domínio do imóvel. Por conseguinte, não haverá "adquirente" legitimado a denunciar a locação.[80]

Entendemos que o sentido e o alcance do art. 8º da Lei 8.245/1991 não apontam para a adoção de um conceito peculiar de aquisição, distanciado do Código Civil. Até porque, como a extinção da locação tem repercussões negativas para o locatário, é preciso que se tenha um

---

[76] Excluída, naturalmente, a servidão.
[77] STJ, REsp 37.220/SP, 6ª Turma, j. 15.10.1998. No mesmo sentido: STJ, REsp 511.637, 5ª Turma, j. 17.02.2004.
[78] STJ, REsp 511.637, 5ª Turma, j. 17.02.2004; STJ, REsp 605.521, 5ª Turma, j. 28.04.2004; STJ, REsp 53.248, 5ª Turma, j. 07.10.1997.
[79] Excetuam-se, é claro, as hipóteses de usucapião (CC, arts. 1.238 e ss.) e de acessão (CC, arts. 1.248 e ss.). Os direitos reais de gozo sobre imóveis também se adquirem por registro, sendo insuficiente a lavratura de escritura pública (CC, arts. 1.369, 1.391, 1.413 e 1.416).
[80] A favor da exigência de registro previamente à denúncia, cf. VENOSA, Sílvio de Salvo. *Lei do Inquilinato comentada*. 12. ed. São Paulo: Atlas, 2013, p. 68-69.

mínimo de segurança sobre o direito do adquirente.[81] Dispensar o registro pode dar margem a simulações e fraudes contra o inquilino.

Nessa linha, embora haja decisões dissonantes,[82] o Tribunal de Justiça de São Paulo tende a demandar o registro do título aquisitivo previamente à denúncia da locação.[83] A jurisprudência do Superior Tribunal de Justiça também já teve a oportunidade de assim se posicionar.[84]

Notamos que alguns dos principais arestos do STJ[85] lidaram com uma situação fática peculiar. Naqueles casos, o contrato de locação continha cláusula de vigência em caso de alienação, mas não estava registrado na matrícula. O bem foi levado a hasta pública e adquirido por um terceiro. No interregno entre a lavratura do auto de arrematação e seu registro no Cartório Imobiliário, o locatário promoveu a averbação da locação, com o intuito de evitar sua resilição pelo adquirente. A Corte decidiu a favor do arrematante, sob o argumento, acima mencionado, de que o art. 8º da Lei 8.245/1991 adota um conceito de aquisição menos rígido do que o Código Civil.

Interessante julgado do extinto Segundo Tribunal de Alçada Civil de São Paulo[86] apreciou matéria semelhante, mas protegeu o arrematante sob um fundamento diverso. O acórdão foi relatado pela então Juíza Rosa Nery, emérita civilista e professora da PUC/SP. Sua ementa está posta nestes termos:

> "Locação de imóveis. Despejo. Retomada de imóvel adquirido em hasta pública. Contrato de locação averbado depois da arrematação e antes do registro da carta de arrematação. Prova nos autos de que a inquilina, quando levou o contrato a registro, sabia que o locador havia perdido o imóvel locado em execução judicial do conhecimento da inquilina. Reconhecimento da inoponibilidade da averbação perante o adquirente de boa-fé. Possibilidade de denúncia imotivada. Recurso provido".

Pensamos que essa é a solução ideal. Por um lado, evita-se a fratura do sistema de direito privado, sem a introdução de um conceito de aquisição imobiliária que, ao prescindir do registro do título, apartaria a Lei 8.245/1991 do Código Civil. Por outro lado, reforça-se a coerência do mesmo sistema, mediante a utilização de uma de suas pedras angulares: o princípio da boa-fé. Dessa forma, logra-se proteger o adquirente e coibir o inquilino negligente e abusivo, que só registra a locação ao saber da arrematação.

A inteligência do art. 8º da Lei 8.245/1991, desenvolvida no voto da Juíza Rosa Nery, pode ser aplicada tanto às alienações judiciais quanto às extrajudiciais.

---

[81] SOUZA, Sylvio Capanema de. *A Lei do Inquilinato comentada*. 9. ed. Rio de Janeiro: Forense, 2014, p. 56.

[82] TJSP, AI 2115507-87.2014.8.26.0000, 36ª Câmara de Direito Privado, j. 31.07.2014; TJSP, AI 2089978-66.2014.8.26.0000, 29ª Câmara de Direito Privado, j. 25.06.2014.

[83] TJSP, Ap. 0044065-31.2010.8.26.0002, 30ª Câmara de Direito Privado, j. 07.12.2011; TJSP, Ap. 0108773-24.2009.8.26.01003, 26ª Câmara de Direito Privado, j. 30.11.2011; TJSP, Ap. 9188693-49.1999.8.26.0000, 16ª Câmara de Direito Privado, j. 21.11.2000; TJSP, Ap. 0309038-17.2010.8.26.0000, 30ª Câmara de Direito Privado, j. 06.07.2011.

[84] STJ, REsp 43.286, 5ª Turma, j. 18.04.1994.

[85] STJ, REsp 511.637, 5ª Turma, j. 17.02.2004; STJ, REsp 605.521, 5ª Turma, j. 28.04.2004.

[86] 2º TACSP, Ap. s/ Rev. 593171-00/7, 10ª Câmara, j. 14.03.2001.

3.4. *Exercício*

3.4.1. Introdução

O direito outorgado ao adquirente pelo art. 8º pode ser exercido em duas fases. Na primeira e necessária etapa, promove-se a notificação do locatário para extinguir a relação locatícia. Se o imóvel não for desocupado, ajuíza-se a ação de despejo.

3.4.2. Notificação

A doutrina costuma referir-se ao "princípio venda rompe locação", reproduzindo o velho brocardo *emptio tollit locatum*. Contudo, a expressão é triplamente enganosa.

A uma, o art. 8º da Lei 8.245/1991 não positiva um princípio, mas sim um conjunto de regras.[87] A duas, a resilição é possível não só na hipótese de venda do imóvel. A três, a extinção da locação não ocorre automaticamente.

Com efeito, exige-se uma declaração volitiva do adquirente pondo fim à locação.

A lei não impõe solenidade específica para a notificação do locatário, de sorte que se pode fazê-la em juízo ou fora dele. Há doutrina, inclusive, admitindo a notificação verbal.[88] Parece-nos problemático, pois, se locatário não deixar o imóvel, o adquirente terá de mover ação de despejo e desincumbir-se do ônus de provar a notificação.

Cumpre ao adquirente efetuar a notificação premonitória para, no campo do direito material, desconstituir a relação locatícia. A notificação deve assinalar prazo de 90 dias para a desocupação do imóvel, conforme o *caput* do art. 8º. Somente após o decurso desse período, será caracterizada a resistência do locatário. Por esse motivo, a notificação deve ser efetivada antes do aforamento da ação de despejo, sob pena de falta de interesse processual (CPC/2015, art. 485, VI).[89]

O art. 8º, § 2º, requer que a denúncia seja exercida no prazo de 90 dias, contados do registro do título aquisitivo. O prazo é claramente de caducidade, de modo que seu decurso implica a extinção do direito de resilição e mantém a locação em vigor – agora com o adquirente sub-rogando-se na posição contratual do locador. Sendo decadencial, o prazo não está sujeito a interrupção ou suspensão (CC, art. 207), mas se prorroga caso finde em dia não útil.

O compromisso de compra e venda enseja uma situação peculiar. Caso o compromissário comprador não promova a denúncia em 90 dias após o registro, a locação será mantida em vigor. O posterior registro da escritura definitiva de compra e venda não reabrirá a oportunidade de resilição, pois o silêncio do adquirente após o registro significará sua anuência com a locação.

---

[87] Conforme Robert Alexy, os princípios são mandados de otimização, ou seja, normas que determinam a realização de algo na maior medida possível (*Teoría de los derechos fundamentales*. Trad. Ernesto Garzón Valdés. Madrid: Centro de Estudios Políticos y Constitucionales, 2001, p. 86-87). Opostamente, o autor define as regras como normas que contêm determinações e somente podem ser cumpridas ou descumpridas, ou seja, se uma regra é válida, deve-se fazer exatamente o que ela determina, nem mais nem menos. À luz desse critério, o art. 8º claramente positiva um conjunto de regras, e não um princípio.

[88] SLAIBI FILHO, Nagib; SÁ, Romar Navarro de. *Comentários à Lei do Inquilinato*. 10. ed. Rio de Janeiro: Forense, 2010, p. 107.

[89] Sílvio de Salvo Venosa observa que "a dicção legal espanca qualquer dúvida, se é que ainda existia, exigindo a notificação anterior à propositura da ação de despejo" (*Lei do Inquilinato comentada*. 12. ed. São Paulo: Atlas, 2013, p. 69).

3.5 Despejo

Segundo o *caput* do art. 8º, o locatário tem o prazo de 90 dias, a partir do recebimento da notificação de resilição, para entregar o bem ao adquirente.

Caso o imóvel não seja desocupado, o adquirente poderá propor ação de despejo fundada em denúncia vazia[90] (Lei 8.245/1991, arts. 5º e 59).

Nas locações não residenciais, encontra-se jurisprudência admitindo medida liminar para desocupação com arrimo no art. 59, § 1º, VIII, da Lei 8.245/1991, se o despejo for postulado em até 30 dias após a notificação premonitória.[91] Caso o prazo seja excedido, há acórdãos deferindo antecipação de tutela para essa finalidade.[92]

A existência de uma ação renovatória pendente de julgamento, ajuizada antes ou depois da aquisição, não impede o despejo.[93] O direito de renovação, baseado no contrato de locação celebrado com o alienante, cede ante a resilição promovida pelo adquirente.

No período entre a aquisição do imóvel e sua desocupação, nada impede que o adquirente aufira aluguéis ou pratique outras condutas próprias de locador.[94] A alienação não rompe a locação automaticamente, e o adquirente assumirá a posição de locador até que proceda à denúncia. Ademais, o art. 8º lhe concede 90 dias para decidir se porá (ou não) fim à relação locatícia. Enquanto não houver a resilição, o contrato deverá ser cumprido normalmente. Desse modo, o recebimento de aluguéis não implicará *venire contra factum proprium* que afete a denúncia ou o despejo.

4. Direito do locatário à manutenção do contrato em vigor

4.1. Natureza jurídica

O princípio da relatividade dos efeitos dos contratos, originado do *alteri nemo stipulari potest*, significa que a avença só produz efeitos entre as partes, não prejudicando nem beneficiando terceiros. A locação é um contrato, gerando direitos obrigacionais que não podem ser opostos a terceiros – incluindo o adquirente do bem alugado.

Porém, atendidos certos pressupostos, o art. 8º permite que o locatário obste a resilição da locação pelo adquirente. Trata-se de uma situação singular, que configura uma exceção ao princípio da relatividade[95] em reconhecimento à função social desempenhada pela locação.

Nessa hipótese, estará caracterizada uma relação obrigacional com eficácia real.[96] Isto é, embora não se transmude em uma relação do direito das coisas, produzirá efeito *erga omnes*.

---

[90] STJ, REsp 736.954, 5ª Turma, j. 24.04.2007.
[91] Cf., por exemplo, TJSP, AI 2031369-27.2013.8.26.0000, 26ª Câmara de Direito Privado, j. 04.12.2013.
[92] Cf., por exemplo, TJSP, AI 0040977-88.2010.8.26.0000, 30ª Câmara de Direito Privado, j. 06.10.2010.
[93] STJ, REsp 1.342.090, 4ª Turma, j. 14.05.2013. VENOSA, Sílvio de Salvo. *Lei do Inquilinato comentada*. 12. ed. São Paulo: Atlas, 2013, p. 65.
[94] STJ, REsp 32.604, 6ª Turma, j. 20.04.1993. VENOSA, Sílvio de Salvo. *Lei do Inquilinato comentada*. 12. ed. São Paulo: Atlas, 2013, p. 66; SANTOS, Gildo dos. *Locação e despejo*. 6. ed. São Paulo: RT, 2010, p. 101.
[95] SOUZA, Sylvio Capanema de. *A Lei do Inquilinato comentada*. 9. ed. Rio de Janeiro: Forense, 2014, p. 58; VENOSA, Sílvio de Salvo. *Lei do Inquilinato comentada*. 12. ed. São Paulo: Atlas, 2013, p. 68.
[96] SOUZA, Sylvio Capanema de. *A Lei do Inquilinato comentada*. 9. ed. Rio de Janeiro: Forense, 2014, p. 59; VENOSA, Sílvio de Salvo. *Lei do Inquilinato comentada*. 12. ed. São Paulo: Atlas, 2013, p. 67.

4.2. Pressupostos

4.2.1. Introdução

Para obstar a denúncia pelo adquirente, o contrato de locação deve, cumulativamente, (i) vigorar por prazo determinado, (ii) conter cláusula de vigência em caso de alienação e (iii) estar registrado na matrícula do imóvel (Lei 8.245/1991, art. 8º, *caput*).

Reunidos esses pressupostos, o contrato de locação permanecerá em vigor. Há divergência sobre o alcance das alienações judiciais pela norma.[97]

4.2.2. Prazo determinado

O contrato precisa ter termo certo. Prazo apenas determinável não basta.

Ademais, o contrato deve estar vigendo por prazo determinado no momento em que o adquirente busca resili-lo. Avenças originalmente pactuadas com prazo determinado, mas que passaram a ter prazo indeterminado, também não são suficientes.

4.2.3. Cláusula de vigência em caso de alienação

O instrumento contratual deve conter uma cláusula prevendo a vigência mesmo em caso de alienação. A menção do texto legal a "cláusula", bem como a exigência de registro, implica que a locação deve ser convencionada por escrito.

A cláusula deve ser expressa.[98] Evidentemente, não existe uma fórmula sacral; mas, dada sua excepcionalidade, requer-se que a declaração de vontade seja inequívoca. A cláusula genérica de que o contrato obriga partes e sucessores não a supre.

Na prática de mercado, encontra-se cláusula pela qual o locador se obriga a dar conhecimento da avença a terceiros interessados em adquirir o imóvel. A disposição não supre nem se confunde com a cláusula de vigência em caso de alienação. Sua presença não tolhe a denúncia do contrato pelo adquirente, ainda que o instrumento locatício esteja registrado. Não obstante, seu inadimplemento dará ao locatário direito de indenização contra o locador primitivo (CC, art. 389).

4.2.4. Registro

Para ser oposta ao adquirente, a locação deve constar do Registro de Imóveis. O registro do Cartório de Títulos e Documentos é inócuo,[99] pois se cuida de obrigação relativa a bem de raiz.

---

[97] Entendendo que o locatário pode impedir a resilição tanto nas alienações extrajudiciais quanto nas judiciais, cf. PERES, Tatiana Bonatti. Locação empresarial: a cláusula de vigência e os princípios contratuais atuais. In: PERES, Tatiana Bonatti (org.). *Temas relevantes de direito empresarial*. Rio de Janeiro: Lumen Juris, 2014, p. 28; CAMPINHO, Sérgio. Regime jurídico do contrato: o contrato de locação na falência: direito de preferência do locatário do falido: a falência e o princípio da "venda (não) rompe a locação". *Revista Semestral de Direito Empresarial*, Rio de Janeiro: Renovar, n. 2, 2008, p. 266. Em sentido contrário, restringindo a norma a alienações extrajudiciais, cf. SLAIBI FILHO, Nagib; SÁ, Romar Navarro de. *Comentários à Lei do Inquilinato*. 10. ed. Rio de Janeiro: Forense, 2010, p. 108.

[98] SLAIBI FILHO, Nagib; SÁ, Romar Navarro de. *Comentários à Lei do Inquilinato*. 10. ed. Rio de Janeiro: Forense, 2010, p. 104.

[99] SOUZA, Sylvio Capanema de. *A Lei do Inquilinato comentada*. 9. ed. Rio de Janeiro: Forense, 2014, p. 58.

A exigência de publicidade é natural, e permeia todo o sistema quando se trata de direitos com eficácia *erga omnes*. Contudo, controverte-se sobre o ato registral adequado, ou seja, se o Cartório Imobiliário deverá registrar ou averbar a locação.

O art. 8º da Lei 8.245/1991 se refere expressamente à realização de averbação. Diante do texto legal, há doutrina apontando para esse ato.[100] Na jurisprudência, também se encontram decisões que admitem a averbação sem questionamento.[101]

Contudo, o art. 167, I, nº 3, da Lei 6.015, de 31 de dezembro de 1973, preceitua que serão registrados os "contratos de locação de prédios, nos quais tenha sido consignada cláusula de vigência no caso de alienação da coisa locada".

O registro tem por objeto títulos geradores de direitos e ônus,[102] ou seja, atos de natureza precipuamente constitutiva ou translativa. A averbação, por sua vez, atende à necessidade de "exarar fatos ou atos que, não sendo constitutivos de domínio ou de ônus, sejam atinentes a alterações dos caracteres do imóvel e do titular do direito real, ocorridas após a matrícula e o registro, com o objetivo de assegurar a publicidade daquelas mutações objetivas e subjetivas".[103]

O ato em estudo visa atribuir a eficácia real à relação locatícia. Não se cuida exatamente de uma constituição de direito real.[104] Mas não se trata, muito menos, de um ato destinado tão somente a consignar modificações das características do imóvel ou do titular do direito real. Por conseguinte, para preservação da coesão da Lei 6.015/1973, está-se diante de um registro, e não de uma averbação.[105]

Em passagem frequentemente citada, Theotonio Negrão[106] anota que "registro [para fins de vigência em caso de alienação] e averbação [para fins de preferência] poderão coexistir simultaneamente. E, como visam a efeitos diferentes, a existência de um não supre a falta do outro".

Contudo, diante da predominância da função sobre a forma (CC, art. 421), e do império do princípio da boa-fé (CC, art. 422), compreendemos que a opinião demanda modulação.

---

[100] VENOSA, Sílvio de Salvo. *Lei do Inquilinato comentada*. 12. ed. São Paulo: Atlas, 2013, p. 67; SANTOS, Gildo dos. *Locação e despejo*. 6. ed. São Paulo: RT, 2010, p. 99.

[101] Cf., por todos, STJ, AgRg nos EDcl no REsp 1.322.238, 3ª Turma, j. 23.06.2015. O acórdão não apenas cita a averbação prevista no art. 8º, como também analisa sua função.

[102] DINIZ, Maria Helena. *Sistemas de registros de imóveis*. São Paulo: Saraiva, 2000, p. 48.

[103] DINIZ, Maria Helena. *Sistemas de registros de imóveis*. São Paulo: Saraiva, 2000, p. 49.

[104] Em acórdão relatado pelo eminente civilista Ministro Paulo de Tarso Sanseverino, o Superior Tribunal de Justiça estadeou que "a finalidade da averbação do contrato, exigida pelo art. 8º da Lei n. 8.245/91 como requisito para a oposição do contrato de locação ao adquirente do imóvel, é unicamente a de dar publicidade à locação vigente, com vistas à proteção não apenas do locatário, mas também do terceiro adquirente" (STJ, AgRg nos EDcl no REsp 1.322.238, 3ª Turma, j. 23.06.2015).

[105] PERES, Tatiana Bonatti. Locação empresarial: a cláusula de vigência e os princípios contratuais atuais. In: PERES, Tatiana Bonatti (org.). *Temas relevantes de direito empresarial*. Rio de Janeiro: Lumen Juris, 2014, p. 27; SLAIBI FILHO, Nagib; SÁ, Romar Navarro de. *Comentários à Lei do Inquilinato*. 10. ed. Rio de Janeiro: Forense, 2010, p. 105; TWORKOWSKI, Carlos Alberto. A averbação e o registro dos contratos de locação no registro de imóveis: repercussões legais. *Revista de Direito Imobiliário*, São Paulo: RT, n. 62, jan.-jun. 2007, p. 15; CHICUTA, Kioitsi. A locação de imóveis e o sistema registrário. *Revista de Direito Imobiliário*, São Paulo: RT, n. 37, jan.-abr. 1996, p. 27; NEGRÃO, Theotonio et al. *Código de Processo Civil e legislação processual em vigor*. 44. ed. São Paulo: Saraiva, 2012, p. 1.678.

[106] NEGRÃO, Theotonio et al. *Código de Processo Civil e legislação processual em vigor*. 44. ed. São Paulo: Saraiva, 2012, p. 1.678.

A doutrina diverge sobre o ato registral adequado. Na jurisprudência, há arestos que mencionam a averbação para efeitos do art. 8º sem qualquer ressalva. Consequentemente, embora o registrador deva ficar atento para o cabimento de registro, não se deve prejudicar o locatário de boa-fé. Se a locação estiver apenas averbada, mas a cláusula de vigência constar da certidão de matrícula, não será cabível a denúncia.

Note-se que a jurisprudência tem sido liberal até mesmo em uma situação extrema, quando a locação não está nem registrada nem averbada na matrícula. Para impedir a resilição, basta ao locatário demonstrar que o adquirente tinha ciência inequívoca do contrato.[107] A posição tem a vantagem de, a um só tempo, privilegiar a função social do contrato de locação e reprimir a má-fé do adquirente.

O Superior Tribunal de Justiça apresenta importantes julgados sobre o tema. Destacam-se os seguintes trechos dos acórdãos:[108]

> "3. Na hipótese, trata-se de ação de despejo proposta por comprador de imóvel em face de locatário. Discute-se a possibilidade do comprador de imóvel locado proceder à denúncia do contrato de locação ainda vigente, com fundamento na inexistência de averbação da referida avença na matrícula do respectivo imóvel. 4. O Tribunal de origem, após analisar a documentação apresentada pelas partes, que retratava toda a negociação de compra e venda do bem, até a lavratura da respectiva escritura, entendeu que, não obstante ausente a averbação do contrato na matrícula do imóvel, o adquirente tinha a obrigação de respeitar a locação até o seu termo final. 5. Afastada a possibilidade da recorrente denunciar o contrato de locação com base na ausência da sua averbação na matrícula do imóvel porque ela tinha inequívoco conhecimento da locação e concordara em respeitar seus termos em instrumentos firmados com o locador e proprietário anterior".[109]

> "1. O contrato de locação com cláusula de vigência, ainda que não averbado junto ao registro de imóveis, não pode ser denunciado pelo adquirente do bem, caso dele tenha tido ciência inequívoca antes da aquisição."[110]

> "1. O adquirente de imóvel poderá denunciar o contrato de locação para reaver o imóvel adquirido que se encontra locado, nos termos do art. 8º da Lei n. 8.245/91, se ausente a averbação junto à matrícula do imóvel. 2. Porém, tendo ciência da locação que recaía sobre o imóvel a ser adquirido, incabível a oponibilidade da chamada denúncia vazia, por ausência da averbação do contrato de locação no registro de imóveis, sob pena de violação ao princípio da boa-fé (Precedente: REsp n. 1.269.476/SP, Relatora a Ministra Nancy Andrighi, Terceira Turma, *DJe* de 19/2/2013). 3. Na hipótese dos autos, segundo o acórdão recorrido, os adquirentes tinham conhecimento prévio da locação anteriormente à aquisição do imóvel, a qual, inclusive, constou no respectivo ato de compra e venda."[111]

---

[107] E que, é claro, o contrato vigora por prazo determinado e contém cláusula de vigência em caso de alienação.
[108] Em sentido contrário, cf. STJ, REsp 16.890, 3ª Turma, j. 14.09.1992. O acórdão anterior à edição do Código Civil de 2002, que enfatizou eticidade e a socialidade como molas-mestras de todo o ordenamento jurídico privado.
[109] STJ, REsp 1.269.476, 3ª Turma, j. 05.02.2013.
[110] STJ, AgRg nos EDcl no REsp 1.322.238, 3ª Turma, j. 23.06.2015.
[111] STJ, AgRg no Ag em REsp 592.939, 3ª Turma, j. 03.02.2015.

O último dos arestos transcritos, relatado pelo Ministro Marco Aurélio Bellizze, consigna a arguta afirmação de que a "denúncia vazia que tem como requisito a falta de ciência dos adquirentes quanto à locação envolvendo o imóvel adquirido".[112] Sob essa ótica, o direito de resilir pressupõe que o adquirente não saiba da locação entabulada por prazo determinado e com cláusula de vigência. Estando o contrato registrado, presume-se *juris et de jure* o conhecimento do adquirente.[113] Na falta de registro, presume-se *juris tantum* o desconhecimento, cabendo ao locatário o ônus de provar a ciência do adquirente.[114]

A corrente encontra respaldo na doutrina. Tatiana Bonatti Peres[115] salienta que "a cláusula de vigência, sendo ela manifestação de livre vontade das partes contratantes, deve ser respeitada pelo adquirente do imóvel locado, se dela tiver conhecimento, de forma inequívoca, seja por notificação ou outro meio idôneo, anteriormente à aquisição. Isso porque a Justiça não pode privilegiar a má-fé ou o inadimplemento contratual, nem amparar contratos fraudulentos que tenham por escopo desconstituir direitos contratuais lícitos anteriores".

Art. 9º A locação também poderá ser desfeita:

I – por mútuo acordo;

II – em decorrência da prática de infração legal ou contratual;

III – em decorrência da falta de pagamento do aluguel e demais encargos;

IV – para a realização de reparações urgentes determinadas pelo Poder Público, que não possam ser normalmente executadas com a permanência do locatário no imóvel ou, podendo, ele se recuse a consenti-las.

Comentários (Christiane Macarron Frascino):

Comentamos que a lei protege o inquilino (vide comentários ao art. 4º) e o art. 9º traz as poucas hipóteses de dissolução, em que se autoriza a retomada do imóvel pelo locador durante o contrato de locação, residencial ou comercial, por prazo determinado, pois pelo prazo indeterminado basta a notificação da intenção de retomada no prazo de 30 dias ou conforme pactuado.

O inciso I traz a hipótese de dissolução por mútuo acordo, através da livre manifestação de vontade de ambas as partes em pôr fim ao contrato locatício. Se pela mútua vontade teve início, pela mútua vontade também pode ter fim. E é o que espera o Direito, que as partes cheguem a uma composição no final da relação sem precisar da interferência do Poder Judiciário.

---

[112] STJ, AgRg no Ag em REsp 592.939, 3ª Turma, j. 03.02.2015.
[113] PERES, Tatiana Bonatti. Locação empresarial: a cláusula de vigência e os princípios contratuais atuais. In: PERES, Tatiana Bonatti (org.). *Temas relevantes de direito empresarial*. Rio de Janeiro: Lumen Juris, 2014, p. 32.
[114] PERES, Tatiana Bonatti. Locação empresarial: a cláusula de vigência e os princípios contratuais atuais. In: PERES, Tatiana Bonatti (org.). *Temas relevantes de direito empresarial*. Rio de Janeiro: Lumen Juris, 2014, p. 36.
[115] PERES, Tatiana Bonatti. Locação empresarial: a cláusula de vigência e os princípios contratuais atuais. In: PERES, Tatiana Bonatti (org.). *Temas relevantes de direito empresarial*. Rio de Janeiro: Lumen Juris, 2014, p. 38.

Em caso de descumprimento do mútuo acordo, para o locador obter liminar deverá o distrato ter observado os requisitos do inciso I, § 1º, do art. 59: "celebrado por escrito e assinado pelas partes e por duas testemunhas, no qual tenha sido ajustado o prazo mínimo de seis meses para desocupação, contado da assinatura do instrumento".

O inciso II trata do descumprimento de obrigação contratual ou legal por qualquer das partes.

Como infrações as obrigações legais, citamos: a de não conservação da coisa como se sua fosse, sublocar sem anuência do locador, reforma ou construção clandestina, não substituir o fiador em caso de falecimento, entre outras.

A dissolução por descumprimento de obrigação contratual fundamenta-se na essência do contrato de locação que é classificado como sinalagmático, e acarreta o desequilíbrio e fere a confiança que a parte prejudicada depositava na outra.

São hipóteses de infrações contratuais a alteração do uso do prédio ou a finalidade da locação, sublocar ou emprestar quando proibido, não contratação de seguro, entre outras.

> "Na maioria dos casos, porém, infração legal e contratual se confundem, ou seja, há ao mesmo tempo infração à lei e ao contrato."[116]

A lei estabelece que qualquer infração embasa a resolução locativa, entretanto poderá haver o crivo do Poder Judiciário:

> "Agravo. Locação de imóveis. Ação renovatória do contrato de locação. Decisão de primeiro grau que, ao sanear o processo, rejeitou a arguição de infração contratual. Manutenção. A locatária não cometeu a infração contratual alegada pela locadora, como dá conta a prova documental carreada aos autos".[117]

É muito comum a mudança de finalidade do imóvel, mas se fixada na contratação deve ser respeitada, sendo admitidas mudanças, mas no mesmo ramo de atividade e, principalmente, que não necessite de adaptação no imóvel.

Se o agente da violação for o locatário, o que é mais comum, a ação cabível será o despejo. Se, for o locador, dará ensejo a ação de rescisão contratual cumulada com perdas e danos. "Também será possível a ação para a execução forçada da obrigação inadimplida, se ainda possível, e interessar à parte inocente."[118]

Não caracterizam infrações contratuais ou legais a instalação de pequena oficina, escritório, exercício de atividade remunerada voltada ao auxílio da família, bem como pequenos atrasos nas cotas condominiais ou imposto.

> "Na verdade, há certas faltas relativamente a obrigações contratuais que se mostram inexpressivas, sem ressonância suficiente para provocar a rescisão do ajuste locatício. A própria experiência da vida revela que, apesar de ausente no texto legal, (...), o adjetivo grave encontrado na Lei 4.494/1964 (art. 11 II), é correto o entendimento segundo o

---

[116] COSTA, Carlos Celso Orcesi. *Locação de imóvel urbano*. São Paulo: Saraiva, 1992, p. 41.
[117] TJSP, Apelação 2133828-39.2015.8.26.0000, 29ª Câmara de Direito Privado, Rel. Des. Neto Barbosa Ferreira, j. 02.09.2015.
[118] SOUZA, Sylvio Capanema de. *A Lei do Inquilinato comentada*. 7. ed. Rio de Janeiro: GZ, 2012, p. 67.

qual cabe ao Poder Judiciário examinar se a violação ao contrato de locação é tal que imponha a ruptura do liame locativo."[119]

"Despejo – infração legal – não desvirtua o caráter residencial do prédio a instalação de pequena oficina para conserto de aparelhos elétricos em um dos cômodos, sem alteração da estrutura do imóvel, pelo que o fato não constitui violação da obrigação legal."[120]

Vejamos alguns julgados em que se reconhecem infrações a lei ou contrato:

"Agravo de instrumento. Ação de despejo. Contrato de locação comercial. Sublocação. Desvio de finalidade. Caso concreto. Matéria de fato. Na espécie, tanto a autorização para mudança de finalidade como para a sublocação conferida no contrato original se subordinavam à ciência e autorização expressa da locadora, conclusão que decorre da interpretação das Cláusulas Quinta e Sexta (fl. 63), o que, no entanto, inexiste nos autos, devendo ser mantida a decisão agravada. Agravo de instrumento desprovido. (...)

Dessa forma, tanto a autorização para mudança de finalidade como para a sublocação conferida no contrato original se subordinavam à ciência e autorização expressa da locadora, conclusão que decorre da interpretação das cláusulas acima referidas. A mudança da finalidade da locação e a existência da sublocação restaram comprovadas nos autos, diante do teor da certidão negativa do Oficial de Justiça (fl. 31 deste agravo), esclarecendo que no local está instalada uma lancheria e não uma loja de móveis como contratado".[121]

"Contrato de locação de imóvel não residencial com cláusula restritiva de ocupação. Permissão para que familiares utilizassem, comercialmente, o imóvel sem autorização do locador. Violação contratual caracterizada. Comunicação de vazamento de água em grandes proporções muito após a ocorrência que afronta a norma de regência. Dicção dos arts. 13 e 23, IV, da Lei de Locação. Dever de reparação dos danos causados ao imóvel e dos encargos contratuais. Recurso parcialmente provido. (...)

Nesse sentido: 'Caracteriza infração contratual ensejadora de despejo o uso do imóvel locado por filha e genro do locatário, independentes economicamente, uma vez que, na hipótese, não caracterizada a locação 'intuitu familiae', que se estabelece desde o início em favor de vários membros da mesma família cuja economia é comum e congregada' (RT 617/136). Ficou evidenciada a infração pelo fato da locatária ter cedido o imóvel em questão para a moradia de parentes sem o consentimento expresso e por escrito do apelante."[122]

"Locação de imóvel residencial. Despejo por infração contratual. Sentença de procedência. Manutenção do julgado. Necessidade. Arguição defensiva no sentido de que não

---

[119] SANTOS, Gildo dos. *Locação e despejo*. 7. ed. rev., ampl. e atual. São Paulo: RT, 2011, p. 116.
[120] *RT* 218:186 in COSTA, Carlos Celso Orcesi. *Locação de imóvel urbano*. São Paulo: Saraiva, 1992, p. 45.
[121] Decisão monocrática de 26.07.2007 da 15ª Câmara do TJRS, nos autos do Agravo de Instrumento 70020649281, tendo como relator o Des. Vicente Barroco de Vasconcellos.
[122] TJSP, Apelação 0103775-76.2010.8.26.0100, 27ª Câmara de Direito Privado, Rel. Des. Dimas Rubens Fonseca, j. 21.08.2012.

observado o princípio da adstrição. Afirmativa de que o pedido de despejo fundou-se em denúncia vazia e não em infração ao contrato de locação. Inconsistência fática e jurídica. Petição inicial precisa e provida de farta documentação a demonstrar que o réu/locatário deixou de manter a conservação hidráulica e elétrica do imóvel sob sua posse, causando vazamentos no andar inferior. Existência de prova documental de que, ademais, ocasionou advertência e aplicação de multa condominial à autora/locadora, pois infringiu reiteradamente ao regulamento do prédio, estacionando sua bicicleta em vagas destinadas aos veículos automotores. Expedição de notificação premonitória, por parte da locadora, que não teve o condão de transmudar a causa de pedir, consistente em violação de cláusulas do contrato de locação. Inteligência ao art. 9º, II, da Lei Inquilinária."[123]

"Locação. Despejo. Infração contratual. Locatária que estava obrigada a contratar seguro do imóvel no valor correspondente a 70 vezes a importância do aluguel. Contexto probatório que demonstra o não cumprimento de tal cláusula. Infração contratual configurada. Despejo bem decretado. Sentença mantida. Apelação não provida."[124]

A terceira hipótese de dissolução do contrato de locação refere-se ao não pagamento de aluguel e demais encargos (art. 9º, III). É da natureza do contrato de locação o pagamento do aluguel, obrigação pecuniária, e o inadimplemento é falta grave, colocado em um inciso específico pelo legislador, apesar de se tratar de um evidente descumprimento de dever legal do locatário, a que se refere o inciso antecedente (art. 9º, II). É tão importante que "no dia seguinte ao vencimento do prazo para o pagamento do aluguel, e dos encargos, que pode o locador propor a competente ação de despejo".[125]

Na ação de despejo cumulada com a cobrança poderá o locatário purgar a mora, entretanto, "não se admitirá a emenda da mora se o locatário já houver utilizado essa faculdade nos 24 (vinte e quatro) meses imediatamente anteriores à propositura da ação" (art. 62, parágrafo único).

Se a decisão do locador é pela retomada do imóvel, diante da constante impontualidade do locatário aconselha-se separar as ações e mover o despejo pautado no inadimplemento, mas requerendo apenas a retomada do imóvel, e, em ação ordinária de cobrança, os aluguéis e demais encargos em aberto.

A última hipótese de dissolução do artigo em comento é a retomada pelo locador para a realização de reformas urgentes, determinadas pelo Poder Público, que não possam ser executadas com a permanência do locatário ou ele se recuse a consenti-las.

Na ação de despejo o locador deverá fazer prova da intimação do Poder Público da necessidade de reforma e a notificação ao locatário requisitando o imóvel:

"Locação de imóveis. Despejo para demolição. Imóvel comercial. Alegação do autor de reparos urgentes determinados pelo Poder Público. Necessidade imediata não comprovada. Notificação ao locatário inexistente. Ausência dos requisitos legais. Artigos 9º, inc. IV, e 47,

---

[123] TJSP, Apelação 0043520-90.2011.8.26.0562, 30ª Câmara de Direito Privado, Rel. Des. Marcos Ramos, j. 20.02.2013.
[124] TJSP, Apelação 1006346-52.2014.8.26.0068, 12ª Câmara de Direito Privado, Rel. Des. Jairo Oliveira Junior, j. 29.05.2015.
[125] SOUZA, Sylvio Capanema de. *A Lei do Inquilinato comentada*. 7. ed. Rio de Janeiro: GZ, 2012, p. 67.

inc. IV, da Lei 8.245/91. Indeferimento. Liminar. Decisão mantida. Recurso não provido. Considerando-se que, de plano, os requisitos previstos nos artigos 9º, inc. IV, e 47, inc. IV, da Lei nº 8.245/91, sem alterações pela Lei 12.112/09, não foram comprovados, de rigor a manutenção da não concessão liminar para desocupação do imóvel no prazo de quinze dias".[126]

"Teoricamente, qualquer obra de reparação, que não importe em demolição total do prédio, pode ser feita com a presença de ocupantes. (...) mas é evidente que a lei não poderia obrigar o locador a aceitar os riscos de responder civil ou criminalmente em caso de acidente sofrido pelo locatário ou por qualquer pessoa que resida no imóvel, durante a realização das obras (...) em decorrência da responsabilidade civil pelo fato da coisa."[127]

Seriam obras indispensáveis, urgentes, que, inclusive, podem ameaçar a segurança do locatário, por exemplo: na fundação, estrutura, telhado, laje, encanamento, fiação elétrica, entre outras.

Se o imóvel está em ruína e, sabemos que a intervenção pública pode ser demorada, pode o proprietário requisitar o imóvel, inclusive diante de sua responsabilidade, com base na impropriedade do objeto:

"Locação de imóvel. Despejo por falta de pagamento e para realização de obras urgentes. Liminar concedida em anterior agravo de instrumento. Oposição de exceção de suspeição lançada pelo réu. Vazamentos e infiltrações que atingiram apartamento vizinho. Necessidade de reparos urgentes. Exceção que permite a prática de ato urgente para evitar dano irreparável. Art. 266, parte final, do CPC. (...)

O art. 266 alude a 'dano irreparável', simplesmente, sem se preocupar se se trata de um dano de difícil ou fácil reparação, ou, mesmo de certa ou incerta reparação, devendo essa avaliação ser feita com base nas circunstâncias de cada caso concreto e em função da pessoa que experimenta o dano.

Diante da necessidade de reparação urgente em razão de infiltrações em apartamento vizinho decorrente de vazamentos provenientes do imóvel locado, de rigor a efetivação da liminar de despejo já deferida em julgamento anterior".[128]

O locador, se necessário, poderá ajuizar ação cautelar de produção antecipada de provas, como forma de garantir futura liminar de desocupação após perícia e laudo de constatação do estado do imóvel.

Após a obra o imóvel estará certamente mais valorizado, uma das razões pela qual se extingue aquela relação locatícia, o imóvel não será mais o mesmo, o aluguel será valorizado, talvez não seja mais conveniente ao próprio locatário pelas alterações introduzidas na reforma. "Um imóvel alugado por 100, em mau estado de conservação, poderá valer 300 após ampla reforma. Por esse motivo, a mais justa solução é compreender que a rescisão contratual é definitiva, sem direito de regresso, salvo eventual negociação entre as partes".[129]

---

[126] TJSP, Apelação 0126888-97.2012.8.26.0000, 31ª Câmara de Direito Privado, Rel. Des. Paulo Ayrosa, j. 24.07.2012.
[127] SOUZA, Sylvio Capanema de. *A Lei do Inquilinato comentada*. 7. ed. Rio de Janeiro: GZ, 2012, p. 68.
[128] TJSP, Apelação 2141522-93.2014.8.26.0000, 35ª Câmara de Direito Privado, Rel. Des. Gilberto Leme, j. 13.10.2014.
[129] COSTA, Carlos Celso Orcesi. *Locação de imóvel urbano*. São Paulo: Saraiva, 1992, p. 60.

Art. 10. Morrendo o locador, a locação transmite-se aos herdeiros.

Comentários (Everaldo Augusto Cambler):

1. Manutenção da relação jurídica locatícia com a morte do locador

Como tivemos a oportunidade de referir, a relação jurídica obrigacional "é transitória, em contraste com os direitos reais. Enquanto aquela consiste em um dar, fazer ou não fazer alguma coisa (prestação), ficando adstrita aos obrigados ou coobrigados, conjuntos ou solidários, os direitos reais afetam diretamente a coisa, vinculando a sociedade como sujeito passivo da relação jurídica, sendo exercidos *erga omnes* e outorgando ao titular do direito a faculdade de haver o bem de quem quer que o detenha – *ius sequendi*".[130]

Essa transitoriedade do vínculo obrigacional, contudo, faz-se sentir no sentido de seu cumprimento, porquanto, tratando-se de sucessão *causa mortis* de direito material "a locação, morto o locador, subsiste em todos os seus termos com os seus herdeiros e sucessores".[131]

A norma consubstanciada no art. 10 repete, em relação ao senhorio, o que dispunha o art. 1.198 do CC/1916, de acordo com o qual "morrendo o locador ou o locatário, transfere-se aos seus herdeiros a locação por tempo determinado", artigo esse reproduzido pelo art. 577 do CC/2002 e ainda plenamente aplicável à locação de coisas, de maneira que o vínculo locatício somente se extinguirá inexistindo estes ou diante da extinção da pessoa jurídica. Outrossim, o sistema jurídico civil concede proteção aos bens deixados pelo *de cujus*, ao determinar que, ato contínuo ao evento "morte", a herança transmite-se, desde logo, aos herdeiros legítimos e testamentários, nos termos do art. 1.784 do CC/2002.

Destarte, a morte, por si só, não extingue a locação, assumindo o espólio, no caso de morte do locador proprietário, o seu lugar até a partilha e, depois de concretizada, a pessoa a quem for atribuído o imóvel.[132]

No entanto, antes da organização formal do espólio e na eventualidade de a partilha dos bens acontecer extrajudicialmente, conforme permite a Lei 11.441/2007, os herdeiros poderão interferir na relação negocial, permanecendo na posição contratual por prazo determinado ou indeterminado, como adverte Sílvio de Salvo Venosa: "Poderão ingressar com pedido de retomada nas mesmas situações que poderia fazer o *de cujus*. (...) Trata-se de aplicação de princípio de direito contratual pelo qual o contrato, não sendo personalíssimo, obriga os sucessores *causa mortis*. Embora a lei não o diga, a sucessão engloba também os legatários aos quais vier a ser atribuído o imóvel locado".[133]

Diante da circunstância da morte do locador encontrar herdeiros e sucessores diversos, serão estes tratados como condôminos, razão pela qual têm se decidido pela aplicação do art.

---

[130] ALVIM, Arruda; ALVIM, Thereza (coords.). *Comentários ao Código Civil brasileiro* – do direito das obrigações. Rio de Janeiro: Forense, 2003, comentário ao art. 233, p. 39.

[131] SANTOS, Gildo dos. *Locação e despejo* – comentários à Lei 8.245/91. 7. ed. rev., atual. e ampl. São Paulo: RT, 2011, comentário ao art. 10, n. 32, p. 122.

[132] CHICUTA, Kioitsi. A locação de imóveis e o sistema registrário. *Doutrinas Essenciais de Direito Registral*, São Paulo: RT, vol. 5, dez. 2011, p. 681.

[133] VENOSA, Sílvio de Salvo. *Lei do inquilinato comentada* – doutrina e prática. 12. ed. São Paulo: Atlas, 2013, p. 77.

1.314 do CC/2002, antigo art. 623 e incisos do CC/1916. Nesse sentido, o seguinte julgado: "Despejo. Falta de pagamento de aluguel. Imóvel possuído em comum. Ação proposta pela viúva-meeira do locador detentora de 50% do imóvel. Legitimidade 'ad causam'. Desnecessidade de anuência dos demais condôminos. Inteligência do art. 623, I, do CC. (...) Sendo a retomante condômina do imóvel juntamente com seus filhos, não há falar-se estar postulando direito alheio em nome próprio, sendo pacífica a jurisprudência em torno do art. 623, 1, da Lei Civil, no sentido de caber a qualquer condômino usar livremente da coisa conforme seu destino e sobre ela exercer todos os direitos compatíveis com a indivisão, inclusive dar em locação e retomar a coisa comum. Daí por que desnecessária a anuência dos demais condôminos".[134]

Também, nenhuma relevância traz o registro para o ajuizamento da ação pelo herdeiro, como evidencia o seguinte julgado: "Despejo. Falta de pagamento cumulada com cobrança. Demanda ajuizada por herdeiro. Ausência de título de imóvel registrado em seu nome. Irrelevância, pois, uma vez aberta a sucessão, o domínio e a posse da herança transmitem-se desde logo aos herdeiros, limitando-se a partilha tão somente a declarar direito preexistente. (...) É irrelevante, para o ajuizamento de ação de despejo por falta de pagamento cumulada com cobrança proposta por herdeiro, a ausência de título de imóvel registrado em seu nome, uma vez que, aberta a sucessão, o domínio e a posse da herança transmitem-se desde logo aos herdeiros, limitando-se a partilha tão somente a declarar direito preexistente".[135]

Ainda, mostra-se admissível a ação pretendendo a desocupação do imóvel promovida por um dos herdeiros, independentemente da autorização dos demais, conforme sustenta o seguinte acórdão: "Despejo. Denúncia vazia. Ação proposta por um dos herdeiros. Admissibilidade. Legitimidade *ad causam*. (...) Ação de despejo. Denúncia imotivada. Legitimidade do condômino, sucessor da primitiva locadora para propor a ação, independentemente da autorização dos demais. Inteligência do art. 623, I e II, do CC".[136]

Art. 11. Morrendo o locatário, ficarão sub-rogados nos seus direitos e obrigações:

I – nas locações com finalidade residencial, o cônjuge sobrevivente ou o companheiro e, sucessivamente, os herdeiros necessários e as pessoas que viviam na dependência econômica do *de cujus*, desde que residentes no imóvel;

II – nas locações com finalidade não residencial, o espólio e, se for o caso, seu sucessor no negócio.

Comentários (Everaldo Augusto Cambler):

1. Da sub-rogação advinda da morte do locatário

Duas formas de sub-rogação se distinguem: a *real*, que se refere à substituição do objeto, com a transferência do vínculo existente para outro, e a *pessoal*, que tem por característica a transferência dos direitos do credor para aquele que solveu a obrigação, ou emprestou o necessário para isto. A sub-rogação transfere ao novo credor todos os direitos, ações, privi-

---

[134] 2º TACivSP, AgIn 366.962-0/00, 5ª Câmara, j. 23.09.1992, *RT* 693:189.
[135] 2º TACivSP, AgIn 644.568-00/8, 1ª Câmara, j. 31.07.2000, *RT* 783:337.
[136] 2º TACivSP, Ap. s/ Rev. 444.591-00/0, 5ª Câmara, j. 06.12.1995, *RT* 730:266.

légios e garantias do primitivo, em relação à dívida, contra o devedor principal e os fiadores (art. 349 do CC/2002), podendo o devedor, em razão disso, opor ao sub-rogado as exceções pessoais que tinha contra o credor primitivo.[137]

No âmbito das relações jurídicas locatícias, a sub-rogação pessoal foi regulada em face do falecimento do locatário, preferindo o legislador, ao invés de transferir aos sucessores sua posição contratual, fixar os sub-rogados nos direitos e obrigações, utilizando como critério distintivo, a finalidade da locação – residencial e não residencial.

Nas locações com finalidade residencial, os sub-rogados serão o cônjuge sobrevivente ou o companheiro e, sucessivamente, os herdeiros necessários e as pessoas que viviam na dependência econômica do *de cujus*, desde que residentes no imóvel. Gabriela Mesquita Souza, em interessante estudo sobre o confronto entre o direito português e o brasileiro, conclui que, na locação com essa finalidade, "A sub-rogação ao cônjuge dar-se-á desde que no momento do óbito tenha residência no locado, o mesmo vale quando houver separação de fato. Na separação judicial ou no divórcio, deve constar no acordo ou na sentença quem permanecerá no imóvel, ficando assim sub-rogado na posição de locatário. A sub-rogação ao companheiro também não está sujeita a nenhum prazo de vivência em comum, uma vez que os dispositivos do Código Civil que regulam a união estável não o estabelecem; nesse diapasão, a Lei do Inquilinato não estabelece prazo de vivência em comum ou residência no locado para efeitos da transmissão do arrendamento. Os herdeiros necessários são os previstos no art. 1.845 do CC/2002. A dependência econômica não é conceituada em lei, sendo necessária uma análise casuística para que seja configurada sua ocorrência".[138]

Maria Helena Diniz sustenta que "Pela simples leitura do dispositivo legal, ora examinado, fácil é perceber que há uma ordem sucessiva para continuar a avença locatícia. (...) É importante que se mantenha a sucessividade da chamada legal, mesmo que haja estipulação contratual em contrário, por ser esta norma de ordem pública. A continuidade da locação é direito conferido aos seus sucessores, logo o inquilino não poderá renunciar direito que não tem".[139]

Evidenciando o aspecto de preservação do grupo familiar, veja-se o seguinte julgado: "Citação. Ação de despejo contra espólio. Herdeiro não citado. Irrelevância. Sub-rogação legal que visa preservar o grupo familiar e não a individualidade de cada herdeiro. Aplicação dos arts. 46, I, do CPC, e 2º da Lei 8.245/91. (...) Ao herdeiro necessário que se diz lesado por não ter sido citado em ação de despejo por falta de pagamento proposta contra o espólio de seu genitor, não cabe invocar as regras do art. 47 do CPC, uma vez que a sub-rogação legal visa a preservar o grupo familiar e não a individualidade de cada herdeiro, conforme aplicação dos arts. 46, I, do CPC e 2º da Lei 8.245/91".[140]

Nas locações com finalidade não residencial, por sua vez, os sub-rogados serão o espólio e, se for o caso, seu sucessor no negócio. Quando a locação for mista, parte residencial, parte

---

[137] Cuidando desses e de outros aspectos do pagamento com sub-rogação, veja-se trabalho de nossa lavra: CAMBLER, Everaldo Augusto (coord.). *Curso avançado de direito civil – direito das obrigações*. São Paulo: RT, 2001. vol. 2, p. 148-151.

[138] SOUZA, Gabriela Mesquita. Consequências da morte do arrendatário no contrato de arrendamento urbano para habitação: confronto entre o direito português e o direito brasileiro. *Revista de Direito Imobiliário*, São Paulo: RT, dez. 2012, p. 290.

[139] DINIZ, Maria Helena. *Lei de locações de imóveis urbanos comentada*. 13. ed. rev. e atual. São Paulo: Saraiva, 2014, p. 108.

[140] 2º TACivSP, Ap. 462.398-00/6, j. 26.08.1996, *RT* 736:285.

não residencial, aplicar-se-á o critério da preponderância, observando-se qual destinação prepondera sobre a outra.

Encerrado o espólio e homologada a partilha, o "herdeiro que suceder o negócio é que será o sucessor da locação. Se a firma for individual, ou se tiver se encerrado com a morte do sócio, findo o inventário resolve-se o contrato. Também nada impede que o inventariante, com a concordância dos herdeiros, resolva desde logo o contrato, devolvendo o imóvel ao locador".[141]

Art. 12. Em casos de separação de fato, separação judicial, divórcio ou dissolução da união estável, a locação residencial prosseguirá automaticamente com o cônjuge ou companheiro que permanecer no imóvel. (Redação dada pela Lei nº 12.112, de 2009)

§ 1º Nas hipóteses previstas neste artigo e no art. 11, a sub-rogação será comunicada por escrito ao locador e ao fiador, se esta for a modalidade de garantia locatícia. (Incluído pela Lei nº 12.112, de 2009)

§ 2º O fiador poderá exonerar-se das suas responsabilidades no prazo de 30 (trinta) dias contado do recebimento da comunicação oferecida pelo sub-rogado, ficando responsável pelos efeitos da fiança durante 120 (cento e vinte) dias após a notificação ao locador. (Incluído pela Lei nº 12.112, de 2009)

Comentários (Everaldo Augusto Cambler):

1. As alterações oriundas da Lei 12.112, de 2009

Em face das alterações trazidas pela Lei 12.112/2009, o *caput* do art. 12 da Lei 8.245/1991[142] recebeu a adequação necessária em face do quanto disposto no art. 1.727 do Código Civil, que impossibilita a aplicação do regime jurídico da união estável ao concubinato, caracterizado como relação não eventual entre o homem e a mulher, impedidos de casar. Deveras, a incidência do artigo 12 recai sobre a locação residencial, não sobre qualquer outra forma de locação,[143] como a redação anterior poderia sugerir, e diante da dissolução da união estável, com a exclusão da relação concubinária.

O parágrafo único do art. 12,[144] por sua vez, foi desdobrado em dois parágrafos, modificando-se a faculdade concedida ao locador de exigir, no prazo de 30 dias, a substituição do fiador ou o oferecimento de qualquer das garantias previstas na lei. Por óbvio, a nosso sentir, o locador permanece com essa prerrogativa, condicionada, contudo, à exoneração levada a efeito pelo fiador, nos moldes estabelecidos na nova redação do § 2º do art. 12 da Lei 8.245/1991.

---

[141] SOUZA, Sylvio Capanema de. *A Lei do Inquilinato comentada*. 5. ed. Rio de Janeiro: GZ, 2009, p. 76.

[142] Dispunha o *caput* do art. 12 da Lei 8.245/1991, alterado pela Lei 12.112/2009: "Em casos de separação de fato, separação judicial, divórcio ou dissolução da sociedade concubinária, a locação prosseguirá automaticamente com o cônjuge ou companheiro que permanecer no imóvel".

[143] No mesmo sentido, presumindo a realização da locação *intuitu familiae*, THEODORO JÚNIOR, Humberto. *Inovações na Lei do Inquilinato:* visão esquemática das alterações provocadas pela Lei nº 12.112, de 09.12.2009. Rio de Janeiro: GZ, 2010, n. 1.2, p. 5.

[144] "Parágrafo único. Nas hipóteses previstas neste artigo, a sub-rogação será comunicada por escrito ao locador, o qual terá o direito de exigir, no prazo de trinta dias, a substituição do fiador ou o oferecimento de qualquer das garantias previstas nesta lei."

2. A sub-rogação do cônjuge ou companheiro que permanecer no imóvel

Diante da separação de fato, separação judicial, divórcio ou dissolução da união estável, a legislação locatícia reconhece mais algumas hipóteses de sub-rogação pessoal (além daquela prevista no art. 11 da Lei 8.245/1991 – falecimento do locatário), correspondente à transferência dos direitos e obrigações do cônjuge ou companheiro que não permaneceu no imóvel alugado, para fins residenciais, para o cônjuge ou companheiro que ali permanecer.[145]

A locação residencial prosseguirá automaticamente,[146] querendo isto significar que reconhecida a separação de fato, a separação judicial, o divórcio ou a dissolução da união estável judicialmente ou extrajudicialmente, não se fará necessária a elaboração de retificação contratual com a modificação das partes contratantes, bastando a comunicação por escrito ao locador (providência igualmente necessária na circunstância descrita no art. 11 da lei de locação).[147]

Cumpre notar que a separação judicial permanece como possibilidade de sub-rogação pessoal não excluída do sistema jurídico pela Emenda Constitucional 66, que alterou o art. 226, § 6º, da Constituição Federal, com a devida vênia dos entendimentos contrários. Tão atual permanece a separação judicial como meio de dissolução do casamento – e toda a legislação infraconstitucional a ela correspondente –, que o Código de Processo Civil a ela faz expressa referência em algumas passagens: art. 23, III (separação judicial), art. 693 (dentre as ações de família, o processo contencioso de separação), art. 731 (dentre os procedimentos de jurisdição voluntária, a homologação das separações consensuais).

Sendo a fiança a modalidade de garantia locatícia eleita pelas partes, a sub-rogação igualmente deverá ser comunicada por escrito a ele(s), fiador(es), ainda que se reconheça que, pelo contrato de fiança, o fiador assume um vínculo diretamente com o credor, garantindo satisfazê-lo por uma obrigação assumida pelo devedor (art. 818 do Código Civil).

Recebida a comunicação pelo fiador, terá este o prazo de 30 dias para exonerar-se de suas responsabilidades,[148] ficando responsável pelos efeitos da fiança durante 120 dias após a notificação por ele feita ao locador. Este, por sua vez, terá o direito de exigir do sub-rogado a substituição do fiador ou o oferecimento de qualquer das garantias previstas na lei, em face da exoneração permitida pela lei (art. 40, IV, da Lei 8.245/1991).

---

[145] A propósito da transferência dos direitos e obrigações ao cônjuge ou companheiro que permanecer no imóvel, veja-se o seguinte julgado: "Despejo. Falta de pagamento de aluguel. Casal separado de fato. Prosseguimento do feito contra a esposa do locatário, que permaneceu no imóvel. Admissibilidade. Sub-rogação legal, prevista no art. 12 da Lei 8.245/91" (AgIn 439.779-00/5 – Morato de Andrade, 2º Tribunal de Alçada de São Paulo, j. 02.10.1995, RT vol. 726/338, abr. 1996).

[146] Sylvio Capanema de Souza adverte que o advérbio de modo "automaticamente" não deve ser literalmente interpretado: "A sub-rogação será automática no caso do interesse ou conveniência das partes, que poderão repeli-la na hipótese contrária. Em havendo a sub-rogação, o contrato será mantido, com as mesmas cláusulas e condições, operando-se, apenas, a substituição subjetiva" (A Lei do Inquilinato comentada. 5. ed. Rio de Janeiro: GZ, 2009, comentário ao art. 12, p. 78).

[147] Sílvio de Salvo Venosa critica o texto da lei, observando que este deveria ser expresso quanto à possibilidade de a sub-rogação abranger a prole do locatário e de seu consorte, se já residiam no imóvel (Lei do Inquilinato comentada – doutrina e prática. 12. ed. São Paulo: Atlas, 2013, comentário ao art. 12, p. 84).

[148] "Se o fiador, todavia, silenciar no prazo legal de 30 dias, continuará respondendo como garantidor das obrigações locatícias" (SANTOS, Gildo dos. Locação e despejo – comentários à Lei nº 8.245/91. 7. ed. rev., atual. e ampl. São Paulo: RT, 2011, comentário ao art. 12, p. 132).

Art. 13. A cessão da locação, a sublocação e o empréstimo do imóvel, total ou parcialmente, dependem do consentimento prévio e escrito do locador.

§ 1º Não se presume o consentimento pela simples demora do locador em manifestar formalmente a sua oposição.

§ 2º Desde que notificado por escrito pelo locatário, de ocorrência de uma das hipóteses deste artigo, o locador terá o prazo de trinta dias para manifestar formalmente a sua oposição.

§ 3º (VETADO) (Incluído pela Lei nº 12.112, de 2009)

Comentários (Mareska Tiveron Salge de Azevedo):

1. Art. 13 – Necessidade do consentimento prévio do locador para cessão, sublocação e empréstimo do imóvel

A locação pode ser brevemente definida como um instituto jurídico que tem como origem a concessão, pelo proprietário, da utilização do seu imóvel, a um determinado locatário, para finalidade por ele informada ao locador, mediante mútuo acordo entre as partes, sendo os termos e condições estabelecidos no contrato de locação. Qualquer alteração em tais termos e condições acordados entre locador e locatário, poderá ser considerada infração, salvo se prévia e expressamente permitida pela outra parte.

Tanto a cessão, como a sublocação e o empréstimo, sejam eles totais ou parciais, trazem radicais alterações no âmbito da relação locatícia, uma vez que todos resultam na mudança do possuidor direto ou ocupante do imóvel de propriedade do locador. Não se pode, portanto, obrigar o locador a suportar estranho no seu próprio imóvel, razão pela qual a Lei do Inquilinato é rigorosa no tratamento do tema.

Além desta premissa, a intenção do legislador é proteger o locador de um enriquecimento indevido do locatário, caso fosse permitido a ele, sem consentimento do locador, a transferência da ocupação do imóvel para terceiros mediante livre critério e vontade do locatário, em contrapartida a remunerações variadas ou outros tipos de acordos entre este e o novo ocupante do imóvel, desvirtuando, assim, a finalidade da locação originária.

Na opinião de Carlos Celsi Orsesi da Costa, "enquanto há fundamento ético na locação, porque é justo que o proprietário aufira renda de um imóvel comprado com seu trabalho ou de seus ascendentes, a exploração do inquilinato por parte de quem não é proprietário revela-se socialmente injusta".[149]

Além do enriquecimento indevido pelo qual estaria o locatário beneficiado, não se pode deixar de mencionar os desgastes físicos aos quais o imóvel estaria submetido em caso de frequente alternância de seus ocupantes e consequentes mudanças em infraestrutura física, elétrica, hidráulica para adaptações a cada finalidade específica, ao qual cada novo ocupante demandaria, levando em conta o perfil das suas atividades, em caso de locação comercial ou, ainda, necessidade de adaptação familiar, em caso de locação residencial. O prejuízo oriundo de referida decadência física dos imóveis sublocados, cedidos ou emprestados, não pode ser imposto e assumido pelo locador, a não ser que este esteja ciente e concorde com ela, daí também a necessidade do consentimento prévio do locador.

---

[149] COSTA, Carlos Celso Orcesi da. *Locação de imóvel urbano:* comentários à Lei n. 8.245, de 18 de outubro de 1991. São Paulo: Saraiva, 1992.

Vale lembrar que o contrato, neste caso o de locação, é um instituto pleno de direitos e obrigações, portanto, um bem jurídico. Neste sentido, Sílvio de Salvo Venosa leciona que "os contratos em geral, e o contrato de locação de imóveis em particular, são frutos, na maioria das vezes, de ingentes esforços, de longas tratativas e de desgaste psicológico das partes. Destarte, o contrato adquire valor que extravasa pura e simplesmente seu objeto. Realizado o negócio, muito mais que o objeto em si do contrato idealizado, conseguiram as partes uma posição de privilégio em relação às outras pessoas da sociedade: lograram o *status* de contratante, e o locatário teve acesso a um imóvel para moradia ou utilização profissional. Desse modo, a posição de parte contratante em um contrato de execução continuada, como é a locação, passa a ter um valor de mercado".[150]

Como se nota, ao se firmar um contrato de locação são considerados diversos critérios com relação à figura da contraparte que ultrapassam a "pessoa", levando em conta a confiança entre as partes, a situação patrimonial, o histórico de solvabilidade e liquidez, a finalidade pretendida na utilização do bem, entre outros fatores particulares caso a caso, o que torna a relação jurídica entre locador e locatário complexa. Tal relação não está restrita a um negócio jurídico que objetiva exclusivamente o retorno financeiro ao locador em contrapartida do uso do bem pelo locatário.

Diante do exposto, a Lei do Inquilinato impõe uma obrigação negativa ao locatário, ou seja, de não ceder, sublocar ou emprestar o imóvel sem prévia e escrita anuência do locador. Para melhor compreensão do dispositivo legal é fundamental que sejam conceituadas cada uma destas três formas de ato translativo.

Quando se dá a *cessão* da locação, a figura do locatário original se desvincula da relação, havendo, portanto, a substituição do cessionário, a quem são transferidos os direitos e deveres atribuídos ao locatário, tanto na Lei do Inquilinato como no respectivo contrato de locação. Trata-se, portanto, da modificação do contrato de locação com relação a uma de suas partes, o locatário, que se retira da relação e é substituído pelo cessionário. Apesar desta substituição, a cessão não extingue a relação jurídica anterior. Para que seja efetivamente extinto o contrato original e iniciada uma nova relação jurídica totalmente independente, a intenção das partes de novar deverá ser expressa ou inequívoca, nos termos do art. 361 do Código Civil.[151]

De qualquer modo, como vimos, a modificação do locatário é significativa e relevante perante o locador. Mais explícita ainda tal relevância ao ilustrarmos que, caso o novo locatário cessionário, se aprovado pelo locador, deixe de pagar o aluguel, não poderá o locador exigir reparação do locatário original cedente, que estará exonerado de tal obrigação a partir da cessão.

Ao conceituarmos a *sublocação*, por sua vez, devemos salientar que a relação jurídica inicial entre locador e locatário, diferentemente da cessão, persiste e passa a coexistir com a relação jurídica estabelecida entre o locatário-sublocador e o sublocatário.

Deste modo, são estabelecidas duas relações distintas em que não há a relação jurídica direta entre o locador-proprietário do imóvel e o sublocatário, mitigando o risco para o

---

[150] VENOSA, Sílvio de Salvo. *Lei do inquilinato comentada* – doutrina e prática. São Paulo: Atlas, 2014, p. 91.
[151] "Art. 361. Não havendo ânimo de novar, expresso ou tácito mas inequívoco, a segunda obrigação confirma simplesmente a primeira." Não há nada que impeça a novação, caso as partes entendam cabível iniciar uma nova relação jurídica após a cessão, oportunidade que poderão, inclusive, estabelecer novas disposições contratuais mais adequadas às características do novo locatário ou ao perfil da finalidade pretendida por este ao utilizar o imóvel no novo documento contratual.

locador, como vimos anteriormente, já que o locatário-sublocador continua obrigado pelo contrato celebrado perante o locador. Assim, caso haja danificação do imóvel por parte do sublocatário, por exemplo, o locador pleiteará sua pretensão indenizatória contra o locatário original (sublocador) e este, então, deverá ingressar com uma ação de regresso contra o sublocatário que causou o dano.

No empréstimo (também denominado comodato), assim como na sublocação, não há a substituição do locatário pelo novo ocupante do imóvel a quem o locatário lhe emprestou o uso. No entanto, diferentemente da sublocação, a posse é transmitida ao novo ocupante gratuitamente, não havendo obrigação pecuniária por parte do novo ocupante, permanecendo o locatário, como sempre, responsável pelo pagamento do aluguel ao locador. Nas palavras de Sylvio Capanema de Souza: "enquanto que o sublocador recebe contraprestação pela cessão, o locatário que empresta o imóvel o faz por pura liberalidade, nada recebendo em troca".[152]

O ocupante do imóvel emprestado pelo locatário e o próprio locatário tornam-se solidariamente responsáveis perante o locador, persistindo o vínculo inicial, agora com três partes, porém é assumida a responsabilidade objetiva do locatário original perante o locador.

Algumas questões sempre surgem quanto ao empréstimo ou cessão do imóvel a parentes, familiares do locatário sem consentimento do locador. A jurisprudência é majoritária no sentido de que caso os novos ocupantes do imóvel, ainda que sejam familiares próximos, sejam economicamente independentes do locador, estamos diante da necessidade da aprovação do locador, uma vez que a locação está destituída do caráter *intuitu familiae*.

Sobre o tema conferimos ainda: "Locação de imóvel. Embargos de terceiro. 1. – Se a embargante não comprova o fato constitutivo de seu direito, consistente na alegada qualidade de locatária do prédio despejando, improcedem os embargos de terceiro. 2. – Somente o cessionário e o sublocatário legítimo devem ser comunicados do pedido de despejo, exigência que não abrange parente do locatário que ocupa o prédio despejando. Apelação provida e adesivo prejudicado".[153]

Restou decidido no referido julgado que "ainda que se reconheça o caráter *intuitu familiae* da locação de natureza residencial, penso que a embargante era mera ocupante do prédio despejando, nele residindo inicialmente em companhia do filho locatário e, depois da saída deste, utilizando-se do imóvel em nome daquele filho. Merece lembrado, a propósito, que o caráter familiar da locação de natureza residencial somente ensejaria a sucessão do locatário nas hipóteses expressamente previstas nos artigos 11 e 12 da Lei 8.245/91. A situação fática retratada nos autos, todavia, não permitiria a interpretação ampliativa pretendida pela embargante, na medida em que não ocorreu a morte do locatário e nem a dissolução de sua sociedade conjugal ou de seu casamento. Bem ao revés, o documento de fls. 18 revela que o filho da embargante é casado e morava no prédio despejando ao início da relação locatícia. Portanto, se ele se mudou do imóvel e nele deixou residindo sua mãe e outros parentes, esse fato não pode, por si só, transformar a embargante em locatária".

Antes de encerramos as compreensões quanto aos atos translativos mencionados no dispositivo legal ora em comento, devemos ressaltar que a Súmula 411 do Colendo Supremo Tribunal Federal pacificou posicionamento para as discussões quanto ao eventual efeito extensivo da autorização expressa pelo locador da cessão do contrato de locação para a su-

---

[152] SOUZA, Sylvio Capanema de. *A Lei do Inquilinato comentada*. 7. ed. Rio de Janeiro: GZ, 2012, p. 83.
[153] 2º TACSP, Apelação Cível 622922-00/2, 6ª Câmara, Rel. Paulo Hungria, j. 05.04.2000.

blocação (ou empréstimo) do mesmo, conforme a seguir: "o locatário autorizado a ceder a locação pode sublocar o imóvel".

Ora, "quem pode o mais, pode o menos". O locador assume risco maior quanto à nova figura de locatário oriunda da cessão do que perante o sublocatário, tendo em vista que na sublocação o locatário não se retira da relação nem se exime da responsabilidade originalmente assumida perante o locador. Assim, ao estar prevista em contrato a permissão expressa pelo locador para ceder o imóvel, estará o locatário automaticamente autorizado também a sublocar (ou emprestar) o mesmo imóvel.

2. Art. 13, § 1º – O consentimento do locador não é presumido

Em outros tempos, especialmente antes da evolução tecnológica, do avanço da comunicação virtual e das ferramentas para transações bancárias, que vem ocorrendo especialmente via internet, o locador e locatário mantinham contatos pessoais muito mais frequentes, inclusive com encontros presenciais no imóvel locado para o pagamento do próprio aluguel. Nesta época, por serem muitas oportunidades de encontro, praticamente tudo o que ocorria com o imóvel era informado com muita agilidade ao locador, o que lhe permitia agir desde logo em favor de seus direitos. Assim, a tendência era de que sua omissão ou inércia fosse considerada como consentimento presumido.

Tendo em vista as mudanças na relação entre locador e locatário, que se tornou mais impessoal, já que nos tempos atuais a proliferação de imóveis e crescimento demográfico veloz nas cidades tornou a relação entre locador e locatário mais distante, passou a ser raro um locador comparecer pessoalmente no imóvel. Por ser possível e necessário recorrer às formas de comunicação não presenciais no decorrer da relação locatícia, os contatos entre as partes são mais objetivos, diretos e menos frequentes, especialmente nas médias e grandes cidades. Neste cenário de distanciamento, leva-se um tempo razoável ou longo (para não dizer impreciso) até que um locador esteja ciente da ocorrência de sublocações, cessões ou empréstimos em seu imóvel, caso não seja expressa e imediatamente comunicado pelo locatário.

Dessa forma, o simples passar do tempo de duração da referida cessão, sublocação ou empréstimo sem que o locador se manifeste, não poderá, de maneira alguma, ser caracterizado como aceitação tácita por parte deste.

Não pode o locatário se beneficiar da ausência de comunicação por escrito ao locador sobre o ato translativo, alegando que se presume a ciência por parte deste e, mais do que isto, concluir que "demorou" em comunicar sua oposição ao que estava ocorrendo no imóvel porque estaria de acordo. Seriam suposições descabidas e não fundamentadas, ainda mais em um contexto atual de negócios no qual predominam relações impessoais e distantes.

Por outro lado, vale ressaltar que se o locador não se manifestar de forma expressa concordando com a sublocação ocorrida no imóvel, mas, por outro lado, a título de exemplo, outorgar poderes ao sublocatário para representá-lo em assembleias do condomínio, estaríamos diante de uma aceitação tácita por parte do locador quanto à sublocação. Portanto, diante da inércia ou omissão do locador, cabe ao locatário provar (ônus da prova) que o locador é ciente do ato translativo, sendo ideal a forma escrita.

3. Art. 13, § 2º – A notificação por escrito ao locador e o prazo a este estabelecido

O legislador não deixa dúvidas de que o locador somente terá um prazo delimitado para se manifestar contra eventual cessão, sublocação ou empréstimo de seu próprio imóvel, se receber comunicação por escrito após a ocorrência, conforme estabelece o § 2º do artigo ora em comento: "Desde que notificado por escrito pelo locatário, de ocorrência de uma das hipóteses deste artigo, o locador terá o prazo de trinta dias para manifestar formalmente a sua oposição". Caso contrário, poderá o locador se opor a qualquer tempo.

Conforme menciona Sílvio de Salvo Venosa: "o § 2º deste artigo foi acrescido ao projeto original desta lei e de forma desajeitada".[154] Desajeitado, pois após o *caput* do art. 13 exigir o consentimento prévio para que o ato se torne válido e eficaz, o § 2º nos traz a previsão para uma situação na qual mesmo não tendo havido uma aprovação prévia do locador, e, ainda assim, o locatário ceder, sublocar ou emprestar o imóvel, deverá o locatário, neste caso, notificar o locador da referida "ocorrência" e aguardar que ele não se manifeste contrariamente no prazo de 30 dias.

A diferença entre ambas as situações, quais sejam, a notificação prévia e a notificação posterior à ocorrência do ato, se dá primordialmente na consequência de cada uma ao não consentimento por parte do locador.

O *caput* do mesmo art. 13 prevê a necessidade do consentimento anterior à consumação da cessão, sublocação ou empréstimo do imóvel, seja ele expresso no contrato de locação ou por meio de uma autorização específica mediante resposta ao locatário.

Nesta primeira situação, e, sem a obtenção do consentimento do ato translativo *antes* que ele ocorra, se o ato não se consumar, não há que se falar em infração legal, lembrando que referido consentimento não poderá, nesta hipótese, ser presumido, mas sim expresso. Na outra hipótese, em que a notificação é enviada *após* o ato já consumado (mais ainda não convalidado, já que pendente um requisito – o consentimento pelo locador), a anuência pelo locador será presumida em caso de omissão no prazo estipulado na lei. Nesta segunda situação, entretanto, em caso de manifestação contrária, poderá o locador rescindir a locação por justa causa e, não sendo desocupado o imóvel, ajuizar a ação de despejo de imediato, pois a ausência da convolação tornou o ato uma infração legal.

Referida ação de despejo será movida diretamente contra o locatário, já que o sublocatário (ou novo ocupante) nunca estabeleceu qualquer relação jurídica com o locador, não tendo sido convalidada a sublocação; se aplicando, entretanto, a ordem de despejo e seus efeitos também ao sublocatário, que é abrangido.[155]

Portanto, a previsão de se notificar o locador *após* a ocorrência do ato nos termos do § 2º acima transcrito somente é possível porque o ato sem o consentimento prévio do locador é anulável, e não nulo. Por ser anulável, é permitido que sejam sanadas as nulidades relativas para que o ato se torne válido, o que não acontece, porém, nos atos nulos de pleno direito, que não são passíveis de convolação.

A Professora Maria Helena Diniz nos ensina que "a cessão, sublocação e comodato dependem, por imposição legal, de prévio consenso escrito do locador, sob pena de anulabilidade, pois há quem ache, como Tucci e Villaça Azevedo, que nada impede que haja uma posterior ratificação, se o locador vier a anuir por escrito na transferência feita pelo inquilino

---

[154] VENOSA, Sílvio de Salvo. *Lei do inquilinato comentada* – doutrina e prática. São Paulo: Atlas, 2014, p. 97.
[155] Nesses termos, TJMG, AI 1.01005.07.237708-5/001, 10ª Câmara Cível, Rel. Cabral da Silva, 27.01.2009: "**Locação**. Terceiro. Ocupação ilegítima. Despejo. Se terceiro ocupa ilegalmente imóvel, objeto de contrato de locação, seja por meio de cessão ou sublocação inautorizada, a ordem de despejo o abarca, pois não é titular de qualquer direito oponível ao locador. Recurso Provido".

sem sua autorização, convalidando assim o ato. Sendo, então, anulável, a transferência não consentida, o locador poderá: a) mover ação de reintegração de posse contra terceiro que se instalar no prédio, o qual, apesar de se intitular cessionário, sublocatário ou comodatário, não passa de estranho, que cometeu esbulho; (...) b) rescindir a locação, intentando despejo contra locatário que violou norma legal".[156]

Considerando a relevância do tema, o legislador estipulou o prazo máximo de 30 dias para que o locador se manifeste quanto ao pedido do locatário, o que representa um "estímulo" para que o locador não se omita e decida se autorizará ou não que o negócio pretendido entre o locatário e o novo ocupante aconteça, uma vez que a omissão, neste prazo, não poderia ser usada em favor do locador inerte.

4. Art. 13, § 3º – (Vetado) A mescla entre os institutos do direito societário com institutos inerentes às locações imobiliárias[157]

O Projeto de Lei 140, de 2009 (nº 71/07 na Câmara dos Deputados), que alterou a Lei do Inquilinato, trazia como § 3º do art. 13 a seguinte redação: "Nas locações não residenciais, equipara-se à cessão da locação qualquer negócio jurídico que importe na transferência do controle societário do locatário pessoa jurídica". (NR)

Este tema traz uma discussão que permeia duas áreas do Direito, a Societária e a Imobiliária, sendo inevitável que se encontrem. Primeiramente vale destacar que tal dispositivo se aplicaria, se não vetado fosse, ao locatário pessoa jurídica. Já a partir daí é conveniente definirmos a "pessoa jurídica", que, nas palavras de Maria Helena Diniz, refere-se à "unidade de pessoas naturais ou de patrimônios, que visa à consecução de certos fins, reconhecida pela ordem jurídica como sujeito de direitos e obrigações".[158]

Como premissa fundamental do Direito Societário temos que a personalidade legal de uma pessoa jurídica, incluindo seus direitos, deveres, obrigações e ações, independe de qualquer uma das outras ou quaisquer pessoas físicas ou jurídicas que a compõem, tanto é assim que, como regra geral, nos termos do Código Civil, a responsabilidade legal atribuída a uma pessoa jurídica não coincide necessariamente com a responsabilidade legal atribuída a qualquer um de seus sócios. Por essa razão, o art. 50 do Código Civil estabelece que somente em casos excepcionais (abuso da personalidade jurídica: desvio de finalidade ou confusão patrimonial), se deve desconsiderar a personalidade jurídica fazendo com que os efeitos das obrigações da pessoa jurídica alcancem os bens dos sócios.

Sendo assim, a pessoa jurídica (sociedade) que assina um contrato de locação comercial como locatária o faz de maneira separada e independente de cada um dos seus sócios, que, por sua vez, se deixassem de compor o quadro societário daquela sociedade, não trariam qualquer efeito direto ou alteração quanto aos direitos e obrigações contraídos pela sociedade nos termos do referido contrato de locação. Estaria, assim, protegida a relação locatícia e, portanto, o locador de boa-fé de sofrer impactos diante de todo e qualquer movimento interno entre os sócios, pois, deve o locador, ao negociar o contrato de locação e suas

---

[156] DINIZ, Maria Helena. *Comentários à Lei n. 8.245/91*. São Paulo: Saraiva, 2014, p. 114.
[157] Para um outro enfoque sobre o tema da alteração da composição societária da locatária, remetemos o leitor para: PERES, Tatiana Bonatti. *Temas relevantes de direito imobiliário e responsabilidade civil*. 2. ed. Rio de Janeiro: Lumen Juris, 2015, p. 209-210.
[158] DINIZ, Maria Helena. *Curso de direito civil brasileiro*. 18. ed. São Paulo: Saraiva, 2002, vol. 1, p. 206.

disposições, levar em conta as características da sociedade em si, enquanto personalidade jurídica independente.

A análise é relativamente simples na fase de negociação entre locador e locatário pessoa jurídica e passa pelas seguintes questões: a quem se destina o uso do imóvel? Qual atividade será desempenhada naquele espaço? Quem se responsabilizará pelas obrigações perante o locador, inclusive pelo pagamento?

Se as respostas forem centralizadas na figura da sociedade, e a negociação tenha levado em conta sua capacidade financeira, capacidade creditícia e a sua atuação no mercado e não estiverem atreladas às características pessoais de seus sócios, não poderíamos concluir que uma mudança, seja ela qual for, das figuras dos seus sócios, causaria alteração significativa na relação locatícia firmada regularmente, nos termos da lei. Por outro lado, caso as características levadas em consideração pelo locador e as respostas às perguntas acima estivessem vinculadas às características pessoais dos sócios daquela sociedade, o contrato de locação deveria ser com eles firmados, e não com a sociedade.

Pois bem, ao analisarmos o dispositivo vetado, acima transcrito, observamos que a pretensão à época era de, indevidamente, equiparar a "transferência do controle do locatário pessoa jurídica" à cessão do contrato de locação, exigindo, portanto, neste caso o consentimento do locador, sob pena de ser considerada como infração legal pelo locatário no âmbito da locação e suas graves consequências (como a rescisão e a ação de despejo por parte do locador, conforme vimos em nossos comentários acima).

O conceito de *controle* de uma sociedade vai além da detenção de uma quantidade de quotas ou ações necessárias para representar a maioria ou para representar aquele (ou aqueles) que toma(m) as decisões nas deliberações mais importantes da sociedade (entre elas, a nomeação do seu administrador), levando em conta também o sócio (ou sócios) que na prática "usam efetivamente seu poder para dirigir as atividades sociais e orientar o funcionamento dos órgãos da companhia" ou da sociedade.[159]

Ora, o próprio conceito de controle é subjetivo e ainda gera questionamentos mesmo no âmbito de conflitos societários, sendo necessário analisar caso a caso para se determinar a quem deve ser atribuído o controle efetivo de uma determinada sociedade. Ao trazermos tal conceito para a lei que rege as relações imobiliárias, estaríamos diante de um cenário de insegurança jurídica, ao passo que se o referido § 3º não tivesse sido vetado, atribuiríamos um poder ao locador dos imóveis locados de concordar ou não com a alteração de determinado sócio componente do quadro societário das sociedades locatárias a cada reorganização societária que ocorresse. O consequente despejo, por exemplo, da referida sociedade com relação ao imóvel que utiliza para sua sede ou para a execução do seu objeto social poderia significar um prejuízo relevante ou até irreparável para a continuidade dos seus negócios.

---

[159] O conceito de "controle" é encontrado no art. 116 da Lei das S.A. (Lei 6.404/1964) aplicável às sociedades por ações, podendo ser aplicado analogicamente às demais sociedades, como sendo: "Art. 116. Entende-se por acionista controlador a pessoa, natural ou jurídica, ou o grupo de pessoas vinculadas por acordo de voto, ou sob controle comum, que: a) é titular de direitos de sócio que lhe assegurem, de modo permanente, a maioria dos votos nas deliberações da assembleia geral e o poder de eleger a maioria dos administradores da companhia; e b) usa efetivamente seu poder para dirigir as atividades sociais e orientar o funcionamento dos órgãos da companhia".

Foi nessa linha que, como razão de veto ao dispositivo do Projeto de Lei acima citado, se expôs sobre o § 3º em comento: "Não é possível confundir a estruturação societária da pessoa jurídica, que, independentemente da formação do quadro de sócios, tem personalidade jurídica própria, com o contrato de locação havido entre o locador e a própria pessoa jurídica. Ou seja, em outras palavras, o contrato de locação firmado entre locador e pessoa jurídica não guarda qualquer relação de dependência com a estruturação societária de pessoa jurídica locatária, considerando, essencialmente, a distinção da personalidade jurídica de cada um (sócios e a própria pessoa jurídica), conferida pelo ordenamento jurídico pátrio para cada um dos entes. Além do mais, cabe registrar que exigências assim impediriam ou dificultariam sobremaneira operações societárias de transferência de cotas sociais ou ações de sociedades empresárias, tal como, exemplificativamente, a incorporação, fusão ou aquisição da participação majoritária de grandes empresas".[160]

Uma alternativa ao locador que se baseia também nas características pessoais de determinados sócios da locatária pessoa jurídica ao celebrar o contrato de locação, é exigir que estes sejam fiadores garantidores da locação, respondendo, portanto, solidariamente com a sociedade pelo pagamento dos aluguéis, entre outras obrigações, e não permitindo que exonerem da fiança em caso de saída da sociedade, mediante previsão contratual. Dessa maneira, ainda que haja qualquer movimento posterior entre os sócios da sociedade, seja envolvendo a retirada dos sócios fiadores ou não, estes permaneceriam garantidores da relação locatícia, ao menos, pelo prazo previamente determinado, nada sendo alterado no contrato de locação original.

Seção II
Das sublocações

Art. 14. Aplicam-se às sublocações, no que couber, as disposições relativas às locações.

Comentários (Tatiana Bonatti Peres e Camila Alves Rezende):

Quando o *locatário* transfere, total ou parcialmente, o direito de uso e gozo de um imóvel locado a um *terceiro*, mediante nova locação, com prévio consentimento do locador, ajusta uma sublocação legítima. Sendo a sublocação uma nova locação, a ela são aplicáveis as regras da locação, não necessitando de regras próprias.

> "Como a sublocação é uma locação, ainda que derivada de outra, é evidente que se submete ao mesmo regime jurídico. As obrigações e direitos do sublocador, em relação ao sublocatário, são os mesmos que existem entre o locador e o locatário".[161]

A sublocação ilegítima, isto é, não autorizada pelo locador, não confere ao sublocatário os direitos assegurados por lei ao locatário, a exemplo do direito de preferência em caso de venda do imóvel sublocado (vide comentários ao art. 30 da Lei, abaixo) e o direito à renovação, se preencher os requisitos da ação[162] (vide comentários aos arts. 71 e seguintes da Lei, a seguir).

---

[160] Mensagem 1.004, de 09.12.2009, do Sr. Presidente da República ao Sr. Presidente do Senado Federal, nos termos do § 1º do art. 66 da Constituição Federal.
[161] SOUZA, Sylvio Capanema de. *A Lei do Inquilinato comentada*. 7. ed. Rio de Janeiro: GZ, 2012, p. 89.
[162] VENOSA, Sílvio de Salvo. *Lei do Inquilinato comentada*. 13. ed. São Paulo: Atlas, 2014, p. 100.

"Tratando-se de sublocatário ilegítimo, mero intruso, não gozará ele de quaisquer dos direitos que a lei assegura ao locatário (2º TACSP, MS 138.54, j. 10-12-1980)."[163]

A sublocação ilegítima ou irregular configura inadimplemento contratual, que justifica o despejo. "Não se despreze, porém, a possibilidade de uma sublocação produzir efeitos jurídicos entre sublocador e sublocatário, ainda que tenha sido ajustada sem a anuência do locador."[164]

Diferentemente do empréstimo, na sublocação, o uso e gozo do imóvel pelo terceiro não são gratuitos, mas dependem de pagamento de aluguel, cujo valor não pode ser superior ao da locação. Nesse sentido, vide comentários ao art. 21, abaixo.

Segundo Maria Helena Diniz:

"A sublocação vem a ser um contrato de locação que se efetiva entre o locatário e o locatário de um bem e o sublocatário (uma terceira pessoa), com a prévia permissão do locador, que, participando de uma primeira relação jurídica *ex locato* (contrato de locação), se vincula a uma segunda (contrato de sublocação), tendo-se em conta, nas duas, o mesmo objeto locado".[165]

Nessa hipótese, o locatário-sublocador continua obrigado pelo contrato celebrado com o locador-proprietário, inexistindo a formação de vínculo direto entre esse último e o terceiro-sublocatário. Em outras palavras, o locatário permanece responsável pela conservação do imóvel, pagamento do aluguel, e cumprimento das obrigações locatícias perante o locador, mas o sublocatário responde perante o locatário-sublocador pelos deveres locatícios e danos que causar ao imóvel locado.

Assim, para que a sublocação exista, é necessário que o contrato originário de locação esteja vigente, do contrário, se ocorrer o término ou extinção do ajuste principal, a sublocação é resolvida (art. 15 da Lei do Inquilinato).

Diversos autores, como Gilmar Alves de Azevedo[166] e Sylvio Capanema de Souza,[167] consideram que a sublocação é uma espécie de acessório da locação.

Todavia, como esclarece Luís Camargo Pinto de Carvalho, não se trata exatamente de contrato acessório, mas contrato derivado: "embora não se conceba, em princípio, a sua existência sem o de locação, na verdade não é acessório deste, visto que a sua existência não influi na execução daquele. No entanto, é indiscutível que dele deriva".[168]

No mesmo sentido, explica Sílvio de Salvo Venosa:

"Embora não tenhamos sistematização legal sobre os contratos derivados, é justamente no campo do inquilinato que encontramos o terreno fértil da subcontratação,

---

[163] DINIZ, Maria Helena. *Lei de locações de imóveis urbanos comentada*. 13. ed. rev. e atual. São Paulo: Saraiva, 2014, p. 120.
[164] BARROS, Francisco Carlos Rocha de. *Comentários à Lei do Inquilinato*. 2. ed. rev. e atual. São Paulo: Saraiva, 1997, p. 84.
[165] DINIZ, Maria Helena. *Lei de locações de imóveis urbanos comentada*. 13. ed. rev. e atual. São Paulo: Saraiva, 2014, p. 118.
[166] AZEVEDO, Gilmar Alves de. *Lei do Inquilinato comentada*. Publicação independente, 2002, p. 27.
[167] SOUZA, Sylvio Capanema de. *A Lei do Inquilinato comentada*. 7. ed. Rio de Janeiro: GZ, 2012, p. 89.
[168] *Apud* SANTOS, Gildo dos. *Locação e despejo*. 7. ed. rev., ampl. e atual. São Paulo: RT, 2011, p. 144.

apesar de ser frequente em outros contratos, como na empreitada e no mandato, por exemplo.

Não se confunde o subcontrato com o contrato acessório. Ambos têm em comum o fato de serem dependentes. Mas, enquanto o contrato acessório serve na quase totalidade das vezes para garantir o cumprimento da obrigação na fiança, o contrato derivado participa da própria natureza do direito versado no contrato-base".[169]

Nula a locação, nula será a sublocação.

Sabendo, então, que a relação jurídica inicial entre locador e locatário persiste, passando a coexistir com a estabelecida entre locatário-sublocador e sublocatário, o legislador pátrio assegurou a aplicação equânime das disposições relativas às locações, no que couber, às sublocações.

De fato, o Judiciário utiliza essa disposição normativa com habitualidade, especialmente quando o caso concreto envolve uma sublocação, contudo, sobre essa temática, interessante destacar algumas situações específicas, a saber:

1. A legitimidade ativa do locatário para promover ação de despejo em face do sublocatário

É sabido que a ação de despejo compete ao locador (seja ele proprietário do imóvel ou mero possuidor),[170] conforme prevê o art. 5º da Lei do Inquilinato.[171] Mas e nos casos de sublocação, de quem é a legitimidade ativa para propor ação de despejo?

Maria Helena Diniz ensina que: "A sublocação contém duas relações jurídicas distintas: a relação *ex locato* entre locador e locatário e entre este (sublocador) e o sublocatário. Apesar de o senhorio ter que anuir previamente e por escrito na sublocação, não há vínculo algum entre ele e o sublocatário. A relação contratual locatícia apenas existe entre o locador e o locatário. (...). Como a sublocação não estabelece, em regra, qualquer liame entre o locador e o sublocatário, daí a inadmissibilidade de ação direta de um contra o outro, embora em casos excepcionais a lei autorize o locador a agir diretamente contra o sublocatário, para exigir o cumprimento de obrigações nascidas de contrato do qual não foi parte e em relação ao qual é terceiro".[172]

Dessa maneira, como *em princípio* não existe relação contratual entre o terceiro-sublocatário com o locador do contrato principal (ainda que autorizada a sublocação), não teria este legitimidade para despejar aquele, porque sua relação *ex locato* é com o locatário. Nesse sentido, já se decidiu: "O sublocatário é parte ilegítima para figurar no polo passivo de ação de despejo por denúncia vazia ajuizada pelo locador, cumprindo a este acionar a pessoa do locatário (...)".[173]

Entende-se, então, que a legitimidade ativa para propor a ação de despejo, quando existente uma sublocação, é do locatário-sublocador.

---

[169] VENOSA, Sílvio de Salvo. *Lei do Inquilinato comentada*. 13. ed. São Paulo: Atlas, 2014, p. 94.
[170] Vide REsp 1.196.824/AL, Rel. Min. Ricardo Villas Bôas Cueva, j. 19.02.2013 (*Informativo* 0515).
[171] "Art. 5º Seja qual for o fundamento do término da locação, a ação do locador para reaver o imóvel é a de despejo."
[172] DINIZ, Maria Helena. *Lei de locações de imóveis urbanos comentada*. 10. ed. São Paulo: Saraiva, 2009, p. 92-93.
[173] TJMG, AgIn 1.0024.10.241455-4/001, 18ª Câmara Cível, Rel. Des. Guilherme Luciano Baeta Nunes, j. 14.08.2012, publicação da súmula em 17.08.2012.

2. A sublocação total e a perda do direito à ação renovatória na locação não residencial

A sublocação é muito comum nas locações destinadas à exploração comercial, em especial no caso de lojas situadas em *shoppings centers*.

Muitos empresários optam por sublocar um espaço, ao invés de negociar diretamente com o dono do imóvel, em virtude da aparente facilidade e desburocratização do instituto; por sua vez, os locatários que se encontram em dificuldade financeira para arcar com o aluguel, ou, por outro motivo, não desejam quebrar o contrato, encontram na sublocação, uma saída de mestre.

Ocorre, todavia, que a sublocação é uma via de mão dupla, e apesar de parecer vantajosa, é um negócio jurídico que traz riscos tanto para o locatário-sublocador, como para o sublocatário.

Um dos riscos assumidos pelo locatário na *sublocação total* do imóvel é de perder aquilo que investiu no ponto, já que, consoante à parte final do § 1º do art. 51 da Lei do Inquilinato, nesses casos, a legitimidade para propor ação renovatória passaria a ser do sublocatário.

Ora, a ação renovatória é medida protetiva de fundo de comércio, destinada àquele que *exerce diretamente* o ato de mercancia, nesses casos, o sublocatário.

A esse respeito, já se manifestou o Superior Tribunal de Justiça: "(...) 3 – Distribuidora de derivados de petróleo que subloca totalmente posto de serviço ao seu revendedor, mesmo que impossibilitado de comercializar diretamente seus produtos, não tem legitimidade para a propositura de ação renovatória. Inteligência ao art. 51, § 1º, da Lei n. 8.245/91. Ilegitimidade ativa *ad causam* reconhecida, para manter a carência decretada. 4 – A Lei de locação (8.245/91) procurou proteger o fundo de comércio de quem está na posse do bem, uma vez que é a sublocatária que desenvolve e explora o mesmo, assumindo diretamente os riscos que o comércio proporciona".[174]

> **Nota do organizador Luiz Antonio Scavone Junior:**
> Nos termos do art. 3º da Lei 13.966/2019, que dispõe sobre a franquia empresarial, "nos casos em que o franqueador subloque ao franqueado o ponto comercial onde se acha instalada a franquia, qualquer uma das partes terá legitimidade para propor a renovação do contrato de locação do imóvel, vedada a exclusão de qualquer uma delas do contrato de locação e de sublocação por ocasião da sua renovação ou prorrogação, salvo nos casos de inadimplência dos respectivos contratos ou do contrato de franquia."
>
> Nesses termos, serão legitimados à propositura da ação renovatória tanto o franqueador locatário quanto o sublocatário franqueado.

Art. 15. Rescindida ou finda a locação, qualquer que seja sua causa, resolvem-se as sublocações, assegurado o direito de indenização do sublocatário contra o sublocador.

Comentários (Tatiana Bonatti Peres e Camila Alves Rezende):

Sílvio de Salvo Venosa afirma que a sublocação é um contrato derivado, já que decorre, exclusivamente, de outro principal (ou base). Diz, também, que para ser conceituada como

---

[174] REsp 127.710/SP, 5ª Turma, Rel. Min. Jorge Scartezzini, *DJ* 06.12.1999, p. 108, ementa parcial.

sublocação, deve abranger, no máximo, o imóvel objeto do contrato de locação, podendo abranger apenas parte dele,[175] destacando o seguinte: "Embora sejam contratos separados, não são independentes, isso porque, terminado ou extinto o contrato principal, não haverá mais fruição de direitos no subcontrato. É o que decorre do art. 15 desta lei".[176]

Novamente a Lei do Inquilinato faz referência ao *sublocatário legítimo*, dizendo que sua relação jurídica com o locatário-sublocador cessa com o fim da locação principal, de modo que "o locador não pode ser atingindo pela sublocação, com a continuação no imóvel de alguém com que não tem relação contratual".[177]

Interessante destacar, sobre o assunto, a previsão do § 2º do art. 59 da Lei do Inquilinato, a saber: "Qualquer que seja o fundamento da ação, dar-se-á ciência do pedido aos sublocatários, que poderão intervir no processo como assistentes".

Assim, uma vez consentida à sublocação, o locador que promover ação de despejo em face do locatário, independentemente da motivação, deverá cientificar o sublocatário de seu intento, pois, do contrário, eventual ordem de desocupação decorrente de sentença não lhe será oponível: "(...) Sublocatário legítimo, a quem não se deu ciência da ação de despejo, movida contra o locatário sublocador, não pode ser alcançado pela ordem de desocupação".[178]

Nessa hipótese, se a sentença não atinge o sublocatário legítimo, resta ao locador mover nova ação de despejo, agora em face do sublocatário, com fulcro no art. 59, § 1º, V, da Lei do Inquilinato.[179]

A 17ª Câmara Cível do TJMG foi além, dizendo que, se às sublocações aplicam as disposições relativas às locações, "(...) para a denúncia vazia do contrato de locação, mostra-se indispensável a notificação premonitória do locatário, a teor do que dispõe o art. 57, da Lei do Inquilinato, a nosso aviso, para o deferimento do despejo compulsório, mostra-se indispensável também a prévia notificação do sublocatário legítimo. É de se destacar que a exigência da notificação premonitória visa concretizar o princípio da não surpresa, permitindo, nas hipóteses de locação de imóveis não residenciais, que o ocupante tenha prazo mínimo para reorganizar seu empreendimento, instalando-se em outro local. Assim, tal regra deve também ser aplicada à sublocação legítima, como forma de garantir ao sublocatário a continuidade de seus negócios".[180]

A contrario sensu, se o sublocatário é cientificado da ação de locação (ou até mesmo notificado premonitoriamente), poderá atuar como assistente do locatário (arts. 119 a 124 do Código de Processo Civil de 2015).

---

[175] VENOSA, Sílvio de Salvo. *Lei do Inquilinato comentada*. 13. ed. São Paulo: Atlas, 2014, p. 94-95.
[176] VENOSA, Sílvio de Salvo. *Lei do Inquilinato comentada*. 13. ed. São Paulo: Atlas, 2014, p. 95.
[177] VENOSA, Sílvio de Salvo. *Lei do Inquilinato comentada: doutrina e prática*. 10. ed. São Paulo: Atlas, 2010, p. 94-95.
[178] TJSP, MS 435.662, 2º Tribunal de Alçada Civil de São Paulo, 6ª Câmara, Rel. Gamaliel Costa, j. 16.08.1995.
[179] "Art. 59. Com as modificações constantes deste capítulo, as ações de despejo terão o rito ordinário. § 1º Conceder-se-á liminar para desocupação em quinze dias, independentemente da audiência da parte contrária e desde que prestada a caução no valor equivalente a três meses de aluguel, nas ações que tiverem por fundamento exclusivo: (...) V – a permanência do sublocatário no imóvel, extinta a locação, celebrada com o locatário."
[180] TJMG, Apelação Cível 1.0024.11.054444-2/002, 17ª Câmara Cível, Rel. Des. Eduardo Mariné da Cunha, j. 17.11.2011, publicação da súmula em 22.11.2011.

Outro ponto é que o sublocatário terá direito de indenização por benfeitorias autorizadas ou pelo término da sublocação antes do prazo ajustado com o sublocador.

Como esclarece Francisco Carlos Rocha de Barros:

> "Como disse Clóvis: o sublocatário tem o direito de reter o prédio por benfeitorias necessárias, porque é possuidor de boa-fé, e a retenção é o meio compulsório de obter a indenização. Não se esqueça, porém, de que isso vale apenas para a sublocação legítima. Além do que, quanto ao direito de retenção, exercido frente ao locador retomante, não poderá invocá-lo o sublocatário, mesmo legítimo, se do contrato original da locação constar cláusula determinando a incorporação de toda e qualquer benfeitoria ao prédio locado, renunciando o locatário ao direito de indenização. O direito do sublocatário não pode ser maior do que o do locatário diante do locador".[181]

No mais, se o sublocatário comprovar que a rescisão prematura do contrato principal se deu por *culpa exclusiva do sublocador* (exemplo: mesmo pagando aluguéis para o locatário, este não repassou o valor para o locador), poderá pleitear ação indenizatória, em face deste, pelos prejuízos sofridos "como dos lucros que razoavelmente deixou de auferir".[182]

Mas e quando a sublocação é ilegítima, sem anuência do locador? Ora, se a relação jurídica do sublocatário legítimo cessa com o fim da locação principal, o sublocatário ilegítimo, seguindo o mesmo raciocínio, não tem motivos para permanecer no imóvel após o despejo do locatário, muito menos de se opor ao decreto de despejo.

De acordo com Sílvio de Salvo Venosa: "Se a sublocação for ilegítima, o sublocatário não terá condições de defender seus interesses em ação de despejo movida pelo locador, ainda que dela cientificado".[183]

Gildo dos Santos, citando jurisprudência, também esclarece:

> "Pouco importa que o sublocatário ilegítimo não tenha sido intimado da demanda. Ele também deve necessariamente ser atingido pela ordem judicial de despejo, uma vez que não se despeja o locatário, mas o imóvel, atingindo tudo e todos que forem encontrados lá dentro (2º TACivSP – Rel. Sebastião Amorim – *RT* 644/135)."[184]

Igualmente, é a posição atual da jurisprudência: "A sublocação, não autorizada pelo locador, não pode ter continuidade uma vez finda a relação locatícia que a originou. Irregularidade da sublocação, que não confere direito ao sublocatário. Despejo devido".[185]

Art. 16. O sublocatário responde subsidiariamente ao locador pela importância que dever ao sublocador, quando este for demandado, e, ainda, pelos aluguéis que se vencerem durante a lide.

---

[181] BARROS, Francisco Carlos Rocha de. *Comentários à Lei do Inquilinato*. 2. ed. rev. e atual. São Paulo: Saraiva, 1997, p. 87.
[182] BARROS, Francisco Carlos Rocha de. *Comentários à Lei do Inquilinato*. 2. ed. rev. e atual. São Paulo: Saraiva, 1997, p. 84.
[183] VENOSA, Sílvio de Salvo. *Lei do Inquilinato comentada*. 13. ed. São Paulo: Atlas, 2014, p. 100.
[184] SANTOS, Gildo dos. *Locação e despejo*. 7. ed. rev., ampl. e atual. São Paulo: RT, 2011, p. 146.
[185] TJSP, AI 5035855720108260000, 26ª Câmara de Direito Privado, Rel. Des. Antônio Nascimento, j. 10.08.2011, publ. 15.08.2011.

Comentários (Tatiana Bonatti Peres e Camila Alves Rezende):

Tratando-se de sublocação legítima, não há relação contratual entre o locador (parte do contrato de locação) e o sublocatário (parte do contrato de sublocação, junto com o locatário/sublocador), mas, como toda boa regra, a Lei do Inquilinato previu uma exceção. Trata-se dos casos em que o locatário (sublocador) deixa de pagar os aluguéis devidos ao locador.

A título de exemplo, imaginemos que A e B firmaram um contrato de locação, sendo A o locador e B o locatário. O aluguel convencionado é de R$ 600,00, a ser pago todo 5º dia útil do mês subsequente. Ocorre que, mediante o expresso consentimento de A, B resolveu sublocar parte do imóvel a C, pelo valor de R$ 350,00, a ser pago, igualmente, todo 5º dia útil do mês subsequente. Tempos depois, B parou de pagar o aluguel devido a A, e foi demando por esse motivo. Em razão disso, C poderá ser notificado a pagar ao locador originário o valor que deveria pagar ao sublocador (locatário no contrato de locação originário). Por sua vez, B permanecerá em mora pela quantia de R$ 250,00.

> "Pagará o sublocatário, ao locador, exatamente o valor do locativo devido ao sublocador, e não o que este, eventualmente, dever àquele."[186]

A responsabilidade do sublocatário, portanto, desde que notificado da ação proposta pelo locador, opera-se por determinação expressa de lei, em benefício do credor (locador). "O sublocatário não mais poderá pagar, diretamente, ao sublocador, depois de cientificado de sua mora, pelo locador. Se o fizer, estará pagando mal, sujeitando-se a repetir o pagamento, já que ineficaz a quitação que lhe for dada pelo sublocador."[187]

Nesse sentido, ensina Sylvio Capanema de Souza, "pode-se afirmar que a regra do art. 16 está impregnada de forte conteúdo ético, e só poderá ser invocada pelo locador se já tiver ele ajuizado a ação de despejo por falta de pagamento em face do locatário moroso, dando ciência ao sublocatário",[188] remetendo a ideia de que a citação do sublocatário, na ação de despejo, é desnecessária, sendo preciso, tão somente, a ciência.

> "Estando comprovado nos autos a ciência do sublocatário acerca da ação de despejo proposta, em cumprimento ao art. 59 da Lei de Locação, não há que se falar em nulidade do feito por ausência de citação do mesmo."[189]

Esclarece, ainda, Gildo dos Santos: "Bem andou a atual lei em manter essa responsabilidade subsidiária, como já acontecia na Lei 6.649/1979 (art. 27), a fim de obviar, na prática, o grave inconveniente de o inquilino ficar inadimplente diante do locador, mas continuar a receber aquilo a que tem direito em razão da sublocação".[190]

A responsabilidade do sublocatário é subsidiária, ou seja, "o locador, titular do crédito de aluguéis vencidos e não pagos, deve primeiro tentar cobrar do locatário".[191]

---

[186] SOUZA, Sylvio Capanema de. *A Lei do Inquilinato comentada*. 7. ed. Rio de Janeiro: GZ, 2012, p. 91.
[187] SOUZA, Sylvio Capanema de. *A Lei do Inquilinato comentada*. 7. ed. Rio de Janeiro: GZ, 2012, p. 91.
[188] SOUZA, Sylvio Capanema de. *Da locação do imóvel urbano*. Rio de Janeiro: Forense, 2000, p. 138.
[189] TJMG, Apelação Cível 1.0145.08.498419-7/001, 11ª Câmara Cível, Rel. Des. Wanderley Paiva, j. 08.08.2012, publicação da súmula em 20.08.2012.
[190] SANTOS, Gildo dos. *Locação e despejo*. 7. ed. rev., ampl. e atual. São Paulo: RT, 2011, p. 148.
[191] COSTA, Carlos Celso Orcesi. *Locação de imóvel urbano*. São Paulo: Saraiva, 1992, p. 90.

Por outro lado, embora a responsabilidade do sublocatário seja subsidiária – pela importância que dever ao sublocador, bem como pelos aluguéis que se vencerem durante a lide –, na prática, quando essa situação resta configurada, o sublocatário não possui muitas alternativas. Ou (1º) ele purga toda a mora do locatário, constituindo em face dele um crédito equivalente à diferença entre o aluguel devido pelo locatário, e o devido pelo sublocatário; ou (2º) continua pagando ao locador principal, aquilo que deveria pagar ao sublocador, até que o contrato principal seja tido como extinto, e, por consequência, o de sublocação.

Por fim, lembra-nos Gilmar Alves de Azevedo: "Não se pode esquecer que o dispositivo se aplica tanto à sublocação consentida quanto à não consentida, porque nessas condições o que a lei procura evitar é o enriquecimento injusto".[192]

Seção III
Do aluguel

Art. 17. É livre a convenção do aluguel, vedada a sua estipulação em moeda estrangeira e a sua vinculação à variação cambial ou ao salário mínimo.

Parágrafo único. Nas locações residenciais serão observados os critérios de reajustes previstos na legislação específica.

Comentários (Marcelo Chiavassa de Mello Paula Lima):

O contrato de locação de imóvel possui características ímpares, que o faz possuir uma função pública e uma função privada. A função pública decorre de sua inestimável importância como vetor do direito à moradia, na medida em que permite e propicia que as pessoas interessadas possam constituir sua moradia de forma menos custosa (e sem a necessidade de adquirir um imóvel próprio). Do ponto de vista público, a locação de imóvel é um instrumento que garante o acesso à moradia (garantido, afinal, pela Constituição Federal) a uma grande parcela da população. Já a função privada é aquela que permite às partes atenderem seus interesses privados: de um lado residir/utilizar o imóvel e do outro receber a contraprestação devida.

Por conta desta função pública, a autonomia privada[193] é ainda mais mitigada nos contratos de locação de imóvel, como lembra Sílvio de Salvo Venosa ao pontuar que "os contratos do inquilinato são contratos dirigidos pelo Estado, sendo certo que o valor dos alugueres tem importância fundamental para a política estatal".[194] Este dirigismo contratual pelo Estado

---

[192] AZEVEDO, Gilmar Alves de. *Lei do Inquilinato comentada*. Publicação independente, 2002, p. 28.

[193] "La autonomía privada es el poder conferido o reconocido (según la concepción del Derecho que se tenga) a la persona por el ordenamiento jurídico para que gobierne sus proprios intereses o atienda a la satisfacción de sus necessidades. El negócio jurídico es la expresión máxima de esa autonomía, en tanto que a través de él se cumple una de sus funciones: el nacimiento, modificación o extinción de las relaciones jurídicas para la satisfacción de aquellos intereses o necesidades. La autonomía privada, por medio del negócio jurídico, crea, modifica o extingue relaciones jurídicas, y autorreglamenta las mistas" (DÍEZ-PICAZO, Luis; GULLÓN, Antonio. *Sistema de derecho civil*. Madrid: Tecnos, 2013, vol. I, p. 455). É um limite imposto pelo Estado ao exercício da autonomia da vontade.

[194] VENOSA, Sílvio de Salvo. *Lei do inquilinato comentada* – doutrina e prática. São Paulo: Atlas, 2010, p. 100.

visa trazer maior segurança jurídica[195] à sociedade, na medida em que tem como *ratio* trazer maior previsibilidade ao sistema locatício no país através de algumas restrições e limitações à autonomia das partes.

O direito alienígena nos traz um memorável exemplo da importância desta espécie negocial. A Alemanha pós-primeira guerra era um país devastado em todos os aspectos, principalmente na economia, onde a inflação atingiu, durante algumas épocas, a casa de 29.000% ao mês.[196]

O problema surgiu quando os locadores perceberam que era mais vantajoso deixar de efetuar a cobrança mensal da correção monetária para fazê-la de uma vez só, em um momento futuro. Desta forma, o direito de correção monetária que eles possuíam foi deturpado e configurado como *abuso de direito*, uma vez que impossibilitava o pagamento pelos locatários (desequilibrava as prestações contratuais). Para coibir este abuso de direito, os tribunais alemães adotaram como escudo a boa-fé objetiva, e desenvolveram, dentro deste instituto, as figuras da *supressio* e da *surrectio*.

Apesar de não se viver em uma situação extrema como aquela da Alemanha no período pós-guerra, não se pode ignorar a fragilidade da economia brasileira, sempre suscetível a qualquer marola no cenário econômico internacional. Daí Sílvio de Salvo Venosa salienta que "são constantes as alterações econômicas e financeiras no país que afetam diretamente a locação".[197] Estas alterações econômicas e financeiras que pairam sobre nosso país de tempos em tempos fizeram com que alguns aspectos do contrato de locação de imóvel fossem objeto de proteção especial por parte do legislador, tais como o (i) tempo de contrato; (ii) a forma de fixação do preço do aluguel; (iii) a previsão de correção monetária; (iv) a possibilidade da revisão – inclusive judicial – do valor do contrato de locação e (v) até mesmo a impensável renovação compulsória do contrato de locação, se preenchidos os requisitos legais da ação renovatória, entre outros.

Por ora, concentremo-nos na questão da (a) forma de fixação do preço do aluguel, (b) na previsão da correção monetária e (c) na possibilidade da revisão do valor do contrato de locação.

Apesar de já termos explicado a importância da atuação ativa do Estado nos contratos de locação de imóvel, não é desejável que algumas questões recaiam sobre seus braços, tal qual a fixação do valor inicial do aluguel. O valor da contraprestação é um elemento que interessa tão somente aos contratantes, de sorte que faz bem o legislador ao estipular que "é livre a convenção do aluguel" (art. 17, *caput*). É melhor que a oferta dos imóveis seja ditada pela lei da oferta e da demanda do que simplesmente imposta pelo Estado, ainda que através de eventual critério objetivo.[198]

---

[195] "Sabe-se que uma das funções primordiais do Direito é a segurança jurídica, que se traduz na ideia de *previsibilidade*. (...) Precisamente sob a ótica da *previsibilidade*, portanto, é que se deve ver a *segurança jurídica*, atrelada que está à própria noção de Estado de Direito. Nesse contexto, representa o princípio da segurança jurídica um importante *limite* à interpretação judicial das normas de tipo aberto" (TOSTA, Jorge; BENACCHIO, Marcelo. In: TOLEDO, Armando Sérgio Prado (coord.). *Negócio jurídico*. São Paulo: Quartier Latin, 2013, p. 140-141).

[196] Disponível em: <http://exame.abril.com.br/economia/noticias/os-6-piores-casos-de-hiperinflacao--da-historia#5>. Acesso em: 31 jul. 2015.

[197] VENOSA, Sílvio de Salvo. *Lei do inquilinato comentada* – doutrina e prática. São Paulo: Atlas, 2010, p. 100.

[198] "(...) seria impossível encontrar um critério técnico que pudesse fixar limites mínimos ou máximos para o valor dos aluguéis dos imóveis, já que cada um tem suas características próprias, que

Ainda que não atue sobre a pactuação do preço, o legislador estabeleceu critérios rígidos para sua fixação, pontuando que é "vedada a sua estipulação em moeda estrangeira e a sua vinculação à variação cambial ou ao salário mínimo" (art. 17, *caput*). Veda-se, portanto, a pactuação do valor do aluguel (i) em moeda estrangeira, (ii) vinculada à variação cambial e/ou (iii) vinculada ao salário mínimo.

A vedação da estipulação em moeda estrangeira deflui do fato de que o real é a moeda de curso forçado no Brasil (art. 1º da Lei 9.069/1995, que dispõe sobre o Plano Real, entre outras coisas e art. 1º da Lei 10.192/2001,[199] que dispõe sobre medidas complementares ao Plano Real). Além disso, veda o Código Civil (arts. 315[200] e 318[201]) o pagamento de quaisquer prestações em moeda estrangeira, tal qual o faz a própria Lei 10.192/2001.[202] Anteriormente, já o Decreto-lei 857/1969, revogado, seguia o mesmo tom.[203]

---

determinam o valor locativo" (SOUZA, Sylvio Capanema de. *A Lei do Inquilinato comentada*. Rio de Janeiro: GZ, 2010, p. 92). E continua o mesmo autor: "Não conseguiria o legislador, por mais minucioso que fosse, elaborar uma tabela que pudesse abranger todas as hipóteses, ainda mais considerando-se as enormes extensões territoriais do Brasil e os seus desníveis econômicos e sociais. Nada melhor do que o mercado, com seus mecanismos naturais de equilíbrio, para determinar o valor do aluguel inicial" (SOUZA, Sylvio Capanema de. *A Lei do Inquilinato comentada*. Rio de Janeiro: GZ, 2010, p. 93).

[199] "Art. 1º As estipulações de pagamento de obrigações pecuniárias exequíveis no território nacional deverão ser feitas em Real, pelo seu valor nominal."

[200] "Art. 315. As dívidas em dinheiro deverão ser pagas no vencimento, em moeda corrente e pelo valor nominal, salvo o disposto nos artigos subsequentes."

[201] "Art. 318. São nulas as convenções de pagamento em ouro ou em moeda estrangeira, bem como para compensar a diferença entre o valor desta e o da moeda nacional, excetuados os casos previstos na legislação especial."

[202] "Art. 1º As estipulações de pagamento de obrigações pecuniárias exequíveis no território nacional deverão ser feitas em Real, pelo seu valor nominal.
Parágrafo único. São vedadas, sob pena de nulidade, quaisquer estipulações de:
I – pagamento expressas ou vinculadas a ouro ou moeda estrangeira, ressalvadas as hipóteses previstas em lei ou na regulamentação editada pelo Banco Central do Brasil;
II – reajuste ou correção monetária expressas em, ou vinculadas a unidade monetária de conta de qualquer natureza;
III – correção monetária ou de reajuste por índices de preços gerais, setoriais ou que reflitam a variação dos custos de produção ou dos insumos utilizados, ressalvado o disposto no artigo seguinte."

[203] "Art. 1º São nulos de pleno direito os contratos, títulos e quaisquer documentos, bem como as obrigações que exequíveis no Brasil, estipulem pagamento em ouro, em moeda estrangeira, ou, por alguma forma, restrinjam ou recusem, nos seus efeitos, o curso legal do cruzeiro.
Art. 2º Não se aplicam as disposições do artigo anterior:
I – aos contratos e títulos referentes a importação ou exportação de mercadorias;
II – aos contratos de financiamento ou de prestação de garantias relativos às operações de exportação de bens e serviços vendidos a crédito para o exterior; (Redação dada pela Lei nº 13.292, de 2016);
III – aos contratos de compra e venda de câmbio em geral;
IV – aos empréstimos e quaisquer outras obrigações cujo credor ou devedor seja pessoa residente e domiciliada no exterior, excetuados os contratos de locação de imóveis situados no território nacional;
V – aos contratos que tenham por objeto a cessão, transferência, delegação, assunção ou modificação das obrigações referidas no item anterior, ainda que ambas as partes contratantes sejam pessoas residentes ou domiciliadas no país."

TÍTULO I – DA LOCAÇÃO • **Art. 17**

Aqui, no entanto, vem o primeiro problema. O art. 17 estabelece que é vedada a *estipulação*, mas a doutrina e a jurisprudência têm entendido que é vedado tão somente o *pagamento*, na forma como determina o art. 315 do Código Civil. Assim, pontuava José Cretella Neto, a respeito da questão da vedação da estipulação em moeda estrangeira prevista no revogado Decreto-lei 857/1969, que, "apesar da legislação limitar-se à 'estipulação', entende-se que seja vedado, nos casos em que existe proibição de uso de moeda estrangeira, apenas o pagamento em moeda estrangeira; ou seja, a obrigação pode ser calculada em moeda estrangeira, mas 'deverá ser paga' em moeda nacional; declarada nula a cláusula de moeda, quando ilegalmente estipulada em moeda estrangeira, permanece válido o contrato".[204]

O posicionamento pátrio não é outro senão a aceitação da cláusula de moeda única e objetivamente como critério de fixação de índice monetário, sem vinculação ao efetivo pagamento, o qual deverá ser realizado em moeda corrente. É o mesmo raciocínio que Luiz Olavo Baptista[205] emprega em relação à cláusula-ouro (atrelar o preço à variação do ouro). O próprio Supremo Tribunal Federal já garantiu a validade da pactuação da moeda estrangeira (desde que como mero fator de indexação, e não como obrigação de pagamento naquela respectiva moeda):

"Notas promissórias. Pacto adjeto fixando o seu valor em conformidade com a estimação do dólar à época do vencimento. Nulidade da cláusula incorre porque se valeram as partes de mero critério semelhante à correção monetária (...)".[206]

A jurisprudência do Superior Tribunal de Justiça[207] também é farta neste sentido, como se verifica do v. aresto de lavra da Ministra Nancy Andrighi:

"Recurso especial. Civil e comercial. Contrato celebrado em moeda estrangeira. Admissibilidade desde que o pagamento se efetive pela conversão na moeda nacional. Conversão. Data do pagamento e não em data anterior.

– É válida, no Brasil, a contratação de pagamento em moeda estrangeira, desde que seja feito pela conversão em moeda nacional.

– A jurisprudência do STJ entende que, em se tratando de obrigação constituída em moeda estrangeira, a sua conversão em moeda nacional deve ocorrer na data do efetivo pagamento e não em data pretérita.

Recurso especial provido".[208]

Especificamente em relação aos contratos de locação de imóvel, o Superior Tribunal de Justiça já teve a oportunidade de se manifestar no sentido da possibilidade da estipulação, mas não do pagamento:

"Locação. Termo aditivo. Fixação de aluguel em cruzeiros, tomando-se a moeda estrangeira como simples referência.

---

[204] CRETELLA NETO, José. *Contratos internacionais* – cláusulas típicas. Campinas: Millenium, p. 477-479.
[205] BAPTISTA, Luiz Olavo. Contratos internacionais. *LexMagister*, p. 223-224.
[206] STF, Recurso Extraordinário 73.635/RJ, Tribunal Pleno, Rel. Min. Thompson Flores, j. 12.04.1973, *DJ* 01.06.1973.
[207] No mesmo sentido: REsp 239.238/STJ e REsp 119.773/STJ.
[208] STJ, Recurso Especial 680.543/RJ, 3ª Turma, Rel. Min. Nancy Andrighi, j. 16.11.2006, *DJ* 04.12.2006.

– Não ofende os arts. 1º, do Decreto-lei 857/69 e 17, da Lei 8.245/91, a fixação de aluguel em moeda nacional, tomando-se a moeda estrangeira como simples referencial com o fim de conversão na data do início de vigência do contrato de locação.

– Recurso não conhecido".[209]

Embora ao arrepio da legislação aqui estudada, parece-nos que a jurisprudência assentou o entendimento de que é permitida a estipulação do aluguel em moeda estrangeira, desde que o pagamento seja feito em moeda corrente. Ainda assim, este entendimento traz problemas, especificamente em relação ao momento da conversão da moeda estrangeira na moeda de cunho forçado. A melhor solução é aquela já dada pela doutrina e pela jurisprudência (acórdão do Ministro José Arnaldo da Fonseca supramencionado), no sentido de que a conversão deve ser feita de acordo com o câmbio oficial do dia do início (vigência) do contrato de locação.[210] Ao se admitir que a conversão seja feita mês a mês, violar-se-ia a literalidade do art. 17 da Lei de Locação, na medida em que o contrato de locação estaria sujeito à oscilação cambial mensal da moeda estrangeira. Adequado, portanto, o entendimento de que a conversão se dá no início da vigência do contrato e, uma vez convertido, este valor será igual durante toda a vigência do contrato (salvo correção monetária e eventual revisão).

Não menos importante é a vedação da indexação do valor do contrato de locação à variação do salário mínimo. Se assim fosse permitido, o Estado teria sempre um fator a mais a ser considerado quando do aumento do salário mínimo, o que poderia frear seu necessário avanço, como lembra Sylvio Capanema.[211]

Questão que deixou de constar expressamente na Lei de Locação diz respeito à possibilidade da aplicação de índice de correção monetária aos contratos locatícios. Sabe-se que a correção monetária visa recompor o equilíbrio econômico-financeiro do valor real do preço ajustado inicialmente com base nos índices oficiais que medem a inflação no período. A correção monetária não traz enriquecimento ou prejuízo a parte alguma; tão somente tenta restabelecer o valor da moeda naquele período, o que é extremamente importante em países – como o nosso – nos quais a economia navega de acordo com a direção e força dos ventos externos.[212]

A melhor forma de se verificar a inflação se dá através dos índices inflacionários. Apesar de problemáticos, ensina Sílvio de Salvo Venosa que eles "devem, sem dúvida, ser o termômetro da reavaliação dos preços".[213] Mas quais os índices que podem ser utilizados para fins de correção monetária? O Tribunal de Justiça de São Paulo ajuda a elucidá-los:

---

[209] STJ, Recurso Especial 55.933/RJ, 5ª Turma, Rel. Min. José Arnaldo da Fonseca, j. 08.10.1996, *DJ* 02.12.1996, *LEXSTJ* 93/111.

[210] SOUZA, Sylvio Capanema de. *A Lei do Inquilinato comentada*. Rio de Janeiro: GZ, 2010, p. 94.

[211] "(...) quer o governo ter as mãos livres, para tratar a política salarial sem precisar considerar o seu impacto sobre o preço das locações, o que poderia tornar inócua a majoração dos salários" (SOUZA, Sylvio Capanema de. *A Lei do Inquilinato comentada*. Rio de Janeiro: GZ, 2010, p. 94).

[212] "Com a síndrome inflacionária, porém, há décadas, tornou-se imperioso: a) de um lado, fazer correções periódicas dos valores do aluguel primitivo, para evitar o seu aniquilamento; e b) de outro, tomar as medidas para amainar a fúria inflacionária" (PACHECO, José da Silva. *Tratado das locações, ações de despejo e outras*. São Paulo: RT, 2000, p. 276).

[213] "Os índices de inflação, problemáticos e duvidosos, devem, sem dúvida, ser o termômetro da reavaliação dos preços. O conteúdo desses índices, dentre tantos já estampados no país, é que deverão ser tomados em consideração" (VENOSA, Sílvio de Salvo. *Lei do inquilinato comentada – doutrina e prática*. São Paulo: Atlas, 2010, p. 102).

"(...) A Lei nº 8.245/91 não restringiu e nem especificou o índice a ser aplicado para correção monetária. Contrariamente, em seu artigo 17 previu a livre convenção do aluguel, vedando somente a estipulação em moeda estrangeira e a sua vinculação à variação cambial ou ao salário mínimo. Em seu parágrafo único, previu ainda a livre escolha de critérios de reajustes, desde que observada a legislação específica. Assim sendo, para o contrato de locação é válida a fixação de qualquer índice oficial, desde que não esteja restrito a um setor da economia diverso. O Conselho Regional de Corretores de Imóveis de São Paulo (Creci-SP) aponta como 'índices de aluguel' os seguintes: a) Índice de Custo de Vida – ICV/Dieese; b) Índice Geral de Preço Disponibilidade Interna – IGP-DI/FGV; c) Índice Geral de Preço do Mercado – IGPM/FGV; d) Índice Nacional de Preços ao Consumidor – INPC/IBGE; e) Índice de Preços ao Consumidor – IPC/FIPE e; f) Índice Nacional de Preços ao Consumidor Amplo – IPCA (IBGE)".[214]

A inércia do locador em exigir o reajuste dos aluguéis por longo período de tempo implica renúncia tácita[215] do direito à cobrança de valores pretéritos, mas não impede a atualização dos aluguéis a partir da notificação extrajudicial encaminhada ao locatário:

"Recurso Especial. Locação comercial. Aluguéis. Reajuste. Cláusula contratual. Previsão. Cinco anos. Cobrança. Inexistência. Valores retroativos. Impossibilidade. Boa-fé objetiva. *Supressio*.

1. Recursos especiais interpostos contra acórdão publicado na vigência do Código de Processo Civil de 2015 (Enunciados Administrativos nos 2 e 3/STJ).

2. Cinge-se a controvérsia a definir se, não tendo exercido o direito de reajustar os aluguéis durante o período de 5 (cinco) anos, com base em cláusula contratual expressa, pode o locador exigir o pagamento de tais valores, inclusive de retroativos, após realizada a notificação do locatário.

3. A *supressio* decorre do não exercício de determinado direito, por seu titular, no curso da relação contratual, gerando para a outra parte, em virtude do princípio da boa-fé objetiva, a legítima expectativa de que não mais se mostrava sujeito ao cumprimento da obrigação.

4. Hipótese em que o acórdão recorrido concluiu que o locador não gerou a expectativa no locatário de que não mais haveria a atualização do valor do aluguel durante todo o período contratual (vinte anos), mas que apenas não seria exigida eventual diferença no valor já pago nos 5 (cinco) anos anteriores à notificação extrajudicial.

5. Destoa da realidade fática supor que, no caso, o locatário tivesse criado a expectativa de que o locador não fosse mais reclamar o aumento dos aluguéis e, por esse motivo, o decurso do tempo não foi capaz de gerar a confiança de que o direito não seria mais exercitado em momento algum do contrato de locação.

---

[214] TJSP, Apelação 0002351-50.2011.8.26.0457, 28ª Câmara de Direito Privado, Rel. Des. Dimas Rubens Fonseca, j. 24.03.2015.

[215] Entendemos que institutos como *supressio* e *surrectio* não são institutos cabíveis no ordenamento jurídico brasileiro, na medida em que possuímos institutos análogos, como a renúncia (tácita e expressa), figura, aliás, prevista no Código Civil por exemplo no artigo 330 do Código Civil e que cumprem a mesma finalidade, a nomenclatura, entretanto, pouco importa, desde que a solução do caso seja correta e embasada no ordenamento jurídico.

6. Viola a boa-fé objetiva impedir que o locador reajuste os aluguéis por todo o período da relação contratual.

7. No caso, a solução que mais se coaduna com a boa-fé objetiva é permitir a atualização do valor do aluguel a partir da notificação extrajudicial encaminhada ao locatário e afastar a cobrança de valores pretéritos.

8. Recursos especiais não providos." (REsp 1803278/PR, Rel. Min. Ricardo Villas Bôas Cueva, 3ª Turma, j. 22.10.2019, DJe 05.11.2019)

O parágrafo único do art. 17 da Lei de Locações não tem, hoje, utilidade prática. Quando da edição da Lei de Locação (Lei 8.245/1991), a correção monetária dos contratos de locação residencial era regida pela Lei 8.178/1991, que determinava a periodicidade mínima de seis meses para reajuste e o índice máximo, a saber o ISN (Variação Nominal dos Salários). Todavia, decorrido o prazo quinquenal mencionado no art. 85, II, da Lei de Locação, nenhum outro índice ou forma de correção especial foi fixado para os contratos de locação residencial, razão pela qual a locação residencial e a não residencial encontram-se sob o mesmo regime jurídico, o que, na visão de Sylvio Capanema, traz maior segurança jurídica ao mercado.[216] Não se pode ignorar, contudo, que a qualquer momento pode ser editada regra especial para os contratos de locação residenciais, nos termos da previsão do art. 17, parágrafo único, da Lei de Locações.

Restou firmado, outrossim, que a atual periodicidade para a aplicação do índice de correção monetária é anual, de modo que é nula qualquer estipulação por prazo inferior, nos termos do art. 2º da Lei 10.192/2001.[217]

Por fim, mas não menos importante, é necessário tratar do "abono pontualidade" (ou "desconto"). O abono pontualidade nada mais é do que a concessão de um desconto caso o locatário pague em dia o aluguel da coisa, mediante previsão expressa no contrato de locação. Trata-se, pois, de uma solução para incentivar a pontualidade do locatário que, se pagar em dia o valor aluguel, obterá um determinado desconto previsto contratualmente.

Convém ressaltar, ainda, que referido desconto é uma liberalidade em favor do contratado, em benefício deste, mas o valor efetivo da prestação é aquele sem abatimento, em caso de cobrança por falta de pagamento, conforme o Judiciário já teve a oportunidade de se manifestar:

> "Ação de despejo por falta de pagamento c/c cobrança de alugueres e acessórios da locação. Inadimplemento. Multa moratória. Minoração. Impertinência. Desconto de pontualidade. Legalidade. Acessórios de locação. Execução de sentença. Honorários advocatícios. Minoração.
>
> (...) 2. O desconto de pontualidade se revela uma liberalidade em favor do contratado, mas o valor efetivo da prestação é aquele sem abatimento, em caso de inadimplência e cobrança por falta de pagamento. Caracteriza-se, portanto, como um incentivo ao cumprimento das obrigações, mostrando-se legal. (...)".[218]

---

[216] SOUZA, Sylvio Capanema de. *A Lei do Inquilinato comentada*. Rio de Janeiro: GZ, 2010, p. 95.

[217] "Art. 2º É admitida estipulação de correção monetária ou de reajuste por índices de preços gerais, setoriais ou que reflitam a variação dos custos de produção ou dos insumos utilizados nos contratos de prazo de duração igual ou superior a um ano.
§ 1º É nula de pleno direito qualquer estipulação de reajuste ou correção monetária de periodicidade inferior a um ano."

[218] TJDF, Apelação Cível 20050110990720, 3ª Turma Cível, Rel. Des. Humberto Adjuto Ulhôa, j. 06.09.2006, DJ 19.10.2006.

TÍTULO I – DA LOCAÇÃO • **Art. 17**

O Superior Tribunal de Justiça já teve a oportunidade de se manifestar sobre a legalidade do abono pontualidade, ressaltando, inclusive, a falta de interesse do Estado em regulamentar a questão, uma vez que ela deflui da ampla autonomia dada pelo próprio art. 17, *caput*, da Lei de Locação. Confira-se, *in verbis*:

> "Nas relações locatícias, celebradas com base na Lei 8.245/91 as partes contratantes têm plena liberdade para a estipulação do valor inicial do aluguel. A intervenção do Estado somente se dá em hipóteses bem restritas, como, *v.g.*, na impossibilidade de as partes fixarem o valor do aluguel em moeda estrangeira, vinculá-lo à variação cambial ou ao salário mínimo, na determinação da periodicidade mínima para seu reajuste e na indicação dos índices de reajuste. Hipótese em que a questão relativa à estipulação de cláusula de pontualidade não se encontra elencada no rol de matérias que, excepcionando o princípio da liberdade de estipulação das partes, mereceram especial atenção do legislador, não sendo considerada de ordem pública".[219]

Problema ocorre, entretanto, quando se verifica a cumulação de tal incentivo com a multa moratória. É a hipótese de o aluguel não ser pago no prazo dado ao "abono" e, com isso, o locatário sofrer automaticamente a incidência de uma multa moratória. Até fevereiro de 2019, firmou-se, na doutrina e na jurisprudência, o entendimento pela impossibilidade, uma vez que, nestas hipóteses, tal abono seria uma multa moratória inversa, sendo vedado, portanto, a dupla previsão contratual, sob pena de se caracterizar *bis in idem*.

> "Locação de imóveis. Execução. Embargos à execução. Abono pontualidade. 1. Não há qualquer abusividade na cláusula que prevê desconto para pagamento dos aluguéis em dia, livremente pactuada entre as partes, quando ausente qualquer estipulação de multa moratória por atraso. 2. Não há *bis in idem* quando previsto tão somente o abono pontualidade no contrato de locação, sem cumulação com multa moratória, prevalecendo a estipulação feita entre as partes, mormente quando o valor do abono não chega a 10% do valor do locativo, revelando-se valor razoável. 3. Negaram provimento ao recurso."[220]

> "Locação. Abono de pontualidade. Cumulação com multa moratória. Inadmissibilidade. Recurso do embargado parcialmente provido. A exigência de multa moratória afasta a cumulação do abono pontualidade, no caso de atraso no pagamento do aluguel, sob pena de caracterizar dupla penalidade por um mesmo fato."[221]

> "Locação de imóvel não residencial. Declaratória. Ação de revisão de cláusulas contratuais. Alegada nulidade de cláusulas contratuais. Renúncia ao direito de retenção ou de indenização de benfeitorias. Legalidade. Súmula 335 do STJ. Incidência à espécie. Prevalência do princípio 'pacta sunt servanda'. Concordância integral das partes regularmente celebrado. Sentença que acolheu parcialmente o pedido inicial apenas para proclamar a nulidade de cláusula que previu a contratação de 'abono de pontualidade' mecanismo que disfarça a intenção de impor mais uma multa disfarçada. Abono por

---

[219] STJ, REsp 400.385/SP, 5ª Turma, Rel. Min. Arnaldo Esteves Lima, j. 03.10.2006, *DJ* 23.10.2006.
[220] TJSP, Apelação Cível 0012411-82.2004.8.26.0019, 25ª Câmara de Direito Privado, Rel. Des. Vanderci Álvares, j. 28.11.2012, *DJ* 30.11.2012.
[221] TJSP, Apelação Cível 9205898-81.2005.8.26.0000, 26ª Câmara de Direito Privado, Rel. Des. Renato Sartorelli, j. 10.08.2011, *DJ* 15.08.2011.

pontualidade e sua cumulação com pena moratória. Impossibilidade. Sentença de parcial procedência. Manutenção."[222]

"Apelação cível. Ação de despejo cumulado com cobrança. Contrato de locação. Prorrogação por prazo indeterminado que não alcança a garantia pessoal. Irresponsabilidade dos fiadores em relação aos meses posteriores ao vencimento do contrato. Interpretação restritiva. Abono de pontualidade. Legalidade. Multa contratual não cobrada. Inexistência de cumulatividade com o bônus de pontualidade. Sentença que determina o pagamento da multa contratual. Pedido inexistente na petição inicial. Decisão *extra petita*. Nulidade. Exclusão. Honorários advocatícios. Estipulação contratual. Ineficácia. Incidência do artigo 20 do Código de Processo Civil. Recurso de apelação (1) parcialmente provido. Recurso de apelação (2) não conhecido em razão da sua intempestividade. 1. O contrato de fiança não admite interpretação extensiva, não tendo eficácia a cláusula contratual que prevê a responsabilidade do fiador até a entrega das chaves. 2. A bonificação da pontualidade decorre da livre convenção do valor do aluguel, significando um incentivo ao locatário para o pagamento rigorosamente em dia do valor do aluguel, não havendo qualquer impedimento legal para tanto."[223]

Entretanto, ao se deparar com a questão, o Superior Tribunal de Justiça, em julgado de 19.02.2019, de relatoria da Ministra Nancy Andrighi, entendeu pela possibilidade da cumulação do abono de pontualidade e da multa moratória, em acórdão assim ementado:

"Recurso Especial. Ação de despejo cumulada com cobrança. Negativa de prestação jurisdicional. Não ocorrência. Perda do abono de pontualidade e incidência da multa moratória. *Bis in idem* não configurado. Julgamento: CPC/15. 1. Ação de despejo c/c cobrança de alugueis e acessórios ajuizada em 21/05/2015, da qual foi extraído o presente recurso especial, interposto em 04/10/2017 e concluso ao gabinete em 11/06/2018. 2. O propósito recursal é dizer sobre a negativa de prestação jurisdicional e se configura duplicidade (*bis in idem*) a cobrança do valor integral dos alugueis vencidos, desconsiderando os descontos de pontualidade, acrescido da multa moratória. 3. Devidamente analisadas e discutidas as questões de mérito, estando suficientemente fundamentado o acórdão recorrido, de modo a esgotar a prestação jurisdicional, não se vislumbra a alegada violação do art. 1.022 do CPC/15. 4. Embora o abono de pontualidade e a multa moratória sejam, ambos, espécies de sanção, tendentes, pois, a incentivar o adimplemento da obrigação, trata-se de institutos com hipóteses de incidência distintas: o primeiro representa uma sanção positiva (ou sanção premial), cuja finalidade é recompensar o adimplemento; a segunda, por sua vez, é uma sanção negativa, que visa à punição pelo inadimplemento. 5. À luz dos conceitos de pontualidade e boa-fé objetiva, princípios norteadores do adimplemento, o abono de pontualidade, enquanto ato de liberalidade pela qual o credor incentiva o devedor ao pagamento pontual, revela-se, não como uma "multa moratória disfarçada", mas como um comportamento cooperativo direcionado ao adimplemento da obrigação, por meio do qual ambas as partes se beneficiam. 6. Hipótese em que não configura duplicidade (*bis in idem*) a incidência da multa sobre

---

[222] TJSP, Apelação Cível 992060608403, 25ª Câmara de Direito Privado, Rel. Des. Amorim Cantuária, j. 22.06.2010, *DJ* 30.06.2010.
[223] TJPR, Apelação Cível 0352059-2, 12ª Câmara Cível, Rel. Des. Clayton Camargo, j. 25.10.2006.

o valor integral dos alugueis vencidos, desconsiderando o desconto de pontualidade.
7. Recurso especial conhecido e parcialmente provido."[224]

Da fundamentação do acórdão, é de se notar a tentativa do Superior Tribunal de Justiça de tentar encontrar guarida para a cumulação do abono pontualidade e da multa moratória, pontuando que o abono pontualidade seria uma sanção positiva, a fim de incentivar o pagamento até o vencimento mediante um desconto no valor do aluguel ("sanção positiva", conforme vocábulo utilizado pelo STJ), ao passo que a multa moratória seria a punição pelo inadimplemento ("sanção negativa"), de sorte que o não pagamento até o vencimento implica o direito de se cobrar a totalidade do aluguel (sem o desconto) acrescido da multa moratória prevista no contrato.

Com esse entendimento, já se nota a mudança de entendimento dos Tribunais Estaduais, notadamente no Estado de São Paulo[225], que tem reproduzido *in totum* o argumento utilizado pelo Superior Tribunal de Justiça, mas também nos Estados do Rio Grande do Sul[226], Rio de Janeiro[227], e em praticamente todo o País.

Vale, ainda, ficar de olho nos efeitos da Lei da Liberdade Econômica nos contratos de locação empresarial, que tendem a admitir menor interferência estatal, em razão das mudanças provocadas nos artigos 421 e 422, ambos do Código Civil. É bem verdade que as "mudanças", por assim dizer, não representam nada além daquilo que a doutrina e a jurisprudência atenta sempre pontuaram em relação aos contratos empresariais, mormente em relação à interpretação das cláusulas contratuais e a distribuição dos riscos tal qual desejado contratual pelas partes.

> **Nota do organizador Luiz Antonio Scavone Junior:**
> A multa pelo pagamento em atraso tem sido estipulada em 20% do valor do aluguel, posto que aos contratos de locação não são aplicáveis as disposições do Código de Defesa do Consumidor e, nesse sentido, não se aplica a limitação de 2% da cláusula penal (multa contratual).[228]

---

[224] STJ, REsp 1745916/PR, 3ª Turma, Rel. Min. Nancy Andrighi, j. 19.02.2019, *DJ* 22.02.2019.

[225] Neste sentido: (i) Apelação Cível nº 1027017-51.2019.8.26.0576, 4º Câmara de Direito Privado do TJSP, Des. Rel. Marcia Dalla Déa Barone, j. 03.03.2020; (ii) Apelação Cível nº 1002451-76.2017.8.26.0004, 18º Câmara de Direito Privado do TJSP, Des. Rel. Henrique Rodriguero Clavisio, j. 18.02.2020; (iii) Apelação Cível nº 1043018-48.2018.8.26.0576, 6º Câmara de Direito Privado do TJSP, Des. Rel. Marcus Vinicius Rios Gonçalves, j. 12.02.2020 e (iv) Apelação Cível nº 1004434-88.2017.8.26.0637, 32º Câmara de Direito Privado do TJSP, Des. Rel. Luis Fernando Nishi, j. 11.02.2020.

[226] Apelação Cível nº 70081284499, 16ª Câmara Cível do TJRS, Des. Rel. Deborah Coleto Assumpção de Moraes, j. 27.06.2019.

[227] Apelação Cível nº 0191343-87.2017.8.19.0001, 17ª Câmara Cível do TJRJ, Des. Rel. Elton Martinez Carvalho Leme, j. 27.02.2019.

[228] "Execução de título extrajudicial (contrato de locação). Embargos dos devedores julgados improcedentes. Cerceamento de defesa e julgamento 'citra petita' não verificados. Bem de família. Impenhorabilidade não aplicável ao caso, por força do disposto no inciso VII, do artigo 3º, da Lei 8.009/90. Constitucionalidade afirmada pelo Pleno do Supremo Tribunal Federal. Excesso de execução. Não ocorrência. Inaplicabilidade do Código de Defesa do Consumidor, de vez que não se trata de relação de consumo. Multa moratória de 20% ratificadas. Multa aplicada por conta do julgamento de embargos declaratórios mantida, dado seu caráter protelatório. Honorários advocatícios. Redução que não se justifica, no caso. Recurso não provido, com imposição de sanções por litigância de má-fé" (TJSP, Apelação 992080476618 (1203613300), São Paulo, 33ª Câmara de Direito Privado, Rel. Sá Duarte, j. 14.06.2010, data de registro: 29.06.2010).

Recomendamos, outrossim, com fundamento no art. 9º do Decreto 22.626/1933, que a multa seja pactuada no limite de 10% do valor do aluguel, acrescida de juros de 1% ao mês e atualização monetária desde o vencimento pelo índice pactuado.[229]

A multa compensatória fixada no contrato para o descumprimento dos deveres legais ou contratuais é perfeitamente cumulável com a multa moratória pela impontualidade no pagamento dos aluguéis. "Isso porque ambas possuem fundamentos diversos e finalidades distintas. A moratória visa impelir o locatário a pagar os aluguéis até os respectivos vencimentos, enquanto a compensatória tem por escopo a prefixação de perdas e danos em decorrência do descumprimento do contrato."[230]

Em outras palavras, é perfeitamente possível cumular a cláusula penal moratória com a compensatória, impondo dupla penalidade, uma para cada fato: multa de mora em decorrência do simples atraso no pagamento dos aluguéis e encargos e multa compensatória pela infração contratual ou legal cometida pelo locatário.

Por outro lado, pelo mesmo fato, não é possível cumular penalidades, ainda que haja previsão contratual, como, por exemplo, em razão do atraso no pagamento de aluguéis, da cumulação da multa moratória (normalmente de 10 a 20%) com a multa compensatória pelo descumprimento genérico das obrigações contratuais (comumente de 3 aluguéis), posto que a cumulação porventura pretendida representaria *bis in idem*.[231]

Na hipótese vertente, a infração contratual é dúplice, vale dizer, retardamento no pagamento dos aluguéis, bem como a infração de outra obrigação secundária do contrato de locação, frustrando, com isso, as expectativas do locador tanto quanto à pontualidade do pagamento dos locativos, quanto ao cumprimento das demais obrigações assumidas pelo locatário.

Art. 18. É lícito às partes fixar, de comum acordo, novo valor para o aluguel, bem como inserir ou modificar cláusula de reajuste.

Comentários (Marcelo Chiavassa de Mello Paula Lima):

O art. 18 traz uma característica intrínseca aos negócios jurídicos: a possibilidade de as partes se autorregulamentarem. Se elas podem *criar* um negócio jurídico, igualmente podem *modificá-lo* e até mesmo *extingui-lo*.

---

[229] "Execução. Multas moratória e compensatória. Cumulação. Nada impede que na execução de débito decorrente da relação locatícia se cumule as multas moratória e compensatória, eis que decorrem de fatos geradores diversos, desde que devidamente pactuadas. Entretanto, reduz-se a multa moratória abusivamente fixada em 50% para 10% – art. 9º, do Decreto n. 22.626/1933" (Apelação com Revisão 470.419, 11ª Câm., Rel. Juiz Clóvis Castelo, j. 17.02.1997, *JTA (LEX)* 165/386).

[230] TJSP, Apelação sem Revisão 1.140.526-0/5, São Paulo.

[231] Nesse sentido:
"Locação de imóveis. Despejo por falta de pagamento. Multa moratória cumulada com multa compensatória. Previsão contratual. Inadmissibilidade. A cumulação da forma pretendida importaria em verdadeiro *bis in idem*, impondo dupla penalidade pelo mesmo fato. Recurso provido" (TJSP, Apelação 992060382251 (1065222200), São Paulo, 28ª Câmara de Direito Privado, Rel. Júlio Vidal, j. 01.06.2010, data de registro: 21.06.2010).
"Locação de imóveis. Embargos à execução. Multa compensatória. Cumulação com multa moratória. Inadmissibilidade. A falta de pagamento de aluguéis e encargos locatícios tem punição própria que é a do despejo por falta de pagamento, e se satisfaz com multa moratória, não a compensatória. Recurso improvido" (TJSP, Apelação 992051242213 (945461800), Suzano, 27ª Câmara de Direito Privado, Rel. Emanuel Oliveira, j. 15.12.2009, data de registro: 19.01.2010).

Deve-se diferenciar a simples modificação do negócio previamente firmado, da celebração de um novo negócio jurídico a partir de novas bases negociais. Na primeira hipótese, o contrato original continua válido e eficaz, procedendo às partes apenas a modificação de alguns pontos (como, por exemplo, na transação e no acertamento). A transação é contrato tipificado no Código Civil, por meio dos arts. 840 e seguintes. Nesta espécie contratual, as partes celebram negócio jurídico patrimonial para o fim de prevenir ou terminar um litígio (declaração ou reconhecimento de direitos aptos a constituir uma nova relação jurídica) através de concessões mútuas. O acertamento, por seu turno, é contrato atípico, semelhante à transação, mas com ela inconfundível. Visa eliminar retroativamente uma determinada incerteza sobre uma relação jurídica já existente (não tem como função a constituição de uma nova relação jurídica, mas apenas o aprimoramento da relação originária). Ademais, não exige concessões mútuas, de sorte que pode ser celebrado sem que as partes renunciem a qualquer elemento de patrimonialidade.[232]

Na segunda hipótese, por outro lado, o intuito não é apenas modificar, mas extinguir a relação jurídica anterior através da celebração de um novo negócio jurídico (como, por exemplo, na novação, desde que se verifique o *animus novandi*).

Em regra, a simples alteração do preço ou da cláusula de reajuste não caracteriza um novo negócio jurídico;[233] e é exatamente esta a hipótese abstrata tratada pelo art. 18 da Lei de Locações: a possibilidade de as partes, através da modificação do contrato de locação originário, continuarem por ele regulamentado, sem que a relação jurídica se reinicie.

Art. 19. Não havendo acordo, o locador ou locatário, após três anos de vigência do contrato ou do acordo anteriormente realizado, poderão pedir revisão judicial do aluguel, a fim de ajustá-lo ao preço de mercado.

Comentários (Marcelo Chiavassa de Mello Paula Lima):

Este artigo, com os arts. 68 e seguintes desta Lei, trata da possibilidade da ação revisional de aluguel, mediante o decurso do prazo trienal contado a partir da vigência do contrato ou do acordo anteriormente realizado (judicial ou extrajudicialmente, mas que tenha necessariamente acarretado no reajuste do valor locatício).

O tipo contratual da locação prevê uma prestação a ser paga pelo locatário, que, em contrapartida, receberá o direito de usar e gozar do imóvel pelo prazo contratual estipulado.

---

[232] "Evidente que a mera análise do conceito do negócio de acertamento remete à figura da transação, eis que similares em sua essência. No entanto, são institutos distintos. A transação tem como característica fundamental a prevenção ou a extinção de um litígio por meio de concessões mútuas (art. 840 CC), o que não se dá no acertamento.
(...)
Nesse cenário, a transação não cobre todo o espaço que se reputa reconhecido pela autonomia das partes na matéria, pelo que se impõe a criação de um novo instrumento de composição de dissenso, precisamente o negócio de acertamento, com função complementar em relação à transação, destinado a cobrir o campo por ela deixado" (NANNI, Giovanni Ettore. O negócio de acertamento como espécie de negócio jurídico. *Letrado*, IASP, vol. 96, set.-out. 2011, p. 28-29).

[233] "(...) A mera atualização do preço do aluguel ou a prorrogação do prazo inicialmente previsto para a locação não induzem reconhecimento de novação. (...)" (TJPR, Apelação Cível 260.276-6, 6ª Câmara Cível, Rel. Des. Anny Mary Kuss, j. 14.09.2004).

Por ser um contrato oneroso e de trato sucessivo (não é um contrato de execução instantânea e imediata), encontra-se sujeito ao fator tempo, muito bem definido por Yussef Said Cahali como substantivo masculino relacionado à ideia de período contínuo e indefinido dentro do qual se estabelece uma sucessão de eventos humanos ou naturais; questão que acompanha e intriga a humanidade desde os primórdios, com a qual ainda não aprendemos a lidar. O direito também não poderia estar alheio a ela – na condição de produto cultural da sociedade –, em diferentes situações[234] como a preocupação na manutenção do sinalagma nos contratos onerosos de trato sucessivo. É, afinal, o que preconizam os arts. 317 (teoria da imprevisão) e 478 (teoria da onerosidade excessiva), ambos do Código Civil.

O tempo, sempre implacável e inabalável, pode trazer consigo diversas tormentas, tais como a inflação, o descontrole econômico, a (des)valorização do bairro ou da rua na qual se encontra o imóvel, a desvalorização própria do imóvel pelo uso e desgaste, entre outros inúmeros fatores. Por esta razão, o legislador optou por expressamente permitir e garantir o justo direito de recomposição do sinalagma contratual, decorrido o prazo trienal tal como explicitado no *caput*.

Explica Sílvio de Salvo Venosa que a finalidade é recolocar o aluguel do imóvel a preço de mercado. Presume-se que quando foi contratada a locação o preço estava de acordo com esse mercado. No decorrer da locação pode haver alteração do seu justo valor.[235] Em outras palavras, a ação revisional é importante instrumento jurídico destinado à recomposição do sinalagma contratual.

Para o sucesso da ação revisional de locação, o interessado – o locador para aumentar o valor e o locatário para diminuí-lo – deverá demonstrar que a contraprestação do uso e gozo do imóvel encontra-se fora da realidade. Para tanto, poderá se socorrer de aspectos tais como a idade do imóvel, seu estado, sua localização, os serviços públicos do bairro, as facilidades de transporte, o índice de poluição, o valor das redondezas e afinal o valor de mercado.[236]

Por ora, deve restar consignado que os meros reajustes contratuais por índices legais ou oficiais não significa que tenha sido celebrado "acordo", ainda que ambas as partes tenham, por escrito, adotado esses reajustes.[237]

Maiores questões sobre a ação revisional serão tratadas nos comentários aos arts. 68, 69 e 70, que versam sobre toda a parte procedimental e processual.

Art. 20. Salvo as hipóteses do art. 42 e da locação para temporada, o locador não poderá exigir o pagamento antecipado do aluguel.

Comentários (Marcelo Chiavassa de Mello Paula Lima):

Este artigo é mais uma demonstração da atuação Estatal nos contratos de locação de imóvel. A antiga Lei de Locação permitia a cobrança antecipada. Todavia, aquela mesma lei não trazia a possibilidade de o locador exigir uma garantia, tal qual o faz a Lei 8.245/1991.

---

[234] CAHALI, Yussef Said. *Prescrição e decadência*. São Paulo: RT, 2012, p. 5.
[235] VENOSA, Sílvio de Salvo. *Lei do Inquilinato comentada* – doutrina e prática. São Paulo: Atlas, 2010, p. 106.
[236] VENOSA, Sílvio de Salvo. *Lei do Inquilinato comentada* – doutrina e prática. São Paulo: Atlas, 2010, p. 107.
[237] SANTOS, Gildo dos. *Locação e despejo* – comentários à Lei 8.145/91. São Paulo: RT, 2004, p. 159.

A ideia é, de um lado, evitar que locador não consiga receber a contraprestação devida e, do outro, evitar que o locatário tenha de arcar com um ônus pesado e desnecessário, tendo em vista a existência de garantia.

O legislador criou um sistema muito interessante e inteligente, na medida em que o escopo do art. 20 é exatamente vedar a cobrança antecipada na hipótese de o contrato de locação estar assegurado por alguma das garantias previstas no art. 37[238] desta mesma Lei.

O art. 42 da Lei de Locação, mencionado no *caput* do art. 20, deixa esta ideia bem cristalina, na medida em que estabelece expressamente que "não estando a locação garantida por qualquer das modalidades, o locador poderá exigir do locatário o pagamento do aluguel e encargos até o sexto dia útil do mês vincendo". A expressão *até o sexto dia útil* deixa a cargo do locador o momento da cobrança antecipada, que pode se dar em qualquer um dos seis primeiros dias úteis do mês que se inicia. Ademais, o adiantamento apenas pode ser de um mês, e não por tempo superior.

A outra excepcional hipótese que permite a cobrança antecipada do valor da locação é aquela disciplinada pelos arts. 48/50 da Lei de Locação, a saber, a locação por temporada. Diz-se que a locação é por temporada quando for "destinada à residência temporária do locatário, para prática de lazer, realização de cursos, tratamento de saúde, feitura de obras em seu imóvel, e outros fatos que decorrem tão somente de determinado tempo, e contratada por prazo não superior a noventa dias, esteja ou não mobiliado o imóvel" (redação do art. 48). Além da destinação específica, a lei exige um segundo critério objetivo, a saber, o prazo não superior a 90 dias. Se ultrapassar o prazo de 90 dias, sem oposição do locador, o contrato será considerado prorrogado por prazo indeterminado e a locação deixa de ser na modalidade *por temporada* para ser feita na modalidade *padrão* (art. 50 da Lei).

Ao contrário da primeira exceção (prevista no art. 42 desta Lei), na modalidade *locação por temporada* o locador pode cobrar antecipadamente o valor referente a todos os meses do contrato, sendo-lhe lícito, inclusive, exigir a apresentação de uma garantia para cobrir as demais obrigações do contrato, nos termos do art. 49 desta Lei. As razões para esta permissão são bem explicadas por Sylvio Capanema de Souza, para quem "justifica-se o tratamento diferenciado, a uma, porque o locatário que aluga imóvel por temporada costuma ser economicamente forte, dispensando proteção especial, e a duas, porque, em geral, reside em outra cidade, tornando ao locador difícil a cobrança do aluguel, após sua mudança do imóvel".[239]

A violação deste art. 20 caracteriza contravenção penal, cuja tipificação está no art. 43, III, desta Lei.[240] A sanção cominada é a prisão simples, que varia de cinco dias a seis meses, ou

---

[238] "Art. 37. No contrato de locação, pode o locador exigir do locatário as seguintes modalidades de garantia:
I – caução;
II – fiança;
III – seguro de fiança locatícia.
IV – cessão fiduciária de quotas de fundo de investimento.
Parágrafo único. É vedada, sob pena de nulidade, mais de uma das modalidades de garantia num mesmo contrato de locação."
[239] SOUZA, Sylvio Capanema de. *A Lei do Inquilinato comentada*. Rio de Janeiro: GZ, 2010, p. 103.
[240] "Art. 43. Constitui contravenção penal, punível com prisão simples de cinco dias a seis meses ou multa de três a doze meses do valor do último aluguel atualizado, revertida em favor do locatário:
(...)
III – cobrar antecipadamente o aluguel, salvo a hipótese do art. 42 e da locação para temporada."

multa de valor variável de três a 12 meses do valor do último aluguel devidamente atualizado, cuja renda será revertida em favor do locatário.

Uma questão interessante é saber se o art. 20 é uma norma cogente ou se pode ser afastada pela vontade das partes. Apesar da resposta imediata – até pelas razões aqui já expostas – tender para o entendimento da norma cogente, existe um caso específico que deve fazer com que o intérprete reflita um pouco mais sobre a questão. É o caso do locatário que deseja fazer o pagamento antecipado, como, por exemplo, para negociar um valor que lhe seja mais benéfico (com desconto) ou, ainda, fugir da necessidade de prestar uma garantia que cubra o valor da locação.

Como já explicitado, o escopo da lei é garantir os interesses recíprocos, sem que o locador e o locatário tenham de arcar com obrigações muito pesadas. Assim, a falta de garantia permite a cobrança antecipada, como estabelece o art. 42 desta Lei. Todavia, o valor em tese apenas pode ser adiantado em um mês e não por prazo superior. Questão resolvida, certo? Ainda não. Deve-se atentar à própria tipificação dada pelos arts. 20 e 43, III. O art. 20 pontua que o locador "não poderá exigir o pagamento antecipado do aluguel", ao passo que o art. 43, III, estabelece a contravenção penal na hipótese de o locador "cobrar antecipadamente o aluguel".

Diante deste cenário, compartilhamos aqui da opinião de Sylvio Capanema,[241] para quem a proibição é direcionada ao locador e não ao locatário. Desta forma, se for interesse do locatário a cobrança antecipada por todo o período da locação, o aceite do locador não faz com que esteja configurada a violação do art. 20 e também a tipificação da contravenção penal, na medida em que o *tipo penal* não se encontra configurado adequadamente e na medida em que *nullum crimen, nulla poena sine praevia lege* (art. 5º, XXXIX, da Magna Carta). Desconhece-se, por fim, julgados que tenham abordado a questão levantada nestes últimos parágrafos, o que pode demonstrar que o problema posto talvez seja de ordem muito mais doutrinária do que prática.

Art. 21. O aluguel da sublocação não poderá exceder o da locação; nas habitações coletivas multifamiliares, a soma dos aluguéis não poderá ser superior ao dobro do valor da locação.

Parágrafo único. O descumprimento deste artigo autoriza o sublocatário a reduzir o aluguel até os limites nele estabelecidos.

Comentários (Marcelo Chiavassa de Mello Paula Lima):

A regra tem dois escopos claros: (i) evitar que o locatário aufira vantagens através da sublocação e (ii) proteger o sublocatário do abuso econômico do sublocador (reforçando, uma vez mais, o caráter público das regras de locação). Desta forma, estabelece o *caput* que

---

[241] "Parece-nos que a lei só considera contravenção penal quando o locador exige do locatário o pagamento antecipado, ou seja, quando é dele a iniciativa da cobrança, ao arrepio do interesse do inquilino. Se, ao contrário, é da iniciativa do locatário, e, no seu interesse, o pagamento antecipado, não vemos porque inibi-lo" (SOUZA, Sylvio Capanema de. *A Lei do Inquilinato comentada*. Rio de Janeiro: GZ, 2010, p. 104). "Nosso entendimento parece encontrar amparo na própria redação do artigo 20, quando diz que o 'locador não poderá exigir o pagamento antecipado'. O tipo seria, assim, exigir, e não receber, quando parte do locatário a iniciativa de pagar antes do vencimento" (SOUZA, Sylvio Capanema de. *A Lei do Inquilinato comentada*. Rio de Janeiro: GZ, 2010, p. 104).

TÍTULO I – DA LOCAÇÃO • **Art. 21**

o valor da sublocação não poderá exceder o valor da locação. Na hipótese de habitações coletivas multifamiliares (pensões, entre outros), a somatória das frações não pode ultrapassar o dobro do valor da locação.

É interessante notar que a regra é dirigida ao sublocatário e não ao locador. Este, não tem pretensão jurídica voltada em face do sublocador na hipótese de cobrar quantia superior ao valor da locação (a menos que expressamente pactuada a vedação da sublocação ou um limite para a estipulação do aluguel na hipótese de sublocação).

> "Revisão de contrato de sublocação cumulado com devolução de parcelas pagas a mais. Locação comercial. Cessão. Sublocação. Inobservância do contido no art. 21, da Lei nº 8.245/91. Procedência. O aluguel da sublocação não poderá exceder o valor estabelecido no contrato de locação. Sentença mantida. Apelação desprovida. 'O art. 21 da lei de locações impede que o valor da sublocação seja superior ao da locação, com o claro objetivo de impedir que o sublocador tenha vantagem econômica decorrente deste contrato. Existe, assim, limitação da autonomia das partes no contrato de sublocação, sendo que a violação do preceito possibilita ao sublocatário a busca pela tutela jurisdicional no sentido da redução de suas obrigações contratuais.'"[242]

Por ser regra dirigida ao sublocatário, apenas ele tem a pretensão jurídica de exigir a redução do valor da sublocação, até o limite do contrato de locação (parágrafo único). Todavia, por não ser norma cogente, esta restrição pode ser afastada pela vontade das partes; desta forma, "se o sublocatário concorda em pagar mais que o aluguel principal, não poderá pedir a redução".[243] É o que vem decidindo nossos Tribunais:

> "Locação. Embargos à execução. Sublocação. Art. 21 da Lei 8.245/91. Inaplicabilidade. O contrato de sublocação é negócio jurídico diferente da locação por ter sido o imóvel (constituído por terreno sem benfeitorias) modificado pelo sublocador. – O valor do aluguel da sublocação pode exceder o valor da locação se concordante os sublocatários e inexistente cláusula específica, principalmente por ter sido cumprido o contrato por cerca de dez anos sem o levantamento de qualquer irregularidade. A rescisão contratual avençada entre o sublocatário e o proprietário do imóvel locado não tem validade para o sublocador. O distrato deve se dar nos mesmos moldes em que concretizado o respectivo contrato e, logicamente, entre os mesmos contratantes. Apelo não provido".[244]

Questão interessante que vem sendo debatida é a flexibilização da regra contida no art. 21 da Lei de Locação quando o imóvel sublocado não tiver as mesmas características do imóvel locado originariamente. Desta forma, se o sublocador realiza benfeitorias e/ou acessões que agreguem valor ao imóvel, parece razoável que o valor que ele venha a estipular para fins de sublocação possa ser superior ao valor pago a título de locação. Não é outra a tendência dos Tribunais pátrios, como se verifica *infra*:

---

[242] TAPR, Apelação Cível 212.208-1, 6ª Câmara Cível, Rel. Des. Maria José Teixeira, j. 25.03.2003.
[243] VENOSA, Sílvio de Salvo. *Lei do Inquilinato comentada* – doutrina e prática. São Paulo: Atlas, 2010, p. 112.
[244] Apelação 9077465.54.2008, 35ª Câmara de Direito Privado, Rel. Des. José Malerbi, j. 28.03.2011.

"Contrato de locação. Sublocação. Igualdade de aluguel. Impossibilidade. Objeto da sublocação mais amplo. Tratando-se de contrato de sublocação não residencial, em que a sublocadora transforma prédio rústico em ponto de comércio de combustível, construindo benfeitorias às suas expensas, inadmissível a aplicação da regra prevista no art. 21 da Lei 8.245/91".[245]

"(...) Não há dúvidas de que, em regra, 'o aluguel da sublocação não poderá exceder o da locação', conforme dispõe expressamente o artigo 21 da Lei n. 8.245/91, elemento cerne da reconvenção ajuizada pela sublocatária. Ocorre, contudo, que o caso dos autos é particular o suficiente para que essa regra geral seja afastada: conforme se verifica claramente do contrato de fls. 47/53, firmado entre proprietários e sublocador após o termo daquele de fls. 120/126, no imóvel originalmente alugado o sublocador introduziu diversas benfeitorias que, por sua natureza, modificaram profundamente o imóvel e, certamente, possibilitaram seu uso atual pela sublocatária benfeitorias essas que, inclusive, deveriam ser-lhe indenizadas com o fim da locação, segundo consta no contrato firmado com os proprietários. A alteração foi tamanha que releva o fato de que o contrato de sublocação foi chamado pelo sublocador de 'contrato de locação' (fls. 10). Destarte, não é mesmo razoável limitar o valor do aluguel da sublocação ao da locação; o bem sublocado não é mais exatamente o mesmo do alugado, o que justifica, repito, a diferença constatada. (...)."[246]

O escopo da regra aqui analisada (art. 21) é, repise-se, evitar que o sublocatário aufira lucro com a atividade de sublocação. Mas, para isto, uma premissa deve vingar: o imóvel sublocado estar nas mesmas condições (construtivas, inclusive) do que o imóvel locado. Se o sublocatário precisou investir no imóvel para agregar valor a ele, o aumento do valor da sublocação não acarretará enriquecimento com a atividade de sublocação; será, isso sim, uma forma lícita de ele recuperar o investimento realizado.

> *Nota do organizador Luiz Antonio Scavone Junior:*
>
> Nos termos do art. 3º, parágrafo único, da Lei 13.966/2019 que dispõe sobre o sistema de franquia empresarial, no contrato de sublocação entre o franqueador e o franqueado, "o valor do aluguel a ser pago pelo franqueado ao franqueador, nas sublocações (...), poderá ser superior ao valor que o franqueador paga ao proprietário do imóvel na locação originária do ponto comercial, desde que: I – essa possibilidade esteja expressa e clara na Circular de Oferta de Franquia e no contrato; e II – o valor pago a maior ao franqueador na sublocação não implique excessiva onerosidade ao franqueado, garantida a manutenção do equilíbrio econômico-financeiro da sublocação na vigência do contrato de franquia".
>
> O inciso II, portanto, do dispositivo mencionado, gera insegurança jurídica na medida em que não estabeleceu parâmetros para o que considera "excessiva onerosidade" que geraria desequilíbrio contratual em razão do sobrepreço do aluguel, o que sempre deve ser evitado pela lei.

---

[245] TAMG, Apelação 2.0000.00.447896-4/000, 8ª Câmara Cível, Rel. Des. Sebastião Pereira de Souza, j. 18.11.2004.
[246] TJSP, Apelação 0113530-20.2007.8.26.0007, 28ª Câmara de Direito Privado, Rel. Des. Gilson Delgado Miranda, j. 19.03.2013.

Nada obstante, a lei foi assim escrita de tal sorte que caberá ao prudente arbítrio do julgador ponderar e desde já lanço, por analogia, a solução deste art. 21 de tal sorte que o limite do sobrepreço para considerar onerosidade excessiva será o dobro do valor que o franqueador paga ao locador a título de aluguel.

Seção IV
Dos deveres do locador e do locatário

Art. 22. O locador é obrigado a:

I – entregar ao locatário o imóvel alugado em estado de servir ao uso a que se destina;

II – garantir, durante o tempo da locação, o uso pacífico do imóvel locado;

III – manter, durante a locação, a forma e o destino do imóvel;

IV – responder pelos vícios ou defeitos anteriores à locação;

V – fornecer ao locatário, caso este solicite, descrição minuciosa do estado do imóvel, quando de sua entrega, com expressa referência aos eventuais defeitos existentes;

VI – fornecer ao locatário recibo discriminado das importâncias por este pagas, vedada a quitação genérica;

VII – pagar as taxas de administração imobiliária, se houver, e de intermediações, nestas compreendidas as despesas necessárias à aferição da idoneidade do pretendente ou de seu fiador;

VIII – pagar os impostos e taxas, e ainda o prêmio de seguro complementar contra fogo, que incidam ou venham a incidir sobre o imóvel, salvo disposição expressa em contrário no contrato;

IX – exibir ao locatário, quando solicitado, os comprovantes relativos às parcelas que estejam sendo exigidas;

X – pagar as despesas extraordinárias de condomínio.

Parágrafo único. Por despesas extraordinárias de condomínio se entendem aquelas que não se refiram aos gastos rotineiros de manutenção do edifício, especialmente:

a) obras de reformas ou acréscimos que interessem à estrutura integral do imóvel;

b) pintura das fachadas, empenas, poços de aeração e iluminação, bem como das esquadrias externas;

c) obras destinadas a repor as condições de habitabilidade do edifício;

d) indenizações trabalhistas e previdenciárias pela dispensa de empregados, ocorridas em data anterior ao início da locação;

e) instalação de equipamento de segurança e de incêndio, de telefonia, de intercomunicação, de esporte e de lazer;

f) despesas de decoração e paisagismo nas partes de uso comum;

g) constituição de fundo de reserva.

Comentários (Tatiana Bonatti Peres e Franklin Gomes Filho):

Nos termos do art. 9º, II, da Lei do Inquilinato, a locação pode ser desfeita por inadimplemento de obrigações contratuais ou legais. Todavia, nem sempre terá o locatário interesse em desfazer a relação contratual, de modo que, caberá, também, em favor do locatário, "de acordo com a natureza da infração, ação de obrigação de fazer contra o locador".[247]

A lei enumera alguns dos deveres das partes, sem prejuízo de outros previstos expressamente em lei, ou que decorram dos princípios que norteiam a celebração e execução dos contratos, em especial os decorrentes dos deveres de boa-fé.

Antes de adentrar nas obrigações imputadas às partes, é importante fazer menção à contribuição trazida pela Lei da Liberdade Econômica para a interpretação dos negócios jurídicos. Com efeito, a interpretação do negócio jurídico passa ter contornos detalhados e critérios estabelecidos no artigo 113, do Código Civil.[248]

A interpretação deve corresponder à boa-fé negocial. Destaca-se que as partes podem criar o sentido para a interpretação dos negócios jurídicos. Embora a Lei do Inquilinato preveja regras específicas e até normas de ordem pública, é importante notar que, agora, as partes também poderão se utilizar das normas de interpretação por elas criadas. Ainda não temos casuística da aplicação da Lei da Liberdade Econômica ao contexto das locações.

1. Inciso I – entregar ao locatário o imóvel alugado em estado de servir ao uso a que se destina

Como se verifica pela leitura deste art. 22, a primeira obrigação do locador, e uma das principais contidas na lei, é a de entregar o imóvel em condições adequadas a servir ao locatário para o uso convencionado. De início, é importante pontuar que a lista de obrigações contida no art. 22 não é taxativa, uma vez que se observam as normas gerais previstas no Código Civil nos contratos de locação, aplicáveis a qualquer contrato bilateral oneroso, bem como as obrigações não expressamente previstas, porém decorrentes dos princípios e cláusulas gerais. Com efeito, as partes têm liberdade para estabelecer obrigações adicionais a serem cumpridas pelo locador (e ao locatário, obviamente).

Adicionalmente à obrigação estabelecida no inciso I, existe o dever geral de o locador agir com boa-fé na entrega do imóvel ao locatário. Naturalmente, na qualidade de proprietário, o

---

[247] VENOSA, Sílvio de Salvo. *Lei do Inquilinato comentada*. 13. ed. São Paulo: Atlas, 2014, p. 118.

[248] Art. 113. Os negócios jurídicos devem ser interpretados conforme a boa-fé e os usos do lugar de sua celebração.

§ 1º A interpretação do negócio jurídico deve lhe atribuir o sentido que: (Incluído pela Lei nº 13.874, de 2019)

I – for confirmado pelo comportamento das partes posterior à celebração do negócio; (Incluído pela Lei nº 13.874, de 2019)

II – corresponder aos usos, costumes e práticas do mercado relativas ao tipo de negócio; (Incluído pela Lei nº 13.874, de 2019)

III – corresponder à boa-fé; (Incluído pela Lei nº 13.874, de 2019)

IV – for mais benéfico à parte que não redigiu o dispositivo, se identificável; e (Incluído pela Lei nº 13.874, de 2019)

V – corresponder a qual seria a razoável negociação das partes sobre a questão discutida, inferida das demais disposições do negócio e da racionalidade econômica das partes, consideradas as informações disponíveis no momento de sua celebração. (Incluído pela Lei nº 13.874, de 2019)

§ 2º As partes poderão livremente pactuar regras de interpretação, de preenchimento de lacunas e de integração dos negócios jurídicos diversas daquelas previstas em lei. (Incluído pela Lei nº 13.874, de 2019).

TÍTULO I – DA LOCAÇÃO • **Art. 22**

locador tem amplo e detalhado conhecimento sobre o estado e a condição do bem. Portanto, além do dever de entregar o imóvel em condições para que o locatário o utilize de acordo com a sua destinação, é dever do locador informar ao locatário acerca das reais condições do imóvel.

Neste sentido, em acórdão de 19.10.2011, a 25ª Câmara de Direito Privado do TJSP decidiu (na Apelação 9081660-48.2009.8.26.0000) que, tendo em vista que o art. 422 do Código Civil impõe às partes o dever de agir com boa-fé, aplicável a todas as fases do contrato (Enunciado 25 da I Jornada de Direito Civil), o locador tem a obrigação de passar à locatária todas as informações necessárias para viabilizar o negócio jurídico, máxime quando, sendo a locação contratada para fins comerciais, presente irregularidade capaz de inviabilizar a emissão de licença de funcionamento para o exercício da atividade empresarial da locatária. A violação ao dever de informar impede que o contrato produza efeitos *ab initio*, implicando sua ineficácia.

Sendo o contrato de locação caracterizado como bilateral, ou seja, que importa em obrigações para ambas as partes, locador e locatário, a ele aplica-se a regra da exceção do contrato não cumprido, prevista no art. 476 do Código Civil, a saber: "Art. 476. Nos contratos bilaterais, nenhum dos contratantes, antes de cumprida a sua obrigação, pode exigir o implemento da do outro".

Nessa linha, já decidiu a 33ª Câmara de Direito Privado do TJSP, em acórdão de 16.06.2014, nos autos da Apelação 0034001-57.2012.8.26.0562, tendo como relatora a Desembargadora Maria Cláudia Bedotti: "Ora, se, por um lado, é verdade que o contrato celebrado pelas partes não está sujeito a qualquer condição suspensiva, não é menos certo, por outro lado, que é obrigação primeira do locador entregar ao locatário o imóvel alugado em estado de servir ao uso a que se destina (Lei de Locações, art. 22, I). Trata-se de obrigação de dar coisa certa, sem a qual não é devida a contraprestação pelo uso do bem, inclusive por falta de boa-fé objetiva, a ensejar o enriquecimento sem causa do locador. Outrossim, a presunção de que a coisa locada foi entregue ao locatário por ocasião da celebração do pacto locatício não é uma presunção absoluta e admite prova em contrário pelo inquilino".

Havendo vícios não identificados na celebração do contrato de locação, a locatária pode optar pela resolução do contrato por inadimplemento da locadora, hipótese em que não é devida multa contratual, conforme, aliás, já decidiu a 29ª Câmara de Direito Privado do TJSP, em acórdão de 04.06.2014, nos autos da Ap. sem Revisão 0010711-41.2011.8.26.0564, tendo como relator o Desembargador Hamid Bdine: "Ação de cobrança. Locação não residencial. Buffet de festas. Imóvel que não serviu ao uso a que se destinava em virtude de problemas estruturais não identificados no momento da celebração do contrato. Prova oral que comprovou suficientemente a existência de problemas elétricos e infiltrações no local. Violação da regra do artigo 22, I e IV, da Lei n. 8.245/91. Locadora que deu causa à resolução contratual. Inadimplemento absoluto caracterizado. Artigo 389 do Código Civil. Inexigibilidade da cobrança dos aluguéis, encargos locatícios e da cláusula penal".

Adicionalmente, tem o locatário o direito de pleitear a indenização por perdas e danos incorridos em virtude da entrega do imóvel de maneira incompatível com o uso esperado.

Alternativamente, "se o locatário já ingressou no imóvel e então percebe sua impropriedade total ou parcial para a locação, poderá ingressar com ação para obrigar (obrigação de fazer) o locador a colocar o imóvel em condições, com a imediata reparação (...). Pelo tempo que o inquilino permanecer no imóvel sem condições, poderá ser pleiteada a redução do aluguel, sem prejuízo das perdas e danos, se comprováveis".[249]

---

[249] VENOSA, Sílvio de Salvo. *Lei do Inquilinato comentada*. 13. ed. São Paulo: Atlas, 2014, p. 123.

Em se tratando de locação não residencial, entende-se que o locador deverá prover o imóvel de condições estruturais básicas que permitam a regular ocupação e exploração pretendida pelo locatário. Portanto, deve o locador ser responsável pela entrega do Habite-se emitido pela Prefeitura, atestando que a construção existente foi realizada de acordo com as leis e posturas urbanísticas aplicáveis, especialmente, o Código de Obras e Edificações, bem como a Lei de Uso e Ocupação do Solo, vigentes à época da realização da construção.

Nesse sentido, eis a decisão do extinto 2º TAC-SP: "Caracteriza-se a infração contratual por parte do locador quando ocorrer a impossibilidade de utilização do imóvel por falta de habite-se da Prefeitura Municipal, sendo devida a multa por ser inegável a culpa (Ap. 568.080-00/2 – Rel. Peçanha de Moraes – j. 27.03.2000 – *DOE* – Poder Judiciário 29.09.2000, p. 142 – *Ementário* 16/2000)".[250]

No entanto, o locador não tem a obrigação de adaptar o imóvel às peculiaridades da atividade a ser explorada pelo locatário, como decidido pelo STJ: "1. Cinge-se a controvérsia a saber o alcance da obrigação do locador, prevista no art. 22, I, da Lei nº 8.245/1991, sobretudo se lhe compete a regularização do bem junto aos órgãos públicos segundo a atividade econômica a ser explorada pelo locatário. (...). 4. Na hipótese de locação comercial, a obrigação do locador restringe-se, tão somente à higidez e à compatibilidade do imóvel ao uso comercial. Salvo disposição contratual em sentido contrário, o comando legal não impõe ao locador o encargo de adaptar o bem às peculiaridades da atividade a ser explorada, ou mesmo diligenciar junto aos órgãos públicos para obter alvará de funcionamento ou qualquer outra licença necessária ao desenvolvimento do negócio. 5. Os deveres anexos à boa-fé, especialmente os deveres de informação, cooperação, lealdade e probidade, exigíveis das partes na execução dos contratos, contudo, impõem ao locador uma conduta colaborativa, no sentido de fornecer ao locatário os documentos e informações necessárias à implementação da atividade no imóvel objeto da locação".

Impõe-se, ainda, ao locador o dever de apresentar o Auto de Vistoria emitido pelo Corpo de Bombeiros, que, por sua vez, atesta que a construção existente se encontra regular perante a legislação de combate e prevenção a incêndio. O locatário deve se atentar para o fato de que o Auto de Vistoria deve ter sido aprovado levando em consideração a atividade específica que pretende desenvolver no imóvel. A legislação estadual relativa ao tema estabelece as regras e condições necessárias para que determinada atividade seja exercida de maneira regular. Importante observar que, periodicamente, o imóvel deve ser vistoriado pelo Corpo de Bombeiros com a necessidade de renovação do Auto de Vistoria.

Como veremos no inciso VIII a seguir, a regra geral é a de que o locador será o responsável pelo pagamento de impostos e taxas incidentes sobre o imóvel. Como se verá adiante, é bastante comum que tal obrigação seja transferida ao locatário, uma vez que ele é o usuário e quem desenvolve atividade no imóvel. Tal previsão contratual é permitida pela lei, uma vez que se trata de norma dispositiva. Portanto, de maneira a eliminar qualquer tipo de discussão sobre a incumbência do pagamento da taxa de renovação do Auto de Vistoria, é recomendável que os contratos prevejam especificamente que o locador entregou o documento válido e regular para as atividades pretendidas pelo locatário, o qual será o responsável por providenciar a renovação do Auto de Vistoria, suportando as despesas decorrentes.

A experiência também nos leva a observar que, ao longo da ocupação do imóvel, o locatário pode realizar obras, pequenas reformas ou até mesmo alterações no *layout* ou disposição

---

[250] SANTOS, Gildo dos. *Locação e despejo*. 7. ed. rev., ampl. e atual. São Paulo: RT, 2011, p. 185.

TÍTULO I – DA LOCAÇÃO • **Art. 22**

interna do imóvel. Consequentemente, em geral, as modificações dão ensejo à necessidade de renovação e adequação do Auto de Vistoria, com obrigações daí decorrentes, como a entrega de plantas internas do imóvel para aprovação do Corpo de Bombeiros.

Quanto à obrigação do locador de entregar o imóvel com o Auto de Vistoria, assim decidiu a 9ª Câmara do extinto 2º TACSP, na Apelação 273.126-3, com julgamento em 22.08.1990, tendo como relator o Desembargador Adail Moreira: "Locação. Descumprimento do contrato pelo locador. Recusa a efetuar obras necessárias exigidas pelo Corpo de Bombeiros. Retenção de aluguéis pelo inquilino. Admissibilidade. Inteligência do art. 1.092 do CC. Tem o inquilino o direito de reter os aluguéis se a retenção se fundar em precedente recusa do locador em efetuar obras necessárias exigidas pelo Corpo de Bombeiros, direito esse que tem assento no art. 1.092 do CC, ou seja, na *exceptio non adimpleti contractus*".

Com relação à necessidade de entrega de imóvel com Habite-se, assim decidiu a 1ª Câmara do extinto 2º TACSP, na Ap. s/ Rev. 387.838-00/4, com julgamento em 14.03.1994, tendo como relator o Desembargador Claret de Almeida: "Locação. Imóvel comercial. Falta da planta aprovada e habite-se. Ameaça de fechamento do estabelecimento. Ação cominatória proposta pelo locatário visando a regularização perante a Prefeitura Municipal. Admissibilidade. Senhorio que tem o dever legal de entregar o prédio alugado em estado de servir à finalidade destinada. Procedência mantida. O senhorio tem o dever legal de entregar o prédio alugado em estado de servir à finalidade destinada. Sem a planta aprovada e sem o habite-se, colocou ele no mercado de locação um imóvel irregular, com consequências perturbadoras à posse exercida pelos locatários. A ameaça efetiva da Prefeitura, de fechamento do estabelecimento, por falta desses documentos, só pode ser afastada com a sua regularização por parte do proprietário do prédio. Assim, serve-se o inquilino corretamente da ação cominatória, visando do obrigado a prestação de um fato, com fundamento próprio no contrato celebrado entre as partes".

Com a apresentação do Habite-se e do Auto de Vistoria, pode-se presumir que o locador entregou o imóvel regular e apto à ocupação do locatário. Em caso de o locatário vir a exercer atividade comercial no local, o locatário, por sua vez, deverá ser responsável por, previamente, verificar se a atividade pretendida poderá ser exercida naquele local, por meio da consulta na municipalidade acerca da viabilidade na legislação relacionada ao Zoneamento e ao Uso e Ocupação do Solo do município em questão.

Neste sentido, o TJSP assim decidiu: "Embora seja dever do locador entregar ao locatário imóvel em estado de servir ao uso empresarial a que se destina (Lei n. 8.245/91, art. 22, I), este não se exonera de previamente verificar a viabilidade do exercício da atividade econômica no local, sendo sua negligência a causa da resilição antecipada da locação, hipótese de incidência da cláusula penal contratada" (conforme acórdão de 11.06.2014, da 29ª Câmara de Direito Privado do TJSP, nos autos da Ap. com Revisão 0032366-30.2010.8.26.0071, tendo como relator o Des. Hamid Bdine).

Assim, é recomendável que o locatário realize consulta prévia na municipalidade em questão para atestar a possibilidade de exercer a sua atividade no local pretendido.

> "Quem pretende tornar-se locatário de um determinado prédio, deve examiná-lo e verificar se encontra em condições de ser usado, seja para residência, seja para comércio, ou para outro fim".[251]

---

[251] SANTOS, Gildo dos. *Locação e despejo*. 7. ed. rev., ampl. e atual. São Paulo: RT, 2011, p. 177.

Em regra, com o Habite-se e o Auto de Vistoria, o locatário terá condições de providenciar a licença de funcionamento para o regular exercício das suas atividades no local. Portanto, percebe-se que é essencial que o locador cumpra com a sua obrigação de prover os documentos ao locatário, o qual, por sua vez, deverá manter o imóvel regular, evitando, assim, exercer irregularmente suas atividades no local, sob o risco de autuação, lacração ou suspensão de atividades.

Situação distinta ocorre quando o locatário não consegue obter a licença de funcionamento para ocupar o imóvel locado em razão de irregularidades preexistentes ocultadas pelo locador e que não eram de fácil acesso ao locatário. Neste caso, tem o locatário o direito de devolver o imóvel, bem como ser indenizado por perdas e danos.

Já na hipótese de locação residencial, também assiste ao locatário o direito de exigir do locador que o imóvel seja entregue em condições a ser ocupado, ou seja, com instalações elétricas, hidráulicas e de esgoto em condições regulares de funcionamento. Portanto, havendo qualquer empecilho à regular utilização do imóvel pelo locatário, é possível que haja a resolução do contrato por descumprimento de obrigação legal por parte do locador.

Por fim, cabe lembrar que se presume, em regra, que o imóvel foi recebido pelo locatário em condições adequadas e apto a servir ao seu uso desejado. Essa é a opinião de Sílvio de Salvo Venosa: "A presunção, não havendo ressalva do locatário, é de que a coisa foi recebida a contento. Não é uma presunção absoluta, no entanto, podendo o inquilino provar o contrário".[252]

> **Nota do organizador Luiz Antonio Scavone Junior:**
>
> O locatário, por sua vez, deve restituir o imóvel, finda a locação, no estado em que o recebeu. Caso não o faça, será responsável, além do valor necessário para os reparos no imóvel, pelos pagamentos dos aluguéis referentes ao período necessário para a reposição do imóvel ao seu estado original, ressalvadas as deteriorações decorrentes do uso normal, pelas quais não responde.
>
> Em outras palavras, devolvido o imóvel locado com reparos a efetuar, além da indenização pelos estragos, o inquilino fica responsável pelos lucros cessantes, que incluem os aluguéis durante o período em que o imóvel esteve disponível para a vistoria pericial, acrescidos dos aluguéis relativos ao tempo necessário para os reparos, apurados na perícia. Nesse sentido, os seguintes julgados:
>
>> *Locação de imóvel não residencial – Ação de cobrança e de indenização – Ao celebrar contrato de locação, a Administração Pública, em qualquer de suas esferas, sujeita-se às normas da Lei 8.245/1991 – A entrega das chaves põe fim às obrigações locatícias a partir de então – O laudo da perícia judicial realizada nos autos da ação de produção antecipada de provas comprova os danos no imóvel locado – Ausência de prova a infirmar a conclusão pericial – Configurada a obrigação do réu ao ressarcimento e ao pagamento dos aluguéis até a entrega das chaves e da indenização material e por lucros cessantes. – A indenização por lucros cessantes compreende, também, o período entre o ajuizamento da ação de produção antecipada de prova e seu desfecho, a que o réu deu causa e o que impediu o autor de dispor do seu imóvel para locação – Recurso do réu não provido, provido em parte o recurso do autor. (TJSP. Apelação Cível n. 1003809-73.2019.8.26.0047, 29ª Câmara de Direito Privado, Foro de Assis – Vara da Fazenda Pública, Rel. Silvia Rocha, j. 24.01.2023)*

---

[252] VENOSA, Sílvio de Salvo. *Lei do Inquilinato comentada*. 11. ed. São Paulo: Atlas, 2004, p. 114.

Apelação – Locação – Rescisão contratual – Responsabilidade pelos reparos necessários ao imóvel – Lucros cessantes. Existindo estipulação contratual expressa com relação à responsabilidade pelos desgastes decorrentes do uso, entendo que não deve prevalecer a redução do valor da condenação por perdas e danos referentes à reforma do imóvel, feitas no voto condutor. Os lucros cessantes devem corresponder aos meses pelos quais o imóvel ficou efetivamente impossibilitado de nova locação, ou seja, lapso temporal descrito no laudo pericial como necessário à realização da obra (90 dias). Tendo a locatária realizado reformas/alterações nos elevadores e para-raios, era de sua responsabilidade obter os respectivos alvarás e autorizações, cujas ausências podem ensejar imposições de multas e sanções administrativas aos proprietários, pelas quais poderá a sublocadora responder regressivamente, razão pela qual mantém-se a condenação à exibição de documentos, com a exclusão da obrigação de apresentar alvará de funcionamento. Em virtude da autora ter pleiteado indenização por perdas e danos, no que foi contemplada em valor superior à multa, é impossível acrescer à condenação a multa penal prevista no contrato. Não sendo verossímil que a autora tenha permanecido inerte durante mais de 10 anos recebendo aluguéis menores que os efetivamente devidos, sem qualquer oposição ou ressalva, inviável o acolhimento do pleito em relação aos aluguéis pagos a menor. Recurso da autora improvido. Recurso da ré provido em parte. (TJSP, Apelação n. 0170966-15.2008.8.26.0002/SP, 30ª Câmara de Direito Privado, Rel. Maria Lúcia Pizzotti, j. 24.02.2016, data de registro: 06.04.2016).

No mesmo sentido, de reparar integralmente o dano sofrido:[253]

Recursos de apelação – Ação indenizatória – Locação – Devolução do imóvel em mau estado de conservação – Realidade apurada em medida cautelar de produção antecipada de provas – Necessidade de ressarcimento dos danos emergentes reconhecidos no laudo, bem como de lucros cessantes, cujo valor será apurado em liquidação de sentença – Fiadores que respondem solidariamente, conforme previsto no contrato – Negado provimento ao recurso dos corréus e recurso dos autores parcialmente provido. (TJSP, 25ª Câmara de Direito Privado, Rel. Hugo Crepaldi, j. 06.04.2016, data de registro: 07.04.2016).[254]

---

[253] Tribunal de Justiça de Santa Catarina. Contratos – Locação – Despejo – Locatário – Deveres – Prédio – Indenização – Danos emergentes – Lucros cessantes – Vistoria – Restauração – Cumpre ao locatário "restituir o imóvel, finda a locação, no estado em que o recebeu, salvo as deteriorações decorrentes do seu uso normal" e "tratá-lo com o mesmo cuidado como se fosse seu" (Lei 8.245, art. 23, III e II). Não satisfazendo a obrigação, deve indenizar os prejuízos causados, inclusive os lucros cessantes, consistentes no tempo necessário ao processamento da vistoria judicial e à restauração do prédio locado. (Apelação n. 97.014676-0-SC, 1ª Câmara Cível, Rel. Des. Newton Trisotto).
Tribunal de Justiça de São Paulo. Locação. Indenização. Danos ao imóvel. Responsabilidade do locatário. Aplicação do art. 23, inciso III, da Lei 8.245/1991. Finda a locação, cabe ao locatário restituir o prédio no estado em que o recebeu, salvo as deteriorações provenientes do tempo e do uso normal da coisa, pois, do contrário, sujeita-se à indenização por perdas e danos, correspondente a tudo quanto o proprietário perder e/ou deixar de ganhar em virtude dos danos regularmente apurados (...). (Apelação n. 426.541/SP, 3ª Câmara Cível, Rel. Des. Milton Sanseverino, j. 07.02.1995).

[254] Tratando de fato diverso (serviço defeituoso de reforma), já se entendeu que a reparação deveria corresponder a 1/3 do valor do aluguel:
Tribunal de Justiça de São Paulo. Responsabilidade civil. Prestação de serviços. Impermeabilização. Ação de indenização por danos materiais e morais. Reconvenção (...). Prova pericial que constatou que o serviço prestado era defeituoso, não observou a norma técnica que disciplina sua execução e utilizou material diverso do contratado, bem como que o imóvel em que o serviço fora prestado ficou indisponível para uso ou locação até a realização dos reparos necessários. Laudo pericial que forneceu subsídios suficientes para a solução da lide e não foi infirmado por nenhum outro elemento probatório. Condenação da prestadora do serviço defeituoso ao pagamento do valor equivalente a 1/3 do aluguel do imóvel durante o período de indisponibilidade. Razoabilidade, ante a perda da

Nesse julgado, o relator esclareceu que *"é notório, portanto, a existência de lucros cessantes diante da necessidade de realização de reparos, pois isso implica impossibilidade de locação pelo tempo que perdurar a reforma, e, consequentemente, a perda de um ganho esperável. Assim, correta a configuração dos lucros cessantes nesse ponto".*

É preciso observar, entretanto, os termos do art. 23, III, da Lei de Locação, que obriga o inquilino *"restituir o imóvel, finda a locação, no estado em que o recebeu, salvo as deteriorações decorrentes do seu uso normal".*

Portanto, não se impõe ao locatário a devolução do imóvel absolutamente livre de deteriorações.

Os imóveis se estragam naturalmente em função do tempo, desgastando-se pelo uso normal, fato que não pode, nos termos da cogente Lei do Inquilinato, ser carreado ao inquilino.

Sylvio Capanema de Souza ensina: "O imóvel locado deverá ser restituído nas mesmas condições, salvo as deteriorações decorrentes do uso normal. Sendo a locação um contrato de duração, que se projeta no futuro, através de atos reiterados de execução, não seria possível a restituição da coisa rigorosamente no mesmo estado, pelo que constou do inciso a ressalva de sua parte final. O decurso do tempo deixa marcas indeléveis e inevitáveis, tanto nas pessoas, quanto nos materiais, e por mais cuidadoso que fosse o locatário, após um certo tempo, o imóvel apresentaria danos, que lhe não são imputáveis".[255]

Consequentemente, apenas o mau uso, aquele que foge da normalidade e causa danos ao imóvel, implica a responsabilização do inquilino pela reparação.

E, para tanto, revelam-se imprescindíveis para constatação do estado do imóvel ao término da relação locatícia com a entrega do imóvel:

a) a prova pericial; ou

b) a vistoria final em conjunto com o inquilino.

Importante, assim, que seja preparado concomitantemente ao início da locação um termo de vistoria com memorial descritivo completo do imóvel, acrescido de imagens que acompanharão o contrato como anexo e outro termo de vistoria ao final, igualmente firmado pelo inquilino, com descrição dos reparos necessários e, se possível, com prazo para que sejam efetuados. Vejamos um caso em que o termo final foi suficiente para instruir a ação de cobrança visto que firmado pelo inquilino:[256]

---

chance de locar o imóvel a terceiro. (...) (Apelação Cível n. 0159350-69.2010.8.26.0100, 28ª Câmara de Direito Privado, Rel. Cesar Lacerda, j. 18.03.2013, data de registro: 19.03.2013).

[255] SOUZA, Sylvio Capanema de. *A Lei do Inquilinato Comentada*. 9. ed. Rio de Janeiro: Forense, 2014, p. 128.

[256] Em igual sentido: Cobrança – Reparação de danos materiais – Locação imobiliária residencial por escrito – Danos constatados em vistoria final – Necessidade de reparos a serem realizados – Orçamentos encartados – Ciência da ré dos danos provocados com a assinatura da vistoria – Obrigação da locatária em realizar os reparos de avarias não constatadas na vistoria inicial, bem como efetuar a pintura do imóvel – Débito de encargos reconhecido pela ré – Cobrança de seguro – Cabimento – Devida a condenação da ré nos termos do contrato a que se obrigou, excluído o valor relativo ao conserto de vidro que se apresentava quebrado ao início da locação, bem como observado o abatimento do valor da caução atualizado – Sentença mantida – Recurso desprovido. (TJSP. Apelação Cível n. 1004668-17.2017.8.26.0320, 25ª Câmara de Direito Privado, Foro de Limeira – 3ª Vara Cível, Rel. Claudio Hamilton, j. 25.10.2018, data de registro: 25.10.2018).

Admitindo a notificação para acompanhamento da vistoria como supostamente suficiente, o que não se recomenda:

TÍTULO I – DA LOCAÇÃO • **Art. 22**

Contrato de locação de imóvel. Ação declaratória C. C. Reparação de dano material. Preliminar de ilegitimidade passiva da fiadora afastada, porquanto houve compromisso expresso de garantia do contrato, o que inclui os eventuais danos ao imóvel causados durante a vigência do pacto. Obrigação do locatário de restituir o imóvel no mesmo estado em que o recebeu. Dicção do art. 23, III, da Lei 8.245/1991. Danos no imóvel devidamente demonstrados por fotografias e por documento firmado pelo locatário quando da entrega das chaves, contendo descrição detalhada dos reparos necessários. Ausência de impugnação específica do orçamento apresentado. Dever de ressarcimento configurado. Sucumbência recíproca, visto que o autor decaiu em seu pleito declaratório de débito. Recursos desprovidos. (TJSP. Apelação Cível n. 1009948-07.2017.8.26.0566, 28ª Câmara de Direito Privado, Foro de São Carlos – 1ª Vara Cível, Rel. Dimas Rubens Fonseca, j. 11.10.2018, data de registro: 11.10.2018).

Isto posto, não cabe ao locador a recusa no recebimento das chaves, tendo em vista que o locatário pode devolvê-las a qualquer tempo, podendo até consigná-las.

Nesse sentido:

Tribunal de Justiça de São Paulo. *Consignação – Chaves – Recusa do locador em recebê-las – Imóvel em mau estado de conservação – Irrelevância – Eventual prejuízo a ser perseguido em ação própria – Inadmissibilidade. Sendo de natureza potestativa o direito do locatário de restituir o imóvel a qualquer tempo, não pode ser obstaculizado pelo locador, ainda que existam locativos e encargos impagos ou o imóvel necessite de reparos. Os valores relativos aos débitos pendentes ou às reformas que o imóvel está a exigir devem ser buscados em ação autônoma, na qual se fixará, também, o prazo para execução dos reparos, que se debitará ao locatário. Ap. c/ Rev. N. 645.021-00/3, 5ª Câm., Rel. Juiz Luís de Carvalho, j. 03.09.2003. Sobre o tema: Gildo dos Santos. Locação e Despejo, 3ª ed. São Paulo: RT, 1999, p. 39; Ap. n. 555.481, 8ª C., Rel. Juiz Orlando Pistoresi; Ap. c/ Rev. n. 741.133-00/3, 4ª Câm., Rel. Juiz Amaral Vieira, j. 26.11.2002, com as seguintes referências: RT 453/157, JTACSP-RT 114/223. No mesmo sentido: Ap. c/ Rev. n. 641.990-00/5, JTA (LEX) 186/460; Ap. c/ Rev. n. 377.749-00/0, 5ª Câm.,Rel. Juiz Alves Bevilacqua, j. 31.05.1994; Ap. c/ Rev. n. 477.455-00/1, 3ª Câm., Rel. Juiz João Saletti, j. 24.07.1997; Ap. c/ Rev. n. 561.810-00/0, 10ª Câm., Rel. Juiz Soares Levada, j. 15.12.1999; Ap. c/ Rev. n. 569.075-00/2, 8ª Câm., Rel. Juiz Kioitsi Chicuta, j. 17.02.2000; Ap. c/ Rev. n. 741.133-00/3, 4ª Câm., Rel. Juiz Amaral Vieira, j. 26.11.2002; Ap. c/ Rev. n. 651.453-00/8, 11ª Câm., Rel. Juiz Mendes Gomes, j. 27.01.2003.*

Agravo de instrumento. Locação de bem imóvel. Tutela antecipada antecedente. Tutela de urgência. A suposta não entrega do imóvel no estado em que se encontrava quando do início da locação não justifica ou legitima a recusa em receber as chaves do imóvel locado. Decisão reformada. Recurso provido, confirmando a liminar concedida por este Relator (TJSP. Agravo de Instrumento n. 2070520-24.2018.8.26.0000, 26ª Câmara de Direito Privado, Rel. Des. Felipe Ferreira, j. 03.07.2018).

Locação de imóvel. Ação de consignação das chaves. Notificação prévia informando a saída dos locatários. Realização de vistoria. Apontamentos de danos. A recusa dos locadores em receber as chaves colocadas à sua disposição é ilegal e ilegítima, independentemente da realização de

---

Locação de imóvel. Ação de indenização por danos materiais. Alegação de avarias causadas no imóvel locado pelo inquilino durante sua ocupação. Vistoria de saída. Inexistência. Notificação da fiadora e do locatário para acompanhamento. Ausência. Fotografias e orçamentos. Insuficiência de provas. Requerimento de produção de oitiva de testemunhas. Necessidade. Sentença anulada. Recurso parcialmente provido. (TJSP. Apelação Cível n. 1005237-52.2015.8.26.0008, 35ª Câmara de Direito Privado, Foro Regional VIII – Tatuapé – 4ª Vara Cível, Rel. Gilberto Leme, j. 23.01.2019, data de registro: 23.01.2019).

obras destinadas a repor o imóvel ao estado primitivo ou à quitação de débitos que recaem sobre o imóvel. Pretensões que não obstam a rescisão contratual e devem ser perseguidas pela via própria. Garantia. Depósito caução. Juros de mora de 1% ao mês incidentes a partir da citação, conforme valores dos aluguéis que serão dele descontados. Sucumbência recíproca na reconvenção. Encargos moratórios repartidos proporcionalmente. Recurso parcialmente provido (TJSP. Apelação Cível n. 1007381-88.2019.8.26.0127, 28ª Câmara de Direito Privado, Rel. Cesar Lacerda, j. 17.09.2020, data de registro: 17.09.2020).

Na fundamentação desse último julgado, consignou o Relator que "(...) *a locatária tem o direito de a qualquer tempo devolver o imóvel, mediante a entrega das chaves, seja diretamente aos locadores ou, caso haja recusa destes em recebê-las, consignando-as judicialmente*".

O locador deve receber as chaves, esteja o imóvel nas condições que estiver, fazendo a ressalva no recibo de entrega de chaves.

Ao depois, se não houver termo de vistoria final com descrição dos reparos necessários, deverá providenciar a *produção antecipada de provas* e, em ambas as hipóteses, cobrar os prejuízos que experimentar, ou seja, os estragos anormais causados pelo mau uso do inquilino – danos emergentes – além dos lucros cessantes consubstanciados no tempo que o imóvel permaneceu à disposição da perícia, somado àquele que a perícia apurar ser o necessário para repor o imóvel nas condições recebidas.

É lição velha: a "indenização mede-se pela extensão do dano" (CC, art. 944, *caput*).

Mas seria mesmo necessária a perícia produzida judicialmente no âmbito da produção antecipada de provas (ação probatória autônoma), ou a simples comparação entre os termos de vistoria inicial e final é suficiente?

A resposta não é simples.

Uma primeira e mais conservadora atitude a ser tomada pelo locador, caso o inquilino não tenha firmado ou se recuse a firmar em conjunto o termo de vistoria final, é a propositura da produção antecipada de provas.

Isto porque parte da jurisprudência adota o entendimento segundo o qual aquele termo feito unilateralmente pelo locador não se presta como prova e, nesta medida, *se o inquilino não participou da vistoria final com descrição pormenorizada dos reparos necessários*, os orçamentos, as fotos e outros elementos produzidos unilateralmente não poderão ser aproveitados na ação de cobrança dos prejuízos.[257]

Pior: se o locador se adiantou e fez os reparos, sob essa perspectiva, a prova, ao depois, não poderá ser feita na ação de cobrança dos prejuízos que promoverá em face do inquilino.

Nessa medida, os seguintes julgados, sendo que o primeiro defere, conforme defendemos, inclusive, indenização pelo período em que o imóvel esteve indisponível para realização da prova pericial judicial:

Locação de imóvel não residencial – Ação de cobrança e de indenização – Ao celebrar contrato de locação, a Administração Pública, em qualquer de suas esferas, sujeita-se às normas da Lei 8.245/1991 – A entrega das chaves põe fim às obrigações locatícias a partir de então – o laudo da perícia judicial realizada nos autos da ação de produção antecipada de provas comprova

---

[257] Ação de cobrança. Locação de imóvel residencial. Danos no imóvel. Laudo de vistoria unilateralmente produzido pela locadora. Provas insuficientes acerca dos prejuízos alegados. Ônus que competia à autora, que dele não se desincumbiu. Precedentes da jurisprudência. Sentença reformada. Recurso provido. (TJSP. Apelação n. 1018792-36.2016.8.26.0224, 36ª Câmara de Direito Privado, Rel. Milton Carvalho, j. 10.08.2017).

os danos no imóvel locado – Ausência de prova a infirmar a conclusão pericial – Configurada a obrigação do réu ao ressarcimento e ao pagamento dos aluguéis até a entrega das chaves e da indenização material e por lucros cessantes. – A indenização por lucros cessantes compreende, também, o período entre o ajuizamento da ação de produção antecipada de prova e seu desfecho, a que o réu deu causa e o que impediu o autor de dispor do seu imóvel para locação – Recurso do réu não provido, provido em parte o recurso do autor. (TJSP. Apelação Cível n. 1003809-73.2019.8.26.0047, 29ª Câmara de Direito Privado, Foro de Assis – Vara da Fazenda Pública, Rel. Silvia Rocha, j. 24.01.2023, data de registro: 24.01.2023).

Apelação – Locação – Ação de reparação de danos – Alegação de que o locatário devolveu o imóvel à locadora em mau estado de conservação – Ausência de prova idônea do fato constitutivo do direito das autoras – Inexistência de laudos de vistoria inicial e final constatando o estado do imóvel – Fotos sem data e orçamentos feitos a pedido das autoras que não podem ser admitidos como prova dos danos que invocaram. Impossível acolher como provas dos danos invocados pela locadora as fotos sem data e tiradas por ela própria e orçamentos feitos por prestadores de serviço a seu pedido, sem a participação do locatário, uma vez que documentos assim produzidos são unilaterais e não se prestam a comprovar a existência dos danos, nem que estes sejam imediatamente decorrentes de condutas praticadas pelo locatário. Segundo prescreve o art. 23, III, da Lei de Locação, "restituir o imóvel, finda a locação, no estado em que o recebeu, salvo as deteriorações decorrentes do seu uso normal". Percebe-se que o locatário não tem a obrigação de devolver o imóvel totalmente isento de deteriorações, pois as coisas comumente se deterioram pelo uso, pelo decurso do tempo e pela ação de elementos naturais, situações que se qualificam como desgaste consequente do uso normal do imóvel. É imprescindível, portanto, que a alegação de existência de danos no imóvel, não decorrentes do uso normal do imóvel pelo locatário, seja devidamente aferida em vistoria conjunta ou por perícia produzida por sujeito imparcial. Apelação desprovida. (TJSP. Apelação Cível n. 1014461-92.2016.8.26.0003, 30ª Câmara de Direito Privado, Foro Central Cível, 40ª Vara Cível, Rel. Lino Machado, j. 11.07.2018, data de registro: 12.07.2018).

Neste aresto, de forma paradigmática, consignou o relator: "Impossível acolher como prova dos danos invocados pela autora o laudo de vistoria unilateral, sem a participação do locatário e dos fiadores, uma vez que documento assim produzido é unilateral e não se presta a comprovar a existência dos danos nem que estes sejam imediatamente decorrentes de condutas praticadas pelo locatário. Cabia à locadora notificar o locatário do dia e hora de realização da vistoria, pois a configuração da mora, nesse caso, está atrelada à regra segundo a qual, 'não havendo termo, a mora se constitui mediante interpelação judicial ou extrajudicial' (CC, art. 397, parágrafo único), uma vez que era necessário um ato de comunicação para constituí-los em mora. Se tivesse havido negativa do locatário em fazer a vistoria em conjunto, a conduta esperada da autora, assistida por pessoa jurídica especializada em administração imobiliária (fls. 15/18 e 28), era a postulação de produção de prova pericial para avaliar o estado do imóvel e constatar se foi restituído ao locador com danos, dimensionando-se, eventualmente, o valor necessário aos reparos. A propósito, Gildo dos Santos leciona que a prova técnica é imprescindível para dimensionar a extensão dos danos e constatar se eles decorreram do uso normal ou anormal do bem, pois, segundo explica o doutrinador, 'a prova pericial, numa ação por ressarcimento desses danos, comprova que estes são dos que se não podem atribuir ao uso regular da coisa, o que mais destaca a responsabilidade do inquilino' (*Locação e Despejo Comentários à Lei 8.245/91*. 7. ed. São Paulo: RT, 2013, p. 191)".

Produzida a prova antecipadamente é possível, inclusive, requerer a tutela provisória de evidência prevista no art. 311, IV, do Código de Processo Civil, para que seja deferido o pagamento antecipado dos valores necessários à reparação do imóvel devolvido sem que o locatário tivesse cumprido a obrigação de conservá-lo e restituí-lo nas condições em que o recebeu (Lei 8.245/1991, art. 23, II e III).

Entretanto, sabe-se que, na prática, nem sempre o locatário e seu fiador, se houver, comparecem para a vistoria agendada ou, se comparecem, em razão dos estragos perpetrados no imóvel ou discordância de sua responsabilidade, se negam a assinar o termo final de vistoria.

Alguns julgados admitem, nesses casos, que o locador comunique o inquilino e seu fiador (se houver), por meio idôneo,[258] a data e hora da vistoria e, não comparecendo injustificadamente, que a vistoria final seja elaborada com a dispensa da assinatura do locatário e do fiador, autorizando a cobrança dos prejuízos apurados.

Eis um aresto neste sentido:

> *Locação comercial. Ação declaratória de inexigibilidade de débito c.c. Indenizatória por danos morais. Sentença de improcedência da ação, parcial procedência da reconvenção proposta pelos locadores e procedência da reconvenção proposta pela seguradora. Apelo dos autores reconvindos. Alegação de irregularidade no pagamento do prêmio do seguro fiança e unilateralidade do laudo de vistoria final. Seguro que é contratado pelo locador e não pelo locatário, que figura apenas como "garantido". Autorização contratual expressa de pagamento do prêmio pela administradora quando inadimplido pelo locatário. Garantia que, ademais, vigora pelo prazo da locação. Tese sobre o cancelamento anterior da apólice que beira à má-fé e visa ao enriquecimento sem causa.* **Locatários cientificados quanto à data e à hora da realização da vistoria final quando da assinatura do termo de entrega de chaves. Ausência não justificada que não invalida o ato da vistoria.** *Laudo, ademais, não impugnado pelos locatários. Problemas de infiltração que não condizem com as avarias apontadas na vistoria final e que datam do início do contrato, lá permanecendo os autores por mais 3 (três) anos sem nada reclamar, presumindo-se, portanto, o conserto a contento. Recurso adesivo do locador. Imóvel que, a despeito da entrega das chaves, permaneceu indisponível devido à necessidade dos reparos comprovados nos autos. Aluguéis e encargos devidos pelo período correspondente. Desconto concedido que não previa como condição a permanência do locatário no imóvel. Dano material relativo à diferença entre o valor total desembolsado para os reparos e a indenização paga pela seguradora não postulado em sede de reconvenção. Sentença parcialmente reformada. Apelo dos autores reconvindos não provido, provido em parte o recurso adesivo do réu reconvinte. (TJSP. Apelação Cível n. 1013742-68.2020.8.26.0004, 27ª Câmara de Direito Privado, Foro Central Cível – 29ª Vara Cível, Rel. Alfredo Attié, j. 19.05.2023).*

> *Apelação cível locação de imóvel residencial. Execução ajuizada por locador em face dos fiadores. Embargos à execução. Pretendido decote dos valores atrelados ao reparo de vícios constatados em vistoria final. Inconsistência. Ausência do locatário à vistoria final, nada obstante a tanto previamente notificado. Responsabilidade pelos danos evidenciada. Produção de prova pericial à apuração da origem dos vícios. Desnecessidade – dispensabilidade, demais, de notificação dos fiadores acerca do exame final obrigação de natureza solidária sentença preservada recurso improvido. (TJSP. AC n. 1011319-41.2020.8.26.0003, Rel. Tercio Pires, j. 21.06.2021).*

> *Apelação. Locação de imóvel para fins não residenciais. Cobrança de aluguéis e acessórios c.c. restituição de valores desembolsados para reforma do imóvel. Ação ajuizada contra o locatário e os fiadores. Sentença de procedência do pedido. Apelo dos réus. Danos no imóvel apurados por meio de laudo de vistoria final. Locatário que foi cientificado para participar do*

---

[258] Como sugestão, convém estabelecer no contrato meio eletrônico (e-mail) para envio das comunicações e, de forma conservadora, ata notarial constatando o envio do e-mail.

procedimento, mas permaneceu inerte. Ausência de prova de que o imóvel foi entregue nas mesmas condições apontadas no laudo de vistoria inicial. Dever dos apelantes de ressarcir os danos e de pagar os aluguéis e encargos moratórios previstos no contrato. Inclusão dos nomes dos devedores no rol de maus pagadores. Exercício regular de direito. Falta de notificação prévia da dívida. Obrigação que deve ser imputada à mantenedora do cadastro de proteção ao crédito. Dicção da Súmula 359 do C. STJ. Sentença mantida. Recurso não provido (TJSP. AC n. 1003795-37.2020.8.26.0344, Rel. Carmen Lucia da Silva, j. 12.11.2021).

Contudo, trata-se de solução arrojada que pode encontrar resistência em razão da prova unilateral dos estragos, como atesta o seguinte exemplo:

Apelação Cível – Locação – Ação de indenização – Pretensão de cobrança de danos no imóvel locado – Sentença de improcedência – Insurgência da autora – Cerceamento de defesa não caracterizado – Vistorias de entrada e de saída realizadas sem a presença do locatário e fiador – Inadmissibilidade – Laudo produzido, de forma unilateral, que não é hábil a demonstrar o real estado de conservação do bem quando da entrega das chaves – Imóvel, ademais, que se encontra locado a terceiro – Elementos dos autos que não comprovam as alegações da autora – Sentença mantida – Recurso improvido. (TJSP. Apelação Cível n. 1017233-42.2021.8.26.0071, 25ª Câmara de Direito Privado, Foro de Bauru – 7ª Vara Cível, Rel. João Antunes, j. 12.12.2023, data de registro: 12.12.2023).

Saliento que eventual imobiliária que presta serviços ao locador não responde pelos danos causados pelo inquilino, se não agiu de forma negligente em razão dos serviços que presta ou do mandato que exerce. Nesse sentido:

Locação de imóvel residencial. Ação de cobrança cumulada com pedido de indenização por danos materiais e morais ajuizada em face do locatário, fiadora e imobiliária. Responsabilidade da imobiliária afastada, eis que mera intermediária da locação. Prova testemunhal e laudos de vistoria inicial e final, esta acompanhada pelo locatário, que demonstram irregularidades no imóvel condizentes com o desgaste natural. Orçamento realizado com base no laudo de vistoria final. Danos em maior extensão não demonstrados pela autora. Ônus que lhe incumbia, nos termos do art. 373, I, do CPC. Litigância de má-fé não configurada. Recurso desprovido. (TJSP. Apelação Cível n. 1031773-45.2015.8.26.0576, 36ª Câmara de Direito Privado, Foro de São José do Rio Preto, 7ª Vara Cível, Rel. Pedro Baccarat, j. 26.09.2018, data de registro: 26.09.2018).

Locação. Imóvel residencial. Ação de responsabilidade civil por danos materiais e morais ajuizada em face da administradora do imóvel. Extinção do processo sem resolução do mérito. Ilegitimidade passiva da administradora da locação. Mera mandatária do locador e que não integra a relação jurídica locatícia. Reconhecimento. Recurso desprovido, com observação. A administradora do imóvel, por ser mera mandatária do locador, não é parte legítima para figurar, em nome próprio, em ação de indenização com fundamento em vício do objeto em contrato de locação. (TJSP. Apelação n. 1017754-84.2016.8.26.0451, 32ª Câmara de Direito Privado, Rel. Kioitsi Chicuta, j. 19.03.2018).

Por fim, é importante ressaltar que a questão da restituição do imóvel com pintura nova costuma frequentar o foro em discussões intermináveis.

Já se entendeu que a pintura, por sofrer desgaste natural e, nessa medida, ser de responsabilidade do locador (Lei 8.245/1991, art. 23, III), não comporta que a obrigação seja carreada ao locatário, ainda que haja cláusula nesse sentido, o que é muito comum nos contratos de locação, salvo se houver prova cabal, notadamente na vistoria que deve acompanhar o contrato, que aponte o recebimento do imóvel, pelo inquilino, com pintura nova.

Nesse sentido:

> ***Tribunal de Justiça de São Paulo****. Locação de imóveis – Monitória – Alugueres – Contrato escrito – Título executivo – Cabimento da ação monitória, que permite a discussão sobre a origem da dívida – O locador responde com exclusividade pelo desgaste resultante do uso normal do imóvel, em face de preceito de natureza cogente, sendo nula cláusula contratual que impõe ao inquilino a obrigação de restituir o bem com pintura nova (Lei 8.245/1991, art. 45), a não ser que haja prova de que assim o tenha recebido – Multa devida em montante proporcional ao tempo que faltava para completar o período da locação ajustada entre as partes – A renúncia ao benefício de ordem propicia ao credor o direito de exigir a dívida de qualquer dos devedores, fiador ou afiançado – Acessórios, os encargos, entre eles o IPTU, exigem-se com o aluguel, a obrigação principal – Apelo parcialmente provido. (Apelação n. 0009635-41.2001.8.26.0302, 29ª Câmara de Direito Privado, Rel. Silvia Rocha, j. 06.02.2013).*

Contudo, essa conclusão não é absoluta, tendo em vista que, mesmo entregue com pintura nova, há o desgaste natural da pintura, e obrigar o inquilino a refazê-la feriria o disposto no art. 23, III, da Lei do Inquilinato, que, como tenho salientado, é norma de ordem pública (art. 45 da Lei do Inquilinato) e não pode ser afastada pelas partes:

> ***Tribunal de Justiça de São Paulo****. Locação residencial. Locadora que pretende indenização por supostos danos verificados no imóvel locado. Pretensão que se aparelha em orçamento único, não impugnado de modo específico. Locatária que, embora regularmente notificada, deixou de comparecer à vistoria de saída. Laudo que lhe é oponível, inclusive por força de expressa previsão contratual. Reparos cuja necessidade se aponta, no entanto, que, em sua maioria, não incumbem à ré, seja por extrapolarem o dever de entrega do imóvel nas mesmas condições em que recebido, seja porque ausente comprovação de avarias provocadas por mau uso. Exigência de pintura nova de todo o imóvel, quando dano nesse ponto não se identifica, que afronta norma cogente. Inteligência do art. 23, III, da Lei 8.245/1991. Precedentes da Corte. Responsabilidade diminuída. Os honorários advocatícios previstos no contrato de locação não vinculam e/ou subordinam o exercício da jurisdição. Pedido parcialmente procedente. Sucumbência redimensionada, em maior grau da autora. Recurso provido em parte. (TJSP. Apelação Cível n. 1055585-88.2022.8.26.0506, 28ª Câmara de Direito Privado, Foro de Ribeirão Preto – 2ª Vara Cível, Rel. Ferreira da Cruz, j. 28.08.2024, data de registro: 28.08.2024).*

Neste último aresto, consignou o relator: *"a exigência de pintura nova de todo o imóvel afronta a norma cogente do art. 23, III, da Lei 8.245/1991, além de violar expressa previsão contratual, pela qual a locatária deveria devolver o bem nas mesmas condições em que o recebe, qual seja, em perfeito estado de conservação, pintura e funcionamento dos pertences, de acordo com o Termo de Vistoria Inicial...".*

O assunto, conforme previsto, encontra múltiplas interpretações, sendo que há inúmeros julgados que admitem a obrigação contratual imposta ao inquilino de restituir o imóvel com pintura nova:

> ***Tribunal de Justiça de São Paulo****. Locação. Ação de cobrança. Pretensão atinente à multa por rescisão antecipada do contrato e gastos necessários à recomposição do imóvel ao estado em que se encontrava no início da locação. Multa proporcional ao período de vigência do contrato que é devida. Insurgência dos réus restrita ao valor do aluguel considerado no cálculo elaborado pela autora. Descabimento. Atualização monetária pelo IGP-M que foi livremente pactuada entre as partes. Contrato celebrado quando o referido índice já se encontrava em alta. Ausência de fundamento a autorizar a sua revisão. Inexistência de nulidade na cláusula que impõe aos locatários a obrigação de devolver o imóvel com pintura nova. Obrigação que decorre da norma do art. 23, III, da Lei 8.245/1991, uma vez que, conforme laudo de vistoria inicial firmado por ambas as partes, nestas condições o imóvel foi recebido. Réus que deixaram*

de comparecer à vistoria final sem qualquer justificativa. Conjunto probatório que demonstra, contudo, que os armários dos banheiros já estavam estufados, que o assento sanitário e a porta do banheiro social já apresentavam avarias no início da locação. Reparo de vazamentos que, do mesmo modo, não pode ser imputado aos locatários. Recurso parcialmente provido. (TJSP. Apelação Cível n. 1005368-44.2022.8.26.0602, 36ª Câmara de Direito Privado, Foro de Sorocaba – 3ª Vara Cível, Rel. Milton Carvalho, j. 23.07.2024, data de registro: 23.07.2024).

Desse julgado se extrai o seguinte trecho da fundamentação: *"A previsão de que o locatário deve restituir o imóvel com pintura nova, acaso assim tenha recebido o imóvel, é lícita e muito comum em contratos de locação, exatamente porque se trata de obrigação inserida na norma do artigo 23, III, da Lei 8.245/91".*

Tribunal de Justiça de São Paulo. *Locação de imóvel. Ação de cobrança de aluguéis e encargos da locação com pedido cumulado de ressarcimento de despesa com material e mão de obra atinente à pintura e a reparos do imóvel. Antecipado julgamento em concreto autorizado. Locatária que no contrato admitiu que o imóvel lhe fora entregue pintado e em perfeitas condições de uso, tendo se obrigado a devolvê-lo nas mesmas condições. Cumprimento integral da obrigação não demonstrado. (...) Procedência da ação autorizada. Sentença confirmada. Recurso improvido (TJSP. Apelação Cível n. 1000400-55.2023.8.26.0595, 36ª Câmara de Direito Privado, Rel. Arantes Theodoro, j. 18.06.2024).*

2. Inciso II – garantir, durante o tempo da locação, o uso pacífico do imóvel locado

A obrigação de garantir o uso pacífico do imóvel é condição básica para que o contrato de locação atinja o objetivo pretendido. O principal interesse do locatário é fazer o uso do imóvel. Portanto, caso o locador não garanta o uso pacífico do imóvel, não gozará o locatário do seu principal direito e objetivo, qual seja, a utilização do imóvel para o fim pretendido.

Não poderá o locador, "p. ex., alugar parte do prédio a outra pessoa que explore comércio em concorrência com o inquilino".[259]

Observe-se que, naturalmente, o locatário é legitimado para proteger a posse do imóvel em caso de esbulho ou turbação depois da sua imissão na posse do imóvel. Em tais hipóteses, não se pode considerar que o locador descumpriu com obrigação legal, uma vez que o locatário, como legítimo possuidor direto do imóvel e seu guardião, é aquele que terá a obrigação de cuidar do imóvel e tratá-lo como se seu fosse (vide inciso II do art. 23). Essa é a opinião de Waldir de Arruda Miranda Carneiro: "As **perturbações à posse do locatário** decorrentes de atividades de terceiro que o locador deve repelir são apenas as **fundadas em direito** (cfr. art. 1.191 do Código Civil), não, por evidente, as de fato"[260] (grifos originais).

Na hipótese de haver qualquer situação preexistente que impacte no uso regular do imóvel pelo locatário, deverá o locador dar ciência por ocasião da celebração do contrato de locação.

---

[259] DINIZ, Maria Helena. *Lei de locações de imóveis urbanos comentada*. 13. ed. São Paulo: Saraiva, 2012, p. 135.
[260] CARNEIRO, Waldir de Arruda Miranda. *Anotações à Lei do Inquilinato*. São Paulo: RT, 2000, p. 132.

Ainda, "se o prédio locado for evicto, o senhorio, pelo art. 447 do Código Civil, estará obrigado a resguardar o inquilino dos efeitos oriundos da evicção, respondendo pelos seus prejuízos".[261]

3. Inciso III – manter, durante a locação, a forma e o destino do imóvel

A obrigação contida no inciso III é uma consequência natural da previsão do inciso II. Se o locador respeitar o uso pacífico do imóvel, por via de consequência, ele cumprirá a obrigação de manter a forma e o destino do imóvel.

> "O que se pretende é que o locatário tenha assegurada a preservação do destino da locação, não sendo surpreendido com alterações supervenientes, que podem afetar, profundamente, sua qualidade de vida, e até sua saúde, sossego ou segurança".[262]

A regra estabelece que o locador não poderá, por exemplo, derrubar um muro do imóvel ou alterar a destinação do imóvel sem a aquiescência do locatário.

Vale lembrar que, ao celebrar o contrato de locação, o locador será considerado o possuidor indireto do imóvel, enquanto o locatário será o possuidor direto. Portanto, o locador não terá acesso regular e direto ao imóvel, ressalvadas as visitas periódicas eventualmente realizadas e ajustadas com o locatário, que normalmente são previstas contratualmente com o fulcro de o locador atestar o regular cumprimento das obrigações pelo locatário. Cabe lembrar, que, independentemente de previsão contratual, o locador tem o direito de vistoriar periodicamente o imóvel locado (vide comentários ao art. 23, IX, abaixo).

Maria Helena Diniz, por sua vez, recorda obrigação adicional incluída neste inciso: "O dever de manter a coisa em estado de servir ao uso a que se destina contém o de reparar o imóvel durante a locação, desde que a deterioração ou estrago seja oriundo de caso fortuito ou coisa maior".[263]

4. Inciso IV – responder pelos vícios ou defeitos anteriores à locação

Deve, ainda, o locador ser responsável por vícios ou defeitos preexistentes à locação. "Aplica-se, aqui, a teoria dos vícios redibitórios".[264]

Em que pese caiba ao locatário o dever de diligência de realizar a vistoria do imóvel previamente à celebração do contrato e à sua imissão na posse do imóvel, é comum que haja vícios ou defeitos não constatados na vistoria. Sylvio Capanema de Souza esclarece o conceito de vícios e defeitos: "Defeitos seriam danos físicos, tais como vazamentos, vidros quebrados ou esquadrias empenadas. Vícios seriam o mau funcionamento das instalações, ou sua insuficiência, como, por exemplo, a impossibilidade de guardar o carro no espaço para tanto destinado".[265]

---

[261] DINIZ, Maria Helena. *Lei de locações de imóveis urbanos comentada.* 13. ed. São Paulo: Saraiva, 2012, p. 136.
[262] SOUZA, Sylvio Capanema de. *A Lei do Inquilinato comentada.* 7. ed. Rio de Janeiro: GZ, 2012, p. 109.
[263] DINIZ, Maria Helena. *Lei de locações de imóveis urbanos comentada.* 13. ed. São Paulo: Saraiva, 2012, p. 137.
[264] SOUZA, Sylvio Capanema de. *A Lei do Inquilinato comentada.* 7. ed. Rio de Janeiro: GZ, 2012, p. 110.
[265] SOUZA, Sylvio Capanema de. *A Lei do Inquilinato comentada.* 7. ed. Rio de Janeiro: GZ, 2012, p. 110.

Observe-se, porém, que, em se tratando de vício ou defeito aparente, considera-se que o imóvel avariado foi aceito pelo locatário. Portanto, nessa hipótese, não caberia ao locatário alegar desconhecimento do vício se aceitou receber o imóvel de tal forma. Neste caso, presume-se que o locatário concordou com o estado de recebimento do imóvel.

Por outro lado, tratando de vício ou defeito oculto ou de difícil detecção e anterior à locação, é obrigação do locador reparar a irregularidade, sob pena de caracterizar inadimplemento contratual e ensejar a possibilidade de resilição do contrato pelo locatário. "Constatado o defeito, o locatário poderá optar pela dissolução do contrato e pleitear a indenização ou pedir redução proporcional do preço do aluguel".[266]

Waldir de Arruda Miranda Carneiro pontua nesse sentido: "Contudo a doutrina tem se inclinado a entender que o dispositivo só se refere aos vícios ou defeitos ocultos quando da celebração da avença".[267]

Entretanto, na hipótese em que o locador iniciou a realização das obras de reparo do vício, não será atribuído ao locatário o direito de resolver o contrato por descumprimento do locador, dado que o locador iniciou a purgação da mora visando ao uso regular do imóvel pelo locatário. Essa é a opinião sustentada por Waldir de Arruda Miranda Carneiro: "Desse modo, nos casos de vícios ocultos e defeitos aparentes (facilmente verificáveis pelo homem comum), temos para nós que não há lugar para quaisquer reclamos por parte do inquilino, salvo a existência de cláusula contratual prevendo o dever do locador de saná-los".[268]

É recomendável que as partes realizem um laudo de vistoria que ateste as condições de entrega e recebimento do imóvel. É comum que o laudo seja composto por fotografias, laudos técnicos e comentários que reportem fielmente a condição do imóvel. O laudo também se presta a facilitar a própria cobrança do locador quando da devolução do imóvel pelo locatário da mesma forma como o recebeu. Em caso de locação envolvendo mobiliário, equipamentos e materiais, adicionalmente ao laudo de vistoria fotográfico, também é recomendável que seja elaborado um inventário de bens que integram a locação.

Em 05.07.2011, no julgamento da Apelação 0023345-40.2010.8.26.003, cujo relator foi o Desembargador Dimas Rubens Fonseca, o Tribunal de Justiça de São Paulo entendeu que a existência de infiltrações ocorreu em razão da falta de manutenção adequada do locatário. No caso, o laudo de vistoria ajudou a comprovar tal aspecto: "As fotos acostadas às fls. 114/116 demonstram apenas que as telhas eram antigas, porém as mesmas não têm o condão de comprovar que o imóvel havia sido locado com vício ou defeito".

Por outro lado, quando o locador se dispõe a efetuar os reparos, é obrigação do locatário respeitar prazo razoável para que os reparos sejam efetuados. Esse foi o entendimento do Tribunal de Justiça de São Paulo na Apelação 912479-26.2008.8.26.0000, em julgamento realizado em 28.05.2013, tendo como relator o Desembargador Morais Pucci: "Assim, se o locador se dispôs a efetuar os consertos necessários, os locatários deveriam permiti-los somente podendo requerer a extinção da locação se as obras demorassem mais do que 30 dias".

---

[266] BARROS, Francisco Carlos Rocha de. *Comentários à Lei do Inquilinato*. 2. ed. rev. e atual. São Paulo: Saraiva, 1997, p. 109.
[267] CARNEIRO, Waldir de Arruda Miranda. *Anotações à Lei do Inquilinato*. São Paulo: RT, 2000, p. 133.
[268] CARNEIRO, Waldir de Arruda Miranda. *Anotações à Lei do Inquilinato*. São Paulo: RT, 2000, p. 134.

5. Inciso V – fornecer ao locatário, caso este solicite, descrição minuciosa do estado do imóvel, quando de sua entrega, com expressa referência aos eventuais defeitos existentes

A obrigação insculpida no inciso V é consequência daquela prevista no inciso I. Se, por um lado, o locador deve entregar o imóvel apto a servir ao uso a que se destina ao locatário, por outro, poderá o locatário exigir a descrição pormenorizada do estado do imóvel.

Waldir de Arruda Miranda Carneiro esclarece a relevância da previsão legal: "A providência é de boa cautela, pois, como aqueles que militam no foro bem sabem, após o recebimento do imóvel, em geral, não é fácil provar-se a existência de defeitos anteriores à locação".[269]

A referência a defeitos pode ser feita no próprio corpo do contrato ou em apartado em laudo de vistoria. Neste caso, não poderá o locatário futuramente alegar desconhecimento sobre o real estado de recebimento do imóvel. Tal defeito não mais poderá vir a ser alegado como oculto ou preexistente.

Por outro lado, "Ainda que nessa relação se omitam vícios e defeitos, desde que sejam ocultos, não há como prevalecer essa descrição, até porque, na matéria, há expressa disposição de que pelos defeitos anteriores à locação responde apenas o locador".[270]

Todavia, quando o locatário declara ter aceitado o imóvel no estado em que se encontra ou em perfeito estado de uso e conservação, se vier a alegar, ao longo do prazo de execução do contrato, que o imóvel continha defeitos, terá o ônus de provar que os defeitos eram anteriores à locação.

O TJSP julgou exatamente nesse sentido na Ap. c/ Rev. 9056337-12.2007.8.26.000 (antigo nº 1.098.323-0/2), em acórdão de 27.02.2012, tendo como relator o Desembargador Nelson Duarte: "Locação de imóvel urbano. Ação de ressarcimento por danos no imóvel. Locatário que não exerceu o direito previsto no art. 22, V, da Lei 8.245/91. Presunção de entrega do imóvel em perfeito estado. Admissibilidade. Alegação de que os fatos eram anteriores à locação. Alegação de fato impeditivo. Reconhecimento. Réu que não se desincumbiu de prová-la".

6. Inciso VI – fornecer ao locatário recibo discriminado das importâncias por este pagas, vedada a quitação genérica

Tal dispositivo possui regra similar no art. 319 do Código Civil. Portanto, caso solicite ao locador, o locatário terá o direito de obter o recibo discriminado dos valores pagos, configurando-se em quitação específica. Vale ressaltar que o recibo de pagamento abrange não somente o valor dos aluguéis, como qualquer outro valor pago pelo locatário, como encargos locatícios.

Além do direito da obtenção do recibo para conhecimento dos valores pagos efetivamente, a comprovação do pagamento tem como escopo adicional a juntada dos recibos como prova de cumprimento das obrigações contratuais em ação renovatória.

---

[269] CARNEIRO, Waldir de Arruda Miranda. *Anotações à Lei do Inquilinato*. São Paulo: RT, 2000, p. 135.
[270] SANTOS, Gildo dos. *Locação e despejo*. 7. ed. rev., ampl. e atual. São Paulo: RT, 2011, p. 179.

Em caso de negativa do locador, caberá ao locatário consignar judicialmente o pagamento dos aluguéis, por meio da ação consignatória de aluguéis, na qual a sentença servirá como comprovação do pagamento de valores.

7. Inciso VII – pagar as taxas de administração imobiliária, se houver, e de intermediações, nestas compreendidas as despesas necessárias à aferição da idoneidade do pretendente ou de seu fiador

O locador é obrigado a remunerar o administrador do imóvel e o corretor que foi responsável pela intermediação da negociação. Acrescentem-se, ainda, as despesas para verificar a idoneidade (sobretudo financeira) do locatário e do fiador.

Atualmente, o corretor de imóveis é figura bastante presente nas negociações imobiliárias, especialmente, as relacionadas à locação de imóvel. Como regra, previu a lei que o locador deverá pagar a comissão de corretagem àquele que foi responsável pela aproximação entre as partes.

> "Se, todavia, os locatários tiverem de se sujeitar a tais exigências, por necessidade de obter o imóvel em locação, desde que tenham prova desses pagamentos, podem promover a cobrança, em devolução, das respectivas quantias desembolsadas, por meio da ação de repetição de indébito."[271]

Por outro lado, entendemos que, em caso de ser o locatário aquele que buscou o auxílio de intermediador para realizar a procura de imóvel que satisfaça os seus interesses, deve o locatário ser o responsável pelo custeio da comissão devida, salvo ajuste contratual em contrário com o locador. Isso porque foi o locatário quem contratou os serviços do intermediador.

Tal opinião é compartilhada por Waldir de Arruda Miranda Carneiro: "Importante, contudo, salientar que, em nossa opinião, se o intermediador tiver sido contratado pelo locatário para procurar imóvel para ele, e não pelo locador como ocorre comumente, este não estará obrigado a arcar com as despesas do corretor que o próprio inquilino contratou em benefício de seus interesses".[272]

Ainda nesse mesmo sentido, encontra-se trecho de decisão do TJRJ na decisão de Apelação Cível 0158682-65.2011.8.19.0001, de 16.12.2013, tendo como relatora a Desembargadora Mônica Maria Costa: "Pagamento da comissão de corretagem que, **em não havendo ajuste em contrário**, é de responsabilidade do locador" (grifou-se).

Também é bastante comum que o corretor de imóveis obtenha documentos visando à confirmação da idoneidade do locatário e do fiador, como, por exemplo, com a emissão de certidões de distribuidores forenses, de tabelionato de protesto e de certidão de registro imobiliário atestando que, especialmente o fiador, é proprietário de bem imóvel. Tais despesas devem ser custeadas exclusivamente pelo locador, considerando que é ele o único beneficiário da emissão de tais documentos.

Outro expediente usual na prática de locação de imóveis é a cobrança de uma taxa[273] de contrato, ou seja, a contraprestação ao serviço de assessoria na elaboração de minuta

---

[271] SANTOS, Gildo dos. *Locação e despejo*. 7. ed. rev., ampl. e atual. São Paulo: RT, 2011, p. 180.
[272] CARNEIRO, Waldir de Arruda Miranda. *Anotações à Lei do Inquilinato*. São Paulo: RT, 2000, p. 137.
[273] Neste caso, a utilização do vocábulo "taxa" não guarda relação com o significado tributário. A utilização advém do conceito de contraprestação.

de contrato. A lei não indicou a quem cabe tal pagamento. Embora nos pareça coerente afirmar que não pode o locador, pela mesma lógica aqui explicitada para os serviços de corretagem, contratar o serviço e repassar os custos ao locatário, é lícito às partes, "decidir, como melhor lhes aproveite, a quem caberá pagar a remuneração ao profissional por elas incumbido de redigir e celebrar o contrato. Daí, o silêncio do legislador quanto à taxa de contrato".[274]

Todavia, como aponta Sylvio Capanema de Souza, o assunto perdeu um pouco de sua relevância, apesar de ter despertado bastantes discussões doutrinárias, uma vez que se fixou, "a orientação majoritária, tanto da doutrina quanto da jurisprudência, no sentido de vedar a cobrança da taxa de contrato, que deve ser suportada pelo locador (...) Em decorrência, deixaram as administradoras de imóveis de cobrar a referida taxa".[275]

Maria Helena Diniz, sobre a uniformização de entendimento jurisprudencial, afirma o seguinte: "trata-se de preceito de ordem pública que não admite convenção em sentido contrário, por isso o Centro de Estudos e Debates do extinto 2º TACSP, no Enunciado n. 4, entendeu que 'as despesas com a elaboração do contrato de locação, conhecidas como taxa de contrato', não podem ser exigidas do locatário".[276]

8. Inciso VIII – pagar os impostos e taxas, e ainda o prêmio de seguro complementar contra fogo, que incidam ou venham a incidir sobre o imóvel, salvo disposição expressa em contrário no contrato

Em regra, deverá o locador arcar com impostos, taxas e prêmio de seguro de incêndio. Entretanto, a própria lei previu que tal obrigação é de natureza dispositiva, ou seja, pode ser negociada livremente pelas partes a imputação de tal obrigação ao locatário. Tal foi o posicionamento do Superior Tribunal de Justiça no Recurso Especial 155.960, que teve como relator o Ministro Vicente Leal, julgado em 22.08.2000: "Por isso, a doutrina mais abalizada sobre o tema orienta-se, de forma unânime, no sentido de reconhecer que a regra contida no inciso VII, do artigo 22, da Lei nº 8.245/91, no que tange à obrigação do locador pelo pagamento do seguro complementar contra fogo, consubstancia norma de natureza eminentemente dispositiva, submetida ao poder de livre disposição pelas partes contratantes, por impor uma responsabilidade cujo ônus pode ser invertido por estipulação contratual".

A Lei fala em seguro complementar para diferenciá-lo do seguro obrigatório, previsto no art. 13 da Lei 4.591/1964,[277] que compõe despesa ordinária de condomínio, cuja obrigação de pagamento é do locatário (vide comentários ao art. 23, XII, abaixo).

---

[274] SOUZA, Sylvio Capanema de. *A Lei do Inquilinato comentada*. 7. ed. Rio de Janeiro: GZ, 2012, p. 116.
[275] SOUZA, Sylvio Capanema de. *A Lei do Inquilinato comentada*. 7. ed. Rio de Janeiro: GZ, 2012, p. 120.
[276] DINIZ, Maria Helena. *Lei de locações de imóveis urbanos comentada*. 12. ed. São Paulo: Saraiva, 2012, p. 139.
[277] "Art. 13. Proceder-se-á ao seguro da edificação ou do conjunto de edificações, neste caso, discriminadamente, abrangendo tôdas as unidades autônomas e partes comuns, contra incêndio ou outro sinistro que cause destruição no todo ou em parte, computando-se o prêmio nas despesas ordinárias do condomínio. Parágrafo único. O seguro de que trata êste artigo será obrigatòriamente feito dentro de 120 dias, contados da data da concessão do 'habite-se', sob pena de ficar o condomínio sujeito à multa mensal equivalente a 1/12 do impôsto predial, cobrável executivamente pela Municipalidade."

"A questão destarte não se refere exclusivamente aos condomínios e outras situações onde há exigência legal do seguro, mas a todas as locações onde o contrato preveja seguro contra fogo e o locador pretender seguro complementar."[278]

De qualquer modo, vale lembrar que a responsabilidade pelo incêndio que venha a ocorrer no imóvel locado é do locatário, salvo se provar que o sinistro decorreu de caso fortuito, força maior ou culpa de terceiro.

Como aponta Francisco Carlos Rocha de Barros, "Isso significa que, destruído o prédio por incêndio, o inquilino pode ser responsabilizado de indenizar o proprietário, indenização que abrangerá o valor do prédio e a totalidade dos aluguéis de que for privado o locador durante o tempo necessário à reconstrução".[279]

Assim, "silenciando o contrato a respeito, como tantas vezes acontece, o locatário que quiser se cobrir dessa responsabilidade deve, ele próprio, contratar seguro contra fogo, sob pena de se tornar autossegurador, no sentido de que deve suportar o custo da reparação ou reedificação do prédio sinistrado".[280]

A realidade é que a maioria absoluta das negociações envolvendo a locação de imóveis (residenciais ou não) resulta na transferência da obrigação para que o locatário seja responsável pelo pagamento de impostos (notadamente o Imposto sobre a Propriedade Predial e Territorial Urbana – IPTU), taxas (como, por exemplo, o foro, em caso de imóveis foreiros) e prêmio de seguro de incêndio. Nada mais razoável do que o fato de o usuário do imóvel venha ser o responsável por arcar com valores inerentes à sua qualidade de possuidor direto.

É importante salientar que, caso o contrato não preveja expressamente que o locatário é obrigado a arcar com impostos, taxas ou prêmio de seguro de incêndio, tal responsabilidade será do locador em face da disposição legal. Tal tema deve ser tratado de maneira específica e expressa de modo a não ocasionar dúvidas a respeito da obrigação direcionada ao locatário. Na Apelação 2007.004363-0, de Brusque/SC, tendo como relator o Desembargador Luiz Carlos Freyesleben, o Tribunal de Justiça de Santa Catarina decidiu, em 04.05.2011, que a locadora deve ser responsável pelo IPTU, em contrato de locação verbal, em que não conseguiu provar a transferência da responsabilidade à locatária: "No que diz com a responsabilidade pelo pagamento do IPTU, sabe-se que a Lei de Locações impõe ao locador tal dever (artigo 22, VIII), mas faculta às partes estipularem de modo diferente. Todavia, as partes celebraram contrato verbal de locação e a autora não provou haver imposto à ré a obrigação de pagar o IPTU. Por isso, a responsabilidade por esse pagamento é da locadora, e não da locatária".

Ainda, em acórdão de 11.12.2014, na Apelação Cível (com revisão) 1046957-82.2013.8.26.0100, que teve o Desembargador Caio Marcelo Mendes de Oliveira como relator, o Tribunal de Justiça de São Paulo decidiu que a previsão genérica de obrigação de pagamento de encargos pelo locatário não havia sido suficiente para incluir a responsabilidade pelo pagamento do IPTU, como se vê adiante: "A expressão genérica 'encargos ligados à locação'

---

[278] VENOSA, Sílvio de Salvo. *Lei do Inquilinato comentada*. 13. ed. São Paulo: Atlas, 2014, p. 130.
[279] BARROS, Francisco Carlos Rocha de. *Comentários à Lei do Inquilinato*. 2. ed. rev. e atual. São Paulo: Saraiva, 1997, p. 114.
[280] SANTOS, Gildo dos. *Locação e despejo*. 7. ed. rev., ampl. e atual. São Paulo: RT, 2011, p. 181.

não permite concluir que os locatários estariam responsabilizados pelo pagamento do IPTU, lembrando que lei exige disposição expressa em contrato".

É também comum que o locador exija que o locatário contrate seguro de incêndio específico para o imóvel com previsão específica de que o locador será o beneficiário da indenização a ser paga pela seguradora em caso de sinistro. Tal aspecto pode ser negociado entre as partes e não há absurdo por parte do locador ao realizar tal exigência, uma vez que é o locador o proprietário do imóvel e, portanto, o maior interessado na reconstrução do imóvel. Outra previsão bastante usual diz respeito à automática extinção contratual em caso de sinistro, sendo o locador o beneficiário de tal valor.

9. Inciso IX – exibir ao locatário, quando solicitado, os comprovantes relativos às parcelas que estejam sendo exigidas

Caso o locatário solicite, deverá o locador apresentar os comprovantes de valores exigidos. Como mencionamos nos comentários ao inciso anterior, com a possibilidade da transferência ao locatário acerca da obrigação de quitar impostos e taxas relacionados ao imóvel, também se verifica situações em que o contrato de locação preveja que o locador realizará o pagamento de impostos, taxas e prêmio de seguro com o consequente reembolso pelo locatário.

Tal previsão costuma agradar ao locador, uma vez que fica sob seu controle o pagamento das despesas inerentes à manutenção e regularidade do imóvel, livrando, assim, o imóvel do risco de ser atingido por eventual execução fiscal da municipalidade cobrando o IPTU devido e não pago. Por outro lado, é direito do locatário ter acesso ao valor discriminado que está sendo pago.

10. Inciso X – pagar as despesas extraordinárias de condomínio

Em primeiro lugar, deve-se delimitar a abrangência do inciso X do art. 22. A distinção realizada entre despesas extraordinárias e ordinárias (vide art. 23, XII) será aplicável às locações de imóveis localizados em condomínio edilício, com disciplina específica pelo Código Civil. O proprietário, na qualidade de condômino, deve arcar com as despesas proporcionalmente devidas com base na estipulação da Convenção de Condomínio.

O custeio das despesas extraordinárias é atribuído ao locador, uma vez que se referem a despesas de conservação do imóvel, o que se reverte em seu benefício. Geralmente, importam em despesas mais elevadas e oriundas de caso fortuito ou de danos imprevistos. Portanto, nos casos elencados nas alíneas "a" a "g" do parágrafo único do art. 22, caberá ao locador realizar o custeio.

Consideramos que, neste caso, diferentemente do inciso VIII, o locador não pode transferir a responsabilidade pelo pagamento ao locatário. Em caso de previsão nesse sentido, a cláusula deve ser considerada nula.

Esse foi o entendimento do Superior Tribunal de Justiça, no Recurso Especial 215.148, cujo relator foi o Ministro Vicente Leal, com julgamento em 16.05.2000: "Daí por que a doutrina mais abalizada sobre o tema orienta-se, de forma unânime, no sentido de reconhecer que a regra contida no inciso X, do artigo 22, da Lei nº 8.245/91, no que tange à obrigação do locador pelo pagamento das despesas extraordinárias de condomínio, consubstancia norma de natureza eminentemente cogente, que limita o poder de livre disposição das partes contratantes, por impor uma responsabilidade cujo ônus não pode ser invertido por estipulação contratual".

TÍTULO I – DA LOCAÇÃO • **Art. 22**

A enumeração feita pela lei deve ser considerada de maneira exemplificativa, uma vez que não se poderia esperar que o legislador previsse todas as situações que se amoldassem ao conceito acima tratado.

Por exemplo, já decidiu o extinto 2º TAC-SP: "Constituem despesas extraordinárias, relativas à habitabilidade do imóvel, as respeitantes a conserto, de valor elevado, de vazamento de água, cuja incumbência é do senhorio (Ap. 422.607 – 4ª Câm. – Rel. Rodrigues da Silva – j. 02.05.1995)".[281]

Lembre-se, ainda, de que, nos casos de locação de unidade de *shopping center*, nos termos do art. 54, § 1º, "a", os lojistas não serão cobrados das despesas contidas no parágrafo único, alíneas "a", "b" e "d" do art. 22.

> **Nota do organizador Luiz Antonio Scavone Junior:**
>
> O parágrafo único deste art. 22 estabelece critério geral para considerar as despesas extraordinárias de condomínio e o faz nos seguintes termos: "Por despesas extraordinárias de condomínio se entendem aquelas que não se refiram aos gastos rotineiros de manutenção do edifício, especialmente (...)".
>
> Assim, não sendo despesas de manutenção ordinária do condomínio, compreendidas como aquelas destinadas à conservação e para evitar a deterioração, por analogia àquilo que se entende por benfeitoria necessária, o locador deve suportar o custo.
>
> Com efeito, passa a lei a tratar exemplificativamente das despesas extraordinárias que deverão ser suportadas pelo locador:

11. Alínea "a" – obras de reformas ou acréscimos que interessem à estrutura integral do imóvel

Com relação à alínea "a", a lei trata das obras que visem reparar o risco de estabilidade da construção, como vemos os exemplos mencionados por Sylvio Capanema de Souza: "... reforço das fundações, escoramento de pilares de sustentação e vigas, construção de muros ou cortinas de contenção de encostas, que ameacem desabar sobre o prédio, rebaixamento do lençol d'água subterrâneo, correção de trincas etc.".[282]

12. Alínea "b" – pintura das fachadas, empenas, poços de aeração e iluminação, bem como das esquadrias externas

Quanto à alínea "b", tais partes são de propriedade comum dos condôminos, logo, não há uso direto do locatário.

> **Nota do organizador Luiz Antonio Scavone Junior:**
>
> A pintura externa embeleza o prédio e acresce o seu valor de venda ou de locação. Portanto, cabe ao locador.

---

[281] SANTOS, Gildo dos. *Locação e despejo*. 7. ed. rev., ampl. e atual. São Paulo: RT, 2011, p. 179.
[282] SOUZA, Sylvio Capanema de. *A Lei do Inquilinato comentada*. 7. ed. Rio de Janeiro: GZ, 2012, p. 123.

Do mesmo modo, é de responsabilidade do locador a pintura da fachada, das empenas e dos poços de aeração e iluminação, comuns em prédios mais antigos, que possuem, no seu interior, um vão de iluminação e de tomada de ar.

Também se considera aqui a pintura de esquadrias (janelas) da parte externa.[283]

13. Alínea "c" – obras destinadas a repor as condições de habitabilidade do edifício

No tocante à alínea "c", a regra refere-se às despesas que, de maneira geral, visem repor a habitabilidade do edifício. No acórdão de 28.01.2014, oriundo de Recurso Inominado 71004503546, da Primeira Turma Recursal Cível, tendo como relator o Desembargador Pedro Luiz Pozza, o TJRS estabeleceu que o reparo de uma parede de vidro deveria ser considerado integrante de despesas extraordinárias: "E tendo quebrado a parede de vidro, era ônus do recorrido o conserto/substituição, nos termos do art. 22, X, parágrafo único, 'c' da Lei 8.245/91, uma vez que essencial para a habitabilidade do imóvel". Outros exemplos citados por Maria Helena Diniz são: "substituição de elevadores; construção de novos reservatórios de água etc.".[284]

> **Nota do organizador Luiz Antonio Scavone Junior:**
>
> Sobre estas obras destinadas a repor as condições de habitabilidade do edifício, vejamos alguns exemplos comuns:
>
> **Elevadores**
>
> Esta fonte de despesa causa muita divergência entre locadores e locatários.
>
> Se for o caso de reforma ou substituição, a despesa será extraordinária (do locador).
>
> Se, por outro lado, tratar-se apenas de manutenção do elevador (ainda que haja contrato para tanto), será do locatário.[285]

---

[283] Neste sentido:
"A pintura externa de prédio de apartamentos consubstancia despesa extraordinária de condomínio, pela qual o locador deve responder" (Apelação com Revisão 278.641, *1ª Câmara*, Rel. Juiz Quaglia Barbosa, j. 01.10.1990, *JTA (RT)* 129/363).

[284] DINIZ, Maria Helena. *Lei de locações de imóveis urbanos comentada*. 12. ed. São Paulo: Saraiva, 2012, p. 140.

[285] "A reforma de elevadores, longe de representar simples serviços de manutenção e conservação – estes, sim, despesas ordinárias – consubstancia despesa extraordinária de condomínio, a ser suportada pelo locador e não pelo locatário" (Apelação 160.522, *2ª Câmara*, Rel. Juiz Boris Kauffmann, j. 24.10.1983, *JTA (RT)* 87/342). Referência: *JTA (Saraiva)* 76/253. Anotação da comissão: No mesmo sentido: *JTA (Saraiva)* 74/199, 76/253; Apelação 111.149, *4ª Câmara*, Rel. Juiz Arthur de Godoy, j. 30.06.1980; Apelação 187.693, *5ª Câmara*, Rel. Juiz Alves Bevilacqua, j. 04.02.1986. Quanto à Lei 8.245/1991: Apelação com Revisão 427.583, *7ª Câmara*, Rel. Juiz Luiz Henrique, j. 25.07.1995.

"Extrai-se da *mens legis* (arts. 22, X, parágrafo único, *a* e *c*, e 23, XII, § 1º, *f*, da Lei 8.245/91) que as despesas de condomínio, em relação a elevadores, a cargo do locatário se restringem àquelas derivadas do uso desse equipamento, dentre as quais não se inclui a despesa para a troca de seus cabos, que é despesa extraordinária, de obrigação do locador, por ter a mesma natureza de reforma deles, a qual é da responsabilidade do locador" (Apelação com Revisão 427.583, *7ª Câmara*, Rel. Juiz Luiz Henrique, j. 25.07.1995). Anotação da comissão: No mesmo sentido: Quanto à Lei 6.649/1979 – *JTA (RT)* 87/342; *JTA (Saraiva)* 74/199, 76/253, 112/424; Apelação 111.149, *4ª Câmara*, Rel. Juiz Arthur de Godoy, j. 30.06.1980; Apelação 187.693, *5ª Câmara*, Rel. Juiz Alves Bevilacqua, j. 04.02.1986.

"Cotas extras condominiais para reforma ou reparo de elevadores. As obrigações condominiais de responsabilidade do locatário são 'taxativas', porque enumeradas no art. 19, § 10, da Lei n.

Impermeabilizações

"A impermeabilização de corredor de condomínio e a reforma do piso da garagem do mesmo, ainda que necessárias, são encargos do locador, a quem, na Lei Inquilinária, incumbe a obrigatoriedade de manter o imóvel em condições de habitabilidade, pois, sua é a obrigação de assegurar ao locatário o uso normal da coisa locada" (2º TACCiv – SP, Apelação com Revisão 221.704, 7ª Câmara, Rel. Juiz Demóstenes Braga, j. 21.06.1988. Referência: *RT* 442/166).

Telhado

"Locação. Encargo. Reparo no telhado. Responsabilidade do locador. O reparo em telhado é da responsabilidade do locador, e não do inquilino. (2º TACCiv – SP, Apelação com Revisão 469.517, 12ª Câmara, Rel. Juiz Ribeiro da Silva, j. 21.11.1996, *JTA* (*LEX*) 162/409 – Anotação da Comissão: No mesmo sentido: JTA (RT) 130/331).

Vazamentos de água – despesas de valor elevado

"Locação. Despesas extraordinárias. Condições de habitabilidade. Conserto de valor elevado. Ônus do locador. Exegese do inciso X, e parágrafo único, letra c do art. 22 da Lei n. 8.245/91. Constituem despesas extraordinárias, relativas à habitabilidade do imóvel, as respeitantes a conserto, de valor elevado, de vazamento de água, cuja incumbência é do senhorio" (2º TACCiv – SP, Apelação com Revisão 422.607, *4ª Câmara*, Rel. Juiz Rodrigues da Silva, j. 02.05.1995).

Troca de canos para evitar vazamentos

"Condomínio. Despesas condominiais extraordinárias. Obra imprescindível. Assembleia. Desnecessidade. Despesas de condomínio consistentes em serviços que impliquem benefício de todos os condôminos, como troca de canos para evitar vazamentos, mormente os de ordem pública, como os de esgoto, prescindem de Assembleia autorizadora dos gastos, quando efetuados dentro dos parâmetros razoáveis. Carência afastada. Recurso provido" (2º TACCiv – SP, Apelação sem Revisão 487.613, *4ª Câmara*, Rel. Juiz Moura Ribeiro, j. 30.07.1997. Anotação: No mesmo sentido: – Quanto a conserto de fossa séptica: Apelação sem Revisão 491.216, *4ª Câmara*, Rel. Juiz Moura Ribeiro, j. 26.08.1997).

Troca de coluna geral de água

"Consignação em pagamento. Condomínio. Despesas. Despesas extraordinárias do condomínio. Injusta recusa da locadora em receber e dar a quitação de alugueres, porque o locatário deixou de incluir os custos cobrados com obras da troca da coluna geral de água e troca da coluna de água/esgoto. Sendo tais despesas extraordinárias do condomínio, são encargos da locadora, pois são tendentes a repor o imóvel locado em condições de habitabilidade" (Tribunal de Alçada Cível do Rio de Janeiro, Apelação Cível 10.958/91, *6ª Câmara*, decisão unânime, Juiz Arruda França, j. 14.05.1991, *Ementário*: 20/91 – Número da ementa: 33.917).

6.649/79. As despesas condominiais não especificadas no referido dispositivo legal, enquadram-se como extraordinárias e, como tal, são de obrigação do locador, em face da norma prevista no art. 19, *in fine*, e seu § 1º, da referida Lei do Inquilinato. Reforma ou reparo não significa manutenção e conservação, mas sim conserto, restauração, recuperação" (Tribunal de Alçada Cível do Rio de Janeiro, Apelação Cível 634/91, *6ª Câmara*, Decisão Unânime, Juiz Clarindo de Brito Nicolau, j. 28.05.1991).

14. Alínea "d" – indenizações trabalhistas e previdenciárias pela dispensa de empregados, ocorridas em data anterior ao início da locação

No caso da alínea "d", vale a pena ressaltar que somente são consideradas aquelas em período anterior ao da locação.

> **Nota do organizador Luiz Antonio Scavone Junior:**
>
> As indenizações por dispensa de empregado ocorrida antes do início da locação não podem ser atribuídas ao locatário.
>
> Entretanto, aplicada interpretação literal, ainda que o locatário tenha ocupado o imóvel recentemente, observada a dispensa de empregado do condomínio, terá que pagar por tal despesa.
>
> Contudo, o bom senso leva à necessidade de efetuar-se proporcionalmente o cálculo da indenização trabalhista.
>
> Desse modo, o locatário será responsável apenas pelo período em que realmente usufruiu dos serviços do empregado dispensado.
>
> Todavia, se a dispensa deu-se antes do início da locação, a indenização não poderá ser cobrada do locatário.
>
> Nesse caso, o locador deve pagar e, depois, cobrar essas despesas do locatário anterior ou do seu fiador, o que não será fácil, pois eles deverão ser localizados.
>
> Ocorre que dificilmente essas despesas são discriminadas, sendo muitas vezes de difícil apuração nos balancetes. De qualquer modo, a lei faz a distinção, cabendo ao locador cobrar apenas aquilo que é devido do locatário.

15. Alíneas "e" – instalação de equipamento de segurança e de incêndio, de telefonia, de intercomunicação, de esporte e de lazer – e "f" – despesas de decoração e paisagismo nas partes de uso comum

Quanto aos equipamentos das alíneas "e" e "f", justifica-se pelo fato de que serão incorporados ao edifício e, portanto, agregarão valor ao bem do locador.

> **Nota do organizador Luiz Antonio Scavone Junior:**
>
> Nessas despesas estão contidas as instalações (nunca a manutenção, que é do locatário) de alarmes de qualquer espécie, câmeras de vídeo, sensores, portões eletrônicos, extintores (não sua recarga), interfones, equipamentos para quadras, salas de ginástica (esteiras, aparelhos de musculação etc.), equipamentos para provimento de serviço de internet etc.[286]

---

[286] Neste sentido:
"Condomínio. Despesas. Despesas extraordinárias. O locatário só está obrigado a pagar as despesas condominiais denominadas ordinárias e que se relacionam com a manutenção e conservação do prédio, incluindo-se pequenos reparos. As despesas extraordinárias, ou sejam, as que cuidam de reformas ou instalações de equipamentos, são de responsabilidade do locador" (Tribunal de Alçada Cível do Rio de Janeiro, Apelação Cível 58.582, 1ª Câmara, Unânime, Juiz Edil Pereira da Silva, j. 26.05.1987).

16. Alínea "g" – constituição de fundo de reserva

Por fim, a alínea "g" estabelece que a constituição do fundo de reserva será considerada despesa extraordinária. Lembramos que, nos termos da alínea "i" do § 1º do inciso XII do art. 23, a reposição do fundo de reserva será caracterizada como despesa originária, cabível, portanto, ao locatário.

> **Nota do organizador Luiz Antonio Scavone Junior:**
>
> O fundo de reserva deve ser constituído por contribuições do locador (art. 22, X, e parágrafo único).
>
> Portanto, o rateio dos pagamentos destinados à sua formação deve ser considerado despesa extraordinária.
>
> Imaginemos que, por qualquer motivo, seja necessária a utilização de parte ou do total dessa verba.
>
> O condomínio pode recorrer ao fundo de reserva no caso de situações urgentes e imprevistas ou, então, naqueles casos em que determinada despesa atribua ônus excessivo para o orçamento doméstico dos condôminos, mediante prévia aprovação de assembleia geral.
>
> Pergunta-se: os rateios destinados à reposição do que foi utilizado constituem despesa ordinária ou extraordinária?
>
> Depende. Se o fundo foi utilizado para as despesas de manutenção do edifício, para aquelas que normalmente seriam consideradas despesas ordinárias, a sua reposição terá a mesma classificação.
>
> Por outro lado, se o fundo foi utilizado, total ou parcialmente, para despesas extraordinárias (como, por exemplo, reforma substancial dos elevadores), assim também será considerado o rateio para a reposição.
>
> Como veremos adiante, há possibilidade de criação de fundo específico destinado a manutenção, ou até mesmo outros fundos diversos do fundo de reserva, como, por exemplo, o fundo de obras.
>
> Criado o fundo de manutenção, seu rateio não é despesa extraordinária, mas ordinária, vez que, na exata medida de sua utilização, necessariamente o será na manutenção do edifício, que é despesa ordinária.

Art. 23. O locatário é obrigado a:

I – pagar pontualmente o aluguel e os encargos da locação, legal ou contratualmente exigíveis, no prazo estipulado ou, em sua falta, até o sexto dia útil do mês seguinte ao vencido, no imóvel locado, quando outro local não tiver sido indicado no contrato;

II – servir-se do imóvel para o uso convencionado ou presumido, compatível com a natureza deste e com o fim a que se destina, devendo tratá-lo com o mesmo cuidado como se fosse seu;

III – restituir o imóvel, finda a locação, no estado em que o recebeu, salvo as deteriorações decorrentes do seu uso normal;

IV – levar imediatamente ao conhecimento do locador o surgimento de qualquer dano ou defeito cuja reparação a este incumba, bem como as eventuais turbações de terceiros;

V – realizar a imediata reparação dos danos verificados no imóvel, ou nas suas instalações, provocadas por si, seus dependentes, familiares, visitantes ou prepostos;

VI – não modificar a forma interna ou externa do imóvel sem o consentimento prévio e por escrito do locador;

VII – entregar imediatamente ao locador os documentos de cobrança de tributos e encargos condominiais, bem como qualquer intimação, multa ou exigência de autoridade pública, ainda que dirigida a ele, locatário;

VIII – pagar as despesas de telefone e de consumo de força, luz e gás, água e esgoto;

IX – permitir a vistoria do imóvel pelo locador ou por seu mandatário, mediante combinação prévia de dia e hora, bem como admitir que seja o mesmo visitado e examinado por terceiros, na hipótese prevista no art. 27;

X – cumprir integralmente a convenção de condomínio e os regulamentos internos;

XI – pagar o prêmio do seguro de fiança;

XII – pagar as despesas ordinárias de condomínio.

§ 1º Por despesas ordinárias de condomínio se entendem as necessárias à administração respectiva, especialmente:

a) salários, encargos trabalhistas, contribuições previdenciárias e sociais dos empregados do condomínio;

b) consumo de água e esgoto, gás, luz e força das áreas de uso comum;

c) limpeza, conservação e pintura das instalações e dependências de uso comum;

d) manutenção e conservação das instalações e equipamentos hidráulicos, elétricos, mecânicos e de segurança, de uso comum;

e) manutenção e conservação das instalações e equipamentos de uso comum destinados à prática de esportes e lazer;

f) manutenção e conservação de elevadores, porteiro eletrônico e antenas coletivas;

g) pequenos reparos nas dependências e instalações elétricas e hidráulicas de uso comum;

h) rateios de saldo devedor, salvo se referentes a período anterior ao início da locação;

i) reposição do fundo de reserva, total ou parcialmente utilizado no custeio ou complementação das despesas referidas nas alíneas anteriores, salvo se referentes a período anterior ao início da locação.

§ 2º O locatário fica obrigado ao pagamento das despesas referidas no parágrafo anterior, desde que comprovadas a previsão orçamentária e o rateio mensal, podendo exigir a qualquer tempo a comprovação das mesmas.

§ 3º No edifício constituído por unidades imobiliárias autônomas, de propriedade da mesma pessoa, os locatários ficam obrigados ao pagamento das despesas referidas no § 1º deste artigo, desde que comprovadas.

Comentários (Tatiana Bonatti Peres):

1. Art. 23 – Deveres do locatário

O artigo em comento traz alguns dos deveres legais do locatário, que devem ser adimplidos, independentemente de previsão contratual. Existem outros deveres legais do locatário, previstos em outros dispositivos da Lei do Inquilinato, bem como deveres contratuais do locatário, ou seja, não previstos em lei, mas previstos no contrato.

Sílvio de Salvo Venosa[287] aponta que não é qualquer infração aos deveres legais e contratuais do locatário que abre ensejo à rescisão contratual (art. 9º, II, da LI) e, consequentemente, à ação de despejo.

À luz do princípio da função social dos contratos (art. 421 do CC/2002), o juiz deve verificar a gravidade do inadimplemento, para decidir se houve prejuízo ao locador ou má-fé do locatário que justifique medida tão extrema quanto o desfazimento do vínculo, ou se é preferível a manutenção do contrato.

> **Nota do organizador Luiz Antonio Scavone Junior:**
>
> A par das obrigações decorrentes do contrato, a Lei do Inquilinato, de ordem pública (art. 45) impõe ao inquilino obrigações legais.
>
> A primeira conclusão que se extrai do dispositivo, conjugado com a norma do art. 45 desta lei, é a que revela a impossibilidade de o contrato subverter as obrigações legais impostas ao locatário.
>
> A segunda, tal qual preconizada no art. 9º, II, também da Lei do Inquilinato, é que o descumprimento das obrigações legais implica a resolução do contrato por descumprimento por meio da ação de despejo como única forma de reaver o imóvel nos termos do art. 5º.
>
> Trata-se de aplicação da regra geral que decorre do art. 475 do Código Civil segundo o qual a parte lesada pelo inadimplemento pode pedir a resolução do contrato se não preferir exigir seu cumprimento sem prejuízo das perdas e danos que podem ser substituídas pela multa contratual (cláusula penal) eventualmente estipulada no contrato.
>
> Portanto, não está descartada a hipótese de o locador, em vez de pedir a resolução do contrato, exigir o cumprimento da obrigação legal descumprida.
>
> De qualquer forma, o descumprimento desses deveres, desde que substanciais, implicam também o pagamento das perdas e danos decorrentes da conduta ou do pagamento da multa contratual eventualmente estabelecida (ou as perdas e danos ou a multa), sem prejuízo de se pedir indenização suplementar à multa contratada se não for passível de cobrir os prejuízos decorrentes do descumprimento respeitando as condições do parágrafo único do art. 416 do Código Civil.

2. Art. 23, I – Obrigação de pagar em dia o aluguel

É da natureza do contrato de locação a contraprestação pelo uso do imóvel. O uso gratuito não é locação, mas comodato. Por isso, pode-se afirmar que o pagamento do aluguel (e encargos locatícios) é a obrigação mais importante do locatário.

> **Nota do organizador Luiz Antonio Scavone Junior:**
>
> O descumprimento da obrigação de pagar os aluguéis desafia, diante da regra geral do art. 475 do Código Civil, a execução dos aluguéis nos termos do art. 784, VIII, do Código de Processo Civil ou o desfazimento do contrato nos termos dos arts. 9º, III, e 62 e seguintes da Lei do Inquilinato a critério do locador.
>
> Em qualquer caso fica o locatário responsável pela multa moratória estipulada no contrato para o pagamento a destempo, admitida majoritariamente no percentual de até 20% do

---

[287] VENOSA, Sílvio de Salvo. *Lei do Inquilinato comentada*. 13. ed. São Paulo: Atlas, 2014, p. 133.

> valor devido, que não pode ser cumulada com a multa compensatória, comum no patamar de três aluguéis.
>
> Quando o vencimento ocorrer em final de semana ou feriado, o pagamento pode ser feito no próximo dia útil sem o acréscimo de multas ou cobrança de juros, direito este garantido pelo artigo 1º da Lei 7.089/83.[288]
>
> Se o contrato for verbal ou não contiver data certa para o pagamento do aluguel mensal, este se considera vencido no sexto dia útil subsequente ao mês de utilização do imóvel pelo locatário.

O locatário deve efetuar o pagamento do aluguel e encargos no prazo e local ajustados em contrato ou, na falta deles, no prazo e local previstos na LI. Nota-se que, salvo disposição contratual em contrário, será *quérable* (ou quesível) a dívida de aluguéis e encargos locatícios, ou seja, será pagável no endereço do devedor/locatário.

Francisco Carlos Rocha de Barros explica que existem consequências importantes de a dívida ser *quérable*/quesível (pagável no endereço do devedor/locatário) ou *portable*/portável (pagável no endereço do credor/locador): "A diferença entre ser quesível ou *portable* traz consequências importantes na caracterização da mora. Na primeira, se o locador não foi buscar o aluguel, ele estará em mora, e não o inquilino. Na segunda, considerar-se-á em mora o locatário que não for pagar o aluguel".[289]

De qualquer modo, o locador não pode, atuando de má-fé, recusar-se ao recebimento do aluguel.

Já se decidiu que, ainda que o locador não tenha interesse na continuidade da locação, é lícito ao locatário consignar o aluguel, para cumprir a obrigação que lhe impõe o referido inciso, conforme trecho abaixo transcrito:

> "A conduta do locador, ao não mais aceitar o pagamento do aluguel, tinha o objetivo velado de dificultar ao inquilino o cumprimento da obrigação primária de pagar o aluguel, de modo a forçar a desocupação do imóvel. Não é possível contestar tal prática ilícita, ao arrepio da lei civil, pois o locador deve aceitar o aluguel, emitir o recibo e, se quiser o despejo, ingressar com ação própria".[290]

A simples falta do pagamento de encargos já enseja a ação de despejo, desde que represente inadimplemento substancial.

Nessa linha, já se decidiu que o pagamento com atraso, ainda que sem os acréscimos da mora, não enseja ação de despejo, mas apenas o direito de cobrança dos valores atrasados, por ter havido adimplemento substancial do contrato pelo locatário, conforme trecho a seguir:

---

[288] Art. 1º Fica proibida a cobrança de juros de mora, por estabelecimentos bancários e instituições financeiras, sobre títulos de qualquer natureza, cujo vencimento se dê em sábado, domingo ou feriado, desde que seja quitado no primeiro dia subsequente.

[289] BARROS, Francisco Carlos Rocha de. *Comentários à Lei do Inquilinato*. 2. ed. rev. e atual. São Paulo: Saraiva, 1997, p. 120.

[290] Acórdão de 20.08.2014 da 11ª Câmara Extraordinária de Direito Privado do TJSP, nos autos da Apelação 0187953-89.209.8.26.0100, tendo como relator o Des. Edgard Rosa.

"Mérito. Falta de pagamento. Aluguel e encargos. Encargo locativo tributário (IPTU). Alegada isenção em defesa. Comprovação do pagamento de alugueres em defesa, embora a destempo e sem incidência dos encargos próprios da mora. Adimplemento substancial que não autoriza a resolução do contrato. Igualmente incontroverso o fato da desinteligência entre a locadora e o administrador do imóvel locado e seu filho, que repercutiu na forma do pagamento. Despejo improcedente".[291]

Por outro lado, tendo em vista que é da natureza do contrato de locação a contraprestação, já se decidiu que não cabe ao locatário a suspensão do pagamento de aluguel e encargos, mesmo que haja alegada inadaptabilidade do imóvel, se não havia comprometimento sério à ocupação, pois "o adimplemento substancial do locador afasta a possibilidade da exceção de inadimplemento do contrato".[292]

É comum o ajuste de desconto no valor do aluguel, em caso de pagamento pontual. Os tribunais consideram que tal disposição equivale à cláusula penal e, portanto, não pode ser cumulada com outra multa, conforme, por exemplo, o precedente citado abaixo:

"Locação. Embargos à execução. Abono ou desconto por pontualidade não passa de multa moratória mal disfarçada e não se cumula com outra multa de idêntica natureza. Inexistência, porém, de multa moratória, no caso em tela. Ausência, portanto, de cobrança em duplicidade e de excesso de execução. Alegação da locatária de que o locador se recusou a aceitar proposta de acordo. O credor não é obrigado a aceitar o valor da dívida em parcelas ou com desconto".[293]

Vale lembrar que assim dispõem os arts. 329 e 330 do Código Civil de 2002:

"Art. 329. Ocorrendo motivo grave para que se não efetue o pagamento no lugar determinado, poderá o devedor fazê-lo em outro, sem prejuízo para o credor.

Art. 330. O pagamento reiteradamente feito em outro local faz presumir renúncia do credor relativamente ao previsto no contrato".

Ao comentar sobre o art. 330, Sylvio Capanema de Souza esclarece que "a norma é decorrente do paradigma da boa-fé contratual, caracterizando-se a *supressio*, não mais podendo o credor voltar a exigir o pagamento no local por ele anteriormente indicado".[294]

Mas a vedação ao comportamento contraditório depende de preenchimento pelo juiz, no caso concreto, do significado do conceito indeterminado previsto no referido artigo, definindo o que seria o "reiteradamente", para fins de caracterizar a renúncia do credor ao local anteriormente acordado para pagamento.

---

[291] Acórdão de 09.10.2013 da 29ª Câmara de Direito Privado do TJSP, nos autos da Apelação 0006747-91.2009.8.26.0020, tendo como relator o Des. Hamid Bdine.
[292] Acórdão de 20.09.2012 da 32ª Câmara de Direito Privado do TJSP, nos autos da Apelação 0067081-54.2009.8.26.0000, tendo como relator o Des. Hamid Bdine.
[293] Acórdão de 10.12.2014 da 29ª Câmara de Direito Privado do TJSP, nos autos da Apelação 0025368-41.2011.8.26.0320, tendo como relatora a Des. Silvia Rocha.
[294] SOUZA, Sylvio Capanema de. *A Lei do Inquilinato comentada*. 7. ed. Rio de Janeiro: GZ, 2012, p. 127.

> **Nota do organizador Luiz Antonio Scavone Junior:**
>
> Outra consequência da obrigação imposta ao inquilino corresponde ao direito de quitar a obrigação e, nesta exata medida, ainda que não queira continuar locando o locador não pode, sem justificativa na insuficiência, recusar o pagamento sob pena de ser vencido em ação de consignação de aluguel e encargos.
>
> Nessa medida:
>
>> "A conduta do locador, ao não mais aceitar o pagamento do aluguel, tinha o objetivo velado de dificultar ao inquilino o cumprimento da obrigação primária de pagar o aluguel, de modo a forçar a desocupação do imóvel. Não é possível contestar tal prática ilícita, ao arrepio da lei civil, pois o locador deve aceitar o aluguel, emitir o recibo e, se quiser o despejo, ingressar com ação própria".[295]

3. Art. 23, II – Servir-se do imóvel para o uso convencionado

O uso convencionado é aquele autorizado no contrato. Pode ser explícito ou presumido, em razão, por exemplo, do objeto social do locatário ou de sua profissão. "Outrossim, há que se referir ao bom uso do prédio, isto é, de acordo com os bons costumes."[296]

Pequenos desvios na finalidade do uso, não caracterizam inadimplemento contratual. "O abuso deve ser apurado no caso concreto."[297]

De todo modo, ajustada uma locação residencial, não pode o imóvel ser utilizado para atividades empresariais. Do mesmo modo, ajustada a locação para atividade de comércio de bens e/ou serviços, não pode ser alterada a destinação para atividade industrial.

Todavia, vale apontar que já se decidiu que "pequenos e eventuais serviços domiciliários realizados pelo locatário não caracterizam exercício permanente de profissão, suficientes a desvirtuar a finalidade da locação (2º TACSP, Ap. c/ Rev. 217.021 – 2ª Câmara, Rel. Juiz Debatin Cardoso, 27-4-88)".

A professora Maria Helena Diniz traz alguns outros exemplos que a jurisprudência tolera, não considerando mudança de destinação e, consequentemente, não caracterizando infração do dever legal do locatário previsto neste artigo/inciso da Lei:

> "Convém lembrar que não constituirá mudança de destinação o fato de: 1) advogado ou médico manter no prédio alugado escritório ou consultório; 2) dentista instalar, num dos cômodos de sua residência, consultório dentário (*RT* 182:236); 3) pessoa da família do locatário abrir, numa das salas da moradia, instituto de beleza (*RT*, 172:632), ateliê de costura (*RT* 652:122), ou pequena boutique, negociando roupas com clientes amigos; 4) professora utilizar cômodo da residência para pequena escola primária (*RT* 168:624; *RF* 115:527, 112:188; *AJ* 95:317)".[298]

O locador não tem de assegurar ao locatário que pode desenvolver as atividades pretendidas no imóvel, mas cabe a esse verificar. Nesse sentido, decisão do TJSP:

---

[295] TJSP, Apelação 0187953-89.209.8.26.0100, 11ª Câmara Extraordinária de Direito Privado, Rel. Des. Edgard Rosa. j. 20.08.2014.
[296] COSTA, Carlos Celso Orcesi. *Locação de imóvel urbano*. São Paulo: Saraiva, 1992, p. 134.
[297] VENOSA, Sílvio de Salvo. *Lei do Inquilinato comentada*. 13. ed. São Paulo: Atlas, 2014, p. 137.
[298] DINIZ, Maria Helena. *Lei de locações de imóveis comentada*. 13. ed. rev. e atual. São Paulo: Saraiva, 2014, p. 147.

"Vem-se firmando neste E. Tribunal posicionamento, que aplaudo, no sentido de não estar inserta na garantia de uso do imóvel ao fim a que se destina (art. 22, inc. I e III da LI.) a segurança quanto à possibilidade de se instalar nele qualquer estabelecimento comercial ou industrial, porquanto fala o legislador em 'estado de servir', expressão que contempla as condições físicas e de habitabilidade do prédio, não dizendo respeito àquelas exigências estranhas ao mesmo e concernentes à própria atividade de quem venha a utilizá-lo. Via de consequência, compete ao inquilino, não ao senhorio, verificar se as posturas autorizam que venha sua empresa ou estabelecimento a funcionar naquele local".[299]

4. Art. 23, III – Obrigação de devolver o imóvel no estado em que recebeu

Francisco Carlos Rocha de Barros explica: "Ampla é a responsabilidade do locatário. Ele é responsável pelos danos causados por dependentes, familiares, visitantes ou prepostos (...) ressalvado seu direito de agir contra o causador do dano, responderá perante o locador. (...) Entende-se que a lei estabelece presunção de culpa do locatário por dano causado ao imóvel. Cabe a ele, portanto, o ônus de fazer prova capaz de tal presunção. Apesar da dificuldade da prova, não vemos como responsabilizar o locatário quando comprovada a inexistência de culpa".[300]

A presunção é de que o locatário recebe o imóvel em bom estado, tendo a obrigação de indenizar os danos que venha a causar, salvo o desgaste natural do uso.

Nesse sentido, já se decidiu, por exemplo:

"Entregue o imóvel para a locação (...) presume-se que este se encontrasse em perfeito estado de conservação. Em razão direta desta presunção legal é que, no mesmo artigo, em seu inciso V, prevê, caso o locatário solicite, a obrigação do locador de fornecer descrição minuciosa do estado do imóvel quando de sua entrega, com referência expressa a eventuais defeitos existentes. É o locatário que, ao contratar a locação do imóvel e constatando não estar este em perfeito estado de conservação, deve se acautelar, exigindo uma vistoria prévia ao seu ingresso no imóvel a fim de que, no futuro, não possa ser por eles responsabilizado".[301]

Em regra, a validade da vistoria depende da participação de todas as partes, como se verifica, por exemplo, da decisão abaixo:

"A vistoria realizada unilateralmente pelo locador, sem que se assegurasse ao locatário e sua garante oportunidade de acompanhá-la, afrontou o princípio do devido processo legal e desautorizava fundamentar juízo de procedência da pretensão indenizatória deduzida".[302]

---

[299] Acórdão de 04.05.2004 da 1ª Câmara do 2º TAC, nos autos da Ap. c/ Rev. 636684-0/3, tendo como relator o Des. Vieira de Moraes.

[300] BARROS, Francisco Carlos Rocha de. *Comentários à Lei do Inquilinato*. 2. ed. rev. e atual. São Paulo: Saraiva, 1997, p. 121-122.

[301] Acórdão de 04.11.2014 da 31ª Câmara de Direito Privado do TJSP, nos autos da Apelação 0037778-32.2009.8.26.0602, tendo como relator o Des. Paulo Ayrosa.

[302] Acórdão de 16.07.2014 da 30ª Câmara de Direito Privado do TJSP, nos autos da Apelação 0017521-28.2012.8.26.0554, tendo como relator o Des. Orlando Pistoresi.

Todavia, já se decidiu, em sentido contrário, quando as provas do dano são evidentes:

> "Locação de imóvel. Indenização por danos materiais e morais. 1. Mesmo que ausente vistoria acompanhada pelo inquilino, se pelo conjunto probatório contido nos autos denota-se que os danos foram causados pelo mau uso do imóvel locado, de rigor a procedência da ação. 2. Se os locatários agiram de forma temerária, causando transtornos desnecessários aos locadores, cabível o pedido de indenização por danos morais".[303]

No caso específico, ainda se deferiu a indenização por danos morais, porque "os locatários, além de devolverem o imóvel em péssimo estado de conservação, também efetuaram obras no imóvel que ocasionaram vazamentos no apartamento de baixo, levando ao ajuizamento de uma ação judicial pela proprietária contra os locadores. Também se verificou a dificuldade em adentrar no imóvel para que fossem feitos os devidos reparos, sendo necessária uma ordem judicial para que o engenheiro pudesse fazer os devidos reparos no imóvel locado. Assim, resta evidente que os transtornos sofridos ultrapassam o mero dissabor, gerando inconteste abalo moral e justificando a reparação do dano daí decorrente e oriundo do agir indiligente dos réus".

Ainda, as benfeitorias efetuadas sem autorização do locador devem ser desfeitas, ao final do contrato, sem qualquer direito de retenção pelo locatário.[304]

Já se decidiu pela reparação do dano ambiental, ainda que causado por sublocatária, em 60 dias, bem como alteração do endereço da sublocatária nos órgãos fiscais, ser responsabilidade da locatária, ainda que tenha ação de regresso contra a sublocatária. Vale ressaltar, contudo, que, no caso da decisão em análise,[305] a sublocação foi feita sem o conhecimento da locadora.

> "O locador responde com exclusividade pelo desgaste resultante do uso normal do imóvel, em face de preceito de natureza cogente, sendo nula cláusula contratual que impõe ao inquilino a obrigação de restituir o bem com pintura nova (Lei nº 8.245/91, art. 45), a não ser que haja prova de que assim o tenha recebido."[306]

No mesmo sentido já se decidiu pela nulidade da cláusula por ser leonina, em razão do disposto no art. 45 da Lei do Inquilinato, não deve haver condenação na verba para custear a pintura do imóvel locado, ao final da locação: "O locador não pode imputar ao locatário danos decorrentes do uso regular do imóvel. Regra de ordem pública insuscetível de alteração pelas partes".[307]

> **Nota do organizador Luiz Antonio Scavone Junior:**
>
> É preciso observar, entretanto, os termos do art. 23, III, da Lei de Locação, que obriga o inquilino "restituir o imóvel, finda a locação, no estado em que o recebeu, salvo as deteriorações

---

[303] Acórdão de 02.07.2014 da 11ª Câmara Extraordinária de Direito Privado do TJSP, nos autos da Apelação 0034143-16.2011.8.26.0071, tendo como relator o Des. Felipe Ferreira.

[304] Nesse sentido, vide, por exemplo, acórdão de 02.05.2011 da 33ª Câmara de Direito Privado do TJSP, nos autos da Apelação 9082610-57.2009.8.26.0000, tendo como relator o Des. Sá Moreira de Oliveira.

[305] Acórdão de 08.09.2014 da 34ª Câmara de Direito Privado do TJSP, nos autos da Apelação 402685-1.2013.8.26.048, tendo como relator o Des. Gomes Varjão.

[306] Acórdão de 06.02.2013 da 29ª Câmara de Direito Privado do TJSP, nos autos da Apelação 0009635-41.2001.8.26.0302, tendo como relatora a Des. Silvia Rocha.

[307] Acórdão de 23.04.2014 da 29ª Câmara de Direito Privado do TJSP, nos autos da Apelação 0005837-77.2009.8.26.0533, tendo como relator o Des. Hamid Bdine.

decorrentes do seu uso normal" de tal sorte que não se impõe ao locatário a devolução do imóvel absolutamente livre de deteriorações.

Os imóveis se estragam naturalmente em função do tempo, desgastando-se pelo uso normal, fato que não pode, nos termos da cogente lei do inquilinato, ser carreado ao inquilino.

Sylvio Capanema de Souza ensina: "O imóvel locado deverá ser restituído nas mesmas condições, salvo as deteriorações decorrentes do uso normal. Sendo a locação um contrato de duração, que se projeta no futuro, através de atos reiterados de execução, não seria possível a restituição da coisa rigorosamente no mesmo estado, pelo que constou do inciso a ressalva de sua parte final. O decurso do tempo deixa marcas indeléveis e inevitáveis, tanto nas pessoas, quanto nos materiais, e por mais cuidadoso que fosse o locatário, após um certo tempo, o imóvel apresentaria danos, que lhe não são imputáveis."[308]

Conseguintemente, apenas o mau uso, aquele que foge da normalidade e causa danos ao imóvel, implica a responsabilização do inquilino pela reparação.

E, para tanto, revela-se imprescindível, para constatação do estado do imóvel ao término da relação locatícia com a entrega do imóvel:

a) a prova pericial; ou,

b) a vistoria final em conjunto com o inquilino como já explicitado.

Vejamos um caso em que o termo final foi suficiente para instruir a ação de cobrança posto que firmado pelo inquilino:[309]

> "Contrato de locação de imóvel. Ação declaratória C. C. Reparação de dano material. Preliminar de ilegitimidade passiva da fiadora afastada, porquanto houve compromisso expresso de garantia do contrato, o que inclui os eventuais danos ao imóvel causados durante a vigência do pacto. Obrigação do locatário de restituir o imóvel no mesmo estado em que o recebeu. Dicção do artigo 23, III, da Lei nº 8.245/91. Danos no imóvel devidamente demonstrados por fotografias e por documento firmado pelo locatário quando da entrega das chaves, contendo descrição detalhada dos reparos necessários. Ausência de impugnação específica do orçamento apresentado. Dever de ressarcimento

---

[308] Sylvio Capanema de Souza. A *Lei do Inquilinato Comentada*, 9. ed., Rio de Janeiro: Forense, 2014, p. 128.

[309] Em igual sentido: Cobrança – Reparação de danos materiais – Locação imobiliária residencial por escrito – Danos constatados em vistoria final – Necessidade de reparos a serem realizados – Orçamentos encartados – Ciência da ré dos danos provocados com a assinatura da vistoria – Obrigação da locatária em realizar os reparos de avarias não constatadas na vistoria inicial, bem como efetuar a pintura do imóvel – Débito de encargos reconhecido pela ré – Cobrança de seguro – Cabimento – Devida a condenação da ré nos termos do contrato a que se obrigou, excluído o valor relativo ao conserto de vidro que se apresentava quebrado ao início da locação, bem como observado o abatimento do valor da caução atualizado – Sentença mantida – Recurso desprovido. (TJSP; Apelação Cível 1004668-17.2017.8.26.0320; 25ª Câmara de Direito Privado; Foro de Limeira – 3ª Vara Cível; Rel. Claudio Hamilton; j. 25.10.2018; data de registro 25.10.2018)

Admitindo a notificação para acompanhamento da vistoria como supostamente suficiente, o que não se recomenda:

Locação de imóvel. Ação de indenização por danos materiais. Alegação de avarias causadas no imóvel locado pelo inquilino durante sua ocupação. Vistoria de saída. Inexistência. Notificação da fiadora e do locatário para acompanhamento. Ausência. Fotografias e orçamentos. Insuficiência de provas. Requerimento de produção de oitiva de testemunhas. Necessidade. Sentença anulada. Recurso parcialmente provido. (TJSP; Apelação Cível 1005237-52.2015.8.26.0008; 35ª Câmara de Direito Privado; Foro Regional VIII – Tatuapé – 4ª Vara Cível; Rel. Gilberto Leme; j. 23.01.2019; data de registro: 23.01.2019)

configurado. Sucumbência recíproca, visto que o autor decaiu em seu pleito declaratório de débito. Recursos desprovidos."[310]

Isto posto, não cabe ao locador a recusa no recebimento das chaves, tendo em vista que o locatário pode devolvê-las a qualquer tempo, podendo até consigná-las.

Nesse sentido:

> "Consignação – Chaves – Recusa do locador em recebê-las – Imóvel em mau estado de conservação – Irrelevância – Eventual prejuízo a ser perseguido em ação própria – Inadmissibilidade. Sendo de natureza potestativa o direito do locatário de restituir o imóvel a qualquer tempo, não pode ser obstaculizado pelo locador, ainda que existam locativos e encargos impagos ou o imóvel necessite de reparos. Os valores relativos aos débitos pendentes ou às reformas que o imóvel está a exigir devem ser buscados em ação autônoma, na qual se fixará, também, o prazo para execução dos reparos, que se debitará ao locatário".[311]

O locador deve receber as chaves, esteja o imóvel nas condições que estiver, fazendo a ressalva no recibo de entrega de chaves.

Ao depois, se não houver termo de vistoria final com descrição dos reparos necessários, deverá providenciar a produção antecipada de provas e, em ambas as hipóteses, cobrar os prejuízos que experimentar, ou seja, os estragos anormais causados pelo mau uso do inquilino – danos emergentes – além dos lucros cessantes consubstanciados no tempo que o imóvel permaneceu à disposição da perícia somado àquele que a perícia apurar ser o necessário para repor o imóvel nas condições recebidas.

É lição velha: a "indenização mede-se pela extensão do dano" (CC, art. 944, *caput*).

Mas seria mesmo necessária a perícia produzida judicialmente no âmbito da produção antecipada de provas (ação probatória autônoma) ou a simples comparação entre os termos de vistoria inicial e final são suficientes?

A resposta é simples: se o inquilino não firmou em conjunto o termo de vistoria final, aquele feito unilateralmente pelo locador não se presta como prova e, nesta medida, se o inquilino não participou da vistoria final com descrição pormenorizada dos reparos necessários, os orçamentos, fotos e outros elementos produzidos unilateralmente não poderão ser aproveitados na ação de cobrança dos prejuízos.[312]

---

[310] TJSP; Apelação Cível 1009948-07.2017.8.26.0566; 28ª Câmara de Direito Privado; Foro de São Carlos – 1ª Vara Cível; Rel. Dimas Rubens Fonseca; j. 11.10.2018; data de registro 11.10.2018.

[311] Ap. c/ Rev. 645.021-00/3, 5ª Câm., Rel. Juiz Luís de Carvalho, j. 03.09.2003. Sobre o tema: Gildo dos Santos. Locação e Despejo, 3ª ed., RT, 1999, p. 39. Ap. 555.481, 8ª C., Rel. Juiz Orlando Pistoresi. Ap. c/ Rev. 741.133-00/3, 4ª Câm., Rel. Juiz Amaral Vieira, j. 26.11.2002, com as seguintes referências: RT 453/157, JTACSP-RT 114/223. No mesmo sentido: Ap. c/ Rev. 641.990-00/5, JTA (LEX) 186/460; Ap. c/ Rev. 377.749-00/0, 5ª Câm., Rel. Juiz Alves Bevilacqua, j. 31.05.1994; Ap. c/ Rev. 477.455-00/1, 3ª Câm., Rel. Juiz João Saletti, j. 24.07.1997; Ap. c/ Rev. 561.810-00/0, 10ª Câm., Rel. Juiz Soares Levada, j. 15.12.1999; Ap. c/ Rev. 569.075-00/2, 8ª Câm., Rel. Juiz Kioitsi Chicuta, j. 17.02.2000; Ap. c/ Rev. 741.133-00/3, 4ª Câm., Rel. Juiz Amaral Vieira, j. 26.11.2002; Ap. c/ Rev. 651.453-00/8, 11ª Câm., Rel. Juiz Mendes Gomes, j. 27.01.2003.

[312] "Ação de cobrança. Locação de imóvel residencial. Danos no imóvel. Laudo de vistoria unilateralmente produzido pela locadora. Provas insuficientes acerca dos prejuízos alegados. Ônus que competia à autora, que dele não se desincumbiu. Precedentes da jurisprudência. Sentença reformada. Recurso provido." (TJSP, Apelação 1018792-36.2016.8.26.0224, 36ª Câmara de Direito Privado, Rel. Milton Carvalho. j. 10.08.2017).

TÍTULO I – DA LOCAÇÃO • **Art. 23**

Pior: se o locador se adiantou e fez os reparos, a prova, aos depois, não poderá ser feita na ação de cobrança dos prejuízos que promoverá em face do inquilino.

Nesta medida, o seguinte julgado:

> "Apelação – Locação – Ação de reparação de danos – Alegação de que o locatário devolveu o imóvel à locadora em mau estado de conservação – Ausência de prova idônea do fato constitutivo do direito das autoras – Inexistência de laudos de vistoria inicial e final constatando o estado do imóvel – Fotos sem data e orçamentos feitos a pedido das autoras que não podem ser admitidos como prova dos danos que invocaram. Impossível acolher como provas dos danos invocados pela locadora as fotos sem data e tiradas por ela própria e orçamentos feitos por prestadores de serviço a seu pedido, sem a participação do locatário, uma vez que documentos assim produzidos são unilaterais e não se prestam a comprovar a existência dos danos nem que estes sejam imediatamente decorrentes de condutas praticadas pelo locatário. Segundo prescreve o artigo 23, III, da Lei de Locação, 'restituir o imóvel, finda a locação, no estado em que o recebeu, salvo as deteriorações decorrentes do seu uso normal'. Percebe-se que o locatário não tem a obrigação de devolver o imóvel totalmente isento de deteriorações, pois as coisas comumente se deterioram pelo uso, pelo decurso do tempo e pela ação de elementos naturais, situações que se qualificam como desgaste consequente do uso normal do imóvel. Imprescindível, portanto, que a alegação de existência de danos no imóvel, não decorrentes do uso normal do imóvel pelo locatário, seja devidamente aferida em vistoria conjunta ou por perícia produzida por sujeito imparcial. Apelação desprovida."[313]

Neste aresto, de forma paradigmática, consignou o relator: "Impossível acolher como prova dos danos invocados pela autora o laudo de vistoria unilateral, sem a participação do locatário e dos fiadores, uma vez que documento assim produzido é unilateral e não se presta a comprovar a existência dos danos nem que estes sejam imediatamente decorrentes de condutas praticadas pelo locatário. Cabia à locadora notificar o locatário do dia e hora de realização da vistoria, pois a configuração da mora, nesse caso, está atrelada à regra segundo a qual, 'não havendo termo, a mora se constitui mediante interpelação judicial ou extrajudicial' (CC, art. 397, parágrafo único), uma vez que era necessário um ato de comunicação para constituí-los em mora. Se tivesse havido negativa do locatário em fazer a vistoria em conjunto, a conduta esperada da autora, assistida por pessoa jurídica especializada em administração imobiliária (fls. 15/18 e 28), era a postulação de produção de prova pericial para avaliar o estado do imóvel e constatar se foi restituído ao locador com danos, dimensionando-se, eventualmente, o valor necessário aos reparos. A propósito, Gildo dos Santos leciona que a prova técnica é imprescindível para dimensionar a extensão dos danos e constatar se eles decorreram do uso normal ou anormal do bem, pois, segundo explica o doutrinador, 'a prova pericial, numa ação por ressarcimento desses danos, comprova que estes são dos que se não podem atribuir ao uso regular da coisa, o que mais destaca a responsabilidade do inquilino' (Locação e Despejo Comentários à Lei 8.245/91, 7ª ed., São Paulo: RT, 2013, pág. 191)."

Produzida a prova antecipadamente é possível, inclusive, requerer a tutela provisória de evidência prevista no art. 311, IV, do Código de Processo Civil, para que seja deferido o pagamento antecipado dos valores necessários à reparação do imóvel devolvido sem que o locatário tivesse cumprido a obrigação de conservá-lo e restituí-lo nas condições em que recebeu (Lei 8.245/1991, art. 23, II e III).

---

[313] TJSP, Apelação Cível 1014461-92.2016.8.26.0003; 30ª Câmara de Direito Privado; Foro Central Cível – 40ª Vara Cível; Rel. Lino Machado; j. 11.07.2018; data de registro: 12.07.2018.

> Por fim, saliento que eventual imobiliária que presta serviços ao locador não responde pelos danos causados pelo inquilino se não agiu de forma negligente em razão dos serviços que presta ou do mandato que exerce e, nesse sentido:
>
>> "Locação de imóvel residencial. Ação de cobrança cumulada com pedido de indenização por danos materiais e morais ajuizada em face do locatário, fiadora e imobiliária. Responsabilidade da imobiliária afastada, eis que mera intermediária da locação. Prova testemunhal e laudos de vistoria inicial e final, esta acompanhada pelo locatário, que demonstram irregularidades no imóvel condizentes com o desgaste natural. Orçamento realizado com base no laudo de vistoria final. Danos em maior extensão não demonstrados pela Autora. Ônus que lhe incumbia, nos termos do artigo 373, inciso I do CPC. Litigância de má-fé não configurada. Recurso desprovido".[314]
>>
>> "Locação. Imóvel residencial. Ação de responsabilidade civil por danos materiais e morais ajuizada em face da administradora do imóvel. Extinção do processo sem resolução do mérito. Ilegitimidade passiva da administradora da locação. Mera mandatária do locador e que não integra a relação jurídica locatícia. Reconhecimento. Recurso desprovido, com observação. A administradora do imóvel, por ser mera mandatária do locador, não é parte legítima para figurar, em nome próprio, em ação de indenização com fundamento em vício do objeto em contrato de locação".[315]

5. Art. 23, IV – Obrigação de levar ao conhecimento do locador danos que lhe incumba e turbações de terceiros

A lei não estabelece nenhuma formalidade, podendo a comunicação ser verbal.

"A lei obriga apenas a comunicação dos danos ou defeitos que devam ser reparados pelo locador, excluindo, assim, aqueles que precisem ser consertados pelo próprio inquilino."[316]

É com o cumprimento da obrigação do locatário, de comunicar o locador, que surge, para esse, a obrigação de realizar os reparos necessários. "Os danos decorrentes do uso normal devem ser reparados pelo locador. Mas é preciso que deles tome conhecimento, já que não tem ele a posse direta do imóvel, que se transfere ao locatário."[317]

Assim, não pode o locatário pleitear a rescisão da locação por inadimplemento contratual do locador e devolver antecipadamente o imóvel sem pagamento de multa, se não produzir previamente prova de que imóvel não se encontrava em condições de habitabilidade, conforme já decidiu a 35ª Câmara de Direito Privado do TJSP:

> "Antes de devolver as chaves do imóvel deveria o apelante proceder a um exame, verificação de fatos ou vistoria judicial ou extrajudicial no imóvel, com o fito de demonstrar

---

[314] TJSP, Apelação Cível 1031773-45.2015.8.26.0576; 36ª Câmara de Direito Privado; Foro de São José do Rio Preto, 7ª Vara Cível; Rel. Pedro Baccarat; j. 26.09.2018; data de registro: 26.09.2018.

[315] TJSP, Apelação nº 1017754-84.2016.8.26.0451. 32ª Câmara de Direito Privado, Rel. Kioitsi Chicuta. j. 19.03.2018.

[316] BARROS, Francisco Carlos Rocha de. *Comentários à Lei do Inquilinato*. 2. ed. rev. e atual. São Paulo: Saraiva, 1997, p. 123.

[317] SOUZA, Sylvio Capanema de. *A Lei do Inquilinato comentada*. 7. ed. Rio de Janeiro: GZ, 2012, p. 129.

TÍTULO I – DA LOCAÇÃO • **Art. 23**

as causas que o levaram a rescindir a locação, porém após a entrega do imóvel resta prejudicado qualquer exame tendente à verificação da existência dos danos estruturais alegados e causadores das infiltrações".[318]

Também tem o locatário a obrigação de informar ao locador eventuais turbações de terceiros. "A comunicação é indispensável para que o locador, caso lhe convenha, use dos meios necessários para defender a sua posse, ainda que indireta, valendo-se dos interditos possessórios."[319]

O locatário pode também agir diretamente contra o ofensor da posse, já que é possuidor direto do imóvel.

Como assinala Sylvio Capanema de Souza:

"(...) é conveniente distinguir as turbações de fato, das que estejam fundadas em direito. Quanto às primeiras, poderá o locatário agir diretamente contra o ofensor, dispensando a cooperação do locador, (...) quanto às turbações de direito, são aquelas em que um terceiro reivindica a posse, alegando ter algum direito real sobre a coisa (...) nestes casos, cabe ao locatário levar ao conhecimento do locador, já que, no comum das vezes, é só este que dispõe dos títulos necessários à defesa de seu próprio direito, sobrepondo-se aos alegados pelo terceiro".[320]

Nota do organizador Luiz Antonio Scavone Junior:

Importante, nessa medida, observar o disposto no art. 26 desta Lei do Inquilinato, posto que ao inquilino é vedado requerer resolução do contrato de locação por inadimplemento contratual do locador se não provar que o imóvel se encontra inabitável e que comunicou o locador para os fins do art. 26 da Lei do Inquilinato.

Diante do descumprimento das obrigações do locador, o locatário poderá se utilizar da exceção do contrato não cumprido (Código Civil, art. 476)[321] e, em situações gra-

---

[318] Acórdão de 24.04.2006 da 35ª Câmara de Direito Privado do TJSP, nos autos da Apelação s/ Rev. 880412-0/8, tendo como relator o Juiz Clovis Castelo.
[319] SOUZA, Sylvio Capanema de. *A Lei do Inquilinato comentada*. 7. ed. Rio de Janeiro: GZ, 2012, p. 129.
[320] SOUZA, Sylvio Capanema de. *A Lei do Inquilinato comentada*. 7. ed. Rio de Janeiro: GZ, 2012, p. 130.
[321] TJSP, Apelação 992050971394 (947099100), 30ª Câmara de Direito Privado, Rel. Andrade Neto, j 09.12.2009, data de registro: 05.01.2010. Locação comercial – Imóvel que quando dado em locação se encontrava interditado pela municipalidade – Pretensão dos locadores de recebimento de aluguéis vencidos até a data em que se imitiram na posse do bem – Impossibilidade – Exceção de contrato não cumprido – Inteligência do art. 476 do CC – Improcedência mantida. Se o locador descumpriu sua obrigação de entregar o objeto locado em condições de uso regular, legítimo o direito da locatária de descumprir sua obrigação de pagamento dos aluguéis, sendo hipótese de atuação do art. 476 do C. Civil. Apelação desprovida.
TJSP, Apelação sem Revisão 992040074594 (858481500), 31ª Câmara do Sexto Grupo (Ext. 2º TAC), Rel. Regina Capistrano, j. 02.08.2005, data de registro: 08.08.2005. Locação de imóveis – Despejo por falta de pagamento – Exceção de contrato não cumprido – Prova de que o imóvel não se prestava à habitação – Suspensão dos alugueres a partir da data da ruína do bem – Admissibilidade – Provando os réus que o imóvel locado não se prestava à habitação, existindo umidade camuflada por pintura nova e sérias rachaduras, ainda que decorrentes do início da obra realizada no imóvel lindeiro, correta a suspensão dos alugueres e desocupação do bem, porque ao locador incumbe entregar e manter o

ves,[322] havendo necessidade de desocupar o imóvel, suspender o pagamento dos aluguéis mesmo antes dos dez dias, recomendando-se fazê-lo mediante prévia notificação apta a configurar a sua boa-fé.[323]

O prazo de dez dias previsto no art. 26 da Lei do Inquilinato, que o locatário deve suportar os pagamentos mesmo diante da necessidade de reparos se aplica, portanto, para os casos em que as obras não impliquem desocupação do imóvel.

Por outro lado, embora seja obrigação do locador entregar o imóvel em condições de uso, é lícito contratar de forma diversa, respeitado, igualmente, o princípio da boa-fé.

Consignou-se em julgado no qual se discutia a impossibilidade de fornecimento de energia elétrica ao imóvel locado: "A apelante, ao celebrar o contrato de locação, conhecia a situação do imóvel locado, e se comprometeu expressamente por instâncias próprias a promover o restabelecimento do fornecimento de energia elétrica ao dito imóvel. Se não teve a apelante sucesso na empreitada, as consequências advindas são de sua inteira responsabilidade, do

---

imóvel em condições hábeis aos fins a que contratualmente se destina. Recursos aos quais se nega provimento.

Em sentido contrário:

TJSP, Apelação sem Revisão 1086865005, 26ª Câmara de Direito Privado, Rel. Renato Sartorelli, j. 05.05.2008, data de registro: 12.05.2008. Locação – Ação de despejo por falta de pagamento cumulada com cobrança – Exceção de contrato não cumprido – Inadmissibilidade – Recurso improvido. Deixando o locador de cumprir a relação que o vincula ao locatário, a este cabe pleitear a rescisão do contrato com perdas e danos, sendo-lhe defeso, porém, suspender o pagamento dos aluguéis mensalmente devidos.

[322] TJSP, Apelação sem Revisão 1140526005, 30ª Câmara de Direito Privado, Rel. Orlando Pistoresi, j. 06.05.2009, data de registro: 05.06.2009. Locação de imóveis – Fiança – Empresa – Proibição expressa constante de seu estatuto social – Irrelevância – Subsistência da garantia. Dispondo o contrato social da empresa fiadora expressamente acerca da impossibilidade de se prestar fiança, deveria ela abster-se de praticar tal ato, não sendo lícito, diante do inadimplemento evidenciado, alegar a nulidade da garantia prestada, porquanto *nemmo auditur propriam turpitudinem allegans* (a ninguém é dado alegar a própria torpeza em seu proveito). Locação de imóveis – Ação de despejo por falta de pagamento cumulada com cobrança – Ausência de comprovação de comportamento irregular da locadora no que diz respeito à carência contratual concedida – Oposição pela locatária da exceção de contrato não cumprido – Descabimento. Para justificar a oposição da exceção de contrato não cumprido o descumprimento de uma obrigação deve guardar força, importância e eficácia em relação ao objeto da avença e de tal modo que ela se revele suficiente para inviabilizar a execução do ajuste, circunstância não positivada nestes autos. Locação – IPTU – Pagamento – Obrigação do locatário – Reconhecimento. O ajuste versando sobre o pagamento do imposto predial pelo locatário constitui obrigação acessória da locação e seu descumprimento permite a cobrança pelo locador, independentemente deste comprovar a realização de pagamento perante o órgão competente.

[323] TJSP, Agravo de Instrumento 990092304674, Rel. Clóvis Castelo, 35ª Câmara de Direito Privado, Rel. Clóvis Castelo, j. 26.10.2009, data de registro: 16.11.2009. Tutela antecipada. Despejo por falta de pagamento c.c. Cobrança. Locação de imóveis – Mora confessada – Inexistência de pedido de purga da mora – Caráter procrastinatório da defesa – Risco de ampliação do dano patrimonial. Antecipação dos efeitos da decisão final – admissibilidade. Recurso desprovido. O inadimplemento confessado, a falta de qualquer reclamo durante a relação locatícia quanto às condições de habitabilidade do imóvel, associada à existência de cláusula contratual afirmando que o bem fora entregue com pintura nova e em perfeitas condições de uso, configuram provas inequívocas dos fatos constitutivos do direito alegado pelo autor, e evidenciam o caráter procrastinatório da defesa. O longo lapso temporal da mora confere urgência à tutela pleiteada, já que a continuidade da relação locatícia, no caso, só fará implementar o dano patrimonial experimentado pelo locador (...).

que não pode se queixar. Com isso, não pode invocar a exceção de contrato não cumprido, para não honrar os aluguéis".[324]

O locatário, por sua vez, se descumprir a obrigação de restituir o imóvel no estado em que fica responsável pelos aluguéis durante o período necessário para reposição do imóvel no seu estado original, ressalvadas as deteriorações decorrentes do uso normal pelas quais não responde.

Nesse sentido, o seguinte julgado:

> "Apelação – Locação – Rescisão contratual – Responsabilidade pelos reparos necessários ao imóvel – Lucros cessantes. Existindo estipulação contratual expressa com relação à responsabilidade pelos desgastes decorrentes do uso, entendo que não deve prevalecer a redução do valor da condenação por perdas e danos referentes à reforma do imóvel, feitas no voto condutor. Os lucros cessantes devem corresponder aos meses pelos quais o imóvel ficou efetivamente impossibilitado de nova locação, ou seja, lapso temporal descrito no laudo pericial como necessário à realização da obra (90 dias). Tendo a locatária realizado reformas/alterações nos elevadores e para-raios, era de sua responsabilidade obter os respectivos alvarás e autorizações, cujas ausências podem ensejar imposições de multas e sanções administrativas aos proprietários, pelas quais poderá a sublocadora responder regressivamente, razão pela qual, mantém-se a condenação à exibição de documentos, com a exclusão da obrigação de apresentar alvará de funcionamento. Em virtude da autora ter pleiteado indenização por perdas e danos, no que foi contemplada em valor superior à multa, impossível acrescer à condenação a multa penal prevista no contrato. Não sendo verossímil que a autora tenha permanecido inerte durante mais de 10 anos recebendo aluguéis menores que os efetivamente devidos, sem qualquer oposição ou ressalva, inviável o acolhimento do pleito em relação aos aluguéis pagos a menor. Recurso da autora improvido. Recurso da ré provido em parte."[325]

No mesmo sentido, de reparar integralmente o dano sofrido:[326]

> Recursos de apelação – Ação indenizatória – Locação – Devolução do imóvel em mau estado de conservação – Realidade apurada em medida cautelar de produção antecipada de provas – Necessidade de ressarcimento dos danos emergentes reconhecidos no laudo, bem como de lucros cessantes, cujo valor será apurado em liquidação de sentença – Fiado-

---

[324] IJSP, Apelação sem revisão 1.203.597-0/9, Rel. Sebastião Flávio, j. 31.03.2009.
[325] TJSP, Apelação 0170966-15.2008.8.26.0002, 30ª Câmara de Direito Privado, Rel. Maria Lúcia Pizzotti, j. 24.02.2016, data de registro: 06.04.2016.
[326] TJSC. Contratos – Locação – Despejo – Locatário – Deveres – Prédio – Indenização – Danos emergentes – Lucros cessantes – Vistoria – Restauração – Cumpre ao locatário "restituir o imóvel, finda a locação, no estado em que o recebeu, salvo as deteriorações decorrentes do seu uso normal" e "tratá-lo com o mesmo cuidado como se fosse seu" (Lei nº 8.245, art. 23, III e II). Não satisfazendo a obrigação, deve indenizar os prejuízos causados, inclusive os lucros cessantes, consistentes no tempo necessário ao processamento da vistoria judicial e à restauração do prédio locado. (Apelação nº 97.014676-0–SC, 1ª Câmara Cível, rel. Des. Newton Trisotto). TJSP. Locação. Indenização. Danos ao imóvel. Responsabilidade do locatário. Aplicação do artigo 23, inciso III, da Lei nº 8.245/91. Finda a locação, cabe ao locatário restituir o prédio no estado em que o recebeu, salvo as deteriorações provenientes do tempo e do uso normal da coisa, pois, do contrário, sujeita-se à indenização por perdas e danos, correspondente a tudo quanto o proprietário perder e/ou deixar de ganhar em virtude dos danos regularmente apurados (...). (Apelação 426.541/SP, 3ª Câmara Cível, Rel. Des. Milton Sanseverino, j. 07.02.1995).

res que respondem solidariamente, conforme previsto no contrato – Negado provimento ao recurso dos corréus e recurso dos autores parcialmente provido."[327]

Nesse julgado, o relator esclareceu que "é notório, portanto, a existência de lucros cessantes diante da necessidade de realização de reparos, pois isso implica impossibilidade de locação pelo tempo que perdurar a reforma, e, consequentemente, a perda de um ganho esperável. Assim, correta a configuração dos lucros cessantes nesse ponto".

6. Art. 23, V – Obrigação de reparação imediata de danos

A responsabilidade do locatário estende-se aos atos de pessoas que utilizem o imóvel durante a locação (responsabilidade objetiva). A reparação imediata visa impedir que o dano se agrave.

"Não será qualquer dano, todavia, que convencerá o juiz pela procedência de despejo. (...) Dano sem maior gravidade sempre poderá ser reparado quando o locatário fizer a restituição do imóvel."[328]

Adaptações e reformas não são dano. Todavia, ao final da locação o imóvel deve ser reposto ao estado original, salvo ajuste em contrário com o locador.

Nota do organizador Luiz Antonio Scavone Junior:

Importante lembrar que a responsabilidade aqui enumerada pelo art. 23 não atinge as reparações que digam respeito à obrigação do locador manter o imóvel em condições de uso, como, por exemplo, a troca de encanamento rompido ou fiação em curto.

7. Art. 23, VI – Obrigação de não modificar a forma do imóvel locado

As alterações substanciais no imóvel locado dependem de consentimento prévio e expresso do locador. Já se decidiu, aliás, que se o contrato de locação é escrito, "a ausência dessa formalidade (consentimento escrito) importa a aceitação de que, se se deu a alegada reforma do imóvel, foi à revelia do locador e com assunção dos gastos respectivos pelo inquilino".[329]

Caso sejam feitas sem autorização e desde que não haja aceitação posterior expressa pelo locador, cabe ação de despejo:

"Locação não residencial. Ação de despejo. As alterações promovidas no imóvel pelo locatário sem autorização escrita do locador, em inobservância ao disposto no contrato e ao comando do art. 23, VI, da Lei 8.245/91, implicam infração con-

---

[327] TJSP; Apelação Cível 0002461-09.2011.8.26.0244; Rel. Hugo Crepaldi; 25ª Câmara de Direito Privado; Foro de Iguape – 1ª Vara; j. 06.04.2016; data de registro: 07.04.2016.
[328] BARROS, Francisco Carlos Rocha de. *Comentários à Lei do Inquilinato*. 2. ed. rev. e atual. São Paulo: Saraiva, 1997, p. 124.
[329] Acórdão de 05.10.2010 da 25ª Câmara de Direito Privado do TJSP, nos autos da Apelação 990.10.290288-9, tendo como relator o Des. Sebastião Flávio.

tratual, que ampara o pedido de rescisão da avença com fundamento no art. 9º, II, da lei de regência".[330]

Já se decidiu, por exemplo, não caber despejo por infração contratual a substituição de fechadura, botão e abertura de chaves: "Fato que não erige em infração com força suficiente para autorizar a rescisão do contrato. Mera substituição de peças que apresentavam defeitos, e que não implicou em qualquer modificação substancial no imóvel locado".[331]

Ainda, caso faça alterações substanciais sem autorização, se o locador não optar pela resolução do contrato, poderá, ao final do contrato, exigir indenização para a reposição do imóvel ao estado anterior:

> "Locação de imóvel. Alterações efetuadas no imóvel sem autorização do locador que foram constatadas na entrega das chaves. Condenação do locatário a arcar com as despesas para a recomposição do imóvel ao 'status quo ante'. Obrigação do locatário de devolver o imóvel nas mesmas condições em que recebeu. Indenização não limitada ao valor da cláusula penal. Autorização contratual expressa de indenização suplementar".[332]

8. Art. 23, VII – Obrigação de entregar documentos ao locador

O locador precisa tomar conhecimento das cobranças em tempo, para que possa pagá-las ou defender-se da cobrança. Assim, caso o locatário não cumpra a obrigação, responderá pelos prejuízos causados, bem como poderá o locador optar pela resolução do contrato de locação, por inadimplemento do locatário, com a consequente ação de despejo.

A lei fala em entrega de documentos, porém, "interpretação mais complacente poderá considerar exonerado o locatário desde que comunique o locador a chegada do documento para que este tome as providências necessárias".[333]

Já se decidiu, por exemplo, que é infração de dever legal, ensejando a resolução do contrato e o consequente despejo o fato de os locatários não comunicarem à locadora a ocorrência de auto de inspeção lavrado pelo Departamento de Águas e Energia Elétrica – DAEE, com expedição de intimações para realizarem reflorestamento de área, gerando outros autos de infrações e multas.[334]

> **Nota do organizador Luiz Antonio Scavone Junior:**
>
> E aqui pouco importa de quem é a obrigação de pagá-los, o que dependerá, em alguns casos, do contrato de vez que, em algumas hipóteses, o contrato determina que o inquilino

---

[330] Acórdão de 24.03.2014 da 34ª Câmara de Direito Privado do TJSP, nos autos da Apelação 0001080-47.2008.8.26.0348, tendo como relator o Des. Gomes Varjão.

[331] Acórdão de 07.08.2014 da 32ª Câmara de Direito Privado do TJSP, nos autos da Apelação 0021136-88.203.8.26.0037, tendo como relator o Des. Ruy Coppola.

[332] Acórdão de 21.10.2014 da 28ª Câmara de Direito Privado do TJSP, nos autos da Apelação 0142183-84.2006.8.26.0001, tendo como relator o Des. Gilson Delgado Miranda.

[333] BARROS, Francisco Carlos Rocha de. *Comentários à Lei do Inquilinato*. 2. ed. rev. e atual. São Paulo: Saraiva, 1997, p. 125.

[334] Acórdão de 22.09.2009 da 27ª Câmara de Direito Privado do TJSP, nos autos da Apelação 992.09.054222-2, tendo como relatora a Desa. Berenice Marcondes Cesar.

pague diretamente os encargos e em outras prevê o "pacote" de tal sorte que o locador paga as despesas e cobra um valor fixo que já as incorpora ou paga e depois cobra do inquilino como encargos.

Assim, se o locador deve pagar para ao depois se reembolsar em alguns casos, como das contas de consumo, precisa receber a tempo eventuais avisos, boletos ou lançamentos e, por outro lado, se o inquilino tem a obrigação de pagar diretamente precisa comprovar que pagou, visto que, ou a responsabilidade direta é do locador ou a ausência de pagamento pode lhe causar transtornos como por exemplo o desligamento da energia ou suspensão do fornecimento de água para o imóvel.

> "Na medida em que o pagamento só pode ser provado pela quitação, com fundamento nos artigos 319 e 320 do Código Civil, de rigor a condenação da apelante ao pagamento dos valores relativos à cobrança de despesas de condomínio e energia elétrica, em virtude de estar evidenciado o inadimplemento. Registre-se que tais verbas podem ser cobradas com base no contrato locatício, que constitui título executivo extrajudicial (...), por serem obrigações inerentes a ele, decorrentes de expressa disposição legal (Lei 8.245/91, artigo 23, incisos VII e XI)."[335]

O locador precisa tomar conhecimento das cobranças em tempo, para que possa pagá-las ou defender-se da cobrança. Assim, caso o locatário não cumpra a obrigação, responderá pelos prejuízos causados, bem como poderá o locador optar pela resolução do contrato de locação, por inadimplemento do locatário, com a consequente ação de despejo.

9. Art. 23, VIII – Obrigação de pagar despesas do imóvel

Nada mais coerente que a parte que usa o serviço pagar por ele. Assim, cabem ao locatário as despesas de água, luz, gás, telefone, entre outras, relativas ao uso do imóvel.

> "Na medida em que o pagamento só pode ser provado pela quitação, com fundamento nos artigos 319 e 320 do Código Civil, de rigor a condenação da apelante ao pagamento dos valores relativos à cobrança de despesas de condomínio e energia elétrica, em virtude de estar evidenciado o inadimplemento. Registre-se que tais verbas podem ser cobradas com base no contrato locatício, que constitui título executivo extrajudicial (art. 585, V (*sic*), do CPC), por serem obrigações inerentes a ele, decorrentes de expressa disposição legal (Lei 8.245/91, artigo 23, incisos VII e XI)."[336]

A posição consolidada na jurisprudência é no sentido de não poder a concessionária obrigar o locador a pagar dívida dos usuários dos serviços, ou seja, do locatário inadimplente que abandona o imóvel.[337]

Nesse sentido, por exemplo, o acórdão da 32ª Câmara de Direito privado do TJSP que, inclusive, concedeu indenização por danos morais, em razão do desligamento da energia e demora no religamento:

---

[335] Acórdão de 04.08.2014 da 35ª Câmara de Direito Privado do TJSP, nos autos da Apelação 037189-58.2012.8.26.0562, tendo como relator o Des. José Malerbi.
[336] Acórdão de 04.08.2014 da 35ª Câmara de Direito Privado do TJSP, nos autos da Apelação 037189-58.2012.8.26.0562, tendo como relator o Des. José Malerbi.
[337] SOUZA, Sylvio Capanema de. *A Lei do Inquilinato comentada*. 7. ed. Rio de Janeiro: GZ, 2012, p. 132.

TÍTULO I – DA LOCAÇÃO • **Art. 23**

"Prestação de serviço. Energia elétrica. Ação de obrigação de fazer c.c. danos morais e pedido de tutela de antecipação. Ação julgada procedente. Suspensão do fornecimento de energia. Impossibilidade de se promover o corte em relação a débitos pretéritos e de responsabilidade de consumidor diverso. Concessionária que condiciona a religação da energia somente após o pagamento do débito e, para a transferência da titularidade, apresentação do 'termo de rescisão de contrato anterior com firma reconhecida do locatário ou termo de imissão de posse assinado pelo oficial de justiça'. Locatário que desocupa o imóvel antes do término do contrato, levando até mesmo as chaves. Obrigação pessoal e não *propter rem*. Dano moral caracterizado pelo exercício abusivo do corte no fornecimento de energia e demora injustificada no restabelecimento da energia. Desnecessidade de comprovação do prejuízo efetivo. Manutenção do montante arbitrado para os danos morais. Recurso improvido. O corte de energia elétrica pressupõe o inadimplemento de conta regular e de responsabilidade do consumidor. Na hipótese dos autos, porém, a suspensão ocorreu em razão de débitos referentes ao não pagamento de contas de energia usufruída pelo locatário, que não podem ser imputados ao proprietário locador, não se cuidando de obrigação *propter rem*, mas daquela de natureza pessoal. A ré, como prestadora de serviço público, submete-se ao denominado Código de Defesa do Consumidor e sua responsabilidade, nos termos do art. 14, é objetiva, respondendo pelos danos provocados, uma vez que o autor somente teve a energia restabelecida após concessão de liminar. O corte no fornecimento da energia em imóvel locado, exigindo a concessionária prévio pagamento do débito e, para transferência de titularidade exibição de 'termo de rescisão de contrato anterior com firma reconhecida do locatário ou termo de imissão de posse assinado pelo oficial de justiça', quando impossível sua exibição pelo abandono do imóvel pelo ocupante, causa inúmeros transtornos que fogem a normalidade, provocando aflição, angústia e desequilíbrio no bem-estar, justificando a imposição de sanção à responsável pelo ato, a título de dano moral. A quantificação dos danos morais observa o princípio da lógica do razoável. Deve a indenização ser proporcional ao dano e compatível com a reprovabilidade da conduta ilícita, a intensidade e a duração dos transtornos experimentados pela vítima, a capacidade econômica da causadora dos danos e as condições sociais do ofendido. O montante estimado de R$ 5.000,00 revela-se condizente com esses parâmetros. Há sucumbência exclusiva da ré e deve responder, com exclusividade, pelos ônus decorrentes".[338]

Nota do organizador Luiz Antonio Scavone Junior:

Ainda que o locador não tome a cautela de exigir contratualmente e factualmente a contratação desses serviços em nome do inquilino, a obrigação, ainda assim, será dele. Portanto, o descumprimento, pelo inquilino dessa obrigação legal ensejará o despejo por falta de pagamento dos encargos:

"Locação – Ação de despejo por falta de pagamento cumulada com cobrança – Despesas de consumo de água e luz – Responsabilidade do locatário – Inteligência do artigo 23, inciso

---

[338] Acórdão de 16.07.2015 da 32ª Câmara de Direito Privado do TJSP, nos autos da Apelação 0016471-53.2012.8.26.0590, tendo como relator o Des. Kioitsi Chicuta.

VIII, da Lei do Inquilinato – Inadimplemento confessado – Sentença mantida – Preliminar rejeitada, recurso improvido. As dificuldades econômicas enfrentadas pelo inquilino não podem servir de pretexto para eximi-lo do pagamento dos aluguéis e encargos devidos pela ocupação do imóvel locado".[339]

10. Art. 23, IX – Permitir a vistoria do imóvel locado

O locador não pode ser privado do direito de dispor do imóvel locado nem de verificar a situação de conservação do imóvel. Todavia, não pode o locador abusar de referido direito.

Devem-se respeitar as atividades e privacidade do locatário, de modo que a vistoria deve ser realizada em hora previamente agendada.

> **Nota do organizador Luiz Antonio Scavone Junior:**
>
> O locatário deve permitir que o locador, mediante prévio aviso, faça vistoria no imóvel durante o prazo da locação ou mesmo leve interessados na sua aquisição visto que não é vedada a venda do imóvel locado durante a vigência do contrato.
>
> Caso não cumpra a obrigação, caberá ao locador ação para compelir o locatário a permitir a vistoria ou a visita ao imóvel em virtude da lei.
>
> A obrigação de fazer consiste na vinculação do devedor a um ato, serviço ou tarefa em favor do credor.
>
> Atualmente, existem formas processuais (Código de Processo Civil, arts. 294, 297, 300, 500, 536 e 537, especialmente este último) que colocam à disposição do credor meios indiretos de compelir o devedor ao cumprimento.
>
> Assim, não cumprida a obrigação de fazer, o locador pode ingressar com ação de preceito cominatório para compelir o cumprimento da obrigação e ainda cobrar a multa eventualmente estipulada no contrato para o descumprimento de obrigações legais ou contratuais:
>
> > "Cobrança de alugueres e multa por violação de obrigação de permitir que o locador vistoriasse o imóvel. Existência de crédito menor da locatária reconhecido em ação renovatória que resultou na redução do valor dos alugueres, que não obsta o reconhecimento dos créditos decorrentes de encargos e alugueres devidos em período subsequente ao julgamento daquela ação. Notificação do locador anunciando data para vistoria do imóvel não recebida, quer no imóvel, quer pela sócia da locatária no endereço por ela informado no contrato, inviabilizando a vistoria. Violação do dever de assegurar ao locador vistoria do imóvel reconhecida. Recurso desprovido".[340]
>
> A obrigação sob comento deve respeitar a razoabilidade, as atividades do locatário e sua privacidade de tal sorte que a vistoria ou visita deve ser realizada mediante prévio agendamento e, razoavelmente, de comum acordo.

---

[339] TJSP; Apelação Cível 1001788-49.2019.8.26.0266; 26ª Câmara de Direito Privado; Foro de Itanhaém – 2ª Vara; Rel. Renato Sartorelli; j. 07.10.2019; data de registro: 07.10.2019.
[340] TJSP, Apelação Cível 0133014-62.2009.8.26.0003; 36ª Câmara de Direito Privado; Foro Regional III – Jabaquara – 2ª Vara Cível; Rel. Pedro Baccarat; j. 30.10.2013; data de registro: 01.11.2013.

11. Art. 23, X – Respeitar as normas do condomínio

A convenção do condomínio é obrigatória não apenas para os proprietários das unidades autônomas, mas para quaisquer titulares de direitos sobre as mesmas, assim para quem sobre elas tenha posse ou detenção (art. 1.333 do CC).

Já se decidiu ser devida multa, pela locatária, pela desocupação antecipada do imóvel, por ter se deparado com a restrição quanto à circulação de seus animais no condomínio, tendo em vista a obrigação da locatária de respeitar o regimento interno.[341]

As despesas comuns de condomínio, uma vez que são geradas pelas próprias unidades que o compõem, têm caráter *propter rem* e se atrelam ao imóvel. Perante o condomínio, responde o proprietário do imóvel, cabendo ação de regresso contra o locatário.

Tal entendimento, todavia, não se aplica à multa gerada por conduta daquele que desatende as regras de convivência previstas na convenção condominial, ocupante ou ex-proprietário do imóvel. Tal multa é de natureza pessoal e deve ser cobrada apenas do infrator.[342]

> **Nota do organizador Luiz Antonio Scavone Junior:**
>
> Releva notar que a convenção do condomínio tem natureza jurídica institucional normativa, atinge a todos que habitem as unidades e ainda seus serviçais nos termos do art. 1.333 do Código Civil.
>
> A posição espelhada nos comentários ao presente inciso, nada obstante, não é pacífica, havendo divergências.
>
> Em sentido contrário, como a responsabilidade pelo pagamento das despesas condominiais, inclusive dos acessórios, como são as multas aplicadas à unidade devedora pelo descumprimento da convenção, competem condômino. É possível também interpretar que a obrigação de pagar multas por infrações cometidas é do locador e não do inquilino.
>
> Segundo essa forma de interpretar o dispositivo sob comento, ainda que o inquilino seja obrigado a respeitar as disposições da convenção, as multas aplicadas pelo desrespeito a essas normas são aplicadas à unidade e não ao ocupante, considerando a obrigação de pagar as multas como assessória da obrigação de pagar o condomínio com a mesma natureza *propter rem*.
>
> Nesse caso, o locador paga para depois agir regressivamente em razão do vínculo locatício é o condômino locador.
>
> E a caracterização do condômino se liga ao titular da unidade, ainda que tal qualidade decorra de compromisso de compra e venda ou cessão sem registro, desde que o fato seja, por qualquer forma, conhecido pelo condomínio.
>
> Nessa medida e adotada essa corrente, ainda que se trate de penalidade imposta à unidade locada a responsabilidade do locador condômino resta mantida, já que compõe a despesa condominial.
>
> Para essa corrente, as normas que regulam o condomínio indicam o caráter acessório da multa, que, uma vez aplicada, onera a unidade na medida em que, ao tratar do adquirente,

---

[341] Nesse sentido, vide: Acórdão de 05.06.2013 da 29ª Câmara de Direito Privado do TJSP, nos autos da Apelação 0006383-65.2011.8.26.0565, tendo como relator o Des. Francisco Thomaz.
[342] Nesse sentido, vide: Acórdão de 16.10.2014 da 36ª Câmara de Direito Privado do TJSP, nos autos da Apelação 0042536-66.2012.8.26.0564, tendo como relatora a Desa. Gil Cimino.

o art. 1.345 do Código Civil estabelece que *o adquirente de unidade responde pelos débitos do alienante, em relação ao condomínio, inclusive multas e juros moratórios.*

Os seguintes julgados adotam essa posição sobre o tema:

"Ação de cobrança. Despesas condominiais. Procedência. Sugerida ilegitimidade passiva, por estar a unidade locada. Não caracterização. Obrigação cabível ao condômino, por imposição legal, não a ocupante do imóvel a outro título. Pretendido excesso no percentual da multa cobrada. Desacolhimento. Penalidade com previsão legal e convencional expressas. Inaplicáveis os preceitos do Código de Defesa do Consumidor. Inexistência de relação de consumo. Litigância de má-fé dos devedores, ademais, caracterizada. Preliminar rejeitada e recurso improvido, com observação. Se verdade que o artigo 23, inciso XII, da Lei do Inquilinato impõe ao locatário a obrigação de pagar as despesas ordinárias de condomínio, a relação obrigacional existente, de natureza locatícia, estabelece-se entre ele e seu senhorio, não fazendo cessar a responsabilidade deste pelo adimplemento do rateio que lhe couber em tais despesas comuns e não sendo oponível ao condomínio. Não se aplica na cobrança de encargos condominiais a restrição do artigo 52, § 1º, da Lei nº 8.078/90, em sua anterior ou na vigente redação, porquanto inexiste relação de consumo, ao não fazer o condomínio qualquer prestação de serviços ao mercado consumidor, por meio de remuneração, mas, simplesmente, executar os necessários à propriedade comum, ressarcindo-se das despesas daí decorrentes. Litiga deslealmente a parte que, sem qualquer embasamento jurídico, interpõe apelação, notoriamente com o único intuito de postergar o pagamento de sua dívida."[343]

"Cobrança – Sentença – Fundamentação adequada – Nulidade – Inocorrência – Condomínio – Multa por infração à convenção de condomínio e ao regimento interno – *Legitimatio ad causam* – Reconhecimento – Solidariedade – Coproprietários – Obrigação propter rem. (...) III - Não só as despesas condominiais tidas como ordinárias ou extraordinárias possuem a característica de obrigação propter rem, mas também as multas oriundas de infrações à Convenção Condominial e ao Regimento Interno, visto que decorrem da má destinação dada ao imóvel, razão pela qual possuem o mesmo tratamento dispensado aos demais encargos condominiais. IV – Os coproprietários de unidade autônoma de condomínio de apartamentos são devedores solidários dos encargos condominiais, podendo ser demandados isoladamente para satisfazer o débito da sua unidade habitacional."[344]

Posta assim a questão, eventuais multas geradas pelo inquilino, como integrantes das despesas condominiais, são impostas ao titular do imóvel, ordinariamente o locador que as cobrará regressivamente do inquilino.

Nessa medida:

"Cobrança – Multa por infração do regimento interno praticada por locatário – Ação ajuizada em face do locador condômino – Extinção do processo – Ilegitimidade passiva – Inconformismo – Acolhimento – Proprietário que tem o dever de fiscalizar o uso da propriedade, respondendo em conjunto com o inquilino – Precedente desta Colenda Corte – Extinção afastada – Condomínio autor que deve ter a oportunidade de produzir

---

[343] Apelação nº 9168488-57.2003.8.26.0000, 1ª Câmara do Primeiro Grupo (Extinto 2º TAC), Rel. Vieira de Moraes, Agudos, j. 25.11.2003, data de registro: 26.11.2003, Outros números: 793423400.

[344] TJMG. Apelação Cível 2.0000.00.367025-9/000, Rel. Des. Osmando Almeida, j. 01.10.2002, publicação da súmula em 02.11.2002.

prova oral para demonstrar as ocorrências alegadas – Sentença cassada – Recurso provido com observação".[345]

Por outro lado, também é possível entender que há solidariedade entre o locador-condômino e o locatário pela obrigação de pagar as multas decorrentes de infração à Convenção.

Isto porque o art. 1.337 do Código Civil prevê que o *"condômino, ou possuidor*, que não cumpre reiteradamente com os seus deveres perante o condomínio poderá, por deliberação de três quartos dos condôminos restantes, ser constrangido a pagar multa correspondente até ao quíntuplo do valor atribuído à contribuição para as despesas condominiais, conforme a gravidade das faltas e a reiteração, independentemente das perdas e danos que se apurem".

Posta assim a questão, nos termos do último julgado acima mencionado, "o simples fato de exercer a posse sobre unidade autônoma em condomínio edilício já impõe ao possuidor o dever de seguir as normas do regimento interno, sujeitando-o à multa no caso de descumprimento. Dessa forma, tornou-se possível que o condomínio exigisse diretamente do locatário o pagamento de multas por violação das regras de convívio. Isso, contudo, não afasta a responsabilidade do locador. A função social da propriedade impõe ao proprietário o dever de não colocar em risco os demais moradores do edifício pela ausência de critérios no momento da locação do bem. Os bens podem e devem ser explorados economicamente, mas não de forma livre e irresponsável. Aliás, assim já decidiu este Egrégio Tribunal" (Apelação n. 0231608-82.2007.8.26.0100, 6ª Câmara de Direito Privado, rel. Francisco Loureiro, j. 13.06.2013).

Em qualquer caso e adotada a corrente que for, a cobrança deve ser feita pelas vias ordinárias e não por meio da execução:

> "Execução por título extrajudicial. Multa por infração ao regimento interno de condomínio. Crédito não dotado de força executiva, já que não corresponde a contribuição condominial, sendo-lhe por isso inaplicável o disposto no inciso X do artigo 784 do CPC. Cabimento da ordem para excluir aquela verba do cálculo de haveres do autor. Recurso improvido".[346]

12. Art. 23, XI – Pagar o prêmio do seguro-fiança

Tal obrigação só existirá se for a modalidade de garantia escolhida pelas partes (art. 37, III, da LI). Nos comentários aos arts. 37 e 41 desta Lei, o tema será aprofundado.

> **Nota do organizador Luiz Antonio Scavone Junior:**
>
> Se o seguro fiança for a modalidade de garantia escolhida pelas partes (art. 37, III, da LI) o inquilino tem a obrigação de pagar o prêmio, sendo razoável que o contrato contenha previsão de reembolso de tal sorte que o locador pague e o inquilino reembolse, assim como os demais encargos, evitando o cancelamento da apólice.
>
> Vencido o prazo do contrato de seguro, o locador providencia a renovação e o valor é reembolsado pelo inquilino como encargo, cuja ausência de pagamento desafia despejo:

---

[345] TJSP; Apelação Cível 0010221-66.2010.8.26.0010; 5ª Câmara de Direito Privado; Foro Regional X – Ipiranga – 2ª Vara Cível; Rel. J.L. Mônaco da Silva; j. 08.07.2015; data de registro: 14.07.2015.
[346] TJSP; Agravo de Instrumento 2147846-26.2019.8.26.0000; Rel. Arantes Theodoro; 36ª Câmara de Direito Privado; Foro Regional VI – Penha de França – 2ª Vara Cível; j. 18.10.2019; data de registro: 18.10.2019.

"Despejo por falta de pagamento. Discordância da locatária acerca do valor do prêmio do seguro fiança. Descabimento. Ré que declarou conhecer os termos da apólice no momento da contratação. Verificado o inadimplemento da obrigação principal. Sentença confirmada. Recurso desprovido".[347]

De outro lado, se o contrato contiver previsão de obrigação de pagamento direto pelo locatário – o que não se recomenda – a ausência de pagamento do prêmio desafiará despejo por infração de dever legal e não por falta de pagamento:

"Ordinária de despejo – Prêmio de seguro fiança – Encargo do locatário – Não renovação – Infração contratual – Caracterização – artigo 9º, II, Lei 8.245/91. Assumindo o locatário o encargo de pagar o prêmio do seguro fiança, a não contratação tempestiva do referido seguro caracteriza infração contratual, portanto, trata-se de ação ordinária de despejo por infração contratual e não por falta de pagamento de alugueres".[348]

13. Art. 23, XII – Pagar as despesas ordinárias de condomínio

As despesas ordinárias referem-se às despesas de manutenção rotineira do condomínio.

O rol previsto no § 1º é exemplificativo. Podem surgir dúvidas se as despesas são ordinárias ou extraordinárias.

As despesas condominiais são *propter rem* e, portanto, são cobradas do proprietário, que terá direito de regresso contra o locatário (mas não se admite a denunciação à lide, pois o condomínio não é parte do contrato de locação).

"Despesas condominiais. Cobrança. Natureza 'propter rem'. Responsabilidade do condômino. Inexistindo relação jurídica entre o locatário e o condomínio, perante este, responde o condômino pelo pagamento das despesas ordinárias, ainda que locado esteja a unidade, vez que a obrigação decorre do direito real, facultando-se a este último apenas a ação regressiva contra o locatário."[349]

"Para resolução das dúvidas ou dos casos omissos voltamos a sugerir um critério duplo: finalidade (capital/reforma/renovação ou simplesmente uso/conservação/manutenção) e custo ou preço, ou seja, a dimensão econômica da despesa. Se for pequena em geral cabe ao locatário, se for substancial, caberá ao locador."[350]

O § 2º é uma proteção para que o locatário tenha acesso ao rateio de despesas cuja obrigação de pagamento é sua.

Afirma Sylvio Capanema de Souza: "Os síndicos e administradores de condomínio passam a ter maior responsabilidade perante os condôminos que são locadores, estando sempre

---

[347] TJSP; Apelação Cível 1012472-56.2013.8.26.0100; 36ª Câmara de Direito Privado; Foro Central Cível – 44ª Vara Cível; Rel. Milton Carvalho; j. 25.06.2015; data de registro: 26.06.2015.

[348] TJSP; Apelação Sem Revisão 9090499-04.2005.8.26.0000; 35ª Câmara do 8º Grupo (Ext. 2º TAC); Foro Regional VI – Penha de França – 2ª V. Cível; Rel. Clóvis Castelo; j. 16.04.2007; data de registro: 18.04.2007.

[349] Acórdão de 01.03.2004 da 11ª Câmara do 2º TAC, nos autos da Apelação s/ Rev. 839852-0/9, tendo como relator o Juiz Clóvis Castelo.

[350] COSTA, Carlos Celso Orcesi. *Locação de imóvel urbano*. São Paulo: Saraiva, 1992, p. 142.

prontos para lhes fornecer cópias das provisões orçamentárias, das atas das assembleias, dos rateios, da utilização do fundo de reserva, para que sejam exibidas aos locatários, viabilizando sua cobrança".[351]

O § 3º dá tratamento equiparado ao condomínio a edifícios que, apesar da propriedade ser de um único locador, as unidades autônomas estão ocupadas por locatários diferentes. Desde que comprovadas, as despesas de manutenção do edifício podem ser cobradas dos locatários, proporcionalmente às unidades que utilizam.[352]

> **Nota do organizador Luiz Antonio Scavone Junior:**
>
> Mesmo que o locador não tenha efetuado o pagamento, tem ele legitimidade para cobrar, ao depois, do locatário, as mencionadas despesas ordinárias que será fatalmente obrigado a pagar ao condomínio.
>
> Essa cobrança será efetuada como encargo do contrato de locação, desde que prevista nesse contrato.
>
> Inadimplidos o aluguel e seus encargos, ou apenas estes, caberá a ação de despejo por falta de pagamento, que nada tem a ver com a ação de cobrança do rateio de despesas condominiais pelo condomínio em face do titular da unidade.
>
> O legitimado ativo será o locador que executará o crédito decorrente da locação, nos exatos termos do art. 784, VIII, do Código de Processo Civil, desde que comprove a obrigação por contrato escrito, mesmo sem testemunhas, já que se executa o crédito que não se confunde com o título do inciso III do art. 784 do Código de Processo Civil.
>
> Sendo assim:
>
> a) crédito do condomínio em face do condômino: ação de conhecimento, pelo procedimento comum (CPC, art. 318 e seguintes e art. 785) ou de execução (CPC, arts. 784, X); e,
>
> b) crédito do locador em face do locatário por contrato escrito de locação: execução (CPC, art. 784, VIII). O condomínio não pode, assim, propor ação em face do locatário, mas, sempre, em face do titular da unidade.
>
> Levando-se em conta que a enumeração contida na lei é meramente exemplificativa, as hipóteses legais servem de base para tantas outras despesas não relacionadas, como, por exemplo, gastos com cópias reprográficas, manutenção de conta bancária, correios para envio de balancetes etc.
>
> Analisemos, pois, as hipóteses legais:
>
> **a) Salários, encargos trabalhistas, contribuições previdenciárias e sociais dos empregados do condomínio**
>
> Em contrapartida ao disposto na letra d, do parágrafo único, do art. 22 (que trata das indenizações), o locatário é obrigado a pagar as despesas com salários e demais encargos.[353]

---

[351] SOUZA, Sylvio Capanema de. *A Lei do Inquilinato comentada*. 7. ed. Rio de Janeiro: GZ, 2012, p. 136.
[352] Nesse sentido, vide: Acórdão de 01.07.2013 da 34ª Câmara de Direito Privado do TJSP, nos autos da Apelação 0189567-32.2009.8.26.0100, tendo como relator o Des. Soares Levada.
[353] "Consignatória. Locação residencial. Recusa dos inquilinos ao pagamento dos serviços de vigilância e de remuneração do síndico. Despesas autorizadas em Assembleia condominial da qual participaram. Depósito insuficiente. Ação improcedente. Apelo improvido. I – O locatário é parte legítima para discutir as despesas ordinárias de condomínio, que são de sua responsabilidade. II – Se o síndico foi expressamente autorizado a contratar os serviços de empresa de vigilância, não podem os inquilinos

Além disso, paga pelas verbas atinentes à dispensa de funcionários, proporcionalmente ao período em que residiu no imóvel.

Em tal classificação, incluem-se aquelas devidas em virtude de contratação de empresa de vigilância e síndico remunerado.

Quanto às despesas com salários e encargos, não há nenhum problema, uma vez que deverão ser pagas pelo inquilino.

Todavia, as referentes à dispensa de empregados do condomínio, como já dito, serlheão imputadas na exata medida de sua permanência, ou seja, de forma proporcional.

Exemplificando: se o inquilino está no imóvel há 12 meses e verifica-se a dispensa de um empregado contratado há 24 meses, só será possível a cobrança, do inquilino, da metade da indenização devida.

E a outra metade?

Se havia inquilino anterior, há possibilidade de cobrança desse inquilino proporcionalmente ao tempo em que usufruiu dos serviços do empregado dispensado.

b) Consumo de água e esgoto, gás, luz e força das áreas de uso comum

Estas despesas não merecem maiores comentários pela clareza do texto legal.

c) Limpeza, conservação e pintura das instalações e dependências de uso comum

A lei, neste particular, também é clara: serão do locatário todas as despesas referentes à pintura interna, tais como contratação de serviços de pintor, compra de tintas, lixas e demais materiais.[354]

Entretanto, normalmente, quando contratam esse serviço, os síndicos o fazem de maneira global, para todo o prédio, não separando os valores correspondentes à pintura externa (art. 22, parágrafo único, "b") e interna das áreas comuns, causando, por conseguinte, problemas para locadores e locatários.

Melhor seria se, ao contratar essas despesas, o fizessem de modo separado ou discriminado.

Já se decidiu que a pintura interna que não tenha o objetivo de restaurar pintura estragada pelo uso ou tempo, mas apenas embelezar o prédio, não pode ser cobrada do inquilino.

Quanto ao material de limpeza, bem como aos salários dos faxineiros que tratam da área de uso comum, as despesas, por óbvio, são do inquilino.

---

se escusar do rateio da verba correspondente, enquanto vigorar o contrato" (Tribunal de Alçada do Paraná, Apelação Cível 0067275300, Curitiba, 1ª Câmara Cível, Juiz Munir Karam, j. 07.06.1994, Acórdão 4654, Publicação: 17.06.1994).

[354] "Locação. Encargo. Pintura interna e externa do imóvel carreada ao locatário. Cláusula que a prevê. Inadmissibilidade. Falta de previsão no art. 23, § 1º, c, 5 da Lei n. 8.245/91. É leonina a cláusula de contrato pela qual o locatário se obriga a realizar pintura interna e externa do imóvel quando do término da locação, vez que não integra a responsabilidade prevista no art. 23, § 1º, c, da Lei n. 8.245/91" (Segundo Tribunal de Alçada Civil de São Paulo, Apelação sem Revisão 418.090, 3ª Câmara, Rel. Juiz Francisco Barros, j. 25.10.1994).

"Locação. Consignatória. Pintura interna de corredores de edifício. Prova demonstrando que houve apenas o intuito de embelezamento, não podendo o inquilino ser condenado ao pagamento dessa obra. Honorários advocatícios – provimento em parte do recurso para reduzir a honorária. Decisão: dado provimento parcial. Unânime" (Tribunal de Alçada do Rio Grande do Sul, Apelação Cível 185009198, Porto Alegre, 4ª Câmara Cível, Rel. Alfredo Guilherme Englert, Data: 18.04.1985).

d) Manutenção e conservação das instalações e equipamentos hidráulicos, elétricos, mecânicos e de segurança, de uso comum

O texto nesse caso também é claro. Todas as despesas com manutenção, ou seja, com medidas necessárias para a conservação de instalações, equipamentos hidráulicos, elétricos, mecânicos e de segurança, de uso comum ou cuidados técnicos indispensáveis ao seu funcionamento regular e permanente, serão carreadas ao locatário.

Não se incluem neste contexto: a troca desses equipamentos, o conserto de grandes proporções, em que há necessidade de substituição de peças custosas ou mesmo do equipamento todo.

Por exemplo, a substituição de uma bomba hidráulica, desgastada após muitos anos de uso, não é despesa de manutenção, mas obra destinada a repor as condições de habitabilidade do edifício.

Deve, portanto, de acordo com a letra "c" do parágrafo único, e do inciso X, do art. 22, da Lei do Inquilinato, ser suportada pelo locador.

Por outro lado, não elidindo o raciocínio, há jurisprudência no sentido de permitir a formação de fundo de manutenção, diverso do fundo de reserva, o qual deve ser entendido como despesa ordinária.[355]

e) Manutenção e conservação das instalações e equipamentos de uso comum destinados à prática de esportes e lazer

As mesmas observações efetuadas na letra anterior valem para este tópico.

Assim, serão do locatário as despesas com a manutenção de bombas hidráulicas, aquecedores de piscina, pintura de quadra esportiva, manutenção de equipamentos de eventual sala de ginástica e sala de jogos.

Por outro lado, será despesa do locador a aquisição desses equipamentos.

De fato, eles interessam à estrutura integral do imóvel e, principalmente, aumentam o seu valor, seja valorizando, seja facilitando a venda ou a locação (Lei do Inquilinato, art. 22, parágrafo único, "a").

f) Manutenção e conservação de elevadores, porteiro eletrônico e antenas coletivas

Pelo que se observa, a intenção da lei foi a de responsabilizar o locatário pela manutenção de equipamentos de forma geral.[356]

---

[355] "Civil. Condomínio. Criação pela Assembleia Geral de 'fundo de manutenção'. Inexistência de afronta ao art. 9º, § 3º, da Lei n. 4.591/64. Norma legal que não veda a criação de outro fundo diferente do 'fundo de reserva'. Processo civil. Competência. Conflito inexistente, arguição impertinente e formulada incidentalmente. Forma equivocada e momento processual inoportuno. Agravo desprovido. I. O art. 9º, § 3º, da Lei n. 4.591/64 obriga a previsão, na Convenção de condomínio, de um 'fundo de reserva', não decorrendo de sua redação, outrossim, a vedação para a instituição de outro fundo, chamado 'de manutenção'. Relator Ministro Sálvio de Figueiredo – Por unanimidade, negar provimento ao agravo regimental, referência: Lei n. 4.591/1964" (STJ, Acórdão 38085, Decisão: 29.05.1995, Processo 0059958/94/RJ, 4ª Turma, DJ 19.06.1995, p. 18.712).

[356] "Despesas. Elevadores. Responsabilidade do locatário. Despesas de condomínio. Responsabilidade do locatário, se trata de gasto visando a preservar a regular utilização de parte comum do edifício, como tal entendendo-se os pequenos reparos feitos nos elevadores. Situação amparada pela Lei (...), não sendo de confundir-se cota-extra com despesa extraordinária. Desprovimento do apelo" (Tribunal de Alçada Cível do Rio de Janeiro, Apelação Cível 43017, 1ª Câmara, Decisão Unânime, Juiz Laerson Mauro, j. 08.04.1986).

Assim, não obstante as discussões que se verificam na prática, apenas as despesas de manutenção serão de responsabilidade do locatário.

São, assim, as medidas necessárias para a conservação ou a permanência das instalações, equipamentos hidráulicos, elétricos, mecânicos e de segurança de uso comum, ou os cuidados técnicos indispensáveis ao funcionamento regular e permanente desses equipamentos.

Portanto, as despesas com contratos de manutenção preventiva firmados entre o condomínio e empresa de manutenção de elevadores, porteiros eletrônicos e antenas coletivas, serão de responsabilidade do inquilino.

Por outro lado, a substituição desses equipamentos ou a reforma de valor elevado, por não se enquadrarem no conceito de manutenção, serão do locador.

Assim, exemplificando, a troca de cabine do elevador ou a substituição de motores e cabos serão do locador.

Todavia, mesmo não existindo contrato de manutenção, serão do inquilino as despesas para a mantença do uso normal, bem como a troca de peças necessárias a esse uso.

O mesmo se aplica, como princípio, aos interfones, porteiros eletrônicos, antenas e demais sistemas elétricos ou eletrônicos do edifício.

g) Pequenos reparos nas dependências e instalações elétricas e hidráulicas de uso comum

Aqui, a lei se refere a pequenos reparos,[357] merecendo crítica de Gildo dos Santos: "(...) sabe-se que é condenável a existência de adjetivos nos textos legais, exatamente porque, sendo pequeno um qualificativo de significação abstrata, não se pode saber, com exatidão, o que é um reparo ou conserto pequeno. É de se prever, portanto, infindáveis elucubrações sobre a caracterização do que sejam pequenos reparos nas dependências e instalações elétricas e hidráulicas de uso comum".[358]

Seguindo a respeitável opinião, pensamos em critério, levando em consideração o valor do reparo. Desse modo, já que a lei não definiu o critério de grande e pequeno valor, fica a nossa sugestão para o rateio dessas despesas nos seguintes termos: se, após o rateio, a despesa não ultrapassar metade do valor da despesa ordinária de condomínio do mês em que ocorrer, será de pequeno valor.

Portanto, se o conserto superar a metade do valor da despesa ordinária do mês em que ocorrer, será do locador, caso contrário, será do inquilino.

Observe-se que, no caso de cobrança parcelada, deve ser levado em conta o valor total da despesa rateada, não a parcela mensal.

Por outro lado, mister se faz considerar a circunstância do reparo destinar-se à reposição das condições de habitabilidade do edifício, vez que, nesse caso, independentemente do valor, o rateio correspondente será considerado despesa extraordinária (Lei 8.245/1991, art. 22, X, parágrafo único, "c").

O mesmo critério acima pode ser adotado para as despesas na unidade autônoma.

---

[357] "Condomínio. Despesas. Despesas Extraordinárias. O locatário só está obrigado a pagar as despesas condominiais denominadas ordinárias e que se relacionam com a manutenção e conservação do prédio, incluindo-se pequenos reparos. As despesas extraordinárias, ou seja, as que cuidam de reformas ou instalações de equipamentos, são de responsabilidade do locador" (Tribunal de Alçada Cível do Rio de Janeiro, Apelação Cível 58582, 1ª Câmara, Decisão Unânime, Juiz Edil Pereira da Silva, j. 26.05.1997).

[358] SANTOS, Gildo dos. *Locação e despejo*. 2. ed. São Paulo: RT, 1992, p. 86.

h) Rateios de saldo devedor, salvo se referentes a período anterior ao início da locação

O rateio do saldo devedor deve ser pago pelo inquilino, com exceção daquele anterior ao início da locação, que poderá ser cobrado de inquilino anterior, se correspondente ao seu período.

Em outras palavras, existindo saldo devedor do condomínio antes do ingresso de novo inquilino, este não possui qualquer responsabilidade de pagamento. Nesse caso, resta ao condômino (titular da unidade) a cobrança do locatário anterior, se houver.

Obviamente que o saldo devedor deve ser gerado por despesa classificada como ordinária, assim como o critério da letra seguinte, pois, se extraordinária for, o próprio titular da unidade deverá quitá-la.

i) Reposição do fundo de reserva, total ou parcialmente utilizado no custeio ou complementação das despesas referidas nas alíneas anteriores, salvo se referentes a período anterior ao início da locação

A constituição do fundo de reserva é de responsabilidade do locador, por expressa determinação do art. 22, X, e parágrafo único, "g", da Lei 8.245/1991.

Se esse fundo de reserva foi utilizado para o custeio de despesas ordinárias (por exemplo, a pintura de dependências internas de uso comum), a sua reposição poderá ser cobrada do locatário.

Por outras palavras, o rateio mensal para constituição do fundo de reserva, por expressa disposição legal, deve ser suportado pelo locador.

Entretanto, na medida da utilização do fundo de reserva, de acordo com o destino, poderá o rateio ser carreado ao locatário.

Imaginemos que haja necessidade de utilização do fundo de reserva para pintura das áreas internas do condomínio.

Verificando a Lei 8.245/1991, observamos que essa despesa é ordinária (do locatário), por força do art. 23, § 1º, "c".

Portanto, na prática, no momento dessa despesa, mesmo que a reposição seja feita posteriormente, entendemos que o locador poderá cobrá-la do locatário.

É de se verificar que, nesse instante, não haverá nenhum rateio para a despesa, vez que, para tanto, serão utilizados os recursos existentes no fundo de reserva.

Assim, basta que o locador comprove que os valores retirados do fundo de reserva foram utilizados para despesas ordinárias para que lhe seja deferida a cobrança da despesa do locatário.

Portanto, será possível cumprir, na prática, o que determina o art. 23, XII, "i". De outro modo, dificilmente seria possível precisar que a reposição do fundo de reserva, se houver, seria em relação àquela despesa ordinária que foi efetuada.

É óbvio que, se o fundo de reserva foi utilizado para uma despesa extraordinária, sua reposição não poderá ser carreada ao locatário.

É intuitivo e lógico que é no momento da utilização do fundo, e não de sua reposição – consequência natural –, que se verifica se a despesa é ordinária ou extraordinária.

Entrementes, outros fundos podem ser criados. É comum a formação de um fundo de manutenção, diverso do fundo de reserva, cujo rateio deve ser entendido como despesa ordinária e cobrada do locatário.

Se o fundo foi criado sob essa rubrica, impede-se, por conseguinte, sua utilização para outra finalidade, sob pena de cobrar-se do inquilino uma despesa que, ao depois, desrespeitado o título do fundo, seja extraordinária.

Infelizmente nem sempre o síndico e o corpo diretivo do condomínio lembram-se da circunstância da existência de locatários que pagam apenas as despesas ordinárias, de tal sorte que destinam os recursos do fundo de manutenção para despesas extraordinárias de condomínio. Nesse caso, entendemos que o locatário deve ser compensado pela redução das despesas ordinárias.

O raciocínio inverso também é válido. Assim, criado um fundo para reforma do edifício (despesa extraordinária), se sua utilização se dá de forma diversa, para pagar despesas ordinárias do condomínio, o locatário deverá compensar o locador.

Outro fundo comum é decorrente de previsão para inadimplência, cuja classificação em ordinária e extraordinária dependerá da utilização, quando ocorrer, de acordo com o precitado critério.

Verificada a necessidade de sua utilização em face de inadimplência no condomínio, nesse momento, classificar-se-á a despesa de acordo com a destinação dos recursos, carreando-se a responsabilidade de reembolso ao locatário no caso de utilização para despesas ordinárias.[359]

Despesas cuja classificação não decorre diretamente da lei:

Existem despesas que não se mostram, desde logo, inseridas entre as ordinárias ou extraordinárias, até porque a Lei 8.245/1991 não as classificou expressamente.

Assim, mister se faz classificá-las diante dos critérios fornecidos pela própria Lei do Inquilinato. Nesse sentido:

a) Impermeabilização

A infiltração de água e umidade, por falta de impermeabilização adequada, pode causar riscos à saúde dos moradores.

Os tribunais, na maioria, entendem que os problemas de segurança abrangem não apenas a eventualidade de desabamento total ou parcial do edifício, mas também as perfeitas condições de habitabilidade e salubridade da edificação.

Na medida em que esta obra é destinada a repor as condições de habitabilidade do edifício, a despesa com a sua execução é extraordinária.

Por exemplo: a impermeabilização da caixa d'água é feita com o propósito de evitar vazamentos. Não deixa de ser despesa destinada a repor as condições de habitabilidade do edifício. Portanto, é despesa extraordinária e, nesta medida, deve ser paga pelo locador.

Em geral, as impermeabilizações são consideradas despesas extraordinárias e, portanto, de responsabilidade do locador.

b) Lavagem e recuperação da fachada

A lavagem da fachada não é uma operação simples. Demanda mão de obra especializada, balancins, aplicação de detergentes etc.

É muito comum que a lavagem venha acompanhada de reparos nas juntas de dilatação da fachada, nos rejuntes, caixilhos, bem como implique na reposição de cerâmicas soltas.

Posta assim a questão, como a pintura da fachada é classificada legalmente como despesa extraordinária, a lavagem, por analogia, deverá ser assim considerada.

---

[359] "Condomínio. Despesas condominiais. Cobrança de despesas denominadas como 'previsão para inadimplência' sem prévia aprovação em Assembleia. Admissibilidade. Desnecessidade de aprovação prévia para a cobrança pois configuram-se como despesas de manutenção dos serviços comuns. Descaracterização como gastos extraordinários. Cobrança procedente. Recurso provido" (Primeiro Tribunal de Alçada Civil de São Paulo, Processo 00586689-1/009/SP, Apelação sumaríssima, Rel. Torres Junior, Decisão Unânime, j. 04.01.1995).

Poder-se-ia redarguir, afirmando que a necessidade da lavagem deriva da deterioração da sua aparência e decorre do uso normal, o que a levaria a ser classificada como ordinária.

Não pensamos dessa forma. Como a necessidade de pintura também deriva do uso normal e considera-se despesa extraordinária (Lei 8.245/1991, art. 22, parágrafo único, "b"), a recuperação da fachada, como trabalho de porte, deve ser considerada despesa extraordinária e, portanto, suportada pelo locador.

c) Substituição corretiva ou preventiva de coluna hidráulica, ramais, outras tubulações e condutores

A instalação hidráulica de um edifício compreende colunas e ramais.

Denomina-se coluna a tubulação central. É aquela parte da instalação hidráulica que se situa fora da unidade autônoma.

Ramal, por seu turno, é a instalação hidráulica que se situa dentro da unidade autônoma, constituindo a tubulação secundária.

Como regra, toda despesa com reparo ou substituição de colunas é extraordinária.[360]

Já a despesa com reparo ou substituição do ramal é considerada ordinária ou extraordinária, dependendo de, na prática, verificar-se tratar de despesa de pequeno ou grande porte.

Entretanto, como já dissemos, se o reparo ou substituição do ramal implicar na reposição das condições de habitabilidade do edifício, até mesmo da unidade autônoma, será despesa extraordinária por força do art. 22, X, e parágrafo único, "c", da Lei 8.245/1991.

Exemplificando, o reparo de um ramal que, danificado, impeça a utilização de água na unidade autônoma, deverá ser suportado pelo locador, posto que é evidente que a indisponibilidade de água na unidade condominial impede a possibilidade de o locatário habitar o imóvel.

No caso de outros tipos de tubulação existentes no edifício, tais como as de gás, condutores elétricos, interfones etc., a solução é a mesma, devendo ser aplicado o mesmo critério das colunas e ramais hidráulicos.

d) Instalação de antenas

A instalação de antenas ou sistemas de TV a cabo é extraordinária, de acordo com interpretação extensiva da letra "e" do parágrafo único, do art. 22, da Lei 8.245/1991, segundo a qual "se considera despesa extraordinária a instalação de equipamentos de segurança e de incêndio, de telefonia, de intercomunicação, de esporte e de lazer."

Leve-se em conta que a manutenção e conservação desses equipamentos constituem despesa ordinária (letra "f", do § 1º, do art. 23).

Edifício de um só dono, ausência de assembleias e despesas ordinárias:

No caso de edifício pertencente de forma integral ao locador, normalmente não há assembleias e, neste caso, aplica-se o § 3º do art. 23. Todo o critério utilizado para a divisão de despesas,

---

[360] O Tribunal de Alçada Cível do Rio de Janeiro, sob a égide da Lei 6.649/1979, decidiu dessa forma, cujos argumentos, não obstante, ainda são de valor: "Consignação em pagamento. Condomínio. Despesas. Encargos. Despesas extraordinárias do condomínio. Injusta recusa da locadora em receber e dar a quitação de alugueres, porque o locatário deixou de incluir os custos cobrados com obras da troca da coluna geral de água e troca da coluna de água/esgoto. Sendo tais despesas extraordinárias do condomínio, são encargos da locadora pois são tendentes a repor o imóvel locado em condições de habitabilidade (...)" (Apelação Cível 10958/91, 6ª Câmara, Decisão unânime, Juiz Arruda França, j. 14.05.1991).

> entre ordinárias e extraordinárias, também se aplica a edificações constituídas por unidades pertencentes integralmente ao locador.[361]
>
> A única diferença é que, nesse caso, não poderá haver cobrança com fundamento em previsão, mas em despesa efetivamente realizada.
>
> Em outras palavras, o proprietário realiza as despesas e cobra depois, ao passo que, no condomínio propriamente dito, a cobrança é efetuada antes, com base na previsão de despesas do mês.

Art. 24. Nos imóveis utilizados como habitação coletiva multifamiliar, os locatários ou sublocatários poderão depositar judicialmente o aluguel e encargos se a construção for considerada em condições precárias pelo Poder Público.

§ 1º O levantamento dos depósitos somente será deferido com a comunicação, pela autoridade pública, da regularização do imóvel.

§ 2º Os locatários ou sublocatários que deixarem o imóvel estarão desobrigados do aluguel durante a execução das obras necessárias à regularização.

§ 3º Os depósitos efetuados em juízo pelos locatários e sublocatários poderão ser levantados, mediante ordem judicial, para realização das obras ou serviços necessários à regularização do imóvel.

Comentários (Tatiana Antunes Valente Rodrigues):

Esse artigo trata especificamente da locação de imóvel a várias famílias, não importando se a locação é direta ou sublocação, no caso de o imóvel ser considerado pelo órgão da Administração Pública competente para tanto como precário e inabitável.

Consiste, portanto, em autorização expressa para a consignação em pagamento dos alugueres, garantindo aos locatários e sublocatários a faculdade de se depositar judicialmente o valor correspondente aos alugueres após o atestado de inabitabilidade do imóvel.

Tal faculdade possui dupla finalidade, a primeira tem o condão de elidir eventual despejo do locatário ou dos sublocatários e, a segunda, como forma de obrigar o locador a realizar os reparos necessários à regularidade do imóvel locado.

O levantamento dos depósitos somente será deferido ao locador com a comunicação, pela autoridade pública, da regularização do imóvel. O valor depositado judicialmente só poderá ser levantado em favor do locador desde que o mesmo comprove a regularização do imóvel através de comunicação do Poder Público competente.

Os locatários ou sublocatários que deixarem o imóvel estarão desobrigados do aluguel durante a execução das obras necessárias à regularização. Protege-se, portanto, os inquilinos que não estão no pleno gozo de seus direitos originados da relação locatícia, uma vez que

---

[361] "Locação residencial. Prédio de apartamentos. Único proprietário. Lei n. 4.591/64. Seguro contra incêndio. Ônus do pagamento. O fato de um prédio de apartamentos pertencer a um só proprietário não o descaracteriza como condomínio por unidades autônomas, aplicando-se as normas da Lei n. 4.591/64 que inclui o pagamento de seguro contra incêndio como despesa ordinária do condomínio, devendo ser carregada ao inquilino" (Tribunal de Alçada de Minas Gerais, Processo 0010657-0/00, Divinópolis, 2ª Câmara Cível, Rel. Juiz Orlando Carvalho, Decisão Unânime, j. 06.02.1991).

estão impedidos de habitar o imóvel locado por culpa do locador, que não promoveu os reparos necessários.

A lei permite que os depósitos realizados em juízo pelos locatários ou sublocatários sejam levantados, mediante ordem judicial, com o intuito de que sejam realizadas as obras necessárias e exigidas pelo Poder Público para a regularização e plena ocupação do imóvel.

Art. 25. Atribuída ao locatário a responsabilidade pelo pagamento dos tributos, encargos e despesas ordinárias de condomínio, o locador poderá cobrar tais verbas juntamente com o aluguel do mês a que se refiram.

Parágrafo único. Se o locador antecipar os pagamentos, a ele pertencerão as vantagens daí advindas, salvo se o locatário reembolsá-lo integralmente.

Comentários (Renato Pinheiro Jabur):

Ainda que a redação do art. 25 dê a impressão contrária, a Lei do Inquilinato atribui efetivamente ao locatário a responsabilidade pelo pagamento das despesas ordinárias de condomínio (art. 23, XII). Por ajuste entre as partes, os tributos e encargos podem ser também atribuídos ao locatário.

O locatário não tem a obrigação de antecipar o pagamento de tributos, encargos e despesas ordinárias de condomínio. Incumbe ao locatário pagá-los ao locador no mês a que se refiram, não antes, sem eventuais descontos obtidos pelo locador com o pagamento antecipado dos valores.

No entanto, se quiser o locatário usufruir das vantagens (descontos) do pagamento antecipado pelo locador, deverá reembolsá-lo de imediato do valor antecipado.

Art. 26. Necessitando o imóvel de reparos urgentes, cuja realização incumba ao locador, o locatário é obrigado a consenti-los.

Parágrafo único. Se os reparos durarem mais de dez dias, o locatário terá direito ao abatimento do aluguel, proporcional ao período excedente; se mais de trinta dias, poderá resilir o contrato.

Comentários (Tatiana Antunes Valente Rodrigues):

O presente artigo diz respeito exclusivamente àquelas obras de reparo que incumbem ao locador. Assim, necessitando o imóvel de reparos urgentes, primeiramente deve o locador notificar o locatário sobre a necessidade de reparos, a fim de que este consinta no início da obra. O locatário, uma vez notificado, está obrigado a consentir na reforma, sob pena de desfazimento da relação locatícia e, consequentemente, o despejo.

Deve ser provado, no entanto, que tal recusa é injustificada, a fim de evitar abusos por parte dos locadores, que podem tentar valer-se do presente dispositivo para obter o despejo do locatário.

Haverá a possibilidade de abatimento do valor da locação sempre que os reparos durarem mais de dez dias. Ou seja, o locatário deve pagar o aluguel normalmente durante os dez primeiros dias de reparos no imóvel; não havendo qualquer direito a abatimento no aluguel, caso as obras terminem dentro deste período. Se as obras se prorrogarem, o locatário ficará isento do pagamento do aluguel pelo período excedente.

Se as obras ultrapassarem 30 dias, o locatário tem a faculdade de resilir o contrato. No entanto, a faculdade de resilição não tolhe a possibilidade de abatimento dos valores dos alugueres, levando-se em consideração a extensão e gravidade dos reparos necessários no imóvel.

Caso o locatário deixe o imóvel durante as obras, consentindo, portanto, na mesma, haverá tão somente a suspensão do contrato de locação, com a isenção do pagamento do aluguel, a depender do tempo necessário à obra.

Seção V
Do direito de preferência

Art. 27. No caso de venda, promessa de venda, cessão ou promessa de cessão de direitos ou dação em pagamento, o locatário tem preferência para adquirir o imóvel locado, em igualdade de condições com terceiros, devendo o locador dar-lhe conhecimento do negócio mediante notificação judicial, extrajudicial ou outro meio de ciência inequívoca.

Parágrafo único. A comunicação deverá conter todas as condições do negócio e, em especial, o preço, a forma de pagamento, a existência de ônus reais, bem como o local e horário em que pode ser examinada a documentação pertinente.

Comentários (Gisela Sampaio da Cruz Guedes e Carla Wainer Chalréo Lgow):

1. Introdução

As origens do direito de preferência na legislação brasileira, segundo Otavio Luiz Rodrigues Junior, remontam à herança jurídica portuguesa.[362] Enquanto parte da doutrina que se dedicou ao estudo do tema louva as previsões legais que atribuem direitos de preferência nas mais variadas situações, outros criticam veementemente a proliferação dos direitos legais de prelação, sob o argumento de que este instituto encerraria um entrave à livre circulação dos bens e ao desenvolvimento econômico.[363]

Apesar da relativa abundância dos direitos de preferência no ordenamento jurídico brasileiro, nem os direitos legais de preferência nem os de origem convencional foram regulados de maneira geral e sistemática pelo legislador. Tampouco há regulação específica da ação de preferência, mecanismo adequado para o preferente fazer valer seu direito coercitivamente, diante da violação de algum dos deveres a cargo do vinculado à preferência, oriundo da relação prelatícia. A principal consequência da ausência de uma regulação geral e sistemática do direito de preferência é a proliferação de dúvidas e controvérsias que giram em torno do tema.

Muito embora a preferência já exista, no mundo jurídico, com sua previsão em lei ou no contrato, ela só se torna eficaz, isto é, só se constitui, diante do preenchimento de certos

---

[362] RODRIGUES JUNIOR, Otavio Luiz. Compra e venda, troca, contrato estimatório. In: AZEVEDO, Álvaro Villaça (coord.). *Código Civil comentado*. São Paulo: Atlas, 2008, vol. 6, t. I, p. 375.

[363] CORDEIRO, António Menezes. *Tratado de direito civil português*: direito das obrigações – contratos, negócios unilaterais. Coimbra: Almedina, 2010, vol. 2, t. II, p. 485. Para o autor, as preferências legais assumem dimensão de extrema litigiosidade. Ainda quando travestidas de função social, elas seriam sentidas como um entrave à liberdade de alienar. Além disso, seriam razão de ações de preferência que deixam prédios imobilizados durante décadas.

pressupostos, vistos por alguns como condições em sentido técnico, mas que em verdade são parte da *factispecies* da relação prelatícia. Trata-se da decisão livre do vinculado à preferência em celebrar um contrato preferível, em determinadas condições, decisão esta que se refira a um projeto concreto de contrato, já com seus termos essenciais perfeitamente definidos, conforme previamente ajustado com terceiro.

No caso específico dos contratos de locação, o locador conserva a propriedade e a disponibilidade do imóvel locado. Assim, nada impede que, no curso do contrato, venha a aliená-lo, mesmo que o prazo avençado para a duração da locação não tenha, ainda, expirado. Exige a lei, contudo, que o locador conceda preferência ao locatário, em igualdade de condições com terceiros.[364]

O direito de preferência incide tanto na locação para fins residenciais como também na locação para fins não residenciais, esteja o contrato em curso por prazo determinado ou indeterminado.[365] A concessão do direito de preferência ao locatário tem por efeito, no caso de imóveis residenciais, um melhor desempenho da função social da propriedade, tendo em vista o direito à moradia e a estabilidade da habitação[366] e, no caso de imóveis não residenciais, o favorecimento da atividade empresarial, tendo em vista a função social da empresa. Assim, o locatário apto a exercer o direito de preferência tanto pode ser pessoa natural quanto jurídica.[367]

---

[364] SOUZA, Sylvio Capanema de. *A Lei do Inquilinato comentada artigo por artigo*. 8. ed. Rio de Janeiro: Forense, 2012, p. 143. O autor vai além: "Não cabe ao locatário qualquer recurso para inibir o locador de alienar o imóvel locado, nem lhe é dado pleitear perdas e danos, por ter se verificado a alienação no curso do prazo determinado do contrato". Nessa linha, aliás, já decidiu o STJ: "A ausência de cláusula no contrato prevendo a continuidade da locação em caso de alienação, somada ao fato de que o locatário voluntariamente não exerceu seu direito de preferência para a compra do imóvel, afasta a responsabilidade do locador por perdas e danos" (STJ, REsp 745.504, 5ª Turma, Rel. Min. Arnaldo Esteves Lima, j. 12.09.2006, v.u., *DJ* 09.10.2006, p. 347, *RNDJ* vol. 85, p. 92).

[365] CARNEIRO, Waldir de Arruda Miranda. *Anotações à Lei do Inquilinato*. São Paulo: RT, 2000, p. 178. No mesmo sentido: PEDROTTI, Irineu; PEDROTTI, William. *Comentários à Lei de Locação*. São Paulo: Método, 2005, p. 172. No caso de contratos de locação vigorando por prazo indeterminado, contudo, podendo o locador extinguir a relação locatícia mediante simples notificação com a concessão de aviso prévio (cf. art. 46, § 2º, da Lei do Inquilinato), nada impediria, em princípio, que, num primeiro momento, terminasse o contrato de locação e, em momento seguinte, alienasse o imóvel sem ter de conceder preferência ao ex-locatário. Não obstante, há quem visualize nessa conduta um artifício para burlar o direito de preferência: "A denúncia vazia (...) tem siso utilizada como artifício, possibilitando ao locador se esquivar do ônus de oferecer o imóvel locado ao inquilino antes de vendê-lo a terceiro" (ALCURE, Fábio Neffa. *Problemas atuais das relações locatícias: resultados alcançados através da aplicação direta e indireta das normas constitucionais*. Dissertação apresentada ao programa de pós-graduação em Teoria do Estado e Direito Constitucional da Pontifícia Universidade Católica do Rio de Janeiro como requisito parcial à obtenção do título de mestre em Direito, 2014, p. 108).

[366] FEDERIGHI, Wanderley José. Direito de preferência e locação. *Revista de Direito Privado*, São Paulo: RT, vol. 7, jul.-set. 2001, p. 142: "encontra-se o fundamento do referido direito [de preferência do locatário] na necessidade existente na sociedade moderna de dar-se moradia à população, facilitando-se o quanto possível a aquisição da mesma". De modo semelhante, para Sylvio Capanema de Souza, "a regra tem grande alcance social, evitando que a alienação importe na retirada do locatário do imóvel, agravando o *déficit* habitacional" (*A Lei do Inquilinato comentada artigo por artigo*. 8. ed. Rio de Janeiro: Forense, 2012, p. 143).

[367] ALVES, Ricardo Luiz. O direito de preferência do locatário na Lei do Inquilinato. *Informativo jurídico Consulex*, Brasília: Consulex, vol. 16, n. 19, maio 2002, p. 6.

Tratando-se de direito estabelecido em lei, basta que "haja locação para que tenha o inquilino o direito de preferência, independentemente da existência de cláusula contratual".[368] O direito de preferência, portanto, "existe com o só fato da locação, mas é direito latente, ainda não exequível",[369] pois somente se torna eficaz diante do preenchimento dos pressupostos acima elencados (isto é, decisão livre do locador em celebrar um contrato preferível em certas condições, com seus termos essenciais já perfeitamente definidos, conforme previamente ajustado com o terceiro, potencial adquirente).

2. Abrangência do direito de preferência do locatário

Apesar de o direito de preferência ser apenas latente – na medida em que não atribui ao locatário a faculdade de exigir a alienação do imóvel locado antes de o locador decidir contratar em certos termos, conforme projeto de contrato ajustado com terceiro interessado –, não há dúvidas de que restringe a liberdade contratual do locador, ao menos no tocante à sua liberdade quanto à escolha do outro contraente.

Por esta razão, a relação de preferência instituída em lei, como é o caso da atribuída ao locatário, deve ser interpretada, se não restritivamente, ao menos com bastante cautela, tendo em vista se tratar de norma que, excepcionalmente, limita a liberdade contratual.[370]

Assim, no caso da preferência atribuída pela Lei do Inquilinato aos locatários, o hermeneuta deverá presumir, ao menos em princípio, que a letra da lei reflete o equilíbrio dos interesses que o legislador entendeu adequado para a relação jurídica prelatícia. Nas palavras de António Menezes Cordeiro, "a preferência legal alinha-se pela teleologia própria das normas que a estabeleçam".[371]

Dessa forma, os tipos contratuais que, em princípio, se sujeitam à preferência, são apenas os determinados no art. 27 da Lei do Inquilinato, pelo qual o direito incidirá em casos de "venda, promessa de venda, cessão, promessa de cessão ou dação em pagamento". Dado o caráter excepcional do direito de preferência legal, a expansão do alcance da norma deve ser feita com bastante cautela.

Ainda no que tange à abrangência do direito de preferência do locatário, para Pery Moreira, "o locador que apenas tenha a posse do prédio, em caso de venda dessa posse, não está obrigado a oferecer direito de preferência a eventuais inquilinos",[372] pois, a seu ver, o art. 27 da Lei do Inquilinato pressupõe que o locador seja proprietário ou titular de direitos reais

---

[368] SLAIBI FILHO, Nagib. *Comentários à nova Lei do Inquilinato*. 9. ed. Rio de Janeiro: Forense, 1996, p. 233. No mesmo sentido: SOUZA, Sylvio Capanema de. *A Lei do Inquilinato comentada artigo por artigo*. 8. ed. Rio de Janeiro: Forense, 2012, p. 144.

[369] SLAIBI FILHO, Nagib. *Comentários à nova Lei do Inquilinato*. 9. ed. Rio de Janeiro: Forense, 1996, p. 234.

[370] Cf. STF, AI 101.457, 1ª Turma, Rel. Min. Sydney Sanches, j. 07.06.1985, v.u., *DJ* 02.08.1985, p. 12.051. Isto não quer dizer que não deve haver margem para certas analogias, mas sim que a interpretação analógica deve ser bastante limitada. Para maiores detalhes sobre tipos contratuais que poderiam ser equiparáveis aos previstos no art. 27 da Lei do Inquilinato, para efeito de incidência de direito de preferência: LGOW, Carla Wainer Chalréo. *Direito de preferência*. São Paulo: Atlas, 2013, p. 32-36.

[371] CORDEIRO, António Menezes. *Tratado de direito civil português*: direito das obrigações – contratos, negócios unilaterais. Coimbra: Almedina, 2010, vol. 2, t. II, p. 484.

[372] MOREIRA, Pery. *Lei do Inquilinato comentada – atualizada e conforme o novo Código Civil*. São Paulo: Memória Jurídica, 2003, p. 56. Na mesma linha: CARNEIRO, Waldir de Arruda Miranda. *Anotações à Lei do Inquilinato*. São Paulo: RT, 2000, p. 177.

sobre o imóvel locado. Carlyle Popp, por sua vez, afirma que o direito de preferência só incide quando exista "coincidência entre locador e proprietário do bem locado, pois nas hipóteses em que o locador é usufrutuário da coisa dada em locação não possui este o dever de notificar a venda ao locatário que, eventualmente, esteja realizando o nu-proprietário, salvo se este anuir com a locação".[373] De fato, se o locador não é titular da propriedade do imóvel, ele sequer pode oferecer a preferência ao locatário porque não tem poder de disposição sobre a coisa. Já Waldir de Arruda Miranda Carneiro lembra que "não há direito de preferência se a relação é de comodato e não de locação".[374]

3. Comunicação para exercício da preferência (*denuntiatio*)

A comunicação para exercício da preferência ou *denuntiatio* consubstancia-se numa declaração por meio da qual o vinculado à preferência informa o preferente de que decidiu celebrar o contrato objeto da preferência e lhe avisa, também, sobre as condições ajustadas com o terceiro, para que o preferente possa decidir se quer ou não preferir. Trata-se de obrigação de "avisar, intimar, notificar, dar ciência, afrontar".[375]

Apesar de a *denuntiatio* ser um dever do vinculado à preferência, ela não é imprescindível ao exercício do direito, não sendo, portanto, pressuposto de constituição do direito de preferência.[376]

---

[373] POPP, Carlyle. Do direito de preferência na Lei do Inquilinato em vigor. *Jurisprudência Brasileira*, Curitiba: Juruá, vol. 176, dez. 1995, p. 25.

[374] CARNEIRO, Waldir de Arruda Miranda. *Anotações à Lei do Inquilinato*. São Paulo: RT, 2000, p. 177. Nesse sentido, em jurisprudência: TJRJ, 6ª CC, AC 0008836-58.2013.8.19.0209, Rel. Des. Nagib Slaibi, j. 09.05.2018, v.u.; TJMG, 13ª CC, AC 1.0335.14.000976-2/001, Rel. Des. Newton Teixeira Carvalho, j. 14.03.2019, v.u.

[375] VENOSA, Sílvio de Salvo. *Direito civil*: contratos em espécie. 5. ed. São Paulo: Atlas, 2005, vol. 3, p. 88.

[376] Isso porque a ausência da comunicação para preferir não impede o preferente de buscar seus direitos, diante da alienação indevida do bem a terceiros. Nessa linha: "claro que pode exercer-se o direito de preferência ainda que o seu titular tenha conhecimento do projeto de negócio através de um meio diverso da comunicação" (COSTA, Mário Júlio de Almeida. *Direito das obrigações*. 12. ed. Coimbra: Almedina, 2009, p. 448, em nota de rodapé). Em jurisprudência: "Se o locador não dá ao locatário conhecimento do negócio mediante notificação formal, exigência do art. 27 da Lei n. 8.245/91, agride o direito de preferência do inquilino, o qual, atendendo aos requisitos do art. 33 da Lei n. 8.245/91, tem direito à adjudicação do imóvel" (STJ, REsp 39.623, 6ª Turma, Rel. Min. Pedro Acioli, Rel. p/ acórdão Min. Adhemar Maciel, j. 29.05.1995, v.u., *DJ* 20.11.1995, p. 39.641). Não obstante, Manuel Henrique Mesquita entende que o preferente, mesmo que tome conhecimento da provável celebração do contrato objeto de seu direito de prelação, nada tem a fazer a não ser aguardar o recebimento da notificação (*Obrigações reais e ónus reais*. Coimbra: Almedina, 1997, p. 211, em nota de rodapé): "o preferente, mesmo que tenha conhecimento do projecto de alienação, nada pode fazer senão aguardar que o mesmo lhe seja notificado". Para Helder Martins Leitão, "unicamente a partir da comunicação é que o titular da preferência pode desencadear o respectivo exercício do seu direito" (*Da acção de preferência*. 7. ed. Coimbra: Almeida & Leitão, 2009, p. 29). Posição semelhante é a de A. P. Vaz Serra (Anotação ao acórdão do STJ de 6 de março de 1979. *Revista de Legislação e Jurisprudência*, Coimbra: Coimbra Ed., ano 112, vol. 3.649, dez. 1979, p. 246. Citado por: GUEDES, Agostinho Cardoso. *O exercício do direito de preferência*. Porto: Coimbra Ed., 2006, p. 363, em nota de rodapé). Adicionalmente, também não deve ser considerado pressuposto da constituição do direito de preferência, quando ausente a notificação, a celebração do contrato projetado com terceiro, como pretendem alguns, pois, em última análise, isso significaria que a preferência apenas nasceria com a sua violação, o que parece um contrassenso. Para Helder Martins Leitão, por exemplo, "nas preferências legais o direito de preferência ocorre no momento da alienação" (*Da acção de preferência*. 7.

Trata-se, isso sim, de obrigação de caráter instrumental, dever de conduta, que tem como fonte mediata a cláusula geral de boa-fé objetiva,[377] na medida em que cumpre a função de levar ao conhecimento do preferente que seu direito se constituiu, e das condições em que o obrigado à preferência está disposto a contratar com terceiro, para que o preferente, em tempo útil, decida se deseja ou não exercer o seu direito.

A comunicação para preferência cumpre relevante papel no desenvolvimento da relação prelatícia, pois além de ser por meio dela que o preferente costuma tomar conhecimento acerca da constituição de seu direito, ela serve de marco inicial para a contagem do prazo decadencial dentro do qual o preferente deve se pronunciar, sob pena de caducidade de seu direito – no caso do direito de preferência do locatário, esse prazo é de 30 dias (cf. art. 28 da Lei do Inquilinato).

O efeito imediato da realização da *denuntiatio*, objeto do dever de conduta que recai sobre o vinculado à preferência, é a sua desoneração, dando-se um passo adiante no desenvolvimento da relação prelatícia. Recebida a *denuntiatio*, o preferente estará em condições de decidir se pretende, ou não, exercer seu direito.

4. Forma da comunicação

O art. 27 da Lei do Inquilinato determina que o negócio que se pretende celebrar – desde que se trate de contrato preferível – deve ser levado a conhecimento do locatário "mediante notificação judicial, extrajudicial ou outro meio de ciência inequívoca". É interessante, sobretudo para o locador, que a comunicação "seja feita de maneira mais formal possível, a fim de não dar margem a questionamentos judiciais de qualquer espécie".[378] Isso porque "o ônus da prova de que houve a declaração e que ela foi recebida pelo inquilino é do locador".[379]

---

ed. Coimbra: Almeida & Leitão, 2009, p. 41). No âmbito jurisprudencial, também é possível encontrar afirmações no sentido de que a preferência nasce com a sua violação: "sem venda, porque anulada, não há como reconhecer direito de preferência, que existe em função daquela" (TJMG, AC 52.540, 2ª CC, Rel. Des. Fernandes Filho, j. 16.09.1980, v.u. Referido por: BUSSADA, Wilson. *Direito de preferência interpretado pelos tribunais*. São Paulo: Hemus, 1993, p. 258). Discordando desse ponto de vista, afirma Pontes de Miranda que "pressuposto necessário para o exercício do direito de preempção é o ter em vista o sujeito passivo a venda do bem, ou tê-la concluído" (*Tratado de direito privado*. Campinas: Bookseller, 2005, t. XXXIX, p. 282).

[377] Como explica Eduardo Takemi Kataoka, ao tratar do direito de preferência legal no âmbito do direito de superfície, o vinculado à preferência, ao realizar a comunicação, está adstrito ao princípio da boa-fé objetiva, "já que a boa-fé aplica-se a toda e qualquer relação social e não exclusivamente à obrigacional" (Contornos dogmáticos do direito de superfície no Brasil. In: TEPEDINO, Gustavo; FACHIN, Luiz Edson (coord.). *O direito e o tempo*: embates jurídicos e utopias contemporâneas. Estudos em homenagem ao professor Ricardo Pereira Lira. Rio de Janeiro: Renovar, 2008, p. 606). A existência de deveres do vinculado à preferência – como o dever de proceder à comunicação ao preferente – não é incompatível com o caráter potestativo do direito de preferência, na medida em que o princípio da boa-fé deve pautar indistintamente o comportamento das partes em qualquer espécie de situação jurídica subjetiva, envolvendo direitos subjetivos ou potestativos. Nessa linha: LGOW, Carla Wainer Chalréo. *Direito de preferência*. São Paulo: Atlas, 2013, p. 82-85.

[378] ALVES, Ricardo Luiz. O direito de preferência do locatário na Lei do Inquilinato. *Informativo jurídico Consulex*, Brasília: Consulex, vol. 16, n. 19, maio 2002, p. 6.

[379] SLAIBI FILHO, Nagib. *Comentários à nova Lei do Inquilinato*. 9. ed. Rio de Janeiro: Forense, 1996, p. 233. No mesmo sentido: HANADA, Fábio; HANADA, Andréa Ranieri. *A Lei do Inquilinato sob a ótica da doutrina e da jurisprudência*. São Paulo: LEUD, 2010, p. 149.

Na visão de Maria Celina Bodin de Moraes, os termos do dispositivo desaconselham o envio de carta registrada, pois o aviso de recebimento comprova apenas a entrega do envelope, "nada informando quanto ao conhecimento, pelo locatário, de seu conteúdo".[380] Daí por que seria mesmo preferível a "notificação judicial, mais onerosa, ou, dentre as formas extrajudiciais, a notificação por cartório de títulos e documentos, ou a carta protocolada pelo locatário, desde que este indique o recebimento na segunda via da missiva".[381]

5. Conteúdo da comunicação

O parágrafo único do art. 27 da Lei do Inquilinato dispõe que "a comunicação deverá conter todas as condições do negócio e, em especial, o preço, a forma de pagamento, a existência de ônus reais, bem como o local e horário em que pode ser examinada a documentação pertinente". E é assim para que o locatário possa ter real possibilidade de avaliar seu interesse em adquirir, ou não, o imóvel locado, segundo as condições já alinhavadas com o terceiro interessado. A enumeração não é exaustiva, pois não seria possível ao legislador prever todas as situações que podem surgir no caso concreto, já que cada negócio pode conter peculiaridades únicas, mas importantíssimas para a tomada de decisão de contratar.

A comunicação deve conter, assim, informações sobre a forma de pagamento – se à vista, a prazo, mediante concessão de financiamento etc. –, a existência de ônus reais, a existência de eventuais garantias concedidas pelo terceiro ao locador etc. A norma inclui, implicitamente, "outras informações necessárias para que o locatário possa decidir adequadamente sobre a conveniência do negócio".[382]

Questão que assume relevância peculiar diz respeito à necessidade, ou não, de identificação do terceiro com o qual o locador pretende contratar. Dizem alguns que a identificação do terceiro é requisito fundamental de qualquer *denuntiatio* regular, pois é ela que confere uma certeza maior de que a comunicação se refere a um projeto de contrato efetivamente concreto, e que não constituiu simples chamada a contratar com o locatário. E mais: devendo a *denuntiatio* identificar a pessoa do terceiro interessado, ela seria ineficaz se, depois, o negócio definitivo viesse a ser celebrado com pessoa diferente da indicada na comunicação.[383] Já uma

---

[380] MORAES, Maria Celina Bodin de. In: BITTAR, Carlos Alberto (org.). *A Lei do Inquilinato anotada e comentada*. 2. ed. Rio de Janeiro: Forense Universitária, 1995, p. 39.

[381] MORAES, Maria Celina Bodin de. In: BITTAR, Carlos Alberto (org.). *A Lei do Inquilinato anotada e comentada*. 2. ed. Rio de Janeiro: Forense Universitária, 1995, p. 39.

[382] MORAES, Maria Celina Bodin de. In: BITTAR, Carlos Alberto (org.). *A Lei do Inquilinato anotada e comentada*. 2. ed. Rio de Janeiro: Forense Universitária, 1995, p. 57. A esse respeito: TJ/RJ, 18ª CC, AI 0008705-55.2018.8.19.0000, Rel. Des. Carlos Eduardo da Fonseca Passos, j. 11.04.2018, v.u.

[383] Nesse sentido: CORDEIRO, António Menezes. *Tratado de direito civil português*: direito das obrigações – contratos, negócios unilaterais. Coimbra: Almedina, 2010, vol. 2, t. II, p. 497. Para Luís Manuel Teles de Menezes Leitão, a identificação do terceiro se faz necessária porque, "se a comunicação não indicar o nome do terceiro, não há qualquer hipótese de o titular da preferência verificar a veracidade das condições comunicadas, não fazendo qualquer sentido que ele fosse exercer a preferência nessa situação" (*Direito das obrigações*: introdução, da constituição das obrigações. 4. ed. Coimbra: Almedina, 2005, vol. 1, p. 240). Afirmando que a *denuntiatio* deve conter a identificação do terceiro, entre outros: (i) TELLES, Inocêncio Galvão. *Direito das obrigações*. 7. ed. Coimbra: Coimbra Ed., 1997, vol. 1, p. 492; (ii) COSTA, Mário Júlio de Almeida. *Direito das obrigações*. 12. ed. Coimbra: Almedina, 2009, p. 446; (iii) PRATA, Ana. *O contrato-promessa e o seu regime civil*. Coimbra: Almedina, 1999, p. 379; e (iv) VIANA, Marco Aurélio S. Dos direitos reais. In: TEIXEIRA, Sálvio de Figueiredo (coord.). *Comentários ao novo Código Civil*. 3. ed. Rio de Janeiro: Forense, 2007, vol. 16, p. 619.

segunda corrente restringe o espectro do conteúdo obrigatório da comunicação, considerando-a regular independentemente da identificação do terceiro.[384]

O deslinde da questão não é simples. Para Carlos Lacerda Barata, a indicação deve ser obrigatória sempre que entre o terceiro e o preferente subsistam relações jurídicas.[385] Assim, no caso específico do direito de preferência do locatário, caso o contrato de locação permaneça em vigor mesmo após a alienação do imóvel ao terceiro (isto é, se o contrato de locação contiver cláusula de vigência e estiver devidamente averbado junto à matrícula do imóvel – art. 8º, *caput*, da Lei do Inquilinato), parece fazer sentido exigir que conste na *denuntiatio* a identificação do potencial adquirente.

Além da obrigação de comunicar o locatário acerca do negócio que pretende celebrar com terceiro, deverá o locador definir hora e local para que o locatário examine a documentação pertinente do imóvel. De fato, "seria impossível ao locatário formar o seu juízo se não lhe fosse permitido examinar a situação legal do imóvel, consultando os títulos de domínio e a sua cadeia sucessória".[386]

6. Comunicação irregular ou inexistente

Tanto quando a *denuntiatio* é realizada de maneira deficiente – por exemplo, com conteúdo insuficiente ou inadequado –, como quando ela simplesmente não é realizada, caberá ao locatário ressarcimento pelos prejuízos comprovadamente sofridos, conforme a disciplina geral da responsabilidade civil.[387] Além disso, como o direito de preferência do locatário, preenchidas certas condições, tem eficácia real, se o imóvel tiver sido indevidamente alienado a terceiro, poderá o locatário pleitear a tutela específica de seu direito. Essas e outras questões serão desenvolvidas com maiores detalhes no comentário ao art. 33 da Lei do Inquilinato.

De todo modo, a comunicação irregular não produzirá o efeito de marcar o início do prazo decadencial de 30 dias em que o direito de preferência poderá ser exercido (art. 28 da Lei do Inquilinato)[388] – prazo este que não se confunde com o lapso temporal dentro do qual, diante da violação de seu direito, o locatário pode pleitear a execução específica, via ação de

---

[384] Nesse sentido, entre outros: (i) MARCELINO, Américo Joaquim. *Da preferência*: estudos, notas da doutrina e jurisprudência e legislação mais comum. 3. ed. Coimbra: Coimbra Ed., 2007, p. 14; (ii) MARTINEZ, Pedro Romano. *Direito das obrigações* (apontamentos). Lisboa: Associação Acadêmica da Faculdade de Direito de Lisboa, 2003, p. 158; (iii) GUEDES, Agostinho Cardoso. *O exercício do direito de preferência*. Porto: Coimbra Ed., 2006, p. 472; e (iv) RODRIGUES JUNIOR, Otavio Luiz. Compra e venda, troca, contrato estimatório. In: AZEVEDO, Álvaro Villaça (coord.). *Código Civil comentado*. São Paulo: Atlas, 2008, vol. 6, t. I, p. 403-404.

[385] BARATA, Carlos Lacerda. *Da obrigação de preferência*: contributo para o estudo do artigo 416º do Código Civil. Coimbra: Coimbra Ed., 2002, p. 125-127.

[386] SOUZA, Sylvio Capanema de. *A Lei do Inquilinato comentada artigo por artigo*. 8. ed. Rio de Janeiro: Forense, 2012, p. 145.

[387] TEPEDINO, Gustavo; BARBOZA, Heloisa Helena; MORAES, Maria Celina Bodin de (coord.). *Código Civil interpretado conforme a Constituição da República*. Rio de Janeiro: Renovar, 2006, vol. 2, p. 187: "o direito de prelação está sendo violado não só pela omissão (...) em notificar, (...) mas ainda se esta notificação for incompleta, não se referindo aos exatos termos em que o negócio será celebrado". Em sentido semelhante: LÔBO, Paulo Luiz Netto. Parte especial: das várias espécies de contratos. In: AZEVEDO, Antônio Junqueira de (coord.). *Comentários ao Código Civil*. São Paulo: Saraiva, 2003, vol. 6, p. 183.

[388] Cf. STJ, REsp 1.103.241, 3ª Turma, Rel. Min. Nancy Andrighi, j. 03.09.2009, v.u., *DJ* 16.10.2009.

preferência (seis meses a contar do registro do ato no Cartório de Imóveis, desde que o contrato de locação esteja averbado pelo menos 30 dias antes da alienação junto à matrícula do imóvel – art. 33, *caput*, da Lei do Inquilinato). Nas palavras de Sylvio Capanema de Souza, "se da notificação não constarem as informações elencadas na lei, bem como outras, eventualmente necessárias, não estará ela apta a produzir os seus efeitos, podendo o locatário exigir que se complementem os dados sem que esteja fluindo o prazo para a resposta".[389]

Art. 28. O direito de preferência do locatário caducará se não manifestada, de maneira inequívoca, sua aceitação integral à proposta, no prazo de trinta dias.

Comentários (Gisela Sampaio da Cruz Guedes e Carla Wainer Chalréo Lgow):

1. O exercício do direito de preferência, via declaração

Recebendo a notícia, em geral por meio da *denuntiatio*, de que o locador pretende realizar o negócio sobre o qual recai a prelação, deverá o locatário declarar se deseja, ou não, exercer seu direito de preferir.

Apesar de o legislador ter mencionado a necessidade de aceitação integral "à proposta", como visto, a obrigação do locador é comunicar o locatário acerca do negócio que pretende celebrar, não se tratando, portanto, tecnicamente, de proposta contratual.[390]

Do ponto de vista prático, o que o dispositivo está a prever é que, no prazo de 30 dias contados do recebimento da comunicação, o locatário deverá manifestar, de maneira inequívoca, seu interesse em contratar, nas exatas condições alinhavadas com o terceiro potencial adquirente, sob pena de caducidade de seu direito de preferência. Isso não significa, por outro lado, que o negócio deva ser concluído entre locador e locatário dentro do prazo de 30 dias.[391]

A manifestação positiva do locatário, por ser uma declaração de vontade que, chegando ao conhecimento do locador, tem como efeito a constituição de um dever de contratar na esfera jurídica deste último, integra, quanto à sua formação, a categoria dos negócios jurídicos unilaterais obrigacionais receptícios. É negócio jurídico na medida em que se trata de

---

[389] SOUZA, Sylvio Capanema de. *A Lei do Inquilinato comentada artigo por artigo*. 8. ed. Rio de Janeiro: Forense, 2012, p. 145. No mesmo sentido: CARNEIRO, Waldir de Arruda Miranda. *Anotações à Lei do Inquilinato*. São Paulo: RT, 2000, p. 179.

[390] Entender que a *denuntiatio* é um dever instrumental de conduta implica discordar de representativa vertente teórica segundo a qual a comunicação para preferência encerraria, em si, uma proposta contratual (por todos: SLAIBI FILHO, Nagib. *Comentários à nova Lei do Inquilinato*. 9. ed. Rio de Janeiro: Forense, 1996, p. 233). Esta interpretação encontra suporte numa análise literal e isolada dos arts. 28 e 29 da Lei do Inquilinato. Estes preceitos, ao que tudo indica, de modo atécnico, confundem a comunicação para exercício da preferência com uma proposta contratual. Apesar disso, o art. 27 do mesmo diploma legal, ao instituir a obrigação de comunicar, é expresso ao dizer que o locador deve dar ao locatário "conhecimento do negócio mediante notificação (...) ou outro meio de ciência inequívoca", o que é bem diferente de exigir que o locador submeta uma proposta de contrato ao locatário, de modo que uma leitura sistemática parece apta a afastar a interpretação literal dos artigos seguintes. Não restam dúvidas de que, em determinado caso concreto, a comunicação para preferência poderá, sim, revestir a forma jurídica de uma proposta contratual, de modo que bastará ao preferente a ela aderir, para que o contrato projetado seja considerado celebrado.

[391] CARNEIRO, Waldir de Arruda Miranda. *Anotações à Lei do Inquilinato*. São Paulo: RT, 2000, p. 182.

"declaração de vontade destinada à produção de efeitos jurídicos queridos pelo agente".[392] Unilateral porque "se perfaz com uma só declaração de vontade".[393] Obrigacional por se destinar a "criar obrigações, relações jurídicas em que uma das partes pode exigir de outra uma certa prestação".[394] E, finalmente, receptício, por ser "endereçad[o], emitid[o] para que chegue ao destinatário".[395] De fato, a doutrina costuma qualificar a declaração positiva do preferente como "um negócio jurídico unilateral receptício", uma "declaração unilateral receptícia", "declaração receptícia" ou "declaração unilateral de vontade".[396]

O prazo decadencial para exercício do direito de preferir começa a correr quando a *denuntiatio* chega ao conhecimento do locatário. Deve-se seguir, para a contagem do prazo, a regra geral do art. 132 do Código Civil, cujo *caput* preceitua: "salvo disposição legal ou convencional em contrário, computam-se os prazos, excluído o dia do começo, e incluído o do vencimento".

Como, entretanto, a declaração para preferir enquadra-se na categoria de negócios jurídicos receptícios, ela deverá chegar ao conhecimento do locador até o final do prazo, e não simplesmente ter sido emitida pelo locatário, devendo o declarante suportar as consequências do atraso na recepção: "as declarações de vontade dizem-se receptícias quando se dirigem a destinatários especiais, que dela devem ter ciência sob pena de ineficácia do ato".[397]

2. O conteúdo da declaração do preferente

Com relação ao conteúdo da declaração para exercício do direito de preferência, deve o locatário, simplesmente, manifestar seu interesse em preferir, sem reservas ou expressões

---

[392] PEREIRA, Caio Mário da Silva. *Instituições de direito civil*. 20. ed. Rio de Janeiro: Forense, 2004, vol. 1, p. 476.
[393] PEREIRA, Caio Mário da Silva. *Instituições de direito civil*. 20. ed. Rio de Janeiro: Forense, 2004, vol. 1, p. 496.
[394] AMARAL, Francisco. *Direito civil*: introdução. 5. ed. Rio de Janeiro: Renovar, 2003, p. 393.
[395] AMARAL, Francisco. *Direito civil*: introdução. 5. ed. Rio de Janeiro: Renovar, 2003, p. 402.
[396] Respectivamente: GUEDES, Agostinho Cardoso. *O exercício do direito de preferência*. Porto: Coimbra Ed., 2006, p. 516; MESQUITA, Manuel Henrique. *Obrigações reais e ónus reais*. Coimbra: Almedina, 1997, p. 210; BARATA, Carlos Lacerda. *Da obrigação de preferência*: contributo para o estudo do artigo 416º do Código Civil. Coimbra: Coimbra Ed., 2002, p. 142; e PONTES DE MIRANDA, Francisco Cavalcanti. *Tratado de direito privado*. Campinas: Bookseller, 2005, t. XXXIX, p. 293. Assim como, em regra, a *denuntiatio* não equivale a uma proposta contratual dirigida ao preferente, sendo apenas um dever de conduta instrumental, a declaração para preferir, por sua vez, não equivale à aceitação de uma proposta. Deste modo, após manifestada a intenção de preferir, será necessária, ainda, a celebração do contrato de alienação do imóvel locado entre locador e locatário, em termos objetivamente idênticos ao contrato projetado entre locador e terceiro interessado. Todavia, não se pode deixar de mencionar a existência de vertente teórica segundo a qual a comunicação para preferir encerraria uma proposta contratual, e a declaração positiva do preferente representaria a aceitação dessa proposta. Não restam dúvidas de que, em determinado caso concreto, assim como a *denuntiatio* poderá revestir a forma jurídica de uma proposta contratual, quando isto ocorrer, é possível que a declaração para preferir equivalha à aceitação da proposta. Esta não é, contudo, a maneira ordinária do desenrolar da relação prelatícia.
[397] AMARAL, Francisco. *Direito civil*: introdução. 5. ed. Rio de Janeiro: Renovar, 2003, p. 402. No mesmo sentido: BARATA, Carlos Lacerda. *Da obrigação de preferência*: contributo para o estudo do artigo 416º do Código Civil. Coimbra: Coimbra Ed., 2002, p. 142: "a declaração de preferência constitui uma declaração receptícia. Portanto, para que seja eficaz deverá chegar ao poder do destinatário (o obrigado à preferência) dentro do prazo".

ambíguas, de modo que sua intenção seja depreendida de maneira inequívoca pelo locador. Diante de manifestação duvidosa, a declaração não terá sido exercida positivamente, o que poderá acarretar a decadência do direito de preferência, com a consequente liberação do locador para contratar com o terceiro interessado. Nas palavras de Maria Celina Bodin de Moraes, "a resposta do locatário, além de induvidosa, deve ser de aceitação integral, não valendo uma contraproposta como forma de evitar a caducidade do direito potestativo que lhe é deferido".[398]

Incluem-se, aqui, todas as situações em que o locatário não afirma, de maneira evidente, que deseja preferir – o locatário declara que quer preferir, mas apenas em momento posterior, que deseja preferir, mas por outro preço ou outras condições de pagamento, que deseja saber mais informações a respeito do negócio etc.[399] –, desde que, é claro, a *denuntiatio* tenha sido realizada de forma regular.

Caso contrário, isto é, se a *denuntiatio* tiver sido prestada prescindindo de seu conteúdo mínimo obrigatório, ou com informações incorretas, não terá tido início o prazo decadencial dentro do qual deverá ser exercida a prelação. Poderá, então, o locatário solicitar informações adicionais, eventualmente omitidas, acerca do negócio, sem se preocupar com o decurso do prazo decadencial para exercício de seu direito, que sequer terá principiado.

O não exercício do direito de prelação, seja deixando o locatário escorrer o prazo decadencial sem se manifestar, seja declarando expressamente que não pretende preferir, acarreta a perda de seu direito, por caducidade e renúncia, respectivamente. A perda do direito de exercer a preferência na celebração de determinado contrato, contudo, nem sempre extinguirá a relação prelatícia, que poderá sobreviver, de modo que futuras alienações poderão ter de se sujeitar, outras vezes, à prévia manifestação do preferente.

Assim, *v.g.*, se um imóvel alugado vem a ser alienado a terceiro, pois o locatário, à época da alienação, manifestou seu desinteresse em adquiri-lo e, posteriormente, mantendo-se a locação (seja porque o contrato de locação continha cláusula de vigência, seja por ter sido de interesse do adquirente manter o contrato em vigor com o locatário), o adquirente, que veio a se tornar o locador, decide alienar novamente o bem, deverá oferecer preferência ao locatário.

3. Renúncia prévia ao direito de preferência

Questiona-se se o locatário poderia, previamente, renunciar ao direito de preferência estabelecido em lei.

---

[398] MORAES, Maria Celina Bodin de. In: BITTAR, Carlos Alberto (org.). *A Lei do Inquilinato anotada e comentada*. 2. ed. Rio de Janeiro: Forense Universitária, 1995, p. 39. No mesmo sentido: "A aceitação parcial, ou a contraproposta, equivalem, para fins do direito de preferência, à recusa da proposta" (CARNEIRO, Waldir de Arruda Miranda. *Anotações à Lei do Inquilinato*. São Paulo: RT, 2000, p. 181).

[399] Na lição de Álvaro Villaça Azevedo, a preferência deverá ser exercida em "condições iguais, pelo menos, às oferecidas pelo terceiro-comprador", sob pena de perda do direito (Das várias espécies de contrato. In: TEIXEIRA, Sálvio de Figueiredo (coord.). *Comentários ao novo Código Civil*. Rio de Janeiro: Forense, 1995, vol. 7, p. 311). A esse respeito, o Tribunal de Justiça do Rio de Janeiro já teve oportunidade de afirmar que, enviada a comunicação, "deve o locatário examinar, com precisão, seus termos, para após, manifestar-se, aceitando-a – integralmente – ou rejeitando-a. No caso, entretanto, dissentiram os locatários dos critérios nela declinados, equivalendo tal atitude à rejeição da proposta" (TJRJ, AC 0012080-70.1997.8.19.0042, 2ª CC, Rel. Des. Elisabete Filizzola, j. 07.07.2010, v.u.). No mesmo sentido, TJRJ, AC 0156647-50.2002.8.19.0001 (2004.001.16608), 6ª CC, Rel. Des. Gilberto Rego, j. 04.11.2004, v.u.; e TJRJ, AC 0008063-93.1992.8.19.0000 (1992.001.02935), 4ª CC, Rel. Des. Caetano Costa, j. 27.10.1992, v.u.

A principal função do direito de preferência do locatário de imóvel urbano, como visto, é assegurar o direito constitucional à moradia, no caso de imóveis residenciais, e o favorecimento da atividade empresarial e a promoção da função social da empresa, no caso de imóveis não residenciais. Assim, em princípio, não parece possível a renúncia prévia ao direito de preferência, tendo em vista, inclusive, o disposto no art. 45 da Lei do Inquilinato, pelo qual "são nulas de pleno direito as cláusulas do contrato de locação que visem a elidir os objetivos da presente Lei (...)".

A impossibilidade de renúncia prévia ao direito legal de preferência do locatário, assim, é reflexo dos interesses de ordem pública que justificam a sua concessão,[400] e do caráter imperativo das normas que regulam as relações jurídicas em que se insere. É essa a posição de Maria Celina Bodin de Moraes, para quem o direito de preferência "apresenta-se inerente à condição de locatário (ou sublocatário), afastado que foi da esfera da autonomia privada. (...) De consequência, a cláusula de renúncia à preferência, por contrariar norma imperativa, asseguradora de direitos ao inquilino, vem sendo considerada nula".[401]

Isso não significa, por outro lado, que deva o locador aguardar o escoamento do prazo de 30 dias, previsto no art. 28 da Lei do Inquilinato, para, só então, proceder à alienação ao terceiro interessado. Se, tão logo receba a comunicação, o locatário manifeste inequivocamente seu desinteresse na aquisição, nada impede que o locador, ato contínuo, formalize a alienação com o terceiro. O que, a princípio, é vedado, é a renúncia prévia, abstrata, ao direito de preferência, e não a renúncia em concreto, diante de uma potencial alienação já em vias de ocorrer.

Não obstante, é possível encontrar decisões que admitem a renúncia prévia do direito de preferência, no próprio bojo do contrato de locação.[402]

4. Locador e locatário podem, de comum acordo, celebrar o contrato em termos diversos do projetado com o terceiro?

O direito do locatário, depois de manifestada sua intenção de contratar com o locador, é o de com este celebrar um contrato nos exatos termos e condições do projeto ajustado com o terceiro. É o "tanto por tanto" do direito de preferência.[403] Não é facultado ao locatário, assim, pretender alterar o conteúdo do projeto de contrato, sob pena de ver caducar o seu direito.

---

[400] "Os direitos legais de preferência inspiram-se em razões de ordem pública" (COSTA, Mário Júlio de Almeida. *O depósito do preço na acção de preferência*: separata da revista de legislação e de jurisprudência. Coimbra: Coimbra Ed., 1997, p. 13).

[401] MORAES, Maria Celina Bodin de. In: BITTAR, Carlos Alberto (org.). *A Lei do Inquilinato anotada e comentada*. 2. ed. Rio de Janeiro: Forense Universitária, 1995, p. 43. Na mesma linha: ALVES, Ricardo Luiz. O direito de preferência do locatário na Lei do Inquilinato. *Informativo jurídico Consulex*, Brasília: Consulex, vol. 16, n. 19, maio 2002, p. 6; SOUZA, Sylvio Capanema de. *A Lei do Inquilinato comentada artigo por artigo*. 8. ed. Rio de Janeiro: Forense, 2012, p. 144; HANADA, Fábio; HANADA, Andréa Ranieri. *A Lei do Inquilinato sob a ótica da doutrina e da jurisprudência*. São Paulo: LEUD, 2010, p. 148.

[402] "Direito de preferência inexistente, na hipótese – Locatária que expressamente renunciou, no bojo do contrato, o direito de preferência" (TJSP, AC 9294463-16.2008.8.26.0000, 30ª CDPriv., Rel. Des. Marcos Ramos, j. 20.01.2010, v.u.).

[403] "A preferência do locatário pressupõe igualdade de condições com terceiros interessados na compra, quer quanto ao preço, quer quanto à forma de pagamento e garantias" (SOUZA, Sylvio Capanema de. *A Lei do Inquilinato comentada artigo por artigo*. 8. ed. Rio de Janeiro: Forense, 2012, p. 143).

Isso não significa, por outro lado, que, uma vez manifestada a intenção de preferir, não possam as partes modificar, de comum acordo, certas cláusulas do contrato projetado, de modo que, ao final, o contrato definitivo, celebrado entre locador e locatário, não seja objetivamente idêntico ao projeto de contrato ajustado entre locador e terceiro. Contudo, se isto ocorrer, será ao abrigo da liberdade contratual, e não do instituto da preferência.

Ao que parece, contudo, esse tipo de pactuação entre locador e locatário não poderá ocorrer quando tenha havido celebração de contrato definitivo entre locador e terceiro, sujeito a condição suspensiva, do não exercício do direito de preferência pelo locatário. De fato, nada impede que o locador e o terceiro interessado na aquisição "possam ter o negócio irretratável e irrevogável e formalizá-lo com a cláusula de que só não se concretizará na hipótese de o locatário exercer a preferência".[404]

Diante desta situação, caso o locador aceite as modificações sugeridas pelo locatário, como não terá havido, tecnicamente, exercício eficaz do direito de prelação, de modo que a condição suspensiva no contrato entre locador e terceiro ter-se-á por implementada, o locador estará alienando ao locatário um bem que, a rigor, não poderia mais alienar.[405]

Art. 29. Ocorrendo aceitação da proposta, pelo locatário, a posterior desistência do negócio pelo locador acarreta, a este, responsabilidade pelos prejuízos ocasionados, inclusive lucros cessantes.

Comentários (Gisela Sampaio da Cruz Guedes e Carla Wainer Chalréo Lgow):

A declaração positiva do locatário deveria gerar, na esfera jurídica do locador, uma obrigação de contratar, sujeita à execução específica. Pareceria claro que, após o exercício da preferência, não seria mais facultado ao locador desistir de contratar com o locatário.

Isso porque, tecnicamente, o direito de preferência tem natureza potestativa,[406-407] assim, com o seu exercício pelo locatário, o locador não deveria ter qualquer alternativa a não ser celebrar o contrato de alienação do imóvel locado, nos mesmos termos do contrato alinhavado com o terceiro interessado.

---

[404] PEDROTTI, Irineu; PEDROTTI, William. *Comentários à Lei de Locação*. São Paulo: Método, 2005, p. 172.

[405] Essa questão, aliás, já foi objeto de parecer proferido por Antônio Junqueira de Azevedo. A esse respeito, conferir: LGOW, Carla Wainer Chalréo. *Direito de preferência*. São Paulo: Atlas, 2013, p. 103-106.

[406] Mais especificamente, natureza de "direito potestativo constitutivo de um direito de credito". Num primeiro momento, "em que já preenchidos os pressupostos necessários ao exercício do direito (em apertada síntese, a intenção do sujeito passivo em celebrar o contrato preferível, conforme termos e condições ajustados com terceiro), o preferente tem a seu dispor um direito potestativo, que se concretiza mediante a declaração de preferir, por meio da qual o sujeito ativo [preferente] manifesta a intenção de contratar com o sujeito passivo. (...) Com a declaração positiva do preferente, isto é, com o exercício de seu direito potestativo, surge para o sujeito passivo o dever de com ele contratar. Daí se falar em direito potestativo *constitutivo* de um direito de crédito (direito de contratar com o sujeito passivo)" (LGOW, Carla Wainer Chalréo. *Direito de preferência*. São Paulo: Atlas, 2013, p. 59-60. Grifos no original).

[407] Acerca da natureza do direito de preferência, ressaltamos que existem diversos entendimentos sobre o tema. Reportamos o leitor para aprofundar o assunto e também conhecer a posição da coorganizadora desta obra, Tatiana Bonatti Peres, em: PERES, Tatiana Bonatti. *Direito agrário*: direito de preferência legal e convencional. São Paulo: Almedina, 2016, p. 77 e ss.

Mesmo que se entenda a comunicação para preferir como uma proposta contratual e a declaração do locatário como aceitação de tal proposta, o resultado deveria ser o mesmo, pois, na linha da doutrina mais moderna acerca da formação dos negócios jurídicos, diante de uma proposta vinculante aceita por seu destinatário, este poderia, sim, exigir a execução específica em face do proponente recalcitrante. É esta a posição de Gustavo Tepedino, Heloisa Helena Barboza e Maria Celina Bodin de Moraes:

> "Dentre os civilistas mais tradicionais (...) não se costuma cogitar da execução específica a propósito do estudo do caráter vinculante da proposta e dos efeitos da sua aceitação, recorrendo-se, antes, à mera composição dos prejuízos por meio das perdas e danos. À luz, porém, do princípio da efetividade, a tendência é de se ampliar o campo da execução específica, nada obstando a que seja oposta em face do ofertante recalcitrante pelo aceitante (CC, arts. 249, par. ún., e 251, par. ún.), pois, uma vez integradas a oferta e a aceitação, há relação contratual coercitiva".[408]

Não obstante, e na contramão da doutrina mais moderna acerca da formação dos contratos, o art. 29 da Lei do Inquilinato permite a posterior desistência do locador, que ficará responsável pelos prejuízos acaso gerados ao locatário, inclusive lucros cessantes. Doutrina e jurisprudência majoritárias, nesse ponto, seguem a literalidade da norma, facultando ao locatário, em caso de desistência posterior por parte do locador, apenas a via ressarcitória. Assim, já decidiu o STJ que:

> "A partir do momento em que o locatário manifesta, dentro do prazo legal, a sua aceitação à proposta, a confiança gerada acerca da celebração do contrato pode ser ofendida pelo locador de duas formas: (i) o locador pode desistir de vender o seu imóvel, aplicando-se o disposto no art. 29 da Lei 8.245/91; (ii) o locador pode preterir o locatário e realizar o negócio com terceiro, hipótese em que incide a regra do art. 33 da Lei 8.245/91 – que confere ao locatário, cumprida as exigências legais, a faculdade de adjudicar a coisa vendida. 2. Aceita a proposta pelo inquilino, o locador não está obrigado a vender a coisa ao locatário, mas a desistência do negócio o sujeita a reparar os danos sofridos, consoante a diretriz do art. 29 da Lei 8.245/91. (...) A Lei 8.245/91 não conferiu ao locatário o poder de compelir o locador a realizar a venda do imóvel, cabendo-lhe somente o ressarcimento das perdas e danos resultantes da conduta do locador".[409]

---

[408] TEPEDINO, Gustavo; BARBOZA, Heloisa Helena; MORAES, Maria Celina Bodin de (coord.). *Código Civil interpretado conforme a Constituição da República*. Rio de Janeiro: Renovar, 2006, vol. 2, p. 39. É esta também a posição de Judith Martins-Costa, para quem o dever de prestar, sujeito à execução específica, nasce no momento da "colagem" entre oferta e aceitação (*A boa-fé no direito privado*: sistema e tópica no processo obrigacional. São Paulo: RT, 1999, p. 511-512).

[409] STJ, REsp 1.193.992, 3ª Turma, Rel. Min. Nancy Andrighi, j. 02.06.2011, v.u., *DJe* 13.06.2011. Em sentido semelhante: "Debate sobre direito de preferência. Locadora que não alienou o imóvel. Interesse de agir da locatária não reconhecido. (...) É evidente que a preterição da preferência só haverá na hipótese de o bem ter sido alienado a terceiro em condições iguais ou piores que as propostas pelo locatário. Vale dizer que se o locador desiste de vender, por qualquer que seja o motivo, da preferência na aquisição já não mais se pode cogitar e, por consequência, tampouco se pode falar em direito do inquilino à adjudicação ou à indenização" (TJSP, AC 9147224-47.2004.8.26.0000 (868560-0/5; 992.04.014393-6), 36ª CDPriv., Rel. Des. Arantes Theodoro, j. 30.03.2006, v.u.). No mesmo sentido: TJMG, AI 1.0720.12.000214-5/001, 15ª CC, Rel. Des. Tiago

No âmbito doutrinário também não se costuma admitir o recurso à ação de preferência quando o locador desiste de alienar o imóvel, mesmo após a manifestação positiva do locatário: "Estabelecendo a lei especial prejuízos e lucros cessantes, afastou o possível direito de adjudicação do imóvel".[410] Em sentido semelhante:

> "Notificando o locatário para que este, desejando, exerça seu direito de preferência na aquisição da coisa locada, manifesta [o locador] clara intenção de se desfazer do bem. Não obstante isto, viável é ainda a desistência do negócio pelo vendedor. Todavia, neste caso, deverá indenizar o locatário pelos prejuízos a este ocasionados, inclusive lucros cessantes, analogicamente, com o que acontece nas hipóteses de arras".[411]

Esta linha de raciocínio, ao que parece, funda-se num dispositivo do Código Civil de 1916 que não foi reproduzido pelo Código Civil atual. Trata-se do art. 1.088 do antigo diploma legal, pelo qual "quando o instrumento público for exigido como prova do contrato, qualquer das partes pode arrepender-se, antes de o assinar, ressarcindo à outra as perdas e danos resultantes do arrependimento, sem prejuízo do estatuído nos arts. 1.095 a 1.097 [arras]". De fato, ao comentar o art. 29 da Lei do Inquilinato, grande parte dos autores que escreveram à luz do Código Civil anterior afirma que, diante do arrependimento do locador, após a manifestação positiva pelo locatário, este não pode compeli-lo à realização do negócio, "tendo em vista a regra do artigo 1.088 do Código Civil [de 1916]".[412]

Mais escorreita teria sido a Lei do Inquilinato se tivesse desautorizado a desistência do locador após a manifestação positiva do locatário. Tratando-se de outras espécies de direitos de preferência, doutrina e jurisprudência já se manifestaram no sentido de inadmitir a posterior desistência do obrigado à prelação.[413]

Outra questão que já foi objeto de análise pelos tribunais pátrios diz respeito à situação em que, após o ajuizamento da ação de preferência pelo locatário, para haver para si o imóvel indevidamente alienado, locador e terceiro adquirente celebram um distrato, pretendendo, com isso, frustrar o exercício do direito de preferência. Enquanto parte dos julgados considera que o distrato, em tal circunstância, acarreta a perda do objeto da ação proposta pelo locatário, outros, acertadamente, afirmam que o distrato posterior não pode abalar o direito de preferência do locatário. O acórdão a seguir, julgado à luz da lei de locações anterior (Lei 6.649/1979), relata bem a controvérsia, pois enquanto o voto vencido considerou que a ação

---

Pinto, j. 06.12.2012, v.u.; TJRJ, 21ª CC, AC 0000158-39.2014.8.19.0041, Rel. Des. Pedro Raguenet, j. 30.04.2019, v.u.

[410] PEDROTTI, Irineu; PEDROTTI, William. *Comentários à Lei de Locação*. São Paulo: Método, 2005, p. 179.

[411] POPP, Carlyle. Do direito de preferência na Lei do Inquilinato em vigor. *Jurisprudência Brasileira*, Curitiba: Juruá, vol. 176, dez. 1995, p. 25. Em sentido semelhante: SOUZA, Sylvio Capanema de. *A Lei do Inquilinato comentada artigo por artigo*. 8. ed. Rio de Janeiro: Forense, 2012, p. 147.

[412] CARNEIRO, Waldir de Arruda Miranda. *Anotações à Lei do Inquilinato*. São Paulo: RT, 2000, p. 183.

[413] Nesse sentido: LGOW, Carla Wainer Chalréo. *Direito de preferência*. São Paulo: Atlas, 2013, p. 112-117. No mesmo sentido, tratando de direito de preferência no âmbito de acordos de acionistas: COMPARATO, Fábio Konder. Exclusão de sócio, independentemente de específica previsão legal ou contratual. *Ensaios e pareceres de direito empresarial*. Rio de Janeiro: Forense, 1978, p. 148. No mesmo sentido, tratando do pacto de preempção (arts. 513 a 520 do Código Civil): BAPTISTA, Mário Neves. *O pacto de preempção e o terceiro adquirente de má-fé*: conceito, história e efeitos do pacto de preempção. Recife: Imprensa Industrial, 1948, p. 108-109.

de preferência perdera seu objeto, o voto vencedor concluiu que o posterior distrato não seria apto a atingir o direito de preferência do locatário. Confira-se trecho do voto vencedor: "O negócio celebrado entre os réus [locador e terceiro adquirente] foi distratado. (...) O distrato só ocorreu porque os réus tinham justo receio do resultado desta demanda [ação de preferência]. (...) O distrato é válido e eficaz, mas (...) não afastará os efeitos da sentença que aqui vier a ser prolatada. Assim, a sentença de procedência [da ação de preferência], caso venha a ser mantida, será considerada eficaz, a despeito do distrato".[414]

Trecho do voto vencido: "Sem se adentrar no mérito do distrato, resulta óbvio que não existe direito de preferência, diante do desfazimento da venda, não se podendo pensar, em consequência, na adjudicação ou em perdas e danos".[415]

Ainda a respeito dessa questão, já se manifestou o ex-presidente do Supremo Tribunal Federal, Cezar Peluso, enquanto juiz do extinto Tribunal de Alçada Cível de São Paulo. No caso concreto, que versava sobre direito de preferência do arrendatário rural, o objeto da discussão se atinha justamente à regularidade ou não do distrato realizado entre o arrendante e o terceiro, quando o arrendatário, titular do direito de preferência, decidiu fazer valer o seu direito, ingressando na justiça com o objetivo de, depositando o preço, haver para si o bem indevidamente alienado. Entendeu o Ministro que o distrato, com o claro escopo de impedir o exercício do direito de preferência, estaria a caracterizar verdadeira fraude à lei, não podendo, assim, ser admitido.[416]

Posteriormente, a posição do Ministro foi corroborada em precedente oriundo do Tribunal de Justiça do Rio de Janeiro, que versava sobre direito de prelação no âmbito do condomínio. No caso, após o exercício da preferência, que ocorreu com o ajuizamento da ação homônima, o condômino alienante pretendeu desistir do negócio que celebrou com o terceiro, o que foi negado pelo tribunal. Como se isso não bastasse, houve, ainda, cominação de multa por litigância de má-fé, pois apenas três dias após comunicar ao juiz que desistira do negócio, juntando aos autos um distrato, o condômino alienante celebrou nova promessa de compra e venda com o mesmo terceiro, relativa à mesma fração ideal.[417]

Voltando à interpretação estrita do art. 29 da Lei do Inquilinato, espera-se que, para além da literalidade da norma, este dispositivo seja interpretado de acordo com a doutrina mais moderna acerca da formação dos negócios jurídicos, tendo em vista, entre outros, o princípio da efetividade, de modo a integrar a Lei do Inquilinato à sistemática contemporânea do direito civil, garantindo-se ao locatário a possibilidade de exigir a execução específica

---

[414] TAC2/SP, AC 313122-3/00, 6ª CC, Rel. Juiz Francisco Barros, j. 06.05.1992, v.m. Disponível em *Revista dos Tribunais*, São Paulo: RT, vol. 688, fev. 1993, p. 109-111.

[415] TAC2/SP, AC 313122-3/00, 6ª CC, Rel. Juiz Francisco Barros, j. 06.05.1992, v.m. Disponível em *Revista dos Tribunais*, São Paulo: RT, vol. 688, fev. 1993, p. 109-111.

[416] TAC2/SP, AC 182.044-2, 5ª CC, Rel. Juiz. Cezar Peluso, j. 12.06.1985, v.m. Disponível em: (i) *Revista dos Tribunais*, São Paulo: RT, vol. 600. out. 1985, p. 154; e (ii) BUSSADA, Wilson. *Direito de preferência interpretado pelos tribunais*. São Paulo: Hemus, 1993, p. 133-137.

[417] TJRJ, AC 2000.001.04629, 16ª CC, Rel. Des. Miguel Ângelo Barros, j. 23.05.2000, v.u.. No mesmo sentido: "a venda de parte ideal de imóvel em condomínio a terceiro sem cientificação dos demais condôminos para exercício do direito de preferência é insubsistente. O distrato posteriormente realizado não opera efeitos retroativos, e, assim, equivale à revenda, não impedindo a ação de preferência pelos condôminos" (TJSC, AC 28.419, 3ª CC, Rel. Des. Cid Pedroso, j. 28.02.1989, v.u. Disponível em *Revista dos Tribunais*, São Paulo: RT, vol. 640, fev. 1989, p. 172-173).

do contrato quando, após ter manifestado sua intenção em preferir, o locador recusar-se a contratar, desistindo do negócio.

No Tribunal de Justiça de Minas Gerais, aliás, já se deferiu medida liminar em benefício do locatário em situação concreta em que, após a notificação para preferir e a manifestação positiva do locatário, o locador não só enviou nova notificação desistindo do negócio, como estava em vias de celebrar novos contratos de locação, com terceiros:

> "O réu-proprietário, ora agravante, através de notificação extrajudicial, formalizou o direito de preferência dos locatários em razão de sua vontade de alienar o referido imóvel, pelo preço de R$ 1.040.000,00, fls. 61-62/TJ. O locatário Kelver Souza Crispim aceitou a proposta feita, fls. 64-65/TJ. No entanto, a agravante, através de outra notificação informou aos autores que não tinha mais interesse na venda do imóvel, e como o contrato tinha prazo indeterminado, informou que não interessava mais a locação, denunciando o contrato de locação com base no art. 57 da Lei 8.245/91, fls. 356-357/TJ. Daí que os locatários, ora agravados, propuseram a demanda originária para que o proprietário fosse compelido a assinar escritura de compra e venda do imóvel e ainda sua condenação ao pagamento de indenização por prejuízos e lucros cessantes. (...) Diante a análise do caso em comento, ao meu aviso, a manutenção da decisão que deferiu o pleito liminar é medida que impõe. O *fumus boni iuris* restou comprovado, na medida em que, a proposta de alienação do imóvel restou confirmada e na atitude contraditória do proprietário de, posteriormente, à aceitação pelos inquilinos, simplesmente desistir de seu intento, e ainda, requerer a denúncia do contrato. Daí que, como bem asseverou o Magistrado de 1ª Instância, observa-se 'a possibilidade de estar o proprietário, por via transversal, afastar o direito de preferência do locatário, legitimamente manifestado no prazo previsto pela lei de locações'. Da mesma forma, verifica-se *periculum in mora* através dos diversos contratos de locação do espaço para eventos já firmados pelos agravados, até 2012, os quais caso não ocorram em virtude da rescisão da locação ou de seu despejo compulsório, realmente, poderão vir causar significativos prejuízos aos agravados".[418]

Em outra oportunidade, no mesmo Tribunal de Justiça de Minas Gerais, já se considerou que a manifestação positiva do locatário vincula o locador, de modo que este último não poderia, portanto, se valer da ação de despejo para se furtar à conclusão do negócio, em razão do princípio da boa-fé objetiva:

> "Despejo. Denúncia vazia. Prévio envio de carta de preferência para compra do imóvel. Aceitação da proposta. Vinculação do locador. Despejo ajuizado com intuito de se furtar à conclusão do negócio. Impossibilidade. Princípio da boa-fé objetiva. Enviada pelo proprietário carta de preferência ao locatário para compra do imóvel locado e aceita a proposta, fica o locador vinculado ao cumprimento daquelas condições, não podendo vir a alterar a proposta e nem promover ação de despejo por denúncia vazia com o intuito de se furtar à obrigação assumida, o que viola o princípio da boa-fé objetiva".[419]

---

[418] TJMG, AI 1.0024.11.010847-9/001, 11ª CC, Rel. Des. Wanderley Paiva, j. 13.07.2011, v.u.
[419] TJMG, AC 1.0439.08.084718-9/001, 18ª CC, Rel. Des. Mota e Silva, j. 11.08.2009, v.u.

A decisão, contudo, foi revertida no Superior Tribunal de Justiça, no julgamento do já citado Recurso Especial 1.193.992.

Vale referir, ainda, que, em contrapartida ao disposto no art. 29 da Lei do Inquilinato, caso, após a manifestação positiva, o locatário (e não o locador) desista de contratar, também estará sujeito, no mínimo, a indenizar o locador pelos prejuízos daí decorrentes.[420] Nessa linha, ao tratar do pacto de preempção, regulado pelos arts. 513 a 520 do Código Civil, Paulo Luiz Netto Lôbo, em lição que deveria incidir, também, aos contratos de locação, afirma que, "se o comprador ou o vendedor desistirem da venda ou da compra, ou do exercício do direito de preferência, não terão qualquer valor essas manifestações, porque violariam o princípio de vedação de *venire contra factum proprium*".[421] Este deveria ser o real alcance do art. 29 da Lei do Inquilinato.

Registre-se, por fim, que o legislador fez questão de mencionar, na parte final do dispositivo, que a responsabilidade pelos prejuízos ocasionados deverá abranger "inclusive lucros cessantes". Ou seja, o locador deverá indenizar o locatário que teve o seu direito de preferência desrespeitado por todos os prejuízos sofridos. Incide, aqui, como não poderia deixar de ser, o princípio da reparação integral, a exigir que não apenas os danos emergentes, mas também os lucros cessantes sejam plenamente indenizados, desde que devidamente comprovados (cf. comentário ao art. 33).

Art. 30. Estando o imóvel sublocado em sua totalidade, caberá a preferência ao sublocatário e, em seguida, ao locatário. Se forem vários os sublocatários, a preferência caberá a todos, em comum, ou a qualquer deles, se um só for o interessado.

Parágrafo único. Havendo pluralidade de pretendentes, caberá a preferência ao locatário mais antigo, e, se da mesma data, ao mais idoso.

Comentários (Gisela Sampaio da Cruz Guedes e Carla Wainer Chalréo Lgow):

No *caput* deste dispositivo o legislador regulou a preferência na hipótese de o imóvel estar, em sua totalidade, sublocado. O suporte fático de incidência da norma exige, portanto, a sublocação integral, de modo que, tratando-se de sublocação parcial, não se deve aplicar o referido artigo, cujo campo de atuação se encontra muito bem delimitado.

Nos casos de sublocação integral, o legislador entendeu por bem conferir a preferência ao sublocatário, em detrimento do locatário que não faz uso do imóvel. Segundo Maria Celina Bodin de Moraes, "trata-se de uma opção legislativa (...) pela efetividade e estabilidade no uso dos bens locados".[422] Assim, de acordo com a redação do *caput*, sublocado o imóvel na sua totalidade, "(...) a preferência será do sublocatário (se tiver consentimento por escrito do locador) e, em seguida, do locatário".[423]

É evidente que o dispositivo se refere à sublocação legítima, isto é, àquela autorizada pelo locador, como adverte a doutrina: "Só se pode reconhecer como sublocação, para efeito

---

[420] CARNEIRO, Waldir de Arruda Miranda. *Anotações à Lei do Inquilinato*. São Paulo: RT, 2000, p. 183.
[421] LÔBO, Paulo Luiz Netto. Parte especial: das várias espécies de contratos. In: AZEVEDO, Antônio Junqueira de (coord.). *Comentários ao Código Civil*. São Paulo: Saraiva, 2003, vol. 6, p. 178.
[422] MORAES, Maria Celina Bodin de. In: BITTAR, Carlos Alberto (org.). *A Lei do Inquilinato anotada e comentada*. 2. ed. Rio de Janeiro: Forense Universitária, 1995, p. 40.
[423] MONTEIRO, Franklin Delano do Rego. *A nova Lei do Inquilinato*. Rio de Janeiro: Forense, 1996, p. 24.

de exercício do direito de preferência, a chamada sublocação legítima, ou seja, aquela permitida pelo contrato de locação".[424] A sublocação não autorizada pelo locador, de fato, "(...) não atribuiu direitos locatícios ao sublocatário que, nesse caso, é mero intruso".[425]

Se houver mais de um sublocatário interessado no imóvel, a preferência caberá a todos, em comum, ou a qualquer deles, se um só for o interessado. Significa dizer, por outras palavras, que, se todos os sublocatários se interessarem pela compra, todos poderão exercer a preferência, caso em que passarão a ser titulares da propriedade em condomínio. Se, entretanto, apenas alguns deles se interessarem pelo negócio, deverão exercer a preferência para adquirir o imóvel todo (na sua integralidade), em condomínio, não sendo o locador obrigado a alienar apenas parte do imóvel, como se depreende, aliás, da aplicação analógica do art. 517 do Código Civil, que regula o pacto de preempção.

Se não houver sublocatários interessados na compra, a preferência passa a ser dos locatários. No parágrafo único, lê-se que, "havendo pluralidade de pretendentes, caberá a preferência ao locatário mais antigo, e, se da mesma data, ao mais idoso". Note-se que o legislador adotou, no *caput*, um critério para os sublocatários e, no parágrafo único, outros bem distintos para os inquilinos. No *caput*, "(...) adota-se a preferência conjunta de quantos se interessem por exercê-la, diferenciando-se dos critérios de desempate determinados na preferência de pluralidade de inquilinos".[426] Para Maria Celina Bodin de Moraes, "(...) a *ratio* do preceito inquilinário encontra-se na maior dificuldade, presumida pelo legislador, que tem o locatário mais idoso de reacomodar-se".[427]

O legislador não esclareceu, porém, como deve proceder o locador para oferecer a preferência. A doutrina se divide em duas correntes: (i) na primeira corrente, estão os autores que defendem que a notificação deve ser dirigida aos sublocatários, para, só depois da resposta negativa ou de escoado o prazo sem resposta, ser enviada também aos inquilinos;[428] (ii) de acordo com a segunda corrente, o locador deve enviar a comunicação a ambos, sublocatário e locatário, simultaneamente,[429] mas, se os dois decidirem exercer a preferência, esta será do sublocatário, desde que se trate de sublocação integral.[430]

Ao usar, no *caput* do art. 30, a expressão "em seguida", o legislador dá a entender que as notificações devem ser sucessivas, o que parece indicar que a primeira corrente estaria com razão. Acontece que o que é sucessiva é a preferência, mas não, necessariamente, o prazo para o exercício dela. Se o locador notificar primeiro o sublocatário, para, só então, recebida a resposta ou transcorrido o prazo em branco, notificar na sequência o locatário, perderá tempo sem necessidade. Assim, a rigor, nada o impede de, numa mesma notificação, comunicar ambos a respeito das condições da alienação, conferindo um prazo único de 30 dias para o exercício da preferência. Evidentemente, se os dois se interessarem pela compra do imóvel, a preferência

---

[424] MOREIRA, Pery. *Lei do Inquilinato comentada atualizada e conforme o novo Código Civil*. São Paulo: Memória Jurídica, 2003, p. 58.

[425] CARNEIRO, Waldir de Arruda Miranda. *Anotações à Lei do Inquilinato*. São Paulo: RT, 2000, p. 185.

[426] MORAES, Maria Celina Bodin de. In: BITTAR, Carlos Alberto (org.). *A Lei do Inquilinato anotada e comentada*. 2. ed. Rio de Janeiro: Forense Universitária, 1995, p. 40.

[427] MORAES, Maria Celina Bodin de. In: BITTAR, Carlos Alberto (org.). *A Lei do Inquilinato anotada e comentada*. 2. ed. Rio de Janeiro: Forense Universitária, 1995, p. 40.

[428] LUZ, Aramy Dornelles da. *A nova Lei do Inquilinato na prática*. São Paulo: RT, 1992, p. 87.

[429] CARNEIRO, Waldir de Arruda Miranda. *Anotações à Lei do Inquilinato*. São Paulo: RT, 2000, p. 185.

[430] PEDROTTI, Irineu; PEDROTTI, William. *Comentários à Lei de Locação*. São Paulo: Método, 2005, p. 180.

será do sublocatário, como impõe o artigo, tratando-se de sublocação integral. Mesmo nesta hipótese, "(...) pode ocorrer na prática que o sublocatário, por exemplo, receba a notícia depois do locatário. Nesse caso, evidente que cada um terá sua própria contagem de trinta dias".[431]

O *caput* do art. 30 refere-se apenas ao imóvel sublocado em sua totalidade. Não trata, portanto, da hipótese de sublocação parcial. Numa interpretação *a contrario sensu*, "se a sublocação é parcial, permanecendo o locatário no imóvel, ainda que em parte reduzida, a ele caberá a prioridade, quanto ao exercício da preferência".[432] E se o locatário-sublocador não se interessar pelo exercício da preferência? Deve o locador, nessa hipótese, oferecer a preferência ao sublocatário? Quem suscita a discussão é Sylvio Capanema de Souza: "Que prejuízo adviria para o locador oferecer a preferência ao sublocatário parcial, se a não quiser o locatário? Parece-nos que nenhum. (...) O sublocatário já ocupa o imóvel, embora não integralmente, sendo socialmente justo que nele possa permanecer, adquirindo a propriedade".[433]

A questão, entretanto, não é tão simples de se responder. Afinal, o direito de preferência representa uma restrição excepcional, imposta pelo legislador, ao poder de disposição do proprietário e, como tal, deve ser interpretada. O legislador só conferiu direito de preferência legal ao sublocatário na hipótese de o imóvel estar sublocado em sua integralidade. Interpretar extensivamente a norma para conferir o direito de preferência ao sublocatário também nas hipóteses de sublocação parcial parece ferir as boas regras de exegese, além de impor um ônus excessivo ao locador, sem expressa previsão legal.

Art. 31. Em se tratando de alienação de mais de uma unidade imobiliária, o direito de preferência incidirá sobre a totalidade dos bens objeto da alienação.

Comentários (Gisela Sampaio da Cruz Guedes e Carla Wainer Chalréo Lgow):

A redação do art. 31 da Lei do Inquilinato delimita a sua hipótese de incidência: a norma se aplica tão somente aos casos em que há a alienação de mais de uma unidade imobiliária e, a nosso ver, devem ser unidades que tenham, entre si, certa sinergia, a influenciar o próprio preço do conjunto, caso em que o direito de preferência incidirá sobre a totalidade dos bens objeto da alienação para não prejudicar o interesse econômico do locador, já que, no mais das vezes, o conjunto vale mais do que a soma de suas unidades.

Como lembra a doutrina, a venda em conjunto, em geral, proporciona melhor resultado, "(...) especialmente quando se trata de velhos e pequenos edifícios, localizados em bairros que se valorizaram, e cuja compra interessa a um incorporador, para demoli-los, e, em seu lugar, erguer um prédio maior e mais moderno. A venda por unidade inibiria o processo de modernização das cidades. Ressalte-se que a preferência será oferecida a cada locatário ou sublocatário, mas da proposta constarão o preço total, de todo o conjunto, e a advertência de que não se admitirá a venda isolada".[434] Assim, por força do art. 31, nenhum dos sublocatários

---

[431] CARNEIRO, Waldir de Arruda Miranda. *Anotações à Lei do Inquilinato*. São Paulo: RT, 2000, p. 185.
[432] SOUZA, Sylvio Capanema de. *A Lei do Inquilinato comentada artigo por artigo*. 8. ed. Rio de Janeiro: Forense, 2012, p. 148.
[433] SOUZA, Sylvio Capanema de. *A Lei do Inquilinato comentada artigo por artigo*. 8. ed. Rio de Janeiro: Forense, 2012, p. 148.
[434] SOUZA, Sylvio Capanema de. *A Lei do Inquilinato comentada artigo por artigo*. 8. ed. Rio de Janeiro: Forense, 2012, p. 149.

ou locatários poderá pretender a aquisição isolada da unidade que está a locar: a preferência deve ser exercida sobre o conjunto. Se, porém, mais de um sublocatário ou locatário se interessar pelo conjunto, aplicam-se as regras previstas no art. 30.

Na opinião de Sylvio Capanema de Souza, o dispositivo não deve incidir se as unidades estiverem situadas em prédios distintos: "Imagine-se, por exemplo, que alguém é proprietário de cinco apartamentos, mas situados em edifícios diferentes, e pretenda aliená-los todos. Parece-nos, nesta hipótese, que não se aplicaria a regra do artigo 31, sendo imperioso que a preferência seja oferecida, isoladamente, a cada um dos locatários. A interpretação teleológica do dispositivo em comento nos convence que só se aplicaria ele quando as diversas unidades pertencem a um mesmo conjunto arquitetônico".[435] Esta opinião é, entretanto, controversa.

Há quem entenda, ao contrário, que o direito de preferência deve incidir sobre o todo, quer se trate de diversas unidades em um mesmo edifício de apartamentos, "quer se trate de unidades isoladas e simplesmente unidas no negócio pretendido pelo locador".[436] No mesmo sentido, afirma-se que "o dispositivo em exame assegura ao locador, proprietário de todas ou de algumas unidades imobiliárias autônomas, dum mesmo edifício ou não, o direito de vendê-las numa única transação".[437] É que, para esta corrente, "com a expressão 'mais de uma unidade imobiliária' entendem-se todas que façam parte de um todo, como no caso de um prédio de apartamentos, de escritórios, de consultórios, entre outros, pouco importando que se trate de unidades isoladas ou unidas na transação pretendida pelo locador. É a chamada 'venda em bloco' no mercado imobiliário".[438]

Nesta discussão, deve-se atentar para uma interpretação funcionalizada da norma. A função da norma é claramente a de proteger o interesse econômico do locador, "(...) na medida em que a alienação conjunta de todas as unidades possa ser mais vantajosa, proporcionando-lhe resultado econômico mais compensador".[439] É que a venda isolada de cada uma das unidades normalmente não chega ao valor do conjunto. A sinergia do conjunto eleva o valor de mercado dos bens, de modo que, se o locador fosse obrigado a oferecer isoladamente a preferência a cada um dos locatários dos imóveis, provavelmente não lucraria tanto quanto se fosse vender para um só interessado o conjunto inteiro. Diz-se, por isso mesmo, que "a intenção da norma é manter correspondência entre a preferência do locatário e o negócio pretendido pelo locador".[440]

Assim, a nosso ver, toda vez que o locador conseguir demonstrar que a venda do conjunto é, de fato, mais vantajosa, ele poderá valer-se do artigo em comento, independentemente de as unidades estarem ou não situadas no mesmo prédio ou bloco. Parece-nos que o importante aqui não é tanto o local onde estão situadas as unidades – se no mesmo prédio ou não –, mas sim se a sinergia do conjunto proporcionará ao locador um negócio melhor. É evidente que, se, por um lado, a norma visa assegurar um direito do locador – o direito de obter maior

---

[435] SOUZA, Sylvio Capanema de. *A Lei do Inquilinato comentada artigo por artigo*. 8. ed. Rio de Janeiro: Forense, 2012, p. 150.

[436] CARNEIRO, Waldir de Arruda Miranda. *Anotações à Lei do Inquilinato*. São Paulo: RT, 2000, p. 186.

[437] HANADA, Fábio; HANADA, Andréa Ranieri. *A Lei do Inquilinato sob a ótica da doutrina e da jurisprudência*. São Paulo: LEUD, 2010, p. 153.

[438] PEDROTTI, Irineu; PEDROTTI, William. *Comentários à Lei de Locação*. São Paulo: Método, 2005, p. 181.

[439] ALVES, Ricardo Luiz. O direito de preferência do locatário na Lei do Inquilinato. *Informativo jurídico Consulex*, Brasília: Consulex, vol. 16, n. 19, maio 2002, p. 16.

[440] CARNEIRO, Waldir de Arruda Miranda. *Anotações à Lei do Inquilinato*. São Paulo: RT, 2000, p. 186.

lucratividade com a venda do conjunto –, por outro lado este direito não pode ser exercido abusivamente, apenas para burlar um direito de preferência assegurado pela lei ao locatário.

Vale registrar que a jurisprudência não se furta de aplicar o artigo na prática:

> "Apelação cível. Alienação do imóvel locado. Alienação em blocos. Possibilidade. Direito de preferência sobre a totalidade dos bens objeto de alienação. Contraproposta. Aquisição de unidade imobiliária. Recusa legítima. Manutenção. Desejando o locador alienar o imóvel objeto de locação conjuntamente com outros bens, o direito de preferência incidirá sobre a totalidade dos bens não sendo dado ao locatário exigir que a venda recaia apenas sobre o objeto de seu interesse".[441]

> "Locação. Alienação do imóvel. Direito de preferência. Adquirente. Denúncia do contrato. O direito de preferência do locatário na aquisição do imóvel está atrelado à oferta realizada pelo locador. Se a pretensão é a venda do prédio, referido direito de preferência deverá ser exercido em relação ao todo, e não apenas quanto à unidade locada. Se o imóvel for alienado durante a locação, o adquirente poderá denunciar o contrato, com o prazo de noventa dias para a desocupação. (...) Colhe-se dos autos que o imóvel locado pelos autores fora vendido no curso do contrato, pelo que estão na iminência de serem despejados ante o desinteresse do atual proprietário na locação (fl. 17). Daí esta demanda, cuja pretensão cinge-se na continuidade do contrato até o seu termo, bem como na reparação pelos danos morais por desrespeito ao direito de preferência na aquisição do imóvel locado. Quanto ao direito de preferência, tem-se que os autores receberam uma proposta da antiga proprietária (primeira ré), no sentido de que todo o prédio estava à venda pelo valor global de R$ 200.000,00 (fl. 14). Como não possuíam condições financeiras para arrematar a totalidade do bem, formularam uma contraproposta direcionada à compra apenas da unidade locada (fl. 16). O que não foi aceito (fl. 15). Com efeito, diante de tais fatos, não prospera a alegação de que o seu direito de preferência fora desprezado. Na espécie, se a pretensão da proprietária foi de vender todo o prédio, é sobre ele que recai o direito dos locatários na aquisição preferencial, conforme disposto no art. 31 da Lei 8.245/91, senão vejamos: Art. 31. Em se tratando de alienação de mais de uma unidade imobiliária, o direito de preferência incidirá sobre a totalidade dos bens objeto da alienação. Em suma, respeitado o direito de preferência, não há falar em ato ilícito da vendedora (primeira ré) e, por consequência, em dever de reparar o alegado dano moral."[442]

Obviamente, tratando-se de alienação de uma única unidade imobiliária, o art. 31 não deve incidir, assim como "inquilinos parciais ou sublocatários não podem exigir a venda da coisa em partes".[443]

Por fim, vale referir que no ordenamento jurídico português a alienação de bem sujeito à preferência conjuntamente com outros vem regulada pelo art. 417 do Código Civil, que dispõe o seguinte: "se o obrigado quiser vender a coisa [sujeita à preferência] juntamente com outra ou outras, por um preço global, pode o direito [de preferência] ser exercido em relação àquela

---

[441] TJMG, AC 1.0024.11.020738-8/001, 12ª CC, Rel. Des. Domingos Coelho, j. 05.06.2013, v.u.
[442] TJMG, AC 1.0145.10.024731-4/001, 11ª CC, Rel. Des. Marcos Lincoln, j. 30.03.2011, v.u.
[443] SLAIBI FILHO, Nagib. *Comentários à nova Lei do Inquilinato*. 9. ed. Rio de Janeiro: Forense, 1996, p. 241.

pelo preço que proporcionalmente lhe for atribuído, sendo lícito, porém, ao obrigado exigir que a preferência abranja todas as restantes, se estas não forem separáveis sem prejuízo apreciável". Assim, nas palavras de Agostinho Cardoso Guedes, em princípio, "o preferente tem direito a celebrar com o vinculado à preferência o contrato projectado tendo por objeto apenas a coisa sujeita à prelação, sendo a contrapartida devida calculada proporcionalmente". Não obstante, "a lei atribui ao sujeito passivo a possibilidade de se opor ao exercício de tal faculdade, restando ao preferente a celebração do negócio nas condições ajustadas com terceiro, sem separação das coisas, desde que esta separação não seja possível sem prejuízo apreciável".[444]

Art. 32. O direito de preferência não alcança os casos de perda da propriedade ou venda por decisão judicial, permuta, doação, integralização de capital, cisão, fusão e incorporação.

Parágrafo único. Nos contratos firmados a partir de 1º de outubro de 2001, o direito de preferência de que trata este artigo não alcançará também os casos de constituição da propriedade fiduciária e de perda da propriedade ou venda por quaisquer formas de realização de garantia, inclusive mediante leilão extrajudicial, devendo essa condição constar expressamente em cláusula contratual específica, destacando-se das demais por sua apresentação gráfica.

Comentários (Gisela Sampaio da Cruz Guedes e Carla Wainer Chalréo Lgow):

De acordo com o *caput* deste dispositivo, a perda da propriedade ou venda por decisão judicial, permuta, doação, integralização de capital, cisão, fusão e incorporação são hipóteses que não disparam o direito de preferência legal cujo suporte fático de incidência exige, como determina o art. 27, "venda, promessa de venda, cessão, promessa de cessão ou dação em pagamento". Dado o caráter excepcional do direito de preferência legal, a expansão do seu alcance não é mesmo recomendável. Daí o legislador ter preferido deixar claro, neste dispositivo, que o direito de preferência não incidirá nesses casos que poderiam suscitar discussão.

Embora o *caput* do artigo se refira expressamente à permuta, na opinião de Sylvio Capanema de Souza:

> "Nos dias atuais vai se tornando frequente a chamada 'permuta no local', em que o proprietário de um imóvel celebra com uma empresa incorporadora ou construtora uma permuta, ou promessa de permuta, trocando a propriedade do imóvel locado por um certo número de unidades, a serem construídas, pelo outro permutante. Em outras palavras: permuta de coisa já existente por uma obrigação de fazer, ou ainda, uma coisa existente, por outra futura. Nestes casos não se pode afirmar que os bens são infungíveis, inibindo o exercício de preferência, pela impossibilidade de se igualar a oferta. (...) Tecnicamente, o locatário poderia desincumbir-se da obrigação de fazer, propondo-se a realizar, por sua conta, igual incorporação, entregando ao proprietário o mesmo número de unidades futuras, quando concluídas as obras. Forçoso será reconhecer que, na prática, a hipótese seria muito difícil de ocorrer, podendo o locador argumentar a questão de sua confiabilidade na empresa incorporadora ou construtora que escolhera, para celebrar o negócio".[445]

---

[444] GUEDES, Agostinho Cardoso. *O exercício do direito de preferência*. Porto: Coimbra Ed., 2006, p. 402.
[445] SOUZA, Sylvio Capanema de. *A Lei do Inquilinato comentada artigo por artigo*. 8. ed. Rio de Janeiro: Forense, 2012, p. 151. De fato, a jurisprudência reconhece a inviabilidade de exercício de direito de

Na prática, porém, como reconhece o próprio autor, o locador poderia argumentar a questão da confiabilidade na incorporadora ou construtora escolhida, no que estaria, a nosso ver, com toda razão, já que este tipo de negócio pressupõe mesmo uma relação de confiança entre as partes envolvidas.

A decisão judicial a que se refere o dispositivo, como se observa em doutrina, "(...) deve ser entendida como aquela já transitada em julgado".[446] Assim, caso uma decisão judicial impondo a venda do imóvel ainda esteja pendente de recurso, não terá o condão de estancar o direito de preferência do locatário, assegurado pela lei.

O art. 32 não se refere, especificamente, à venda judicial ocorrida no âmbito da falência do locador. Segundo Sérgio Campinho, a falência do locador não interrompe o direito de preferência do locatário, embora modifique sua condição de exercício. Nas palavras do autor:

> "Direito de preferência do locatário do falido. A falência do locador não resolve a locação. (...) Pagará [o locatário] a retribuição locatícia à massa, na pessoa do administrador, até que se opere a venda judicial do bem locado. (...) Não há, tecnicamente, uma interrupção do direito de preferência, mas sim uma modificação na condição de seu exercício. Não se tem, nesses termos, a necessidade de o imóvel ser previamente oferecido ao locatário, conforme preceitua o artigo 27 da mesma Lei nº 8.245/91. Mas isso não quer dizer que, concorrendo em igualdade com terceiros em leilão, não lhe deva ser assegurada essa preferência. (...) Nesse diapasão, parece-me perfeitamente adequada a lição de Sylvio Capanema de Souza, valendo traduzi-la, *ipsis verbis*: 'Como se não bastasse o argumento, a preferência não precisará ser oferecida ao locatário, já que poderá ele, como qualquer pessoa do povo, comparecer ao leilão e igualar o lance vencedor, quando, então, lhe será assegurada a primazia. Seu direito não corre risco algum, já que a venda judicial é pública e precedida de editais para o conhecimento de todos. A preferência será, assim, exercida por ocasião da venda".[447]

No que tange à recuperação judicial do locador, a Terceira Turma do Superior Tribunal de Justiça já considerou não se tratar de venda por decisão judicial para efeito deste artigo a venda direta de imóvel decorrente do plano de recuperação judicial do locador, aprovado pelos credores e apenas homologado pelo juiz. Assim, em casos tais, deve ser respeitado o direito de preferência do locatário, tal como previsto no art. 27 da Lei do Inquilinato.[448]

O art. 32 é frequentemente invocado em decisões judiciais, seja para aplicá-lo, seja para afastar a sua incidência. Em decisão monocrática do Ministro Luís Felipe Salomão, o artigo foi afastado por se tratar de adjudicação em processo de execução de bem constrito do executado, que na relação contratual havida com a recorrente figurava como locador do

---

preferência diante de um negócio de permuta, ainda que se trate de permuta com torna, a exemplo do seguinte precedente: TJSP, 25ª Câmara da Sessão de Direito Privado, AC 1059482-65.2014.8.26.0002Rel. Des. Edgard Rosa, j. 16.02.2017, v.u.

[446] ALVES, Ricardo Luiz. O direito de preferência do locatário na Lei do Inquilinato. *Informativo jurídico Consulex*, Brasília: Consulex, vol. 16, n. 19, maio 2002, p. 16.

[447] CAMPINHO, Sérgio. Regime jurídico do contrato. O contrato de locação na falência. Direito de preferência do locatário do falido. A falência e o princípio da "venda (não) rompe locação". *Revista Semestral de Direito Empresarial*, Rio de Janeiro: Renovar, vol. 2. jan.-jun. 2008, p. 250-251.

[448] STJ, REsp 1.374.643, 3ª Turma, Rel. Min. João Otávio de Noronha, j. 06.05.2014, v.u., *DJe* 02.06.2014, *RSTJ* vol. 235, p. 315.

imóvel que fora expropriado. Segundo o Ministro, "(...) não estando a adjudicação dentre as hipóteses legais descritas no artigo em testilha, não se verifica de que modo pode ter ocorrido a ofensa ao artigo indigitado".[449]

O locador não pode, entretanto, valer-se do dispositivo para burlar a preferência do locatário, nas hipóteses resguardadas pelo art. 27. Nesse sentido já se manifestou o Tribunal de Justiça do Rio de Janeiro, em precedente que versava sobre o direito de preferência do locatário de imóvel comercial. Como a Lei do Inquilinato é clara ao estabelecer, no *caput* de seu art. 32, que a preferência não abrange o negócio jurídico de permuta, locador e terceiro, para afastar o direito do locatário, celebraram um contrato misto, que deveria ser adimplido pelo terceiro parte em dinheiro, parte em bens. A despeito da forma com que o negócio foi estruturado, decidiu o tribunal que, por ser quantitativamente irrelevante, no montante global, a parte devida pelo terceiro adquirente em bens, o negócio deveria ser considerado uma compra e venda, para efeito de incidência do direito de preferência do locatário.[450]

---

[449] Decisão monocrática: "1. Trata-se de agravo interposto por Atende Bem Soluções de Atendimento Informação Comunicação Informática Locação Comércio e Indústria Ltda. contra decisão que inadmitiu recurso especial, com fulcro no art. 105, III, 'a', da Constituição Federal, em face de acórdão do Tribunal de Justiça do Estado do Rio Grande do Sul, assim ementado:

Ação de execução. Adjudicação do imóvel constrito pela exequente, independente da existência de ação renovatória de locação devidamente registrada na matrícula do bem. Não aplicabilidade, *in casu*, do disposto pelo art. 27 da Lei de Locações. De todo modo, a parte exequente afirma não ter interesse na denúncia do contrato de locação, podendo a agravante permanecer na posse do imóvel. Agravo desprovido.

Nas razões do especial, alega-se violação do art. 27 da Lei n. 8.245/91. Sustenta a recorrente, a necessidade de ser observado o seu direito de preferência de aquisição do imóvel locado, o qual foi objeto de adjudicação por terceiro em processo de execução, onde o locador figurou como executado.

Decido.

2. A irresignação não merece prosperar. De fato, o artigo 27 da Lei n. 8.245/91 dispõe o seguinte: No caso de venda, promessa de venda, cessão ou promessa de cessão de direitos ou dação em pagamento, o locatário tem preferência para adquirir o imóvel locado, em igualdade de condições com terceiros, devendo o locador dar-lhe conhecimento do negócio mediante notificação judicial, extrajudicial ou outro meio de ciência inequívoca.

Como se infere da leitura textual do dispositivo em testilha, o direito de preferência do locatário para adquirir o imóvel locado é garantido pela Lei do Inquilinato nos casos de venda, promessa de venda, cessão ou promessa de cessão de direitos ou dação em pagamento. No entanto, a hipótese vertente refere-se à adjudicação em processo de execução de bem constrito do executado, que na relação contratual havida com a recorrente figura como locador do imóvel, ora expropriado. Portanto, não estando a adjudicação dentre as hipóteses legais descritas no artigo em testilha, não se verifica de que modo pode ter ocorrido a ofensa ao artigo indigitado. 2.1 Como é cediço, para a análise da admissibilidade do especial pela alínea 'a' do permissivo constitucional, é imprescindível que a argumentação erigida no recurso, demonstre de plano, mediante uma concatenação lógica, o malferimento dos artigos pelo acórdão recorrido. Entretanto, no caso em apreço, a recorrente limita-se a arguir violação do art. 27 da Lei 8.245/91 sem indicar, clara e objetivamente, de que forma o caso dos autos se amolda àquela hipótese legal. Ressalto que a via estreita do recurso especial exige a demonstração inequívoca da ofensa aos preceitos de lei federal, bem como a sua indicação, a fim de possibilitar o seu exame em conjunto com o decidido nos autos, sendo certo que a alegação genérica de ofensa à lei caracteriza deficiência de fundamentação, em conformidade com o enunciado sumular nº 284 do STF. 3. Ante o exposto, nego provimento ao agravo. Publique-se. Intimem-se. Brasília, 16 de dezembro de 2014" (STJ, Decisão Monocrática, AREsp 614.179, Rel. Min. Luis Felipe Salomão, j. 16.12.2014, *DJe* 02.02.2015).

[450] TJRJ, AC 0062746-18.2008.8.19.0001 (2009.001.32118), 4ª CC, Rel. Des. Sidney Hartung, j. 22.10.2009, v.u.: "Contrato de locação comercial. Direito de preferência não respeitado. Contrato celebrado

Como já explicado em outra oportunidade,[451] o ordenamento jurídico português previu expressamente a regulação do direito de preferência quando a obrigação do potencial adquirente do bem abrange prestação acessória. Como relata António Menezes Cordeiro, de acordo com art. 418 do Código Civil português, quando o obrigado à preferência acordar uma prestação acessória, secundária, por exemplo, "um serviço pessoal não fungível ou a transmissão de uma coisa única", observar-se-á o seguinte, para fins de incidência de direito de preferência: (i) a prestação deve ser compensada pelo preferente em dinheiro; (ii) não sendo avaliável em dinheiro, é excluída a preferência; (iii) a menos que seja lícito presumir que a venda seria efetuada mesmo sem a prestação estipulada; (iv) ou que ela foi convencionada para afastar a preferência.[452]

Por fim, segundo o parágrafo único deste artigo, "nos contratos firmados a partir de 1º de outubro de 2001, o direito de preferência de que trata este artigo não alcançará também os casos de constituição da propriedade fiduciária e de perda da propriedade ou venda por quaisquer formas de realização de garantia, inclusive mediante leilão extrajudicial, devendo essa condição constar expressamente em cláusula contratual específica, destacando-se das demais por sua apresentação gráfica".

Com essas palavras, o legislador previu outra importante exceção diante da qual não incide o direito de preferência do locatário: transferências com escopo de garantia (e, portanto, resolúveis) ou como forma de realização desta não disparam o direito de preferência, nem mesmo mediante leilão extrajudicial, o que deve constar de forma expressa para assegurar a ciência do locatário: "Exige a lei que tudo isso conste de cláusula expressa e diferenciada, em cumprimento aos princípios da informação e da boa-fé objetiva, e para que o locatário tome ciência inequívoca do dispositivo".[453]

Art. 33. O locatário preterido no seu direito de preferência poderá reclamar do alienante as perdas e danos ou, depositando o preço e demais despesas do ato de transferência, haver para si o imóvel locado, se o requerer no prazo de seis meses, a contar do registro do ato no cartório de imóveis, desde que o contrato de locação esteja averbado pelo menos trinta dias antes da alienação junto à matrícula do imóvel.

Parágrafo único. A averbação far-se-á à vista de qualquer das vias do contrato de locação desde que subscrito também por duas testemunhas.

Comentários (Gisela Sampaio da Cruz Guedes e Carla Wainer Chalréo Lgow):

1. Natureza jurídica do direito de preferência

A discussão em torno da natureza jurídica do direito de preferência ganhou a atenção dos juristas, notadamente estrangeiros, ao longo das últimas décadas.[454] Muitas foram as

---

      com previsão de pagamento de vultosa quantia em dinheiro, sendo apenas parte mínima do preço permutada por unidades autônomas. Caracterizado o contrato de compra e venda. Sentença de improcedência dos pedidos".

[451] Pede-se licença para remeter o leitor para LGOW, Carla Wainer Chalréo. *Direito de preferência*. São Paulo: Atlas, 2013, p. 34-35.

[452] CORDEIRO, António Menezes. *Tratado de direito civil português*: direito das obrigações – contratos, negócios unilaterais. Coimbra: Almedina, 2010, vol. 2, t. II, p. 506.

[453] SOUZA, Sylvio Capanema de. *A Lei do Inquilinato comentada artigo por artigo*. 8. ed. Rio de Janeiro: Forense, 2012, p. 152.

[454] Dentre os autores brasileiros que se dedicaram ao tema, vale conferir: BAPTISTA, Mario Neves. *O pacto de preempção e o terceiro adquirente de má-fé*: conceito, história e efeitos do pacto de preempção. Recife: Imprensa Industrial, 1948, especialmente a partir da p. 44.

teorias desenvolvidas e criticadas, não existindo, até hoje, consenso sobre o assunto.[455] Nas palavras de Kioitsi Chicuta, "a doutrina não se entende sobre a natureza jurídica do direito de preferência, sustentando uns que se cuida de mero direito pessoal e outros de direito real".[456]

Respeitadas as posições em sentido contrário,[457] ao que parece o direito de preferência do locatário, que, preenchidas certas condições, lhe possibilita "haver para si o imóvel locado", é espécie de direito pessoal com eficácia real, e não de direito real.

As obrigações com eficácia real, como explica Carlos Roberto Gonçalves, são aquelas que, sem perder seu caráter de direito a uma prestação, "são oponíveis a terceiro que adquira direito sobre determinado bem. Certas obrigações resultantes de contratos alcançam, por força de lei, a dimensão de direito real".[458] Para Marcos Catalan, "caracterizam-se como aquelas que, tendo gênese entre os direitos creditícios, serão oponíveis perante terceiros se observada a necessária solenidade".[459]

Assim, por exemplo, na visão de Sílvio de Salvo Venosa, o direito de preferência do locatário, nas condições descritas na lei – isto é, estando o contrato de locação registrado junto à matrícula do imóvel pelo menos 30 dias antes da alienação em violação à preferência –, "alcança eficácia real".[460] De maneira semelhante, explica Orlando Gomes que o direito de preferência, "em sua maior dimensão", isto é, sendo facultado ao preferente haver para si o bem indevidamente alienado, "se exerce *erga omnes*, tendo eficácia real".[461]

No Brasil, apesar das diversas falhas conceituais e da heterogeneidade das figuras elencadas como direitos reais, o grande ponto comum entre eles, previstos essencialmente no art. 1.225 do Código Civil, é a oponibilidade perante terceiros, necessária para a existência efetiva das demais características inerentes aos direitos reais, como a sequela e a ambulatoriedade.

---

[455] A esse respeito, vide também: PERES, Tatiana Bonatti. *Direito agrário:* direito de preferência legal e convencional. São Paulo: Almedina, 2016.

[456] CHICUTA, Kioitsi. Locação de imóveis e o sistema registrário. *Revista de Direito Imobiliário*, São Paulo: RT, vol. 37, jan.-abr. 1996, p. 39.

[457] Para Álvaro Villaça Azevedo, por exemplo, a legislação extravagante poderia criar novas espécies de direitos reais, e uma delas seria justamente o direito de preferência do locatário de imóvel urbano (Das várias espécies de contrato. In: TEIXEIRA, Sálvio de Figueiredo (coord.). *Comentários ao novo Código Civil*. Rio de Janeiro: Forense, 1995, vol. 7, p. 307). Para Nagib Slaibi Filho, "a averbação do contrato de locação no registro de imóveis, atendidos os requisitos antes enumerados, institui direito real à aquisição do imóvel pelo inquilino, no exercício de seu direito de preferência" (*Comentários à nova Lei do Inquilinato*. 9. ed. Rio de Janeiro: Forense, 1996, p. 239). No mesmo sentido: PEDROTTI, Irineu; PEDROTTI, William. *Comentários à Lei de Locação*. São Paulo: Método, 2005, p. 109. No âmbito jurisprudencial, diversos precedentes ratificam o caráter de direito real da preferência atribuída ao locatário. Por todos: (i) TJRJ, AC 0057196-72.2004.8.19.0004 (2005.001.45536), 13ª CC, Rel. Des. Ademir Pimentel, j. 28.12.2005, v.u.; e (ii) TJRJ, AC 0001011-95.2001.8.19.0011 (2008.001.07462), 17ª CC, Rel. Des. Edson Vasconcelos, j. 28.05.2008, v.u.

[458] GONÇALVES, Carlos Roberto. *Direito civil brasileiro*. 7. ed. São Paulo: Saraiva, 2010, vol. 2, p. 31.

[459] CATALAN, Marcos. Do pacto de preferência no contrato de compra e venda: direito pessoal ou obrigação com eficácia real? *Revista Jurídica Empresarial*, Porto Alegre: Notadez, vol. 5, nov.-dez. 2008, p. 120.

[460] VENOSA, Sílvio de Salvo. *Direito civil*: teoria geral das obrigações e teoria geral dos contratos. 5. ed. São Paulo: Atlas, 2005, vol. 2, p. 68.

[461] GOMES, Orlando. *Contratos*. 26. ed. Rio de Janeiro: Forense, 2009, p. 312. Na mesma linha: CASSAROTTE, Marijane Fernanda. O direito de preferência e suas peculiaridades. *Revista Síntese de Direito Imobiliário*, São Paulo: IOB, vol. 21, maio-jun. 2014, p. 40.

E é justamente esta espécie de "sequela", garantida ao preferente em parte dos dispositivos que preveem direitos legais de prelação, que leva uma corrente doutrinária a qualificá-los como direito real.

Esta circunstância, entretanto, não parece suficiente para concluir que estes direitos de preferência representam uma nova espécie de direito real. A criação de direitos reais, como aponta a doutrina dominante, exige previsão legal específica. Embora, a rigor, não seja necessária a sua inclusão no rol do art. 1.225 do Código Civil, apenas dispositivos legais podem criá-los.[462] Como explica Gustavo Tepedino, "a **última** das características dos direitos reais, que os contrapõe aos direitos de crédito, refere-se ao sistema *numerus clausus* em matéria de relações jurídicas reais". Apesar de não se tratar de um elemento ontológico vinculado à teoria dos direitos reais, mas sim de orientação afeta à política legislativa, o sistema do *numerus clausus* é "princípio de ordem pública". Esse sistema exprime-se na taxatividade das figuras típicas, "quando examinado do ponto de vista da reserva legal para a criação dos direitos subjetivos" reais, bem como na tipicidade, o que significa que "a estrutura do direito subjetivo responde à previsão legislativa típica", quando analisado sob o ângulo de seu conteúdo.[463]

Tendo em vista o sistema do *numerus clausus*, não parece que tenha procedido o legislador à criação de um novo direito real ao instituir as relações legais de preferência. Diversamente de outros dispositivos, em que se prevê expressamente a instituição de um direito real – o art. 1.417 do Código Civil, *v.g.*, dispõe que mediante promessa de compra e venda registrada, sem pactuação de arrependimento, "adquire o promitente comprador direito real à aquisição do imóvel" –, no que tange aos direitos de preferência, a lei prevê apenas que pode o preferente, "depositando o preço e demais despesas do ato de transferência, haver para si o imóvel" (art. 33 da Lei do Inquilinato). Em momento algum eleva a preferência à categoria de direito real.

Nessa linha, para Carlos Alberto Tworkowski, o contrato de locação "não tem poder de dar nascimento a direito real", de modo que o direito de preferência dali advindo não poderia assumir o caráter de direito real.[464] Na mesma linha, Maria Celina Bodin de Moraes refere-se ao "exercício do direito preferencial com eficácia real".[465]

Para além do sistema do *numerus clausus*, que não parece ter incluído a preferência no rol dos direitos reais, a relação prelatícia, ao estabelecer para o vinculado à preferência um dever de contratar com o preferente, desde que preenchidos certos pressupostos e manifestada a intenção deste último em exercer o seu direito, contém as características típicas de um direito obrigacional: o preferente dispõe de uma prestação exigível perante o vinculado à preferência. Tais características permanecem mesmo diante da alienação do bem objeto do contrato preferível a terceiro, desde que o direito do preferente seja dotado de eficácia real.

---

[462] "O legislador brasileiro, de maneira inegável, enuncia taxativamente os direitos reais, enumerados, em sua maioria, no art. 1.225 do Código Civil brasileiro" (TEPEDINO, Gustavo. Direito das coisas. In: AZEVEDO, Antônio Junqueira de (coord.). *Comentários ao Código Civil*. São Paulo: Saraiva, 2011, vol. 14, p. 37).

[463] TEPEDINO, Gustavo. Direito das coisas. In: AZEVEDO, Antônio Junqueira de (coord.). *Comentários ao Código Civil*. São Paulo: Saraiva, 2011, vol. 14, p. 35.

[464] TWORKOWSKI, Carlos Alberto. A averbação e o registro dos contratos de locação no Registro de Imóveis: repercussões legais. *Revista de Direito Imobiliário*, São Paulo: RT, vol. 62, jan. 2007, p. 25.

[465] MORAES, Maria Celina Bodin de. In: BITTAR, Carlos Alberto (org.). *A Lei do Inquilinato anotada e comentada*. 2. ed. Rio de Janeiro: Forense Universitária, 1995, p. 41.

É razoável interpretar, então, que a intenção do legislador, ao prever que o preferente poderá, diante da violação de seu direito mediante alienação a terceiro, "haver para si" o bem, tenha sido justamente atribuir eficácia real à obrigação prelatícia, de modo que a execução específica do direito do preferente possa alcançar não só o vinculado à preferência, como também o terceiro com quem ele tenha contratado, perante quem o direito de preferência será também oponível.

Em precedente que data do início da década de 1990, o Superior Tribunal de Justiça corrobora este entendimento, ainda que não afirme, expressamente, tratar-se a preferência de direito com eficácia real. No caso concreto, o locatário, preterido em seu direito de prelação, ajuizou ação de preferência para, mediante o depósito do preço, haver para si o bem indevidamente alienado. Em contrapartida, o locador ajuizou ação declaratória, alegando que a relação processual não se teria completado, por falta de citação de sua esposa. É que o Código de Processo Civil de 1973 exigia, no parágrafo primeiro de seu art. 10 (correspondente ao art. 73 do atual Código de Processo Civil), a citação de ambos os cônjuges para as ações "que versem sobre direitos reais imobiliários". Não obstante, considerou o tribunal não ter havido qualquer irregularidade na formação da relação processual. Isto porque a ação de preferência, por meio da qual o locatário exerce seu direito de prelação, é de natureza pessoal, ainda que indiretamente seu objeto final seja um imóvel:

> "Dúvida não há que o locatário, que tem um direito pessoal de preempção da coisa locada, em igualdade de condições, para exercê-lo, em face de não haver sido afrontado, vale-se de ação pessoal, ainda que o objeto afinal prestado seja o imóvel, por isso que a prestação imediata é o reconhecimento do direito e, só mediatamente, a adjudicação do imóvel".[466]

O próprio Superior Tribunal de Justiça já teve oportunidade de afirmar, em precedente jurisprudencial mais recente que versava sobre o direito de preferência do locatário, que se trata de obrigação com eficácia real: "a averbação [do contrato locatício no Registro de Imóveis] reveste o direito de preferência de eficácia real e permite ao inquilino haver para si o imóvel locado".[467]

Por outras palavras, se se tratasse de um direito pessoal comum, com efeitos relativos, ele ficaria frustrado diante da celebração de um contrato entre o vinculado à preferência e o terceiro interessado, restando ao preferente apenas a via ressarcitória. Como, entretanto, o legislador atribui eficácia real a certos direitos de preferência, inclusive o concedido ao locatário, nestes casos o titular do direito poderá executá-lo especificamente mesmo diante da alienação do bem objeto do contrato preferível a terceiro, pois o seu direito será perante ele oponível.

A atribuição de eficácia real a alguns direitos de preferência, ao fim e ao cabo, é uma questão que concerne à política legislativa. A esse respeito, vale conferir a lição de José Pinto Loureiro:

> "O direito de preferência não é um direito real. (...) Tal ideia parece ter nascido fundamentalmente na ideia de que a acção de preferência se encaminha à obtenção do domínio da

---

[466] STJ, REsp 8.018, 3ª Turma, Rel. Min. Dias Trindade, j. 13.05.1991, v.u., *DJ* 10.06.1991, p. 7.847.
[467] STJ, REsp 1.216.009, 3ª Turma, Rel. Min. Nancy Andrighi, j. 14.06.2011, v.u., *DJ* 27.06.2011. Em outros precedentes, diversamente, já afirmou o tribunal que se trata de verdadeiro direito real. Nesse sentido: STJ, REsp 912.223, 4ª Turma, Rel. Min. Marco Buzzi, j. 06.09.2012, v.u., *DJe* 17.09.2012.

coisa. Num direito de preferência não há verdadeiramente um poder sobre a coisa (*jus in re*), mas um poder de, reflectindo-se embora na coisa ou a ela se referindo, (...) exigir determinada prestação, como a de lhe transferirem a coisa, tanto por tanto, se ela vier a ser alienada. Naquele caso [direito real], o objecto imediato do direito é uma coisa, e neste [direito de preferência] é um *facere*. (...) Nos casos em que o preterido (...) tem acção contra o adquirente até o ponto de tomar para si a coisa vendida, (...) ainda que se não trate pròpriamente de um direito real, não há negar que a lei lhe atribui até certo ponto essa eficácia. (...) Mas tal atribuição não outorga natureza real ao direito de preferência, como a não outorga a outros direitos obrigatórios com eficácia relativamente a terceiros".[468]

2. O direito à indenização

Como disposto expressamente no art. 33 da Lei do Inquilinato, "o locatário preterido no seu direito de preferência poderá reclamar do alienante as perdas e danos", desde que, é claro, restem comprovados os prejuízos daí advindos.

Como explica Maria Celina Bodin de Moraes, a violação da preferência "ensejará perdas e danos, como consectário do inadimplemento do direito meramente pessoal de prelação, quando não tiver ocorrido a averbação antecipada do contrato no Registro de Imóveis (...) ou quando o locatário não proceder, podendo, à adjudicação compulsória".[469]

É preciso, contudo, definir minimamente os contornos desse dever de reparar. Não se trata de tarefa simples. A dificuldade é refletida por Marcos Catalan que, ao tratar da indenização devida ao preferente diante da alienação indevida do bem a terceiro, deparou-se com diversas dúvidas. Em suas palavras:

"Qual o prejuízo a ser reparado [pela alienação indevida do bem]? Será a diferença do valor pago pelo terceiro e o real valor do bem na data do ajuizamento da ação ou o valor da coisa deverá ser aferido quando da prolação da sentença? E se houver desvalorização do imóvel, como se aferir o prejuízo? O que ocorreria ainda se o vendedor [preferente] alegasse e efetivamente demonstrasse que o bem outrora alienado possui valor de estima? Faria ele jus a receber prestação pecuniária de índole extrapatrimonial em razão do ilícito negocial praticado?".[470]

Caso se trate de direito de preferência com eficácia meramente obrigacional – o que ocorrerá se o contrato de locação não estiver averbado junto à matrícula do imóvel pelo menos 30 dias antes da alienação a terceiro[471] –, a indenização deverá corresponder ao interesse

---

[468] LOUREIRO, José Pinto. *Manual dos direitos de preferência*. Coimbra: Livraria Gonçalves, 1944, vol. 1, p. 63-67.

[469] MORAES, Maria Celina Bodin de. In: BITTAR, Carlos Alberto (org.). *A Lei do Inquilinato anotada e comentada*. 2. ed. Rio de Janeiro: Forense Universitária, 1995, p. 41.

[470] CATALAN, Marcos. Do pacto de preferência no contrato de compra e venda: direito pessoal ou obrigação com eficácia real? *Revista Jurídica Empresarial*, Porto Alegre: Notadez, vol. 5, nov.-dez. 2008, p. 116-117.

[471] Ou mesmo quando se tratar de contrato de locação verbal (MONTEIRO, Franklin Delano do Rego. *A nova Lei do Inquilinato*. Rio de Janeiro: Forense, 1996, p. 24). O STJ já afirmou diversas vezes que a ausência de averbação do contrato de aluguel junto à matrícula do imóvel não impede o ajuizamento da ação de reparação civil pelo locatário: "Nos termos da jurisprudência desta Corte, a inobservância do direito de preferência do locatário na aquisição do imóvel enseja o pedido de perdas e danos, que

positivo do locatário, isto é, à vantagem patrimonial que ele teria se tivesse adquirido o bem, de modo a colocá-lo em situação econômica equivalente à que estaria se tivesse contratado com o locador.

Não obstante, já se afirmou, em antiga decisão do Tribunal de Alçada Cível de São Paulo, que, quando o imóvel locado é indevidamente alienado a terceiro, em desrespeito ao direito de preferência do locatário, os danos a serem ressarcidos, "quando o inquilino é despejado pelo novo adquirente do imóvel devem cingir-se às despesas de mudança, da própria ação de despejo, à diferença de alugueres e outras, mas, jamais, abranger a diferença entre o preço e o valor real do imóvel".[472]

Já tratando-se de direito de preferência com eficácia real – o que ocorrerá se o contrato de locação estiver averbado junto à matrícula do imóvel pelo menos 30 dias antes da alienação ao terceiro –, ao lado da pretensão indenizatória o locatário poderá "haver para si" o imóvel locado que fora indevidamente alienado. Assim, o ressarcimento do locatário, caso opte por pleitear cumulativamente a execução específica, corresponderá aos gastos que ele tiver incorrido para exercer coercitivamente o seu direito.[473]

Em qualquer caso, o direito à indenização do locatário depende da comprovação de que ele teria possibilidade de preferir, isto é, de que possuía condições econômicas para pagar o preço e para respeitar as demais circunstâncias do negócio projetado entre locador e terceiro.[474] Além disso, obviamente, depende da comprovação dos danos sofridos. Nas palavras de Maria Celina Bodin de Moraes, a reclamação por perdas e danos subordina-se "à efetiva demonstração do prejuízo ocasionado com a violação da preferência aplicando-se o princípio segundo o qual só há responsabilidade onde houver dano. E não é só: exige-se que o locatário preterido demonstre também a capacidade econômica para adquirir o imóvel".[475]

Além disso, Ricardo Luiz Alves lembra que "o Pleno do Pretório Excelso firmou entendimento de que 'para que o direito de preferência possa resolver-se em perdas e danos, é mister pedi-los expressamente na inicial, ao menos como pedido alternativo'".[476]

---

não se condiciona ao prévio registro do contrato de locação na matrícula imobiliária" (STJ, AgRg no REsp 1.356.049, 3ª Turma, Rel. Min. Ricardo Villas Bôas Cueva, j. 25.02.2014, v.u., *DJe* 28.02.2014). No mesmo sentido: STJ, REsp 912.223, 4ª Turma, Rel. Min. Marco Buzzi, j. 06.09.2012, v.u., *DJe* 17.09.2012; STJ, AgRg nos EDcl no REsp 1.300.580, 4ª Turma, Rel. Min. Maria Isabel Gallotti, j. 10.03.2016, v.u.

[472] TAC1/SP, EI 91.817, Rel. Juiz Aquino Machado, j. 02.09.1969. Disponível em: *Direito de preferência* (Jurisprudência brasileira, 131. Série). Curitiba: Juruá, 1988, p. 159.

[473] GUEDES, Agostinho Cardoso. *O exercício do direito de preferência*. Porto: Coimbra Ed., 2006, p. 596.

[474] Nessa linha, afirma Carlyle Popp que deverá o preferente comprovar que "possuía condições econômicas para pagar o preço querido" (Do direito de preferência na Lei do Inquilinato em vigor. *Jurisprudência Brasileira*, Curitiba: Juruá, vol. 176, dez. 1995, p. 31). Em jurisprudência: (i) "Indenizatória. Contrato de locação de imóvel residencial. Alegação de violação do direito de preferência. Falta de prova de que a locatária tinha condições de adquirir o imóvel, que, por si só, fulmina a pretensão autoral" (TJRJ, AC 0013789-75.2007.8.19.0209, 7ª CC, Rel. Des. André Andrade, j. 30.03.2011, v.u.); (ii) "Na lei de locações se faz necessária a prova consistente dos danos sofridos, bem como da capacidade financeira, para adquirir o bem ao tempo da alienação" (STJ, Decisão Monocrática, AREsp 554.624, Rel. Min. Nancy Andrighi, j. 14.08.2014, *DJe* 20.08.2014). Em sentido semelhante: STJ, EDcl no AgRg nos EDcl no REsp 1.391.478, 3ª Turma, j. 19.05.2016, v.u.; TJSP, 30ª CDPriv., AC 1003093-35.2016.8.26.0602, Rel. Des. Andrade Neto, j. 16.04.2020, v.u.

[475] MORAES, Maria Celina Bodin de. In: BITTAR, Carlos Alberto (org.). *A Lei do Inquilinato anotada e comentada*. 2. ed. Rio de Janeiro: Forense Universitária, 1995, p. 41.

[476] ALVES, Ricardo Luiz. O direito de preferência do locatário na Lei do Inquilinato. *Informativo jurídico Consulex*, Brasília: Consulex, vol. 16, n. 19, maio 2002, p. 6.

A eventual decadência do direito de instaurar a ação de preferência (objeto de análise no item a seguir) não prejudica a pretensão de pleitear as perdas e danos porventura sofridos, sujeitos ao prazo prescricional de três anos, conforme o art. 206, § 3º, V, do Código Civil. O próprio Superior Tribunal de Justiça, aliás, já afirmou que "conforme exegese extraída do art. 33 da Lei 8.245/91, o exercício da ação de perdas e danos nele prevista não se submete ao prazo de decadência semestral, uma vez que o atendimento a este interregno temporal é requisito, tão somente, para ajuizamento do pleito adjudicatório".[477]

Antes de passar ao próximo item, vale mencionar interessante parecer jurídico, proferido no início da década de 1980, por Álvaro Villaça Azevedo e Rogério Lauria Tucci, sobre a apuração das perdas e danos em virtude de preterição do direito de preferência.[478]

No caso concreto analisado pelos pareceristas, o locatário preterido em seu direito de preferência ajuizou ação de perdas e danos em face do locador. No julgamento de primeira instância, o juiz, após constatar que o locatário teria condições financeiras de adquirir o imóvel locado, acolheu o pleito autoral, condenando o locador ao pagamento de indenização correspondente à diferença entre o preço pago pelo terceiro adquirente e o valor atualizado do imóvel. Refutando os termos da sentença, concluíram os pareceristas, que haviam sido contratados pelo locador, que:

> "Não se afigura razoável, nem lógico, que a consulente seja compelida ao pagamento de quantia (vultosa quantia) que não foi perdida pelos demandantes, ou que estes não tenham deixado de lucrar. Para que a tanto fosse obrigada, necessária, absolutamente necessária, é a comprovação do dano emergente e/ou do lucro cessante. (...) Por não terem [os autores] pago qualquer importância a esta [ré], não ficaram aqueles privados de seu capital, (...) tendo podido, portanto, aplicá-lo onde bem entendessem... (...) Os demandantes só teriam deixado de lucrar o valor fixado no ato decisório sob cogitação e análise crítica se tivessem sido obstados de utilizar o dinheiro destinado à negociação programada na aquisição de outros bens; se tivessem ficado com esse dinheiro retido indevidamente; ou, ainda, se tivessem pago qualquer soma à demandada, de sorte a vê--la desvalorizada, dada a falta de obtenção dos objetos adquiridos. Por outras palavras, o casal Luiz Alvino Del Tedesco e Dollarina Ramos Del Tedesco (...) nada perdeu ou deixou de lucrar. (...) Se não houve prejuízo, obviamente não se pode falar em repará-lo. (...) Ninguém pode lucrar pelo simples existir de uma ilicitude, mesmo que a lei autorize, em razão desta, o ressarcimento: se não houver dano, não há o que ressarcir. De outra parte, não eram os imóveis em causa, como antes salientado, os únicos que poderiam os autores adquirir com o dinheiro porventura reservado à negociação aquisitiva imobiliária; podendo, pelo contrário, ser este utilizado na compra de outro ou de outros,

---

[477] STJ, REsp 247.245, 5ª Turma, Rel. Min. Gilson Dipp, j. 08.08.2000, v.u., *DJ* 11.09.2000, p. 278. Na mesma linha: STJ, REsp 631.221, 5ª Turma, Rel. Min. Arnaldo Esteves Lima, j. 05.10.2006, v.u., *DJ* 23.10.2006, p. 348; TJRJ, AC 0191805-25.2009.8.19.0001, 11ª CC, Rel. Des. José C. Figueiredo, j. 13.07.2011, v.u. Em doutrina: POPP, Carlyle. Do direito de preferência na Lei do Inquilinato em vigor. *Jurisprudência Brasileira*, Curitiba: Juruá, vol. 176, dez. 1995, p. 30; SWENSSON, Walter Cruz. Preferência do inquilino para a aquisição do imóvel locado – natureza do direito instituído pela Lei do Inquilinato. *Revista de Direito Civil, Imobiliário, Agrário e Empresarial*, São Paulo: RT, vol. 11, jan.-mar. 1980, p. 88.

[478] AZEVEDO, Álvaro Villaça; TUCCI, Rogério Lauria. Lei do Inquilinato. Exercício do direito de preferência e de apuração de perdas e danos, em virtude de preterição. *Revista dos Tribunais*, São Paulo: RT, vol. 547, maio 1981, p. 29-37.

durante o largo período de cinco anos, transcorrido desde então. (...) Opinamos, por isso, pela reforma da sentença analisada".[479]

A respeitável opinião dos pareceristas, ao que parece, merece temperos. O fato de o locatário preterido em sua preferência não ter despendido os valores necessários à aquisição do imóvel locado não significa necessariamente que o desrespeito a seu direito não lhe tenha ocasionado prejuízos indenizáveis. Comprovada a valorização dos imóveis sob litígio, não é de todo irrazoável admitir a condenação do locador, a título de lucros cessantes, como fez o magistrado de primeiro grau, ainda que, eventualmente, no cálculo da indenização, se considere também o benefício auferido pelo locatário por ter permanecido com o montante equivalente à aquisição do imóvel (juros e correção monetária em uma aplicação financeira, por exemplo).

De fato, já se afirmou que, "para que a indenização dos lucros cessantes seja calculada na ponta do lápis, (...) é necessário avaliar também se o evento danoso, paralelamente ao dano, lhe trouxe algum outro tipo de benefício". Neste caso, a recomendação é que "o magistrado desconte do valor da indenização os benefícios trazidos pelo evento danoso". Do contrário, a vítima ficaria em situação melhor do que a que estaria se não restasse configurado o ato ilícito. Trata-se do que se convencionou chamar de *compensatio lucri cum damno*.[480]

3. O direito à execução específica, via ação de preferência

Atualmente, a ação de preferência não é típica no Brasil,[481] havendo na legislação apenas referências esparsas a ela, a exemplo do art. 33 da Lei do Inquilinato. Deste modo, seus contornos devem ser estabelecidos à luz do direito material de preferência, de modo a com ele se compatibilizar.

A ação de preferência parece ser nada mais do que uma espécie de execução específica posta à disposição do locatário.[482] Por meio deste procedimento, é possível alcançar provimento judicial com efeitos equivalentes à declaração de vontade do locador e, por consequência, atribuir ao locatário o imóvel locado, objeto da prelação. Esta interpretação, que vai ao encontro da tendência que privilegia a execução específica em detrimento da reparação pecuniária, encontra correspondência no art. 501 do atual Código de Processo Civil, pelo qual "na ação que tenha por objeto a emissão de declaração de vontade, a sentença que julgar procedente o pedido, uma vez transitada em julgado, produzirá todos os efeitos da declaração não emitida".

Com o deferimento da ação de preferência, a decisão judicial produz os efeitos da declaração de vontade não emitida pelo locador, possibilitando, assim, a contratação forçada entre ele e o locatário, e a consequente transferência do bem a este último. Este parece ser o modo mais simples de entender a ação de preferência, na esteira do entendimento de parte da doutrina. Para Agostinho Cardoso Guedes, por exemplo:

---

[479] AZEVEDO, Álvaro Villaça; TUCCI, Rogério Lauria. Lei do Inquilinato. Exercício do direito de preferência e de apuração de perdas e danos, em virtude de preterição. *Revista dos Tribunais*, São Paulo: RT, vol. 547, maio 1981, p. 35-36.

[480] GUEDES, Gisela Sampaio da Cruz Costa. *Lucros cessantes*: do bom senso ao postulado normativo da razoabilidade. São Paulo: RT, 2011, p. 308-309.

[481] "O nosso ordenamento jurídico mostra-se silente quanto a essa ação" (LUZ, Valdemar P. da. Direito de preferência. *Revista dos Tribunais*, São Paulo: RT, vol. 752, jun. 1998, p. 743).

[482] Vale conferir: LGOW, Carla Wainer Chalréo. *Direito de preferência*. São Paulo: Atlas, 2013, p. 142 e ss.

"Visando a acção de preferência permitir ao preferente haver para si a coisa sujeita à prelação alienada a terceiro, obtendo pela via judicial a prestação a que o sujeito estava obrigado, parece que aquela mais não é do que uma simples execução específica do dever de contratar que recai sobre o sujeito passivo, estabelecida em benefício do preferente".[483]

A procedência da ação prelatícia não resulta numa espécie de "mutação subjetiva" do contrato celebrado em violação à preferência. A ação de preferência, como dito, é espécie de execução específica, que em razão da eficácia real do direito de preferência, será levada adiante mesmo quando já tenha havido alienação do imóvel locado ao terceiro interessado. Neste caso, o contrato celebrado entre locador e terceiro será *ineficaz* perante o locatário.[484]

De maneira semelhante já se manifestou o ex-presidente do Supremo Tribunal Federal, o Ministro Cezar Peluso, em acórdão que versava sobre direito de preferência do arrendatário rural. Na visão do Ministro, o negócio jurídico realizado em violação à preferência deve ser considerado ineficaz em relação ao preferente: "o direito de preferência torna ineficaz a alienação que o viole".[485]

Como leciona Agostinho Cardoso Guedes, o direito do preferente dotado de eficácia em relação a terceiros, "com a sua virtualidade de permitir ao preferente a aquisição da coisa em certas condições, é, assim, anterior à alienação a favor do terceiro, sendo essa a razão pela qual prevalece sobre o direito adquirido pelo terceiro".[486]

Assim, a finalidade da ação de preferência, quando há eficácia real, é fazer prevalecer o direito do locatário sobre o do terceiro adquirente. Não se trata, pois, de sub-rogação na posição jurídica do terceiro adquirente. Por meio desta ação, a pretensão do locatário é executar especificamente seu direito em face do locador, mesmo tendo havido a indevida alienação, que será inoponível ao primeiro. Não importa ao preferente a sorte do negócio celebrado entre locador e terceiro, embora venha ele a se inviabilizar com o sucesso da ação de preferência.[487]

De certo modo, causa estranheza constatar que o direito do preferente prevalecerá sobre o direito real de propriedade do terceiro, quando o primeiro, temporalmente anterior, goza de eficácia real. Por esta razão, parte da doutrina e jurisprudência entende que o direito de

---

[483] GUEDES, Agostinho Cardoso. *O exercício do direito de preferência*. Porto: Coimbra Ed., 2006, p. 627.
[484] MARCELINO, Américo Joaquim. *Da preferência*: estudos, notas da doutrina e jurisprudência e legislação mais comum. 3. ed. Coimbra: Coimbra Ed., 2007, p. 60-61. No mesmo sentido: (i) "Uma das consequências das regras jurídicas que estabelecem, *ex lege*, o direito de preferência é a de fazer ineficaz, em relação ao titular do direito de preferência, qualquer alienação (...) sem ter havido a prévia comunicação ao titular do direito de preferência" (PONTES DE MIRANDA, Francisco Cavalcanti. *Tratado de direito privado*. Campinas: Bookseller, 2005, t. XL, p. 440-441); (ii) PEDROTTI, Irineu; PEDROTTI, William. *Comentários à Lei de Locação*. São Paulo: Método, 2005, p. 172.
[485] TAC2/SP, AC 182.044-2, 5ª CC, Rel. Juiz. Cezar Peluso, j. 12.06.1985, v.m. Disponível em: *Revista dos Tribunais*, São Paulo: RT, vol. 600, out. 1985, p. 154.
[486] GUEDES, Agostinho Cardoso. *O exercício do direito de preferência*. Porto: Coimbra Ed., 2006, p. 620-621.
[487] É possível depreender essa linha de raciocínio de precedente do Superior Tribunal de Justiça, que versava sobre direito de preferência referente a contrato de arrendamento rural. No caso concreto, a ação fora ajuizada em face dos alienantes e dos terceiros adquirentes. O tribunal julgou procedente a ação, permitindo ao arrendatário exercer sua preferência e, com isso, haver para si o imóvel rural indevidamente alienado. Aos terceiros adquirentes ressalvou-se a possibilidade de ajuizar ação regressiva em face dos alienantes (STJ, REsp 263.774, 4ª Turma, Rel. Min. Aldir Passarinho Junior, j. 15.08.2006, v.u., *DJ* 05.02.2007, p. 237).

preferência com eficácia real é, na verdade, um direito real, como já ressaltado anteriormente. Esta constatação, aliás, levou António Menezes Cordeiro a visualizar na ação de preferência um procedimento com características inteiramente diferentes do ora descrito. Em sua opinião, sendo a prelação com eficácia real um verdadeiro direito real, ela seria dotada de direito de sequela. Assim, a ação de preferência seria espécie de ação real, devendo ser proposta não em face do vinculado à preferência, mas sim do possuidor do bem indevidamente alienado. O depósito do preço, a seu ver, não teria por função remunerar o vinculado à preferência, mas sim evitar o enriquecimento sem causa do preferente.[488]

Como ressaltado, todavia, mesmo a preferência com eficácia real não é, a rigor, um direito real. O direito do locatário não recai diretamente sobre a coisa objeto da prelação. O que há é simplesmente a execução específica de um direito à celebração do contrato projetado, que tem a especificidade de ser oponível perante o terceiro adquirente do bem. Como explica Humberto Theodoro Júnior, a ineficácia relativa – que, no caso, representa a inoponibilidade perante o preferente do contrato celebrado entre locador e terceiro – pode ter várias razões de ser. "Pode, por exemplo, decorrer da própria estrutura do negócio jurídico (termo, condição etc.) e pode, também, ser sanção imposta pela lei para proteger interesses de estranhos à relação obrigacional (fraude contra credores, alienação com desrespeito ao direito de preferência etc.)."[489]

Nas palavras de Manuel Henrique Mesquita, embora o exercício coercitivo da preferência proporcione ao preferente a aquisição da coisa, "não incide directamente sobre esta e, por isso, não pode atribuir-se-lhe natureza real". Trata-se, a seu ver, "de um direito que incide sobre um contrato e que, bem vistas as coisas, tem por finalidade conseguir, à custa de um terceiro, em relação ao qual o direito de opção é eficaz, a execução específica da prestação, que o vinculado à preferência não cumpriu". Direito este de, "em igualdade de condições (tanto por tanto), realizar o negócio com o preferente interessado em fazer valer o seu direito".[490] O autor cita, ainda, a lição de Marco Comporti, para quem o direito de preferência não reveste natureza real, conferindo ao respectivo titular o poder de exprimir, em situação de prioridade, uma vontade negocial. A possibilidade de fazer valer judicialmente o direito contra terceiros mais não seria, segundo este último autor, do que uma "tutela reforçada da posição do sujeito activo da preferência, estabelecida pelo ordenamento jurídico".[491]

Na mesma linha, explica José Pinto Loureiro que, não ostentando o direito de preferência natureza de direito real, "não se trata, na acção de preferência, de adjudicar o domínio sobre a coisa, mas tão somente de corrigir a irregularidade havida no incumprimento de uma obrigação". E prossegue: "se pode-se dizer que quem pede a declaração judicial de seu direito de preferência (...) implícita ou explicitamente pede a entrega da mesma coisa, êste segundo

---

[488] MENEZES CORDEIRO, António. *Direito das obrigações*. Lisboa: Associação Académica da Faculdades de Direito de Lisboa, 1980, vol. 1, p. 498-499. Também para Álvaro Villaça Azevedo, quando o direito de preferência assume a natureza de direito real (seria o caso, a seu ver, do direito de preferência do locatário, desde que preenchidos os pressupostos do art. 33, *caput*, da Lei do Inquilinato), o preferente poderia haver para si o bem indevidamente alienado mediante o ajuizamento de "ação real reipersecutória" (Das várias espécies de contrato. In: TEIXEIRA, Sálvio de Figueiredo (coord.). *Comentários ao novo Código Civil*. Rio de Janeiro: Forense, 1995, vol. 7, p. 309).

[489] THEODORO JÚNIOR, Humberto. Negócio jurídico. Existência. Validade. Eficácia. Vícios. Fraude. Lesão. *Revista dos Tribunais*, São Paulo: RT, vol. 780, out. 2000, p. 16-17.

[490] MESQUITA, Manuel Henrique. *Obrigações reais e ónus reais*. Coimbra: Almedina, 1997, p. 228.

[491] COMPORTI, Marco. *Contributo allo studio del diritto reale*. Milão: Giuffrè, 1977, p. 396.

pedido não passará todavia de uma consequência do primeiro, que será o pedido principal, sendo aquêle um pedido acessório".[492]

No mesmo sentido, ainda, precedente do Superior Tribunal de Justiça, referido anteriormente: o locatário, quando ajuíza a ação de preferência para, em igualdade de condições, haver para si o imóvel locado que fora indevidamente alienado, "vale-se de ação pessoal, ainda que o objeto afinal prestado seja o imóvel [bem objeto do contrato preferível], por isso que a prestação imediata é o reconhecimento do direito e, só mediatamente, a adjudicação do imóvel".[493]

4. Os ônus que recaem sobre o locatário

Os principais ônus que recaem sobre o locatário para que a ação de preferência possa vir a ser julgada procedente são o seu ajuizamento dentro do prazo decadencial de seis meses, o depósito do preço "e demais despesas do ato de transferência", e a averbação do contrato de locação junto à matrícula do imóvel pelo menos 30 dias antes da alienação.

Com relação à prévia averbação do contrato de locação junto à matrícula do imóvel, muito embora, à primeira vista, esse prazo de 30 dias pareça ter em vista assegurar que o terceiro adquirente tenha conhecimento da existência do contrato de locação – e, portanto, do direito de preferência do locatário, de origem legal –, o STJ já afirmou que a data da "alienação" a que se refere o parágrafo único do art. 33 é a data do registro da compra e venda (já que, no sistema brasileiro, a propriedade imobiliária só se transfere com o registro), e não a data da escritura de compra e venda:

> "Pelo sistema adotado pelo Código Civil Brasileiro, a propriedade de bem imóvel transfere com a transcrição da escritura de compra e venda do bem no registro imobiliário competente, daí por que somente a partir desse ato é que deve ser contado o prazo de trinta dias para averbação do contrato de locação".[494]

Não parece ter sido este, contudo, o espírito da Lei do Inquilinato.

O parágrafo único do art. 33 permite que a averbação seja realizada "à vista de qualquer das vias do contrato de locação, desde que subscrito também por duas testemunhas". A regra "facilita a operação em favor do locatário, interessado no registro, desvinculado (...) do concurso do locador, detentor da outra via contratual".[495]

A averbação, para fins do art. 33, "independe da existência, no contrato, de cláusula de vigência".[496]

---

[492] LOUREIRO, José Pinto. *Manual dos direitos de preferência*. Coimbra: Livraria Gonçalves, 1945, vol. 2, p. 262.
[493] STJ, REsp 8.018, 3ª Turma, Rel. Min. Dias Trindade, j. 13.05.1991, v.u., *DJ* 10.06.1991, p. 7.847.
[494] STJ, REsp 88.920, 6ª Turma, Rel. Min. Vicente Leal, j. 05.06.2001, v.u., *DJ* 25.06.2001, p. 250. Em precedentes mais recentes, contudo, o mesmo tribunal reconhece que o escopo do registro prévio do contrato de locação junto à matrícula do imóvel é conferir eficácia *erga omnes* à preferência do locatário. Há julgados, inclusive, que admitem a oponibilidade da preferência mesmo ante a ausência de tal registro prévio, desde que comprovada pelo locatário a ciência, pelo terceiro adquirente, da existência de contrato de locação (STJ, AgInt no REsp 1.780.197, 3ª Turma, Rel. Min. Moura Ribeiro, j. 19.08.2019, v.u.).
[495] MORAES, Maria Celina Bodin de. In: BITTAR, Carlos Alberto (org.). *A Lei do Inquilinato anotada e comentada*. 2. ed. Rio de Janeiro: Forense Universitária, 1995, p. 41.
[496] SOUZA, Sylvio Capanema de. *A Lei do Inquilinato comentada artigo por artigo*. 8. ed. Rio de Janeiro: Forense, 2012, p. 153.

A ausência de averbação do contrato de locação junto à matrícula do imóvel locado pelo menos 30 dias antes da alienação é a principal razão pela qual as ações de preferência não são bem-sucedidas nos tribunais. De fato, inúmeras vezes o pedido do locatário fundado no art. 33 da Lei do Inquilinato, de "haver para si o imóvel locado", é indeferido em razão da falta da referida averbação prévia.

Quanto ao prazo decadencial de seis meses para o ajuizamento da ação de preferência, diante da redação do art. 33 da Lei do Inquilinato, parece irrelevante a ciência prévia da alienação pelo locatário, de modo que o prazo somente começará a correr após o registro do ato.[497] Por outro lado, como lembra Pery Moreira, o locatário não precisa aguardar o registro do ato de alienação para instaurar a ação de preferência.[498]

No que tange ao depósito do preço, ele se justifica pela ideia de garantir, na medida do possível, a utilidade real da ação de preferência, "pondo o alienante a coberto do risco de perder o contrato com o adquirente e não vir a celebrá-lo com o preferente",[499] seja por este se desinteressar da sua realização, seja por não ter os meios necessários para a aquisição.

A despeito de posições em contrário – segundo as quais, ao visualizar na ação de preferência uma forma de o titular da prelação substituir-se ao terceiro no contrato, o depósito serviria para ressarcir o terceiro adquirente, tendo em vista a vedação ao enriquecimento sem causa[500] –, o preço depositado pelo locatário é devido ao locador, na medida em que a ação de preferência tem por objetivo a execução específica do contrato projetado. O locador, por óbvio, poderá ser acionado pelo terceiro adquirente para que devolva os valores recebidos, somados às perdas e danos porventura existentes.[501]

Discute-se acerca do valor a ser depositado quando o pagamento do preço, acordado entre locador e terceiro, é diferido, e, no momento do ajuizamento da ação, não houve, ainda, pagamento integral. Diante desta situação, entende Walter Cruz Swensson que, ainda que o preço não tenha sido integralmente pago pelo terceiro, o depósito deve equivaler ao valor total, tendo em vista que uma de suas funções é justamente assegurar ao locador que o locatário tem condições de adquirir o bem. Em suas palavras: "se fosse permitido ao inquilino depositar apenas as parcelas já pagas pelo comprador, de que forma ficaria o locador garantido em relação às parcelas vincendas?".[502] De outro lado, para Sylvio Capanema de Souza, "se o pagamento foi avençado a prazo, caberá ao locatário depositar o que foi efetivamente pago,

---

[497] SOUZA, Sylvio Capanema de. *A Lei do Inquilinato comentada artigo por artigo*. 8. ed. Rio de Janeiro: Forense, 2012, p. 154.

[498] "O prazo de seis meses referido no artigo é o termo final para o exercício da ação, mas a data de registro da escritura no Registro de Imóveis não é o termo inicial. Assim, se o adquirente, por exemplo, não leva a escritura de compra e venda a registro ou demora a fazê-lo, nada impede que, mesmo antes do registro, o inquilino entre com a ação postulando a adjudicação do imóvel por ele locado" (MOREIRA, Pery. *Lei do Inquilinato comentada atualizada e conforme o novo Código Civil*. São Paulo: Memória Jurídica, 2003, p. 61). Na mesma linha: HANADA, Fábio; HANADA, Andréa Ranieri. *A Lei do Inquilinato sob a ótica da doutrina e da jurisprudência*. São Paulo: LEUD, 2010, p. 158.

[499] GUEDES, Agostinho Cardoso. *O exercício do direito de preferência*. Porto: Coimbra Ed., 2006, p. 652.

[500] Para José Pinto Loureiro, *v.g.*, "as obrigações do preferente [aí incluído o pagamento do preço] existem para com o adquirente, e as dêste para com o alheador" (*Manual dos direitos de preferência*. Coimbra: Livraria Gonçalves, 1945, vol. 2, p. 273).

[501] GUEDES, Agostinho Cardoso. *O exercício do direito de preferência*. Porto: Coimbra Ed., 2006, p. 654.

[502] SWENSSON, Walter Cruz. Preferência do inquilino para a aquisição do imóvel locado – natureza do direito instituído pela Lei do Inquilinato. *Revista de Direito Civil, Imobiliário, Agrário e Empresarial*, São

até o momento do ajuizamento da ação",[503] opinião que parece estar mais em linha com a ideia do "tanto por tanto", que é inerente ao direito de preferência.

Discute-se, ainda, a respeito do valor a ser depositado caso se alegue simulação do negócio jurídico celebrado entre locador e terceiro, tendo em vista fraudar a preferência. Como, nesses casos, é provável que o preço real tenha sido inferior ao preço simulado, resta a dúvida sobre qual desses valores deverá ser depositado pelo locatário. Para Agostinho Cardoso Guedes, diante desta situação, o locatário até poderá depositar o valor que entender ter sido o real. Entretanto, se a simulação não restar comprovada, ele terá perdido seu direito de preferência, por insuficiência do depósito.[504]

Para Helder Martins Leitão, por outro lado, "não repugnará impor ao preferente o ónus de exercer, imediatamente, o seu direito sobre o preço aparente, com a possibilidade de o perder por caducidade, ressalvada a expectativa de poder recuperar mais tarde o excesso sobre o preço real que o tribunal venha a apurar".[505]

Situação diversa é a que ocorre quando, visando obter vantagens tributárias, locador e terceiro celebram, em violação à preferência, contrato de compra e venda em que o preço declarado é inferior à real prestação devida pelo adquirente. Neste caso, o depósito a ser realizado pelo locatário deveria tomar por base o valor real do negócio, superior, ou o valor declarado, inferior?

Para responder a esta questão, doutrina e jurisprudência valem-se, de um lado, da paridade de condições, inerente ao instituto da preferência e, de outro, invocam a tutela da confiança. No tocante à paridade de condições, se a estipulação da preferência tem por objetivo facultar ao locatário a contratação prioritária com o locador, e não lhe garantir vantagens adicionais, não há como legitimar o seu direito tomando por base o valor simulado da alienação.

Nesse sentido, em precedente que versava sobre o direito de preferência do arrendatário rural, decidiu o Tribunal de Justiça de São Paulo que o depósito efetuado pelo arrendatário fora insuficiente, por não equivaler ao valor efetivamente despendido com a aquisição do imóvel, mas sim ao valor declarado para fins fiscais:

> "O depósito efetuado [pelo arrendatário rural, preferente] não correspondeu ao valor efetivamente pago na compra da área, o qual foi registrado por valor inferior, como os próprios réus admitiram. Com efeito, asseverou o juízo que é notório que o valor depositado pelo Apelante, bem como o constante da escritura de compra e venda, é irrisório comparado ao real valor das terras na região. Assim, a conduta do Apelante, consistente na tentativa de adquirir a propriedade das terras por preço muito inferior ao que valem, bem como a conduta dos Apelados, em registrar em cartório a venda por preço inferior ao que foi efetivamente pago, são reprováveis, sendo a última inclusive um ilícito praticado contra o fisco, mas que não é objeto dos autos. Ante o exposto, nego provimento à Apelação".[506]

Paulo: RT, vol. 11, jan.-mar. 1980, p. 87. No mesmo sentido: GUEDES, Agostinho Cardoso. *O exercício do direito de preferência*. Porto: Coimbra Ed., 2006, p. 663.

[503] SOUZA, Sylvio Capanema de. *A Lei do Inquilinato comentada artigo por artigo*. 8. ed. Rio de Janeiro: Forense, 2012, p. 154.

[504] GUEDES, Agostinho Cardoso. *O exercício do direito de preferência*. Porto: Coimbra Ed., 2006, p. 664.

[505] LEITÃO, Helder Martins. *Da acção de preferência*. 7. ed. Coimbra: Almeida & Leitão, 2009, p. 34-35.

[506] TJSP, AC 9052760-94.2005.8.26.0000 (992.05.083310-2; 1006763/4-00), 33ª CDPriv., Rel. Des. Luiz Eurico, j. 29.03.2010, v.u.

À mesma conclusão chega António Menezes Cordeiro, com alicerce na tutela da confiança que, por sua vez, encontra fundamento na cláusula geral de boa-fé objetiva. Explica o autor que, em regra, a simulação é inoponível a terceiros de boa-fé. Não obstante, no caso específico da relação prelatícia, essa inoponibilidade deveria ser afastada pelo fato de os preferentes não poderem invocar boa-fé para exercer seu direito por preço inferior ao real. Isto porque este tipo de conduta, além de acarretar um enriquecimento estranho ao espírito da lei, não seria protegido pela tutela da confiança. Nas palavras do autor, "a tutela da confiança só se justifica quando haja um investimento de confiança, isto é, quando o confiante adira à aparência e, nessa base, erga um edifício jurídico e social que não possa ser ignorado sem dano injusto". E "o preferente, por valor simulado inferior ao real, não fez qualquer investimento de confiança. A sua posição não pode invocar a tutela dispensada, à aparência, pela boa-fé".[507]

Por outro lado, há quem permita ao locatário depositar apenas o valor simulado, inferior: "Se do contrato de alienação tiver constado valor inferior ao preço real do negócio, como costuma acontecer, só este o inquilino estará obrigado a depositar. Se comprador e vendedor simularam o preço, este prevalecerá para os fins deste artigo".[508]

5. Efeitos da procedência da ação de preferência

Consistindo a ação de preferência no meio adequado para o locatário buscar a execução específica de seu direito, o efeito típico da ação, quando procedente, equivale à constituição de um novo contrato,[509] entre locador e locatário, com conteúdo objetivamente idêntico ao anteriormente celebrado entre locador e terceiro. Não há, como visto, mutação subjetiva do contrato celebrado em violação à preferência, numa espécie de cessão da posição contratual forçada.

Com o deferimento da ação, e o consequente exercício coercitivo da preferência mediante a contratação entre locatário e locador, este último receberá, a título de pagamento, os valores inicialmente depositados pelo titular da prelação. A esta altura, o locador terá recebido o pagamento não só do locatário, como também do terceiro adquirente, cujo contrato foi declarado relativamente ineficaz, razão pela qual terá este último ação em face do locador, para pleitear a devolução dos valores pagos, bem como eventuais perdas e danos adicionais porventura devidas.

Para Sylvio Capanema de Souza, com a procedência da ação de preferência "terá ocorrido a evicção, o que habilitará o adquirente a reclamar do alienante a restituição do preço pago e das demais verbas previstas no art. 450 do Código Civil".[510]

---

[507] CORDEIRO, António Menezes. *Tratado de direito civil português*: direito das obrigações – contratos, negócios unilaterais. Coimbra: Almedina, 2010, vol. 2, t. II, p. 526. Para Manuel Augusto Domingues de Andrade, à luz dessa problemática, só deveriam ser considerados terceiros de boa-fé aqueles prejudicados com a invalidação do negócio jurídico simulado, e não aqueles que apenas lucrariam com ele. Nesta segunda categoria estariam inseridos os preferentes (*Teoria geral da relação jurídica*. Coimbra: Almedina, 1972, vol. 2, p. 207). Para Luís A. Carvalho Fernandes, o objetivo da lei jamais teria sido o de facultar o enriquecimento do preferente, daí a impossibilidade de exercício do direito de prelação tomando por base o valor simulado, inferior ao real (*Simulação e tutela de terceiros*. Lisboa: Associação Académica da Faculdade de Direito de Lisboa, 1988, p. 456 e ss.).

[508] HANADA, Fábio; HANADA, Andréa Ranieri. *A Lei do Inquilinato sob a ótica da doutrina e da jurisprudência*. São Paulo: LEUD, 2010, p. 158-159.

[509] BEVILÁQUA, Clóvis. *Código Civil dos Estados Unidos do Brasil comentado*. Rio de Janeiro: Editora Rio, 1958, vol. 4, p. 262; AZEVEDO, Álvaro Villaça. Das várias espécies de contrato. In: TEIXEIRA, Sálvio de Figueiredo (coord.). *Comentários ao novo Código Civil*. Rio de Janeiro: Forense, 1995, vol. 7, p. 311.

[510] SOUZA, Sylvio Capanema de. *A Lei do Inquilinato comentada artigo por artigo*. 8. ed. Rio de Janeiro: Forense, 2012, p. 155.

6. Legitimidade das partes na ação de preferência

Em linha com o raciocínio desenvolvido ao longo dos itens anteriores, sendo a ação de preferência um meio de o locatário exercer coercitivamente o seu direito, de modo que a procedência da ação terá efeitos equivalentes à celebração de um contrato entre ele e o locador, parece claro, e mesmo intuitivo, à primeira vista, que as partes legítimas para figurar na ação de preferência serão, de um lado, o locatário, e de outro, o locador.

Além disso, parece necessária, ainda, a inclusão do terceiro adquirente no polo passivo, sendo possível, assim, estender os efeitos da decisão judicial também a ele, garantindo-se a efetividade da decisão.

A necessidade de locador e terceiro adquirente figurarem lado a lado no polo passivo da ação de preferência, de fato, parece ser a orientação que mais se ajusta ao instituto, por garantir efetividade à decisão judicial. Como explica Carlyle Popp, o litisconsórcio se justifica "pois ambos, necessariamente, sofrerão os efeitos da decisão judicial".[511] Na mesma linha, Valdemar P. da Luz: "faz indispensável promover-se, além do alienante, também a citação do adquirente para a formação do litisconsórcio passivo necessário". Isto porque, quando procedente a ação, os efeitos da sentença repercutirão sobre a esfera jurídica do adquirente.[512]

Art. 34. Havendo condomínio no imóvel, a preferência do condômino terá prioridade sobre a do locatário.

Comentários (Gisela Sampaio da Cruz Guedes e Carla Wainer Chalréo Lgow):

De acordo com o artigo em comento, no caso de haver condomínio no imóvel, a preferência do condômino prevalecerá sobre a do locatário. A redação da norma é clara e não traz muitas dificuldades, mas aqui vale registrar três observações importantes.

A primeira delas, mais evidente, é a de que esta regra não se aplica ao condomínio edilício, como exaustivamente alerta a doutrina.[513] Quando o legislador alude aqui à figura do condomínio, está a se referir ao condomínio voluntário, e não àquele disciplinado pela Lei 4.591/1964 e pelos arts. 1.331 e seguintes do Código Civil. Assim, "(...) o condômino de um apartamento, unidade autônoma, tem preferência para a aquisição do apartamento, unidade autônoma. Mas o proprietário de um apartamento, embora no mesmo prédio (condomínio vertical) não tem preferência na aquisição de outro apartamento, isto é, de outra unidade autônoma da qual não é condômino (condomínio tradicional)".[514]

A segunda observação é para elogiar a opção feita pelo legislador. De fato, como se tem ressaltado, "andou bem o legislador ao distinguir mais uma vez as duas hipóteses, mandando que prevaleça o direito do condômino, porque entre o direito real de propriedade e o direito proveniente de relação pessoal (a locação) a opção pelo primeiro (...) faz-se

---

[511] POPP, Carlyle. Do direito de preferência na Lei do Inquilinato em vigor. *Jurisprudência Brasileira*, Curitiba: Juruá, vol. 176, dez. 1995, p. 31.
[512] LUZ, Valdemar P. da. Direito de preferência. *Revista dos Tribunais*, São Paulo: RT, vol. 752, jun. 1998, p. 744.
[513] SOUZA, Sylvio Capanema de. *A Lei do Inquilinato comentada artigo por artigo*. 8. ed. Rio de Janeiro: Forense, 2012, p. 156.
[514] HANADA, Fábio; HANADA, Andréa Ranieri. *A Lei do Inquilinato sob a ótica da doutrina e da jurisprudência*. São Paulo: LEUD, 2010, p. 162.

imperiosa".[515] Com efeito, entre o condômino e o locatário, não há razão para se proteger este último em detrimento do primeiro, que é coproprietário do imóvel. Até porque, "não se poderia compelir os demais condôminos a aceitar, contra sua vontade, o ingresso na comunhão de um estranho, que pode contaminar o já instável equilíbrio do conjunto. A preferência assegurada aos condôminos, que se sobrepõe à do locatário, irá, portanto, preservar a convivência dos que já constituíam a comunhão".[516] Não se pode perder de vista que o condomínio, para o Direito Civil, é uma situação transitória com grande potencial de gerar conflitos, tanto mais com a entrada de um estranho.

Por fim, a terceira e última observação é para comentar o que acontece se mais de um condômino se interessar pela aquisição. Aplica-se, na hipótese, o art. 504, parágrafo único, do Código Civil, segundo o qual *"sendo muitos os condôminos, preferirá o que tiver benfeitorias de maior valor e, na falta de benfeitorias, o de quinhão maior. Se as partes forem iguais, haverão a parte vendida os comproprietários, que a quiserem, depositando previamente o preço".*

Seção VI
Das benfeitorias

Art. 35. Salvo expressa disposição contratual em contrário, as benfeitorias necessárias introduzidas pelo locatário, ainda que não autorizadas pelo locador, bem como as úteis, desde que autorizadas, serão indenizáveis e permitem o exercício do direito de retenção.

Comentários (Tatiana Antunes Valente Rodrigues):

O presente artigo trata das benfeitorias que o inquilino pode vir a realizar, em função da necessidade ou utilidade delas, e da forma que deverão ser indenizadas.

Podemos conceituar benfeitorias como toda obra ou despesa, realizada no imóvel, visando permitir a sua utilização, conservação ou até mesmo com o fim de melhoramento ou embelezamento do bem.

> "As benfeitorias são as obras ou despesas que se fazem em bem móvel ou imóvel para conservá-lo, melhorá-lo ou embelezá-lo, repisando o fato de que não são consideradas benfeitorias as melhorias sobrevindas à coisa (o imóvel, no caso) sem a intervenção do proprietário, possuidor ou detentor."[517]

As benfeitorias chamadas de necessárias consistem naquelas que são realizadas com o intuito de preservar o imóvel de sua deterioração, podendo o inquilino realizá-las independentemente do consentimento ou da anuência do locador, pois a conservação do imóvel é um tipo de benfeitoria que durará por longo tempo e que impedirá a destruição do bem que é de propriedade do locador. Neste caso, o locador tem o dever de indenizar o locatário, sob pena de ter o imóvel retido até o pagamento da indenização.

---

[515] MORAES, Maria Celina Bodin de. In: BITTAR, Carlos Alberto (org.). *A Lei do Inquilinato anotada e comentada.* 2. ed. Rio de Janeiro: Forense Universitária, 1995, p. 40.

[516] SOUZA, Sylvio Capanema de. *A Lei do Inquilinato comentada artigo por artigo.* 8. ed. Rio de Janeiro: Forense, 2012, p. 156.

[517] DINIZ, Maria Helena. *Curso de direito civil brasileiro*: teoria geral do direito civil. 24. ed. São Paulo: Saraiva, 2007, vol. 1, p. 167.

As benfeitorias úteis são aquelas realizadas com o escopo de aumentar ou melhorar o imóvel de forma a beneficiar sua utilização, e deverão sempre ser autorizadas por escrito pelo locador, para que sejam ressarcidas pelo locador ou que o locatário possa exercer o direito de retenção.

O direito de retenção, portanto, consiste na faculdade do inquilino em não devolver o imóvel até que se receba a justa indenização pelas benfeitorias realizadas no imóvel.

Entretanto, importante ressaltar que o contrato de locação pode conter cláusula expressa que contemple a renúncia do direito à indenização e retenção por benfeitorias, não configurando nenhum abuso ou afronta à lei, pois se trata de renúncia de direito puramente patrimonial.

Assim sendo, caso não haja estipulação contratual em contrário, as benfeitorias úteis e necessárias podem ser indenizadas e gerar direito de retenção.

Após inúmeras discussões sobre o assunto, o posicionamento foi pacificado pelo E. Superior Tribunal de Justiça por meio da Súmula 335:

> "Nos contratos de locação, é válida a cláusula de renúncia à indenização das benfeitorias e ao direito de retenção".

No caso de contrato de locação celebrado com uma administradora de imóveis, se estiver estipulada no contrato a cláusula de renúncia à indenização das benfeitorias e ao direito de retenção esta cláusula é válida, cabendo ao possível locatário concordar ou não com o contrato, mas não discuti-lo. Desta forma, quando da necessidade de ser realizada qualquer benfeitoria, o locatário deverá dar ciência ao locador, para que este realize as benfeitorias necessárias (não sendo obrigado ao locador realizar benfeitorias úteis ou voluptuárias), pois caso o locatário efetue a benfeitoria esse não terá direito à indenização ou a retenção.

> "Apelação. Ação de despejo por denúncia vazia. Sentença de procedência da ação. Recurso da ré. Cerceamento de defesa. Inexistência. Não se produz prova a respeito de fato incerto. Benfeitorias não especificadas. Locação. Contrato verbal. Indenização por benfeitorias necessárias. Ausência de indicação de quais seriam as benfeitorias. Artigo 35 da Lei de Locações. Inexistência de direito de indenização. Sentença mantida. Recurso improvido."[518]

> "Ação de despejo c.c. cobrança de aluguel. Locação não residencial. Contrato verbal. Benfeitorias úteis. Indenização. Não cabimento. Inteligência do art. 35 da Lei do Inquilinato. Ausência de prova de autorização do locador. Na medida em que a ré não comprovou de modo expresso a autorização do locador para a introdução de benfeitorias úteis no imóvel, de rigor o não cabimento da indenização. Recurso não provido."[519]

> "A existência de cláusula contratual em que o locatário renuncia ao direito de retenção ou indenização é válida e torna desnecessária a realização de prova pericial das benfeitorias realizadas no imóvel locado."[520]

---

[518] TJSP, Apelação 1014044-16.2014.8.26.0002, 12ª Câmara Extraordinária de Direito Privado, Rel. Dimitrios Zarvos Varellis, j. 27.02.2015.
[519] TJSP, Apelação 0015510-06.2008.8.26.0606, 35ª Câmara de Direito Privado, Rel. José Malerbi, j. 25.08.2014.
[520] REsp 265.136/MG, Rel. Min. Vicente Leal, j. 14.12.2000, v.u., *DJU* 19.02.2001, p. 259.

TÍTULO I – DA LOCAÇÃO • **Art. 35**

"Não é nula cláusula contratual de renúncia ao direito de retenção ou indenização por benfeitorias."[521]

> **Nota do organizador Luiz Antonio Scavone Junior:**
>
> As benfeitorias não podem ser confundidas com acessões por construções ou plantações levadas a efeito no imóvel locado.
>
> As acessões, previstas pelo art. 1.248, V, do Código Civil: "são caracterizadas por obra nova que se ajuntam às existentes, decorrente do empenho humano e que valoriza o imóvel, sendo denominadas na doutrina como industriais, diferenciando das benfeitorias, divididas em voluptuárias ou suntuárias, úteis e necessárias, que tem a característica de conservação, melhoria e embelezamento do imóvel ou bem preexistente".[522]
>
> Nesse caso, efetuada construção de boa-fé, nos termos do art. 1.255 do Código Civil, a literalidade do art. 35 da Lei do Inquilinato indica que o locatário fará jus à indenização, sem contar, todavia, com qualquer direito de retenção por se tratar de direito diverso daquele previsto no art. 35 da Lei do Inquilinato.[523]

---

[521] REsp 38.274-2, Rel. Min. Edson Vidigal, j. 09.11.1994, v.u., *DJU* 22.05.1995, p. 14.425.

[522] 2º TACiv-SP. Ap s/rev. 618.754-00/3, Sétima Câmara, Rel. Paulo Ayrosa, j. 06.07.2001.

[523] Neste sentido: TJSP. Apelação n. 992060347081 (1060000300), 33ª Câmara de Direito Privado, São Paulo, Rel. Sá Moreira de Oliveira, j. 03.05.2010, data de registro: 14.05.2010. LOCAÇÃO – Indenização – Acessão – Edificação de prédio em terreno locado – Anuência do proprietário – Boa-fé do locatário – Direito de indenização. Apelação não provida.
TJSP. Apelação n. 992050065288 (1013347600), 34ª Câmara de Direito Privado, Campinas, Rel. Cristina Zucchi, j. 01.03.2010, data de registro: 11.03.2010. Locação de imóveis – Despejo por falta de pagamento – Valor do aluguel em URV convertido para reais – Reajustes livremente pactuados – Cobrança devida – Reconvenção – Edificação de casa e galpão em imóvel locado – Construção que não caracteriza benfeitoria, mas sim acessão (art. 536, V, do Código Civil de 1916, atual art. 1.248, V, do CC/2002) – Reconhecimento – Indenização devida – Verbas sucumbenciais corretamente repartidas entre as partes – Sentença mantida. Recursos de apelação e adesivo improvidos.
TJSP. Apelação n. 992080433706 (1197340200), 31ª Câmara de Direito Privado, Ourinhos, Rel. Antonio Rigolin, j. 02.03.2010, data de registro: 17.03.2010. Locação. Ação de despejo por falta de pagamento e cobrança de aluguéis. Alegação do direito de retenção por acessões. Inadmissibilidade. Despejo que se determina. Recurso parcialmente provido. A edificação em terreno alheio constitui acessão, conferindo apenas, em caso de boa-fé, o direito de haver indenização. Não tem o locatário, nesse caso, o direito de retenção por acessões, mas, tão somente, a possibilidade de pleitear a indenização respectiva. Por isso, cabe desde logo a determinação de efetivação do despejo. Locação. Ação reconvencional. Pedido de indenização por acessões. Direito do locatário a reparação, configurada a boa-fé. Recurso do reconvindo improvido, nesse aspecto. Ao locatário que realizou a edificação no imóvel objeto da locação, cuja boa-fé se apresenta evidente, faz jus a indenização pelo que construiu. Locação. Ação reconvencional de indenização. Sentença condenatória ao pagamento de valor a ser apurado em liquidação. Irrelevância da existência de pedido determinado, ante a falta de recurso por parte do reconvinte. Recurso do reconvindo improvido, nesse aspecto. Embora configurada a falta de simetria entre o pedido determinado e o preceito condenatório ilíquido, isso não constitui razão para qualquer reconhecimento de vício, pois apenas o autor pode levantar questionamento a respeito (STJ, Súmula 318).
TJSP. Apelação sem Revisão 992080200108 (1169701000), 31ª Câmara de Direito Privado, São Bernardo do Campo, Rel. Adilson de Araújo, j. 26.05.2009, data de registro: 29.06.2009. 1. Processual civil e civil. Locação de imóvel não residencial (terreno vazio). Ação de despejo por falta de pagamento cumulada com cobrança de alugueres e encargos. Apelo do réu improvido. A despeito das alegações negando sua condição de locatário, as provas coligidas nos autos são robustas e suficientes a

Mesmo assim, "ainda que a construção de prédio em terreno locado possa ser tecnicamente considerada acessão, e não benfeitoria, válida é a cláusula contratual que exclui o respectivo direito de indenização, porque cuida-se, em última análise, de estipulação envolvendo direito disponível. E, porque não vedada pela lei, insere-se no âmbito daquelas matérias albergadas pelo princípio da chamada autonomia de vontade".[524]

Os tribunais, em diversos precedentes, equiparam, para os fins do art. 35 da Lei do Inquilinato, benfeitorias e acessões.

Nessa medida, já se decidiu que é irrelevante a distinção, valendo a cláusula de renúncia por benfeitorias também para as acessões:

> *Despejo por denúncia vazia – locação comercial – indenização por acessões – cláusula contratual expressa de exclusão. É válida a cláusula de renúncia do direito de indenização em relação às benfeitorias realizadas no imóvel, sendo tal regime aplicável às acessões. Súmula 335 do STJ, mostrando-se irrelevância a distinção entre benfeitorias e acessões, na medida em que a cláusula contratual de renúncia abarca quaisquer modificações realizadas no imóvel. Locatário que alugou o imóvel ciente de que se tratava de terreno vazio, no qual seria imprescindível a realização de obras para qualquer atividade que fosse ser desenvolvida, ciente também de que não haveria indenização respectiva. Recurso improvido (TJSP. Apelação Cível n. 1018459-97.2018.8.26.0100, 30ª Câmara de Direito Privado, Rel. Maria Lúcia Pizzotti, j. 04.12.2019, data de registro: 05.12.2019).*

Na doutrina, Orlando Gomes[525] consigna que as benfeitorias "têm cunho complementar" e que as acessões "são coisas novas, como as plantações e construções".

Para Cristiano Chaves de Farias e Nelson Rosenvald: "Acessões artificiais e benfeitorias são institutos que não se confundem. As benfeitorias são incluídas na classe das coisas acessórias (art. 96, CC), conceituadas como obras ou despesas feitas em uma coisa para conservá-la (necessárias), melhorá-la (útil) ou embelezá-la (voluptuária). Já as acessões artificiais inserem-se entre os modos de aquisição da propriedade imobiliária, consistindo em obras que criam coisas novas e distintas, aderindo à propriedade preexistente. Seguindo o exemplo dado por Maria Helena Diniz, 'não constitui uma acessão a conservação de plantações já existentes, pela substituição de algumas plantas mortas. Esse caso é uma benfeitoria por não haver nenhuma alteração na substância e destinação da coisa. Se fizermos um pomar em terreno alheio, onde nada havia anteriormente, teremos uma acessão por plantação, que se caracteriza pela circunstância de produzir uma mudança, ainda que vantajosa, no destino econômico do imóvel'".[526]

Os mesmos autores equiparam as acessões às benfeitorias para efeito do direito de retenção disciplinado no art. 1.215 do Código Civil, o que fazem nos seguintes termos: "Em comum, sobre benfeitorias e acessões, exercita-se o direito à retenção, pelas melhorias que acarretam

---

fornecer um juízo de certeza da existência de uma avença locacional. Prevalência do princípio *"pacta sunt servanda"*. 2. Processual civil e civil. Locação de imóvel não residencial (terreno vazio). Ação de despejo por falta de pagamento cumulada com cobrança de alugueres e encargos. Realização de acessões. Indenização. Necessidade. Direito de retenção. Cabimento. Apelo da autora improvido. As obras realizadas no imóvel em questão não podem ser classificadas como benfeitorias (úteis, necessárias ou voluptuárias), mas, sim, como verdadeira acessão, visto tratar-se de construção nova de moradia em terreno outrora vazio. Imperiosa a indenização, sob pena de se consagrar o odioso enriquecimento sem causa.

[524] 2º TACivSP. Ap s/rev. 495 975, Sexta Câmara, Rel. Paulo Hungria, j. 30.09.1997.
[525] GOMES, Orlando. *Direitos Reais*. 8. ed. Rio de Janeiro: Forense, 1983, p. 64.
[526] FARIAS, Cristiano Chaves de; ROSENVALD, Nelson. *Curso de Direito Civil*. 9. ed. Salvador: JusPodivm, 2013, vol. 5, p. 487.

à coisa. Apesar de o Código Civil ter perdido uma bela oportunidade de sanar a omissão – pois apenas refere-se ao direito de retenção no que concerne às benfeitorias (art. 1.219 do CC), silenciando em relação ao tratamento das acessões artificiais – aplica-se a elas, por analogia, o dispositivo citado".[527]

O STJ esposa essa opinião:

> **Superior Tribunal de Justiça.** *Recurso Especial. Ação de manutenção de posse. Direito de retenção por acessão e benfeitorias. Contrato de comodato modal. Cláusulas contratuais. Validade. 1. A teor do art. 1.219 do Código Civil, o possuidor de boa-fé tem direito de retenção pelo valor das benfeitorias necessárias e úteis e, por semelhança, das acessões, sob pena de enriquecimento ilícito, salvo se houver estipulação em contrário. (...) 4. Recurso especial não provido (REsp 1.316.895/SP, 3ª Turma, Rel. originária Min. Nancy Andrighi, Rel. acórdão Min. Ricardo Vilas Bôas Cueva, DJe 28.06.2013).*

> **Superior Tribunal de Justiça.** *Civil. Recurso Especial. Locação. Acessões. Direito de retenção. Possibilidade de recurso especial conhecido e improvido. 1. Conforme entendimento do Superior Tribunal de Justiça, é possível a retenção do imóvel, pelo possuidor de boa-fé, até que seja indenizado pelas acessões nele realizadas. Precedentes. 2. Recurso especial conhecido e improvido (REsp 805.522/RS, 5ª Turma, Rel. Min. Arnaldo Esteves Lima, DJ 05.02.2007).*

No seu voto, o Ministro Arnaldo Esteves Lima fundamenta: "Outro não é o entendimento de Sylvio Capanema de Souza (*Da Locação do Imóvel Urbano*: Direito e Processo. 1. ed. Rio de Janeiro: Forense, 2002, item 150, p. 226), que, não obstante reconheça a diferença entre acessão e benfeitoria, e, ainda, que o art. 35 da Lei 8.245/1991 faça referência tão somente às benfeitorias, posiciona-se no sentido de que a regra insculpida em tal dispositivo deve ser estendida para alcançar as acessões, porquanto na prática 'não se faz a nítida distinção entre acessão e benfeitoria, sendo comum que se aluda a benfeitorias, quando se trata de acessão, ou vice-versa'".

Nesse caso, adotado o entendimento do STJ, aplica-se a regra do art. 35 da Lei 8.245/1991 às acessões por analogia, de tal sorte que os locatários contam com o direito de ser indenizados e de reter o imóvel pelas acessões, salvo disposição em contrário.

Todavia, como há divergência e a conclusão não decorre da literalidade do art. 35 da Lei do Inquilinato, notadamente porque as cláusulas renunciativas de direitos devem ser interpretadas restritivamente (Código Civil, art. 114), recomenda-se fortemente que a questão das acessões seja completa e expressamente disciplinada no contrato, em conjunto com as benfeitorias, sob pena de se entender que a simples renúncia às benfeitorias não se estende às acessões não mencionadas no contrato.

Nesse sentido, o seguinte aresto do Superior Tribunal de Justiça:

> *Recurso especial. Direito civil. Ofensa ao devido processo legal. Ausência de prequestionamento. Contrato de locação de imóvel urbano não residencial. Cláusula de renúncia à indenização por benfeitorias. Validade. Extensão à acessão. Impossibilidade. Recurso especial parcialmente conhecido e, nessa extensão, provido. 1. O propósito recursal consiste em definir se houve ofensa ao princípio do devido processo legal e se a cláusula de renúncia às benfeitorias constante em contrato de locação pode ser estendida às acessões. (...) 3. Consoante o teor da Súmula 335/STJ, 'nos contratos de locação, é válida a cláusula de renúncia à indenização das benfeitorias e ao direito de retenção'. 4. Os negócios jurídicos benéficos e a renúncia interpretam-se*

---

[527] FARIAS, Cristiano Chaves de; ROSENVALD, Nelson. *Curso de Direito Civil.* 9. ed. Salvador: JusPodivm, 2013, vol. 5, p. 487.

estritamente (art. 114 do CC). Assim, a renúncia expressa à indenização por benfeitoria e adaptações realizadas no imóvel não pode ser interpretada extensivamente para a acessão. 5. Aquele que edifica em terreno alheio perde, em proveito do proprietário, a construção, mas se procedeu de boa-fé, terá direito à indenização (art. 1.255 do CC). Na espécie, a boa-fé do locatário foi devidamente demonstrada. 6. Recurso especial parcialmente conhecido e, nessa extensão, provido. (REsp 1.931.087/SP, 3ª Turma, Rel. Ministro Marco Aurélio Bellizze, j. 24.10.2023, DJe de 26.10.2023).

Art. 36. As benfeitorias voluptuárias não serão indenizáveis, podendo ser levantadas pelo locatário, finda a locação, desde que sua retirada não afete a estrutura e a substância do imóvel.

Comentários (Tatiana Antunes Valente Rodrigues):

As benfeitorias voluptuárias consistem naquelas que se destinam tão somente ao embelezamento do bem, que nada influem para a melhoria do uso, se constituem naquelas que só visam a estética ou o conforto dispensável, tais benfeitorias são realizadas somente com este propósito não devendo ser indenizadas em hipótese alguma, independentemente do valor e mesmo que valorizem o bem, podendo ao final serem retiradas pelo locatário contanto que não afetem a estrutura do imóvel bem como sua substância.

Seção VII
Das garantias locatícias

Art. 37. No contrato de locação, pode o locador exigir do locatário as seguintes modalidades de garantia:

I – caução;

II – fiança;

III – seguro de fiança locatícia;

IV – cessão fiduciária de quotas de fundo de investimento. (Incluído pela Lei nº 11.196, de 2005)

Parágrafo único. É vedada, sob pena de nulidade, mais de uma das modalidades de garantia num mesmo contrato de locação.

Comentários (Alessandro Schirrmeister Segalla):

Neste art. 37 da LI o legislador enumerou as espécies de garantia locatícia que são admitidas para assegurar o adimplemento exato e fiel do contrato de locação de imóvel urbano, a saber: I – caução; II – fiança; III – seguro de fiança locatícia; IV – cessão fiduciária de quotas de fundo de investimento.

Nas edições anteriores desta obra, este coautor afirmou que as hipóteses de garantia previstas neste art. 31 da LI seriam taxativas em razão da redação empregada pelo legislador – "(...) pode o locador exigir do locatário as **seguintes** modalidades de garantia (...) –, o que indicaria uma restrição à autonomia privada na formulação das garantias contratuais admitidas nas relações locativas.

Todavia, após ter refletido detidamente sobre o assunto, este coautor alterou o seu posicionamento original, razão pela qual passou a sustentar que, em virtude da finalidade da LI, as partes poderão escolher qualquer garantia contratual prevista em lei, pois – em nossa opinião – qualquer modalidade de garantia poderia ser exigida pelo locador, ainda que não esteja contemplada no rol do art. 37 da LI.

Por exemplo, além das garantias previstas expressamente no art. 37 da LI, outras 3 (três) são permitidas expressamente em lei para assegurar os contratos de locação de imóveis urbanos, enquanto outra já admitida pelo TJRJ, a saber:

a) a consignação em folha prevista na Lei nº 1.046, de 2 de janeiro de 1950;

Esta primeira modalidade foi instituída para assegurar aos **locadores (art. 5º, VIII)** o recebimento dos **aluguéis e encargos de locações residenciais (art. 2º, V)** mediante **consignação (desconto)** "(...) **em folha de vencimento, remuneração, salário, provento, subsídio, pensão, montepio, meio-soldo e gratificação adicional por tempo de serviço**" (art. 1º), nas quais figurem os agentes públicos indicados no **art. 4º da Lei nº 1.046, de 2 de janeiro de 1950**.[528]

A vantagem para o locador é que o pagamento dos aluguéis e encargos será efetuado pelo órgão ao qual estiver vinculado o agente público e será realizado no decorrer do mês subsequente ao do desconto (art. 20), podendo comprometer até 70% dos vencimentos do locatário (art. 21, parágrafo único).

Ademais, se o locatário for exonerado, demitido ou dispensado, a garantia estará automaticamente extinta (art. 14), mantendo-se integralmente os efeitos contratuais, entre os quais destacam-se as possibilidades de despejo liminar previstas no art. 59, § 1º, VII e IX, da LI, em que pese redação falha empregada pelo legislador no inciso IX.

b) a alienação fiduciária em garantia de bens imóveis prevista na Lei nº 9.514, de 20 de novembro de 1997;

A **Lei nº 10.931, de 2 de agosto de 2004**, previu expressamente a possibilidade de ser contratada a alienação fiduciária em garantia para as **"obrigações em geral"**, previsão contida em seu **art. 51**,[529] incluídas aquelas decorrentes das locações de imóveis urbanos.

Ainda que seja atualmente incipiente a utilização da garantia fiduciária nas locações de imóveis urbanos, o **art. 51 da Lei nº 10.931, de 2 de agosto de 2004**, tem a aptidão de alterar profundamente a dinâmica contratual, em especial das locações não residenciais de valor elevado, o que poderia ser uma excelente alternativa para os locadores.

---

[528] "Art. 4º Poderão consignar em folha: I – Funcionários públicos ou extranumerários, mensalistas, diaristas, contratados e tarefeiros; II – Militares do Exército, Marinha, Aeronáutica, Polícia Militar e Corpo de Bombeiros do Distrito Federal; III – Juízes, membros do Ministério Público e serventuários da Justiça; IV – Senadores e Deputados; V – Servidos e segurados ou associados de autarquias, sociedades de economia mista, empresas concessionárias de serviços de utilidade pública, ou incorporada ao patrimônio público; VI – Associados e servidores de cooperativas de consumo, com fins beneficentes, legalmente constituídas; VII – Servidores civis aposentados, e militares reformados, ou da reserva remunerada; VIII – Pensionistas civis e militares".

[529] "Art. 51. Sem prejuízo das disposições do Código Civil, **as obrigações em geral também poderão ser garantidas,** inclusive por terceiros, por cessão fiduciária de direitos creditórios decorrentes de contratos de alienação de imóveis, por caução de direitos creditórios ou aquisitivos decorrentes de contratos de venda ou promessa de venda de imóveis e **por alienação fiduciária de coisa imóvel.**" (Grifamos)

c) o penhor legal previsto nos arts. 1.467 a 1.472 do Código Civil;

Nos artigos em destaque, o legislador previu, independentemente de pactuação das partes, ser o locador"credor pignoratício"sobre os bens móveis do locatário que guarnecem o imóvel locado.

Comumente desconhecido dos operadores do direito, se bem aplicado, o"penhor legal" poderá ser um instrumento valioso que permitirá aos locadores a execução dos despejos sem que tenham de entregar os"móveis e utensílios" à guarda de depositário, como prevê o art. 65,§1º, da Lei do Inquilinato, por ser incompatível com a dinâmica do"penhor legal".

Nesta hipótese, se o locador optar por exercer o"direito ao penhor legal, deverá, na prática, informar e requerer ao juízo do despejo que, ao cumprir o mandado o oficial de justiça, deverá constatar os "móveis e utensílios"que guarnecem o prédio alugado, a fim de que sejam preservados no local para permitir o requerimento de"homologação do penhor legal", como prevê o art. 1.470 do Código Civil.

Com isso, os locadores poderão evitar os transtornos por vezes causados pela remoção dos móveis e utensílios para um depósito particular, e poderão requerer a alienação judicial para a satisfação do seu crédito.

Por se tratar de uma faculdade do locador, a análise casuística determinará se a sua adoção em determinada demanda será ou não conveniente aos interesses do senhorio.

d) a hipoteca prevista nos arts. 1.473 e seguintes do Código Civil;

Nos autos do AgRg no AREsp n. 75.289/RJ, relatados pelo Ministro Antonio Carlos Ferreira, em 26.02.2019, a 4ª Turma do Superior negou provimento ao recurso interposto para impugnar um acórdão do TJRJ no qual o tribunal estadual admitiu a hipoteca como garantia locatícia no contexto fático-jurídico da demanda apreciada.[530]

Em outras palavras, ainda que o STJ não tenha enfrentado diretamente se a hipoteca poderia ou não ser usada como garantia locatícia, o acórdão da 4ª Turma teve o mérito de exteriorizar os debates jurídicos travados pelo TJRJ.

E fiel ao entendimento defendido nesta obra, entendemos que o art. 37 da Lei do Inquilinato é **exemplificativo**, uma vez que as partes poderão pactuar outras garantias contratuais, ainda que não previstas expressamente pela Lei 8.245/1991.

Em síntese, o legislador não vedou às partes do contrato de locação de imóvel urbano a criação ou estipulação de qualquer outra espécie de garantia para assegurar o adimplemento dos contratos de locação de imóveis urbanos, ainda que não esteja contemplada no art. 37 da LI.

Tecidas essas considerações, passaremos a analisar as várias modalidades de garantias permitidas pela lei.

1. Inciso I – Caução

Segundo se extrai da interpretação sistemática da Lei do Inquilinato, o legislador se utilizou do termo "caução" no artigo em comento como "gênero" de garantia locatícia, da qual

---

[530] "Apreciando os contratos assinados pelas partes e reconhecendo a celebração, também, de contrato locatício, houve por bem o Tribunal de origem decidir que a hipoteca substituiu a anterior fiança, incidindo o óbice do art. 37 da Lei de Locações. Igualmente, interpretanto o teor da cláusula hipotecária, concluiu-se no acórdão da apelação que tal garantia abrangeria todos os contratos celebrados, indistintamente. Assim, a reforma do aresto recorrido demandaria reexame dos contratos e dos elementos fático-probatórios dos autos, inclusive para viabilizar a apreciação dos temas pertinentes à vontade das partes (art. 112 do CC/2002), ao ânimo de novar (arts. 360 e 361 do CC/2002) e à celebração de contrato atípico (art. 425 do CC/2002)".

seriam espécies a "caução em imóveis" (art. 38, *caput*), a "caução em dinheiro" (art. 38, § 2º) e a "caução em títulos e ações" (art. 38, § 3º). E no mesmo art. 38, § 1º, o legislador estabeleceu que "A caução em bens móveis deverá ser registrada em cartório de títulos e documentos; a em bens imóveis deverá ser averbada à margem da respectiva matrícula".

Portanto, como se percebe, na Lei do Inquilinato a garantia denominada de "caução" terá apenas natureza real, pois através dela o próprio locatário ou terceiro destacarão do seu patrimônio determinado bem móvel, imóvel, títulos ou ações com a finalidade de proteger o locador de eventual inadimplemento do locatário, "sem que existam as formalidades dos direitos reais de garantia típicos", como bem expôs Sílvio de Salvo Venosa.[531]

Como será demonstrado oportunamente, visualizada a "caução" como garantia real, tal tratamento teve por finalidade atribuir às partes da locação de imóvel urbano – ou eventuais terceiros – maior segurança em razão da previsibilidade dos efeitos que desta modalidade de garantia surtirão.

2. Inciso II – Fiança[532]

Conforme já tivemos oportunidade de escrever, "A fiança no direito brasileiro é um contrato de *garantia pessoal* porque ostenta, *ex vi legis*, a natureza de negócio jurídico,[533] de modo que é a *pessoa* do fiador e o seu *patrimônio* que prometem, garantem e lastreiam o adimplemento exato e fiel do devedor principal.[534] Na fiança, o *conteúdo* da obrigação do fiador é a *garantia*[535] de adimplemento da *obrigação principal*, a partir do momento em que o garante se torna *responsável* pelo adimplemento alheio, sem que seja codevedor".[536]

Nesse sentido, afirmamos que o fiador é apenas o responsável pelo adimplemento de dívida alheia (titularizando apenas a *haftung*,[537] enquanto o locatário é o único devedor a figurar no contrato (titularizando tanto a *schuld*[538] quanto a *haftung*).[539]

---

[531] VENOSA, Sílvio de Salvo. *Lei do Inquilinato comentada:* doutrina e prática. 12. ed. São Paulo: Atlas, 2013, p. 174.
[532] Para aprofundamento do tema: SEGALLA, Alessandro. *Contrato de fiança*. São Paulo: Atlas, 2013.
[533] Nesse sentido: Lopes, Miguel Maria de Serpa. *Curso de direito civil*. 4. ed. Rio de Janeiro: Freitas Bastos, 1993, vol. 4, p. 461-462.
[534] "A caução é espécie do gênero garantia. A caução pode ser *real* ou *fidejussória* (pessoal). *Caução real* é a que vincula um bem móvel, imóvel ou semovente do devedor ou de terceiro pelo cumprimento da obrigação (...) *Caução fidejussória* ou *pessoal* é a dada por uma ou mais pessoas, que assumem o compromisso de pagar a obrigação, se o devedor não o fizer. A fiança é o modelo mais comum desta espécie de caução. A fiança é obrigação eminentemente pessoal. Em consequência, não vincula bens do fiador ao cumprimento da obrigação" (OLIVEIRA, Lauro Laertes de. *Da fiança*. São Paulo: Saraiva, 1981, p. 2-3).
[535] Nas palavras de Pontes de Miranda: "(...) prestação de segurança (*Sicherheitsleistung*)". "Segurança ou garantia é o reforçamento de algum direito, ordinàriamente crédito. Alguém por outrem, ou o próprio sujeito passivo da relação jurídica, com a sua promessa, ou com a dação da posse, ou do domínio, ou direito real limitado, torna mais fàcilmente executável a dívida ou mais fàcilmente exercível o direito" (PONTES DE MIRANDA, Francisco Cavalcanti. *Tratado de direito privado*. 3. ed. 2. reimp. São Paulo: RT, 1984, t. 22, § 2.740, p. 299).
[536] SEGALLA, Alessandro. *Contrato de fiança*. São Paulo: Atlas, 2013, p. 1.
[537] Responsabilidade.
[538] Débito.
[539] "Normalmente as figuras da *schuld* e da *haftung* se reúnem na pessoa do devedor; todavia, hipóteses há de titulares passivos que ostentam a *haftung*, mas não a *schuld*, como é o caso dos fiadores. Na fiança esta distinção é fundamental porque *o fiador jamais será codevedor ou titular passivo da*

Apresentados alguns aspectos gerais do contrato de fiança, nos comentários ao art. 40 da Lei do Inquilinato, abordaremos algumas questões controvertidas sobre a fiança prestada à locação de imóveis urbanos.

3. Inciso III – Seguro de fiança locatícia

O "seguro de fiança locatícia" é modalidade de garantia pessoal que não possui qualquer vinculação com o contrato de fiança, apesar da aparente confusão que o seu *nomen juris* poderá indicar.

Trata-se, a bem dizer, de modalidade específica de garantia pessoal.

E como modalidade de garantia securitária, a sua estrutura jurídica vem disciplinada na Circular Susep n. 671/2022, que versa sobre as **condições gerais** do seguro fiança, o que será mais bem abordado nos comentários ao art. 41 da Lei do Inquilinato.

4. Inciso IV – Cessão fiduciária de quotas de fundo de investimento

A "cessão fiduciária de quotas de fundo de investimento" é uma garantia real em razão da qual o próprio locatário ou terceiro deverá transferir a titularidade das quotas de determinado fundo de investimento ao locador, em caráter resolúvel, enquanto o contrato de locação estiver em vigor, quotas estas que ficarão sob a guarda de um agente fiduciário (instituição financeira).

Trata-se de modalidade de garantia praticamente inexistente no mercado de locações, pelas seguintes razões: além de ser completamente desconhecida dos locadores, é necessário que o próprio locatário ou terceiro mantenha em um fundo de investimento os valores necessários à garantia do contrato de locação pelo seu período de vigência, de modo que em função da própria oscilação do mercado esses fundos poderão ter uma rentabilidade positiva ou até mesmo negativa ao longo de determinado período, o que afetaria completamente a possibilidade de o locador vir a receber o seu crédito em caso de descumprimento do contrato.

E como modalidade de garantia real e *sui generis*, a sua estrutura jurídica vem disciplinada na Lei 11.196, de 21.11.2005.

Em linhas gerais, o titular (locatário ou terceiro) das quotas de um fundo de investimento transfere em garantia ao credor locatício (locador) a titularidade resolúvel das quotas enquanto estiver em vigor o contrato de locação de imóvel urbano. Dessa forma, tratando-se de modalidade de "transmissão de direitos em garantia" ou "cessão de direitos em garantia", constituída estará em favor do credor a propriedade fiduciária[540] dos direitos transmitidos enquanto perdurar a locação.

---

obrigação, do débito, porém apenas será responsável pelo adimplemento do afiançado. **Esta vem a ser a razão pela qual o fiador jamais poderá ser instado a cumprir a obrigação principal, que é a função principal do devedor, situação esta que se admissível fosse desnaturaria o caráter *subsidiário* da fiança. Sem a subsidiariedade o fiador não seria garantido, mas sim codevedor. Assim, até o vencimento da obrigação a dívida deverá ser exigida do devedor, e não do fiador; este somente poderá ser responsabilizado *se* e *quando* o devedor (*rectius*, afiançado) não efetuar o pagamento prometido, pois desse fato é que nasce a sua responsabilidade.** É por esta razão, por exemplo, que nos contratos de locação de imóveis urbanos até o vencimento os aluguéis devem ser exigidos do inquilino, mas não do fiador, cuja responsabilidade surgirá logo que a dívida vença e não seja cumprida pelo devedor principal" (SEGALLA, Alessandro. *Contrato de fiança*. São Paulo: Atlas, 2013, p. 4-5).

[540] Nos termos do art. 1.361 do Código Civil, "Considera-se fiduciária a propriedade resolúvel de coisa móvel infungível que o devedor, com escopo de garantia, transfere ao credor".

Eis o regime jurídico desta modalidade de garantia conforme dispõe o art. 88 da Lei 11.196, de 21.11.2005, o qual merecerá os comentários pertinentes:

> "Art. 88. As instituições autorizadas pela Comissão de Valores Mobiliários – CVM para o exercício da administração de carteira de títulos e valores mobiliários ficam autorizadas a constituir fundos de investimento que permitam a cessão de suas quotas em garantia de locação imobiliária".

Trata-se de uma *garantia típica*, pois as suas *estrutura* e *função* foram detidamente fixadas pelo legislador; ademais, somente instituições financeiras autorizadas pela CVM é que poderão operar nesse segmento econômico.

> "Art. 88. (...) § 1º A cessão de que trata o *caput* deste artigo será formalizada, mediante registro perante o administrador do fundo, pelo titular das quotas, por meio de termo de cessão fiduciária acompanhado de 1 (uma) via do contrato de locação, constituindo, em favor do credor fiduciário, propriedade resolúvel das quotas".

O negócio jurídico fiduciário será constituído mediante instrumento escrito que deverá ser obrigatoriamente registrado na instituição financeira administradora do fundo, sendo a forma escrita da própria essência do contrato (*ad solemnitatem*). Segundo entendemos, a eventual estipulação verbal da cessão fiduciária tornará o negócio nulo (CC, art. 104, III c/c o art. 166, IV), eis que o meio pelo qual as respectivas manifestações de vontade deverão ser exteriorizadas é o escrito.

O registro, segundo igualmente entendemos, terá a função de permitir a publicidade da situação jurídica a que foram submetidas as respectivas quotas, a fim de atribuir segurança ao credor fiduciário (locador) para evitar que a titularidade das mesmas seja transmitida a terceiros de boa-fé, o que acarretaria enorme prejuízo ao próprio credor, pois tornaria a garantia desprovida de qualquer eficácia.

Outrossim, no próprio corpo do contrato de locação de imóvel urbano as partes deverão estabelecer as cláusulas da cessão fiduciária que entre as mesmas vigorará, de modo que ao respectivo contrato será anexado o "termo de cessão fiduciária" fornecido pela instituição financeira depositária das quotas (agente fiduciário), o que em tese permitirá a qualquer pessoa que tiver acesso ao contrato tomar efetivo conhecimento da situação jurídica envolvendo as quotas cedidas.

> "Art. 88. (...) § 2º Na hipótese de o cedente não ser o locatário do imóvel locado, deverá também assinar o contrato de locação ou aditivo, na qualidade de garantidor."

A cessão fiduciária é negócio jurídico acessório de garantia que se subordinará ao contrato garantido (*in casu*, de locação). Na verdade, ainda que a redação do parágrafo em comento seja criticável, não há dúvida de que o garantidor fiduciário não assinará o contrato de locação, mas sim o contrato de garantia inserido na locação. Ainda que as figuras do locatário e do garantidor fiduciário estejam concentradas na mesma pessoa, os respectivos contratos serão distintos em razão da própria função atribuída a cada um deles pelo legislador.

A bem dizer, a interpretação que defendemos é a seguinte: quando o locatário for também o cedente fiduciante das quotas de um fundo de investimento, **dispensada estará a necessidade de dupla assinatura, pois uma vez subscrito o contrato de locação, contratada também terá** sido a **garantia fiduciária**. Caso contrário, quando o locatário e o cedente fiduciante forem pessoas distintas, ambas deverão assinar os respectivos instrumentos.

> "Art. 88. (...) § 3º A cessão em garantia de que trata o *caput* deste artigo constitui regime fiduciário sobre as quotas cedidas, que ficam indisponíveis, inalienáveis e impenhoráveis, tornando-se a instituição financeira administradora do fundo seu agente fiduciário."

Uma das vantagens da cessão fiduciária em garantia sob comento decorre da imposição às respectivas quotas, desde a constituição da garantia, do regime jurídico da **indisponibilidade, da inalienabilidade e da impenhorabilidade**, as quais ficarão sob a custódia da instituição financeira administradora do fundo.

Com efeito, o tratamento jurídico dispensado pelo legislador se justifica, pois, sendo as quotas de um fundo de investimento um bem jurídico incorpóreo, a sua titularidade poderia ser transmitida mediante simples cessão, situação essa que frustraria a própria efetivação da garantia quando a sua excussão se mostrasse oportuna.

Para evitar tais percalços, a constituição da cessão fiduciária vinculará as respectivas quotas ao contrato de locação, de modo a evitar a contaminação da garantia pela situação jurídica **superveniente** do devedor-fiduciante. Escrevemos situação jurídica **superveniente** porque a constituição da garantia não poderá ocorrer em prejuízo dos demais credores do garantidor em virtude da existência de créditos anteriores à constituição da garantia, sob pena de restar configurada eventual **fraude contra credores ou fraude à execução**.

> "Art. 88. (...) § 4º O contrato de locação mencionará a existência e as condições da cessão de que trata o *caput* deste artigo, inclusive quanto a sua vigência, que poderá ser por prazo determinado ou indeterminado."

> "Art. 88. (...) § 5º Na hipótese de prorrogação automática do contrato de locação, o cedente permanecerá responsável por todos os seus efeitos, ainda que não tenha anuído no aditivo contratual, podendo, no entanto, exonerar-se da garantia, a qualquer tempo, mediante notificação ao locador, ao locatário e à administradora do fundo, com antecedência mínima de 30 (trinta) dias."

No § 4º do art. 88 em comento o legislador estabeleceu que a garantia fiduciária poderá ser contratada por tempo determinado ou indeterminado, o que redundará nas seguintes situações:

a) se a garantia for contratada por prazo inferior ao do contrato de locação – o que na prática dificilmente ocorrerá –, uma vez atingido o termo final da garantia esta estará extinta, cessando a partir daí a responsabilidade do garantidor;

b) se a garantia for contratada por prazo igual ao do contrato de locação, uma vez prorrogado este por força de lei (LI, art. 39), a garantia estará automaticamente prorrogada por tempo indeterminado, somente cessando quando a posse do imóvel for restituída ao locador, quer pela entrega das chaves ou pela imissão na posse do prédio locado;

c) se a garantia for contratada por tempo indeterminado, entendemos que diante do seu caráter acessório a mesma ficará vinculada à vigência do contrato garantido, que é o de locação, de modo que cedente continuará responsável pelo adimplemento do contrato até a data em que a posse do imóvel for restituída ao locador.

De acordo com o § 5º do art. 88 em questão, se o contrato de locação vencer e não for denunciado nos prazos fixados na LI, ocorrerá a prorrogação da locação por tempo indeterminado, de tal modo que o vínculo contratual terá sido mantido. Nessa hipótese, uma vez prorrogada a locação, prorrogada também terá sido a garantia fiduciária, ainda que o cedente não tenha subscrito qualquer aditivo contratual no qual concordaria com a prorrogação da garantia. Todavia, será de boa cautela clausular no contrato de locação que a garantia fiduciária será prorrogada quando a locação também o for, a fim de serem evitadas interpretações que coloquem em risco a sua manutenção.

Não obstante, à semelhança do que ocorre com o fiador, nesta situação o legislador concedeu ao cedente o direito potestativo de exoneração da garantia fiduciária, "**mediante notificação ao locador, ao locatário e à administradora do fundo, com antecedência mínima de 30 (trinta) dias**" (grifamos).

Como se percebe, a notificação exoneratória endereçada ao locatário só terá cabimento se este não for também o cedente; caso contrário, tratando-se das mesmas pessoas bastará o endereçamento da notificação ao locador e ao administrador do fundo, este último ao qual incumbirá o cancelamento do registro da garantia que redundará no levantamento do regime jurídico da **indisponibilidade, da inalienabilidade e da impenhorabilidade** das quotas. Não é demais esclarecer que a notificação exoneratória é uma manifestação de vontade receptícia, de modo que terá de ser efetivamente recebida pelos seus destinatários para que possa surtir o principal efeito jurídico predeterminado pelo legislador: a resilição do vínculo contratual.

> "Art. 88. (...) § 6º Na hipótese de mora, o credor fiduciário notificará extrajudicialmente o locatário e o cedente, se pessoa distinta, comunicando o prazo de 10 (dez) dias para pagamento integral da dívida, sob pena de excussão extrajudicial da garantia, na forma do § 7º deste artigo."

De acordo com a disciplina tradicional da *mora debitoris* na LI, o locatário em atraso poderá purgá-lo para evitar a resolução do contrato de locação.

Normalmente, a mora poderá se apresentar como suportável ou insuportável, de acordo com a conveniência e oportunidade do locador, que poderá determinar até que ponto estaria disposto a tolerar o atraso contratual do locatário. Diante dessa situação, o locador terá à sua disposição dois caminhos, segundo entendemos:

a) Poderá optar pela execução extrajudicial da garantia fiduciária, quando então deverá notificar extrajudicialmente o locatário e o garantidor fiduciário – se for pessoa diversa – para que o débito seja pago em 10 (dez) dias, findo o qual, sem o devido pagamento, as quotas serão transferidas "**em caráter pleno, exclusivo e irrevogável**" ao locador pelo agente fiduciário, em quantidade suficiente à satisfação do seu crédito.

Segundo aponta Melhim Namem Chalhub,[541] "Se as quotas transmitidas pela administradora ao locador não forem suficientes para o resgate integral do débito, este promoverá a cobrança dos aluguéis e encargos ou o despejo pelos meios peculiares à relação locatícia", podendo inclusive penhorar outros bens do locatário para efetivação do seu crédito, mas não do devedor-fiduciante – se se tratar de terceira pessoa – porque a sua responsabilidade é limitada aos bens que foram transmitidos fiduciariamente ao credor.

---

[541] CHALHUB, Melhim Namem. *Direitos reais.* 2. ed. rev., atual. e ampl. São Paulo: RT, 2014, p. 286.

Na hipótese descrita neste item "a", uma questão interessante poderá ocorrer:

a.1) se o locatário e o garantidor fiduciário forem a mesma pessoa, e o locador tiver optado pela execução extrajudicial da garantia, ser-lhe-á impossível postular também o despejo do imóvel locado por já ter recebido o seu crédito, que não será sub-rogado na pessoa do caucionante ante a hipótese de "confusão" (CC, art. 381);

a.2) porém, se o locatário e o garantidor fiduciário forem pessoas diversas e o locador tiver optado pela execução extrajudicial da garantia, ser-lhe-á possível, em tese, postular o despejo do imóvel locado porque a satisfação do seu crédito terá sido promovida por terceiro, de modo que o inadimplemento do locatário ainda persistiria por titularizar o dever de pagar os aluguéis, não sendo descaracterizada a sua mora pelo pagamento do crédito realizado por terceiro (o garantidor).[542]

b) Poderá pleitear judicialmente a resolução da locação com fundamento no impagamento dos aluguéis e atrasos, devendo propor a denominada ação de despejo por falta de pagamento contra o inquilino. Este, por sua vez, terá o direito de purgar a mora e manter o contrato de locação, situação essa que decorre do art. 62, incisos II e seguintes, da LI. Se o locador optar pela via judicial antes da extrajudicial, somente poderá se valer da prerrogativa de excussão extrajudicial após ter transcorrido o prazo legal de purgação da mora, não estando impedido de valer-se do procedimento relativo ao cumprimento de sentença para buscar a penhora das quotas do fundo de investimento vinculado ao contrato.

> "Art. 88. (...) § 7º Não ocorrendo o pagamento integral da dívida no prazo fixado no § 6º deste artigo, o credor poderá requerer ao agente fiduciário que lhe transfira, em caráter pleno, exclusivo e irrevogável, a titularidade de quotas suficientes para a sua quitação, sem prejuízo da ação de despejo e da demanda, por meios próprios, da diferença eventualmente existente, na hipótese de insuficiência da garantia."

À semelhança do que ocorre com a alienação fiduciária de bem imóvel regulamentada pela Lei 9.514/1997, o inadimplemento do locatário atribui ao locador o direito de promover a execução extrajudicial da cessão fiduciária das quotas de fundo de investimento, porém, independentemente da realização de qualquer leilão extrajudicial, pois o inadimplemento do locatário e a execução da garantia provocarão a transmissão das quotas do fundo de investimento ao credor-fiduciário (locador) "**em caráter pleno, exclusivo e irrevogável**" e em quantidade suficiente à satisfação do seu crédito, que corresponderá "ao somatório dos valores dos aluguéis vencidos e não pagos, bem como às penalidades pela mora previstas no contrato, tais como a multa contratual, além das despesas de cobrança e notificação".[543]

---

[542] Nesse sentido, em situações análogas nas quais o contrato de locação estava garantido por seguro fiança, confiram-se os seguintes julgados: TJSP, Apelação 0008357-19.2012.8.26.0011/SP, 31ª Câmara de Direito Privado, Rel. Des. Armando Toledo, j. 16.04.2013; TJSP, Apelação 0052293-52.2007.8.26.0114, Campinas, 28ª Câmara de Direito Privado, Rel. Des. Cesar Lacerda, j. 18.10.2011. O coautor destes comentários não concorda integralmente com o entendimento jurisprudencial apontado, porém, houve por bem anotá-los para o conhecimento do leitor.

[543] CHALHUB, Melhim Namem. *Direitos reais*. 2. ed. rev., atual. e ampl. São Paulo: RT, 2014, p. 286.

Por fim, salientamos que a instituição de um regime jurídico específico da propriedade fiduciária de quotas de fundo de investimento, em especial por força do § 7º do art. 88 da Lei 11.196/2005, não se aplicará à hipótese o disposto no art. 1.365 do Código Civil, *verbis*:

> "Art. 1.365. É nula a cláusula que autoriza o proprietário fiduciário a ficar com a coisa alienada em garantia, se a dívida não for paga no vencimento.
>
> Parágrafo único. O devedor pode, com a anuência do credor, dar seu direito eventual à coisa em pagamento da dívida, após o vencimento desta".

E isto ocorre porque pela própria estrutura jurídica da cessão fiduciária em comento, a efetividade da garantia decorre da sua própria transmissão ao credor em caso de inadimplemento do locatário, situação essa que foi "desjudicializada" visando tornar a garantia mais atraente aos locadores.

> "Art. 88. (...) § 8º A excussão indevida da garantia enseja responsabilidade do credor fiduciário pelo prejuízo causado, sem prejuízo da devolução das quotas ou do valor correspondente, devidamente atualizado."
>
> "Art. 88. (...) § 9º O agente fiduciário não responde pelos efeitos do disposto nos §§ 6º e 7º deste artigo, exceto na hipótese de comprovado dolo, má-fé, simulação, fraude ou negligência, no exercício da administração do fundo."

A análise conjunta dos §§ 8º e 9º do art. 88 da Lei 11.196/2005 indica ter o legislador fixado, ao que parece, a responsabilização objetiva do credor fiduciário pela "**excussão indevida da garantia**" (cf. § 8º), enquanto o agente fiduciário seria apenas responsabilizado "**na hipótese de comprovado dolo, má-fé, simulação, fraude ou negligência, no exercício da administração do fundo**" (cf. § 9º), hipóteses estas que estabeleceriam a sua responsabilização apenas quando a sua atuação tivesse sido culposa em sentido amplo.

A diferença de tratamento jurídico da responsabilidade civil se justifica porque o credor-fiduciário responderá pelo fato da "excussão indevida", por ter ele o efetivo conhecimento acerca das eventuais adversidades ou não do seu crédito, razão pela qual o legislador houve por bem atribuir-lhe o risco da excussão. Já o agente fiduciário somente responderá em caso de dolo ou culpa, posto que a sua atuação é de mero gestor de bens alheios, de maneira que "**deverá ter, no exercício de suas funções, o cuidado e a diligência que todo homem ativo e probo costuma empregar na administração de seus próprios negócios**" (CC, art. 1.011). Assim, a sua conduta deverá ser valorada à luz do cuidado e diligência que todo administrador deverá empregar na gestão de seus negócios.

> "Art. 88. (...) § 10. Fica responsável pela retenção e recolhimento dos impostos e contribuições incidentes sobre as aplicações efetuadas nos fundos de investimento de que trata o *caput* deste artigo a instituição que administrar o fundo com a estrutura prevista neste artigo, bem como pelo cumprimento das obrigações acessórias decorrentes dessa responsabilidade."

A responsabilidade tributária pelo recolhimento de tributos e cumprimento das obrigações acessórias "**sobre as aplicações efetuadas nos fundos de investimento**" será da instituição financeira que administrar o fundo, impondo-se-lhe o legislador a condição de contribuinte de direito.

5. Nulidade de mais de uma das modalidades de garantia num mesmo contrato de locação

Ao contrário de outros negócios jurídicos, a locação de imóveis urbanos não admite a estipulação de dupla garantia em razão da própria natureza da Lei 8.245/1991, que é eminentemente cogente ou de ordem pública (LI, art. 45), com a finalidade de atribuir um equilíbrio mínimo à relação jurídica locatícia para que fosse evitado o *abuso contratual do locador*, pois a finalidade da Lei do Inquilinato, nas palavras autorizadas de Francisco Carlos Rocha de Barros[544] é a de "proteger o inquilino, porque essa é a justificativa para uma lei especial do inquilinato".

A violação dessa regra acarretará a nulidade da segunda garantia pactuada, isto é, a que foi estabelecida em excesso "num mesmo contrato de locação." E a expressão "num mesmo contrato de locação" significa "numa mesma relação jurídica locatícia", ainda que estabelecida em instrumentos distintos. Assim, ainda que a primeira garantia tenha sido pactuada em um instrumento e a segunda, em outro, nula será a constituição desta segunda garantia por representar o excesso coibido pelo legislador. Frise-se que a nulidade apanha apenas a garantia constituída com violação à regra limitativa do parágrafo único do art. 37, e não o contrato de locação como um todo, pois a lei apenas proíbe a convivência de garantias diversas[545] no mesmo negócio jurídico.

Como a nulidade foi expressamente imposta pelo legislador como clara punição à violação da regra em comento, é de comum sabença que deverá ser pronunciada de ofício pelo magistrado que dela vier a conhecer (CC, art. 168, parágrafo único), não sendo permitido o seu suprimento, tampouco a confirmação do negócio jurídico nulo ou o seu convalescimento pelo decurso do tempo (CC, art. 169).

E se as partes tiverem pactuado a duplicidade de garantias, caberá ao intérprete estabelecer qual delas prevalecerá, o que na prática poderá ser muito, mas muito difícil de estabelecer. Critérios podem servir de orientação: aquela que foi dada antes, cronologicamente, permanece, anulando-se a que foi dada a seguir. Se foram concedidas simultaneamente, no mesmo contrato, mantém-se a que primeiro foi mencionada no instrumento. Se uma foi dada no contrato e outra em documento apartado, anula-se esta, sobrevivendo aquela.[546]

No caso concreto, porém, pode ser muito difícil ou quase impossível de se estabelecer qual das garantias será desconstituída pela nulidade. Diante do impasse, o critério mais adequado será o de considerar válida a garantia que melhor atender à "função social do contrato", tal como estabelece o **art. 421 do Código Civil**, compreendida a função social como a **causa do contrato**, uma vez que "a causa é a função que o sistema jurídico reconhece a determinado tipo de ato jurídico, função que o situa no mundo jurídico, traçando-lhe e precisando-lhe a eficácia".[547] Nesta perspectiva, sendo a causa elemento inderrogável do negócio, e considerando, por outro lado, que não pode existir negócio que, em abstrato, no seu esquema típico, não tenha efeitos, entende-se que todo e qualquer negócio tenha

---

[544] BARROS, Francisco Carlos Rocha de. *Comentários à Lei do Inquilinato*. 2. ed. rev. e atual. São Paulo: Saraiva, 1997, p. 224.

[545] BARROS, Francisco Carlos Rocha de. *Comentários à Lei do Inquilinato*. 2. ed. rev. e atual. São Paulo: Saraiva, 1997, p. 178.

[546] BARROS, Francisco Carlos Rocha de. *Comentários à Lei do Inquilinato*. 2. ed. rev. e atual. São Paulo: Saraiva, 1997, p. 178.

[547] MORAES, Maria Celina Bodin de. A causa dos contratos. *Revista Trimestral de Direito Civil*, Rio de Janeiro, vol. 21, jan.-mar. 2005, p. 98.

uma causa *e que esta é, precisamente, a síntese dos seus efeitos jurídicos essenciais*. Os efeitos jurídicos essenciais, em sua síntese, constituem a "mínima unidade de efeitos" que o negócio está juridicamente apto a produzir.[548]

Diante disso, deverá ser preservada a garantia que melhor atender à função de salvaguardar e proteger o adimplemento exato e fiel do contrato de locação de imóvel urbano, o que somente a casuística poderá determinar diante das múltiplas facetas que a realidade do mercado inquilinário poderá apresentar.

Como consequência da importância dessa regra, o legislador estabeleceu no art. 43, II, da Lei do Inquilinato, constituir "contravenção penal, punível com prisão simples de cinco dias a seis meses ou multa de três a doze meses do valor do último aluguel atualizado, revertida em favor do locatário: (...) II – exigir, por motivo de locação ou sublocação, mais de uma modalidade de garantia num mesmo contrato de locação".

Em termos práticos, a tipificação da conduta como contravenção penal não é dotada de maior relevância, pois as contravenções penais são consideradas "infrações de menor potencial ofensivo" e submetidas ao regime da Lei 9.099/1995, o que será abordado oportunamente. Porém, apesar da pouca importância da tipificação penal da conduta, reforçada está a repulsa do legislador à fixação de dupla garantia.

Art. 38. A caução poderá ser em bens móveis ou imóveis.

§ 1º A caução em bens móveis deverá ser registrada em cartório de títulos e documentos; a em bens imóveis deverá ser averbada à margem da respectiva matrícula.

§ 2º A caução em dinheiro, que não poderá exceder o equivalente a três meses de aluguel, será depositada em caderneta de poupança, autorizada, pelo Poder Público e por ele regulamentada, revertendo em benefício do locatário todas as vantagens dela decorrentes por ocasião do levantamento da soma respectiva.

§ 3º A caução em títulos e ações deverá ser substituída, no prazo de trinta dias, em caso de concordata, falência ou liquidação das sociedades emissoras.

Comentários (Alessandro Schirrmeister Segalla):

1. A caução de bens móveis

Na prática da locação de imóveis urbanos a figura da caução de bens móveis é insignificante por se tratar de garantia inócua e sem qualquer utilidade prática em razão da própria natureza dos bens móveis que são "**suscetíveis de movimento próprio, ou de remoção por força alheia, sem alteração da substância ou da destinação econômico-social**", nos termos do art. 82 do Código Civil.

Dessa forma, se os bens móveis caucionados ficassem na posse do garantidor, como poderiam ser removidos de um local para outro, a constituição desta garantia poderia ser facilmente fraudada pelo devedor ou terceiros, ainda que o título da sua constituição fosse "**registrada em cartório de títulos e documentos**", como ingenuamente estabeleceu o legislador na primeira parte do § 1º do art. 38 da Lei do Inquilinato.

---

[548] MORAES, Maria Celina Bodin de. A causa dos contratos. *Revista Trimestral de Direito Civil*, Rio de Janeiro, vol. 21, jan.-mar. 2005, p. 108.

Explica-se: ao contrário do que ocorre com a caução de bens imóveis, a qual será abordada nos itens seguintes, o registro do título constitutivo da garantia em cartório de títulos e documentos não teria a aptidão de gerar a imprescindível publicidade com eficácia *erga omnes*, razão pela qual, segundo pensamos, a sua constituição não seria oponível em face de terceiros de boa-fé que viessem a adquirir o bem móvel objeto da caução.

Outro problema da caução de bens móveis, segundo pensamos, é o mesmo que atinge o contrato de penhor: em ambas as modalidades deverá ocorrer a **transferência efetiva da posse de uma coisa móvel, suscetível de alienação ao credor**, como estabelece o art. 1.432 do Código Civil.

Dessa forma, ficará o devedor ou terceiro privado da posse momentânea do bem caucionado, o que contribui de maneira decisiva para o caso de ser adotada esta modalidade de garantia. Em outras palavras, a mesma dificuldade prática que atinge o garantidor, atinge o credor: em razão da transmissão da posse ao locador do bem móvel caucionado, o garantidor seria mantido em situação de manifesta vulnerabilidade se os bens caucionados se deteriorassem ou perecessem. Nesse caso, ao garantidor prejudicado seria facultada a tutela ressarcitória apenas, a qual nem sempre gera resultados satisfatórios ao lesado.

2. A polêmica em torno da caução de bens imóveis

Parte da doutrina defende que inexiste uma modalidade autônoma a que se poderia denominar "caução em imóveis", sendo a expressão da Lei do Inquilinato apenas um termo genérico para se referir a diversas garantias.[549]

Luiz Antonio Scavone Junior[550] é um dos autores que defende tal posicionamento, conforme se verifica do trecho de sua obra, transcrito a seguir: "sendo a caução (...) garantia para o cumprimento de uma obrigação, o oferecimento de um imóvel para efetivar essa *garantia somente poderá se realizar através do direito real de hipoteca*".[551]

---

[549] Nesse sentido, por exemplo, vide: SANTOS, Gildo dos. *Locação e despejo*. 7. ed. rev., ampl. e atual. São Paulo: RT, 2011, p. 237.

[550] SCAVONE JUNIOR, Luiz Antonio. *A caução na locação de imóveis urbanos*. Disponível em: <http://www.scavone.adv.br/index.php?a-caucao-na-locacao-de-imoveis-urbanos>. Acesso em: 29 maio 2012.

[551] Nota do organizador Luiz Antonio Scavone Junior:
Nesse sentido:
Recurso Especial. Ação de execução de título extrajudicial. Caução locatícia. Bens imóveis. Concurso singular de credores. Averbação. Registro. Preferência. Crédito. Bem expropriado. Registros públicos. 1. Ação de execução de título extrajudicial ajuizada em 17.07.2019, da qual foi extraído o presente recurso especial, interposto em 04.02.2020 e concluso ao gabinete em 19.03.2024. 2. O propósito recursal é definir se, em concurso singular de credores, a caução locatícia se configura como direito real de garantia apto a gerar direito de preferência do credor caucionário sobre o produto da expropriação do imóvel. 3. Prevê a Lei do Inquilinato que, no contrato de locação, pode o locador exigir do locatário a caução como garantia, sendo que a caução em bens móveis deverá ser registrada em cartório de títulos e documentos e a em bens imóveis deverá ser averbada à margem da respectiva matrícula (art. 38, § 1º). 4. A Lei do Inquilinato e a Lei dos Registros Públicos admitem a caução na forma de averbação na matrícula do imóvel, flexibilizando as formalidades dos direitos reais de garantia típicos. 5. Mesmo se tiver sido averbada apenas à margem da matrícula, o efeito da caução locatícia em bens imóveis deve ser o de hipoteca, a menos que seja expressamente indicado que se trata de anticrese. 6. A caução locatícia devidamente averbada na matrícula do imóvel confere ao credor o direito de preferência nos créditos em situação de concurso singular de credores, em

Igualmente, opina Maria Helena Diniz:[552] "a caução, na locação, poderá ser em bens móveis ou imóveis, abrangendo, no nosso entender, tão somente o penhor e a hipoteca, embora nada impeça que se inclua a anticrese".

No mesmo sentido, o Superior Tribunal de Justiça já teve a oportunidade de decidir que a hipoteca, apesar de não expressamente elencada como sendo uma garantia locatícia, encontra-se implicitamente inserida na modalidade "caução".[553]

Mário Pazutti Mezzari,[554] registrador em Pelotas-RS, entende que, não sendo a caução instituto jurídico independente, não deve ser averbada na matrícula do imóvel e, ainda que fosse, não geraria direito de sequela, ou seja, "o credor não poderia fazer valer seu direito decorrente da 'caução imobiliária' contra o adquirente, porque tal efeito – sequela – somente pode decorrer da natureza jurídica do instituto da garantia adotado e, como já vimos, a 'caução imobiliária' não tem natureza jurídica própria".

E ele conclui dizendo que se a caução não gera direito real, nada garante, "gera apenas a ilusão de garantia", portanto, deve ser entendida como gênero da espécie, a critério das partes, da garantia adequada aos seus interesses.

Igualmente, a orientação emitida pelo Colégio Registral do Rio Grande do Sul, de 31 de maio de 2000, considerou que "a garantia por imóvel de que trata a Lei, é a hipoteca, que se constituirá pelo ato de registro no ofício imobiliário".[555]

Importante apontar desde logo que a Lei de Registros Públicos não fez referência à averbação da caução, mas ao registro da hipoteca (art. 167, I, n. 2).

Não obstante, há uma corrente doutrinária que, caminhando no outro sentido, defende ser a "caução" modalidade autônoma de garantia. Essa é a posição defendida pelo coautor, entre outros estudiosos das garantias locatícias.

Sílvio de Salvo Venosa[556] é um dos defensores dessa corrente: "não há necessidade de que se constitua penhor ou hipoteca para perfazer a caução estampada na lei locatícia. Essa caução que assegura o contrato de locação destaca um bem, móvel ou imóvel, para a garantia, sem que existam as formalidades dos direitos reais de garantia típicos".

Na verdade, o coautor destes comentários, Alessandro S. Segalla, entende que a modalidade de garantia mencionada expressamente pelo legislador neste art. 37, I, da

---

virtude de sua natureza de garantia real que se equipara à hipoteca. 7. Para o exercício da preferência material decorrente da hipoteca, no concurso especial de credores, não se exige a penhora sobre o bem, mas o levantamento do produto da alienação judicial exige o aparelhamento da respectiva execução. 8. Recurso especial conhecido e provido. (REsp n. 2.123.225/SP, 3ª Turma, Rel. Min. Nancy Andrighi, j. 21.05.2024, DJe 24.05.2024).

[552] DINIZ, Maria Helena. *Lei de locações de imóveis comentada*. 10. ed. rev. e atual. São Paulo: Saraiva, 2009, p. 172.
[553] REsp 770.885/RJ, Rel. Min. Arnaldo Esteves Lima, j. 27.03.2008.
[554] MEZZARI, Mario Pazutti. *Caução de imóveis*. 17 ago. 2008. Disponível em: <http://arisp.wordpress.com/2008/08/17/caucao-de-imoveis/>. Acesso em: 29 maio 2012.
[555] Colégio Registral do Rio Grande do Sul. *Protocolo de Orientação. Garantia na locação. Caução de bem imóvel por hipoteca*. Porto Alegre. 31 maio 2000. Disponível em: <http://www.colegioregistralrs.org.br/associado_perguntaeresposta_resposta_imprime.asp?codArea=5&codPerg=732>. Acesso em: 30 maio 2012.
[556] VENOSA, Sílvio de Salvo. *Garantias locatícias*. 3 mar. 2010. Disponível em: <http://www.silviovenosa.com.br/artigo/garantias-locaticias>. Acesso em: 29 maio 2012.

LI como "caução" representa o gênero da qual as modalidades caução de imóvel e móvel são espécies, até porque o objetivo da Lei do Inquilinato, ao ter previsto uma modalidade específica de garantia locatícia sob a denominação de caução, foi o de simplificar a estipulação de uma garantia real para permitir a sua efetiva contratação, que ficaria seriamente comprometida se as pessoas em geral, apesar de poderem contratar a locação – contrato principal – por instrumento particular ou até mesmo verbalmente, tivessem que estipular a caução em imóvel, à semelhança do que ocorre com a hipoteca, por instrumento público, ante a determinação do art. 108 do Código Civil, invertendo a lógica do sistema porque a formalidade exigida para o contrato acessório de garantia seria maior daquela exigida do contrato principal de locação, o que não se afiguraria razoável, *data venia* das opiniões em sentido contrário.

No mesmo sentido, apontamos a seguir trecho do Parecer 053/05-E da Corregedoria-Geral da Justiça de São Paulo/SP, emitido em de 8 de março de 2005, nos autos do Processo CG 110/2005[557] no qual foi consagrada a ideia de que a caução de bens imóveis é modalidade específica de garantia tratada na Lei do Inquilinato e que somente poderá ser exigida nas contratações de locações de imóveis urbanos regidas pela Lei 8.245/1991: "estando estabelecida na Lei de Locação a possibilidade de se prestar caução em bem imóvel, possibilitando o ingresso da garantia no fólio real através da averbação, não resta dúvida quanto a ter o legislador criado uma garantia real anômala, mas simples e menos formal que as demais garantias reais estabelecidas na legislação brasileira até então".

Dessa forma, uma vez pactuada pelas partes a garantia da caução de bens imóveis, apontamos que o princípio da especialidade em suas modalidades subjetiva e objetiva deverá ser respeitado, pois somente será possível a averbação da caução na matrícula de um imóvel se o mesmo tiver sido fielmente identificado e descrito tal como fora matriculado (especialidade objetiva), assim como se os seus proprietários tiverem sido identificados plenamente (especialidade subjetiva), a fim de ser possível a constituição da garantia com eficácia *erga omnes*, o que somente será possível com o efetivo ingresso do título no *fólio real*.[558]

2.1. A impenhorabilidade do imóvel caucionado

Tema que não é abordado pela doutrina é o da eventual impenhorabilidade do imóvel dado em caução para garantia locatícia se este for um imóvel residencial próprio de um casal ou entidade familiar (Lei 8.009/1990, art. 1º), bem como de pessoas solteiras, separadas e viúvas, nos termos da Súmula 364 do STJ.

A leitura do art. 3º da Lei 8.009/1990 permite a conclusão de que se um imóvel dado em caução locatícia for caracterizado como **bem de família**, o reconhecimento da sua impenhorabilidade será de rigor porque o legislador não contemplou tal hipótese no rol exaustivo de exceções à impenhorabilidade, constituindo comezinha regra de hermenêutica a de que "as regras que contemplam exceções devem ser interpretadas restritivamente, jamais extensivamente".

---

[557] Publicado no *DOE* de 01.04.2005, caderno 1, parte I, fazendo referência à sentença proferida em 17.06.1999 pelo MM. Juiz Oscar José Bittencourt Couto, no Processo de Dúvida 000.04.003661-8 da 1ª Vara de Registros Públicos da Capital.

[558] Para maior aprofundamento sobre o tema, recomendamos a leitura do texto: Caução como garantia locatícia. In: PERES, Tatiana Bonatti. *Temas de direito imobiliário e responsabilidade civil*. Rio de Janeiro: Lumen Juris, 2012, p. 139-156.

Pois bem. Essa tem sido a tendência da jurisprudência do STJ, que tem apontado a impenhorabilidade do bem caucionado à locação se este vier a ser configurado como **bem de família**, como apontam os seguintes precedentes que refletem o posicionamento do Tribunal da Cidadania:

> "Como acima demonstrado, os agravados não assinaram o contrato de locação na qualidade de fiadores, mas de 'caucionantes', dando em garantia à precitada caução hipotecária, por meio de escritura pública levada a registro no competente Cartório de Registro de Imóveis. Por conseguinte, não se aplica à espécie a regra do art. 3º, VII, da Lei 8.009/90.
>
> Da mesma forma, considerando-se que a ação de execução tem como título executivo o contrato de locação, art. 585, IV, do CPC [art. 784, VIII, CPC/15], também não é aplicável o art. 3º, V, da Lei 8.009/90, na medida em que referida exceção alcança apenas a 'execução de hipoteca sobre o imóvel oferecido como garantia real pelo casal ou pela entidade familiar'. Em outras palavras, somente haveria falar em penhorabilidade do bem de família se o título executivo fosse a Escritura Pública de Hipoteca, o que não é o caso.
>
> Ante o exposto, nego provimento ao agravo regimental.
>
> É o voto".[559]

> "Com efeito, a Lei 8.245/91, que dispõe sobre as locações dos imóveis urbanos e os procedimentos a elas pertinentes, prevê, em seu artigo 37, as modalidades de garantia ao contrato de locação, referindo-se, no inciso I do mencionado artigo, à caução, e, no inciso II, à fiança, espécie da primeira.
>
> Tenha-se em conta, também, para esclarecer a questão sob exame, que referida lei acrescentou o inciso VII ao artigo 3º da Lei 8.009/90, a qual dispõe acerca da impenhorabilidade do bem de família. Confira-se, a propósito, o teor desse dispositivo:
>
> 'Art. 3º A impenhorabilidade é oponível em qualquer processo de execução civil, fiscal, previdenciária, trabalhista ou de outra natureza, salvo se movido: (...)
>
> VII – por obrigação decorrente de fiança concedida em contrato de locação'.
>
> Nesse contexto, tratando-se de caução, em contratos de locação, não há que se falar na possibilidade de penhora do imóvel residencial familiar, pois não incluída entre as hipóteses permissivas à privação da posse.
>
> De fato, considerando que a possibilidade de expropriação do imóvel residencial é exceção à garantia da impenhorabilidade, a interpretação às ressalvas legais dever ser restritiva, sobretudo na hipótese sob exame, em que o legislador optou, expressamente, pela espécie (fiança), e nao pelo gênero (caução), não deixando, por conseguinte, margem a dúvidas.
>
> Por outro lado, a própria Lei 8.245/91, que acrescentou ao artigo 3º, acima referido, a fiança locatícia como exceção à impenhorabilidade, prevê, como distintas garantias, caução e fiança (artigo 37, incisos I e II, respectivamente).
>
> Nesse diapasão, pode-se inferir, do confronto das leis em tela, no que interessa, o seguinte:
>
> 1) a regra da impenhorabilidade do bem de família, de que trata a Lei 8.009/90, não é absoluta, pois comporta exceções;

---

[559] AgRg no Ag 1.153.724/SP, 5ª Turma, Rel. Min. Arnaldo Esteves Lima, j. 02.03.2010, *DJe* 29.03.2010.

2) tais exceções estão previstas, taxativamente, nos incisos do artigo 3º da própria Lei 8.009/90;

3) a possibilidade de penhora, cuidando-se de caução prestada em contrato de locação, não está elencada nos incisos do artigo 3º.

Nessa linha de pensamento, tenho comigo que, nos casos de caução prestada para garantia de contrato de locação, nos termos da Lei 8.245/91, não é possível o desapossamento do imóvel caracterizado como bem de família, de onde resulta a violação perpetrada pelo tribunal de origem, consubstanciada na equiparação, no caso, para fins de penhora, de caução e fiança, ou seja, dos incisos I e II, do artigo 37, da Lei 8.245/91.

Ante o exposto, conheço do recurso e lhe dou provimento, para desconstituir a penhora do imóvel caracterizado como bem de família, objeto de caução, nos termos acima explicitados, prosseguindo-se a execução como entender de direito.

Mantida a sucumbência.

É como voto."[560]

"3. A caução levada a registro, embora constitua garantia real, não encontra previsão em qualquer das exceções contidas no art. 3º da Lei 8.009/1990, devendo, em regra, prevalecer a impenhorabilidade do imóvel, quando se tratar de bem de família."[561]

Nesse sentir, ainda que o imóvel tenha sido voluntariamente oferecido por algum caucionante em garantia da locação de imóvel urbano, o STJ possui o entendimento de que "a indicação do imóvel como garantia não implica em renúncia ao benefício da impenhorabilidade do bem de família, em razão da natureza de norma cogente, uma vez que as hipóteses de impenhorabilidade devem ter expressa previsão legal".[562]

Diante do firme posicionamento do STJ, conclui-se que a verificação da eventual impenhorabilidade do bem oferecido à caução pelo próprio locatário ou por terceiros constitui ônus do locador, a quem foi atribuído o risco de verificar se a garantia será hígida ou não. Assim, se o locador não proceder com a cautela devida, exigindo que o caucionante demonstre titularizar "idoneidade patrimonial imobiliária" para suportar a contratação de caução (por exemplo, ser proprietário de dois ou mais imóveis ou até mesmo de outros bens), será privado da pretensão de exigir a penhora do imóvel caucionado ante a sua configuração de bem de família, sendo, pois, impenhorável nos termos da Lei 8.009/1990.

Não obstante, até mesmo se o locador vier a adotar as cautelas devidas na contratação da garantia imobiliária, entendemos que um problema ainda persistirá: **se após a constituição da caução de bem imóvel o patrimônio do caucionante vier a ser comprometido por dívidas surgidas após a formalização da garantia, a oscilação patrimonial prejudicará ou não o credor se o único imóvel que tiver restado ao caucionante for configurado como "bem de família"?**

Duas respostas são possíveis se levarmos em conta o entendimento exteriorizado pelo STJ no sentido de que "a indicação do imóvel como garantia não implica em renúncia ao

---

[560] REsp 866.027/SP, 5ª Turma, Rel. Min. Jane Silva (Desembargadora convocada do TJMG), j. 09.10.2007, *DJ* 29.10.2007, p. 302.
[561] STJ. REsp n. 1.789.505/SP, 4ª Turma, Rel. Min. Marco Buzzi, j. 22.03.2022.
[562] AgRg no REsp 1.108.749/SP, 6ª Turma, Rel. Min. Maria Thereza de Assis Moura, j. 13.08.2009, *DJe* 31.08.2009.

benefício da impenhorabilidade do bem de família, em razão da natureza de norma cogente, uma vez que as hipóteses de impenhorabilidade devem ter expressa previsão legal":

a) se o locador tiver aceitado como garantia um imóvel que já era ocupado pelo caucionante ou por sua entidade familiar como moradia, há que se entender que no momento da constituição da caução era dado ao credor mensurar os riscos de aceitar ou não um imóvel residencial como garantia da locação, razão pela qual deverá suportar eventual alegação de impenhorabilidade;

b) se o locador tiver aceitado como garantia imóvel que não era ocupado pelo caucionante ou por sua entidade familiar como garantia (por exemplo, imóvel não residencial ou que se encontrava alugado a terceiros e desde que não fosse o único imóvel residencial do caucionante),[563] poderá eventualmente executar a garantia e penhorar o imóvel caucionado porque no momento da constituição da caução não havia como considerá-lo bem de família. Neste caso, há que se adotar o princípio *tempus regit actum*.

Em ambos os casos há que se privilegiar a boa-fé objetiva, procurando estabelecer o necessário equilíbrio entre as posições jurídicas do locador e dos caucionantes, a fim de ser evitado o abuso de qualquer das partes, tanto daquele que pretende excutir bem imóvel impenhorável, como daquele que pretende se eximir da sua responsabilidade em garantir os deveres contratuais próprios ou de terceiros.

3. A caução em dinheiro

A caução em dinheiro é espécie de garantia de bem móvel consistente em "entregar dinheiro ao credor" e poderá ser oferecida pelo próprio locatário ou por terceiro, apesar da incisiva redação do **§ 2º do art. 38 da Lei do Inquilinato,** que estabelece em sua última parte: **"... revertendo em benefício do locatário todas as vantagens dela decorrentes por ocasião do levantamento da soma respectiva".**

Nesta hipótese, a melhor interpretação, segundo pensamos, vem a ser de que a caução em dinheiro, quando for prestada pelo próprio locatário ou por terceiro, fará com que os eventuais rendimentos decorrentes do seu depósito em aplicação financeira sejam revertidos aos caucionantes, deixando claro que o locador não poderá ter qualquer ingerência sobre o valor caucionado, razão pela qual os valores objeto da garantia constituirão "patrimônio separado", que deverá ser depositado **"em caderneta de poupança, autorizada, pelo Poder Público e por ele regulamentada"** e não poderão **"exceder o equivalente a três meses de aluguel",** a fim de evitar que a garantia se tornasse **excessivamente onerosa**.

E a regulamentação da garantia locatícia consistente na "caução em dinheiro", que vigorava há muito tempo no Brasil por força da **Resolução n. 9, de 13.08.1979, do Banco Nacional da Habitação,** foi revogada pela Resolução n. 2.485/1998, do Banco Central do Brasil, também revogada pela Resolução n. 2.927/2002.

Em razão da revogação da **Resolução n. 9, de 13.08.1979, do Banco Nacional da Habitação,** foi consagrada a prática na qual os locadores recebem os valores destinados à caução

---

[563] Sem se esquecer da Súmula 486 do STJ: "É impenhorável o único imóvel residencial do devedor que esteja locado a terceiros, desde que a renda obtida com a locação seja revertida para a subsistência ou a moradia da sua família" (Corte Especial, j. 28.06.2012, *DJe* 01.08.2012).

para restituí-los ao final da locação, acrescidos das vantagens decorrentes da remuneração das Cadernetas de Poupança.

4. A caução em títulos e ações

Outra modalidade de caução vem estabelecida no § 3º do art. 38 da Lei do Inquilinato e consiste na sua efetivação em "títulos e ações".

Como o legislador não estabeleceu qualquer restrição, todo e qualquer título ou ação poderá compor a garantia da caução sem que o seu valor sofra qualquer limitação, até porque, ao contrário do que foi fixado para a "caução em dinheiro" – que é limitada ao valor de três aluguéis – nenhum limite foi imposto a esta modalidade de garantia.

E a expressão "títulos e ações" compreende todo e qualquer valor mobiliário, tais como **títulos de capitalização, ações de companhias, debêntures, títulos de crédito ou quotas de sociedades empresárias**.

Ainda que isto seja possível, entendemos que a constituição da garantia por meio de **ações de companhias, debêntures, títulos de crédito ou quotas de sociedades** não se revela adequada em termos práticos e deve ser evitada ao máximo porque:

a) os valores relativos às **ações de companhias**[564] **e debêntures** e às **quotas de sociedades empresárias ou não empresárias**[565] sofrem as oscilações do mercado[566] e as vicissitudes da própria atividade empresária, de modo que poderão ostentar uma cotação ou valor na data da sua constituição e outro bem inferior na data da eventual excussão da garantia;

b) se as **ações das companhias e debêntures** ou as **quotas de sociedades** vierem a ser liquidadas judicialmente, quer pela via da arrematação ou da adjudicação, haverá a transmissão da posição jurídica de acionista ou sócio-quotista ao arrematante ou adjudicante, com todas as suas vantagens ou desvantagens, situação essa que por certo contribui para a desimportância dessa modalidade de garantia;

c) os valores relativos a **títulos de crédito**, em caso de necessidade de executar a garantia, deverão ser exigidos do caucionante que emitiu os títulos de crédito que compõem a caução, os quais deverão ostentar o patrimônio necessário para satisfazer o credor, nos termos do art. 391 do Código Civil, situação essa que não atribuirá qualquer garantia adicional ao locador.

---

[564] Segundo adverte Gildo dos Santos, "as ações dadas em caução devem ser previamente bloqueadas junto à Bolsa de Valores, para que não possam ser alienadas enquanto persistir a locação, ficando custodiadas em estabelecimento bancário" (*Locação e despejo*. 6. ed. rev., atual. e ampl. São Paulo, 2011, p. 233).

[565] As quotas das sociedades, empresárias ou não, representam o seu "capital social", o qual em muitas situações será insuficiente para servir de garantia à locação de imóveis urbanos.

[566] Ainda que se adote a cautela sugerida por Gildo dos Santos, com base na doutrina de Hamilton Penna: "... é conveniente inserir cláusula contratual no sentido de, havendo deságio equivalente a 20% do seu valor de aquisição, o locatário ficar obrigado a adquirir mais ações, para manter atualizado o valor da garantia prestada. (...) Os dividendos oriundos dessas ações pertencerão exclusivamente ao locatário, que os receberá livremente. Se, ao final da locação, por ocasião da efetiva entrega das chaves do imóvel, não houver débito do inquilino, a estes serão restituídas as ações. Isso ocorrerá mediante o preenchimento das formalidades necessárias, até porque, no banco onde estão, as ações se encontram com gravame de alienação fiduciária, nos termos do próprio contrato de locação" (*Locação e despejo*. 6. ed. rev., atual. e ampl. São Paulo, 2011, p. 233).

O mercado de locações, por sua vez, acabou por criar uma inteligente modalidade de garantia consistente em aceitar "**títulos de capitalização**" que são emitidos e pagos pelos locatários ou terceiros em favor do locador, garantia essa que tem sido corriqueiramente exigida nas locações não residenciais, mas não nas locações residenciais, pelo seu custo proibitivo.

Nesta hipótese, o locador exigirá do caucionante a realização do pagamento antecipado dos prêmios relativos à emissão do "**título de capitalização**", pois, do contrário, o eventual inadimplemento do caucionante iria comprometer a garantia prestada, forçando até mesmo o locador a assumir o pagamento dos prêmios para não ser privado da garantia.

A grande vantagem da caução em títulos de maneira geral vem a ser a inexistência de qualquer limitação à fixação do seu valor, o que ocorre na modalidade de "caução em dinheiro", que é limitada ao valor de 3 (três) aluguéis.

4.1. A caução em título de capitalização

Sob esta modalidade de caução – em "títulos e ações" – muitos locadores têm exigido dos inquilinos a contratação da garantia denominada de "título de capitalização", em razão do qual o subscritor (inquilino) realiza pagamento ou pagamentos para formar um capital com a finalidade de custear os sorteios de prêmios e despesas administrativas das pessoas jurídicas autorizadas a realizar tal operação (as sociedades de capitalização).

A operação das Sociedades de Capitalização é regulamentada no Decreto-lei nº 261, de 28 de fevereiro de 1967, que dispõe sobre as operações das Sociedades de Capitalização, bem como no Decreto-lei nº 73, de 21 de novembro de 1966.

No âmbito da Lei do Inquilinato o Título de Capitalização é contratado para servir de instrumento de garantia, de modo que o titular (locatário) utilizará o saldo de capitalização do título para assegurar o cumprimento de obrigação por ele assumida no contrato de locação em favor do locador. O saldo capitalizado não poderá ser utilizado para aquisição de bem ou serviço.

Nesta modalidade de garantia, o locador deverá exigir do locatário ou de terceiro o pagamento do Título de Capitalização à vista, a fim de evitar que a ausência dos pagamentos mensais leve ao cancelamento do título e torne praticamente inócua a garantia. Não obstante o cancelamento, em caso de ocorrer o não pagamento dos aluguéis e encargos locativos, o locador terá direito a levantar o capital formado para resgate após ocorrer o prazo de carência do título – se este contiver essa previsão –, situação que se apresenta como uma desvantagem.

Outra desvantagem é a permissão para que as Sociedades de Capitalização estipulem uma penalidade de até 10% do capital constituído nos casos em que for admitido o resgate antecipado dos valores que formaram o capital. Por conta disso, a contratação do título de capitalização como garantia locatícia deverá contemplar um valor suficiente para compensar o locador pelos aluguéis e encargos locatícios não pagos, sob pena de se tornar uma garantia inócua.

Todavia, uma vantagem dessa modalidade de garantia decorre da ausência de qualquer limitação de seu valor – o que não acontece com as cauções em dinheiro –, eis que poderá contemplar o valor correspondente a todos os aluguéis e encargos locativos ou apenas parte destes, os quais serão determinados pela conveniência das partes.

Art. 39. Salvo disposição contratual em contrário, qualquer das garantias da locação se estende até a efetiva devolução do imóvel, ainda que prorrogada a locação por prazo indeterminado, por força desta Lei. (Redação dada pela Lei nº 12.112, de 2009)

Comentários (Alessandro Schirrmeister Segalla):

Como consequência das próprias características do contrato de locação de imóvel urbano, uma vez atingido o termo final fixado no instrumento, a locação estará extinta "independentemente de notificação ou aviso", como estabelece o art. 46 da LI para as locações residenciais, ou o art. 56 da LI que enuncia, como regra, para as locações não residenciais: "o contrato por prazo determinado cessa, de pleno direito, findo o prazo estipulado, independentemente de notificação ou aviso".

Em ambos os casos, mesmo se ocorrer a extinção da locação pelo advento do termo final, a relação jurídica renascerá e será prorrogada por tempo indeterminado, mantendo-se todas as demais cláusulas do contrato de locação prorrogado, tal como estabelecem os arts. 46, § 1º, e 56, parágrafo único, da Lei do Inquilinato, respectivamente aplicáveis às locações residenciais e não residenciais.[567]

Nessas hipóteses, o legislador tratou de deixar claro que **"qualquer das garantias da locação se estende até a efetiva devolução do imóvel, ainda que prorrogada a locação por prazo indeterminado, por força desta Lei"**, o que somente não ocorrerá se as partes dispuserem em sentido contrário no contrato de locação, bem como não ocorrerá se a modalidade de garantia contratada tiver sido a do seguro fiança locatício em razão da sua própria natureza jurídica que exige renovação do vínculo contratual entre o garantido (locatário) e a seguradora em favor do segurado (locador).

Com efeito, desde a edição da Súmula 214 do Superior Tribunal de Justiça, as decisões do tribunal passaram a ser tomadas no sentido de que a *prorrogação legal da locação provocaria a extinção automática da fiança*, porque "O contrato acessório de fiança obedece à forma escrita, é consensual, deve ser interpretado restritivamente e no sentido mais favorável ao fiador. Desse modo, a prorrogação do pacto locatício por tempo indeterminado, compulsória ou voluntariamente, desobriga o garante que a ela não anuiu".[568]

E em razão do entendimento que passou a predominar no âmbito do Superior Tribunal de Justiça, o Congresso Nacional procurou suplantar a jurisprudência com a inclusão do art. 819-A do Código Civil, pela Lei 10.931, de 2 de agosto de 2004, que assim dispunha:

> "Art. 819-A. A fiança na locação de imóvel urbano submete-se à disciplina e extensão temporal da lei específica, somente se aplicando as disposições deste Código naquilo que não for incompatível com a legislação especial".

O referido dispositivo legal sequer chegou a entrar em vigor por ter sido vetado pelo Senhor Presidente da República, sob as seguintes justificativas:

> "Razões do veto
>
> Não está clara a consequência prática do dispositivo. Aventou-se a possibilidade de o dispositivo ser uma tentativa de afastar a aplicação do art. 835 do novo Código Civil, o qual dispõe:

---

[567] Segundo aponta a doutrina de Sílvio de Salvo Venosa, haverá "uma *renovação* do contrato se na prorrogação as partes agregam novas cláusulas. Quando o contrato se mantém com as mesmas cláusulas, há *recondução* do contrato" (*Lei do Inquilinato comentada*. 13. ed. São Paulo: Atlas, 2015, p. 12).

[568] AgRg no REsp 832.271/SP, 5ª Turma, Rel. Min. Laurita Vaz, j. 19.10.2006, *DJ* 20.11.2006, p. 359.

TÍTULO I – DA LOCAÇÃO • **Art. 39**

'Art. 835. O fiador poderá exonerar-se da fiança que tiver assinado sem limitação de tempo, sempre que lhe convier, ficando obrigado por todos os efeitos da fiança, durante sessenta dias após a notificação do credor."

Contudo, não se pode afirmar que o dispositivo inserto seria causa de afastamento da aplicação do art. 835 do Código Civil. Primeiro, porquanto não há afirmação expressa de que o art. 835 seja incompatível com a lei de locações. Segundo, porque, se o dispositivo fosse incompatível com a lei de locações, o afastamento se daria independentemente de previsão legal expressa, mas apenas com base nas regras normais de hermenêutica.

Ademais, tornando mais obscura a consequência material do dispositivo, tem-se o disposto no art. 2.036 do Código Civil:

'Art. 2.036. A locação de prédio urbano, que esteja sujeita à lei especial, por esta continua a ser regida.'

Por fim, a jurisprudência do Superior Tribunal de Justiça, examinando disposição do Código Civil antigo, análoga ao atual art. 835, admitiu a renúncia do direito de exoneração da fiança, como se observa do seguinte precedente:

'Civil. Locação. Exoneração da fiança. Renúncia expressa. Código de Defesa do Consumidor. Inaplicabilidade. Artigo 1.500 do Código Civil. Prorrogação do contrato. Possibilidade. (...)

– A Jurisprudência assentada nesta Corte construiu o pensamento de que é válida a renúncia expressa ao direito de exoneração da fiança, mesmo que o contrato de locação tenha sido prorrogado por tempo indefinido, vez que a faculdade prevista no artigo 1.500 do Código Civil trata de direito puramente privado.

– Recurso especial não conhecido' (REsp 280.577/SP; *DJ* de 24 de abril de 2001. Min. Rel. Vicente Leal. Data de decisão 26 de março de 2001. 6ª Turma)

Portanto, querendo, o locador pode exigir que o fiador renuncie à possibilidade de exoneração da fiança. Neste ponto, por conseguinte, não há elemento de insegurança jurídica.

Assim, não é possível compreender os efeitos materiais exatos da norma proposta, o que gerará insegurança jurídica no ambiente dos negócios de locação imobiliária e torna conveniente o veto por contrariedade ao interesse público".

O conteúdo do artigo dantes vetado retornou ao cenário legal através da Lei 12.112, de 9 de dezembro de 2009, que alterou a redação do art. 39 da Lei do Inquilinato. Comparemos as redações do vetado art. 819-A do Código Civil e a redação do art. 39 da Lei 8.245/1991:

Artigo vetado que seria incluído no Código Civil	Nova redação da Lei 8.245/1991
"Art. 819-A. A fiança na locação de imóvel urbano submete-se à disciplina e extensão temporal da lei específica, somente se aplicando as disposições deste Código naquilo que não for incompatível com a legislação especial."	"Art. 39. Salvo disposição contratual em contrário, qualquer das garantias da locação se estende até a efetiva devolução do imóvel, *ainda que prorrogada a locação por prazo indeterminado, por força desta Lei.*"

Apesar das diferentes redações, a finalidade da nova redação do art. 39 da Lei do Inquilinato foi a de evitar que os tribunais pudessem novamente desconsiderar a *letra da lei* para considerar extinta a fiança ainda que o contrato de locação tivesse sido prorrogado por tempo indeterminado. Não obstante, a nova redação do dispositivo é muito melhor do que o texto da regra vetada, pois com rara felicidade acrescentou a regra de que a prorrogação da locação *por força da Lei do Inquilinato* não acarretará a extinção de qualquer uma das garantias locatícias, especialmente a fidejussória.

Posteriormente, ocorreu a alteração da orientação do STJ nos autos dos Embargos de Divergência 566.633/CE, que passou a adotar o seguinte entendimento:

> "Continuam os fiadores responsáveis pelos débitos locatícios posteriores à prorrogação legal do contrato se anuíram expressamente a essa possibilidade e não se exoneraram nas formas dos artigos 1.500 do CC/16 ou 835 do CC/02, a depender da época que firmaram o acordo".

Em face da importância do tema, e tendo em vista que o acórdão proferido pela 3ª Seção do STJ nos autos dos Embargos de Divergência 566.633/CE, foi publicado apenas em 12.03.2008 porque vários Ministros, apesar de terem declarado os seus votos, levaram um certo tempo para redigi-los, cumpre transcrever parte do voto-vista proferido pelo Ministro Hamilton Carvalhido sobre o tema, que bem situa a nova orientação do tribunal:

> "Do exposto, resulta que, a prorrogação contratual, sem a anuência dos fiadores, não os vincula, ainda que existente cláusula estendendo as obrigações até a efetiva entrega das chaves.
>
> É que dita cláusula, costumeiramente presente nos pactos locatícios, que faz do fiador obrigado pelo cumprimento do contrato 'até a efetiva entrega das chaves' refere-se às hipóteses em que o locador visava assegurar a devolução do imóvel no estado em que foi entregue e o pagamento dos débitos relativos ao curto período entre o término do prazo do contrato, diga-se, tal como originariamente pactuado, e a retransmissão da posse direta do imóvel, não obrigando, em absoluto, o fiador, no caso de haver prorrogação, se tal possibilidade não constar expressamente do contrato.
>
> Todavia, se, para além, obriga-se o fiador, solidário, expressa e voluntariamente, não somente durante o tempo de duração do contrato por prazo determinado, mas também durante o tempo em que vier a ser prorrogado o contrato, a hipótese merece solução diversa, inexistindo lacuna obrigacional qualquer, a autorizar a integração por meio de interpretação (restritiva).
>
> Com efeito, em hipóteses tais, não há lugar para interpretação, com a extinção da fiança, que resultaria, por certo, em equivocado dirigismo contratual pelo Poder Judiciário, mas, sim, para o estrito e literal cumprimento do contrato, em observância mesmo à liberdade de contratar, vigente no sistema pátrio civilista.
>
> (...)
>
> *In casu*, ao que se tem dos autos, o fiador livremente pactuou a garantia da locação, não somente durante o tempo de duração do contrato por prazo determinado, mas também durante o tempo de prorrogação por prazo indeterminado, como resulta da letra expressa e inequívoca da cláusula contratual que o tornou responsável pelas obrigações contratuais, 'por todas as obrigações contratuais, inclusive por todos os reajustes legais e amigáveis perdurando a sua responsabilidade até a efetiva entrega das chaves, mesmo que isso venha a ocorrer após o término do presente contrato'".

Com efeito, percebe-se da leitura do voto do Ministro Hamilton Carvalhido que uma das razões que teria levado o STJ a modificar a sua posição sobre a questão foi a de prestigiar o princípio da liberdade de contratar, pois se o fiador se obrigou "por todas as obrigações contratuais, inclusive por todos os reajustes legais e amigáveis perdurando a sua responsabilidade até a efetiva entrega das chaves, mesmo que isso venha a ocorrer após o término do presente contrato", a hipótese não seria a de interpretação restritiva da avença, ante a inexistência de lacuna a ser preenchida, mas apenas de "estrito e literal cumprimento do contrato", isto é, da fiança.

De todo modo, um conselho de ordem prática se faz necessário: ainda que a lei disponha expressamente que a garantia prestada vigorará até que ocorra a devolução do imóvel locado ou a entrega das chaves do imóvel locado, é conveniente e oportuno que as partes deixem expresso no contrato de locação que a garantia será mantida integralmente até que o imóvel seja desocupado pelo inquilino, espontânea ou forçadamente, a fim de se evitar qualquer interpretação que contrarie a intenção das partes e fragilize a garantia porventura contratada.

Art. 40. O locador poderá exigir novo fiador ou a substituição da modalidade de garantia, nos seguintes casos:

I – morte do fiador;

II – ausência, interdição, recuperação judicial, falência ou insolvência do fiador, declaradas judicialmente; (Redação dada pela Lei nº 12.112, de 2009)

III – alienação ou gravação de todos os bens imóveis do fiador ou sua mudança de residência sem comunicação ao locador;

IV – exoneração do fiador;

V – prorrogação da locação por prazo indeterminado, sendo a fiança ajustada por prazo certo;

VI – desaparecimento dos bens móveis;

VII – desapropriação ou alienação do imóvel;

VIII – exoneração de garantia constituída por quotas de fundo de investimento; (Incluído pela Lei nº 11.196, de 2005)

IX – liquidação ou encerramento do fundo de investimento de que trata o inciso IV do art. 37 desta Lei; (Incluído pela Lei nº 11.196, de 2005)

X – prorrogação da locação por prazo indeterminado uma vez notificado o locador pelo fiador de sua intenção de desoneração, ficando obrigado por todos os efeitos da fiança, durante 120 (cento e vinte) dias após a notificação ao locador. (Incluído pela Lei nº 12.112, de 2009)

Parágrafo único. O locador poderá notificar o locatário para apresentar nova garantia locatícia no prazo de 30 (trinta) dias, sob pena de desfazimento da locação. (Incluído pela Lei nº 12.112, de 2009)

Comentários (Alessandro Schirrmeister Segalla):

O artigo em exame estabelece expressamente as hipóteses nas quais o locador "poderá exigir novo fiador ou a substituição da modalidade de garantia", a fim de evitar que a garantia eventualmente contratada se torne inócua por força da superveniência dos fatos tipificados no art. 40 da LI.

1. Hipótese do inciso I

No caso do inciso I do art. 40 em análise, a "morte do fiador" acarretará a extinção da fiança em razão do seu caráter *intuitu personae*,[569] pois o fiador, ao assumir a responsabilidade pelo adimplemento do locatário, leva em consideração a *pessoa do afiançado e as suas qualidades individuais*, da mesma forma que o credor leva em consideração a pessoa do fiador e as suas qualidades individuais. Portanto, a morte do fiador acarreta a automática extinção da fiança, mas transmite aos seus herdeiros a responsabilidade pelos débitos do inquilino surgidos até a data da morte "nos limites das forças da herança", nos termos do art. 836 do Código Civil.

Assim sendo, insuficiente o patrimônio transmitido aos herdeiros pelo fiador premorto para satisfazer os créditos do locador, o credor é quem arcará com o prejuízo, total ou parcialmente, pois dos herdeiros do fiador só poderão ser exigidos os débitos surgidos até a data da morte do garante.

Dessa forma, a fim de evitar maiores problemas em face de fiadores casados ou vivendo em união estável, o locador deverá exigir que o casal ou os companheiros prestem a fiança conjuntamente, a fim de que ambos se obriguem como fiadores, evitando-se a antiquada figura da "outorga uxória ou marital" que tantos problemas acarreta, a teor do que dispõe o art. 1.647, III, do Código Civil.

2. Hipótese do inciso II

O inciso II foi modificado pela Lei 12.112, de 9 de dezembro de 2009, visando a adaptação da Lei do Inquilinato à Lei de Falências (Lei 11.101/2005) com a introdução da hipótese de *recuperação judicial* como hábil a permitir ao locador que postule a *substituição* do fiador que tiver se valido do favor legal, pois a recuperação judicial do garante diminuiria a segurança do credor porque a fiança é caução pessoal sem qualquer privilégio, de modo que a garantia se tornaria ineficaz diante da recuperação judicial do fiador.

Com efeito, a "recuperação judicial" está para as sociedades empresárias, assim como a "declaração de insolvência" está para as pessoas naturais, nos termos do procedimento previsto nos arts. 748 a 786-A do Código de Processo Civil de 1973 e art. 1.052 do Código de Processo Civil de 2015.

Não obstante, o inciso II estabelece ainda a "ausência, interdição, recuperação judicial, falência ou insolvência do fiador, declaradas judicialmente", pois todas estas hipóteses tornam o fiador patrimonialmente inidôneo a garantir o contrato de locação na condição de

---

[569] Em sentido contrário, Adalberto Pasqualotto, que entende que a fiança não ostenta a característica de garantia *intuitu personae*: "Ao contrário do que sugere a noção intuitiva da fiança, o negócio jurídico de fiança não pressupõe uma relação de confiança entre devedor e fiador, pois entre eles não há vínculo jurídico imediato – somente haverá em eventual ação de regresso do fiador. Tal noção intuitiva não é desprezível, pois nas relações sociais, em plano ainda pré-jurídico, é comum que o devedor e o fiador sejam pessoas de afinidade. O fiador acede ao pedido confiando que o devedor honrará as suas obrigações e presta a garantia como por mera formalidade, com significado mais moral do que jurídico, sentindo-se traído se é chamado à responsabilidade assumida (...) Em todas essas situações, o que é relevante na fiança é o motivo pelo qual foi prestada. Os fiadores podem resguardar-se e efetivamente verem extinta a fiança explicitando o motivo no contrato, que assim passa a ter força de causa" (PASQUALOTTO, Adalberto. *Contratos nominados III*. Coord. Miguel Reale e Judith Martins-Costa. São Paulo: RT, 2008, p. 248-249).

fiador, pois a declaração de ausência poderá provocar a sucessão provisória e definitiva do ausente, o que equivaleria a presunção de seu falecimento, nos exatos termos dos arts. 26 a 39 do Código Civil.

A interdição, por sua vez, colocará o fiador na situação jurídica de curatelado ante o reconhecimento da sua incapacidade, impondo-se-lhe um regime jurídico protetivo que acabou sendo reforçado com a edição da Lei 13.146/2015, que instituiu a Lei Brasileira de Inclusão da Pessoa com Deficiência (Estatuto da Pessoa com Deficiência).

3. Hipótese do inciso III

O inciso III estabelece que o locador poderá exigir novo fiador ou a substituição da modalidade de garantia se ocorrer a "alienação ou gravação de todos os bens imóveis do fiador ou sua mudança de residência sem comunicação ao locador". A hipótese se justifica porque o fiador promete garantir o contrato de locação nos exatos termos do art. 391 do Código Civil, vale dizer, com todos os seus bens.

Dessa forma, se todos os bens imóveis foram alienados ou eventualmente perdidos por qualquer razão, a garantia fidejussória tornou-se inócua, de maneira que o locador poderá exigir a sua substituição ante o esvaziamento do patrimônio do fiador.

Por outro lado, a possibilidade conferida ao locador de exigir nova garantia pela simples mudança de residência do fiador sem que tenha havido comunicação ao credor não se justifica, *data venia*, pois simples mudança de residência não afeta a idoneidade patrimonial do garante. Apesar da letra da lei, entendemos que a simples mudança de residência somente poderá permitir a incidência da norma prevista no *caput* do art. 40 da LI se a mesma provocar a redução da garantia fidejussória, o que apenas a casuística poderá demonstrar.

4. Hipótese do inciso IV

O inciso IV trata da hipótese de "exoneração do fiador". Na atualidade, a exoneração do fiador, como regra, somente poderá ocorrer se o contrato de locação tiver sido prorrogado por tempo indeterminado, hipótese esta que será analisada ao discorrermos sobre o inciso X do presente art. 40.

De todo modo, duas questões interessantes se colocam:

a) É juridicamente viável a renúncia ao direito de exoneração?

b) É possível a exoneração do fiador quando a fiança tiver sido prestada à pessoa jurídica em função de algum dos sócios que compunha o seu quadro social?

Vejamos ambas as hipóteses.

a) É juridicamente viável a renúncia ao direito de exoneração?

Conforme já expusemos em nossa obra sobre o contrato de fiança, para a qual remetemos o leitor que necessitar de maior aprofundamento, sempre houve profunda *divergência* na doutrina e na jurisprudência quanto à possibilidade de o fiador duma locação se libertar do encargo prestado na hipótese em que o contrato tiver passado a viger por tempo indeterminado.

Para alguns, ainda que o contrato de locação passasse a viger por tempo indeterminado, ao fiador seria impossível libertar-se do vínculo *se*, quando da assinatura do contrato, tivesse *renunciado* à faculdade de exoneração prevista no art. 1.500 do Código Civil de

1916,[570] inclusive por conta do disposto no art. 39 da Lei 8.245/1991, o qual determina que a fiança prestada na locação vigerá, salvo estipulação contratual em contrário, "até a entrega das chaves". A renúncia à exoneração seria um *direito disponível*. Assim, a renúncia antecipada à faculdade de exoneração somada a vigência da garantia até a devolução do imóvel impediriam a liberação do garante.[571]

Para outros, a faculdade de exoneração instituída em favor do fiador seria de *ordem pública*, e, portanto, *cogente*, o que impediria a sua renúncia antecipada que, se acaso ocorrente, seria leonina ou abusiva.[572]

Em que pese tal fato, não podemos perder de vista que, na prática, a quase totalidade dos contratos de locação contém *cláusula expressa de renúncia à faculdade de exoneração do fiador*, situação essa que não se mostra negociável: ou o fiador assina o contrato nesses termos ou o inquilino não toma posse do imóvel. *A renúncia à exoneração deixou de ser uma cláusula manifestada com fundamento na vontade livremente manifestada pelo fiador e se tornou uma cláusula de estilo, encontrada até mesmo em contratos de papelaria.*[573] Diante disso, pergunta-se: há o exercício efetivo de uma livre e soberana manifestação da autonomia privada? Entendemos que não.

A nossa posição sobre o tema é a de não ser admitida a renúncia antecipada ao direito de exoneração, atualmente previsto no art. 40, X, da Lei do Inquilinato, conforme já expusemos anteriormente ao comentarmos o art. 37, para o qual remetemos o leitor.

---

[570] Equivalente, em parte, ao art. 835 do Código Civil de 2002.
[571] Ap. c/ Rev. 674.867-00/2, 3ª Câm., Rel. Juiz Milton Sanseverino, j. 17.04.2001; Ap. c/ Rev. 606.457-00/8, 10ª Câm., Rel. Juiz Irineu Pedrotti, j. 16.05.2001; Ap. c/ Rev. 605.084-00/2, 11ª Câm., Rel. Juiz Mendes Gomes, j. 14.05.2001; Ap. c/ Rev. 608.306-00/9, 10ª Câm., Rel. Juiz Soares Levada, j. 23.05.2001; Ap. c/ Rev. 608.819-00/1, 8ª Câm., Rel. Juiz Renzo Leonardi, j. 07.06.2001; Ap. c/ Rev. 611.275-00/4, 2ª Câm., Rel. Juiz Andreatta Rizzo, j. 17.09.2001; Ap. s/ Rev. 634.306-00/5, 11ª Câm., Rel. Juiz Mendes Gomes, j. 18.02.2002; Ap. c/ Rev. 635.758-00/3, 11ª Câm., Rel. Juiz Mendes Gomes, j. 27.05.2002; Ap. c/ Rev. 624.166-00/4, 3ª Câm., Rel. Juiz Ferraz Felisardo, j. 03.09.2002; Ap. c/ Rev. 635.347-00/3, 3ª Câm., Rel. Juíza Regina Capistrano, j. 11.06.2002; EI 619.318-01/6, 3ª Câm., Rel. Juiz Ribeiro Pinto, j. 18.03.2003.
[572] Ap. c/ Rev. 618.866-00/0, 5ª Câm., Rel. Juiz S. Oscar Feltrin, j. 28.11.2001; Ap. c/ Rev. 623.909-00/5, 4ª Câm., Rel. Juiz Amaral Vieira, j. 19.12.2001; Ap. c/ Rev. 626.069-00/2, 4ª Câm., Rel. Juiz Neves Amorim, j. 12.03.2002; Ap. c/ Rev. 632.787-00/4, 8ª Câm., Rel. Juiz Walter Zeni, j. 23.05.2002; Ap. c/ Rev. 635.220-00/3, 11ª Câm., Rel. Juiz Egidio Giacoia, j. 12.08.2002; Ap. c/ Rev. 640.354-00/2, 2ª Câm., Rel. Juiz Gilberto dos Santos, j. 16.09.2002; Ap. c/ Rev. 643.418-00/3, 7ª Câm., Rel. Juiz Paulo Ayrosa, j. 15.10.2002; Ap. c/ Rev. 726.518-00/1, 6ª Câm., Rel. Juiz Lino Machado, j. 13.11.2002; Ap. c/ Rev. 648.109-00/8, 11ª Câm., Rel. Juiz Artur Marques, j. 24.02.2003; Ap. c/ Rev. 674.220-00/6, 4ª Câm., Rel. Juiz Júlio Vidal, j. 21.09.2004.
[573] Sintetiza o tema José Fernando Lutz Coelho: "Embora se trate de direito disponível, o que, de regra, enseja a possibilidade de renunciar à faculdade de liberação, há que se convir que deve ser assegurado ao fiador de não mais permanecer vinculado ao contrato da fiança perpétua e indefinidamente, configurando imposição insuportável e incompatível ao seu direito propiciado por lei, sem contar que estaria sempre à mercê de garantir com o seu único imóvel, pois está em situação desfavorável, em virtude de uma cláusula firmada, que, diga-se de passagem, em quase todos os contratos de locação de imóvel urbano, existe cláusula expressa e timbrada, onde o fiador renuncia ao direito de exoneração, e por efeito, o fiador não poderá se utilizar da significativa mudança do novo Código Civil, que admite a exoneração por simples comunicação ao credor, instrumentalizada via notificação" (COELHO, José Fernando Lutz. *Locação*: questões atuais e polêmicas. Curitiba: Juruá, 2005, p. 36).

b) É possível a exoneração do fiador quando a fiança tiver sido prestada à pessoa jurídica em função de algum dos sócios que compunha o seu quadro social?

Quando o contrato de locação for firmado por pessoa jurídica, poderá o fiador que nele figurar pleitear a sua exoneração judicial se acaso ocorrer a alteração do quadro social da sociedade em virtude da confiança que mantinha nos sócios que se retiraram?

Esta hipótese que não é contemplada no Código Civil, tampouco na Lei 8.245/1991, passou a ser admitida pela jurisprudência do Superior Tribunal de Justiça, que construiu o entendimento de que, "1. É cabível a exoneração da garantia fidejussória prestada à sociedade após a retirada da sócia-fiadora, em face da quebra da *affectio societatis*. 2. Tendo a sócia fiadora e seu cônjuge notificado o locador de sua pretensão de exoneração do pacto fidejussório, em razão da sua retirada da sociedade que afiançaram, direito lhes assiste de se verem exonerados da obrigação, uma vez que o contrato fidejussório é *intuitu personae*, sendo irrelevante, no caso, que o contrato locatício tenha sido estipulado por prazo determinado e ainda esteja em vigor. 3. Em se cuidando de contrato de natureza complexa em que a fiança pactuada o é enquanto preservado o contrato societário, faz-se evidente que a resolução de qualquer dos contratos implica a resolução do remanescente, mormente se a essência complexa do contrato foi aceita pelo locador, na exata medida em que locou o imóvel à pessoa jurídica, sendo fiadora uma de suas sócias".[574]

No mesmo sentido: REsp 419.128/ES, Rel. Min. Aldir Passarinho Junior, 4ª Turma, j. 06.03.2003, *DJ* 19.05.2003, p. 235;[575] REsp 651.412/DF, Rel. Min. Humberto Gomes de Barros, 3ª Turma, j. 17.08.2004, *DJ* 06.09.2004, p. 260.[576]

O fundamento principal dos julgados foi o de que a fiança se apresenta como um negócio jurídico de garantia que é firmado *intuitu personae*,[577] de maneira que o fiador, ao assumir a

---

[574] REsp 285.821/SP, 6ª Turma, Rel. Min. Hamilton Carvalhido, j. 19.09.2002, *DJ* 05.05.2003, p. 325.

[575] "Civil. Fiança dada a pessoa jurídica. Contrato de fornecimento de passagens aéreas. Transferência de propriedade da empresa. Saída dos sócios garantidos. Desaparecimento do elemento fidúcia. Comunicação formal à autora. Dívida surgida *a posteriori*, durante a nova gestão. Exoneração dos fiadores. CC, arts. 1.006, 1.491, 1.500 e 1.503. I. A fiança é dada em caráter personalíssimo, de sorte que mesmo em caso de garantia dada a favor de pessoa jurídica, tal elemento sofre afetação quando há transferência de titularidade na empresa, fazendo desaparecer a razão essencial daquele ato. II. Destarte, vendidas as cotas sociais e comunicada a autora de que isso ocorrera, bem como que a fiança antes celebrada deixava de existir, improcede a pretensão da credora de considerar perene a garantia, ainda que novos sócios, desconhecidos dos garantes, houvessem passado a gerir os negócios e assumido dívidas posteriores àquela comunicação. III. A cláusula de renúncia prevista no art. 1.500 do Código Civil não prevalece indefinidamente. IV. Recurso especial não conhecido."

[576] "Fiança. Pessoa jurídica. Sucessão societária. Exoneração da garantia. – Havendo sucessão societária e a constituição de novo mútuo, os antigos sócios-fiadores libertam-se da fiança."

[577] Em sentido contrário, Adalberto Pasqualotto, que entende que a fiança não ostenta a característica de garantia *intuitu personae*: "Ao contrário do que sugere a noção intuitiva da fiança, o negócio jurídico de fiança não pressupõe uma relação de confiança entre devedor e fiador, pois entre eles não há vínculo jurídico imediato – somente haverá em eventual ação de regresso do fiador. Tal noção intuitiva não é desprezível, pois nas relações sociais, em plano ainda pré-jurídico, é comum que o devedor e o fiador sejam pessoas de afinidade. O fiador acede ao pedido confiando que o devedor honrará as suas obrigações e presta a garantia como por mera formalidade, com significado mais moral do que jurídico, sentindo-se traído se é chamado à responsabilidade assumida (...) Em todas essas situações, o que é relevante na fiança é o motivo pelo qual foi prestada. Os fiadores podem resguardar-se e efetivamente verem extinta a fiança explicitando o motivo no contrato, que assim

responsabilidade pelo adimplemento do locatário, leva em consideração a *pessoa do afiançado e as suas qualidades individuais*, da mesma forma que o credor leva em consideração a pessoa do fiador e as suas qualidades individuais.

Assim, a jurisprudência do Superior Tribunal de Justiça e de outros tribunais[578-579] tem entendido que, quando o garantidor presta a fiança em favor de uma pessoa jurídica, a bem dizer leva em consideração as pessoas dos sócios que a compõem, de modo que a garantia é prestada não para beneficiar a sociedade, mas sim as pessoas que nela figuram, em razão do caráter *personalíssimo* da fiança. Destarte, pode-se dizer que nenhum fiador busca prestar uma fiança para beneficiar apenas uma pessoa jurídica; esta é beneficiada, por certo, em atenção aos sócios que dela participam e em favor dos quais a garantia fidejussória é manifestada, situação esta que é extraída da realidade da vida e dos negócios.

Por conta disso, não raras vezes o quadro social da pessoa jurídica vem a ser alterado – mormente através da cessão de quotas sociais –, com a saída do ou dos sócios – "afiançados de fato" – em favor dos quais se dirigiu a *motivação* do negócio, motivação esta que, em nosso sentir, é elevada a *fundamento principal (rectius, causa)* da prestação da garantia. Antes que o Superior Tribunal de Justiça tivesse passado a se orientar no sentido de admitir a exoneração do fiador ante a alteração do contrato social da pessoa jurídica afiançada, Francisco Carlos Rocha de Barros[580] já defendia tal tese:

---

    passa a ter força de causa" (PASQUALOTTO, Adalberto. *Contratos nominados III*. Coord. Miguel Reale e Judith Martins-Costa. São Paulo: RT, 2008, p. 248-249).

[578] "Locação. Embargos à execução. Título executivo judicial. Legitimidade passiva do fiador. Alteração da titularidade do ponto comercial. Caso concreto. Matéria de fato. – A fiança é contrato de natureza *intuitu personae* e se interpreta estritamente. Embora a pessoa dos sócios seja distinta da pessoa jurídica, é possível a exoneração da garantia prestada à sociedade após a retirada dos sócios em função dos quais se deu a garantia. Apelo provido" (TJRS, 15ª Câm. Cível; ACi 70013783394-Santa Maria-RS, Rel. Des. Vicente Barroco de Vasconcellos, j. 08.03.2006, v.u.) *BAASP*, 2510/1320-e, de 12.02.2007; "Locação. Comercial. Fiança. Garantia prestada à pessoa jurídica da qual eram sócios os fiadores. Alteração societária. Quebra da relação de confiança. Pedido de exoneração. Cabimento. Sentença confirmada. Recurso improvido" (Apelação Cível 1.122.070-0/7 – Guarulhos, 26ª Câmara de Direito Privado, Rel. Andreatta Rizzo, 27.08.2007, v.u., Voto 18.012).

[579] Em sentido contrário: "Fiança. Locação. Responsabilidade. Pessoa jurídica. Alteração societária. Irrelevância. Subsistência da garantia. Sendo afiançada a pessoa jurídica, a mudança em sua composição societária é irrelevante, não sendo fato idôneo a desconstituir o contrato de fiança, salvo se provida, oportunamente, pelo fiador a exoneração da garantia" (2ºTACIVIL, Ap. c/ Rev. 580.183-00/2-SP, 2ª Câm., Rel. Juiz Peçanha de Moraes, j. 07.08.2000, v.u.; JTACSP 185/477) *BAASP*, 2249/503-e, de 04.02.2002; "Locação. Fiança. Limites. A prorrogação da avença locatícia a prazo indeterminado não exonera o fiador quanto à garantia prestada, quando esta foi convencionada até a data da efetiva devolução do bem locado. A substituição dos primitivos sócios da empresa afiançada por outros, bem assim a alteração do nome desta, também não é caso de exoneração da garantia, pois que tais alterações não implicam extinção da firma locatária" (TJDF, Ag. de Instr. 1998002000221-2-Brasília-DF, 3ª Turma, Rel. Des. Vasquez Cruxên, j. 13.04.1998, v.u., ementa) *BAASP*, 2092/177-e, de 01.02.1999); "Fiança. Fiador. Exoneração. Garantia prestada 'intuito personae', enquanto o autor integrava o quadro societário da afiançada. Possibilidade de desoneração, após retirada do quadro societário. Hipótese, contudo, em que assumiu idêntico encargo, após sua saída da empresa e antes da comunicação do fato ao credor. Prevalecimento da fiança prestada nesses termos, até o vencimento do contrato. Ação de exoneração parcialmente procedente. Recursos não providos" (Apelação Cível 7.213.347-4 – Diadema, 14ª Câmara de Direito Privado, Rel. Melo Colombi, 06.08.2008, v.u.).

[580] BARROS, Francisco Carlos Rocha de. *Comentários à Lei do Inquilinato*. 2. ed. rev. e atual. São Paulo: Saraiva, 1997, p. 171.

"Na hipótese de extinção da pessoa jurídica – locatária afiançada –, pelas mesmas razões deve ser considerada extinta a fiança.

É comum, por outro lado, quando se trata de sociedade por cotas de responsabilidade limitada, não a extinção, mas a alteração do contrato social, com a substituição dos sócios originais.

Claro que o fiador, ainda que se responsabilizando por pessoa jurídica, levou em consideração a confiança que lhe mereciam os sócios originais. Com a alteração, desaparecem os motivos que o levaram a prestar fiança. Esta não se considera extinta com a alteração, mas entendemos que o fiador poderá pleitear, judicialmente, sua exoneração. Ainda que a pessoa jurídica permaneça, tem o fiador motivos para postular a extinção da fiança, na medida em que a fidúcia justificadora já não subsiste. Exemplo absurdo, apenas para escancarar: suponha-se que os novos sócios da pessoa jurídica afiançada sejam inimigos pessoais do fiador... Fiança é contrato gratuito e benéfico, como se sabe. No exemplo, seria insustentável negar ao fiador o direito de desvincular-se de contrato que, além de gratuito, beneficia pessoas que lhe são hostis".

Todavia, frise-se que a *exoneração* que era admitida pelo Superior Tribunal de Justiça não era automática e exigia uma postura ativa do fiador em prol da *segurança jurídica* e da *boa-fé objetiva*. O Superior Tribunal de Justiça indicava ser necessário que, a partir da mudança dos sócios da pessoa jurídica afiançada, o fiador *notificasse o credor*[581] para informá-lo acerca do *término da vontade fidejussória* (*rectius*, intenção de garantir); a notificação, por sua vez, segundo sempre defendemos, já se ostentaria como o veículo hábil à manifestação da exoneração pretendida, sendo desnecessária a propositura de demanda judicial desconstitutiva.

Todavia, em julgados mais recentes, o Superior Tribunal de Justiça modificou o seu entendimento e passou a inadmitir a exoneração do fiador, com fundamento na mudança do quadro societário da pessoa jurídica afiançada, a saber:

a) em tema correlato, em julgamento ocorrido em 28.03.2017, a 3ª Turma, nos autos do REsp 1.428.271/MG relatados pela Ministra Nancy Andrighi, decidiu que a notificação exoneratória possui a natureza jurídica de ato jurídico receptício, razão pela qual o "simples envio da notificação" não gerará a "exoneração do fiador", que terá "o ônus de provar não só o envio, mas o recebimento da notificação pelo credor";

---

[581] Nesse sentido foi a fundamentação do acórdão indicado nestes comentários, *verbis*: "No caso dos autos, como relatado no acórdão, logo após a venda da empresa os antigos titulares comunicaram à Varig a transferência da propriedade e o fim da fiança, sem que a autora houvesse, à época, sequer a respeito se manifestado, para somente após três anos, em face da inadimplência dos novos donos, ajuizar a ação contra os garantes. Inquestionável, assim, de um lado o procedimento escorreito dos ex-sócios, e, de outro, que dado o caráter personalíssimo dessa espécie de garantia, não se pode entender que deveria ela perdurar *ad infinitum*, também durante o período da nova gestão. E, por isso mesmo, em tais condições, não prevalece a cláusula de renúncia, já que está atrelada à própria avença, que desapareceu por inteiro.
Frisa-se que as dívidas surgiram depois da comunicação sobre a venda das cotas e do término da intenção de garantir, de modo que se cuidou de dívida contraída pelos titulares subsequentes a descoberto de fiança.
Ante o exposto, não conheço do recurso especial".

b) "(...) conforme a jurisprudência deste STJ, a alteração do quadro societário da pessoa jurídica devedora não exonera automaticamente o fiador da garantia prestada no contrato, sendo necessária a comunicação da alteração do quadro societário e a formulação de pedido de exoneração das garantias. (...) (AgInt no **REsp** 1415437/SP, 4ª Turma, Rel. Min. Marco Buzzi, j. 01.07.2019, *DJe* 05.08.2019)". (AgInt no **REsp** **1.792.659/DF**, 4ª Turma, Rel. Min. Raul Araújo, j. 21.03.2022).

Portanto, de acordo com o posicionamento que passou a ser adotado, caberá ao fiador **cumulativamente**:

i) comunicar ao credor a alteração do quadro societário;

ii) manifestar a intenção de exoneração da garantia com fundamento no art. 40, inciso X, da Lei do Inquilinato. Ainda que o inciso X do art. 40 só admite a exoneração se tiver ocorrido a "prorrogação da locação por prazo indeterminado", é possível admitir que a causa da fiança prestada à pessoa jurídica reside na confiança do fiador sobre a pessoa ou pessoas dos sócios que faziam parte do quadro societário da afiançada à época da prestação da garantia.

Dessa forma, uma vez extinta a causa da fiança, a própria garantia estaria extinta, autorizando a notificação de exoneração tal como previu o inciso X, do art. 40, da Lei do Inquilinato.

Posta a questão nestes termos, é importante indicar que a *exoneração* do fiador nas hipóteses envolvendo a mudança de sócios de uma pessoa jurídica afiançada se submeterá ao prazo de 120 dias previsto no art. 40, X, da Lei 8.245/1991, com a redação que lhe conferiu a Lei 12.112, de 9 de dezembro de 2009,[582] pois dependerá da *efetiva* comunicação dos credores, por se tratar de manifestação de vontade *receptícia* e da observância da *segurança jurídica* do tráfego negocial e da *boa-fé objetiva* como *norma de conduta* que deve pautar a atuação dos parceiros contratuais para que os locadores não sejam surpreendidos com a extinção da garantia.

> **Nota do organizador Luiz Antonio Scavone Junior**
>
> No Recurso Especial 2121585-PR, a 3ª Turma do Superior Tribunal de Justiça (STJ) julgou a possibilidade de exoneração do fiador em contrato de locação por prazo determinado após alteração no quadro societário da empresa afiançada.
>
> O acórdão envolveu a análise de ação de despejo cumulada com cobrança de aluguéis.
>
> O ponto central da decisão foi determinar se a retirada de sócios com vínculos pessoais com o fiador justificaria a exoneração da fiança e, se possível, a partir de quando surtiria efeito a notificação de exoneração.
>
> O STJ estabeleceu que a exoneração do fiador tem tratamento distinto conforme o tipo de contrato:
>
> a) nos contratos por prazo indeterminado, a exoneração ocorre 120 dias após a notificação, conforme o art. 835 do Código Civil;

---

[582] E isto porque o fundamento da exoneração do fiador neste caso não será o da prorrogação do contrato de locação por tempo indeterminado, mas sim o da substituição total ou parcial dos sócios da pessoa jurídica afiançada em virtude dos quais – e apenas e tão somente por isso – a garantia foi prestada, o que põe em relevo a natureza *intuitu personae*.

b) já nos contratos por prazo determinado, a responsabilidade do fiador se estende até o término do contrato, mesmo que ele tenha notificado sua intenção de exoneração durante a vigência.

No caso concreto, a fiadora notificou sua intenção de exoneração após a retirada do sócio com quem mantinha vínculo pessoal, mas o contrato ainda estava em vigor.

Assim, a Corte entendeu que, embora a notificação fosse válida, ela não exonerou a fiadora imediatamente, mantendo sua responsabilidade até o fim do contrato.

Além disso, a decisão esclareceu que a retirada de sócios não gera automaticamente a exoneração, sendo necessário um fundamento expresso no contrato de fiança, como exigido pelo art. 830 do Código Civil.

Por fim, o STJ deu provimento ao recurso, reconhecendo a legitimidade passiva da fiadora e mantendo sua obrigação pelos débitos acumulados durante a vigência do contrato.

Eis a ementa:

> *Recurso especial. Ação de despejo. Ação de cobrança de aluguéis. Fiança. Contrato por prazo determinado. Alteração do quadro social. Empresa afiançada. Notificação extrajudicial. Exoneração. Efeitos. 1. Ação de despejo cumulada com cobrança de aluguéis, ajuizada em 10.12.2021, da qual foi extraído o presente recurso especial, interposto em 18.10.2023 e concluso ao gabinete em 21.02.2024. 2. O propósito recursal é decidir se, em contrato de locação por prazo determinado, a alteração de quadro social da empresa afiançada admite a exoneração de fiador que havia prestado a garantia em razão de vínculo afetivo com algum dos sócios que se retirou e, sendo possível, a partir de quando a notificação passa surtir os efeitos de exonerar o fiador. 3. Necessário distinguir a notificação feita pelo fiador ao locador com a intenção de exonerar-se dos efeitos dessa notificação, os quais irão definir efetivamente a partir de quando o fiador estará exonerado da obrigação fidejussória. 4. A exoneração do fiador tem início distinto em cada uma das modalidades de contrato de locação, que pode ser firmado por (I) prazo indeterminado; (II) por prazo determinado que, prorrogando-se, torna-se indeterminado; e (III) por prazo determinado que se extingue na data prevista ou antes. 5. Para os contratos por prazo indeterminado, aplica-se o art. 835 do Código Civil, combinado com o art. 40, X, da Lei 8.245/1991, de forma que o fiador poderá exonerar-se da fiança, sempre que lhe convier, ficando obrigado por todos os efeitos da fiança, durante 120 (cento e vinte) dias após a notificação ao locador. Cuida-se de denúncia vazia, sem a necessidade de apresentar justificativas.*
>
> *6. Para os contratos firmados por prazo determinado, mas que se tornam indeterminados em razão da sua prorrogação, a jurisprudência deste STJ assentou a desnecessidade de a notificação ser realizada apenas no período da indeterminação do contrato de locação, podendo os fiadores, no curso da locação com prazo determinado, notificarem o locador de sua intenção, embora seus efeitos somente possam se projetar para o período de indeterminação do contrato. Precedentes. 7. Em se tratando de locação por prazo determinado que tem fim na data avençada ou antes, a notificação exoneratória pode ser feita durante sua vigência, mas o compromisso fidejussório se estende até o fim do contrato. 8. Não há como se aplicar aos contratos de locação firmados por prazo determinado a regra do art. 40, X, da Lei 8.245/1991, pois o dispositivo refere-se exclusivamente aos contratos por prazo indeterminado. 9. Embora possa ser enviada notificação exoneratória ao locador durante a vigência do contrato por prazo determinado, o fiador somente irá se exonerar de sua obrigação, (I) ao término do contrato por prazo determinado, ainda que haja alteração no quadro social da empresa afiançada ou (II) em 120 dias a partir da data em que o contrato se torna indeterminado, por qualquer razão. 10. O art. 820 do Código Civil determina que se pode estipular a fiança, ainda que sem consentimento do devedor ou contra a sua vontade.*

> 11. Sendo o vínculo pessoal entre o fiador e algum dos sócios da empresa afiançada essencial para continuidade da garantia, tal disposição deve estar prevista expressamente no contrato de fiança, nos termos do art. 830 do Código Civil. 12. Recurso especial conhecido e provido. (REsp 2.121.585/PR, 3ª Turma, Rel. Min. Nancy Andrighi, j. 14.05.2024, DJe 17.05.2024).

5. Hipótese do inciso V

O inciso V cuida da hipótese de "prorrogação da locação por prazo indeterminado, sendo a fiança ajustada por prazo certo", raríssima na prática porque a quase totalidade dos contratos de locação preveem a manutenção da fiança se o contrato de locação for prorrogado por tempo indeterminado.

De toda sorte, se a fiança for estipulada por tempo determinado e o contrato for prorrogado por tempo indeterminado, a garantia fidejussória estará extinta, pois a fiança "não admite interpretação extensiva", como claramente estabelece o art. 819 do Código Civil.

6. Hipótese do inciso VI

A hipótese do inciso VI diz respeito ao "desaparecimento dos bens móveis", situação essa que somente terá aplicação se envolver a "caução de bens móveis" prevista no art. 38, § 1º, da LI.

Neste caso, se os bens móveis que compunham a garantia desapareceram por força de alienação ou por qualquer outra causa (*v.g.*, penhora e arrematação), a garantia terá se tornado ineficaz pela ausência de lastro patrimonial, de modo que o locador poderá exigir a prestação de nova modalidade de garantia ou a reconstituição da caução anteriormente prestada.

7. Hipótese do inciso VII

A hipótese do inciso VII diz respeito a "desapropriação ou alienação do imóvel", situação essa que somente terá aplicação se envolver a "caução de bens imóveis" igualmente prevista no art. 38, § 1º, da LI.

Se o imóvel ou os imóveis que compunham a caução foram desapropriados, desaparecerá a garantia anteriormente prestada porque a desapropriação representa "modo originário de aquisição da propriedade pela entidade expropriante", tornando inexistente a caução dantes constituída.

Todavia, o mesmo não ocorrerá na hipótese de "alienação do imóvel" desde que o instrumento em que a caução imobiliária fora prestada tenha sido averbado na matrícula do imóvel, conforme já tivemos a oportunidade de expor ao comentarmos o art. 38, § 1º, *retro*.

Nessa situação, tratando a caução de imóvel de um direito real de garantia específico das relações jurídicas submetidas ao regime jurídico da LI, o locador terá ao seu dispor o direito de sequela, o qual não será abalado com a transmissão do bem.

8. Hipóteses dos incisos VIII e IX

As hipóteses dos incisos VIII e IX versam, respectivamente, às situações de "exoneração de garantia constituída por quotas de fundo de investimento" e de "liquidação ou encerramento do fundo de investimento de que trata o inciso IV do art. 37 desta Lei".

Nestas hipóteses, conforme já expusemos nos comentários acerca da "cessão fiduciária de quotas de fundo de investimento imobiliário", se o cedente-fiduciante se exonerar da garantia ou ocorrer a liquidação do fundo de investimento, o locador estará desprovido de qualquer salvaguarda contratual, situação essa que justificará a incidência do art. 40 em comento.

Parar maior detalhamento sobre o regime jurídico da "cessão fiduciária de quotas de fundo de investimento", remetemos o leitor aos nossos comentários ao art. 37, IV, da LI.

9. Hipótese do inciso X

Segundo entendemos, a mais importante alteração legislativa foi a introdução do inciso X e parágrafo único no art. 40 da Lei 8.245/1991, com a veiculação do direito potestativo à exoneração da fiança locatícia em favor do garante.

A partir da entrada em vigor da lei de reforma das locações de imóveis urbanos, a Lei do Inquilinato passou a contar com regra específica sobre a exoneração da fiança, em tudo semelhante à do art. 835 do Código Civil. Assim, uma vez prorrogado o contrato de locação por tempo indeterminado, poderá o fiador exonerar-se da garantia fidejussória independentemente da vontade do locador mediante o exercício do seu direito potestativo através de simples *notificação* que, à míngua de disposição legal, *não precisará obedecer forma ou figura de juízo, podendo ser exercitada extrajudicialmente.*

Pelo princípio da simetria das formas e por questões de *segurança jurídica*, não haverá de ser admitida a notificação verbal da exoneração, porque, como o contrato de fiança se dá somente *por escrito*, também *por escrito* deverá ser formulada a notificação dirigida ao credor. Sobre o tema doutrina Luiz Antonio Scavone Junior:[583]

> "Em outras palavras, ao término do prazo contratado para a locação, ou o locador cuida de obter a anuência expressa do fiador com a prorrogação legal ou o fiador poderá notificar o locador, ficando responsável por cento e vinte dias após a efetiva notificação, ou até antes, se novo fiador for apresentado pelo locatário e aceito pelo locador previamente ao termo final de cento e vinte dias.
>
> Poder-se-ia redarguir, afirmando que o inciso X só se aplica ao caso de prorrogação convencional do contrato.
>
> Não é o que pensamos. A uma, porque a lei não distinguiu, e, a duas, porque não haveria a menor necessidade de alteração legislativa para tal mister, posto que a prorrogação convencional sem a anuência expressa do fiador o exonera, por força dos arts. 365 e 366 do Código Civil.
>
> Portanto, entendemos que a subsistência das garantias até a devolução das chaves do art. 39 se aplica indistintamente às outras modalidades de garantia.
>
> Todavia, no caso de garantia fidejussória, a teor do novel inciso X do art. 40, a subsistência da garantia fica condicionada à hipótese de o fiador deixar de notificar o locador, comunicando sua intenção de não permanecer como garantidor das obrigações contratuais do locatário, obrigando-se pelas obrigações do afiançado decorrentes do contrato de locação pelo prazo de cento e vinte dias".

---

[583] SCAVONE JUNIOR, Luiz Antonio. *Reforma da lei do inquilinato*. São Paulo: RT, 2009, p. 43-44.

E em razão da redação do inciso X e parágrafo único do art. 40 da Lei 8.245/1991, ocorrida a exoneração do fiador poderá o locador exigir nova garantia contratual do locatário, sob pena de este incorrer em infração legal autorizadora do desfazimento da locação mediante despejo, o que por certo fará com que o locatário-afiançado se apresse em restabelecer a garantia.

Por fim, outra questão que poderá surgir diante do inciso X e parágrafo único do art. 40 da Lei 8.245/1991, será a de se saber se o fiador poderá promover a notificação exoneratória da garantia "antes do término do contrato, para que a sua responsabilidade cesse juntamente com o prazo originariamente fixado".[584]

De acordo com o entendimento esposado por Luiz Antonio Scavone Junior,[585] o qual adotamos integralmente, esta possibilidade não existiria pelas razões que o citado autor expõe:

> "Entendemos que essa possibilidade não existe.
>
> A uma, em função de o inciso X mencionar expressamente a possibilidade somente quando da prorrogação legal do contrato. A duas, por ser este um sucedâneo da exoneração antes tratada pela regra geral do art. 835 do Código Civil, que exige fiança prestada sem limitação de tempo, o que só ocorre com a prorrogação legal, tendo a Lei do Inquilinato apenas optado, no caso de fiança concedida em contrato de locação, por estender de sessenta para cento e vinte dias contados da notificação o prazo de responsabilidade do fiador que pede exoneração".

10. A consequência do parágrafo único do art. 40 da LI

Se ocorrer qualquer uma das hipóteses previstas nos dez incisos deste art. 40, "O locador poderá notificar o locatário para apresentar nova garantia locatícia no prazo de 30 (trinta) dias, sob pena de desfazimento da locação".

Não obstante, se acaso o locador preferir, poderá demandar o locatário apenas para que este apresente nova garantia, sob pena da incidência de multa diária, nos termos do Código de Processo Civil de 2015 (arts. 536 e 537), conservando-se, assim, o contrato de locação diante da conveniência e oportunidade do senhorio.

11. Outras questões em torno da fiança locatícia

11.1. O fiador e o direito de exoneração da garantia

O inciso X do art. 40 da Lei 8.245/1991 permite ao fiador promover a sua exoneração da garantia quando ocorrer a "**prorrogação da locação por prazo indeterminado uma vez notificado o locador pelo fiador de sua intenção de desoneração, ficando obrigado por todos os efeitos da fiança, durante 120 (cento e vinte) dias após a notificação ao locador**" (grifamos).

A exoneração se tornou o direito potestativo do fiador a ser exercido para desvinculá-lo da fiança, pressupondo a sua atuação para tal mister mediante notificação endereçada ao credor. **Em outras palavras, a figura da exoneração se tornou sinônimo de resilição ou denúncia, pois passou a submeter à manutenção da garantia fidejussória a mera conveniência do fiador nas situações em que a fiança passou a viger por tempo indeterminado.**

---

[584] SCAVONE JUNIOR, Luiz Antonio. *Reforma da lei do inquilinato*. São Paulo: RT, 2009, p. 45.
[585] SCAVONE JUNIOR, Luiz Antonio. *Reforma da lei do inquilinato*. São Paulo: RT, 2009, p. 45.

Assim, dada a sua característica de contrato unilateral, o legislador brasileiro acabou por privilegiar a figura da *exoneração*, tendo outorgado ao fiador um verdadeiro *poder (rectius, direito potestativo)* para que encerrasse o vínculo de garantia estabelecido em favor do credor nas situações em que a fiança estivesse a viger por tempo indeterminado.

Não obstante, uma importante questão relativa ao direito de exoneração do fiador com base no art. 40, X, da Lei do Inquilinato não pode ser esquecida: **o exercício do direito de exoneração comportaria algum limite objetivo ou apenas estaria vinculado ao limite subjetivo consistente na manifestação de vontade do fiador?** Essa questão não tem recebido a reflexão que merece da doutrina e da jurisprudência, apesar das profundas consequências que gera na prática contratual, em especial nas locações de imóveis urbanos.

Com efeito, conforme temos defendido há muito tempo, o exercício da exoneração prevista no art. 40, X, da Lei do Inquilinato exige interpretação de acordo com a totalidade do sistema jurídico, pois, em lugar de representar uma prerrogativa absoluta do fiador, sofre uma importantíssima **limitação** que vem a ser a mora ou inadimplemento do devedor principal. Expliquemos melhor.

A notificação exoneratória do art. 40, X, da Lei do Inquilinato é espécie do gênero causas de extinção do contrato supervenientes à sua formação; é, na verdade, uma resilição (*rectius*, denúncia) do vínculo sob a forma de um direito potestativo.

E este direito potestativo à exoneração existe para proteger o fiador que assegurou o adimplemento de um afiançado não inadimplente, isto é, aquele cujas obrigações encontram-se em dia, pois as obrigações assumidas devem ser fielmente executadas; se, pelo contrato de fiança, o fiador garante que o devedor principal adimplirá a sua obrigação, o não cumprimento (mora ou inadimplemento absoluto) da obrigação principal tem o efeito de atingi-lo e, também, torná-lo inadimplente perante o credor principal, principalmente se tiver subscrito a fiança na condição de principal pagador ou devedor solidário, pois o fiador, ao prometer fato de terceiro, é responsável por dívida alheia.

Assim, não teria sentido permitir que o fiador se exonerasse da fiança tão logo o devedor principal – a pessoa em quem depositou confiança, isto é, a pessoa que o fiador confiou que iria adimplir – deixasse de cumprir o contrato sobrejacente à garantia. Ao admitir-se tal exegese, estar-se-ia transformando a fiança em garantia de papel, como bem restou decidido pelo Supremo Tribunal Federal ao ter julgado o RE 407.688 (j. 08.02.2006), no qual o Relator, Exmo. Sr. Ministro Cezar Peluso, manifestou um duro ataque aos fiadores que expressamente manifestam a sua vontade fidejussória no contrato de garantia para ao depois, quando cobrados pela inadimplência do devedor principal, recorrerem ao Poder Judiciário alegando o direito à exoneração: "O Senhor Ministro Cezar Peluso (Relator) – Ministro, ele [o fiador] é um fraudador: declara que pode garantir, mas, na verdade, não pode, pois não tem nada para garantir".

Com efeito, ainda que a regra jurídica que veda ao inadimplente o acesso ao mecanismo da extinção do contrato diga respeito ao instituto da resolução previsto no art. 475 do Código Civil, o mesmo raciocínio deve ser aplicado, por uma interpretação sistemática, ao instituto da exoneração previsto no art. 40, X, da Lei do Inquilinato. Da mesma forma que o art. 475 do Código Civil enuncia que apenas ao lesado cabe a ação de resolução: "A parte *lesada* pelo inadimplemento...", a exoneração do fiador somente se viabilizará se o afiançado não estiver em uma situação de mora ou inadimplência, mormente se o garantidor tiver subscrito a garantia como devedor principal e solidário.

Normalmente, a parte *lesada* pelo inadimplemento da obrigação principal é a credora, razão pela qual o fiador não poderá se exonerar da garantia se, no momento da notificação exoneratória, o devedor principal já estiver inadimplente, ainda que o contrato sobrejacente estiver a viger por tempo indeterminado, o que sói acontecer nas locações de imóveis urbanos. Não teria sentido, pois, que o fiador permanecesse vinculado ao contrato somente *se* e *enquanto* o devedor principal adimplisse; se assim o fosse, não haveria a necessidade de prestação de fiança, que se consubstancia em um reforço ao adimplemento.

Dessa forma, a **mora ou o inadimplemento do afiançado representa fato impeditivo ao exercício do direito de exoneração da fiança, mesmo que a garantia esteja a viger por tempo indeterminado.**

E como o fiador deverá agir nessa situação? Segundo pensamos, sendo o fiador responsável pelo adimplemento da dívida do afiançado, quando este estiver em mora, o exercício do direito à exoneração somente poderá ser exercido e será juridicamente possível se o fiador pagar integralmente a dívida do afiançado pela qual se responsabilizou e, ato contínuo, notificar o credor para manifestar a sua exoneração. Assim serão preservados os interesses do credor e do fiador, pois o primeiro terá a garantia de que a fiança permanecerá íntegra enquanto o afiançado se mantiver em mora, e o segundo saberá de antemão como deverá agir para se exonerar nas hipóteses em que a fiança viger por tempo indeterminado e o afiançado estiver inadimplente.

O fiador que pretender exonerar-se da fiança através do exercício do direito potestativo previsto no art. 40, X, da Lei do Inquilinato, deverá se apresentar *with clean hands*, isto é, "com mãos limpas", porque a exoneração não poderá ser interpretada como um instrumento de defraudação da garantia, permitindo que o fiador se livre de um afiançado indesejado tão logo este apresente sinais de que não continuará a cumprir a prestação principal.

11.2. A renúncia ao direito de exoneração

A nossa posição sobre o tema é a de não ser admitida a renúncia antecipada ao direito de exoneração, atualmente previsto no art. 40, X, da Lei do Inquilinato. A exoneração é o único meio disposto ao fiador para fazer extinguir o contrato de garantia.[586] Se admitisse a renúncia antecipada à faculdade (*rectius*, direito potestativo) de exoneração ao fiador, jamais

---

[586] Com efeito, conforme já expusemos, a *exoneração* prevista no art. 835 do Código Civil ou no art. 40, X, da Lei do Inquilinato, é o poder conferido pela lei ao fiador de provocar a extinção de um contrato em curso por tempo indeterminado, prevista como gênero no art. 473 do Código Civil sob o nome de *resilição unilateral*; da mesma forma que a resolução prevista no art. 475 do Código Civil, ambas as figuras são *direitos potestativos* que poderão ser exercidos pelos figurantes de um negócio jurídico; a *resilição* é mecanismo que poderá ser utilizado por qualquer das partes, já que representa denúncia do vínculo contratual não fundada em alegação de *justa causa*, enquanto a *resolução* é remédio atribuído apenas e tão somente ao *lesado* pelo inadimplemento, na expressa dicção do art. 475 do Código Civil. Ao escrever sobre o tema da renúncia à resolução dos contratos, Araken de Assis aponta a doutrina de Carvalho Santos, para quem o direito à resolução seria renunciável por não versar acerca de um interesse de ordem pública. Todavia, aquele autor obtempera o caráter disponível da resolução sob o seguinte enfoque: "Não obstante, *a renúncia prévia pode implicar sérias consequências*, na esfera do parceiro fiel à relação contratual, ou alterar, profundamente, a lógica do seu programa. Exemplo: a coisa, que se deveria prestar, sofreu grave deterioração culposa, inutilizando-a para o fim desejado. Não se descarta, ademais, o risco de a situação patrimonial do inadimplente fazer a demanda de cumprimento inútil, muito difícil ou desinteressante em comparação ao resultado do efeito restituitório da resolução. Em todas essas situações, todavia, submetidas à liberdade – *onde ela existe!* – contratual das partes, o prejuízo ao

TÍTULO I – DA LOCAÇÃO • **Art. 40**

seria possível libertar-se do dever fidejussório, até mesmo nas hipóteses em que o contrato de locação estivesse a vigorar por tempo indeterminado.[587] Portanto, até mesmo estaria frustrada a nova dinâmica da exoneração *ex* art. 40, X, da Lei do Inquilinato. Ora, por qual motivo teria sido simplificado o procedimento legal da exoneração se esta pudesse vir a ser renunciada? *Data venia*, teria sido uma mudança oca, pois tudo ficaria como já estava!!!

Neste caso, o vínculo se eternizaria[588] porque, não havendo data assinalada para a extinção do contrato principal, a permanência do ajuste fidejussório dependeria apenas da vontade exclusiva do credor e do afiançado, o que não se ostenta razoável até mesmo se resultasse do exercício da *autonomia privada*, porque ambos estipulariam *se* e *quando* a responsabilidade do fiador haveria de cessar, por força do exercício do direito à resilição previsto no art. 473 do Código Civil,[589] que no campo da garantia fidejussória é denominado de *exoneração*. Ora, veja-se o absurdo: a fiança poderá ser contratada até mesmo *contra a vontade* do afiançado, porém o desfazimento da garantia *dependeria da vontade* do devedor principal! Com o devido respeito, o raciocínio é ilógico!

Ora, se o fiador é o *responsável* pelo adimplemento da prestação sem ser o seu *devedor*, fere a lógica do sistema arredar-lhe o direito à exoneração da fiança, tratando-o de forma mais severa do que o devedor principal. Em outras palavras, o devedor poderia desvincular-se do contrato garantido, porém o mesmo direito não seria reconhecido ao fiador, que é um responsável subsidiário e acessório. Nesse caso, o principal seguiria a sorte do acessório, invertendo a lógica do sistema.

Por conta disso, não se nos afigura razoável tornar a *fiança*, contrato subsidiário e acessório que é, um pacto muito mais gravoso do que o contrato garantido. Nessa exata medida, não nos parece relevante a discussão que sempre balizou o tema da renúncia à exoneração, no sentido de se discutir se a faculdade de exoneração seria *dispositiva* ou *cogente*.

Na verdade, segundo entendemos e defendemos, importa também saber nesta hipótese se o fiador poderia renunciar a um direito inexistente,[590] porque o direito potestativo de exo-

---

escopo do resolutório se ostenta evidente" (ASSIS, Araken de. *Resolução do contrato por inadimplemento*. 3. ed. rev. e atual. São Paulo: RT, 1999, p. 31) (grifamos).

[587] Com fundamento semelhante: "Fiança. Exoneração. Contrato de locação. Prazo indeterminado. Renúncia. 'É ineficaz a renúncia prévia à faculdade de exonerar-se o fiador quando inserta em contrato de locação com prazo determinado porque manifestada antes da formação do direito que só se **perfectibiliza** ao tornar-se prorrogada por prazo indeterminado, sendo inadmissível a perpetuidade de garantia dada pelo fiador, sobretudo por ser ato benéfico e desinteressado; todavia, responde por seus efeitos até o ato liberatório ou a sentença que o exonerar (art. 1.500 do CC)'" (TAMG. Ap. Cível n. 2.0000.00.319819-4/000(1), 1ª Câm., Rel. Alvim Soares, j. 26.09.2000).

[588] "O fiador não poderia, contra a sua vontade, ficar indefinidamente sujeito à responsabilidade da fiança, que, pelo próprio caráter de que se reveste, não admite interpretação diferente. Assim, deve entender-se que a fiança outorgada sem limitação de tempo é estipulada, quanto à sua duração, sempre em benefício do fiador, que poderá retirá-la a qualquer tempo, ou seja, quando lhe convenha" (SANTOS, J. M. Carvalho. *Código Civil brasileiro interpretado*. 2. ed. Rio de Janeiro: Freitas Bastos, 1938, vol. 19, p. 483).

[589] Código Civil: "Art. 473. A resilição unilateral, nos casos em que a lei expressa ou implicitamente o permita, opera mediante denúncia notificada à outra parte.
Parágrafo único. Se, porém, dada a natureza do contrato, uma das partes houver feito investimentos consideráveis para a sua execução, a denúncia unilateral só produzirá efeito depois de transcorrido prazo compatível com a natureza e o vulto dos investimentos".

[590] Em sentido semelhante: "*Não há que se admitir a renúncia prévia ao direito de exonerar-se o fiador da garantia, pois ninguém pode renunciar previamente a um direito potestativo. Na fiança comercial*

neração previsto no art. 40, X, da Lei do Inquilinato apenas surge quando o contrato garantido passar a viger por tempo indeterminado. Antes disso não existe direito à exoneração, razão pela qual o garante não poderia manifestar a renúncia a um direito inexistente. A renúncia a um direito inexistente, inexistente é, podendo até mesmo vir a ser declarada por sentença, com fundamento no art. 19, I, do Código de Processo Civil de 2015.

Em face do exposto, entendemos que a **renúncia prévia ao direito potestativo de exoneração do fiador não pode ser admitida, mesmo que no instrumento contratual subscrito pelo garante conste expressa cláusula contratual prevendo-a, eis que, nesse caso, seria inexistente e desprovida de eficácia porque, repita-se, o direito potestativo de exoneração previsto no art. 40, X, da Lei do Inquilinato apenas surge quando o contrato garantido passar a viger por tempo indeterminado. Antes disso não haverá direito à exoneração, razão pela qual o garante não poderia manifestar a renúncia a um direito inexistente. A renúncia a um direito inexistente, inexistente é, podendo até mesmo vir a ser declarada por sentença.**

Nesse sentir, Gabriel Seijo Leal de Figueiredo[591] exemplifica a questão em debate com perfeição: "Ademais, a admissão da renunciabilidade daria ensejo a um sem-número de abusos. Imagine-se, por exemplo, um contrato de locação em que o inquilino entra em crise financeira e cai em inadimplência. O fiador honra a garantia e passa a pagar os aluguéis regularmente – porém, sem qualquer chance concreta de reembolsar-se, em razão dos parcos recursos do locatário. O locador, ao invés de promover o despejo, contenta-se com a situação e mantém indefinidamente a locação e a fiança. Assim, o garantidor se torna um verdadeiro refém do credor fidejussório, sujeito a seus caprichos para liberar-se. O mesmo poderia ocorrer em qualquer avença de execução continuada, como um contrato de fornecimento de insumos ou de prestação de serviços. Obviamente, tais situações desnaturariam a função social da fiança, em violação à cláusula geral do art. 421 do Código Civil".

Não obstante, registramos um precedente do Superior Tribunal de Justiça, no qual a turma julgadora considerou *nula – e não inexistente –* a cláusula de renúncia antecipada à garantia:

> "(...) 5. É nula a cláusula contratual mediante a qual o fiador renuncia ao direito de exonerar-se da obrigação, nas hipóteses em que a locação vige por prazo indeterminado. Precedentes. (...) Recurso especial conhecido e improvido".[592]

E, no corpo do referido acórdão, o Exmo. Ministro Relator escreveu:

> "Também não há falar em malferimento ao art. 1.500 do Código Civil, tendo em vista que esta Corte de Justiça firmou a compreensão de que é nula a cláusula contratual mediante a qual o fiador renuncia ao direito de exonerar-se da obrigação, nas hipóteses em que a locação vige por prazo indeterminado".

---

por prazo indeterminado, o fiador poderia exonerar-se quando lhe conviesse, conforme o art. 262 do Código Comercial, em dispositivo análogo do estatuto civil. Fixada a sentença como termo final da responsabilidade do fiador, não há como estendê-lo para o trânsito em julgado, porque a lei é expressa (*RT* 462/164). A decisão judicial pode reconhecer fato jurígeno de exoneração da fiança em momento diverso, até mesmo antes da citação, matéria objeto da força declaratória da sentença" (VENOSA, Sílvio de Salvo. *Lei do Inquilinato comentada:* doutrina e prática. 12. ed. São Paulo: Atlas, 2013, p. 404). (grifamos).

[591] FIGUEIREDO, Gabriel Seijo Leal de. *Contrato de fiança*. São Paulo: Saraiva, 2010, p. 210.
[592] REsp 884.917/PR, 5ª Turma, Rel. Min. Arnaldo Esteves Lima, j. 17.04.2007, *DJ* 14.05.2007, p. 393.

Nesse mesmo sentido:

> "Não pode o fiador ficar vinculado ao pacto locatício por tempo indeterminado, visto que deve ser conferida a respectivo contrato acessório, interpretação restritiva e benéfica, vale dizer, a responsabilidade do garante fica delimitada a encargos originariamente estabelecidos".[593]

Não obstante, muito embora discordemos da *fundamentação* do acórdão, porque, conforme já expusemos, o direito de exoneração na atualidade não nos parece de ordem pública, a consequência será a mesma: permitir a exoneração do fiador, ainda que no contrato de garantia conste cláusula expressa de *renúncia ao direito potestativo*.

11.3. A penhorabilidade do bem de família do fiador

Desde 2010, defendíamos que o bem de família do fiador era penhorável, não sendo inconstitucional a permissão infraconstitucional contida no art. 3º, VII, da Lei 8.009/1990.

Nas edições anteriores, analisamos com profundidade as 2 (duas) correntes que exteriorizavam entendimentos opostos:

a) uma delas defendia a penhorabilidade do bem de família em razão da previsão legal expressamente prevista no inciso VII, do art. 3º, da Lei 8.009/1990;

b) a outra defendia a impenhorabilidade do bem de família do fiador com base nos seguintes fundamentos:
- a penhorabilidade violaria o princípio constitucional da isonomia, o direito constitucional à moradia e o princípio da dignidade da pessoa humana.

Ao longo dos anos, o Superior Tribunal de Justiça e o Supremo Tribunal Federal pacificaram o entendimento de que:
- é constitucional a penhora do bem de família do fiador de um contrato de locação de imóvel urbano residencial ou não residencial.

Confira a linha do tempo a seguir reproduzida:

(a) **Tema 295/STF**:

> "É constitucional a penhora de bem de família pertencente a fiador de contrato de locação, em virtude da compatibilidade da exceção prevista no art. 3º, VII, da Lei 8.009/1990 com o direito à moradia consagrado no art. 6º da Constituição Federal, com redação da EC 26/2000". (Tribunal Pleno, j. 13.08.2010).

(b) **Súmula 549/STJ**:

> "É válida a penhora de bem de família pertencente a fiador de contrato de locação". (**2ª Seção, j. 14.10.2015**).

(c) **Tema 1.127/STF**:

> "É constitucional a penhora de bem de família pertencente a fiador de contrato de locação, seja residencial, seja comercial". (Tribunal Pleno, j. 09.03.2022).

---

[593] REsp 598.647/SP, 6ª Turma, Rel. Min. Paulo Medina, *DJ* 29.03.2004.

(d) Tema 1.091/STJ:

"É válida a penhora do bem de família de fiador apontado em contrato de locação de imóvel, seja residencial, seja comercial, nos termos do inciso VII do art. 3º da Lei 8.009/1990". (2ª Seção, j. 08.06.2022).

Conscientes das limitações destes *Comentários*, indicamos aos leitores a consulta aos debates que foram realizados nos julgamentos mencionados para identificação da *ratio decidendi* das teses jurídicas fixadas pelo Supremo Tribunal Federal e pelo Superior Tribunal de Justiça.

11.4. A fiança e as uniões estáveis

A união estável, a despeito dos profundos reflexos fáticos e jurídicos que gera na vida das pessoas — quer dos próprios companheiros ou conviventes, quer de terceiros que com estes contratam —, muitas vezes, não admite a sua demonstração, eis que as pessoas envolvidas nos relacionamentos poderão não ostentar a *aparência ou a posse do estado de companheiros ou conviventes*. Nesse caso, qual solução seria a mais razoável ou legítima, à luz da boa-fé objetiva?

a) Permitir a invalidação da garantia *ex* arts. 1.647, III, e 1.649 do Código Civil, ante a equiparação dos efeitos da união estável ao casamento?[594]

b) Manter a garantia ante a impossibilidade fática de o credor vir a conhecer a real situação pessoal do fiador, com isso sacrificando a posição jurídica do(a) companheiro(a) que não manifestou a sua outorga?

Aparentemente, a solução mais simples seria a de se considerar inválida a fiança em face daquele companheiro ou convivente que não manifestou a sua outorga em relação à garantia prestada, situação que teria por fundamento os arts. 1.647, III, e 1.649 do Código Civil. Todavia, a realidade da vida e dos negócios jurídicos clama por uma solução que assegure *de fato* a *função social da fiança*, a *boa-fé objetiva* e um mínimo de *segurança jurídica* em tema tão sensível como o das garantias contratuais. Como se sabe, o casamento é demonstrável através da respectiva *certidão*, pois o ato da sua celebração é registrado no Cartório de Registro Civil competente, nos termos do art. 29, II, da Lei 6.015/1973, e gera eficácia *erga omnes*. Portanto, em regra, a simples pesquisa e verificação do credor poderão permitir o conhecimento da real situação jurídica do garante: se casado for, exigir-se-á a outorga da mulher ou do marido, se ambos não subscreverem a fiança como fiadores.

Nesse caso, se o credor, estando ciente de que o garante é casado, deixar de exigir a autorização do respectivo cônjuge à prestação de fiança, terá assumido o risco de celebrar uma garantia inválida, de maneira que a fiança assim firmada não poderá responsabilizar o cônjuge que não manifestou a outorga, nos termos dos arts. 1.647, III, e 1.649 do Código Civil. Se o credor agiu com culpa e assumiu um *risco* que não deveria ter assumido, os ônus respectivos ser-lhe-ão carreados.

Todavia, segundo entendemos, diferente se apresentará a solução se o garante não for casado, mas viver em união estável.[595] Nessa última hipótese, impossível será ao credor

---

[594] Enunciado n. 114 da I Jornada de Direito Civil do CJF: "O aval não pode ser anulado por falta de vênia conjugal, de modo que o inc. III do art. 1.647 apenas caracteriza a inoponibilidade do título ao cônjuge que não assentiu".

[595] "A situação de convivência em união estável exige prova segura para que se reconheça sua existência e se concedam os direitos assegurados aos companheiros" (OLIVEIRA, Euclides de. *União estável*: do

tomar conhecimento da real situação jurídica do fiador sem o auxílio deste, vale dizer, sem que ocorra a efetiva *cooperação* do garante, o credor estará absolutamente impossibilitado de exigir a manifestação da outorga do outro companheiro ou convivente porque a sua real situação não poderá ser descortinada.

Assim, a solução que há algum tempo propusemos buscou atribuir um mínimo de segurança ao negócio jurídico de garantia e prestigiar a necessária boa-fé que deve presidir a manifestação da fiança. Com efeito, o companheiro que *omite*, *não divulga* ou *não informa* ao credor que vive em união estável atua sem a necessária boa-fé, de maneira que não seria *razoável* punir o credor diligente e beneficiar o fiador que atuou de modo a violar o direito de informação daquele, razão pela qual o patrimônio do fiador poderá ser alcançado pelo credor. Se o fiador praticou um *ato ilícito*[596] violador do direito de informação do credor, a inexistência de autorização do companheiro ou convivente será irrelevante para o credor. Nessa hipótese, tendo o fiador praticado um *ato ilícito omissivo* em detrimento do credor, o fiador deverá ser responsabilizado apenas com os seus bens,[597] mantendo-se a fiança, mas protegendo-se o companheiro ou convivente do garante, porque, no direito brasileiro, o companheiro ou o convivente que apenas autoriza a contratação de fiança **não se torna fiador**.

De outra banda e em remate, o direito brasileiro já protege de longa data o patrimônio das famílias através do instituto do *bem de família ex* Lei 8.009/1990, cuja interpretação e aplicação às novas formas de *entidades familiares* têm sido prestigiadas pela jurisprudência, em especial do Superior Tribunal de Justiça, que editou a Súmula 364[598] e tem apontado a *impenhorabilidade* do imóvel residencial de solteiros, separados, viúvos e demais entidades familiares,[599-600] em claro avanço protetivo da dignidade mínima do devedor.

---

concubinato ao casamento. 6. ed. atual. e ampl. São Paulo: Método, 2003, p. 149); "A união estável é um *fato jurídico* que nasce, perdura por um tempo e muitas vezes acaba. Constitui-se e extingue-se sem a chancela estatal, ao contrário do que ocorre com o casamento. Solvida a união estável, se os conviventes retornam à vida em comum, o arrependimento dispõe dos mesmos efeitos da reconciliação (CC, art. 1.577)" (DIAS, Maria Berenice. *Manual de direito das famílias*. 5. ed. rev., atual. e ampl. São Paulo: RT, 2009, p. 179).

[596] Código Penal: "Art. 299. Omitir, em documento público ou particular, declaração que dele devia constar, ou nele inserir ou fazer inserir declaração falsa ou diversa da que devia ser escrita, com o fim de prejudicar direito, criar obrigação ou alterar a verdade sobre fato juridicamente relevante:
Pena – reclusão, de um cinco anos, e multa, se o documento é público, e reclusão de um a três anos, e multa, se o documento é particular".

[597] "Despejo. Falta de pagamento. A exigência da citação pessoal, em casos como o dos autos (em que foi recebida por funcionário do condomínio), tem sido mitigada por construção pretoriana. A petição inicial é apta, porquanto há pedido e causa de pedir, cuja narração dos fatos decorre logicamente a conclusão, que é juridicamente possível. *Não há se falar em nulidade da fiança, porque o fiador ao ser qualificado no contrato não declarou que vivia em união estável com terceira pessoa, de modo que a fiança subsiste*. Mora 'ex re': juros e atualização monetária a partir do vencimento de cada parcela. Inadmissível a cobrança da multa compensatória no caso em apreço. Recurso não provido" (TJSP. Apelação Cível n. 992.06.061003-3/SP, 25ª Câmara de Direito Privado, Rel. Antonio Benedito Ribeiro Pinto, j. 17.09.2009, v.u., voto 16.007).

[598] "O conceito de impenhorabilidade de bem de família abrange também o imóvel pertencente a pessoas solteiras, separadas e viúvas" (*DJe* 03.11.2008).

[599] "Processual. Execução. Impenhorabilidade. Imóvel. Residência. Devedor solteiro e solitário. Lei 8.009/1990. – A interpretação teleológica do art. 1º, da Lei 8.009/1990, revela que a norma não se limita ao resguardo da família. Seu escopo definitivo é a proteção de um direito fundamental da pessoa humana: o direito à moradia. Se assim ocorre, não faz sentido proteger quem vive em grupo

E assim o é por uma razão: ou o direito brasileiro avança para tornar as pessoas responsáveis pelos seus atos ou continuaremos a agir de forma a protegermos tanto aqueles merecedores de tutela como aqueles não merecedores de proteção. No Brasil, fala-se muito em *proteção e dignidade*, mas muito pouco em *cumprimento de promessas* e *assunção de responsabilidades*, de tal modo que os devedores muitas vezes são considerados incapazes quando a dívida lhes é exigida, porém plenamente capazes quando a mesma dívida é contraída...

Este vem a ser o correto entendimento de Cristiano Chaves de Faria e Nelson Rosenvald,[601] o qual adotamos:

> "De fato, considerando que a união estável é uma união de fato, sem a necessidade de registros públicos, não há como vincular terceiros, motivo pelo qual a outorga não pode ser exigida em nome da proteção do adquirente de boa-fé, resolvendo-se o problema entre os companheiros, através da responsabilidade civil. A única hipótese em que o terceiro adquirente pode ser acionado, em nosso pensar, ocorrerá se ele tiver ciência de que o alienante vive em união estável, participando de um negócio fraudulento e propiciando a anulabilidade. Essa desnecessidade de outorga na união estável se justifica por diferentes razões. *Primus*, porque se tratando de regra restritiva à disposição de direitos, submete-se a uma interpretação restritiva, dependendo de expressa previsão legal. *Secundus*, pois a união estável é uma união fática, não produzindo efeitos em relação a terceiros. *Tertius*, e principalmente, em face da premente necessidade de proteção do terceiro adquirente de boa-fé, que veio a adquirir um imóvel sem ter ciência (e não há como se exigir dele) que o alienante havia adquirido o imóvel na constância de uma união estável. Por tudo isso, se um dos companheiros aliena (ou onera) imóvel que pertence ao casal, mas que está registrado somente em seu nome, sem o consentimento de seu parceiro, o terceiro adquirente, de boa-fé (subjetiva) está protegido, não sendo possível anular o negócio jurídico. No caso, o companheiro preterido poderá reclamar a sua meação através de ação dirigida contra o seu comunheiro/alienante, mas nada podendo reclamar do terceiro.

> Exigir, destarte, a anuência do companheiro para a prática de atos por pessoas que vivem em união estável é desproteger, por completo, o terceiro de boa-fé. Assim, estando o

---

e abandonar o indivíduo que sofre o mais doloroso dos sentimentos: a solidão. – É impenhorável, por efeito do preceito contido no art. 1º da Lei 8.009/90, o imóvel em que reside, sozinho, o devedor celibatário". (EREsp 182.223/SP, Corte Especial, Rel. Min. Sálvio de Figueiredo Teixeira, Rel. p/ acórdão Min. Humberto Gomes de Barros, j. 06.02.2002, DJ 07.04.2003, p. 209).

[600] "Processual civil. Execução fiscal. Violação do art. 557 do CPC superada pelo julgamento do órgão colegiado. Penhora de bem de família. Morador solitário. Não incidência da constrição judicial. Inexistência de obrigatoriedade de recair em outro bem imóvel passível de penhora. Recurso especial não provido. 1. Considera-se superada a violação ao art. 557 do CPC quando ocorre o julgamento do agravo interno pelo competente órgão colegiado da Corte regional. 2. A interpretação do art. 1º da Lei 8.009/1990 não se limita ao resguardo da família, mas sim, ao direito fundamental de moradia previsto na Constituição da República, baseado no princípio da dignidade da pessoa humana. Caso concreto em que se pretende que a penhora recaia sobre imóvel habitado por pessoa viúva, mesmo havendo outro imóvel que lhe pertence e que pode ser objeto da constrição. 4. Recurso especial não provido". (REsp 980.300/PE, 2ª Turma, Rel. Min. Mauro Campbell Marques, j. 21.10.2008, DJe 21.11.2008).

[601] FARIA, Cristiano Chaves de; ROSENVALD, Nelson. *Direito das famílias*. Rio de Janeiro: Lumen Juris, 2008, p. 243-244.

bem registrado em nome apenas de um dos companheiros, lhe será possível aliená-lo ou onerá-lo, independentemente da outorga do outro companheiro. Neste caso, fica assegurado ao companheiro prejudicado o direito de regresso contra o convivente que dilapidou o patrimônio comum.

Também se reconhece ao companheiro, nestas circunstâncias, o direito de promover medidas cautelares inominadas para obstar a prática do negócio que lhe será desfavorável.

O ideal, sem dúvida, é que as pessoas que vivem em união estável tomem o cuidado de registrar o patrimônio adquirido, na constância da convivência, em nome de ambos, evitando, assim, dissabores e problemas futuros e garantindo a divisão do bem, quando da dissolução da entidade familiar".

Assim, se o companheiro ou parceiro vierem a omitir a sua condição ao locador que com eles contratar uma fiança, a inexistência de boa-fé objetiva não poderá prejudicar o credor, devendo aquele que não manifestou a outorga e restou prejudicado valer-se dos mecanismos de responsabilização civil em face do companheiro ou convivente ímprobo, conclusão esta a que chegou o Superior Tribunal de Justiça, por meio de julgamento proferido pela sua 4ª Turma[602] sob os seguintes fundamentos:

"Ainda que a união estável esteja formalizada por meio de escritura pública, é válida a fiança prestada por um dos conviventes sem a autorização do outro. Isso porque o entendimento de que a 'fiança prestada sem autorização de um dos cônjuges implica a ineficácia total da garantia' (Súmula 332 do STJ), conquanto seja aplicável ao casamento, não tem aplicabilidade em relação à união estável. De fato, o casamento representa, por um lado, uma entidade familiar protegida pela CF e, por outro lado, um ato jurídico formal e solene do qual decorre uma relação jurídica com efeitos tipificados pelo ordenamento jurídico. A união estável, por sua vez, embora também represente uma entidade familiar amparada pela CF – uma vez que não há, sob o atual regime constitucional, famílias estigmatizadas como de 'segunda classe' –, difere-se do casamento no tocante à concepção deste como um ato jurídico formal e solene. Aliás, nunca se afirmou a completa e inexorável coincidência entre os institutos da união estável e do casamento, mas apenas a inexistência de predileção constitucional ou de superioridade familiar do casamento em relação a outra espécie de entidade familiar. Sendo assim, apenas o casamento (e não a união estável) representa ato jurídico cartorário e solene que gera presunção de publicidade do estado civil dos contratantes, atributo que parece ser a forma de assegurar a terceiros interessados ciência quanto a regime de bens, estatuto pessoal, patrimônio sucessório etc. Nesse contexto, como a outorga uxória para a prestação de fiança demanda absoluta certeza por parte dos interessados quanto à disciplina dos bens vigente, e como essa segurança só é obtida por meio de ato solene e público (como no caso do casamento), deve-se concluir que o entendimento presente na Súmula 332 do STJ – segundo a qual a 'fiança prestada sem autorização de um dos cônjuges implica a ineficácia total da garantia' –, conquanto seja aplicável ao casamento, não tem aplicabilidade em relação à união estável. Além disso, essa conclusão não é afastada diante da celebração de escritura pública entre os consortes, haja vista que a escritura pública serve apenas como prova relativa de uma união fática, que não se sabe

---

[602] REsp 1.299.866/DF, 4ª Turma, Rel. Min. Luis Felipe Salomão, j. 25.02.2014, *DJe* 21.03.2014.

ao certo quando começa nem quando termina, não sendo ela própria o ato constitutivo da união estável. Ademais, por não alterar o estado civil dos conviventes, para que dela o contratante tivesse conhecimento, ele teria que percorrer todos os cartórios de notas do Brasil, o que seria inviável e inexigível".

11.5. As pessoas casadas e a Súmula 332 do STJ

A Súmula 332 do STJ foi publicada em 13.03.2008 e contém a seguinte redação, *verbis*:

"A fiança prestada sem autorização de um dos cônjuges implica a ineficácia total da garantia".

Por primeiro, apontamos que a redação da **Súmula 268 do STJ** ão foi das mais felizes, pois a utilização do termo *ineficácia* dá margem a dúvidas, mormente porque, no direito brasileiro, *ineficácia* não é sinônimo de *nulidade*, bem como há hipótese de nulidade que gera efeitos (*v.g.*, casamento putativo); assim, a fiança poderá ser nula e ineficaz (regra geral), nula e eficaz (se aceita for a hipótese de conversão do negócio jurídico fidejussório), como também poderá ser ineficaz sem ser nula (submetida a termo ou condição).

Por segundo, o fundamento legal que deu origem à Súmula 332 do STJ se encontra no art. 1.647, III, do Código Civil de 2002, segundo o qual:

"Art. 1.647. Ressalvado o disposto no art. 1.648, nenhum dos cônjuges pode, sem autorização do outro, exceto no regime da separação absoluta:

(...)

III – prestar fiança ou aval".

E o art. 1.649 do Código Civil enunciou que a consequência da inexistência de vênia, outorga, consentimento ou suprimento "*(...) tornará anulável o ato praticado, podendo o outro cônjuge pleitear-lhe a anulação, até dois anos depois de terminada a sociedade conjugal*" (grifamos).

Neste ponto, o Código Civil de 2002 alterou a diretriz normativa adotada no Código Civil de 1916, pois, sob a égide da codificação revogada, o art. 252 impunha a nulidade da fiança prestada pelo marido sem o consentimento da mulher.[603-604] Portanto, o que era *nulo* passou a

---

[603] "A terceira hipótese é concernente à prestação de fiança ou aval. Antes do Código Civil de 2002, o direito brasileiro já tinha assentado ser nula a fiança dada por um dos cônjuges sem a outorga do outro, para garantia fidejussória de qualquer contrato. A nulidade alcança toda a garantia, não se limitando apenas à meação do cônjuge". (LÔBO, Paulo Luiz Netto. *Direito civil*: famílias. São Paulo: Saraiva, 2008, p. 306).

[604] "Fiança. Falta de outorga marital ou uxória. Nulidade. – Fiança. Nulidade. Embargos de terceiro. Fiança prestada em contrato de locação sem outorga uxória ou marital é nula 'pleno juri' (art. 235, III, do CC), podendo ser reconhecida tal invalidade mesmo de ofício, diante da consequência de nulidade (art. 145, IV, do CC)". (TARS. APC n. 193.157.526, 5ª CCiv., Rel. Juiz Silvestre Jasson Ayres Torres, j. 07.10.1993).

"Fiança. Falta de outorga uxória. Nulidade. Nulidade absoluta. Preclusão. Incoerência. Determinação de ofício. Questão de direito. Julgamento antecipado da lide. Cerceamento de defesa. Incoerência. Locação residencial. Locação. Ação de cobrança. Fiança. Invalidade. Falta de outorga uxória. Nulidade absoluta. Art. 235, III, do Código Civil. Na fiança, é imprescindível a outorga uxória, eis que se trata de questão de ordem pública, ocasionadora de nulidade absoluta, declarável até de ofício. O art. 235, III,

ser *anulável*, situação esta que modificou totalmente o panorama legislativo até então vigente.[605]

> do Código Civil, que trata da questão, é norma imperativa ao colocar claramente que o marido não pode, sem consentimento da mulher, prestar fiança. Julgamento antecipado da lide. Cerceamento de defesa. Inocorrência. Sendo a matéria 'sub judice' ensejadora de nulidade absoluta, não há razão para a dilação probatória. Apelação improvida". (TARS. APC n. 195.159.900, 2ª CCiv., Rel. Juiz Ari Darci Wachholz, j. 09.04.1996).
> "Fiança. Interpretação extensiva. Descabimento. 2. Hermenêutica. Interpretação. 3. Fiança. Falta de outorga uxória. Nulidade. – Execução. Fiança. Não há aval fora de título cambiário. A Fiança não admite interpretação extensiva. Hermenêutica. Princípio da igualdade. Igualdade não é tratar igualmente os desiguais, mas desigualmente os desiguais na medida em que se desigualam. Logo, pode-se exigir mais de quem pode mais e menos de quem pode menos. Elaboração de contratos: cautelas. Pode-se exigir de entidades financeiras que, diante de tormentosa, antiga e, ainda, não solucionada questão jurídica – como a validade da fiança sem outorga uxória – acautelem-se na elaboração dos contratos, de forma a não macular a certeza do título executivo. Fiança: falta de outorga uxória. A pior solução para tema não tormentoso e dogmática. Considerando-se que todas as posições trazem excelentes razões jurídicas, as peculiaridades do caso concreto dirão se a Fiança é válida, válida em parte ou nula. Precedente jurisprudencial". (TARS. APC n. 194.252.359, 4ª CCiv., Rel. Juiz Rui Portanova, j. 09.02.1995).
> "Fiança. Locação. Falta de outorga uxória. Ineficácia. Anulabilidade. Gera efeitos até anulação. Legitimação ativa. Mulher ou herdeiros. Ação declaratória de nulidade. Fiança em contrato de locação, ausente outorga uxória. A falta de consentimento uxório não constitui nulidade de pleno direito, implicando apenas em ineficácia relativa em relação ao cônjuge não anuente. Recurso provido". (TARS. APC n. 195.197.868, 8ª CCiv., Rel. Juiz Luiz Ari Azambuja Ramos, j. 27.02.1996).
> "Fiança. Responsabilidade solidária. Falta de outorga uxória. Anulabilidade. Legitimação ativa. – Fiança. Solidariedade. Falta de outorga uxória. Anulabilidade. Da solidariedade entre os cofiadores decorre a responsabilidade pela dívida comum, mas autoriza o credor exigir a prestação de um ou de todos, no todo ou em parte e lhe faculta a busca do valor *pro rata* entre os cofiadores, sem ofender o disposto no art. 1.031, par. 3, do Código Civil. A fiança prestada pelo marido sem outorga uxória constitui ato anulável e não nulo, já que somente a mulher e seus herdeiros têm legitimidade para invalidá-la e, no caso, não se trata de demanda em que prevalece norma de proteção da família, onde haveria interesse público, mas disputa de interesse patrimonial, eminentemente privado. Apelo improvido, sem discrepância". (TARS. APC n. 194.207.890, 2ª CCiv., Rel. Juiz João Pedro Freire, j. 02.03.1995).
> "Fiança. Outorga uxória. Ausência. Nulidade da garantia. Aplicação do artigo 235, III do Código Civil. A fiança dada pelo marido sem a anuência da mulher é absolutamente nula (e não simplesmente anulável), por infração a preceito de natureza cogente (ou seja, de observância obrigatória ou imperativa) contido no artigo 235, III, do Código Civil, c/c o seu artigo 145, IV". (2º TACivSP. Ap. c/ Rev. 454.332, 3ª Câmara, Rel. Juiz Milton Sanseverino, j. 21.05.1996).
> "Fiança. Falta de outorga uxória. Nulidade. – Fiança civil e comercial – É irrelevante a distinção para anular a fiança concedida pelo marido sem o expresso consentimento da mulher. Ineficácia total da fiança anulada pela mulher. Embargos declaratórios acolhidos. Fiança e aval – Se o acórdão expressa a concomitância das garantias, uma em contrato e a outra em cártulas, é evidente que explicitou que a execução se funda em dois títulos. Alegado equívoco sobre a Sucumbência não autoriza embargos declaratórios, principalmente quando engano não houve. Embargos declaratórios rejeitados" (TARS. EMD n. 25.593, 3ª CCiv., Rel. Juiz Ernani Graeff, j. 07.10.1981).

[605] Segundo o escólio de Pontes de Miranda, a falta de outorga marital acarretaria apenas a *anulabilidade* do ato praticado por força do art. 252 do Código Civil de 1916: "A falta de assentimento direto ou suprimental, por isso que deixa a mulher casada sem o adminículo da vontade do marido, invalida o ato que ela praticar (Código Civil, art. 252). Não se trata de nulidade, nem de ato inexistente, mas de anulabilidade, cabendo sanar-se pela ratificação. Não pode ser invocada a invalidade senão por aquêle em cujo favor foi estabelecida, e dentro de certo prazo" (PONTES DE MIRANDA, Francisco Cavalcanti. *Tratado de direito privado*. 3. ed. reimpr. Rio de Janeiro: Borsoi, 1971, § 865, 1, p. 201).

Nessa hipótese, à luz dos arts. 235, III,[606] e 263, X,[607] do Código Civil de 1916, a nulidade da fiança deveria ser concedida, "a fim de que não fiquem responsáveis pela fiança, não só os bens do casal, inclusive a meação do marido, como também os bens próprios deste. Nasce ao credor o direito regressivo contra o marido ou seus herdeiros, como dívida do marido incomunicável. Por isso, enquanto subsiste a comunhão de bens, não pode ser executada a meação do marido".[608]

A nulidade da fiança, que era absoluta no regime do Código Civil de 1916, de fato impunha, por consequência, a *ineficácia* da garantia, porque do absolutamente nulo, em regra, não podiam e não podem surtir efeitos; do contrário, a anulabilidade da fiança prestada sem a vênia conjugal prevista no Código Civil é inválida, porém eficaz, *se e enquanto* não for reconhecida e decretada por sentença, nos termos do art. 177 do Código Civil.[609]

Por primeiro, a fim de que possamos entender a Súmula 332 do STJ, iremos apontar qual era a posição da doutrina à luz do Código Civil de 1916: a *nulidade prevista no art. 252 era relativa (anulabilidade) ou absoluta?*

Segundo aponta Milton Paulo de Carvalho Filho:[610]

> "O Superior Tribunal de Justiça editou recentemente a Súmula 332 com o seguinte teor: 'A fiança prestada sem a autorização de um dos cônjuges implica a ineficácia total da garantia'. O entendimento inserto nos acórdãos – de casos anteriores à vigência do atual Código Civil – que deram origem a Súmula, na verdade, define e realça a impossibilidade da subsistência de parte da fiança (invalidade total da garantia) quando conferida sem a autorização de um dos cônjuges. Daí por que talvez não se atentou para a utilização do termo correto, pois, sob a égide da lei anterior implica nulidade, enquanto para o Código Civil vigente, a ausência de autorização para a concessão da garantia importa anulabilidade, não se justificando o direcionamento para o campo da ineficácia".

Sob a égide do Código Civil de 1916, a fiança prestada pelo marido sem a outorga uxória era *nula*. Assim, concluímos que a Súmula 332 do STJ se ostenta atualmente *contra legem*, não se justificando a manutenção do regime da nulidade absoluta (consoante o Código Civil de 1916) em detrimento do regime da anulabilidade (de acordo com o Código Civil de 2002).

E em matéria de garantia contratual, a confusão[611] gerada pelo equivocado posicionamento do Superior Tribunal de Justiça contribuiu ainda mais para a insegurança jurídica em tema de vital importância, porque fiança *anulável* não é a mesma coisa que fiança *nula*!

---

[606] Código Civil de 1916: "Art. 235. O marido não pode, sem consentimento da mulher, qualquer que seja o regime de bens: (...) III – prestar fiança (arts. 178, § 9º, I, *b*, e 263, X)".

[607] Código Civil de 1916: "Art. 263. São excluídos da comunhão: (...) X – a fiança prestada pelo marido sem outorga da mulher (arts. 178, § 9º, I, *b*, e 235, III)".

[608] PONTES DE MIRANDA, Francisco Cavalcanti. *Tratado de direito privado*. 3. ed. reimpr. Rio de Janeiro: Borsoi, 1971, § 855, 18, p. 155-156).

[609] Código Civil de 2002: "Art. 177. A anulabilidade não tem efeito antes de julgada por sentença, nem se pronuncia de ofício; só os interessados a podem alegar, e aproveita exclusivamente aos que a alegarem, salvo o caso de solidariedade ou indivisibilidade".

[610] CARVALHO FILHO, Milton Paulo de. *Código Civil comentado*: doutrina e jurisprudência. Coord. Cezar Peluso. 3. ed. rev. e atual. Barueri: Manole, 2009, p. 1.787.

[611] "O ano de 2005 foi sem dúvida um ano repleto de decisões judiciais interessantes, pois o Código Civil começa a receber a interpretação jurisprudencial e, portanto, tudo o que a doutrina escreveu começa a ser confirmado ou desmentido pelos Tribunais.

Num ano como este, poderíamos escrever em nossas colunas de novembro e dezembro sobre decisões inovadoras a respeito do Código Civil. Entretanto, as decisões serão objeto de artigos no início de 2006.

A reflexão que pretendemos fazer concerne o instituto da velha FIANÇA, mormente quando prestada como garantia em contrato de locação de imóvel urbano (Lei 8245/1991).

O instituto da fiança vem sofrendo sistematicamente ataques por parte dos Tribunais, notadamente o Superior Tribunal de Justiça, motivo de preocupação para os advogados e locadores.

A questão que não quer calar é a seguinte: a fiança locatícia sobreviverá ao novo Código Civil e a seus princípios, bem como aos princípios decorrentes do Direito Civil Constitucional? É exatamente esta nossa reflexão no presente artigo.

Já de início, observamos que a fiança é, em regra, um contrato gratuito pelo qual o fiador nada recebe para garantir o pagamento de dívida alheia. A dívida não lhe trará qualquer benefício, apesar do ônus de garantir eventual inadimplemento. Em razão de seu caráter gratuito, a lei determina que a interpretação da fiança dar-se-á restritivamente, e jamais de maneira a ampliar os deveres do fiador (CC, art. 819).

Sempre nos perguntamos (e também verbalizo esta inquietude com os nossos alunos) os motivos que levam determinada pessoa a concordar em ser fiador. Nunca me explicaram o porquê. Só podemos acreditar que se trata realmente de um favor que geralmente é feito entre pessoas de uma mesma família e decorre exclusivamente da CONFIANÇA. Da certeza de que o devedor honrará o compromisso assumido.

Em razão disto, quando do inadimplemento do devedor o fiador recebe com surpresa a notícia de que ele, geralmente pessoa honrada e cumpridora de seus deveres, também está devendo quantia vultosa.

Na fiança locatícia os fatos narrados são corriqueiros e se multiplicam aos milhares.

Tribunais, sensíveis à situação desoladora do fiador, já se posicionavam, antes mesmo da vigência do Código Civil de 2002, de maneira claramente favorável à redução desta responsabilidade (*Haftung sem Schuld*) dos fiadores de imóveis urbanos.

De início, já está pacificado o entendimento pelo qual o fiador apenas responde pelas dívidas do inquilino que surgirem no prazo de duração do contrato de locação. Em caso de prorrogação do contrato, o fiador está exonerado de qualquer responsabilidade, ainda que haja cláusula contratual prevendo a responsabilidade até a efetiva entrega de chaves:

– Na fiança, o garante só pode ser responsabilizado pelos valores previstos no contrato a que se vinculou, sendo irrelevante, na hipótese, para se delimitar a duração da garantia, cláusula contratual prevendo a obrigação do fiador até a entrega das chaves (Precedentes desta Corte) (REsp 697.470/SP; Recurso Especial 2004/0158470-1).

– O contrato de fiança deve ser interpretado restritivamente, pelo que é inadmissível a responsabilização do fiador por obrigações locativas resultantes de prorrogação do contrato de locação sem a anuência daquele, sendo irrelevante a existência de cláusula estendendo a obrigação fidejussória até a entrega das chaves (REsp 754.329/SP, Recurso Especial 2005/0088101-0).

Por outro lado, em ocorrendo ausência de vênia conjugal por parte do cônjuge do fiador, o Superior Tribunal de Justiça corretamente entende que a fiança é NULA como um todo e não há que se falar apenas em preservação de fiação do cônjuge que não anuiu:

– A ausência de consentimento da esposa em fiança prestada pelo marido invalida o ato por inteiro. Nula a garantia, portanto. Certo, ainda, que não se pode limitar o efeito dessa nulidade apenas à meação da mulher (REsp 631.262/MG; Recurso Especial 2004/0023956-0).

– O entendimento deste Superior Tribunal de Justiça é pacífico no sentido que a ausência da outorga uxória nulifica integralmente o pacto de fiança. O contrato de fiança não admite interpretação extensiva, consoante determinava o art. 1.483 do Código Civil de 1916. Com base nessa premissa, inclinou-se a jurisprudência no sentido de que o fiador não responde pelos aditamentos ao contrato original a que não tenha anuído (REsp 619.814/RJ; Recurso Especial 2003/0238648-9).

– O Superior Tribunal de Justiça possui jurisprudência uniforme no sentido de que é nula a fiança prestada sem a necessária outorga uxória, não havendo como se considerá-la parcialmente eficaz

Dessa forma, ainda que o credor tenha se cercado de todo o cuidado necessário à contratação de uma fiança e que a garantia tenha sido redigida de forma clara e isenta de dúvidas, poderá o fiador tornar-se irresponsável em detrimento do credor pela falha cometida pelo Superior Tribunal de Justiça, que desconsiderou a exata medida de um termo técnico de comum utilização na praxe forense (anulabilidade) para emprestar-lhe um figurino para o qual não foi talhado (o da nulidade).[612]

Com efeito, as hipóteses de nulidade e de anulabilidade podem ser agrupadas sob uma mesma categoria jurídica denominada de invalidade. E invalidade é a inaptidão de determinado

---

para constranger a meação do cônjuge varão (AgRg no Ag 595.895/SP; Agravo Regimental no Agravo de Instrumento 2004/0063468-0).

Mas o golpe fatal contra a fiança locatícia estava por vir. Quando menos se esperava, ocorreu a promulgação, em fevereiro de 2000, da Emenda Constitucional nº 26 pela qual o direito à moradia passou a ser considerada direito social do cidadão, alterando-se o art. 6º da Carta Magna.

Com a emenda, julgados surgiram no sentido de que a norma em questão era meramente programática e não alterava em nada a possibilidade de penhora do bem de família do fiador, concluindo-se que 'a inclusão da moradia entre esses direitos não implica em qualquer alteração à legislação infraconstitucional que regula a propriedade de bens imóveis' (2º TAC. Ap. s/ Rev. 801.745-00/7, 6ª Câm., Rel. Juiz Souza Moreira, j. 17.03.2004)

Entretanto, mesmo com a forte resistência dos locadores, não foi esta a interpretação que prevaleceu. Recentemente os Tribunais Superiores começaram a se manifestar com relação à impossibilidade de o fiador ter os benefícios decorrentes da impenhorabilidade do bem de família, nos termos da Lei 8.009/90. Em decisão monocrática pioneira, o Ministro Carlos Velloso considerou não recepcionado pelo sistema o artigo 3º, inciso VII da mencionada lei, a partir da vigência da Emenda 26, e, portanto, concluiu pela **impenhorabilidade do bem de família do fiador em fiança locatícia** (RE 352.940/SP e RE 349.370/SP publicados em 13.05.2005).

Meses depois, também o Superior Tribunal de Justiça acolheu a tese da impenhorabilidade do bem de família:

– Com respaldo em recente julgado proferido pelo Pretório Excelso, é impenhorável bem de família pertencente a fiador em contrato de locação, porquanto o art. 3º, VII, da Lei 8.009/1990 não foi recepcionado pelo art. 6º da Constituição Federal (redação dada pela Emenda Constitucional nº 26/2000) (REsp 631.262/MG; Recurso Especial 2004/0023956-0).

Em conclusão, a fiança locatícia está sangrando e prenunciamos que não sobreviverá! Os mais pessimistas dizem que sem ela estaremos diante do fim do mercado imobiliário, pois os locatários mais humildes dificilmente encontrarão outra forma de garantia e acabarão dormindo ao relento. Entretanto, estes pessimistas se esquecem que, se não fosse a interpretação restritiva de um contrato benéfico, quem acabaria dormindo ao relento seria o fiador, nas hipóteses de inadimplemento do inquilino!

Por fim, dizer que se ele assinou o contrato, o problema é dele (em termos jurídicos é a alegação do vetusto princípio *pacta sunt servanda*) é ignorar a realidade brasileira e demonstrar evidente insensibilidade.

Cabe a nós, portanto, pensarmos em novas formas de garantias, principalmente em novas modalidades de caução. Bem, mas isto já é assunto para outro momento" (SIMÃO, José Fernando. *Crônica de uma morte anunciada*: a fiança locatícia. Disponível em: <http://www.flaviotartuce.adv.br/secoes/verartigoc.asp?art=162>. Acesso em: 17 ago. 2009).

[612] "2. É pacífico neste Superior Tribunal de Justiça o entendimento de que a falta da outorga uxória *invalida* a fiança por inteiro" (REsp 832.669/SP, 6ª Turma, Rel. Min. Maria Thereza de Assis Moura, j. 17.05.2007, *DJ* 04.06.2007 p. 437); "1. É pacífica a jurisprudência do Superior Tribunal de Justiça no sentido de que é *nula a fiança prestada sem a necessária outorga uxória*, não havendo considerá-la parcialmente eficaz para constranger a meação do cônjuge varão" (REsp 772.419/SP, 5ª Turma, Rel. Min. Arnaldo Esteves Lima, j. 16.03.2006, *DJ* 24.04.2006, p. 453).

ato ou negócio jurídico de produzir consequências ou efeitos jurídicos, isto é, de tornar-se exigível e oponível às partes. Em regra, no plano da validade, o que é nulo não produzirá efeitos, enquanto aquilo que for anulável será eficaz e produzirá efeitos – apesar da invalidade – até o momento em que o defeito causador da anulabilidade vier a ser reconhecido por sentença (Código Civil, art. 177).[613] É hipótese de eficácia do inválido.

Posta a questão nestes termos, entendemos que o STJ deveria rever o verbete estampado na Súmula 332, a fim de adequá-la ao regime jurídico da anulabilidade decorrente do art. 1.649 do Código Civil.

11.6. A posição do fiador em face da relação locatícia: a Súmula 268 do STJ

A Súmula 268 do STJ foi publicada em 29.05.2002 e contém a seguinte redação, *verbis*:

> "O fiador que não integrou a relação processual na ação de despejo não responde pela execução do julgado".

Em outras palavras, a Súmula 268 fixou o seguinte enunciado: o fiador que não figurou na demanda de despejo não poderá sofrer a execução da sentença, por ser terceiro, que não se submete à eficácia da coisa julgada porventura a vincular locador e inquilino. A razão de ser da súmula em comento foi a de evitar que a figura da *cientificação*, bastante difundida em sede de demandas de despejo por falta de pagamento, fosse equiparada à *citação*, ato inicial de comunicação processual dirigido ao réu para informá-lo do ajuizamento de uma demanda contra si.

Com efeito, a figura da *cientificação* foi prevista no art. 59, § 2º, da Lei 8.245/1991,[614] e teve por finalidade levar ao conhecimento de eventuais sublocatários do imóvel locado que uma demanda de despejo fora contra este ajuizada. Assim, como o sublocatário não figura como parte na relação locatícia originária, o legislador entendeu por bem criar a figura diversa da *cientificação*, cuja finalidade principal vem a ser a de permitir que o réu ou interessado em uma demanda possa dela tomar conhecimento formal e vir a integrá-la[615], se assim o quiser. E, de acordo com a diretriz adotada na Lei 8.245/1991, em face da ação de despejo os sublocatários, apesar de claramente terem assumido a condição de *terceiros interessados*,[616] dela não seriam réus porque não participaram do contrato de locação firmado entre locador e locatário, *in casu* também sublocador. Todavia, sendo nítido o prejuízo que os sublocatários sofreriam

---

[613] "Se o cônjuge que deveria ter dado o seu consentimento considerar-se prejudicado, de qualquer forma, poderá pleitear, em dois anos, a anulabilidade do negócio, a contar do término da sociedade conjugal, por qualquer das formas previstas no art. 1.571 do Código Civil: morte, nulidade ou anulação do casamento, separação judicial ou divórcio" (CHINELATO, Silmara Juny. *Comentários ao Código Civil*. Coord. Antônio Junqueira de Azevedo. São Paulo: Saraiva, 2004, vol. 18, p. 312).

[614] "§ 2º Qualquer que seja o fundamento da ação dar-se-á ciência do pedido aos sublocatários, que poderão intervir no processo como assistentes".

[615] Código de Processo Civil de 2015: "Art. 238. Citação é o ato pelo qual são convocados o réu, o executado ou o interessado para integrar a relação processual". De qualquer modo, há que se deixar claro, pelas razões já expostas, que o sublocatário legítimo não será parte legítima para a demanda de despejo.

[616] Em comentários ao art. 304 do Código Civil, doutrinam Gustavo Tepedino e Anderson Schreiber: "É preciso que o terceiro possa sofrer, com o inadimplemento, os ônus da relação obrigacional ou algum efeito negativo sobre situação jurídica de que seja titular" (TEPEDINO, Gustavo; SCHREIBER, Anderson. *Código Civil comentado*. São Paulo: Atlas, 2008 v. 4, p. 198).

com a eventual decretação de despejo do imóvel locado e por eles sublocado, entendeu por bem o legislador garantir-lhes o acesso aos autos a partir da sua *cientificação* da demanda, de maneira que poderiam, se assim quisessem, assumir a condição de assistentes.

Frise-se, por oportuno, que ante a inadimplência do inquilino (sublocador) perante o locador, os sublocatários não assumiriam a condição de codevedores ou responsáveis pela obrigação não cumprida, de modo que a sua esfera jurídica, neste caso, não seria atingida. Entretanto, os sublocatários certamente serão atingidos pela eficácia jurídica da sentença que vier a decretar o despejo, pois a ordem de desocupação contida na sentença se presta a ser executada em relação ao imóvel e não à pessoa do inquilino.[617] Esta vem a ser a razão pela qual os sublocatários não assumem a condição de codevedores solidários ou, até mesmo, subsidiários das dívidas havidas entre o inquilino e o locador, a este título nada podendo lhes ser exigido pelo credor.

Portanto, a figura da *cientificação* apenas dirigir-se-ia aos *sublocatários* e jamais aos fiadores, sendo figura específica e restrita de comunicação processual. Mesmo assim, em inúmeras ações de despejo por falta de pagamento a tramitarem pelos foros brasileiros, os locadores demandam única e exclusivamente contra os inquilinos, porém requerem que os fiadores sejam apenas cientificados da demanda. Essa figura esdrúxula de comunicação processual acabou por resultar na edição da Súmula 268 do STJ, porque, na própria Lei 8.245/1991, o legislador autorizou que os pedidos de despejo por falta de pagamento e de cobrança de aluguel fossem cumulados e dirigidos contra locatário e fiadores, com as seguintes peculiaridades que se afastaram completamente do sistema adotado pelo Código de Processo Civil de 2015 em seu art. 327:[618]

a) enquanto o pedido de despejo é dirigido apenas contra o inquilino, o pedido de cobrança de aluguéis é dirigido contra este e os fiadores, razão por que a sentença que vier a acolher ambas as pretensões será composta por dois capítulos[619] claros e

---

[617] É muito comum ouvirmos a afirmação de que *determinada pessoa foi despejada do imóvel* ou até mesmo *sofreu o despejo*; entretanto, a bem dizer, a sentença que decreta o despejo tem por finalidade autorizar que o *imóvel locado seja desocupado e entregue ao locador livre de quaisquer pessoas e coisas*; se a ordem de despejo fosse dirigida às pessoas que ocupavam o imóvel – isto é, se ocorresse o *despejo da pessoa do inquilino* –, necessário seria que todas elas, independentemente de terem figurado ou não no contrato de locação, fossem citadas da demanda, pois eventual ordem de desocupação a elas seria dirigida.

[618] "Art. 327. É lícita a cumulação, em um único processo, contra o mesmo réu, de vários pedidos, ainda que entre eles não haja conexão.
§ 1º São requisitos de admissibilidade da cumulação que:
I – os pedidos sejam compatíveis entre si;
II – seja competente para conhecer deles o mesmo juízo;
III – seja adequado para todos os pedidos o tipo de procedimento.
§ 2º Quando, para cada pedido, corresponder tipo diverso de procedimento, será admitida a cumulação se o autor empregar o procedimento comum, sem prejuízo do emprego das técnicas processuais diferenciadas previstas nos procedimentos especiais a que se sujeitam um ou mais pedidos cumulados, que não forem incompatíveis com as disposições sobre o procedimento comum.
§ 3º O inciso I do § 1º não se aplica às cumulações de pedidos de que trata o art. 326".
No sistema do Código de Processo Civil de 2015, a cumulação de pedidos diversos *somente é autorizada quando for dirigida a um mesmo réu, porém não a réus diversos*, situação esta que foi excepcionada expressamente pelo art. 62, I, da Lei 8.245/1991.

[619] Conceituam-se estes como *as partes em que ideologicamente se decompõe o decisório de uma sentença ou acórdão, cada uma delas contendo o julgamento de uma pretensão distinta* (cf. DINA-

precisos: enquanto o despejo atingirá apenas o inquilino e as pessoas a ele vinculadas (familiares ou eventuais moradores do imóvel), a condenação ao pagamento dos aluguéis vencidos e vincendos até a desocupação do imóvel será executada contra o inquilino (mas, nesse caso, não contra os seus familiares ou eventuais moradores do imóvel) e os fiadores;

b) proferida a sentença que decretou o despejo do imóvel contra o inquilino e condenou este e os fiadores ao pagamento dos aluguéis, encargos vencidos e vincendos, se acaso apenas os fiadores manifestarem recurso contra a sentença, deixando o inquilino de fazê-lo, o capítulo relativo ao despejo transitará em julgado; nessa hipótese, se o locador não agir para instaurar a execução provisória do despejo do imóvel, com o nítido interesse de se locupletar às custas dos garantes, estarão os fiadores autorizados a promover o despejo provisório do imóvel, notadamente porque, no direito civil contemporâneo, não se tolera o *abuso do direito*, a teor do art. 187 do Código Civil de 2002, quer porque o art. 834 do Código Civil de 2002 outorga, segundo entendemos, legitimidade ativa extraordinária para que os fiadores atuem na omissão abusiva dos locadores,[620] bem como porque o credor deve agir para mitigar o próprio prejuízo;

c) cientificação de fiadores em ação de despejo é medida esdrúxula e sem qualquer eficácia jurídica, posto que a figura da cientificação apenas se dirige aos eventuais sublocatários que estejam ocupando o imóvel locado, por força do art. 59, § 2º, da n. Lei 8.245/1991.

Reitere-se que, se o locador pretender exigir o seu crédito do locatário e do fiador, deverá:

(a) promover uma demanda judicial condenatória ou executiva contra ambos, especialmente se a fiança foi prestada em caráter solidário ao contrato de locação;

(b) promover uma demanda de despejo apenas contra o locatário e ajuizar uma ação de execução por título extrajudicial apenas contra o fiador, com fundamento na responsabilidade do garantidor.

MARCO, Cândido Rangel. *Instituições de direito processual civil*. São Paulo: Malheiros, 2001, vol. 3, p. 663).

[620] Compartilha do nosso entendimento José Maria Tesheiner: "Ação de despejo proposta pelo fiador do inquilino e ação de consignação em pagamento de alugueres, proposta contra a imobiliária, seriam exemplos possíveis de falta de legitimação para a causa, pois locador e locatário são ordinariamente os legitimados para as ações relativas à locação. Mas cuidado! Pode haver surpresas. Assim, Alessandro Schirrmeister Segalla sustenta, com bons argumentos, a possibilidade de a ação de despejo ser proposta pelo fiador do inquilino, na qualidade de substituto processual do locador, para o que invoca o disposto no artigo 1.498 do Código Civil: 'Quando o credor, sem justa causa, demorar a execução iniciada contra o devedor, poderá o fiador, ou o abonador (art. 1.482), promover-lhe o andamento' (SEGALLA, Alessandro Schirrmeister. Da possibilidade de utilização da ação de despejo pelo fiador do contrato de locação, cit., p. 22-41). Recordo-me, por outro lado, de haver admitido ação de consignação em pagamento proposta contra imobiliária, dado ter sido ela apontada, no contrato de locação, como a pessoa a quem deveriam ser pagos os alugueres; um bom exemplo de substituição processual no polo passivo da relação processual. A legitimidade pode eventualmente ser negada, em ambas as hipóteses. Mas pode ser também afirmada. Resta apenas a certeza da incerteza" (SEGALLA, Alessandro Schirrmeister. *Legitimação extraordinária e relações de locação*. Disponível em: <http://www.tex.pro.br/>. Acesso em: 24 ago. 2009).

Nota do organizador Luiz Antonio Scavone Junior:

Nada obstante a Súmula 268 do STJ, a ausência de cientificação do fiador não inibe a propositura de execução de título extrajudicial contra ele, em razão de execução autônoma. Em outras palavras, ainda que o locador não tenha cientificado o fiador, ao depois poderá promover execução fundada no art. 784, VIII, do CPC e, nessa medida:

> "Locação de imóveis. Embargos à execução. Título extrajudicial. Fiadora. Responsabilidade. O crédito de aluguéis e encargos previstos em contrato escrito constitui título executivo extrajudicial, por força de lei, revestido de liquidez, certeza e exigibilidade. A fiadora é parte legítima para responder pelo pagamento de aluguéis e encargos previstos em contrato escrito de locação, independentemente de ter sido cientificada da ação de despejo por falta de pagamento. Inaplicabilidade da Súmula 268, do STJ. Recurso não provido". (TJSP. Apelação Cível n. 1011651-32.2014.8.26.04512, 8ª Câmara de Direito Privado, Foro de Piracicaba – 1ª Vara Cível, Rel. Cesar Lacerda, j. 09.06.2016, data de registro: 09.06.2016).

A Súmula 268 do STJ simplesmente afasta a responsabilidade do fiador pela execução do julgado quando ele não integrou a ação de despejo, o que não se aplica quando se trata de ação fundada em título extrajudicial.

Outra situação que decorre da eventual ausência de cientificação do fiador é a de saber se, nesse caso – se ausência de cientificação –, haveria prescrição trienal fundada no art. 206, § 3º, do Código Civil quanto à pretensão executiva autônoma em face do garantidor.

A resposta nos dá esse judicioso julgado:

> "Locação. Execução embasada em contrato escrito e movida contra fiadores. Oferta de exceção de executividade. Sentença de extinção com reconhecimento de prescrição. Cabimento da exceção. Matéria de ordem pública e situação que não exige dilação probatória, pois trata da exigibilidade do título. Não fluência do prazo prescricional. Art. 204, § 3.º, do Código Civil. Exceção à pessoalidade da interrupção da prescrição. Princípio da acessoriedade. Locatária acionada em anterior ação de despejo por falta de pagamento cumulada com cobrança com julgamento de procedência. Prazo trienal e contagem com o trânsito em julgado da ação de despejo. Litigância de má-fé não caracterizada. Recurso provido para prosseguimento da execução. Cabível a exceção de pré-executividade em relação à discussão que está afeta a matéria de ordem pública (legitimidade e prescrição) e matéria de exigibilidade do título mediante análise documental. Os fiadores assumiram posição de devedores solidários e a interrupção da prescrição operada em ação de despejo c.c. cobrança movida contra a locatária também os prejudica, nos termos do art. 204, §§ 1.º e 3.º, CC. Logo, sendo o prazo prescricional trienal, com reinício de contagem a partir do trânsito em julgado da sentença na ação de despejo, a prescrição deve ser afastada. A particularidade de os fiadores terem sido excluídos da execução de sentença não afeta o direito de promover a execução pautada na garantia contratual, porquanto o fundamento anterior foi decorrente da não participação na fase de conhecimento (Súmula 268, STJ). A litigância de má-fé não está caracterizada, pois não configurada conduta maliciosa da parte". (TJSP. Apelação Cível n. 1006060-03.2014.8.26.0609, 32ª Câmara de Direito Privado, Foro de Taboão da Serra – 2ª Vara Cível, Rel. Kioitsi Chicuta, j. 27.04.2017, data de registro: 28.04.2017).

Isto porque a propositura da ação contra o locatário interrompe a prescrição em face do fiador solidário, nos termos do § 1.º do art. 204 do Código Civil, segundo o qual "a interrupção por um dos credores solidários aproveita aos outros; assim como a interrupção efetuada contra o devedor solidário envolve os demais e seus herdeiros", sem considerar que o § 3.º do mesmo artigo anota que "a interrupção produzida contra o principal devedor prejudica o fiador".

> No mais, a constituição do título judicial apenas em face do locatário não afasta a exequibilidade do crédito decorrente da locação mediante ação autônoma, com base nesse título executivo extrajudicial insculpido no art. 784, VIII, do CPC, em relação ao fiador, mormente ante a não satisfação do crédito pelo locatário.

11.7. A majoração de aluguéis sem a participação do fiador: princípio da redução

Outro tema que está vinculado ao da ausência de participação do fiador na demanda promovida contra o devedor, objeto de preocupação da já comentada Súmula 268 do Superior Tribunal de Justiça, é o de se saber se a eventual majoração de aluguéis em sede de ação revisional *ex* arts. 68 a 70 da Lei 8.245/1991, *sem a participação do garante*, teria o condão de excluir a responsabilidade do fiador sobre todo o aluguel estabelecido no processo ou reduzir a sua responsabilidade ao montante originariamente, garantido com a exclusão ou extirpação do excesso decorrente da majoração. Em nosso sentir, o art. 823 do Código Civil veicula o *princípio da reduzibilidade*, o qual permite restringir as obrigações decorrentes de uma fiança que, porventura, se tornou mais onerosa do que a dívida afiançada aos limites originariamente assumidos pelo fiador. Assim sendo, a fiança agravada não será nula, mas apenas o excesso decorrente da oneração será *ineficaz* (o Código Civil menciona equivocadamente nulidade),[621] razão pela qual o débito que se manteve *nos limites da garantia fidejussória poderá ser exigido do fiador*. Segundo doutrinava Pontes de Miranda:[622]

> "Se a fiança vai além do quanto da dívida e seus acessórios, há o princípio da reduzibilidade: o excesso está fora da garantia fidejussória. Todavia, se a extensão objetiva da fiança era precisamente igual à da dívida e essa diminuiu, devido a circunstâncias objetivas ou subjetivas, há a redução".

Como sustenta Claudio Luiz Bueno de Godoy:[623]

> "Ou seja, nada impede que, para uma obrigação de cem, se contra uma fiança limitada a cinquenta. (...) A rigor, o contrário é que a lei proíbe, impedindo que a fiança seja mais onerosa que a obrigação garantida. (...) Se isto ocorrer, vale dizer, se a fiança for pactuada de forma mais onerosa – quanto a valor, modo, lugar, tempo, condição ou encargos – que a obrigação principal, a despeito de inocorrer causa de invalidade, ela será reduzida aos limites quantitativos e qualitativos daquela dívida afiançada".

E é nesse sentido a jurisprudência do Superior Tribunal de Justiça, a qual confirma que o excesso que, porventura, onerar a fiança não tornará nula ou anulável a garantia, mas

---

[621] Conforme sustenta Adalberto Pasqualotto: "Se acontecer, ou se o fiador se obrigar em condições mais onerosas que o devedor, o *excedente da fiança será ineficaz, mantendo-se a eficácia na parte coincidente com a obrigação principal. Apesar de o texto do art. 823 afirmar que a fiança excedente 'não valerá senão até o limite da obrigação principal', não se trata de invalidade, mas de simples ineficácia, sendo desnecessária qualquer adaptação contratual*" (PASQUALOTTO, Adalberto. *Contratos nominados III*. Coord. Miguel Reale e Judith Martins-Costa. São Paulo: RT, 2008, p. 243) (grifamos).
[622] PONTES DE MIRANDA, Francisco Cavalcanti. *Tratado de direito privado*, t. 44, 3. ed. 2. reimp. Rio de Janeiro: Borsoi, 1972, § 4.787, p. 143.
[623] GODOY, Claudio Luiz Bueno de. *Código civil comentado*: doutrina e jurisprudência. Coord. Cezar Peluso. 3. ed. rev. e atual. Barueri: Manole, 2009, p. 813.

apenas ineficaz a parte que sobejar aquela que fora originariamente contratada.[624] A solução apontada pelo art. 823 do Código Civil está em consonância com o princípio da conservação dos contratos, porque não determina a nulidade da fiança, *mas apenas a desconsideração do excedente, mantendo, dessa forma, o pacto firmado livremente entre as partes*.[625]

Art. 41. O seguro de fiança locatícia abrangerá a totalidade das obrigações do locatário.

Comentários (Adriana Marchesini dos Reis):

O seguro de fiança locatícia, também conhecido popularmente como "seguro aluguel", garante ao locador, proprietário do imóvel, o adimplemento quanto aos pagamentos das obrigações decorrentes do contrato de aluguel.

Anteriormente à análise do seguro de fiança locatícia, relevante esclarecer, em poucas palavras, no que consiste o seguro propriamente dito.

Ainda que pouco familiar para muitos, o seguro tem importância fundamental para a garantia de segurança e estabilidade às pessoas, ao patrimônio e às empresas.

Nos dizeres de Walter Antonio Polido, "o seguro, em face de sua complexa abrangência e largo espectro econômico-social, constitui o maior instrumento de garantia para uma sociedade, em se tratando de proteção contra riscos e infortúnios de toda natureza. (...) Ele se estende para muito além da técnica que o materializa, sofrendo também as influências da evolução de cada sociedade onde se situa e é comercializado".[626]

Nesse sentido, "o seguro tem por finalidade permitir o restabelecimento do 'status quo ante', isto é, da situação anterior à ocorrência de um evento causador de dano. Trata-se, portanto, de um remédio para reduzir as perdas decorrentes de um sinistro e, assim, garantir ao segurado estabilidade e segurança".[627]

Diversos são os produtos de seguro disponíveis no mercado, sendo cada qual adequado à tutela que pretende assegurar. Nesse cenário, o seguro de fiança locatícia tem por finalidade proteger o locador e o contrato de aluguel.

---

[624] "Fiador. Contrato de locação. Artigo 1.483 do Código Civil. Sendo a fiança contrato benéfico, que não admite interpretação extensiva, não pode ser o fiador responsabilizado por majorações de alugueres, avençadas entre o locador e locatário, em pacto adicional a que não anui. O fiador só responde pelas majorações previstas no contrato a que se vinculou. Recurso especial em parte conhecido e provido" (STJ. Rec. Esp. 10.987-0-RS, 4ª Turma, Rel. Min. Athos Carneiro, j. 16.06.1992, v.u., *DJU*, Seção I, 03.08.1992, p. 11.322, ementa); BAASP, 1762/372, de 30.09.1992; "2. É firme a jurisprudência do Superior Tribunal de Justiça no sentido de que, 'Não tendo o fiador integrado a ação revisional, *não pode ser demandado pelos valores que por ela forem acrescidos ao antes contratado*, sendo, na espécie, de todo irrelevante a previsão de responsabilização até a entrega das chaves, dessarte, notória a sua ilegitimidade passiva para a ação que executa título judicial emanado daquela ação revisora do locativo' (EREsp 154.845/SP, Rel. Min. Gilson Dipp, Terceira Seção, *DJ* 16.11.1999, p. 179). 3. Recurso especial conhecido e provido" (REsp 672.615/RS, 5ª Turma, Rel. Min. Arnaldo Esteves Lima, j. 01.03.2007, *DJ* 19.03.2007, p. 383) (grifamos).

[625] Cf. TEPEDINO, Gustavo; BARBOZA, Heloisa Helena; MORAES, Maria Celina Bodin de. *Código Civil interpretado conforme a Constituição da República*. Rio de Janeiro: Renovar, 2006, vol. 2, p. 638.

[626] POLIDO, Walter Antonio. *Contrato de seguro:* novos paradigmas. São Paulo: Roncarati, 2010, p. 21. *Apud* REIS, Adriana Marchesini dos. Contrato de seguro. In: PERES, Tatiana Bonatti (org.). *Temas relevantes de direito empresarial*. Rio de Janeiro: Lumen Juris, 2014, p. 519.

[627] REIS, Adriana Marchesini dos. Contrato de seguro. In: PERES, Tatiana Bonatti (org.). *Temas relevantes de direito empresarial*. Rio de Janeiro: Lumen Juris, 2014, p. 519.

Previsto no art. 41 desta Lei 8.245, de 18 de outubro de 1991 ("Lei do Inquilinato"), pode ser contratado tanto para aluguéis residenciais como para aluguéis comerciais e não residenciais, tais como consultórios, escritórios, entre outros.

O seguro fiança locatícia, "modalidade de seguro criado pela Lei 8.245/1991 e (...) consiste em garantia em favor do locador, e não do locatário, contra eventual inadimplemento de prestações contratuais por parte deste. Diferentemente da fiança civil prevista no inciso II, do artigo 37 da Lei do Inquilinato, o seguro fiança constitui negócio à parte, celebrado com o locador-segurado, e visa adiantar o pagamento das verbas locatícias na hipótese de inadimplemento do locatário".[628]

O prazo de vigência do contrato de seguro fiança locatícia é o mesmo do respectivo contrato de locação, considerando a acessoriedade entre essa modalidade de seguro e o contrato de locação.

A seguir, exemplo de clausulado referente ao objetivo do seguro e riscos cobertos:[629]

> "2. Objetivo do seguro e riscos cobertos
>
> 2.1. Este seguro garante o pagamento de indenização, ao Segurado, dos prejuízos que venha a sofrer em decorrência do inadimplemento do Locatário em relação à locação do imóvel urbano mencionado na Apólice, respeitadas as disposições, as coberturas e os limites definidos neste contrato.
>
> 2.1.1. Outras obrigações compatíveis com a legislação pertinente, e relacionadas com o contrato de locação, poderão ser abrangidas pelo seguro, desde que expressamente definidas na Apólice.
>
> 2.2. Quando se relacionarem diretamente com as garantias deste contrato, mediante comprovação dos pagamentos efetuados, as custas judiciais e os honorários advocatícios estarão incluídos na cobertura do seguro.
>
> 2.3. Os honorários, custas e outras despesas correspondentes a medidas extrajudiciais intentadas pelo Segurado, somente serão devidos se houver prévia e expressa anuência da [Seguradora].
>
> 2.4. Mediante pagamento de prêmio adicional, poderão, ainda, ser contratadas as seguintes coberturas adicionais:
>
> I – danos ao imóvel;
>
> II – multa por rescisão contratual
>
> 2.5. O limite de responsabilidade de [Seguradora], para cada cobertura contratada, deverá ser fixado na Apólice"

Referido clausulado, assim como os demais que serão indicados ao longo do presente trabalho, é devidamente homologado pela Superintendência de Seguros Privados – SUSEP,

---

[628] TJSP, Apelação 4016795-02.2013.8.26.0602, 12ª Câmara Extraordinária de Direito Privado, Rel. Des. Jairo Oliveira Júnior, j. 08.05.2015.

[629] Extraído das Condições Gerais de apólice de Seguro de Fiança Locatícia com data de início de comercialização em 13.02.2014. Disponível por meio da Consulta Pública de Produtos registrados junto à SUSEP, Processo nº 15414.004991/2007-90, pelo endereço eletrônico <http://www.susep.gov.br/menu/consulta-de-produtos-1>.

de modo que suas condições não podem ser alteradas sem a prévia aquiescência do Órgão Regulador.

A seguir, mais um exemplo de clausulado referente ao objetivo do seguro:[630]

"Cláusula 2ª – Objetivo do seguro

2.1. A Seguradora assume o compromisso de indenizar o Segurado, dos prejuízos devidamente comprovados, em decorrência do inadimplemento do garantido em relação à locação do imóvel urbano especificado neste contrato, respeitados os termos destas Condições Gerais, das Cláusulas Particulares, das coberturas contratadas, e demais disposições expressas na Apólice.

2.2. Não são consideradas contratadas, e, portanto, não entendidas como parte integrante deste seguro, as coberturas que não estiverem devidamente mencionadas e identificadas na proposta e expressas na Apólice.

2.3. As disposições deste seguro aplicam-se exclusivamente as reclamações de indenização apresentadas no Território Brasileiro, relativas a sinistros ocorridos no Brasil, restringindo-se, no entanto, ao contrato de locação do imóvel urbano expresso na Apólice, firmado, por escrito, entre segurado e garantido.

2.4. Para fins deste seguro, o sinistro se caracterizada pela decretação de despejo, abandono do imóvel, ou entrega amigável das chaves, obedecendo, ainda, às seguintes disposições, quando resultar de:

a) decretação de despejo: os prejuízos abrangidos por este seguro serão aqueles verificados até o prazo concedido na sentença para desocupação voluntária do imóvel, ou até a data de desocupação voluntária do imóvel, caso esta ocorra primeiro;

b) abandono do imóvel: a indenização será calculada levando-se em conta a data em que o segurado tomar posse do imóvel, ou a data em que este tomou conhecimento da desocupação do imóvel, caso esta ocorra primeiro;

c) entrega amigável das chaves: a indenização será calculada levando-se em conta a data do recibo de entrega das chaves".

Modalidade de seguro relativamente recente, o seguro fiança locatícia vem sendo exigido com frequência pelo proprietário do imóvel em face do inquilino como garantia do recebimento do aluguel. Vem, pois, como alternativa que dispensa a figura do fiador ou o depósito caução, já consagradas modalidades de garantia geralmente exigidas para a formalização de contratos de locação de imóveis.

Isto porque o fiador, nos termos do art. 818 do Código Civil, se define como aquele que garante satisfazer ao credor uma obrigação assumida pelo devedor, caso este não a cumpra. É, portanto, um terceiro que assume, de forma subsidiária ou solidária, as obrigações de pagamento decorrentes do contrato de aluguel do locatário.

Em razão da extensão das obrigações assumidas, atualmente é cada vez mais difícil e, por vezes, constrangedor indicar um terceiro que concorde em ser fiador em um contrato

---

[630] Extraído das Condições Gerais de Apólice de Seguro de Fiança Locatícia com data de início de comercialização em 13.02.2014. Disponível por meio da Consulta Pública de Produtos registrados junto à SUSEP, Processo nº 15414.004991/2007-90, pelo endereço eletrônico <http://www.susep.gov.br/menu/consulta-de-produtos-1>.

de locação e, por isso, a indicação de um fiador pode se tornar um fator de dificuldade nos contratos de locação de imóveis.

Já o depósito caução implica a disponibilidade de valores geralmente equivalentes a três meses de aluguel, que devem ser depositados em caderneta de poupança devidamente autorizada para a finalidade de prestar garantia ao contrato de aluguel.

Por se tratar de modalidade de garantia, o depósito caução deve estar disponível na ocasião da assinatura do contrato de locação, fato que, por vezes, dificulta a concretização do negócio.

Nesta seara, o seguro fiança locatícia representa uma alternativa às dificuldades para indicar fiador ou dispor de recursos para efetuar o depósito caução, uma vez que permite oferecer, ao locador, garantia que abrange a totalidade das obrigações do locatário, e que, além da inadimplência do aluguel, pode oferecer cobertura para despesas de IPTU, condomínio, multas, encargos e até danos ao imóvel.

No seguro fiança locatícia, "o locatário não é parte do contrato, sendo denominado de 'garantido', uma vez que a apólice visa assegurar ao locador a antecipação das obrigações assumidas pelo inquilino no pacto locatício até a ocorrência do sinistro, que se caracteriza com a decretação do despejo, com o abandono do imóvel ou com a entrega amigável das chaves, momento em que cessam os pagamentos, ocorrendo a sub-rogação da dívida em favor do segurador".[631]

A obrigação de pagar o respectivo prêmio cabe ao locatário, conforme dispõe o art. 23, XI, da Lei do Inquilinato[632] e a possibilidade de exigir do locatário o seguro fiança locatícia está prevista no art. 37, III, da Lei 8.245, de 18 de outubro de 1991.[633]

O valor do prêmio do seguro fiança locatícia oscila entre uma a duas vezes e meia o valor do aluguel, dependendo da seguradora, das coberturas contratadas e do perfil do locatário. Esse valor pode variar, principalmente, de acordo com a análise de crédito do candidato, feita pela seguradora.[634]

Atualmente, diversos produtos de seguro de fiança locatícia são comercializados, o que permite a adequação do seguro ao perfil das partes envolvidas no negócio.

Para contratar, primeiramente, o pretendente à locação do imóvel deverá entrar em contato com assessoria imobiliária ou com uma corretora de seguros, que será a responsável por apresentar as opções de produtos disponíveis no mercado.

Em seguida, o candidato à locação deverá preencher um formulário contendo informações necessárias para dar início à análise cadastral pela seguradora.

Além das informações prestadas, o pretendente a locatário também deverá apresentar documentação pertinente, que deverá conter documentos pessoais, comprovante de residência

---

[631] TJSP, Apelação 4016795-02.2013.8.26.0602, 12ª Câmara Extraordinária de Direito Privado, Rel. Des. Jairo Oliveira Júnior, j. 08.05.2015.

[632] "Art. 23. O locatário é obrigado a:
(...)
XI – pagar o prêmio do seguro de fiança;
(...)."

[633] "Art. 37. No contrato de locação, pode o locador exigir do locatário as seguintes modalidades de garantia:
(...)
III – seguro de fiança locatícia."

[634] Tudo sobre seguros. Quanto custa o seguro fiança locatícia?. Disponível em: <http://www.tudosobreseguros.org.br/sws/portal/pagina.php?l=395>. Acesso em: 8 jun. 2015.

e comprovante de renda (como, por exemplo, declaração de imposto de renda, extratos bancários dos últimos três meses, três últimos holerites, cópia da Carteira de Trabalho, os três últimos recibos de pensão, entre outros, conforme o caso).

Em geral, determinados critérios são considerados pelas seguradoras na análise do cadastro de um candidato à locação. Os principais requisitos são: (i) renda ou faturamento compatível com a locação pretendida; (ii) existência de restrição cadastral; e (iii) experiência no ramo pretendido, quando se tratar de locação comercial para empresa em fase de constituição. Pretendentes à locação que tenham seus nomes incluídos nos órgãos de proteção ao crédito, a critério da seguradora, poderão ter seus cadastros negados.[635]

Aprovado o cadastro, a seguradora emite apólice na modalidade de seguro de fiança locatícia, que contempla, basicamente, as condições gerais, específicas e particulares do seguro contratado, com disposições relacionadas às coberturas contratadas, prazo de vigência, prêmio e indicação do locador como beneficiário de eventual indenização de seguro.

A seguir, exemplo de clausulado referente à contratação do seguro:[636]

> "Cláusula 9ª – Contratação do seguro
>
> 9.1. A contratação deste seguro deverá ser precedida da entrega de proposta à Seguradora, preenchida e assinada pelo proponente, por seu representante e/ou por corretor de seguros habilitado, acompanhada do contrato de locação ou minuta, a menos que esta documentação complementar à proposta tenha sido entregue previamente à Seguradora, para fins de cotação. A aceitação do seguro estará sujeita à análise do risco por parte da Seguradora, conforme estabelece a cláusula 10ª destas condições gerais.
>
> 9.2. A Seguradora deverá fornecer, obrigatoriamente, protocolo que identifique a proposta por ela recepcionada, com indicação da data e hora, salvo para aquela que não satisfaça a todos os requisitos formais estabelecidos para seu recebimento, previamente a análise. Nesta hipótese, a proposta não será recepcionada, mas sim devolvida ao proponente ou ao seu representante, por intermédio do corretor de seguros, para atendimento das exigências informadas. (...)".

Em caso qualquer dos casos, o beneficiário do seguro, no caso, o locador e proprietário do imóvel, poderá fazer um comunicado direto para a seguradora para avisar o sinistro e reclamar o pagamento da indenização.

Efetuada a comunicação, a seguradora procederá à análise dos fatos alegados e havendo cobertura garantida, o locador receberá o valor pendente em até trinta dias.

Importante ressaltar a obrigação do proprietário do imóvel de efetuar a comunicação à seguradora tão logo tenha ciência do inadimplemento do locatário. Não obstante, a seguradora

---

[635] Aluguel Fácil. "Como funciona a contratação do seguro-fiança locatícia?". Disponível em: <http://www.aluguelfacil.com.br/home/chama_texto_to.php?menu_text=2&call_text=29>. Acesso em: 8 jun. 2015.

[636] Extraído das Condições Gerais de Apólice de Seguro de Fiança Locatícia com data de início de comercialização em 11.10.2014. Disponível por meio da Consulta Pública de Produtos registrados junto à SUSEP, Processo nº 15414.001648/2008-74, pelo endereço eletrônico <http://www.susep.gov.br/menu/consulta-de-produtos-1>.

responderá pelas obrigações do locatário desde o inadimplemento, independentemente da data da comunicação, respeitados os limites do contrato de seguro.[637]

Nessa esteira, a data do sinistro considerada será a data da primeira inadimplência do locatário e que a caracterização ou a comunicação do sinistro ocorridas fora do prazo de vigência da apólice não poderão ser consideradas justificativas para eventual negativa do sinistro.

A seguir, exemplo de clausulado referente à comunicação da expectativa de sinistro e da caracterização do sinistro:[638]

> "10. Expectativa de sinistro
>
> 10.1. Caso o Locatário deixe de pagar o aluguel e/ou encargos legais no prazo fixado no contrato de locação, o Segurado deverá comunicar a situação à [Seguradora] e ajuizar a competente medida judicial.
>
> 10.2. O Segurado deverá fazer e permitir que se faça todo e qualquer ato que se torne necessário, ou possa ser exigido pela [Seguradora], com o fim de efetuar a cobrança do débito.
>
> 10.3. A [Seguradora] se faculta o direito de estar presente nas negociações e nos demais atos relativos às ações judiciais, ou aos procedimentos extrajudiciais, entre o Segurado e o Locatário.
>
> 10.4. O Segurado deverá informar, à [Seguradora], o andamento das ações judiciais, e seguir suas eventuais instruções, sob pena de perder o direito a qualquer indenização.
>
> 10.5. O Segurado se obriga, sob pena de perder o direito a qualquer indenização, a providenciar e executar, tempestivamente, todas as medidas necessárias para minimizar os prejuízos, dando imediata ciência, à [Seguradora], de tais medidas.
>
> 11. Sinistro
>
> 11.1. O sinistro se caracteriza:
>
> I – pela decretação do despejo;
>
> II – pelo abandono do imóvel;
>
> III – pela entrega amigável das chaves".

Ainda nesse sentido, mais um exemplo de clausulado referente à comunicação e comprovação do sinistro:[639]

> "Cláusula 17ª – Comunicação e comprovação do sinistro
>
> 17.1. Caso o garantido deixe de pagar consecutivamente 2 (dois) aluguéis nos prazos fixados no contrato de locação, ou ainda, pelo inadimplemento dele em relação a outras

---

[637] Nesse sentido, TJSP, Apelação 0108378-26.2009.8.26.0005, 25ª Câmara de Direito Privado, Rel. Des. Claudio Hamilton, j. 07.05.2015, bem como a Apelação 0156245-58.2008.8.26.0002, 25ª Câmara de Direito Privado, Rel. Des. Claudio Hamilton, j. 07.05.2015.

[638] Extraído das Condições Gerais de Apólice de Seguro de Fiança Locatícia com data de início de comercialização em 13.02.2014. Disponível por meio da Consulta Pública de Produtos registrados junto à SUSEP, Processo nº 15414.004991/2007-90, pelo endereço eletrônico <http://www.susep.gov.br/menu/consulta-de-produtos-1>.

[639] Extraído das Condições Gerais de Apólice de Seguro de Fiança Locatícia com data de início de comercialização em 11.10.2014. Disponível por meio da Consulta Pública de Produtos registrados junto à SUSEP, Processo 15414.001648/2008-74, pelo endereço eletrônico <http://www.susep.gov.br/menu/consulta-de-produtos-1>.

obrigações previstas no contrato de locação e abrangidas pelas coberturas desta apólice, o segurado, ou quem suas vezes fizer, se obriga a:

17.1.1. Comunicar a situação à Seguradora, tão logo dela tome conhecimento, sem prejuízo da comunicação escrita, através do telefone (...), disponível de segunda a sexta-feira, das 8h00 às 22h00, e aos sábados, das 8h00 às 14h00, exceto feriados, ou por intermédio do corretor de seguros;

17.1.2. Ajuizar a competente medida judicial de ação de despejo;

17.1.3. Providenciar e executar, tempestivamente, todas as medidas necessárias e ao seu alcance, para minimizar os prejuízos, dando imediata ciência à Seguradora, de tais medidas;

17.1.4. Fazer e permitir que se faça todo e qualquer ato que se torne necessário, ou possa ser exigido pela Seguradora, com o fim de efetuar a cobrança do débito;

17.1.5. Entregar à Seguradora, com a devida diligência, os documentos básicos por ela solicitados, dentre os abaixo relacionados:

a) carta de comunicação do sinistro;

b) em se tratando de pessoa jurídica: cópia do contrato social e última ata de eleição da diretoria e conselho administrativo; cópia do cartão de CNPJ e do comprovante do estabelecimento atualizado (validade de até 90 dias); e documento de qualificação dos procuradores ou diretores, quando não representado pelo proprietário ou sócio controlador;

c) em se tratando de pessoa física: cópia do comprovante de residência (validade de 90 dias), como também do CPF, RG ou qualquer outro documento de identificação que tenha fé pública, dos representantes e/ou procuradores;

d) cópia do contrato de locação;

e) cópia da sentença de decretação de despejo e comprovação da desocupação efetiva do imóvel;

f) cópia do documento que comprove a desocupação efetiva do imóvel;

g) cópia do documento firmado, quando da entrega amigável das chaves, o qual deverá conter, sempre que possível, o valor da dívida, discriminada em parcelas, e a assinatura do garantido, ou de quem, por ele, promova a entrega das chaves;

h) cópia de carnê de IPTU, recibo de condomínio, contas de água e esgoto, energia elétrica, gás canalizado, telefone, e de outras despesas previstas no contrato de locação;

i) comprovantes de custas processuais, honorários advocatícios, e demais despesas relacionadas com ação de despejo, ou de cobrança judicial de dívida relacionada com o contrato de locação;

j) cópia dos relatórios de inspeção do imóvel, realizadas antes do garantido tomar posse, como também no término da locação, assinado entre as partes, ou por seus representantes, detalhando as condições deste e os danos eventualmente preexistentes ou causados;

k) laudo conclusivo de junto pericial;

l) orçamento contendo a indicação discriminada dos quantitativos e preços dos itens do imóvel que serão objeto da reparação ou reposição, bem como o tempo de duração da obra e o prazo de validade do orçamento.

17.2. Todas as despesas efetuadas com a comprovação regular do sinistro e documentos de habilitação correrão por conta do segurado, salvo em relação aos encargos de tradução referente ao reembolso de despesas efetuadas no exterior, e outras diretamente realizadas ou autorizadas pela Seguradora.

17.3. Se, após análise dos documentos básicos apresentados, houver dúvidas fundadas e justificáveis, é facultado a Seguradora o direito de solicitar outros porventura necessários para elucidação do fato que produziu o sinistro e apuração dos prejuízos indenizáveis. Neste caso, a contagem do prazo para pagamento da indenização prevista no subitem 22.2[640] destas condições gerais, será suspensa a cada novo pedido para entrega de documentos, e reiniciada a partir do dia útil posterior àquele em que se der o completo atendimento das exigências requeridas.

17.4. A Seguradora se reserva, ainda, o direito de:

a) estar presente nas negociações e nos demais atos relativos às ações judiciais, ou os procedimentos extrajudiciais, entre segurado e garantido;

b) tomar providências para proteção dos interesses seguráveis, sem que tais medidas, por si só, a obriguem a indenizar os prejuízos reclamados;

c) proceder redução de sua responsabilidade na mesma proporção da agravação dos prejuízos, se for por ela comprovado que os mesmos foram majorados em decorrência da morosidade na apresentação dos documentos necessários para apuração dos prejuízos e valor a ser indenizado".

Em caso de mora do locatário em relação às obrigações contratuais, enquanto ainda não configurada nenhuma das hipóteses caracterizadoras do sinistro, poderá a seguradora efetuar pagamentos adiantados ao locador, com base em critérios claramente definidos na apólice, sem caráter definitivo e sem que tal signifique o reconhecimento da existência de cobertura, obrigando-se o locador a devolver à seguradora qualquer valor de adiantamento recebido indevidamente ou em excesso.

A existência da garantia assegurada pelo seguro fiança locatícia, porém, não exime o locatário de suas obrigações contratuais, tampouco desobriga o locador de ajuizar ação de despejo no caso de falta de pagamento, não podendo a seguradora, entretanto, estabelecer um prazo máximo para que o locador promova a competente medida judicial.

Nesse sentido, "o fato de o locador ser beneficiário do seguro fiança locatícia não tem o condão de escusar o locatário do adimplemento de suas obrigações uma vez que a garantia é de natureza acessória; vale dizer, o senhorio está obrigado, por força do contrato, ao manejo de ação de despejo, pois, não fosse assim, a inadimplência do locatário se perpetuaria, além de transferir para a seguradora o ônus de pagar, eternamente, os aluguéis e os encargos contratuais correspondentes. Portanto, induvidoso o fato de que a locação garantida por seguro fiança, não dispensa o locatário de pagar os aluguéis e nem impede o locador de ajuizar ação de despejo no caso de falta de pagamento".[641]

---

[640] O subitem 22.2 das Condições Gerais de apólice de Seguro de Fiança Locatícia com data de início de comercialização em 11.10.2014 assim dispõe: "22.2. Apurados os prejuízos e fixada a indenização, a Seguradora deverá pagar o valor correspondente ou realizar as operações necessárias para reparação ou reposição dos bens sinistrados, no prazo máximo de 30 (trinta) dias após entrega de toda a documentação básica necessária para a regulação e liquidação do processo. Na impossibilidade da reposição ou reparação dos bens sinistrados, à época da liquidação, a indenização deverá ser paga em dinheiro". Disponível por meio da Consulta Pública de Produtos registrados junto à SUSEP, Processo nº 15414.001648/2008-74, pelo endereço eletrônico <http://www.susep.gov.br/menu/consulta-de-produtos-1>.

[641] TJSP, Apelação 4016795-02.2013.8.26.0602, 12ª Câmara Extraordinária de Direito Privado, Rel. Des. Jairo Oliveira Júnior, j. 08.05.2015.

A jurisprudência é uníssona com relação a tal entendimento:

"Locação residencial. Ação de despejo por falta de pagamento cumulada com cobrança. Contratação de seguro fiança que não exime o locatário de pagar os alugueres. Ação procedente. Recurso não provido".[642]

"Ação de despejo por falta de pagamento – preliminares afastadas – a existência de contrato de seguro fiança não impede o despejo – sentença mantida – recurso não provido."[643]

"Despejo por falta de pagamento. Incontrovérsia quanto ao inadimplemento. Locação garantida por seguro fiança não dispensa o locatário do pagamento dos aluguéis e encargos e não exime o locador de ajuizar ação de despejo por falta de pagamento. Pagamento efetuado pela seguradora não se confunde com purgação da mora ou prova de quitação – Sentença mantida. Recurso não provido."[644]

Na prática, o seguro fiança locatícia imprime agilidade na aprovação do candidato à locação, uma vez que fornece segurança ao locador, proprietário do imóvel, que passa a ter a garantia de executá-lo em caso de inadimplemento do aluguel.

Ademais, o seguro fiança locatícia garante certa tranquilidade às partes e agilidade no pagamento em caso de sinistro, na medida em que, em vez de promover a execução de uma garantia, o locador recebe a indenização diretamente da seguradora mediante: (i) aviso, pelo locador à seguradora, de eventual inadimplemento do locatário; (ii) abertura, pela seguradora, de um processo de regulação de sinistro para apurar os fatos e a garantia prevista na apólice de seguro contratada; e (iii) pagamento, pela seguradora diretamente ao locador, após a análise da documentação pertinente e tão somente caso verificadas as condições que permitem a cobertura do risco garantido, resguardado eventual direito de ressarcimento em face do locatário inadimplente.

Assim, quando se considera a opção pelo seguro fiança locatícia, além das vantagens acima citadas, assegura-se ao locador a possibilidade de recebimento adiantado da indenização, o que garante mais segurança à operação. Por outro lado, o custo desta operação significa maior dispêndio ao locatário, dificultando, por vezes, a negociação inicial da locação.

De todo modo, o seguro fiança locatícia como garantia nos contratos de locação se tornou sinônimo de independência e tem crescido de forma expressiva, pelo que tem sido, inclusive, exigido por imobiliárias que administram imóveis em regiões de grande procura.

Atualmente, algumas imobiliárias trabalham exclusivamente com esta modalidade de garantia de recebimento de aluguel, principalmente pelo fato de que o valor do depósito-caução, equivalente a três meses de aluguel, nem sempre é suficiente para cobrir os prejuízos decorrentes de eventual inadimplência do locatário.

---

[642] TJSP, Apelação 0129769-45.2006.8.26.0004, 36ª Câmara de Direito Privado, Rel. Des. Renato Rangel Desinano, j. 31.01.2013.
[643] TJSP, Apelação 9138667-66.2007.8.26.0000, 33ª Câmara de Direito Privado, Rel. Des. Eros Piceli, j. 10.05.2010.
[644] TJSP, Apelação 0108378-26.2009.8.26.0005, 27ª Câmara de Direito Privado, Rel. Des. Alfredo Attié, j. 04.11.2014.

Ademais, a contratação do seguro fiança locatícia tem ganhado agilidade em razão do aumento na demanda. Existem, hoje, sistemas integrados às imobiliárias para consultas, para facilitar a aprovação cadastral. Atualmente, cerca de 70% das propostas de seguro são aprovadas automaticamente, sendo que das 30% que seguem para análise, apenas 7% ou 8% são reprovadas.[645]

Por todo o exposto, a tendência é que o seguro de fiança locatícia continue crescendo e se consolide no mercado como uma das principais modalidades de garantia nos contratos de locação de imóveis.

Art. 42. Não estando a locação garantida por qualquer das modalidades, o locador poderá exigir do locatário o pagamento do aluguel e encargos até o sexto dia útil do mês vincendo.

Comentários (Alessandro Schirrmeister Segalla):

O presente dispositivo possui nítida função acautelatória da posição jurídica do senhorio, pois permite ao locador exigir a realização do pagamento do aluguel e encargos pelo mês a vencer (vincendo), e não pelo menos já transcorrido (vencido) quando o contrato estiver desprovido de qualquer das garantias contratuais locatícias.

Segundo aponta Sílvio de Salvo Venosa,[646] a vantagem do dispositivo seria a de permitir ao locador que se antecipasse em caso de descumprimento do dever de pagar o aluguel e encargos pelo locatário, "não necessitando aguardar o decurso do mês, o que em tese diminuirá o seu prejuízo, na ausência de garantia".

Em que pese a opinião do ilustre autor, em termos práticos a não previsão de qualquer garantia locatícia deverá ser muito bem ponderada pelos locadores, na medida em que nem todo imóvel é facilmente locado, especialmente em períodos de crise econômica nos quais há retração do mercado de locação, como ocorreu na pandemia da Covid-19.

Portanto, ainda que o contrato de locação que esteja desprovido de garantia permita a exigibilidade antecipada do aluguel, bem como o requerimento de medida liminar em tutela antecipada para a desocupação do imóvel (LI, art. 59, § 1º, IX), entendemos que de nada servirá ao locador cobrar antecipadamente o aluguel e encargos de algum inquilino que não disponha de lastro patrimonial suficiente ao adimplemento, bem como retomar antecipadamente um imóvel que nem sempre será facilmente alugado, fatores estes que deverão ser bem calculados, ponderados e sopesados para que sejam evitados arrependimentos futuros.

Com efeito, para muitos locadores, a transmissão da posse de um imóvel ao locatário sem a previsão de qualquer garantia poderá se tornar um pesadelo se o simples e corriqueiro ato de locar não for antecedido de maiores reflexões quanto aos prós e contras, pois o inquilino poderá deixar de pagar o aluguel e outros encargos locatícios (contribuição condominial e IPTU, por exemplo) e o locador poderá ser privado do recebimento do seu crédito em virtude do extenso rol de bens impenhoráveis (CPC, art. 833).

---

[645] Secovi. Garantia locatícia é coisa séria. Disponível em: <https://www.secovi.com.br/noticias/garantia--locaticia-e-coisa-seria/14139>. Acesso em: 12 mar. 2020.
[646] VENOSA, Sílvio de Salvo. *Lei do Inquilinato comentada*. 13. ed. São Paulo: Atlas, 2014, p. 194.

Seção VIII
Das penalidades criminais e civis

Art. 43. Constitui contravenção penal, punível com prisão simples de cinco dias a seis meses ou multa de três a doze meses do valor do último aluguel atualizado, revertida em favor do locatário:

I – exigir, por motivo de locação ou sublocação, quantia ou valor além do aluguel e encargos permitidos;

II – exigir, por motivo de locação ou sublocação, mais de uma modalidade de garantia num mesmo contrato de locação;

III – cobrar antecipadamente o aluguel, salvo a hipótese do art. 42 e da locação para temporada.

Comentários (Luiz Alexandre Cyrilo Pinheiro Machado Cogan):

O artigo em comento traz como penalidade a contravenção penal, que se revela como uma infração penal de menor potencial ofensivo.

Primeiramente, importante salientar que as infrações penais são tratadas pela doutrina como um gênero, que comporta duas espécies: (i) crimes ou delitos; e (ii) contravenções penais.

A presente seção traz as penalidades criminais e civis decorrentes do inquilinato, sendo certo que as penas civis apresentam-se apenas no parágrafo único do art. 44, em que "poderá o prejudicado reclamar, em processo próprio, multa equivalente a um mínimo de doze e um máximo de vinte e quatro meses do valor do último aluguel atualizado ou do que esteja sendo cobrado do novo locatário, se realugado o imóvel".

A *mens legis* da presente seção foi buscar um ponto de equilíbrio nos direitos e deveres de locadores e locatários, através do Direito Penal incriminador.

Ressalvado o pluralismo político, fundamento do nosso Estado Democrático de Direito, e a possibilidade de opiniões em sentido contrário, a nossa posição é de que o Direito Penal não se presta a essa função.

Atualmente, prevalece entendimento de que Direito Penal deve ser encarado à luz da Constituição Federal, ou seja, garante-se que se atenda à norma hipotética fundamental que é a dignidade da pessoa humana, nos dizeres de Kelsen, e este deve ser seu alicerce.

O Direito Penal mínimo é o modelo adotado em um Estado Democrático de Direito. Nessa linha, deve-se maximizar o direito fundamental da liberdade e minimizar a violência. Isso será feito garantindo-se os direitos fundamentais, limitando o poder estatal e criminalizando condutas atentatórias aos direitos fundamentais.

Assim, nem todo direito fundamental será incriminado, apenas os direitos fundamentais que tenham importância da liberdade, que é a base do Direito Penal mínimo, o qual terá como fulcro a intervenção mínima ou *ultima ratio*.

Impõe-se destacar que o Direito Penal é uma arma poderosa, assim só será usado quando outras formas de controle social não forem suficientes para combater determinada situação, ou seja, proteger determinado direito fundamental.

Não é o caso do presente artigo, que traz somente contravenções penais. O Direito Penal deve atuar de forma subsidiária, quando as demais formas de controle social (administrativa, civil, por exemplo) não forem suficientes para a proteção de determinado bem jurídico.

TÍTULO I – DA LOCAÇÃO • **Art. 44**

A doutrina entende que muitas contravenções penais estão em desacordo com o princípio da intervenção mínima, razão pela qual não haveria necessidade de se socorrer do Direito Penal.

Apesar de haver diversos bens jurídicos em nosso ordenamento, nem todos devem ser protegidos pelo Direito Penal. A forma de proteção do bem jurídico deverá atingir somente aqueles de importância crucial.

Entretanto, muito embora as tutelas dos bens jurídicos em questão dispensassem a atuação do Direito Penal, a legislação permanece em vigor e é aplicada pelos Tribunais Pátrios.

As três hipóteses previstas são: *(i) exigir, por motivo de locação ou sublocação, quantia ou valor além do aluguel e encargos permitidos; (ii) exigir, por motivo de locação ou sublocação, mais de uma modalidade de garantia num mesmo contrato de locação; (iii) cobrar antecipadamente o aluguel, salvo a hipótese do art. 42 e da locação para temporada.*

Sílvio de Salvo Venosa aponta que nas contravenções, salvo disposição expressa, basta a ação ou omissão voluntária, não se punindo a tentativa. Tipificará o inciso I, por exemplo, a exigência de despesas extraordinárias de condomínio, cuja obrigação de pagamento é do locador. Com relação ao inciso II, a intenção da lei foi, em primeiro plano, facilitar a locação por parte dos inquilinos interessados e, em segundo plano, coibir a cupidez dos locadores. Configura-se o inciso III a conduta de perigo descrita como contravenção a cobrança antecipada do aluguel, ou seja, a cobrança anterior ao curso do mês de locação, não sendo típico o pagamento espontâneo por parte do inquilino.[647]

Vale destacar que é posicionamento do Superior Tribunal de Justiça que "A Lei nº 8.245/91, em seu art. 45, veda, expressamente, a cobrança de 'luvas' – obrigações pecuniárias – quando da renovação do contrato. Contudo, silencia, ao contrário da legislação anterior (Dec. 24.150/34), no que se refere ao contrato inicial. Não há, pois, qualquer proibição, sequer implícita, quanto à sua cobrança. Não afasta esse entendimento o disposto no art. 43 da Lei nº 8.245/91, pois o dispositivo veda a cobrança de valores além dos encargos permitidos e não a expressamente elencados. Assim, apesar de não se fazer referência às 'luvas' iniciais para permiti-las, tampouco se faz para proibi-las, o que, em termos obrigacionais, tendo em conta a liberdade contratual, faz concluir pela possibilidade da cobrança de valor sob esse título".[648]

Nessa linha, diante das condutas tipificadas como contravenção penal, entendemos que todas estão em descompasso com o Direito Penal Constitucional contemporâneo e ofendem frontalmente o princípio da intervenção mínima, razão pela qual urge uma *abolitio criminis*.

Art. 44. Constitui crime de ação pública, punível com detenção de três meses a um ano, que poderá ser substituída pela prestação de serviços à comunidade:

I – recusar-se o locador ou sublocador, nas habitações coletivas multifamiliares, a fornecer recibo discriminado do aluguel e encargos;

II – deixar o retomante, dentro de cento e oitenta dias após a entrega do imóvel, no caso do inciso III do art. 47, de usá-lo para o fim declarado ou, usando-o, não o fizer pelo prazo mínimo de um ano;

III – não iniciar o proprietário, promissário comprador ou promissário cessionário, nos casos do inciso IV do art. 9º, inciso IV do art. 47, inciso I do art. 52 e inciso II do art. 53, a demolição ou a reparação do imóvel, dentro de sessenta dias contados de sua entrega;

---

[647] VENOSA, Sílvio de Salvo. *Lei do Inquilinato comentada*. 8. ed. São Paulo: Atlas, 2005, p. 188-190.
[648] STJ, REsp 406.934, Min. Felix Fischer.

IV – executar o despejo com inobservância do disposto no § 2º do art. 65.

Parágrafo único. Ocorrendo qualquer das hipóteses previstas neste artigo, poderá o prejudicado reclamar, em processo próprio, multa equivalente a um mínimo de doze e um máximo de vinte e quatro meses do valor do último aluguel atualizado ou do que esteja sendo cobrado do novo locatário, se realugado o imóvel.

Comentários (Luiz Alexandre Cyrilo Pinheiro Machado Cogan):

Na linha do anteriormente mencionado, o legislador buscou criminalizar determinadas condutas visando finalidade claramente intimidadora, sem, de fato, analisar a necessidade dessa tutela do bem jurídico pelo Direito Penal.

No presente artigo, as condutas culposas não estão abrangidas, mas tão somente as dolosas. Aplica-se a pena de detenção de três meses a um ano, o que também representa infrações de menor potencial ofensivo, regidas pela Lei 9.099/1995.

Entendemos na mesma linha do artigo anterior que as condutas tipificadas estão mais próximas de uma tutela civil do que efetivamente necessitar de tutela penal a ponto de incriminar com detenção e permitir uma substituição. Não se pode permitir que o Direito Penal, último ramo a ser buscado perante as mazelas sociais, tenha um viés exclusivamente simbólico, como se fez neste artigo e no anterior.

Entretanto, a legislação ainda permanece em vigor e tem aplicação pelos Tribunais.

As quatro hipóteses previstas são: *(i) recusar-se o locador ou sublocador, nas habitações coletivas multifamiliares, a fornecer recibo discriminado do aluguel e encargos; (ii) deixar o retomante, dentro de cento e oitenta dias após a entrega do imóvel, no caso do inciso III do art. 47, de usá-lo para o fim declarado ou, usando-o, não o fizer pelo prazo mínimo de um ano; (iii) não iniciar o proprietário, promissário comprador ou promissário cessionário, nos casos do inciso IV do art. 9º, inciso IV do art. 47, inciso I do art. 52 e inciso II do art. 53, a demolição ou a reparação do imóvel, dentro de sessenta dias contados de sua entrega; (iv) executar o despejo com inobservância do disposto no § 2º do art. 65.*

Sílvio de Salvo Venosa aponta que o inciso I é crime omissivo, não ocorrendo com uma mera negligência, mas quando devidamente solicitado o recibo e o locador ou sublocador se recusa a fornecê-lo discriminado, de forma dolosa. Com relação ao inciso II, o delito caracteriza-se pela omissão do retomante em usar o imóvel para o fim declarado, e pela omissão em não o usr pelo prazo mínimo de um ano. No inciso III o espírito que norteia esse delito é punir a insinceridade no pedido de retomada, em linha semelhante ao inciso anterior. Já no inciso IV a lei procura respeitar o luto na casa do locatário e todos que concorrerem para a execução do despejo nessas condições respondem pelo crime.[649]

Vale destacar que a lei do inquilinato é de 1991. O Direito Penal Constitucional contemporâneo prestigia o princípio da intervenção mínima, razão pela qual urge uma alteração legislativa e consequente *abolitio criminis*.

Seção IX
Das nulidades

Art. 45. São nulas de pleno direito as cláusulas do contrato de locação que visem a elidir os objetivos da presente lei, notadamente as que proíbam a prorrogação prevista no art. 47, ou que

---

[649] VENOSA, Sílvio de Salvo. *Lei do Inquilinato comentada*. 8. ed. São Paulo: Atlas, 2005, p. 190-194.

afastem o direito à renovação, na hipótese do art. 51, ou que imponham obrigações pecuniárias para tanto.

Comentários (Eduardo Santos Bezerra):

Segundo se observa da primeira parte do dispositivo em comento, "São nulas de pleno direito as cláusulas do contrato de locação que visem a elidir os objetivos da presente lei (...)", nota-se que o legislador objetivou preservar o espírito da Lei do Inquilinato, na medida em que afastou a eficácia de toda e qualquer cláusula que direta ou indiretamente contrarie os preceitos da lei.

Portanto, a norma jurídica, como disposta em seu art. 45, ao vetar expressamente a supressão dos objetivos da lei locatícia, mesmo que em detrimento da vontade das partes, primeiro, gera uma disposição de ordem pública, vez que a autonomia da vontade encontra obstáculo ao que futuramente se interprete como infração ao padrão de conduta pretendido pela lei.

Tal é, aliás, como melhor descreve Maria Helena Diniz ao tecer seus comentários sobre a norma estampada no art. 45 desta Lei de Locações: "O princípio da autonomia da vontade é o poder conferido aos contratantes de estabelecer vínculo obrigacional *ex locato*, desde que se submetam às normas jurídicas e seus fins não contrariem o interesse geral, de tal sorte que a ordem pública e os bons costumes constituem limites à liberdade contratual".[650]

A esse respeito, manifestado o entendimento do STJ ao determinar o caráter de ordem pública da lei de locações: "Processual civil. Ação revisional de aluguel. Lei do inquilinato. Alteração do prazo. Lei de ordem pública. – A nova Lei do Inquilinato – Lei nº 8.245/91 –, que introduziu modificações de caráter substantivo e processual nas locações dos imóveis urbanos, é norma jurídica de ordem pública, de eficácia imediata e geral, alcançando as relações jurídicas estabelecidas antes de sua edição. – Recurso especial não conhecido".[651]

No mesmo sentido, reforça-se a essa orientação jurisprudencial os correspondentes julgados:

> "Embargos à execução. Ausência de discussão acerca de nulidade de cláusula do contrato locatício que prevê duplicidade de garantia. Posterior questionamento em sede de ação declaratória incidental. Preclusão da matéria. Não reconhecimento. Exegese dos artigos 37, parágrafo único; 43, II e 45, todos da Lei nº 8.245/91. Normas de ordem pública ou de imperatividade absoluta que não se sujeitam aos efeitos deletérios da preclusão. Sentença de extinção do feito anulada. Apelo provido".[652]

> "Apelação cível. Conab. Locação. Renovatória. Incidência da Lei nº 8.245/91. Continuidade da exploração do mesmo ramo de atividade. I – O fato de ser a Conab empresa pública e locadora não afasta a incidência do regime geral da locação predial urbana. A Lei nº 8.245/91 é de ordem pública, e os contratos em que empresas públicas são

---

[650] DINIZ, Maria Helena. *Lei de locações de imóveis urbanos comentada*. 13. ed. rev. e atual. São Paulo: Saraiva, 2014, p. 234.
[651] STJ, REsp 126.966/SP, 6ª Turma, Rel. Min. Vicente Leal, j. 20.04.1999.
[652] TJSP, Apelação Cível 9205511-61.2008.8.26.0000, 35ª Câmara de Direito Privado, Rel. Des. Mendes Gomes, publ. 16.03.2010.

locadoras não estão fora do seu albergue, submetendo-se ao seu regime. (...) – Agravo improvido".[653]

"Os contratos de locação são regidos por norma de ordem pública, que não podem ser alteradas pelas partes, mas a Lei não retirou a prevalência da autonomia da vontade, naqueles pontos em que não regulamentou, dentre os quais é de se destacar o prazo de duração dos contratos de locação não residencial".[654]

Em segundo passo, o art. 45 da Lei de Locações abre vistas a uma interpretação extensiva de qual seria o melhor sentido pretendido pelo legislador ao enunciar as possibilidades interpostas na compreensão do referido dispositivo. Portanto, a norma como disposta no art. 45, ao determinar a nulidade da cláusula que elida os objetivos da lei não foi clara o bastante em fixar quais seriam essas finalidades intrínsecas à lei de locações que não poderiam ser eliminadas pela vontade das partes no contrato de locação.

Com isso, a resolução desta questão decorre do próprio ordenamento jurídico na medida em que o legislador não deu total significado ao comando emitido pela norma jurídica aplicada à lei de locações. Em similaridade encontramos os ensinamentos de José Manoel de Arruda Alvim Netto: "Na interpretação extensiva, o intérprete parte de uma só norma, através da delimitação de seu âmbito, procurando fixar seu significado e abrangência. Assim, uma interpretação é extensiva, quando o legislador disse menos do que tinha a intenção de dizer, ou seja, quando há uma desconformidade entre o pensamento do legislador (o que quer o legislador) e a própria norma, onde o legislador disse menos do que queria ter dito".[655]

Ademais, em que pese à diversidade de aplicações hermenêuticas ao interpretar, a lei de locações não estabeleceu nenhum critério restritivo ao sentido oposto ao da interpretação extensiva ao determinar como nulas as cláusulas do instrumento locatício que propendam a suprimir os objetivos interpostos ao texto legal.

Parece razoável, assim, que caberá ao intérprete conjugar quais são os elementos dispostos na lei de locações que inserem significado ao seu objetivo.

Com este teor, reportamo-nos à lição de Sílvio de Salvo Venosa, que bem esclarece essa questão ao elucidar que cabe ao intérprete da lei determinar quais seriam as disposições contratuais contrárias à ordem pública e à norma cogente: "A lei refere-se a algumas no texto e deixa a cargo do intérprete identificar nos contratos cláusulas que devam ser tidas como nulas".[656]

Em análogo sentido, pode-se, novamente, observar na elucidação proposta por José Manoel de Arruda Alvim Netto, ao descrever a interpretação das leis em geral: "A interpretação das leis é assunto eminentemente ligado à teoria do conhecimento. Sendo o conhecimento a apreensão de um objeto cognoscível, a interpretação, sob este aspecto, diz respeito à necessidade de o intérprete conhecer, exatamente, qual o significado da lei".[657]

---

[653] TRF-2ª Região, Apelação Cível 0019360-05.2007.4.02.5101, 7ª Turma Especializada, Rel. Des. Reis Friede, publ. 29.10.2014.
[654] TJSP, Apelação 990.10.484267-0, 32ª Câmara de Dir. Privado, Rel. Des. Ruy Coppola, j. 18.11.2010.
[655] ALVIM NETTO, José Manoel de Arruda. *Manual de direito processual civil – parte geral.* 6. ed. rev. e atual. São Paulo: RT, 1997, vol. 1, p. 135.
[656] VENOSA, Sílvio de Salvo. *Lei do Inquilinato comentada:* doutrina e prática: Lei nº 8.245, de 18-10-1991. 13. ed. São Paulo: Atlas, 2014, p. 210.
[657] ALVIM NETTO, José Manoel de Arruda. *Manual de direito processual civil – parte geral.* 6. ed. rev. e atual. São Paulo: RT, 1997, vol. 1, p. 146.

Pois bem, ante a tal entendimento, também cabe ao intérprete a necessidade de identificar o significado que o legislador quis aplicar à lei de locações, o que, na visão de Francisco Carlos Rocha Barros, corresponde: "Inadmite-se interpretação que não seja esta: os objetivos aqui defendidos são aqueles que buscam proteger o inquilino, porque essa é a justificativa para uma lei especial do inquilinato".[658]

Nesse sentido continua o mesmo autor: "Na leitura desta lei depara-se com infindáveis regras amparando, visivelmente, o inquilino. O legislador, por reconhecer situação de desigualdade entre locador e locatário – prejudicial a este –, acabou intervindo no meio social com uma lei cujo objetivo é defender o inquilino. Procurou compensar a desigualdade e restabelecer o desejado equilíbrio social".[659]

Todavia, ao interpretarmos quais são os elementos que traduzem o significado do objetivo que a lei de locações pretende e, com isso efetivar uma declaração de nulidade absoluta àquelas cláusulas que burlam ou afastam tais objetivos, temos que essa interpretação deva ser sistemática ao considerar a lei de locações como parte de um ordenamento jurídico completo e que assim a solução encontre amparo no próprio sistema que ela se insere.

Tal entendimento corresponde à exata medida em que a lei de locações se insere em um contexto jurídico, pelo qual se objetiva suprimir o desequilíbrio e as desigualdades. Diante disso, ao próprio ordenamento jurídico cabe extrair os elementos que objetivam equilibrar as relações jurídicas ao almejar a igualdade de tratamento entre as partes que se envolvam em um negócio. Isso, em parte, se deve ao que Maria Helena Diniz conceitua como dirigismo contratual: "(...) restrições, trazidas pelo dirigismo contratual, que é a intervenção estatal na economia do negócio jurídico contratual, por entender-se que, se se deixasse o contratante estipular livremente o contrato de locação, ajustando qualquer cláusula sem que o magistrado pudesse interferir, mesmo quando uma das partes ficasse em completa ruína, ante abusos da outra, a ordem jurídica não estaria assegurando a igualdade econômica, nem atendendo à função social dos contratos".[660]

Portanto, em regra geral, os contratos de locação, apesar de derivarem da vontade das partes, manifestada em um instrumento jurídico tácito ou expresso, sujeitam-se a intervenção estatal na manutenção da ordem pública como meio de propiciar maior segurança às relações jurídicas.

Com isso, a autonomia da vontade encontra óbice ao que definimos como uma melhor interpretação sistemática que seja uma conduta protecionista ao locatário que objetivamente visa proteger o interesse geral da coletividade.

Segue-se daí a necessidade do intérprete em elaborar um critério de identificação de quais cláusulas ferem o espírito da lei de locações e possibilitam a declaração de nulidade. Nesse diapasão, bem lembra Sílvio de Salvo Venosa, ao comentar os elementos essenciais a lei de locações: "(...) a Lei do Inquilinato traz elementos essenciais que não podem ser desprezados pelas partes. O legislador, porém, não se arrisca a determinar quais são, especificamente,

---

[658] BARROS, Francisco Carlos Rocha de. *Comentários à Lei do Inquilinato*. 2. ed. rev. e atual. São Paulo: Saraiva, 1997, p. 224.
[659] BARROS, Francisco Carlos Rocha de. *Comentários à Lei do Inquilinato*. 2. ed. rev. e atual. São Paulo: Saraiva, 1997, p. 224.
[660] DINIZ, Maria Helena. *Lei de locações de imóveis urbanos comentada*. 13. ed. rev. e atual. São Paulo: Saraiva, 2014, p. 234.

todas as normas cogentes. A questão fica a meio caminho entre as normas de ordem pública e as normas cogentes".[661]

Daí por que essencial a análise doutrinária e jurisprudencial para entendimento de quais cláusulas podem estar eivadas de nulidade e que impliquem a ausência de efeitos jurídicos ao que disponham.

Um exemplo, que entendemos existir necessidade de consolidação da doutrina e da jurisprudência, é a questão que se abre quando da discussão sobre a validade da cláusula contratual que imponha restrição ou impeça a transferência do controle societário da locatária organizada na forma de sociedade empresária.[662]

Pois bem, com relação a esse tema, procuramos dimensionar a questão pelo que entendemos como a existência de duas visões opostas, uma primeira visão, que interpreta o contrato de locação como elemento patrimonial da sociedade ora locatária e uma segunda visão, que interpreta o contrato de locação segundo um caráter pessoal dos membros da sociedade locatária.

Na primeira delas, reveste-se o caráter patrimonial do contrato de locação com relação à sociedade empresária (locatária) e, neste ponto, estaria estabelecida uma relação de cunho meramente patrimonial, na qual, a locatária (sociedade empresária) teria por intermédio de um contrato de locação vigente aprimorado sua situação patrimonial na medida em que tenha um aumento de sua valoração pela maximização de seu patrimônio quando da utilização de um determinado estabelecimento empresarial[663] obtido pela celebração de um contrato de locação.

Diante disso, a sociedade empresária que detém personalidade jurídica própria diversa àquela de seus controladores, exerce sob sua égide direitos e deveres. Como bem ensina Fábio Ulhoa Coelho: "Em outros termos, na medida em que a lei estabelece a separação entre pessoa jurídica e os membros que a compõem, consagrando o princípio da autonomia patrimonial, os sócios não podem ser considerados os titulares dos direitos ou os devedores das prestações

---

[661] VENOSA, Sílvio de Salvo. *Lei do Inquilinato comentada:* doutrina e prática: Lei nº 8.245, de 18-10-1991. 13. ed. São Paulo: Atlas, 2014, p. 210.

[662] Aqui traremos uma divergência de interpretação quanto à aplicação no Contrato de Locação de uma cláusula de bloqueio, pela qual objetiva-se vetar a alteração do quadro societário de uma sociedade empresária (independentemente se organizada na forma de Sociedade Limitada ou de Sociedade Anônima). Neste ponto, cabe elucidar que a questão versa sobre a existência da cláusula de bloqueio, pois, em nosso entendimento, a doutrina já é passiva quanto à possibilidade de alteração do quadro societário da locatária sem a necessidade de autorização do locador, quando da inexistência de cláusula expressa em sentido contrário. Portanto, a transferência do controle societário da locatária, caso não exista previsão expressa em contrário no contrato de locação não poderá ser condicionada à autorização do locador. Nesse sentido, bem afirma Tatiana Bonatti Peres, ao comentar o veto deste dispositivo no Projeto de Lei 71/2007, que culminou com a promulgação da Lei 12.112, de 09.12.2009, ocasionando alterações na lei de locações: "(...) a transferência de controle do locatário continua independendo de autorização prévia do locador" (PERES, Tatiana Bonatti. *Temas de direito imobiliário e responsabilidade civil.* Rio de Janeiro: Lumen Juris, 2012, p. 157).

[663] Elucidamos para melhor entendimento o conceito de estabelecimento empresarial segundo a lição de Vera Helena de Mello Franco: "(...) é o instrumento por meio do qual se desenvolve e organiza atividade exercida pelo empresário. Com este teor, representa a projeção patrimonial da empresa, isto é, o complexo de bens destinado pelo empresário ao exercício da sua atividade, ou organismo técnico-econômico mediante o qual atua" (FRANCO, Vera Helena de Mello. *Manual de direito comercial:* o empresário e seus auxiliares, o estabelecimento empresarial, as sociedades. 2. ed. rev., atual. e ampl. São Paulo: RT, 2004, vol. 1, p. 135).

relacionadas ao exercício da atividade econômica, explorada em conjunto. Será a própria pessoa jurídica da sociedade a titular de tais direitos e devedora dessas obrigações".[664]

Note-se que o controlador[665] de uma sociedade empresária que figure como locatária em um contrato de locação expresso não faz parte da relação locatícia estabelecida com a pessoa jurídica locatária (sociedade) e, portanto, a cessão de sua posição societária, em tese, não implica prejuízo à avença, uma vez que as condições estabelecidas no contrato permaneçam inalteradas (partes, manutenção da atividade contratada, garantias, obrigações de pagamento etc.) e sendo a questão interpretada como mera valoração ao princípio da autonomia patrimonial existente entre a sociedade (locatária) e seus membros (sócios e administradores) a possibilidade de transferência do controle societário é crível.

Ademais, ao interpretar que a transferência de controle societário da locatária (sociedade empresária) gera efeitos negativos ao contrato de locação (mesmo na hipótese de este não sofrer alteração em suas condições), tal interpretação implica abusividade, na medida em que simplesmente ignora o princípio da autonomia patrimonial que deve existir obrigatoriamente entre a sociedade ora locatária e seus membros (sócios ou administradores).

Com isso, a vedação da transferência de controle societário da locatária (sociedade empresária) traria repercussão negativa à própria proteção da clientela[666] da locatária, em que pese certa medida poderia criar elementos que a lei de locações expressamente veta por se tratarem de ordem pública, como, por exemplo, poderia afastar o direito à renovação do contrato.[667]

---

[664] COELHO, Fábio Ulhoa. *Curso de direito comercial*. 9. ed. de acordo com a nova Lei de Falências. São Paulo: Saraiva, 2006, vol. 2, p. 14.

[665] A lei societária de 1976, em seu art. 116 (Lei das Sociedades Anônimas – Lei 6.404, de 1976), criou a figura do controlador (CARVALHOSA, Modesto. *Comentários à Lei de Sociedades Anônimas*: artigos 75 a 137. 6. ed. rev. e atual. São Paulo: Saraiva, 2014, vol. 2, p. 617) e diante disso instituiu o conceito de controle na estrutura societária da companhia que será introduzido em outras áreas do disciplina jurídica (COELHO, Fábio Ulhoa. *Curso de direito comercial*. 9. ed. de acordo com a nova Lei de Falências. São Paulo: Saraiva, 2006, vol. 2, p. 493). Todavia, a conceituação de referido instituto, bem como suas variadas vertentes alongam um debate que foge do tema aqui pretendido, por isso simplesmente elucidamos que o controlador é definido como: "(...) aquele que é titular de direitos de sócio que lhe assegurem, de modo permanente, a maioria dos votos nas deliberações da assembleia geral e o poder de eleger a maioria dos administradores da companhia" (CARVALHOSA, Modesto. *Comentários à Lei de Sociedades Anônimas*: artigos 75 a 137. 6. ed. rev. e atual. São Paulo: Saraiva, 2014, vol. 2, p. 621), portanto, ante a conceituação proposta por Modesto Carvalhosa, podemos concluir que a figura do controlador está atrelada àquele sócio que detém prevalência nas deliberações sociais e que nomeie a maioria dos administradores da sociedade.

[666] Sobre clientela explica Vera Helena de Mello Franco: "(...) clientela traduz-se na lei por modos diferentes, quer mediante a tutela dos sinais distintivos do estabelecimento (nome comercial, título, insígnia, marcas), quer mediante o direito que o empresário tem de, compulsoriamente, renovar o contrato de locação do imóvel em que está instalado o estabelecimento de molde a impedir que o proprietário ou outrem se aposse do ponto ou local de negócio como fator de atração da clientela" (FRANCO, Vera Helena de Mello. *Manual de direito comercial:* o empresário e seus auxiliares, o estabelecimento empresarial, as sociedades. 2. ed. rev., atual. e ampl. São Paulo: RT, 2004, vol. 1, p. 143).

[667] Cabe registro ao que ressalta novamente Vera Helena de Mello Franco: "A proteção legal adere ao estabelecimento, e não ao contrato de locação em si. Tanto assim é que o locatário transfere o contrato ao adquirente do fundo, mesmo na presença de cláusula proibitiva. Não é o estabelecimento que acompanha a locação, e sim esta que segue o destino do estabelecimento. Por tal razão o sucessor tem direito à renovação do contrato. Vale dizer, o contrato segue a sorte do estabelecimento, independentemente da pessoa do seu titular" (FRANCO, Vera Helena de Mello. *Manual de direito comercial:* o empresário e seus auxiliares, o estabelecimento empresarial, as sociedades. 2. ed. rev., atual. e ampl.

E é acertado que assim se entenda porque a troca do comando da pessoa jurídica locatária não corresponde à troca das partes contratantes ou sequer representa imediata alteração às garantias e demais condições pactuadas.

Nessa linha de raciocino lógico, novamente cabe referência à explicação de Fábio Ulhoa Coelho, ao exemplificar a ausência de participação dos sócios na relação locatícia celebrada com a pessoa jurídica: "Assim, por exemplo, constituída uma sociedade limitada, e sendo necessária a locação de imóvel para a instalação do estabelecimento empresarial, a locatária será a pessoa jurídica da sociedade, e não os seus sócios, ou o administrador".[668]

Cuida-se, portanto, em nossa opinião, condição nula aquela colacionada ao contrato de locação que estabeleça restrição à transferência de controle societário da locatária sem que tal fato implique direta alteração às condições pactuadas.

E desse modo correto esta, pois tal medida, em geral, não acarreta a alteração na relação locatícia (não modifica a destinação do imóvel e tampouco altera as condições contratadas) não estabelece qualquer desequilíbrio ou desigualdade entre as partes, assim sendo, a transferência do controle societário da locatária detém convivência harmoniosa para com o espírito da lei de locações.

Tanto é que o Projeto de Lei 71/2007, que originou a Lei 12.112, de 09.12.2009, que impôs modificações na lei de locações, contemplava a possibilidade de restrição à transferência do controle societário da locatária, contudo, esse fato foi objeto de veto, pois, além de interferir na relação locatícia, causaria severos problemas à contemplação do controle societário.

A esse respeito, inclusive, já se manifestou a jurisprudência:

> "Locação de imóveis. Despejo por falta de pagamento c.c. cobrança de aluguéis e encargos. Fiança prestada a pessoa jurídica. Alteração societária. Exoneração dos fiadores não existente sentença mantida. Recurso não provido. Tendo o contrato de locação sido estabelecido com a pessoa jurídica, a sua alteração societária não tem o condão de novar a locação, até porque ato unilateral dos sócios da locatária, independe da manifestação de vontade do locador, permanecendo hígido o contrato e a fiança prestada pelos apelantes".[669]

São Paulo: RT, 2004, vol. 1, p. 152). Em sentido oposto: "Recurso Especial. Transferência do fundo de comércio. Trespasse. Contrato de locação. Art. 13. Da Lei n. 8.245/91. Aplicação à locação comercial. Consentimento do locador. Requisito essencial. Recurso provido. 1. Transferência do fundo de comércio. Trespasse. Efeitos: continuidade do processo produtivo; manutenção dos postos de trabalho; circulação de ativos econômicos. 2. Contrato de locação. Locador. Avaliação de características individuais do futuro inquilino. Capacidade financeira e idoneidade moral. Inspeção extensível, também, ao eventual prestador da garantia fidejussória. Natureza pessoal do contrato de locação. 3. Desenvolvimento econômico. Aspectos necessários: proteção ao direito de propriedade e a segurança jurídica. 4. Afigura-se destemperado o entendimento de que o art. 13 da Lei do Inquilinato não tenha aplicação às locações comerciais, pois, prevalecendo este posicionamento, o proprietário do imóvel estaria ao alvedrio do inquilino, já que segundo a conveniência deste, o locador se veria compelido a honrar o ajustado com pessoa diversa daquela constante do instrumento, que não rara as vezes, não possuirá as qualidades essenciais exigidas pelo dono do bem locado (capacidade financeira e idoneidade moral) para o cumprir o avençado. 5. Liberdade de contratar. As pessoas em geral possuem plena liberdade na escolha da parte com quem irão assumir obrigações e, em contrapartida, gozar de direitos, sendo vedado qualquer disposição que obrigue o sujeito a contratar contra a sua vontade. (...)" (STJ, REsp 1.202.077/MS 2010/0134382-4, 3ª Turma, Rel. Min. Vasco Della Giustina, j. 01.03.2011, *DJe* 10.03.2011).

[668] COELHO, Fábio Ulhoa. *Curso de direito comercial*. 9. ed. de acordo com a nova Lei de Falências. São Paulo: Saraiva, 2006, vol. 2, p. 14.

[669] TJSP, Apelação Cível 4005139-20.2013.8.26.0482, 31ª Câmara de Direito Privado, Rel. Des. Paulo Ayrosa, publ. 19.01.2015.

"Locação. Ação renovatória. Cláusula contratual que prevê rescisão da locação na hipótese de haver alteração de sócio na composição da pessoa jurídica locatária. Inviabilidade diante do art. 45 da lei de locação. Em face do art. 45 da Lei 8.245/91, é inoperante a cláusula contratual que estabelece que será motivo de rescisão da locação a hipótese de haver alteração de sócios da pessoa jurídica locatária, já que isto afastaria o direito à renovação."[670]

Por outro lado, como já mencionamos, existe necessidade de uma consolidação da doutrina e da jurisprudência sobre essa questão. Assim, temos uma segunda visão sobre a interpretação desta cláusula que veda a transferência do controle societário da locatária, qual seria, interpretar o contrato de locação segundo um caráter pessoal dos membros da sociedade locatária.

Deste modo, o contrato de locação seria celebrado em consideração ao *intuitu personae* dos membros da sociedade locatária e sua alteração acarretaria a ruptura com esse princípio.

Isso pode ser vislumbrado na visão de Luiz Antonio Scavone Júnior que, ao tratar da matéria, descreve a transferência do controle societário como um: "(...) expediente muito comum utilizado por locatários que buscam burlar a proibição de cessão do contrato de locação sem anuência do locador é a cessão das quotas ou do controle da sociedade locatária".[671]

Embora a cessão de quotas possa ser expediente usado para a cessão indireta do contrato de locação, consideramos que muitas vezes a cessão das quotas representa legítima venda de empresa ou de participação societária, não tendo o sócio da locatária o interesse imediato de alterar a estrutura da locação, vez que apenas a transferência total ou parcial das quotas da locatária não modificará a finalidade de uso do imóvel, a atividade da locatária, as partes contratantes do contrato de locação, nem afastará a obrigação de pagamento do aluguel e demais obrigações locatícias e tampouco esvaziará as garantias contratadas.

Em nosso entendimento, habituados ao dia a dia de operações de compra e venda de empresas, consideramos a intenção da cessão indireta da locação como situação de exceção e não como regra geral.

Deste modo, ressalvados os entendimentos diversos, corroboramos com a visão de que nulas são as cláusulas do contrato de locação que limitem ou restrinjam a transferência do controle societário da locatária sem que isto implique diretamente a alteração das condições contratuais (como, por exemplo: a troca das partes, a alteração da atividade contratada, esvaziamento das garantias, exclusão das obrigações de pagamento, entre outras), salvo se comprovadamente o contrato tinha natureza *intuitu personae*.

Vale dizer, ainda, que podemos traçar inúmeros casos em que estejam excluídos os objetivos fixados pela lei de locações. Assim, passamos a exemplificar as seguintes questões:

i) Renúncia antecipada do direito de preferência

A renúncia prévia ao direito de preferência do locatário na aquisição do imóvel objeto do contrato de locação se trata de uma condição nula, pois afasta um direito legalmente assegurado. Assim é o entendimento difundido na jurisprudência:

---

[670] TJSP, Agravo de Instrumento 791827-00/8, 6ª Câmara, Rel. Des. Luiz de Lorenzi, 2º TAC, j. 14.05.2003.
[671] SCAVONE JÚNIOR, Luiz Antonio. *Direito imobiliário* – teoria e prática. 7. ed. Rio de Janeiro: Forense, 2014, p. 1.159.

> "Apelação. Preliminar de intempestividade. Descabimento. Recurso protocolado no último dia do prazo. Provável desconsideração do feriado municipal de 25 de janeiro. Início do curso do prazo no dia 27 de janeiro. Preliminar repelida indenização de danos morais. Locação de imóvel. Direito de preferência. Inobservância. Renúncia antecipada em contrato do contrato de locação. Improcedência. Cerceamento de defesa. Inocorrência. Desnecessidade de outras provas (CPC, art. 130). Nulidade da cláusula, porquanto vise elidir um dos objetivos fundamentais da lei. Inteligência do art. 45 da Lei nº 8.245/91. Locatários preteridos que não demonstraram dispor do valor do preço de venda à época de alienação do imóvel. Dano inexistente, não se cogitando dever de indenizar. Litigância de má-fé. Ausência de insinuação maliciosa tendente a induzir o órgão jurisdicional em erro – decisão mantida – recurso desprovido".[672]

> "(...) não se pode ignorar a nulidade dessa cláusula contratual firmada quando da contratação da locação, tendo em vista que não se há de admitir que o locatário, antes de ter ciência acerca das condições da venda intencionada pelo locador, decline desse direito de preferência, pois não é possível ao locatário aferir a conveniência ou não da aquisição do imóvel em caso de eventual e futuro interesse na venda pelo locador, enquadrando-se, portanto, no disposto no art. 45 da Lei de Locação: São nulas de pleno direito as cláusulas do contrato de locação que visem a elidir os objetivos da presente lei (...)."[673]

ii) Cláusula meramente potestativa

Na lição apresentada pela doutrina e pela jurisprudência, aquelas cláusulas contratuais que submetem uma das partes ao arbítrio da outra e assim sujeitam os efeitos do contrato a sua única vontade são conceituadas como cláusulas potestativas.

De fato, Roberto Nussinkis Mac Cracken entende que: "há cláusula puramente potestativa quando os efeitos de um contrato ficam ao puro e livre-arbítrio de uma das partes".[674]

Portanto, uma vez que tal disposição potestativa seja colacionada ao contrato de locação, sua nulidade representa um fato indiscutível de defesa incontestável.

Este entendimento está coeso com o que já determinou o STJ:

> "No tocante à exoneração da fiança prestada. Note-se que nem mesmo a renúncia expressa ao constante nos arts. 1.491, 1.500 e 1.503 do CC tem o condão de afastar a possibilidade jurídica do pedido. Assim o é porque a renúncia levada a efeito pelos Apelados se trata, claramente, de cláusula potestativa, ou seja, que sujeita o contratante ao arbítrio exclusivo da parte adversa. Ora, dúvida não se tem de que a jurisprudência e doutrina vêm sistematicamente considerando nulas as cláusulas potestativas, ou seja, aquelas que sujeitam o contratante ao arbítrio exclusivo da parte adversa (...)".[675]

---

[672] TJSP, Apelação Cível 01148090420088260008, 9ª Câmara de Direito Privado, Rel. Des. Theodureto Camargo, pub. 06.07.2015.

[673] TJSP, Apelação Cível 0139043-31.2009.8.26.0100, 27ª Câmara de Direito Privado, Rel. Des. Gilberto Leme, publ. 28.02.2014.

[674] MAC CRACKEN, Roberto Nussinkis. Debate sobre o tema: cláusula puramente potestativa. Disponível em: <http://www.mackenzie.br/fileadmin/Graduacao/FDir/Artigos/roberto.pdf>. Acesso em: 30 ago. 2016.

[675] STJ, Ag 1.121.251, Rel. Min. Og Fernandes, decisão publicada em 11.10.2012.

"Cláusula contratual que condiciona a realização de negócio futuro à vontade e ao ilimitado arbítrio de apenas uma das partes é potestativa e, por isso, não goza de respaldo no direito positivo pátrio (...)."[676]

E neste teor a jurisprudência tem por exemplificar a questão:

"Locação. Exoneração de fiança. Contrato vigente por prazo indeterminado. Admissibilidade. Nulidade da cláusula de renúncia a tal direito reconhecida. 'Não há que se admitir a renúncia prévia ao direito de exonerar-se o fiador da garantia, pois ninguém pode renunciar previamente a um direito potestativo'. Inteligência do art. 1.500 do CCivil/16; atual art. 835 do CCivil/02. Sentença de procedência mantida. Apelo improvido".[677]

"Locação de imóveis. Ação renovatória de locação. Cláusula prevendo a renovação automática do contrato após o decurso do prazo de 210 dias anteriores ao término do ajuste, desde que nenhuma das partes comunique a outra por escrito da desistência do direito à renovação automática. Não cabimento. Disposição vedada pelo ordenamento jurídico pátrio, já que a renovação automática da avença impede que o locador ajuíze a ação renovatória e o obriga a suportar a locação do imóvel por mais cinco anos consecutivos nas mesmas condições inicialmente contratadas, impossibilitando o estabelecimento de novas condições. Exegese do art. 115 do Código Civil de 1916, com o teor reproduzido no art. 122 do Diploma Civil em vigor. Invalidade da cláusula potestativa que afasta o direito de ação. Sentença anulada, com o retorno dos autos à primeira instância para prosseguimento do feito. Recurso provido."[678]

iii) A aplicação de índices de correção em periodicidade inferior ao mínimo legal

A aplicação do reajuste locatício visa à adequação dos valores devidos pelo pagamento dos alugueres, quando expressos em moeda, ao longo do tempo de vigência do contrato de locação. Assim, o sentido é determinado pela aplicação da consequente correção monetária perante as parcelas devidas a título de alugueres.

Vale dizer, a esse respeito, que a correção monetária como conceituada por Ivo Waisberg e Gilberto Gornati corresponde a: "(...) um mecanismo de manutenção do valor do dinheiro ao longo do tempo em que perdurar a relação pactuada entre as partes (adimplidas ou não as obrigações). Trata-se de um mecanismo formalizado pelas partes contratantes e/ou obrigatório por estipulação legal, para readequar as prestações avençadas de acordo com a desvalorização da moeda".[679]

Como se vê, a correção devida aos contratos de locação objetiva a "manutenção do valor financeiro das prestações do contrato e também do equilíbrio econômico-financeiro da relação

---

[676] STJ, REsp 291.631-SP, Rel. Min. Castro Filho, decisão publicada em *DJU* 15.04.2002.
[677] TJSP, Apelação 9170056-98.2009.8.26.0000, 34ª Câmara de Direito Privado, Rel. Des. Soares Levada, decisão de 17.09.2012.
[678] TJSP, Apelação 0002908-55.2010.8.26.0430, 33ª Câmara de Direito Privado, Rel. Des. Carlos Nunes, decisão de 26.08.2013.
[679] WAISBERG, Ivo; GORNATI, Gilberto. *Direito bancário*: contratos e operações bancárias. São Paulo: Quartier Latin, 2012, p. 79.

pactuada",[680] assim sendo, em correspondendo o valor devido a título de alugueres como valor financeiro do contrato de locação sua correção detém irrefutável sujeição às regras aplicáveis ao Sistema Financeiro Nacional e, portanto, detém interesse público.

Desta forma, a regra de aplicação da correção do contrato de locação é de natureza de ordem pública e, como tanto, não está sujeita à liberdade contratual das partes.

Por tal razão, sua periodicidade deverá respeitar as regras legais de fixação quanto a seu prazo mínimo de aplicação. Nesse sentido, corrobora o entendimento da jurisprudência:

> "Ação declaratória de nulidade de cláusula de reajuste semestral de contrato de locação comercial. Anualidade prevista na Lei nº 9.069/95. Tutela antecipada. Requisitos do artigo 273 do CPC configurados. Agravo provido, parcialmente. (...) Trata-se de norma de ordem pública e, por isto, nos contrato de locação ajustados a seu tempo, o reajuste dos alugueres deve, apenas, ser anual, sob pena de nulidade da cláusula, de pleno direito, como, aliás, também prescreve o citado § 1º do artigo 28".[681]

> "A ilegalidade da cláusula de reajuste semestral não implica em nulidade do ajuste locativo, senão, apenas, a nulidade e ineficácia da referida cláusula, ou seja, não surtirá nenhum efeito, a teor da Lei 9.069/95 (art. 28, parágrafo 1º) (...)."[682]

iv) Repasse ao locatário da responsabilidade pelas despesas extraordinárias de condomínio

A cláusula contratual que abrange o pagamento das despesas extraordinárias de condomínio encontra-se em desacordo com os objetivos da lei do inquilinato, nesse sentido, tais despesas servem a "estrutura do edifício ou, de alguma forma, aumentam seu valor".[683] Assim, não se aproveitam ao locatário que, em tese, não se beneficia diretamente destas despesas.

Francisco Eduardo Loureiro, ao discorrer sobre as obras voluptuárias no condomínio acaba por clarificar a questão: "A expressão abrange as benfeitorias, ou seja, os investimentos que se fazem numa coisa para conservá-la, melhorá-la ou embelezá-la (...)".[684]

Diante disso, significa afirmar que as despesas extraordinárias de condomínio beneficiam, mesmo que não em pecúnia, somente ao locador e, portanto, compete a esse seu pagamento.

É assim que, inclusive, se apresenta a jurisprudência:

> "Locação de imóvel. Ação declaratória c.c. repetição de indébito. Preliminar de carência de ação afastada. Despesas extraordinárias de condomínio. Obrigação do locador e não do locatário. Norma cogente. Nulidade da cláusula que repassa tal responsabilidade ao locatário. Interpretação conjunta dos arts. 22, X, 25 e 45, todos da Lei 8.245/91. Sentença

---

[680] WAISBERG, Ivo; GORNATI, Gilberto. *Direito bancário*: contratos e operações bancárias. São Paulo: Quartier Latin, 2012, p. 80.
[681] TJSP, AI 801362-00/3, 10ª Câmara de Direito Privado, Rel. Des. Nestor Duarte, decisão de 06.08.2003.
[682] TJSP, Apelação 618689-00/0, 8ª Câmara de Direito Privado, Rel. Des. Walter Zeni, j. 09.08.2001.
[683] SCAVONE JÚNIOR, Luiz Antonio. *Direito imobiliário* – teoria e prática. 7. ed. Rio de Janeiro: Forense, 2014, p. 1.014.
[684] LOUREIRO, Francisco Eduardo. In: PELUSO, Cezar (coord.). *Código Civil comentado*: doutrina e jurisprudência: Lei nº 10.406, de 10.01.2002. 8. ed. rev. e atual. Barueri: Manole, 2014, p. 1.273.

de procedência mantida. É nula a cláusula do contrato de locação que carreia ao locatário a obrigação de pagar as despesas extraordinárias do condomínio e, em consequência, confirma-se a sentença que condena o locador a devolver o que houver sido pago a tal título pelo locatário. Recurso não provido".[685]

"Apelação com revisão. Repetição de indébito. Locação de imóvel. Despesas extraordinárias de condomínio. Cláusula contratual atribuindo pagamento ao locatário. Nulidade. Responsabilidade exclusiva do locador. Inteligência do art. 22, X da Lei de Locações. Nula a cláusula contratual que repassa ao locatário o pagamento das despesas extraordinárias de condomínio, de exclusiva responsabilidade do locador, a teor do art. 22, inc. X, da Lei 8.245/91."[686]

"Locação de imóvel. Ação de restituição de valores. Cerceamento de defesa. Inocorrência. Quantias pagas pela locatária a título de despesas condominiais extraordinárias e fundo de reserva. Responsabilidade do locador pela aquisição de gerador. Art. 22, inc. X, parágrafo único, *e* e *g*, da Lei nº 8.245/91. Ressarcimento devido. Sentença mantida. Cabe o julgamento da lide quando as questões suscitadas são resolúveis por meio de prova documental produzida nos autos. Ausência de controvérsia sobre o fato de a autora ter pagado os valores pretendidos a título de rateio para aquisição de gerador e fundo de reserva. A responsabilidade pelo pagamento de despesas extraordinárias de condomínio e rateio de fundo de reserva é do locador. Recurso desprovido."[687]

"Procedência do despejo por ausência de pagamento de condomínio e de parcial procedência da reclamação. Efeito suspensivo negado. Ausência de prejuízo. Agravo retido. Ausência de cerceamento de defesa. Prova desnecessária. Sentença *extra petita*. Manutenção de despejo por outro fundamento. Ausência de pagamento de aluguel. Falta de envio de boleto insuficiente para eximir a obrigação da locatária de efetuar o pagamento do aluguel. Mantida a condenação ao pagamento dos alugueres, cujos valores devem ser calculados considerando a bonificação e afastando a multa contratual. Reembolso de despesas extraordinárias de condomínio devido pela locadora. Defeito no imóvel. Inaplicabilidade do Código de Defesa do Consumidor. Impossibilidade de abatimento no valor do aluguel. Necessidade de redistribuição dos ônus sucumbenciais a fim de serem fixados proporcionalmente. Agravo retido. Autos de Apelação Cível nº 920256-6 12ª CCível conhecido e desprovido. Apelação conhecida e parcialmente provida."[688]

Com essas exemplificações, com relação à primeira parte do art. 45, temos que na visão da lei do inquilinato a proteção do locatário não passa por um rol taxativo, podendo, assim, encontrar respaldo na interpretação extensiva do espírito que a lei apresenta. O que nas palavras de Francisco Carlos Rocha de Barros seriam as: "(...) infindáveis regras amparando, visivelmente,

---

[685] TJSP, Apelação 013043592.2005.8.26.0000, 35ª Câmara de Direito Privado, Rel. Des. Manoel Justino Bezerra Filho, j. 05.09.2011.
[686] TJSP, Apelação 683689-0/9, 30ª Câmara de Direito Privado, Rel. Des. Andrade Neto, j. 14.09.2005.
[687] TJSP, Apelação Cível 1007102-62.2014.8.26.0003, 35ª Câmara de Direito Privado, Rel. Des. Gilberto Leme, publicação de 16.10.2014.
[688] TJPR, Apelação Cível 0009237-59.2008.8.16.0001, 12ª Câmara Cível, Rel. Des. João Domingos Kuster Puppi, publicação de 09.10.2012.

o inquilino. O legislador, por reconhecer situação de desigualdade entre locador e locatário – prejudicial a este –, acabou intervindo no meio social com uma lei cujo objetivo é defender o inquilino. Procurou compensar a desigualdade e restabelecer o desejado equilíbrio social".[689]

No tocante à parte final do art. 45 da Lei do Inquilinato, temos: "(...) notadamente as que proíbam a prorrogação prevista no art. 47, ou que afastem o direito à renovação, na hipótese do art. 51, ou que imponham obrigações pecuniárias para tanto". Entende-se aqui como uma relação específica de nulidade proposta pelo citado artigo, contudo, se trata de mero exemplo, pois é claro que sujeitar a nulidade como previsto no art. 45, somente com relação à prorrogação do contrato de locação prevista no art. 47 e ao direito de renovação seria afastar-se do espírito que a lei propõe.

Ademais, a Lei do Inquilinato adotou "uma fórmula genérica, propositadamente elástica, para abranger todas as hipóteses concretas, a lei, *ad cautelam*, fez referência expressa a algumas disposições, que seriam particularmente perniciosas ao locatário, para que não restasse a menor dúvida quanto à sua ilicitude".[690]

É nessa toada que a relação interposta na parte final do art. 45 detém caráter "meramente enunciativo".[691]

De tal sorte a Lei do Inquilinato não permite que se proíba a prorrogação automática da locação residencial celebrada por prazo inferior a 30 meses, vez que referida incidência infringe a norma insculpida no *caput* do art. 47 da lei.

Deste modo, a ratificação, pelas partes contratantes, da cláusula de inaplicabilidade da prorrogação automática da locação com vigência inferior a 30 meses será nula de pleno direito.

Vale assinalar que, ante o texto legal e os precedentes jurisprudenciais, ao locador somente seria permitida a retomada do imóvel nas circunstâncias previstas nos incisos do art. 47 da lei locatícia. Como se depreende dos seguintes julgados:

> "Recurso. Apelação. Locação de imóvel. Finalidade residencial. Ação de despejo por denúncia vazia. Contrato de locação de imóvel de finalidade residencial firmado por prazo inferior a 30 (trinta) meses. Impossibilidade de denúncia vazia. Cabe apenas a denúncia motivada, nos termos do artigo 47 da Lei nº 8.245/91. Desocupação do imóvel pela locatária no curso da lide, porém, que deve ser considerada para efeito de resolução contratual, por se tratar de fato superveniente constitutivo do direito do autor que deve ser tomado em consideração nos termos do artigo 462 do Código de Processo Civil. Relação locatícia resolvida. Improcedência. Sentença reformada. Recurso de apelação provido".[692]

> "Locação residencial. Despejo por denúncia vazia. Preliminares. Nulidade por ausência de fundamentação da sentença não configurada. Atendimento ao disposto no artigo 93, IX, da CF. Sentença *extra petita*. Inocorrência. Limites da demanda observados (CPC, arts. 128 e 460). Mérito. Contrato de locação celebrado por prazo inferior a trinta meses. Possibilidade da retomada imotivada do imóvel, desde que caracterizada alguma das hipóteses dos incisos do art. 47 da Lei nº 8.245/91. Notificação da locatária

---

[689] BARROS, Francisco Carlos Rocha de. *Comentários à Lei do Inquilinato*. 2. ed. rev. e atual. São Paulo: Saraiva, 1997, p. 224.
[690] SOUZA, Sylvio Capanema de. *A Lei do Inquilinato comentada*. 7. ed. Rio de Janeiro: GZ, 2012. p. 189.
[691] SOUZA, Sylvio Capanema de. *A Lei do Inquilinato comentada*. 7. ed. Rio de Janeiro: GZ, 2012, p. 189.
[692] TJSP, Apelação Cível 0940997-20.2012.8.26.0506, 25ª Câmara de Direito Privado, Rel. Des. Marcondes D'Angelo, publ. 14.05.2015.

TÍTULO I – DA LOCAÇÃO • **Art. 45**

acerca da intenção de retomada do imóvel depois de transcorridos mais de cinco anos de vigência ininterrupta da locação. Despejo autorizado. Inteligência do art. 47, V, da Lei nº 8.245/91. Recurso improvido."[693]

Importante dizer que tal rol elencado nos incisos do art. 47 da lei locatícia é taxativo, portanto, afastando suas incidências, nula é a cláusula que impõe tal possibilidade.

Em relação ao art. 51 da Lei do Inquilinato, temos que é nula a cláusula do contrato de locação que consubstancie a renúncia ao direito de renovar o contrato de locação do imóvel comercial, mesmo estando preenchidos os requisitos que viabilizem o ajuizamento de ação renovatória do vínculo locatício.

É de salientar o caráter cogente da norma legal determinada no art. 45 da lei locatícia com relação à aplicação do art. 51 da referida lei.

De sorte, ressaltamos a seguinte jurisprudência com especificidade na questão:

"(...) é imperioso que se considere nula a cláusula que proíba a continuidade da locação, ilidindo o direito de renovação do contrato de locação comercial, razão pela qual, a renovação de contrato de imóvel não residencial, protegido pela ação renovatória, não pode ser afastada por cláusula que estabeleça acordo para desocupação feito quando da celebração de contrato de locação".[694]

"Apelação cível. Ação de despejo. 1. Conexão de demandas. Reunião dos processos. Impossibilidade. Julgamento de um dos feitos. 2. Carência de ação por falta de interesse de agir. Meio inadequado. Inocorrência. Contrato de sublocação caracterizado. Avenças acessórias que não o desnaturam. 3. Sublocação não residencial. Cláusula que afasta a possibilidade de prorrogação, mesmo quando cumpridas as exigências legais. Nulidade. Inteligência do art. 45 da lei do inquilinato. 4. Ação renovatória. Decadência. Sublocatária que deixa transcorrer *in albis* o prazo. 5. Permanência no imóvel após findo o prazo de locação. Prorrogação por tempo indeterminado. Denúncia vazia, possibilidade. Notificação extrajudicial. Despejo decretado. Reforma da sentença. Provimento do recurso. 1. 'A conexão não determina a reunião dos processos, se um deles já foi julgado' (Enunciado n. 235 da Súmula do Superior Tribunal de Justiça). 2. 'O contrato celebrado entre Distribuidora de Combustíveis e 'Posto de Gasolina' tem natureza contratual de locação. II – Adequação da ação de despejo em virtude da aplicação da Lei nº 8.245/91. Recurso Especial desprovido'. (STJ. REsp 688.280, do DF. Quinta Turma. Rel. Min. Felix Fischer. Decisão em 04/08/2005) 3. Nos termos do art. 45 da Lei do Inquilinato: 'São nulas de pleno direito as cláusulas do contrato de locação que visem a elidir os objetivos da presente lei, notadamente as que proíbam a prorrogação prevista no art. 47, ou que afastem o direito à renovação, na hipótese do art. 51, ou que imponham obrigações pecuniárias para tanto'. 4. Cumpridas as exigências previstas nos incisos I a III do art. 51 da Lei do Inquilinato, a sublocatária possui direito à renovação do contrato por igual período àquele contratado inicialmente. Todavia, decai desse direito se não propuser a ação renovatória dentro de prazo um ano até seis meses antes da data do término do

---

[693] TJSP, Apelação 0004894-90.2011.8.26.0565, 29ª Câmara de Direito Privado, Rel. Des. Hamid Bdine, publ. 01.12.2014.

[694] TJSP, Apelação 803817-0/9, 34ª Câmara de Direito Privado, Rel. Des. Rosa Maria de Andrade Nery, j. 27.04.2005.

contrato em vigor (art. 51, § 5º, da Lei do Inquilinato). 5. Se encerrado o prazo locatício e o locatário permanecer no imóvel por mais de trinta dias, sem oposição do locador, presume-se prorrogada a locação nas condições ajustadas, mas agora por prazo indeterminado, ficando autorizada a denúncia vazia por parte do locador, desde que concedidos ao locatário trinta dias para a desocupação do imóvel (arts. 56, parágrafo único, e 57 da Lei do Inquilinato)."[695]

Pois bem, o art. 45 da lei do inquilinato prevê, então, uma relação complexa de possibilidades para declaração de nulidade das cláusulas do contrato de locação, sem que com isso crie um rol único e específico de situações que afastem outras tantas possibilidades.

Assim, o intérprete, quando da análise do caso concreto, deverá retirar do próprio ordenamento jurídico a resposta para atingir o espírito pretendido pela lei na supressão das cláusulas contratuais que visem elidir os objetivos da lei de locações.

CAPÍTULO II
Das Disposições Especiais

Seção I
Da locação residencial

Art. 46. Nas locações ajustadas por escrito e por prazo igual ou superior a trinta meses, a resolução do contrato ocorrerá findo o prazo estipulado, independentemente de notificação ou aviso.

§ 1º Findo o prazo ajustado, se o locatário continuar na posse do imóvel alugado por mais de trinta dias sem oposição do locador, presumir-se-á prorrogada a locação por prazo indeterminado, mantidas as demais cláusulas e condições do contrato.

§ 2º Ocorrendo a prorrogação, o locador poderá denunciar o contrato a qualquer tempo, concedido o prazo de trinta dias para desocupação.

Comentários (Sabrina Berardocco):

A Lei de Locações dedica dois artigos específicos para a locação residencial (arts. 46 e 47), tendo-se como premissa básica o prazo ajustado do contrato e sua forma. Ambos os elementos, na locação residencial, são de extrema importância porque refletem, diferentemente, na forma em que se dará a extinção da avença locatícia. Deverá o intérprete perquirir quanto à forma (escrito ou verbal) e quanto ao prazo (igual ou superior a 30 meses ou menor que 30 meses) para identificar se caberá ou não denúncia vazia nas locações residenciais prorrogadas por prazo indeterminado, por exemplo.

Importante afirmar que, muito embora, o art. 3º da lei ora comentada deixe expresso que "o contrato de locação pode ser ajustado por qualquer prazo", no âmbito da locação residencial, a lei cria mecanismos mais favoráveis à retomada do imóvel pelo locador quando o contrato é ajustado por prazo igual ou superior a 30 meses. Da mesma forma, o contrato de locação pode ser escrito ou verbal, sendo certo que, quando ajustada a locação residencial verbalmente, a lei cria mecanismos que dificultam a retomada do imóvel pelo locador. Tais questões serão enfrentadas nos comentários ao art. 47, mas são aqui sinalizadas para alertar que a lei privilegia a locação residencial em maior prazo (igual ou superior a 30 meses) e ajustada por escrito, revelando maior segurança e transparência para os contratantes (locador e locatário).

---

[695] TJSC, AC 80.999/SC 2007.008099-9, 3ª Câmara de Direito Civil, Rel. Des. Henry Petry Junior, j. 27.02.2009.

Vale destacar que o prazo de 30 meses previsto no art. 46 da Lei de Inquilinato não pode ser alcançado pela prorrogação de contratos:

"Recurso Especial. Locação. Imóvel urbano residencial. Denúncia vazia. Art. 46 da Lei nº 8.245/1991. *Accessio temporis*. Contagem dos prazos de prorrogações. Impossibilidade. Art. 47, V, da Lei do Inquilinato. Tempo de prorrogação. cômputo. Cabimento.

1. Recurso especial interposto contra acórdão publicado na vigência do Código de Processo Civil de 1973 (Enunciados Administrativos n°s 2 e 3/STJ).

2. Ação de despejo proposta pelo locador objetivando a retomada do imóvel com base em denúncia vazia do contrato (art. 46 da Lei nº 8.245/1991).

3. Acórdão recorrido que mantém a procedência do pedido para declarar extinto o contrato de locação e determinar a imissão na posse do imóvel.

4. A controvérsia consiste em definir o cabimento da denúncia vazia quando o prazo de 30 (trinta) meses, exigido pelo art. 46 da Lei nº 8.245/1991, é atingido com as sucessivas prorrogações do contrato de locação de imóvel residencial urbano.

5. O art. 46 da Lei nº 8.245/1991 somente admite a denúncia vazia se um único instrumento escrito de locação estipular o prazo igual ou superior a 30 (trinta) meses, não sendo possível contar as sucessivas prorrogações dos períodos locatícios (*accessio temporis*).

6. Para contrato de locação inicial com duração inferior a 30 (trinta) meses, o art. 47, V, da Lei nº 8.245/1991 somente autoriza a denúncia pelo locador se a soma dos períodos de prorrogações ininterruptas ultrapassar o lapso de 5 (cinco) anos.

7. Recurso especial provido."

(REsp 1.364.668/MG, 3ª Turma Rel. Min. Ricardo Villas Bôas Cueva, j. 07.11.2017, *DJe* 17.11.2017)

Entretanto, antes de adentrarmos em cada hipótese, relevante se faz anotar que existem, no mundo fático, locações mistas que muitas vezes deixam o intérprete do direito em dúvidas acerca de qual dispositivo utilizar, se o da locação residencial ou não residencial, quando da resolução do contrato.

A antiga definição trazida por José da Silva Pacheco[696] ainda se mantém atual, assim como os critérios apontados pelo jurista quanto à solução de casos que envolvem a locação mista: "Há locação mista quando o prédio é usado: a) para comércio e indústria, b) para comércio e residência; c) para indústria e residência; d) para fins não residenciais e não comerciais ou industriais e para fins comerciais ou industriais; e e) para fins rurais ou de uso e fruição. Nesses casos as soluções são: a) da vontade contratual; b) da preponderância de uso; c) da concorrência de leis. A solução prática é de admitir-se o princípio da preponderância de uso. Assim, por exemplo, prédio composto de loja para comércio e residência nos fundos, se esta for acessória daquela, dúvida não há na opção pela lei pertinente à locação não residencial".

Assim, em locações mistas, o critério da preponderância do uso, para fins de aplicação das regras incidentes nas hipóteses de resolução contratual (denúncia motivada ou não) tem

---

[696] In: FERREIRA, Pinto. Artigo publicado na *Revista Online*, "A legislação do inquilinato e a locação mista", doutrinas essenciais obrigações e contratos, vol. 5, p. 875, jun. 2011, DTR\2012\1306, p. 3, *apud* PACHECO, José da Silva. *Manual do inquilinato*. Rio de Janeiro: Borsoi, 1966, p. 19-20).

sido corroborado pelos Tribunais em todo País, principalmente pelo Tribunal de Justiça de São Paulo, a teor das ementas abaixo transcritas:

> "Locação de imóveis. Ação de despejo por denúncia vazia com pedido de liminar de desocupação. Decisão de Primeiro Grau que indeferiu a liminar requerida pela agravante, determinando a citação da empresa ré, pois entendeu que só seria possível concessão de liminar para locação não residencial. Alega a agravante que apesar do contrato ser de locação mista, sustenta que é predominantemente comercial. Não aplicação do artigo 59, § 1º, VIII, da Lei 8245/91. Princípio da legalidade. Não foram preenchidos os requisitos legais, correta se apresenta a decisão agravada para não concessão do despejo, em sede liminar. Recurso improvido, mantendo-se a r. decisão ora guerreada".[697]

> "Despejo. Denúncia vazia. Contrato verbal. Locação mista. Comprovação da preponderância da atividade comercial. Irrelevância de o locatário utilizar o imóvel também para residência. Fato acessório e dependente da atividade comercial. Procedência mantida. Aplica-se à locação mista as normas relativas à locação não residencial, se restar evidenciada a preponderância da atividade comercial."[698]

> "Despejo. Denúncia vazia. Locação mista. Preponderância da destinação comercial. Ação julgada procedente. Recurso improvido. Nas locações mistas, indivisíveis, vigora o princípio da preponderância da finalidade principal da ocupação, desse modo, prevalecendo a destinação mercantil, admissível a retomada por simples conveniência do senhorio."[699]

O fato é que a lei não contempla, para fins de resolução, a hipótese de locação mista, tratando de forma estanque da locação residencial (arts. 46 e 47) e não residencial (arts. 56 e 57), cuja realidade fática compeliu à utilização do critério da preponderância no uso do imóvel locado para enquadramento da regra legal. Nesse sentido: "A questão, nesse ponto, há de ser resolvida tendo em vista a predominância de utilização residencial ou comercial, a fim de que sejam aplicados os dispositivos legais pertinentes a uma ou a outra dessas locações. Dependendo da controvérsia que se estabelece a respeito, em muitas oportunidades somente a instrução probatória é que fornecerá elementos suficientes à solução da lide, com a realização até de perícia, se necessária essa prova".[700]

Paulo Restiffe Neto e Paulo Sérgio Restiffe apontam, porém, com muita propriedade que, "se divisível for a locação (seja quanto ao imóvel, seja quanto ao ajuste locativo), cada categoria, residencial e não residencial, seguirá o regime legal correspondente".[701]

Ultrapassada tal questão, para fins do artigo em comento, urge analisar a hipótese legal da resolução do contrato de locação residencial pelo simples advento do termo do contrato, sem a perquirição de qualquer outro motivo.

---

[697] TJSP, AI 171516220128260000/SP, 33ª Câmara de Direito Privado, Rel. Carlos Nunes, j. 13.02.2012, publ. 15.02.2012.
[698] 2º TACivSP, 427.354-00/6, 9ª Câmara, j. 10.05.1995, julgado por Claret de Almeida.
[699] 2º TACivSP, Ap. 339.455-7/00, 5ª Câmara, j. 19.08.1992, julgado por Alves Bevilacqua.
[700] SANTOS, Gildo dos. *Locação e despejo:* comentários à Lei 8.245/91. 6. ed. São Paulo: RT, 2010, p. 285.
[701] RESTIFFE NETO, Paulo; RESTIFFE, Paulo Sérgio. *Locação, questões processuais e substanciais.* 5. ed. São Paulo: Malheiros, 2009, p. 146.

TÍTULO I – DA LOCAÇÃO • **Art. 46**

O *caput* deste artigo traz os elementos necessários para que o locador retome a posse direta do locatário findo apenas o prazo contratual, sendo eles: *(a)* existência de contrato escrito; *(b)* o prazo de locação deverá ser igual ou superior a 30 meses (se for inferior a 30 meses a locação será regida pela regra do art. 47 a seguir comentado).

Deverão estar presentes ambos os requisitos para que, com o advento do termo, o contrato passe a ter carga resolutória, sem a necessidade de qualquer notificação ou aviso, devendo, entretanto, o locador valer-se da ação de despejo (conforme art. 5º) em até 30 dias do término do prazo contratual. Há que se destacar ainda que a Súmula 14 do extinto 2º TACível/SP pacificou a questão da dispensa da notificação, podendo ser utilizada também para as locações residenciais: "é dispensável a notificação premonitória, quando o pedido de retomada de prédio não residencial se dá logo após o término do contrato, notadamente se a ação é ajuizada dentro em 30 (trinta) dias". Nesse sentido a jurisprudência permanece uníssona:

> "Locação. Despejo. Término do contrato. Art. 46 da Lei 8.245/91. Último ajuste escrito firmado pelo prazo de 36 meses. Ajuizamento da demanda dentro dos trinta dias imediatamente posteriores ao fim do prazo determinado. Notificação premonitória. Desnecessidade. Recurso improvido".[702]

No voto, o Relator aponta ainda com muita propriedade que:

> "A locação é residencial e foi proposta dentro dos 30 dias imediatamente posteriores ao término do prazo determinado em contrato, sendo atendidos, portanto, os requisitos legais para a retomada imotivada, indicados no artigo 46, da Lei 8.245/91, sendo dispensável a notificação premonitória nesta hipótese, visto que a ação foi aforada dentro do trintídio mencionado. A existência de tratativas para a renovação do pacto não altera a situação acima, porquanto não se perfez, o que somente ocorreria com a efetiva subscrição do novo ajuste elaborado pelas partes, demonstrando, assim, o acordo de vontades para a prorrogação, a qual, todavia, inocorreu".

Portanto, deixando o locador fluir o prazo de 30 dias do término do contrato, sem que tenha se valido da ação de despejo, considerar-se-á o contrato de locação prorrogado por prazo indeterminando, por força da lei, incidindo na espécie os §§ 1º e 2º do comentado artigo, com necessidade de notificação premonitória e concessão de prazo de 30 dias para a desocupação e, posterior ajuizamento da ação de despejo (por denúncia vazia), caso o locatário não desocupe o imóvel após o recebimento da notificação. Diz-se carga resolutória, porque, conforme ensinamento de Paulo Restiffe Neto e Paulo Sérgio Restiffe, "não significa que o simples decurso do prazo contratual já resolveu ou desfez a relação locação; nem revela que já fez cessar de pleno direito a locação", significa, em verdade, que "o decurso do prazo simplesmente encerra o sentido de potencialidade subjetiva ou fator de resolução, mas não é fato que por si só resolva objetivamente a relação jurídica obrigacional".[703]

Tal posicionamento é diverso do exposto por Francisco Carlos Rocha de Barros, para quem "a locação que preenche os requisitos do art. 46 cessa de pleno direito findo o prazo

---

[702] Apelação 0000139.88.2011.8.26.0511, Piracicaba, 29ª Câmara de Direito Privado, Rel. Francisco Thomaz, j. 26.11.2014, data de registro: 26.11.2014.
[703] RESTIFFE NETO, Paulo; RESTIFFE, Paulo Sérgio. *Locação, questões processuais e substanciais*. 5. ed. São Paulo: Malheiros, 2009, p. 147.

estipulado, independentemente de notificação ou aviso... o direito de retomar, no caso, decorre do fato de que, findo o prazo contratual, considera-se automaticamente desfeito o vínculo locatício: cessou a locação. Não se trata de hipótese de denúncia vazia",[704] muito embora seja uníssona a posição quanto à necessidade da ação de despejo em tal hipótese, por força do que estatui o art. 5º da lei em comento.

Quando a locação residencial se prorroga pela fluência do trintídio (após o término do prazo contratual) sem que o locador ingresse com a ação de despejo, deverá este para a retomada do imóvel, promover a notificação ao locatário, concedendo-lhe o prazo de 30 dias para a desocupação voluntária para, após isso, acionar o Poder Judiciário com a ação despejo por denúncia vazia. Em tais casos, a notificação é condição essencial para o exercício da ação, cuja falta acarretará a extinção do processo sem julgamento do mérito pelo art. 267, VI, do CPC/1973. No CPC/2015, a regra está expressa no art. 485, VI.

Efetivamente, exigindo a Lei especial de Locações a notificação premonitória como condição essencial para o pedido de despejo imotivado ou denúncia vazia, sua falta, acarretará a extinção do processo sem julgamento do mérito pela ausência do interesse processual, na medida em que a tutela buscada não lhe será útil, já que sequer será analisada em seu mérito. José Roberto dos Santos Bedaque,[705] em comentários ao art. 485, VI, do CPC (Lei 13.105, de 16.03.2015), aponta que "tendo em vista especificidades do sistema de tutelas jurisdicionais e da multiplicidade de procedimentos, é preciso verificar se o autor adotou a técnica processual exigida para aquela situação da vida por ele apresentada. (...) O interesse de agir constitui expediente destinado a evitar processos injustificados, permitindo a verificação da utilidade social da iniciativa judicial, só admissível se apta a contribuir de forma real para a efetivação do direito e pacificação social".

Nesse sentido: "Locação de imóvel. Despejo. Denúncia vazia. Sentença de procedência. Apelação do réu. Ação proposta pelo locador sem antes notificar o locatário. Impossibilidade. Carência verificada. Recurso provido".[706]

Quanto à notificação premonitória, importante destacar ainda que, a princípio, não se exige formalidade para sua validade, uma vez que a lei não prescreve a forma, exigindo apenas que o locador comprove que deu ciência ao locatário da intenção de retomada findo o prazo concedido por lei para a desocupação. Poder-se-ia invocar, inclusive, a regra do art. 107 do Código Civil ("A validade da declaração de vontade não dependerá de forma especial, senão quando a lei expressamente a exigir"). Muitos são os julgados nesse sentido que merecem ser destacados:

> "Apelação cível. Ação de despejo por denúncia vazia de imóvel residencial. Pretensão à reforma da sentença que julgou procedente a ação. Não cabimento. Alegação de ausência de notificação prévia. Descabimento. Preenchimento dos requisitos previstos no art. 46, § 2º, da Lei 8.245/91. Caracterização. Notificação válida e eficaz. Desnecessidade de forma especial, podendo ser ela feita por via postal, bastando ser enviada ao endereço

---

[704] BARROS, Francisco Carlos Rocha de. *Comentários à Lei do Inquilinato*. 2. ed. São Paulo: RT, 1997, p. 216.
[705] BEDAQUE, José Roberto dos Santos. In: WAMBIER, Teresa Arruda Alvim et al. (coord.). *Breves comentários ao Novo Código de Processo Civil*. São Paulo: RT, 2015, p. 1.216-1.217.
[706] Apelação 0010598-87.2011.8.26.0564, 36ª Câmara de Direito Privado, Rel. Walter Cesar Exner, j. 27.11.2014, data de registro: 27.11.2014.

da locatária, sem a exigibilidade do recebimento pessoal como forma de validar os seus efeitos. Aplicação da teoria da aparência. Tratando-se de imóvel locado situado em edifício de condomínio, é irrelevante que o funcionário do prédio tenha firmado o AR se a correspondência foi entregue no endereço constante no contrato. Hipótese em que não retira a eficácia jurídica do ato, eis que é assim que as correspondências são entregues nos prédios de condomínio residencial. Lapso de tempo entre a elaboração da carta de notificação e data de sua efetiva postagem e recebimento no local de destino que não maculam a eficácia do resultado objetivado. Sentença mantida por seus próprios fundamentos. Aplicação do art. 252 do Regimento Interno deste E. Tribunal de Justiça. Recurso desprovido".[707]

"Apelação cível. Ação de despejo por denúncia vazia de imóvel residencial. Pretensão à reforma da sentença que julgou procedente a ação. Não cabimento. Julgamento antecipado da lide. Alegação de cerceamento de defesa por ausência de designação de audiência preliminar (art. 331 do CPC) e falta de dilação probatória. Inocorrência. Elementos de instrução já existentes nos autos suficientes para formar o convencimento da magistrada. Nulidade da sentença afastada. Alegação de inépcia da petição inicial por ausência de juntada de documento válido indispensável à propositura da ação. Não cabimento. Contrato de locação anterior ao contrato apresentado pelo requerido que não abala o objetivo colimado pelo autor nos autos. Hipótese em que é irrelevante a instrução da petição inicial com o último contrato de locação celebrado entre as partes, que possui o mesmo objeto e prazo do anteriormente firmado, e que também passou a viger por prazo indeterminado. Fato incontroverso nos autos quanto à existência da relação locatícia entre as partes, que se deu por contrato escrito, com prazo de 30 (trinta) meses, para fins residenciais e que vige por prazo indeterminado. Atendimento dos requisitos estabelecidos no art. 46, § 2º, da Lei nº 8.245/91. Caracterização. Alegação de irregularidade da notificação premonitória. Inocorrência. Notificação válida e eficaz. Desnecessidade de forma especial, podendo ser ela feita por via postal, bastando ser enviada ao endereço do locatário indicado no contrato, sem a exigibilidade do recebimento pessoal como forma de validar os seus efeitos. Aplicação da teoria da aparência. Demais questões trazidas aos autos envolvendo a venda do bem locado. Irrelevância, ausente interesse da locadora na continuidade da locação. Sentença mantida por seus próprios fundamentos. Aplicação do art. 252 do Regimento Interno deste E. Tribunal de Justiça. Recurso desprovido."[708]

A Súmula 22 do TJSP afasta a alegação de ineficácia da notificação premonitória quando desacompanhada de procuração, permitindo que tal vício seja sanado com a propositura da ação: "Em casos de notificação premonitória desacompanhada de procuração, consideram-se ratificados os poderes para a prática do ato com a juntada do competente instrumento de mandato ao ensejo da propositura da ação".[709] Nesse sentido é o julgado: "Ação de despejo.

---

[707] Apelação 0020633-91.2012.8.26.0008/SP, 27ª Câmara de Direito Privado, Rel. Sergio Alfieri, j. 28.04.2015, data de registro: 29.04.2015.
[708] Apelação 0006461-65.2012.8.26.0002/SP, 27ª Câmara de Direito Privado, Rel. Sergio Alfieri, j. 26.05.2015, data de registro: 27.05.2015.
[709] Disponível em: <http://www.tjsp.jus.br/download/secaodireitoprivado/sumulas.pdf>. Acesso em: 3 set. 2015.

Denúncia vazia. Cerceamento de defesa inexistente. Prova desnecessária ao caso tratado. Na ação de despejo fundada em denúncia vazia o vínculo contratual se desfaz por simples declaração de vontade do locador. Validade da notificação premonitória. Desnecessidade de que a notificação premonitória seja acompanhada de procuração. Exegese da Súmula 22 do TJSP. Notificação recebida sem qualquer ressalva. Aplicação da teoria da aparência. Locatária que não formulou pleito de renovação no momento oportuno. Hipótese que afasta a possibilidade de indenização a título de perda do fundo de comércio. Exegese dos artigos 51 e 52, § 3º, da Lei do Inquilinato. Sentença mantida. Apelo improvido".[710]

Diz-se que a notificação premonitória, a princípio, não se reveste de formalidade, porque a lei assim não exige, mas as partes poderão, no contrato de locação, pactuar a forma como esta poderá se dar para a sua validade. Nesse aspecto, tratando-se de disposição contratual e da vontade das partes, a eficácia da notificação expedida sem a observância do pactuado poderá ser considerada ineficaz.

Que o contrato de locação poderá dispor sobre a forma da notificação premonitória não há dúvidas, até porque o contrato é uma das fontes mediata ou indireta da obrigação, mas, um ponto que deve ser aqui levantado para efeitos de reflexão é se as partes poderão dispor sobre a dispensa de tal notificação, de forma a alterar o procedimento da retomada nos contratos de locação prorrogados por prazo indeterminado, conforme nova regra trazida pelo advento do Código de Processo Civil. O art. 190 do diploma legal referido abre tal possibilidade ao estatuir que, "versando o processo sobre direitos que admitam autocomposição, é lícito às partes plenamente capazes estipular mudanças no procedimento para ajustá-lo às especificidades da causa e convencionar sobre os seus ônus, poderes, faculdades e deveres processuais, antes ou durante o processo. Parágrafo único. De ofício ou a requerimento, o juiz controlará a validade das convenções previstas neste artigo, recusando-lhes aplicação somente nos casos de nulidade ou de inserção abusiva em contrato de adesão ou em que alguma parte se encontre em manifesta situação de vulnerabilidade".

O *caput* do art. 190 do CPC/2015 constitui-se em uma grande inovação no direito brasileiro e será alvo de muitas discussões doutrinárias e jurisprudenciais. Até que ponto o contrato, como fonte indireta das obrigações, poderá dispor o destino das partes? Parece-nos que o espírito do direito brasileiro está voltado à autocomposição e tal tendência já vem das convenções de arbitragens e outros mecanismos que estimulam e validam a conciliação.

Agora, com a inovação trazida pelo art. 190, na elaboração dos contratos e, no caso da lei ora comentada, nos contratos de locação, as partes poderão ter maior flexibilidade na disposição de regras, inclusive aquelas que se relacionam diretamente aos procedimentos.

A medida das convenções, entretanto, passará pelo crivo do Judiciário que passará, certamente, a régua a tais disposições contratuais. Nesse sentido, Pedro Henrique Nogueira[711] aponta o seguinte comentário ao art. 190 referido: "O juiz se vincula aos acordos celebrados pelas partes, seja os relacionados ao procedimento, seja os relacionados a ônus, poderes e deveres processuais, devendo promover a implementação dos meios necessários a cumprimento do que foi avençado pelas partes. (...) O juiz, pode, de ofício ou a requerimento, controlar a validade das convenções e negócios processuais. Todos os requisitos de validade exigíveis para a prática

---

[710] Apelação 1002571-23-2014.8.26.0361, Mogi das Cruzes, 32ª Câmara de Direito Privado, Rel. Ruy Coppola, j. 30.04.2015, data de registro: 05.05.2015.
[711] NOGUEIRA, Pedro Henrique. In: WAMBIER, Teresa Arruda Alvim et al. (coord.). *Breves comentários ao Novo Código de Processo Civil*. São Paulo: RT, 2015, p. 582-595.

dos atos processuais pelas partes em geral devem ser observados, quer os de caráter subjetivo (capacidade processual, ausência de vulnerabilidade), quer os de índole objetiva (causa versando sobre direitos passíveis de autocomposição, respeito ao formalismo processual, inclusive a observância dos limites objetivos ao exercício do autorregramento da vontade no processo".

Ainda com relação à notificação premonitória, necessário apontar que a lei não estabelece o prazo para o exercício da ação após a regular notificação, de forma que a jurisprudência ainda se mantém no sentido de que não há que falar em perda da eficácia da notificação pelo não ingresso da ação logo após.

A Súmula 23 do TJSP é clara: "A notificação premonitória não perde a eficácia pelo fato de a ação de despejo não ser proposta no prazo do art. 806 do Código de Processo Civil". Os julgados recentes se mantém nesse sentido:

> "Apelação cível. Ação de despejo por denúncia vazia. Sentença de procedência. Apelo do réu. A notificação premonitória não perde sua eficácia pelo fato de a ação de despejo não ser proposta logo após o prazo nela concedido para a desocupação do imóvel. Ausência de estabelecimento de prazo para o ajuizamento da ação na Lei de Locações. Súmula 18 do extinto 2º TACivSP. Apelo não provido".[712]

> "Locação de imóvel. Despejo por denúncia vazia. Ação proposta pouco mais de dois meses após o término no prazo para notificação premonitória. Possibilidade. Interregno de tempo razoável. Notificação válida e eficaz. Inexistência de decadência. Procedência do pedido. Sentença mantida. Recurso improvido. I – Para acolhimento do pedido de despejo, com amparo na denúncia imotivada, uma vez preenchidos os requisitos legais, não há que se negar ao locador a retomada do prédio locado, que, por lei, fica a mercê de sua conveniência. II. A notificação premonitória não perde a eficácia com a propositura da demanda pouco mais de dois meses após o prazo concedido para a desocupação."[713]

Por fim, necessário se faz adiantar a regra do art. 78 desta lei, para advertir que, tratando-se de locação firmada na vigência da legislação anterior (Lei 6.649/1979) e que vigora por prazo indeterminado, a notificação premonitória também se faz imprescindível, entretanto, em tal hipótese, o prazo a ser concedido para a desocupação não será de 30 dias, mas sim de 12 meses, conforme regra de transição prevista no art. 78.

Art. 47. Quando ajustada verbalmente ou por escrito e como prazo inferior a trinta meses, findo o prazo estabelecido, a locação prorroga-se automaticamente, por prazo indeterminado, somente podendo ser retomado o imóvel:

I – nos casos do art. 9º;

II – em decorrência de extinção do contrato de trabalho, se a ocupação do imóvel pelo locatário relacionada com o seu emprego;

III – se for pedido para uso próprio, de seu cônjuge ou companheiro, ou para uso residencial de ascendente ou descendente que não disponha, assim como seu cônjuge ou companheiro, de imóvel residencial próprio;

---

[712] Apelação 0000435-29.2013.8.26.0095, 35ª Câmara de Direito Privado, Rel. Morais Pucci, j. 01.06.2015.
[713] Apelação 0112907-26.2011.8.26.0100/SP, 35ª Câmara de Direito Privado, Rel. Mendes Gomes, j. 27.05.2013.

IV – se for pedido para demolição e edificação licenciada ou para a realização de obras aprovadas pelo Poder Público, que aumentem a área construída, em, no mínimo, vinte por cento ou, se o imóvel for destinado a exploração de hotel ou pensão, em cinquenta por cento;

V – se a vigência ininterrupta da locação ultrapassar cinco anos.

§ 1º Na hipótese do inciso III, a necessidade deverá ser judicialmente demonstrada, se:

a) o retomante, alegando necessidade de usar o imóvel, estiver ocupando, com a mesma finalidade, outro de sua propriedade situado na mesma localidade ou, residindo ou utilizando imóvel alheio, já tiver retomado o imóvel anteriormente;

b) o ascendente ou descendente, beneficiário da retomada, residir em imóvel próprio.

§ 2º Nas hipóteses dos incisos III e IV, o retomante deverá comprovar ser proprietário, promissário comprador ou promissário cessionário, em caráter irrevogável, com imissão na posse do imóvel e título registrado junto à matrícula do mesmo.

Comentários (Sabrina Berardocco):

Até agora tratamos da hipótese da denúncia imotivada da locação residencial, ou seja, quando o locador pelo advento do termo do contrato retoma o imóvel sem a necessidade de motivar sua conduta. Não serão perquiridas as causas para a desocupação na hipótese do art. 46. Situação diferente, porém, encontramos nesse artigo. O art. 47 trata das hipóteses de denúncia motivada (ou cheia) para que se possa pôr fim ao pacto locatício, à exceção do inc. V, em que se permite a denúncia vazia no art. 47, mas somente na hipótese do inc. V.

Nota-se que o artigo terá incidência se o contrato for firmado por prazo inferior a 30 meses escrito, ou, verbal.

O contrato verbal merece algumas considerações importantes. A primeira delas diz respeito à prova da existência da relação jurídica estabelecida entre as partes, no que tange ao desmembramento da posse. Na locação, o locador conserva para si a posse indireta sobre o bem, outorgando ao locatário, por meio do contrato (escrito ou verbal), a posse direta, mediante certa retribuição. Esse é o conceito trazido pelo art. 565 do Código Civil: "na locação de coisas, uma das partes se obriga a ceder à outra, por tempo determinado ou não, o uso e gozo de coisa não fungível, mediante certa retribuição".

Para que o locador possa se valer desta lei nas negociações verbais, a relação jurídica subjacente deve ser provada e estar muito bem caracterizada, haja vista a dificuldade natural na prova dos tratos verbais. Uma das provas da locação verbal que pode ser utilizada é a comprovação do pagamento do aluguel mediante recibo. Provado que tal pagamento se destina à locação, a relação jurídica que dá supedâneo a tal pagamento só poderá ser de locação, ajustada verbalmente. Parece óbvia tal colocação, mas não é e, por isso, merece atenção.

O Brasil é um país que contém inúmeros "Brasis", do ponto de vista jurídico; nem sempre as práticas comerciais e contratuais efetivadas nas grandes capitais são as mesmas praticadas no interior, sertão e por aí a fora. Estamos tratando de um pacto verbal, no qual haverá a transmissão da posse direta do bem imóvel a outrem. Essa transmissão, se não estiver muito bem caracterizada como locação, poderá dar ensejo à alegação de posse *ad usucapionem*, colocando em risco a propriedade do imóvel, então locado.

Portanto, ainda que o pacto locatício não exija forma solene, seu cumprimento deve se revestir de certa formalidade com a prova do pagamento do aluguel, para os fins de caracterização da posse cedida a título de locação, muito embora a locação possa ser provada por testemunha (arts. 212 e 227 do Código Civil e 400 e 401 e art. 442 e seguintes do CPC/2015), com a observação de que a partir da vigência do CPC/2015, o *caput* do art. 227 do Código Civil restará revogado pela disposição do art. 1.072, II, do atual diploma legal processual.

Nesse sentido, o Tribunal de Justiça de São Paulo já enfrentou demandas em que se discutiu o pacto locatício verbal e a posse *ad usucapionem*, merecendo atenção neste aspecto. Vejamos:

> "Usucapião extraordinário. Procedência. Comprovação da posse qualificada prevista no artigo 1.238, parágrafo único, do Código Civil. Aliás, exercício de posse pelos autores, sem qualquer oposição, inclusive do opoente/apelante, por cerca de vinte anos. Alegação do opoente de existência de locação verbal do imóvel aos autores não demonstrada. Sentença mantida. Recurso desprovido".[714]

No acórdão acima referido, o Desembargador Relator Salles Rossi, bem expôs o que até aqui se comentou e merece destaque:

> "A alegação do opoente/apelante de que o imóvel teria sido alugado verbalmente aos réus no ano de 1.999 não conta com o mínimo de suporte probatório. Nenhuma testemunha foi trazida pelo apelante para a confirmação do alegado. Alie-se a isso a circunstância de que a ação de despejo foi ajuizada dez anos após a celebração do pacto verbal, mesmo ante a ausência de qualquer pagamento, prazo por demais extenso em ações dessa espécie, ainda que sob a justificativa de problemas de saúde, igualmente sem comprovação".

O ônus da prova, portanto, será do locador, a quem competirá demonstrar a relação locatícia verbal, nos termos do art. 333, I, do Código de Processo Civil/1973, com correspondência no art. 373, I, do CPC/2015 e importante distribuição do ônus da prova introduzida pelo atual Código de Processo Civil no *caput* do art. 373.

Sobre o tema conferimos ainda: "Locação de imóveis. Despejo. Contrato de locação verbal. Prova inexistência. Carência da ação. Configuração. Se não configurada a relação locatícia, carece o autor de interesse de agir para propositura da ação de despejo contra o ocupante do imóvel. Preliminares rejeitadas. Recurso improvido".[715] Restou configurado no referido julgado que "o autor não logrou comprovar a existência de pacto locatício verbal firmado entre as partes, e do qual decorrem os alegados aluguéis não pagos, objeto desta ação. Cabia ao recorrente o ônus da prova do fato constitutivo alegado (locação do imóvel). E isso ele não fez".

> "Locação de imóveis. Despejo por falta de pagamento. Não comprovada a existência de contrato de locação verbal, torna-se impossível o reconhecimento da procedência da ação" (Ap. s/ Rev. 676048-0/6, 2º TAC/SP, 5ª Câmara, Rel. Francisco Thomaz, j. 28.07.2004). As ponderações contidas neste julgado foram no sentido de que "na inexistência de contrato escrito de locação e diante da negação do réu de que teria havido contrato de locação verbal, sua prova há de ser cabal. Na hipótese dos autos, o que o

---

[714] Apelação Cível 0006825-87.2009.8.26.0084, 13ª Câmara Extraordinária de Direito Privado, Rel. Salles Rossi, j. 23.06.2015.
[715] TJSP, Ap. c/ Rev. 0000548-93.2011.8.26.0566, 26ª Câmara de Direito Privado, Rel. Antonio Nascimento, j. 15.02.2012.

réu alega, negando a relação locatícia, é a existência de comodato. Portanto, à autora caberia provar a existência de contrato de locação verbalmente ajustado, tornando-se inadmissível diante da fragilidade das provas documentais produzidas e à ausência de prova oral em audiência, reconhecer-se a relação locatícia entre as partes. Acrescente-se que seria simples à autora exigir o contrato escrito ou, no mínimo, fazer prova documental do recebimento dos aluguéis, através de declaração de imposto de renda ou ainda de comprovante de depósitos bancários. Nada disso fez, agindo com incúria, cujas consequências deve agora suportar."

Nota-se, que com o atual Código de Processo Civil, as partes terão que ter mais cuidado no que tange à prova na locação verbal, haja vista a possibilidade da distribuição dinâmica do ônus da prova, conforme a regra do § 1º do art. 373, que merece aqui ser reproduzida: "Nos casos previstos em lei ou diante de peculiaridades da causa relacionadas à impossibilidade ou à excessiva dificuldade de cumprir o encargo nos termos do *caput* ou à maior facilidade de obtenção da prova do fato contrário, poderá o juiz atribuir o ônus da prova de modo diverso, desde que o faça por decisão fundamentada, caso em que deverá dar à parte a oportunidade de se desincumbir do ônus que lhe foi atribuído".

A chamada distribuição dinâmica das provas, agora juridicamente incorporada no Código de Processo Civil (2015) é tema que deve ser levado em consideração na análise da locação verbal e seus reflexos no campo da execução desse pacto.

Por isso, convém-nos trazer os ensinamentos de William Santos Ferreira[716] sobre o tema na visão atual da regra processual: "Não caberá a dinamização se o objetivo a ser alcançado pode se dar pela aplicação de outro regramento. Por exemplo, se as melhores condições envolvem apenas estar na posse de determinado documento, não cabe a distribuição dinâmica do ônus da prova para acessar este, pois há a exibição de documento em poder da parte contrária e caso não entregue este, a parte que não justificou a negativa terá contra si a presunção de veracidade do que a parte contrária pretendia provar com o documento (art. 400). Diferentemente ocorrerá se a destruição partiu da parte que possuía o documento ou esta não o protegeu, hipótese em que se for considerado que mentiu incidirá a presunção, se for verdade e o documento não mais existir provavelmente será caso de dinamização para que a parte que, por exemplo provavelmente tenha cópia ou conheça meios de recuperação de informações o faça".

Feitos tais apontamos sobre o pacto verbal, no que tange à questão probatória e sua importância e, em se presumindo a locação por prazo indeterminado quando ajustada verbalmente (Súmula 24 do TJSP: "a locação verbal presume-se por tempo indeterminado"), adentremos agora nas hipóteses de denúncia da locação residencial, que se dará apenas de forma motivada (quando verbal ou firmada por prazo inferior a 30 meses), nos exatos termos da literalidade do *caput* do artigo ora comentado (*"somente podendo ser retomado o imóvel"*).

1. Inc. I – nos casos do art. 9º

O art. 9º traz as hipóteses em que a locação poderá ser desfeita e que podem fundamentar o pedido do locador tratando-se de locação verbal ou por escrito, mas ajustada por prazo

---

[716] FERREIRA, William Santos. In: WAMBIER, Teresa Arruda Alvim et al. (coord.). *Breves comentários ao Novo Código de Processo Civil*. São Paulo: RT, 2015, p. 1.008-1.009.

inferior a 30 meses, garantindo a permanência do locatário no imóvel, que somente poderá ser acionado para resolução da avença locatícia, de forma motivada.

A primeira hipótese do art. 9º trata do mútuo acordo. Ou seja, se locador e locatário se compuserem para o desfazimento da locação e, não tendo o locatário cumprido o prazo ajustado para a desocupação, deverá o locador se valer da ação de despejo (art. 5º, LI). O art. 9º, I, não traz, a princípio, qualquer prazo de desocupação para fins da ação de despejo referida, deixando ao arbítrio das partes a fixação de tal prazo.

Entretanto, a lei de locações, ao mesmo tempo em que outorga certa margem de disposição às partes, nas situações que privilegia (como, por exemplo, o contrato de locação residencial firmado por escrito e com prazo igual ou superior a 30 meses), outorga facilidades na retomada do imóvel pelo locador, mediante o cumprimento de algumas condições. No caso do art. 9º, I, a lei não fixa prazo para a desocupação, mas se as partes tiverem firmado o acordo *(i)* por escrito, *(ii)* assinado pelas partes e duas testemunhas e *(iii)* ajustado o prazo mínimo de seis meses para desocupação, contado da assinatura do instrumento, poderá o locador valer-se da ação de despejo com pedido de liminar, fundamentada no art. 47, I, c/c o art. 59, § 1º, II, da Lei.

Se o acordo firmado conceder um prazo menor de desocupação, o despejo poderá ser proposto, mas sem pedido de liminar. Nesse sentido:

> "Agravo de instrumento. Locação de imóvel. Ação de despejo. Liminar para desocupação do imóvel sem audiência da parte contrária. Hipótese de cabimento configurada. Caução. Diante do descumprimento do acordo de rescisão do pacto locatício, em que as partes ajustaram prazo superior a seis meses para desocupação, assinado também por duas testemunhas, afigura-se correta a concessão de liminar para desocupação do imóvel locado. Oferecimento do próprio imóvel locado como caução. Possibilidade, ainda que o bem pertença também a outras pessoas, desde que a cota parte do autor corresponda a valor igual ou superior à quantia equivalente a três aluguéis. Recurso não provido".[717]

O art. 9º contempla ainda o despejo nas hipóteses de "II – em decorrência da prática de infração legal ou contratual; III – em decorrência da falta de pagamento do aluguel e demais encargos; IV – para a realização de reparações urgentes determinadas pelo Poder Público, que não possam ser normalmente executadas com a permanência do locatário no imóvel ou, podendo, ele se recuse a consenti-las", já estudadas na presente obra.

2. Inc. II – em decorrência de extinção do contrato de trabalho, se a ocupação do imóvel pelo locatário estiver relacionada com o seu emprego

Caberá a ação de despejo por denúncia cheia (ou motivada) se a locação residencial tiver sido firmada com prazo inferior a 30 meses ou verbal, mas decorrente do contrato de trabalho do locatário. Se o contrato de trabalho for extinto, deverá o locatário devolver o bem locado, sob pena da ação de despejo referida.

A ação de despejo, em tal hipótese, deverá observar o inc. III do art. 58, no que diz respeito ao valor da causa, que será de três salários vigentes à data do ajuizamento, sendo cabível

---

[717] Agravo de Instrumento 2050978-25.2015.8.26.0000/SP, 28ª Câmara de Direito Privado, Rel. Cesar Lacerda, j. 07.04.2015, data de registro: 10.04.2015.

liminar, desde que tenha prova escrita da extinção do contrato de trabalho ou seja demonstrado tal fato em audiência prévia, conforme redação do art. 59, § 1º, II, a seguir comentado.

Importante aqui apontar que não se confundem as esferas cível (locação) e trabalhista. Para que reste configurada a locação, deverá o empregado/locatário, pagar efetivamente o aluguel, evitando-se assim, discussão acerca da relação jurídica subjacente para fixação da competência da Justiça Comum na apreciação do pedido de retomada. A propósito:

> "1. Despejo por falta de pagamento c.c. cobrança. Locação de imóvel residencial ainda que reconhecido vínculo empregatício, a apreciação da questão relativa ao pacto locatício cabe à justiça comum.
>
> 2. Despejo por falta de pagamento c.c. cobrança. Locação de imóvel residencial. Contrato que prevê o pagamento mensal de aluguel, desvinculado da prestação de qualquer serviço por parte do locador, não sendo estipulada hipótese de isenção ou abatimento no valor devido eventuais direitos trabalhistas que devem ser pleiteados pela via adequada.
>
> 3. Locativo fixado com base no salário mínimo. Vício que deve ser sanado convertendo o montante pela importância correspondente em moeda nacional. Recurso provido em parte.
>
> 4. Agravo retido. Reversão da caução em favor do inquilino que só tem lugar nos casos em que o despejo é levado a efeito e, posteriormente, o pedido é julgado improcedente, o que não ocorreu na presente demanda. Recurso desprovido. (Relator: Francisco Thomaz; Comarca: Itapetininga; Órgão Julgador: 29ª Câmara de Direito Privado; Data do Julgamento: 09/04/2014; Data de Registro: 09/04/2014) – 0002159-02.2011.8.26.0269 – Apelação".

Ainda: "No que diz respeito à arguição de incompetência da Justiça Comum para julgamento do feito, cumpre ressaltar que a ocupação de imóvel pelo locatário, quando relacionada a vínculo empregatício, dá ensejo à ação de despejo em caso de extinção do contrato de trabalho e tramita pela Justiça Comum".[718]

A Desembargadora Relatora Cristina Zucchi, do Tribunal de Justiça de São Paulo, enfrentou muito bem tal questão, pontuando:

> "A princípio, não há que se confundir a hipótese de que trata o inciso II do artigo 47 da Lei nº 8.245/91, em que se prevê uma relação de locação, com pagamento de aluguel, ainda que reduzido, com outra, muito frequente, em que os empregados residem em dependências do empregador, sem qualquer contraprestação, o que caracteriza o comodato. Nestes casos, despedido o empregado, a recuperação da dependência por ele ocupada se fará pela via possessória, e não pelo despejo. No caso dos autos, verifica-se que a ocupação do imóvel em questão se deu a título oneroso (contrato de locação fls. 07/12). Nesse compasso, restou caracterizada a relação locatícia, e não simples comodato ou salário *in natura*. Diversa é a situação em que o empregado recebe moradia, integrada ao salário, como parcela *in natura*, hipótese em que não se vislumbra uma relação de locação, já que não há aluguel, e sim pagamento de salário

---

[718] Ap. 992.07.046389-0, 35ª Câmara, Rel. Des. Manoel Justino Bezerra Filho, j. 10.05.2010; *apud* Ap. 0002159-02.2011.8.26.0269.

moradia, o que afasta o cabimento de ação de despejo. A diferença para distinguir as duas situações é a existência ou não de contraprestação pela ocupação física do imóvel: se não houver essa contraprestação, tratar-se-á de comodato decorrente da relação empregatícia, como forma de salário *in natura*; existindo o pagamento, será um contrato de locação, no qual incide a regra contida no mencionado artigo 47, inciso II, da Lei do Inquilinato (...)" (Apelação 9213480-30.2008.8.26.0000, 34ª Câmara, j. 06.02.2012).

Assim, para a incidência da ação de despejo de imóvel residencial decorrente da relação empregatícia, deverá o contrato de locação conter todos os elementos para sua configuração, sob pena de desvirtuamento do instituto e caracterização do imóvel como salário *in natura* afastando o pedido de retomada via ação de despejo.

Paulo Restiffe Neto e Paulo Sérgio Restiffe apontam, com muita propriedade que "a ação reservada ao empregador, ao fim da relação empregatícia, será de índole possessória, e não de despejo, sempre que o empregado não pagar aluguel, isto é, quando inexistir relação de locação. A locação não se presume; ainda que convencionada verbalmente, comporta comprovação pelos meios comuns de prova admitidos em Direito. Se dúvida houver afaste-se, de regra, a figura da locação, para presumir-se a ocupação a título de comodato; e para reaver a posse os remédios jurídicos são subministrados pelo direito comum, e não pela Lei de Locações".[719]

Por fim, relevante apontar que tal artigo se destina ao locador-empregador e não ao locador-empresa, não se confundindo essa locação residencial com a do art. 55 desta lei.

3. Inc. III – se for pedido para uso próprio, de seu cônjuge ou companheiro, ou para uso residencial de ascendente ou descendente que não disponha, assim como seu cônjuge ou companheiro, de imóvel residencial próprio

Inicialmente, importante ressaltar que, tratando-se de mais uma hipótese de denúncia motivada da locação residencial, não se exige notificação premonitória. Confira-se: "Locação. Imóvel residencial. Contrato verbal. Pretensão de despejo julgada procedente. Uso próprio. Presunção do pacto por prazo indeterminado. Súmula nº 24, do TJSP. Desnecessidade de notificação prévia, posto cuidar-se de retomada motivada. Precedente do STJ. Direito à indenização de benfeitorias não reconhecido com acerto. Recurso não provido, com observação" (4002242-70.2013.8.26.0077, 33ª Câmara de Direito Privado, Birigui, Rel. Sá Duarte, j. 22.06.2015, data de registro: 23.06.2015).

Especificamente, o inciso trata de duas hipóteses em que o locador poderá motivar seu pedido de despejo, trazendo como elemento comum a ambas, a inexistência de imóvel residencial próprio do cônjuge ou companheiro, ascendente ou descendente, presumindo, desta forma, a sinceridade do pedido em tais hipóteses.

O locador poderá rescindir o contrato de locação residencial, nas circunstâncias já referidas no *caput* deste artigo, quando o motivo for o uso próprio, de seu cônjuge ou companheiro, ascendente ou descendente. Se estas pessoas não dispuserem de outro imóvel, haverá a presunção (relativa) da sinceridade do locador no pedido de retomada, podendo tal presunção

---

[719] RESTIFFE NETO, Paulo; RESTIFFE, Paulo Sérgio. *Locação, questões processuais e substanciais*. 5. ed. São Paulo: Malheiros, 2009, p. 136.

ser questionada judicialmente pelo locatário, já que "não compete ao autor da ação provar o fato negativo descrito na lei, qual seja, não possuir o beneficiário outro imóvel residencial. O demandado é quem poderá apresentar provas nesse sentido".[720]

Entretanto, se o companheiro, cônjuge, ascendente ou descendente possuírem imóvel próprio, o pedido de retomada também pode ser feito pelo locador, mas, em tais hipóteses, a necessidade do retomante deve ser judicialmente demonstrada, conforme regra expressa do § 1º, alíneas "a" e "b", deste artigo. Como acentua Sílvio de Salvo Venosa, "nessas situações definidas no parágrafo primeiro, não existe presunção de sinceridade. Deve o autor provar judicialmente a necessidade. Deve ser considerado insincero o retomante que omite o fato de possuir o beneficiário outro imóvel residencial, ou, no caso de utilização, que o imóvel que vem sendo utilizado é próprio. Deve o retomante indicar o nome do ascendente ou do descendente beneficiado, ou do cônjuge ou companheiro, provando liminarmente a relação de parentesco".[721]

A falta de sinceridade do locador no pedido de retomada para uso próprio poderá dar ensejo à ação de indenização movida pelo locatário, como se vê no acórdão proferido pelo Desembargador Relator Romeu Ricupero, que em seu voto aponta que "como é intuitivo, se a lei prevê na hipótese a retomada para uso próprio, desde que evidenciada que a retomada não será feita ou não foi feita para esse uso próprio, o expediente da locadora deve ser coibido, na aferição da sinceridade", sendo a ementa deste julgado a seguinte:

> "Locação de imóvel. Ação de indenização proposta por locatária em face da locadora, tendo em vista alegada retomada de imóvel para uso próprio e que depois se verificou não ser verdadeira. Falta de sinceridade. Hipótese do art. 47, III, da Lei 8.245/91. Indenização de 3 (três) meses de aluguéis, conforme aplicação analógica do contrato de locação, para a parte que cometer infração. Apelação provida em parte".[722]

Ainda, o pedido de retomada para sogro/sogra goza da chancela da doutrina e jurisprudência, sendo, portanto, permitido (*RT* 106/403; *RT* 118/392). Já o pedido de retomada para sobrinha não tem sido aceito pelo Judiciário, *ex vi* do julgado proferido pela 32ª Câmara de Direito Privado do TJSP:

> "Locação de imóveis. Despejo. Contrato prorrogado por prazo indeterminado. Retomada do imóvel para moradia de sobrinha. Impossibilidade. Parentesco colateral. Ausência de previsão legal. Hipótese restrita aos ascendentes e descendentes. Exegese do artigo 47, III, da Lei nº 8.245/91. Comprovação de requisitos necessários para a procedência do pedido. Ausência. Recurso improvido".[723]

Um ponto importante nessa espécie de retomada diz respeito à finalidade do pedido do locador. Se o locador pretender retomar o imóvel para si, seu cônjuge ou companheiro

---

[720] VENOSA, Sílvio de Salvo. *Lei do Inquilinato comentada* – doutrina e prática. 10. ed. São Paulo: Atlas, 2010, p. 213.
[721] VENOSA, Sílvio de Salvo. *Lei do Inquilinato comentada* – doutrina e prática. 10. ed. São Paulo: Atlas, 2010, p. 213-124.
[722] Ap. c/ Rev. 1204511007, Tupã, 36ª Câmara de Direito Privado, Rel. Romeu Ricupero, j. 05.03.2009, data de registro: 08.04.2009.
[723] Outros números: 1128008200, Piracicaba, 32ª Câmara de Direito Privado, Rel. Rocha de Souza, j. 24.03.2011, data de registro: 29.03.2011.

poderá, após a retomada, dar outra destinação ao imóvel que não a residencial. Não estará obrigado o locador a retomar o imóvel residencial única e exclusivamente com a finalidade de moradia. "Uso próprio não significa que eles deverão ocupar pessoalmente o prédio retomado, mas sim que deverão extrair da utilização a satisfação de um interesse pessoal que se justifique, é claro."[724]

Porém, se pretender fazer uso da denúncia motivada com fundamento no uso próprio para ascendente ou descendente, a finalidade haverá de ser para moradia destes, não podendo alterar a destinação, limitando-se, portanto, o pedido de retomada que deverá destinar o imóvel para a residência dos beneficiários do pedido (ascendente ou descendente).

Para fazer uso dessa faculdade, a lei exige a prova da propriedade para a ação de despejo, tratando-se de exceção, uma vez que, sendo a locação uma relação obrigacional, não se exige que o locador, e, portanto, o autor da ação, seja proprietário do imóvel. **Tal regra está expressa no § 2º do artigo** ora comentado. A prova da titularidade do imóvel é condição específica da ação de despejo motivado por esse pedido, sendo esta a jurisprudência atual, com certa flexibilidade nos imóveis adquiridos pela CDHU:

> "Ação de despejo para uso próprio. Locação de imóvel. Contrato verbal. Necessidade de prova da propriedade do imóvel. Dicção do art. 47, III, § 1º, 'a', da Lei 8.245/91. Prédio objeto de inventário. Ilegitimidade ativa do apelante configurada. Audiência de tentativa de conciliação dispensável ante o julgamento antecipado da lide. Extinção mantida. Recurso desprovido".[725]

> "Apelação. Locação de imóveis. Ação de despejo para uso próprio. Legitimidade ativa. Apelada que figura como locadora. Ausência de matrícula do imóvel com título aquisitivo em nome da autora. Irrelevância. Prova documental que demonstra sua condição de promissária compradora de imóvel perante a CDHU, com termo de entrega da posse comprovando ser detentora do uso e gozo do bem. Requisito do artigo 47, III, parágrafo 2º, da Lei 8245/91 atendido. Interesse no uso do bem para sua moradia suficientemente configurado. Ilegitimidade ativa afastada".[726]

Em tal acórdão restou configurado o entendimento quanto à dispensa de tal prova: "(...) É certo que o artigo 47, § 2º da Lei 8.245/91 estabelece que, na ação de despejo para uso próprio, o retomante deverá comprovar ser proprietário, promissário comprador ou promissário cessionário, em caráter irrevogável, com imissão na posse do imóvel e título registrado junto à matrícula do mesmo No entanto, ainda que ausente a certidão relativa à matrícula atualizada do imóvel, tem-se que a autora demonstrou, suficientemente, sua condição de promissária compradora, através de 'Termo de Adesão e Ocupação Provisória com Opção de Compra' e o respectivo 'anexo', firmado com a Companhia de Desenvolvimento Habitacional e Urbano de São Paulo (CDHU) em 31.05.1995 (fls. 190/193, 198/201 e 202/203), comprovando, ainda, sua imissão na posse do imóvel, mediante 'Termo de entrega de chaves' firmado em 13.05.1995

---

[724] BARROS, Francisco Carlos Rocha de. *Comentários à Lei do Inquilinato*. 2. ed. São Paulo: RT, 1997, p. 245.

[725] Apelação 0022616-39.2012.8.26.0554, Santo André, 28ª Câmara de Direito Privado, Rel. Dimas Rubens Fonseca, j. 26.05.2015, data de registro: 27.05.2015.

[726] Apelação 0008132-68.2011.8.26.0161, Diadema, 17ª Câmara Extraordinária de Direito Privado, Rel. Luis Fernando Nishi, j. 16.06.2015, data de registro: 16.06.2015.

(fls. 194). (...) Há precedentes deste E. Tribunal de Justiça do Estado de São Paulo que, em situações semelhantes, dispensaram a exigência de apresentação da matrícula do imóvel, com registro do título aquisitivo, quando se trata de ação ajuizada por adquirente de imóvel junto à CDHU (...) 'Ementa: Contrato de locação. Despejo para uso próprio. Demonstrada a impossibilidade de provar a propriedade, por meio de registro imobiliário. Recurso provido, com determinação)'".[727]

Por fim, pondera-se que o despejo para uso próprio (art. 47) só será possível quando o contrato estiver vigendo por prazo indeterminado, não podendo o locador reaver o imóvel antes do término do prazo contratualmente estabelecido, conforme regra expressa do art. 4º desta lei ("Durante o prazo estipulado para a duração do contrato, não poderá o locador reaver o imóvel alugado"), entendimento este corroborado pela jurisprudência atual:

> "Locação. Ação de despejo para uso próprio. Contrato vigendo por prazo determinado. Direito à retomada ausente. Improcedência mantida. Recurso da autora improvido. Tratando-se de locação de imóvel residencial em vigor por prazo determinado, o locador não tem o direito à resilição do contrato enquanto não esgotado esse período. (...)".[728]

4. Inc. IV – se for pedido para demolição e edificação licenciada ou para a realização de obras aprovadas pelo Poder Público, que aumentem a área construída, em, no mínimo, vinte por cento ou, se o imóvel for destinado a exploração de hotel ou pensão, em cinquenta por cento

A hipótese trazida neste inciso não se confunde com aquela prevista no art. 9º, IV, da lei que trata de realização de reparações urgentes determinadas pelo Poder Público. Aqui o pedido é motivado por interesse do locador que deverá edificar no imóvel, sendo inadmissível tal pedido para simples demolição.

O autor deverá instruir sua inicial com prova da aprovação das obras e licenças que aumentem a área construída em 20%, sendo este o entendimento de Gildo dos Santos,[729] no que tange à necessidade de que tanto a demolição (edificação nova) ou reforma deverá proporcionar um aumento de área construída em 20% da existente, permitindo maior utilidade social do imóvel. Francisco Carlos Rocha de Barros diverge de tal posicionamento, entendendo que "se o retomante pretende destruir o que existe, não faz sentido impor comparação entre o que resultará de nova edificação e o nada a que ficará reduzido o imóvel retomando. Qualquer que seja o tamanho do novo prédio, ele sempre será infinitamente maior do que coisa alguma. Razão de ordem lógica, portanto, sustenta a desnecessidade de comprovação de aumento mínimo quando se tratar de demolição para realizar nova edificação. O requisito de aumento mínimo de 20% da área construída só se faz presente na segunda possibilidade, quando, em vez de demolir e edificar novo prédio, o retomante pretender efetuar obras de reforma".[730]

---

[727] Ap. c/ Rev. 0002261-94.2009.8.26.0042, Rel. Rosa Maria de Andrade Nery, j. 01.08.2011.
[728] Apelação 0012278-24.2010.8.26.0506, Ribeirão Preto, 31ª Câmara de Direito Privado, Rel. Antonio Rigolin, j. 26.05.2015, data de registro: 26.05.2015.
[729] SANTOS, Gildo dos. *Locação e despejo*: comentários à Lei 8.245/91. 6. ed. São Paulo: RT, 2010, p. 296.
[730] BARROS, Francisco Carlos Rocha de. *Comentários à Lei do Inquilinato*. 2. ed. São Paulo: RT, 1997, p. 249.

Entretanto, em que pese a divergência doutrinária neste ponto específico, a necessidade de que a obra já tenha sido aprovada e licenciada é ponto comum entre os juristas e a jurisprudência, sob pena de ser considerado o autor carecedor da ação. Veja-se, a propósito:

> "Locação residencial. Prazo contratado inferior a doze meses. Prorrogação automática. Pedido de retomada. Alteração do pedido ou causa de pedir depois da citação. Recurso improvido.
>
> O apelante passou a deduzir novos motivos para a retomada do imóvel, como a necessidade de demolição ou para uso próprio para então regularizar a estrutura do imóvel. Ocorre que em caso de retomada por demolição, exige-se que a obra esteja licenciada, o que significa já terem sido expedidos alvarás de demolição e de construção, os quais não constam dos autos. Ademais, mesmo a retomada para uso próprio não poderia ser admitida, pois além da réplica ser intempestiva, não pode a requerente simplesmente alterar o pedido ou a causa de pedir, tendo em vista o disposto no art. 264, CPC [de 1973]".[731]

5. Inc. V – se a vigência ininterrupta da locação ultrapassar cinco anos

Até agora falamos das possibilidades de denúncia motivada para a retomada do imóvel pelo locador quando o contrato é firmado por escrito inferior a 30 meses, ou verbal. O *caput* deste artigo revela que o locador deverá motivar o pedido de retomada, seja pela ocorrência das hipóteses do art. 9º; pela extinção do contrato de trabalho; para uso próprio ou ainda para demolição e edificação no imóvel, prescindindo todas elas de notificação, pois motivado.

Entretanto, dentro desse contexto, o legislador inseriu o inc. V, que traz a hipótese do contrato escrito firmado inicialmente por prazo menor que 30 meses, prorrogado automaticamente por força da lei, ultrapassar cinco anos de locação; ou ainda, a hipótese do contrato verbal. Nota-se que, somente nestes casos, o locador poderá requerer o despejo sem um motivo, fazendo-se necessário apenas que a locação ultrapasse o prazo de cinco de anos, de forma ininterrupta, independentemente da prática de qualquer infração cometida pelo locatário.

Francisco Carlos Rocha de Barros conceitua denúncia como o "direito conferido ao locador ou ao locatário para, em determinadas situações, poder pôr fim à locação, ainda que a outra parte não tenha cometido qualquer infração".[732] O citado jurista ainda aponta a diferenciação entre a denúncia cheia e a denúncia vazia, que, pela clareza merece ser reproduzido:

> "Quando a lei permite a extinção da locação mediante simples comunicação da denúncia, sem mais nada, ela será chamada de vazia, o que ocorre nos arts. 7º, 8º, 46, § 2º, 47, V, 50, 57 e 78. Por outro lado, quando a lei não se contenta com a simples manifestação da vontade do locador, mas exige certo suporte fático, ainda que futuro, a denúncia será cheia, porque a lei exige fundamento para a denúncia. O locatário será despejado, mas não bastará a simples manifestação de vontade do locador dizendo que quer pôr

---

[731] Ap. c/ Rev. 202569006/SP, 35ª Câmara de Direito Privado, Rel. Artur Marques, j. 22.09.2008, data de registro: 29.09.2008. O art. 264 do CPC/1973 não encontra artigo correspondente no CPC/2015.
[732] BARROS, Francisco Carlos Rocha de. *Comentários à Lei do Inquilinato*. 2. ed. São Paulo: RT, 1997, p. 58.

fim à locação. O locador, então, precisará motivar e justificar a sua denúncia. Exemplos de denúncia cheia estão no art. 47 desta lei, excetuada a hipótese do inciso V que é de denúncia *vazia*".[733]

Em tal caso, a notificação premonitória do art. 46 também se faz necessária, sob pena ser considerado o locador carecedor da ação: "Locação de imóveis. Despejo por denúncia vazia. Contrato com prazo inferior a trinta meses. Denúncia vazia. Impossibilidade. Causa de pedir e pedido que não mencionam inadimplemento contratual. Sentença julga procedente ação com fundamento no art. 47, inciso I, do CPC. Carência da ação decretada. Sentença reformada. Recurso provido".[734]

Sobre o tema, seguem os julgados do Tribunal de Justiça de São Paulo:

"Ação de despejo. Denúncia vazia. Contrato de locação residencial, verbal, vigente há mais de dez anos. Notificação prévia sobre desinteresse da locadora em manter a locação. Possibilidade. Art. 47, V, Lei 8245/91. Inexistência de prova de instrumento formal válido a afastar a pretensão da autora. Art. 333, II, CPC. Apelo improvido".[735]

"Apelação cível. Ação de despejo por denúncia vazia. Sentença de extinção corretamente afastada pelo voto do Relator sorteado. Divergência quanto ao julgamento antecipado de procedência da ação de despejo por denúncia vazia. A relação locatícia verbal deve perdurar pelo menos por 5 (cinco) anos para poder ser denunciada pelo locador, segundo o inciso V do art. 47 da Lei de Locações. Impugnação da ré quanto à existência da locação por esse período, o que conduz à necessidade de produção de provas. Feito que deve prosseguir. Apelação parcialmente provida."[736]

"Contrato de locação residencial. Despejo por denúncia vazia. Impossibilidade. Contrato celebrado por prazo inferior a trinta meses. Apelação desprovida."[737]

"Despejo por denúncia vazia. Locação verbal. Ausência de comprovação. Ônus da autora. Exegese do art. 333, inciso I, do CPC. Ausência de comprovação da contratação verbal de locação. Terceiro ocupante do imóvel. Parte ilegítima para figurar no polo passivo de ação de despejo por denúncia vazia. Extinção do processo sem resolução do mérito. Art. 267, inciso VI, do CPC. Recurso provido."[738]

"Ação de despejo por denúncia vazia. Locação residencial. A retomada depende do preenchimento dos requisitos do art. 47 da Lei de Locação. Caso concreto em que

---

[733] BARROS, Francisco Carlos Rocha de. *Comentários à Lei do Inquilinato*. 2. ed. São Paulo: RT, 1997, p. 58-59.
[734] Apelação 0036535-71.2013.8.26.0001/SP, 25ª Câmara de Direito Privado, Rel. Denise Andréa Martins Retamero, j. 30.10.2014, data de registro: 30.10.2014.
[735] Apelação 0028615-35.2010.8.26.0071, Bauru, 34ª Câmara de Direito Privado, Rel. Soares Levada, j. 23.02.2015, data de registro: 24.02.2015.
[736] Apelação 0050587-06.2012.8.26.0002/SP, 27ª Câmara de Direito Privado, Rel. Morais Pucci, j. 14.10.2014, data de registro: 17.10.2014.
[737] Apelação 0130371-34.2009.8.26.0100, 30ª Câmara de Direito Privado, Rel. Des. Andrade Neto, j. 11.09.2013.
[738] Apelação 1022628-06.2013.8.26.0100/SP, 35ª Câmara de Direito Privado, Rel. Gilberto Leme, j. 29.09.2014, data de registro: 01.10.2014.

o contrato não possuía cinco anos. Falta de interesse de agir reconhecida de ofício. Apelação prejudicada."[739]

6. **§ 1º Na hipótese do inciso III, a necessidade deverá ser judicialmente demonstrada, se: a) o retomante, alegando necessidade de usar o imóvel, estiver ocupando, com a mesma finalidade, outro de sua propriedade situado na mesma localidade ou, residindo ou utilizando imóvel alheio, já tiver retomado o imóvel anteriormente; b) o ascendente ou descendente, beneficiário da retomada, residir em imóvel próprio. § 2º Nas hipóteses dos incisos III e IV, o retomante deverá comprovar ser proprietário, promissário comprador ou promissário cessionário, em caráter irrevogável, com imissão na posse do imóvel e título registrado junto à matrícula do mesmo.**

Os §§ 1º e 2º deste artigo foram tratados nos comentários aos incs. III e IV e dizem respeito à necessidade de prova da sinceridade do pedido de retomada (III), bem como da necessidade de prova da titularidade dominial do locador, tendo a jurisprudência flexibilizado a regra do título registrado junto à matrícula do imóvel, em alguns casos específicos, como já alhures apontado.

Seção II
Da locação para temporada

Art. 48. Considera-se locação para temporada aquela destinada à residência temporária do locatário, para prática de lazer, realização de cursos, tratamento de saúde, feitura de obras em seu imóvel, e outros fatos que decorrem tão somente de determinado tempo, e contratada por prazo não superior a noventa dias, esteja ou não mobiliado o imóvel.

Parágrafo único. No caso de a locação envolver imóvel mobiliado, constará do contrato, obrigatoriamente, a descrição dos móveis e utensílios que o guarnecem, bem como o estado em que se encontram.

Comentários (Marcos Lopes Prado):

A atual Lei do Inquilinato promoveu mudança significativa na disciplina legal da locação para temporada. Anteriormente, havia três condições cumulativas para que uma locação fosse tipificada na categoria de locação para temporada, a saber: (i) prazo de vigência locativa de até 90 dias, (ii) imóvel locado localizado em orla marítima ou em estação climática e (iii) locatário residente e domiciliado em cidade distinta daquela do imóvel locado.

Tal situação mudou e foram ampliados os casos de locação para temporada, acertadamente, a nosso ver. Não há mais a necessidade de o imóvel locado estar localizado em orla marítima ou em estação climática e nem importa mais o local de residência permanente do locatário. Assim, atualmente, basta que o prazo de vigência contratado da locação não ultrapasse o limite máximo de 90 dias, sendo a locação para a finalidade exclusiva de moradia temporária do

---

[739] Apelação 028295-05.2011.8.26.0344, Marília, 33ª Câmara de Direito Privado, Rel. Eros Piceli, j. 20.08.2012, data de registro: 24.08.2012.

locatário, em virtude de fatos transitórios, tais como: a prática de lazer, a realização de cursos, tratamento de saúde, feitura de obras no seu imóvel de residência, dentre outros possíveis.

Em virtude do prazo determinado de até 90 dias das locações para temporada, há necessidade de contrato escrito, não se admitindo a locação verbal. Sílvio de Salvo Venosa lembra que "a redação original remitida à Câmara continha a exigência expressa de contrato escrito. Melhor seria que se mantivesse a exigência no texto. Na prática, porém, como se trata de locação excepcional e a prazo certo, se torna incompatível com o contrato verbal. Deve ao menos existir prova escrita de que se trata de locação por temporada. A jurisprudência deverá usar da devida temperança na exigência dessa prova, como, por exemplo, um recibo bem elaborado, onde conste a finalidade da temporada, poderá ser suficiente para sua comprovação, acrescentando-se a isso as circunstâncias fáticas dessa avença. Ademais, o parágrafo único do dispositivo se refere ao rol de móveis e utensílios que devem integrar o contrato, o que reforça a necessidade de pacto por escrito".[740]

Em virtude da finalidade legal de residência temporária do locatário, as locações para temporada pertencem ao gênero de locações residenciais, exclusivamente. Não há locação para temporada de finalidade não residencial, via de regra. A única exceção legal ocorre nos casos em que a locatária é pessoa jurídica e, após os 90 dias iniciais, há a prorrogação da locação, por prazo indeterminado, nos termos do art. 50 da Lei 8.245/1991, comentado a seguir. Nesses casos, a locação perderá o seu caráter especial para temporada e, em virtude do comando imperativo do art. 55 da Lei 8.245/1991, passará a ser uma locação comum e de finalidade não residencial, excepcionalmente.

Quanto à razão da locação para temporada e da moradia transitória do locatário no imóvel locado, é pacífico que o rol legal tem natureza exemplificativa e não taxativa, permitindo, assim, outras hipóteses fáticas que justifiquem a necessidade da locação temporária do imóvel. Portanto, além das mencionadas: prática de lazer, realização de cursos, tratamento de saúde e feitura de obras no imóvel de residência permanente do locatário, admite-se outros fatos de curta duração para justificar a locação para temporada.

O imóvel a ser locado para temporada pode ou não estar mobiliado e equipado com utensílios, armários, sofás, camas, mesas, eletrodomésticos e/ou bens móveis em geral. Sua inexistência, por si só, não descaracteriza a locação para temporada. Contudo, em existindo bens móveis a guarnecerem a casa ou o apartamento a ser locado para temporada, a lei exige das partes contratantes o cuidado prévio da descrição detalhada de todos os móveis e utensílios que pertencem ao imóvel locado, bem como a informação clara sobre o estado atual de uso, conservação e manutenção em que se encontra cada um deles, antes da entrega das chaves do imóvel ao locatário e o início da relação locatícia. Tal descrição detalhada do mobiliário pode tanto integrar o corpo do próprio contrato de locação para temporada ou constar de um anexo específico, que deverá ser parte integrante do referido contrato.

Esse cuidado pode parecer um excesso de intromissão legal na relação privada das partes, mas, na prática, a locação para temporada de imóvel mobiliado representa a esmagadora maioria dos casos e ainda constitui importante fonte de conflitos judiciais posteriores ao término da locação. Infelizmente, não são poucas as demandas judiciais originadas a partir de extravio, destruição, má conservação, estragos e danos de toda ordem, causados, total ou

---

[740] VENOSA, Sílvio de Salvo. *Lei do Inquilinato comentada*: doutrina e prática. 12. ed. São Paulo: Atlas, 2013, p. 227.

parcialmente, aos bens móveis e utensílios pertencentes aos imóveis locados para temporada. Muitas demandas judiciais poderiam ser evitadas, em tese, a partir da descrição detalhada dos móveis e utensílios que guarnecem o imóvel locado para temporada, com a indicação clara do estado em que se encontram, antes e após a locação. Essa foi a intenção do legislador, que nos parece acertada.

Se não existir a descrição dos bens móveis e utensílios no contrato de locação para temporada, presume-se que o imóvel foi locado vazio. Contudo, essa presunção é relativa e sempre admitirá prova em contrário, cujo ônus processual será do locador, posto que ele não cumpriu a determinação legal de fazer constar do contrato a referida descrição dos bens móveis e utensílios. Nesses casos, por simples razões de dificuldades de prova fática, restará dificultada eventual pretensão de reparação de danos ao locador. São aplicáveis, aqui, os arts. 233 e 242 do Código Civil sobre a obrigação de devolução de utensílios e haverá que se provar que o perecimento ou a deterioração foram provocados por fato imputável ao locatário.

Por fim, importante lembrar que, nos tempos atuais, é muito comum o anúncio publicitário de locações para temporada por meio de *websites* da rede mundial de computadores. O Tribunal de Justiça do Estado de São Paulo já julgou o assunto e afastou a incidência do Código de Defesa do Consumidor para essas locações, nos seguintes termos: "Locação de imóvel para temporada. Indenização por danos morais. Exceção de incompetência. Anúncio na rede mundial de computadores que não caracteriza relação de consumo. Ação proposta no foro de domicílio da autora. Descabimento. Competência do foro do lugar dos fatos. Incidente acolhido. Agravo provido".[741]

> **Nota do organizador Luiz Antonio Scavone Junior:**
> A questão da locação por aplicativos eletrônicos é analisada no âmbito das tecnologias disruptivas.
>
> Com efeito, a 4ª Turma do STJ passou a apreciar a questão no REsp 1.819.075, julgado no dia 20.04.2021, do qual são extraídas algumas conclusões do voto do relator, com as quais já concordávamos:
>
> a) Não se trata de contrato de hospedagem que, nos termos da Lei 11.771/2008, exige uma série de serviços não prestados em razão da espécie em discussão, sendo que eventual prestação de serviço pelo locador, como, por exemplo, lavagem de roupas de cama, não é suficiente para caracterizar "hospedagem", pois é atividade circunstancial;
>
> b) Os aplicativos, como o AIRBNB em discussão, Booking, HomeAway etc., fazem parte da moderna economia de compartilhamento;
>
> c) Há "nítido propósito de destinação residencial a terceiros, mediante contraprestação pecuniária", caracterizando contrato de locação por temporada;
>
> d) A jurisprudência do STJ indica que a norma condominial restritiva é sopesada pelos critérios de razoabilidade e legitimidade em face do direito de propriedade;
>
> e) "(...) a locação realizada por tais métodos (plataforma virtual) é até mais segura – tanto para o locador como para a coletividade que com o locatário convive, porquanto fica o registro de toda a transação financeira e dos dados pessoais deste e de todos os que vão permanecer no imóvel, inclusive com histórico de utilização do sistema".

---

[741] TJSP, AI 2172365-41.2014.8.26.0000, 26ª Câmara de Direito Privado, Rel. Vianna Cotrim, j. 12.11.2014.

Nada obstante, o fato tratado neste recurso era bastante peculiar.

Como fundamento central, alegou o Condomínio infringência à convenção decorrente da "alteração da destinação residencial do edifício para comercial" e, também, reforma com fracionamento, criando novos quartos em unidade integrante do condomínio edilício; aquisição, pelos recorrentes, de mais uma unidade para a mesma finalidade; alta rotatividade; serviços esporádicos de lavanderia (e internet) prestados aos "clientes".

Com efeito, o voto divergente e vencedor da pena do Ministro Raul Araújo, negando a possibilidade no caso concreto, justificou que "a relação jurídica analisada é atípica, assemelhando a contrato de hospedagem. O que não pode ser admitido, em face da convenção condominial, *é a alteração do contrato típico em convento*, a qual restou evidenciada *pela prova dos autos*".

O Ministro mencionou "convento" provavelmente com o sentido da origem *conventus*, ou seja, reunião, assembleia, colônia romana.

Isto porque, no local, o proprietário cedia quartos da unidade para pessoas distintas e transformou a sua unidade em pensão, cedendo um quarto para cada hóspede.[742]

No caso concreto, tratava-se mesmo de hospedagem atípica de pessoas que não mantinham qualquer vínculo, ou seja, uma espécie de pensão nos cômodos da residência inserida em condomínio.

Deveras, não se enquadrava no conceito legal de locação por temporada prevista no art. 48 da Lei 8.245/1991.

O Ministro Raul Araújo, que abriu a divergência, continuou na sua exposição deduzindo que "essa peculiar recente forma de hospedagem não encontra ainda clara definição doutrinária ou mesmo legislação reguladora no Brasil. Não se confunde com aquelas espécies tradicionais de locação, nem mesmo com aquela menos antiga, denominada de aluguel por temporada. Tampouco se mistura com os usuais tipos de hospedagem ofertados de modo formal por hotéis e pousadas".

Em suma, nesse julgado, como se tratava de verdadeira pensão à moda antiga, instalada em unidade condominial, utilizando-se acidentalmente da plataforma Airbnb, a situação jurídica fática não se amoldava a qualquer hipótese de locação, mais se aproximando da hospedagem.

Logo, o caso concreto não se tratava de hospedagem tal qual delimitada pelo art. 23 da Lei 11.771/2008.[743]

---

[742] Eis o que alegou, extraído do seu depoimento: "[...] *Aí me vi apertada, até que um 'porteiro', o seu Neto, que já não trabalha mais lá, me disse 'tem um casal procurando um apartamento', e aí eu disse, 'o apartamento não está pronto', e ele disse 'mostra, não custa'. [...] E a gente virou muito amigo, ele viu a minha luta, inclusive quando ele viajou, não lembro mais pra onde ele foi, se pra Itália ou pra França, ele disse 'tu não te esquece de botar o azulejo assim', e viu a minha luta, e tinha uma amiga da ex-namorada dele que também estava procurando um lugar pra alugar e ela acabou vindo pra lá, e disse assim pra mim: 'Porque tu não aluga, não anuncia na PUC, porque ela trabalhava na PUC, e aí veio o primeiro francês e viram a **minha luta desenfreada pra tentar pagar aquele monte de dívida que estava acontecendo** e eles 'porque tu não anuncia na PUC, aí eles mesmo fizeram a instalação da Internet, até a senha foi a guria que fez lá, e o tal francês esse primeiro que veio disse pra mim 'liga para um hostel', e pediu para falar com alguém que falasse francês, e eles me deram a ideia de dividir a sala, que era bem ampla, com uma divisória de escritório, até porque eu ria, queria muito fazer isso, era uma coisa provisória pra tentar saldar dívida [...]*".

[743] "O contrato de hospedagem encerra múltiplas prestações devidas pelo fornecedor hospedeiro ao consumidor hóspede, sendo o acesso às unidades de repouso individual, apesar de principal, apenas uma parcela do complexo de serviços envolvido em referido acordo de vontades. [...] Os

Continuou o voto vencedor: "Trata-se de modalidade singela e inovadora de hospedagem de pessoas, sem vínculo entre si, em ambientes físicos de estrutura típica residencial familiar, exercida sem inerente profissionalismo por aquele que atua na produção desse serviço para os interessados, sendo a atividade comumente anunciada por meio de plataformas digitais variadas, tais como Airbnb, Alugue Temporada (Home Away), Vrbo, Booking e outros. (...)". "Atentas a tais aspectos, frise-se, as instâncias ordinárias afastaram expressamente a hipótese de locação por temporada, sob o fundamento de que 'esta última' estabelece prazo máximo de 90 dias (e-STJ, fl. 554 – acórdão), o que não teria sido verificado no caso concreto (...)". "Ocorre que a divergência entre os litigantes não está em que os ora recorrentes possam alugar regularmente seus apartamentos por período de tempo mais duradouro a determinados inquilinos, mas sim na prática frequente e continuada de, mediante remuneração, admitirem e acolherem terceiros, estranhos entre si, em cômodos existentes nos apartamentos, por curtos períodos de tempo, com considerável rotatividade de ocupantes. (...)". "Como se vê, diferentemente do caso sob exame, a locação por temporada não prevê aluguel informal e fracionado, de quartos existentes num imóvel, para hospedagem de distintas pessoas sem vínculo entre si, mas sim a locação plena e formalizada de imóvel adequado a servir de residência temporária para determinado locatário e, por óbvio, seus familiares ou amigos, por prazo não superior a noventa dias".

Portanto, curial concluir que o Recurso Especial não tratou do fato lá analisado como contrato de locação por temporada com o uso de plataformas digitais, mas, pelas circunstâncias peculiares do caso, de contrato atípico de hospedagem.

Extrai-se do acórdão: "Assim, mostra-se correto o entendimento das instâncias ordinárias de que os negócios jurídicos realizados pelos recorrentes não se enquadram nas hipóteses de locação previstas na Lei 8.245/1991, configurando, na prática, contrato atípico de hospedagem. (...) Contrato atípico de hospedagem porque também inexistente, nas peculiares circunstâncias em que se dá a prestação do serviço, qualquer estrutura ou profissionalismo suficiente, exigidos na legislação pertinente, para a caracterização da atividade como empresarial e, assim, atrair a incidência da Lei 11.771/2008, referente ao turismo e à atividade de hospedagem típica".[744]

Pensar o contrário e atribuir a esse precedente a impossibilidade de se levar a efeito contrato de locação por temporada *residencial*, nos termos do art. 48 da Lei do Inquilinato, segundo o qual *"considera-se locação para temporada aquela* **destinada à residência temporária do locatário"** **para lazer, tratamento de saúde, realização de cursos entre outras motivações temporárias, por até 90 dias, apenas pelo meio utilizado pelo locador para divulgação do seu imóvel**, significaria negar vigência ao referido dispositivo da Lei do Inquilinato e

---

SERVIÇOS abrangidos pelo contrato de hospedagem devem ser oferecidos aos consumidores pelo prazo de 24 horas, entre os quais se inserem os de limpeza e organização do espaço de repouso, razão pela qual a garantia de acesso aos quartos pelo período integral da diária não é razoável nem proporcional" (REsp 1.734.750/SP, 3ª Turma, Rel. Min. Nancy Andrighi, j. 09.04.2019, DJe 12.04.2019).

[744] A Portaria nº 100/2011 do Ministério do Turismo, o Sistema Brasileiro de Classificação de Meios de Hospedagem (SBClass) e o art. 23, *caput*, da Lei Federal n. 11.771/2008, dispõem sobre a Política Nacional de Turismo nos seguintes termos: "Art. 23. Consideram-se meios de hospedagem os empreendimentos ou estabelecimentos, independentemente de sua forma de constituição, destinados a prestar serviços de alojamento temporário, ofertados em unidades de frequência individual e de uso exclusivo do hóspede, bem como outros serviços necessários aos usuários, denominados de serviços de hospedagem, mediante adoção de instrumento contratual, tácito ou expresso, e cobrança de diária".

afrontar o direito de propriedade garantido pelo art. 5º, XXII, da Constituição, notadamente em razão do atributo da fruição.

Seja como for, independentemente deste precedente peculiar pelos fatos nele tratados, a matéria continuará controvertida, até porque não há caráter vinculante.

Posteriormente, a 3ª Turma do STJ analisou outro caso (REsp 1884483/PR).

O relator, Ministro Vilas Boas Cueva, desconsiderando o art. 48 da Lei do Inquilinato, agasalhava a tese segundo a qual, naqueles condomínios com finalidade residencial, a locação por temporada, especialmente pactuada por meios eletrônicos por curto espaço de tempo, desvirtuaria a finalidade residencial do condomínio, argumento com o qual, com todo respeito, não posso concordar ante a clareza do dispositivo, segundo o qual a locação por temporada se trata de locação com finalidade residencial.

A negativa de provimento do recurso, todavia, embora mantida no referido aresto, o foi *por fundamentos diversos*, ou seja, não só pelos fundamentos do relator, mas dos votos dos demais Ministros, cada um convergindo quanto ao resultado por diferentes fundamentos e, entre eles:

a) Afirmou, no seu voto, o Ministro Marco Aurélio Bellizze que a locação por aplicativos "em nada se afasta da locação por temporada prevista no art. 48 da Lei 8.245/1991. (...) Se a própria lei define um prazo máximo da locação para assim qualificá-la como sendo 'de temporada', não se me afigura possível que o intérprete possa, diante da detida observância desse prazo máximo no caso em exame, desqualificá-lo, baseando-se justamente no fator tempo (por considerar ser de curto ou curtíssimo espaço de tempo) (...) é preciso aferir, casuisticamente, se a locação por temporada não é desvirtuada, com a fragmentação do imóvel para acolher pessoas estranhas entre si; com oferecimento de serviços aos locatários, tais como limpeza ou refeições, etc., caso em que se evidenciaria uma nítida finalidade comercial, a desbordar, aí sim, da finalidade residencial prevista na Convenção condominial. (...) A deliberação condominial que proíbe a locação por temporada é legítima não porque desbordaria da finalidade residencial, circunstância, a meu ver, absolutamente inocorrente na hipótese retratada nos presentes autos. A proibição é legítima pois, a despeito de a locação por temporada convergir com a finalidade residencial estabelecida na convenção condominial, esse tipo de exploração econômica da unidade, sobretudo em razão do modo como é ela atualmente operacionalizada e potencializada pelas plataformas digitais do segmento, produz, de modo intrínseco, intenso reflexo na vida condominial (no tocante à segurança, à harmonia e à salubridade), surgindo daí conflitos de interesses entre os condôminos".

b) A Ministra Nancy Andrighi, por sua vez, asseverou nos seus fundamentos que: "A modificação da convenção com o intuito de inserir vedação à locação de unidade residencial por temporada por meio de aplicativos da internet não tem o propósito de alterar a destinação (residencial ou comercial) das unidades. Por consequência, não é necessária a unanimidade, sendo suficientes votos favoráveis de 2/3 dos condôminos. Na hipótese, portanto, não há que se falar em nulidade da alteração da convenção por ausência de decisão unânime dos condôminos".

No caso julgado, o condomínio havia alterado a Convenção para proibir a locação questionada, o que respeitou o quórum legal (CC, art. 1.351) de 2/3 dos condôminos.

Da minha parte, concordo que a Convenção possa bitolar o uso e a fruição.

Contudo, como aqui se trata de limitar a fruição, um dos atributos do direito de propriedade, ressalvo o meu entendimento de que a alteração deve ser unânime; não sendo suficiente o quórum ordinário de 2/3, já admitido no precedente do STJ, que serve para outras alterações que não impliquem limitar o direito de propriedade originalmente previsto na instituição; o que afirmo por ser necessário preservar a segurança jurídica decorrente de posição tabular resultante do registro da especificação do condomínio.

O STJ está, portanto, longe de pacificar a questão, havendo notícia, até o fechamento desta edição, de outro recurso versando sobre a matéria, pendente de julgamento (REsp 1.954.824, Min. João Otávio de Noronha).

Nem se diga, como afirmam alguns arestos, que a fruição do imóvel por curtos períodos, por intermédio de meios eletrônicos, contraria a destinação residencial da unidade prevista na convenção.

Essa estipulação, por si só, não pode limitar a fruição como atributo do direito de propriedade.

O período curto – que, por lei, não pode ser superior a 90 dias – pouco importa para qualificar a espécie de contrato de locação: *para temporada*.

Igualmente não é possível afirmar que, por ser temporária e com anúncios eletrônicos por plataformas de oferta de imóveis para temporada, a locação deixe de ser residencial.

Isto porque a locação para temporada é – conforme afirma, textualmente, o art. 48 da Lei do Inquilinato que a define – "destinada à *residência*... do locatário":

> Art. 48. Considera-se locação para temporada aquela **destinada à residência temporária do locatário**, para prática de lazer, realização de cursos, tratamento de saúde, feitura de obras em seu imóvel, e outros fatos que decorrem tão somente de determinado tempo, e contratada **por prazo não superior a noventa dias**, esteja ou não mobiliado o imóvel.

Nesse sentido, sobre a destinação residencial da locação para temporada, ainda que sejam utilizados meios eletrônicos para a contratação, destaca-se o seguinte julgado do Tribunal de Justiça de São Paulo:

> *Condomínio Edilício. Ação de obrigação de não fazer. Condomínio que obsta a entrada de pessoas que celebraram com o apelante contratos de locação por temporada. Restrição ao direito de propriedade. Matéria que deve ser versada na convenção do condomínio.* **Ocupação do imóvel por pessoas distintas, em espaços curtos de tempo (Airbnb) que não descaracteriza a destinação residencial do condomínio.** *Precedentes. Recurso provido em parte, por maioria. (TJSP. Apelação Cível n. 1002697-72.2018.8.26.0704, 36ª Câmara de Direito Privado, Foro Regional XV – Butantã, 2ª Vara Cível, Rel. Milton Carvalho, j. 21.02.2019, data de registro: 27.02.2019).*[745]

Do Tribunal de Justiça do Rio de Janeiro, extrai-se:

> *Agravo de instrumento. Ação de obrigação de não fazer. Indeferimento da tutela antecipada. Condomínio. Locação por temporada. Possibilidade. Manutenção do decisum. Requisitos do art. 300 do CPC/2015 não configurados em sede de cognição sumária. Necessidade de dilação probatória no processo matriz. Decisão recorrida que não se revela teratológica, contrária à lei ou à evidente prova dos autos. Incidência do verbete nº 59, da súmula da jurisprudência*

---

[745] Em igual sentido:
Ação anulatória de decisão assemblear e de obrigação de fazer. Assembleia condominial que, por maioria, deliberou proibir a locação por temporada. Restrição ao direito de propriedade. Matéria que deve ser versada na convenção do condomínio. **Ocupação do imóvel por pessoas distintas, em espaços curtos de tempo (Airbnb) que não descaracteriza a destinação residencial do condomínio.** *Precedentes. Recurso desprovido. (TJSP. Apelação Cível n. 1065850-40.2017.8.26.0114, 36ª Câmara de Direito Privado, Foro de Campinas, 1ª Vara Cível, Rel. Milton Carvalho, j. 12.07.2018, data de registro: 12.07.2018).*

deste e. Tribunal de justiça. Desprovimento do recurso. Cuida-se, na origem, de ação em que o agravante alega que a parte ré, ora agravada, estaria exercendo atividade de hotelaria dentro do condomínio, sendo que o regimento interno proibiria o uso da unidade residencial para fins comerciais. A locação por temporada encontra previsão legal no art. 48 da Lei 8.245/1991 e é aquela contratada por prazo não superior a 90 dias. Entre os direitos do proprietário, está o direito de usufruir o bem, inclusive locando a terceiros, por temporada, não podendo tal direito ser limitado pela Convenção nem pelo Regimento Interno do Condomínio, sob pena de indevida interferência e restrição no direito exclusivo de propriedade do condômino sobre a sua unidade residencial. Dentre as prerrogativas dos titulares do domínio, insere-se a de locar, ou mesmo dar em comodato, bem imóvel. Repise-se, **é vedada a locação comercial do imóvel em questão, mas não a locação por temporada, até porque, analisa-se a destinação do imóvel pelo fim que lhe é dado, que, no caso, é a moradia de turistas que visitam a cidade. Ademais, a parte agravada não comprovou o uso indevido do imóvel, não havendo especificação de condutas indevidas pelos locatários, tampouco qualquer situação inóspita criada no condomínio em função da locação do imóvel. Manutenção do decisum. Desprovimento do recurso.** (TJRJ. Agravo de Instrumento n. 0054469-98.2017.8.19.0000, **1ª Ementa,** 19ª Câmara Cível, Des. Guaraci de Campos Vianna, j. 05.06.2018).

Outro óbice normalmente imposto pelos condomínios é o curtíssimo lapso temporal da locação, muitas vezes, alguns dias ou até um final de semana.

Sylvio Capanema[746] ensina que, "ao disciplinar as locações por temporada, a Lei do Inquilinato limitou-se a fixar, para elas, um prazo máximo de 90 dias, como antes assinalado. Mas não aludiu ao prazo mínimo, até porque, na época em que foi promulgada, não se poderiam prever as profundas modificações que a tecnologia provocou no mercado locativo. Diante do silêncio da lei, não seria possível ao intérprete distinguir onde a lei não o faz".

De fato, o art. 48 da Lei do Inquilinato qualifica a locação em questão, estabelecendo que deve ser "contratada por prazo não superior a noventa dias".

Portanto, não havendo vedação na lei à contratação por pequenos prazos, resta evidente a aplicação da parêmia do direito privado segundo a qual aquilo que a lei não proibiu está, automaticamente, permitido.

De mais a mais, sendo inferior a noventa dias e por curto espaço de tempo, não se difere daquela temporalmente estendida até o limite.

Em ambos os casos, o locador recebe o aluguel pactuado, sem que isso desnature a utilização da unidade em si, que continua sendo destinada para fins residenciais.

Não se trata, a toda evidência, de utilização comercial, como seria o caso de utilização para funcionamento de escritório, consultório, loja etc.

A finalidade residencial, portanto, resta mantida e respeitada em que pese a rotatividade, que, afinal, foi permitida por lei.

A questão do pequeno lapso temporal da locação, por si só, não altera a destinação residencial do imóvel.

Igualmente, não há falar-se em contrato de hospedagem, uma vez que este tem, como elemento caracterizador, nos termos da lição de Sylvio Capanema de Souza, "a prestação regular de serviços aos usuários, tais como, por exemplo, lavanderia, arrumação dos quartos, restaurantes, central de recados, sala de jogos ou reuniões etc. Deve haver uma conjugação

---

[746] SOUZA, Sylvio Capanema de. *A lei do inquilinato comentada artigo por artigo.* 11. ed. Rio de Janeiro: Forense, 2019, p. 236.

TÍTULO I – DA LOCAÇÃO • **Art. 48**

de dois contratos típicos, um de locação de coisa, e outro de prestação de serviços, a gerar um terceiro, que não se subordina à legislação inquilinatícia".[747]

É certo que alguns condomínios modernos oferecem alguns desses serviços aos seus moradores em geral.

Nada obstante, os locatários acabem por deles usufruir, não serão serviços prestados com caráter de contraprestação, como sói ocorrer em hotéis e hospedarias.

Desse modo, não havendo qualquer vedação decorrente de destinação especial na Convenção e na especificação do condomínio residencial, é impossível juridicamente afirmar que a locação por temporada altera a destinação de modo a classificá-la como "não residencial".

Não há supedâneo jurídico para sustentar a pretendida restrição do direito de propriedade pelos condomínios cuja convenção não proíba expressamente, restringindo a destinação.

Poder-se-ia redarguir, ainda, afirmando que os inquilinos por curto espaço de tempo sobrecarregam os funcionários e a estrutura das áreas comuns do condomínio.

Ocorre que os funcionários estariam à disposição do locador, caso ele residisse no imóvel, e, igualmente, de locatários de contratos por maior lapso temporal.

Tudo poderia ser utilizado fosse lá por quem residisse no imóvel, não sendo justificativa para o impedimento, tampouco, a necessária instrução de uso das partes comuns, pois é irrelevante e não altera a função dos empregados do condomínio.

O possível uso nocivo pelos inquilinos de curto espaço de tempo é fato que não pode ser presumido.

Caso ocorra, a unidade responderá pelas penalidades convencionais e, se constante for, podem ser aplicadas as penalidades por reiteração de descumprimento ou por reiterado comportamento antissocial, ambas com supedâneo nos arts. 1.336, IV, e 1.337 do Código Civil.[748]

Deveras, conforme se depreende da sentença mencionada no aresto da lavra do Desembargador Luiz Fernando Nishi (TJSP. Apelação n. 1002129-52.2017.8.26.0361), "cabe à administração e zeladoria do condomínio a verificação dos documentos dos novos ingressantes, ressaltando-se no mais que *os requerentes proprietários continuam responsáveis pelos danos gerados pelos locatários de suas unidades*".[749]

---

[747] SOUZA, Sylvio Capanema de. *A lei do inquilinato comentada artigo por artigo*. 11. ed. Rio de Janeiro: Forense, 2019, p. 17.

[748] *Condomínio edilício – ação declaratória de nulidade de dispositivo do regimento interno que veda a instalação de habitação coletiva para moradia estudantil (república de estudantes) mesmo sob o pálio da proteção da tranquilidade e do sossego, o uso nocivo da propriedade não pode ser presumido, pois depende da prática de atos concretos pelo ocupante do imóvel, que efetivamente causem um prejuízo à convivência harmônica – ademais, o condomínio possui instrumentos legais suficientes para coibir, se o caso, o uso anormal da propriedade, bem como as eventuais interferências prejudiciais à segurança, ao sossego e à saúde dos que nele habitam (art. 1.337 do Código Civil), não havendo justificativa plausível para limitar o exercício pleno do direito de propriedade - sentença mantida. – recurso desprovido. (TJSP. Apelação n. 1006520-81.2016.8.26.0071, 5ª Câmara de Direito Privado, Des. Rel. Edgard Rosa, j.09.03.2017).*

[749] *Apelação – obrigação de não fazer – condomínio em edifício – utilização de meio eletrônico para locação temporária (Airbnb) – pretensão autoral de abstenção de aplicação de sanções pelo réu – locações temporárias que são realizadas em caráter residencial e unifamiliar – inexistência de proibição na convenção e no regimento interno do condomínio – ausência de demonstração de concreta ameaça à segurança dos demais condôminos – sentença mantida – recurso improvido,*

Não se pode olvidar o conteúdo jurídico do direito de propriedade garantido pelo art. 5º, XXII, da Constituição Federal, cuja restrição é medida de exceção.

Se não houver justificativa plausível e suporte legal para condicionar o uso – e, no caso concreto, condicionar ou limitar a destinação da unidade condominial – é de rigor o exercício da propriedade conforme o art. 1.335, I, do Código Civil, segundo o qual "São direitos do condômino: I – usar, fruir e livremente dispor das suas unidades".

1. A questão deve ser tratada na Convenção. *Quorum* para a alteração

A destinação da edificação deve ser indicada, nos termos do art. 1.332, III, do Código Civil, no ato de instituição do condomínio.

E o ato de instituir o condomínio requer o registro, junto ao oficial de registro de imóveis, além da especificação e também da convenção do condomínio, que regulará a relação entre os condôminos e as regras que pautarão a convivência nas áreas comuns.

E a convenção espelhará a destinação da edificação determinada na sua instituição.

Sendo residencial e não havendo vedação *expressa na convenção condominial*, a possibilidade da locação para temporada sequer deveria ser discutida.

Tampouco a simples alteração de regulamento interno, que não exige *quorum* qualificado, pode restringir a fruição como um dos atributos da propriedade se a convenção não restringiu e, nessa medida:

> *Ação declaratória e cominatória – deliberação em assembleia que alterou o regulamento interno do condomínio para proibir a locação por temporada das unidades por período inferior a quinze dias – pedido de tutela provisória visando a afastar a restrição imposta – possibilidade – presença de verossimilhança das alegações –* **limitação ao uso da propriedade que depende da alteração da própria convenção condominial, mediante aprovação por quorum qualificado** *– tutela concedida – decisão reformada agravo provido. (TJSP. Agravo de Instrumento n. 2253643-59.2017.8.26.0000, 30ª Câmara de Direito Privado, Foro Plantão – 1ª CJ – Santos – Vara Plantão – Santos, Rel. Andrade Neto, j. 08.08.2018, data de registro: 10.08.2018).*[750]

> *Declaratória. Realização de assembleia para constituição do condomínio onde o apelante detém a propriedade de sete unidades.* **Convenção de Condomínio editada, na forma do art. 1.332, III, do CC, que não contém qualquer referência impeditiva de locação por temporada.** *Elaboração do Regimento Interno, cuja previsão foi estabelecida nos termos do art. 1.334, V, do CC, o qual veda a locação por temporada dos imóveis localizados no Condomínio recorrido. Impossibilidade.* **Regimento Interno que é sede inadequada para instituir limitação não prevista na Convenção Condominial.** *Registro da Convenção de Condomínio para que tenha eficácia perante os condôminos. Irrelevância. Imposição do ato registrário tão somente no que tange a terceiros. Inteligência do art. 1.333, parágrafo único, do CC. Locação por temporada que não é incompatível com os fins residenciais das unidades*

---

com observação. (TJSP. Apelação Cível n. 1002129-52.2017.8.26.0361, 32ª Câmara de Direito Privado, Foro de Mogi das Cruzes, 5ª Vara Cível, Rel. Luis Fernando Nishi, j. 13.08.2018, data de registro: 13.08.2018).

[750] Nesse sentido, os seguintes precedentes do Tribunal Paulista: "Anulação de ato jurídico. Tutela antecipada. Assembleia geral extraordinária. Suspensão. Mudança de regulamento interno. Locação por temporada vetada. Restrição à propriedade. Avulta ilícito, de início, limitar o direito de propriedade por meio de regulamento interno. Tutela antecipada concedida. Decisão parcialmente reformada. Agravo parcialmente provido". (Agravo de Instrumento n. 2085717-58.2014.8.26.0000, 6ª Câm. Dir. Privado, Rel. Des. Percival Nogueira, j. 21.07.2014).

condominiais de propriedade do recorrente. Recurso provido para julgar-se procedente o pedido. Sucumbência. Inversão. Ocorrência. (Apelação nº 0009004-11.2012.8.26.0400, 10ª Câm. Dir. Privado, Rel. Des. João Batista Vilhena, j. 25.02.2014).

Nos termos desse julgado, a cujas judiciosas razões me filio, "o regimento, cuja elaboração vem prevista no art. 1.334, inc. V, do Código Civil, é conjunto de regras complementar à convenção, *devendo ser redigido segundo aquela primeira*, limitando-se a ditar as regras do dia a dia do condomínio, logo, estando claro que o regimento trata de situações comezinhas, tanto que pode ser alterado por *quorum* estabelecido na convenção, ou, simples, no silêncio daquela, enquanto a convenção mesma somente poderá vir a ser alterada por 2/3 dos condôminos, na forma do *caput*, do art. 1.333, do Código Civil".

Não se descuida, aqui, de admitir que o condicionamento da destinação da unidade condominial, como é o caso de restringir a destinação residencial vedando a locação para temporada, deve ser tratado na convenção, conforme venho insistindo, e nos termos que afirmam inúmeros precedentes.

Deveras, resta saber qual o *quorum* para alteração de convenção que, originalmente, não preveja a vedação, restringindo o uso residencial.

Isto porque é absolutamente possível a restrição convencional. São frequentes os casos não só prevendo destinação genérica nos edifícios em comerciais e residenciais, mas ampliando a descrição da destinação que passa a ser específica.

É o caso, por exemplo, de edifícios destinados a consultórios médicos, sendo vedado qualquer outro tipo de prestação de serviços.

Não há nenhuma ilegalidade no fato.

Não afirmei que a proibição eventualmente imposta à locação por temporada é ilegal, mas apenas que, em tese, as restrições ao direito de propriedade devem constar da convenção condominial.

Em consonância com o acatado, por se tratar de restrição ao direito de propriedade, entendo que, nos termos do que prevê o art. 1.332, III, do Código Civil, de acordo com a garantia constitucional do direito de propriedade insculpido no art. 5º, XXII, da Constituição Federal, notadamente quanto ao atributo da fruição, se a convenção original não bitolou a destinação residencial, a restrição que visa a impedir a locação por temporada por meio de aplicativos *deve ser aprovada pela unanimidade dos condôminos em assembleia especialmente convocada,* não sendo suficiente alterar a destinação pelo voto de 2/3, nos termos do art. 1.351 do Código Civil, ainda que se considere a alteração havida no art. 1.351 do Código Civil pela Lei 14.405/2022, que determinou o quórum de 2/3 para alterar destinação em substituição da unanimidade anterior para tanto.

É importante ressaltar a diferença entre alterar a destinação, interferindo no direito de propriedade, e fazer a mesma coisa sem interferir nesse direito garantido pelo art. 5º, XXII, da CF.

Aqui, insista-se, se trata de limitar a fruição, um dos atributos do direito de propriedade e não apenas alterar a destinação de áreas comuns. Uma coisa é obrigar alguém a cessar o uso original da sua unidade, transformada, por exemplo, em unidade comercial e outra é alterar a destinação de áreas comuns, como uma brinquedoteca em sala de ginástica.

São coisas diversas.

Em consonância com o acatado, a alteração que interfere no direito de propriedade deve ser unânime, não sendo suficiente o quórum ordinário de 2/3 já admitido pelo STJ e diversos precedentes[751], ou seja, aquele previsto no art. 1.351 do Código Civil, por ser necessário

---

[751] *Condomínio. Preliminar de nulidade da sentença. Rejeição. Locação por temporada por meio da plataforma "Airbnb". Possibilidade. A locação de imóvel residencial por curtos períodos de tempo por meio de plataformas digitais deve ser enquadrada no conceito de locação para temporada do art. 48 da Lei*

preservar a segurança jurídica decorrente de posição tabular que advém do registro da especificação do condomínio.

O Desembargador Milton Carvalho, em judicioso aresto, esclareceu que, "na falta de disposição específica na convenção de condomínio, não se revela legítima a proibição imposta aos proprietários quanto à locação de suas unidades autônomas para temporada e por meio da utilização da plataforma Airbnb. Isso porque, por se tratar de limitação ao exercício do direito de propriedade é de rigor que sua disciplina seja prevista na convenção condominial, uma vez que, nos termos do art. 1.332, III, do Código Civil, o fim a que as unidades se destinam é matéria que deve constar do referido documento. De fato, conforme já decidido no julgamento do Agravo de Instrumento n. 2087769-85.2018.8.26.0000, a convenção é o ato normativo da copropriedade, em que devem ser estabelecidos os direitos e obrigações dos condôminos entre si e perante terceiros. Portanto, em princípio, apenas mediante alteração da convenção de condomínio é que o direito de propriedade do apelante poderia ser restringido".[752]

Posta assim a questão, em que pese, de fato, ser necessária a alteração da convenção, a modificação do capítulo referente à destinação das unidades autônomas ou de restrições à destinação residencial, como é o caso, *não se trata de simples alteração da convenção, mas, como tenho insistido, de alteração qualificada que implica alteração da destinação e, mais, com restrição ao direito de propriedade no atributo da fruição, o que, por tudo, exige a aquiescência de todos.*

É preciso notar que a destinação, embora prevista na convenção, decorre da especificação do condomínio, que integra os documentos necessários à instituição do condomínio edilício, nos termos do art. 1.332, III, do Código Civil.

> Art. 1.332. **Institui-se o condomínio edilício** por ato entre vivos ou testamento, registrado no Cartório de Registro de Imóveis, **devendo constar daquele ato**, além do disposto em lei especial:
>
> III – *o fim a que as unidades se destinam.*

Segundo escólio de Marco Aurélio S. Viana:[753] "(...) Se a alteração da convenção de condomínio, por exemplo, implicar restrição ao direito de propriedade, é intuitivo que não prevalecerá, *dependendo da unanimidade dos condôminos*". Posta assim a questão, se a assembleia se reúne para alterar a convenção de condomínio e essa alteração envolve modificar o conteúdo do direito de propriedade, notadamente a fruição, a decisão demanda a concordância de todos os proprietários e não apenas de dois terços.

A alteração da especificação do condomínio exige, portanto, unanimidade dos interessados, tal como a lei exige e tal como perfilhado pela jurisprudência, incluída a do Egrégio Supremo Tribunal Federal (Recurso Extraordinário n. 71.285-PR, 2ª Turma, Min. Antonio Neder, j. 18.10.74, *Revista Trimestral de Jurisprudência*, vol. 71, p. 425-430; Recurso Extraordinário n. 89.869-9-RJ, 2ª Turma, j. 08.06.79, Rel. Min. Cordeiro Guerra, *Revista de Direito Imobiliário*, vol. 5, p. 65-67;

8.245/1991, de modo que, para impedi-la, ao menos em tese, a proibição deve, no mínimo, constar expressamente na convenção do condomínio, para cuja alteração exige-se o quórum especial de 2/3 de todos os condôminos aptos a deliberar, na forma do art. 1.351 do Código Civil, ou outro mais qualificado constante da própria convenção. Sentença de procedência que anulou a proibição da locação e declarou indevidas as multas aplicadas aos condôminos. Manutenção. Recursos não providos. (TJSP. Apelação n. 1022208-54.2020.8.26.0100, 35ª Câmara de Direito Privado, Rel. Gilson Delgado Miranda, j. 28.06.2023).

[752] TJSP. Apelação Cível n. 1002697-72.2018.8.26.0704, 36ª Câmara de Direito Privado, Foro Regional XV – Butantã, 2ª Vara Cível, Rel. Milton Carvalho, j. 21.02.2019, data de registro: 27.02.2019.

[753] VIANA, Marco Aurélio S. *Comentários ao Novo Código Civil: Dos Direitos Reais. Arts. 1.225 a 1.510*. Volume XVI. 2. ed. São Paulo: Forense, 2004, p. 502.

TÍTULO I – DA LOCAÇÃO • **Art. 48**

Recurso Extraordinário n. 94.861-PR, 1ª Turma, 24.11.81, Rel. Min. Rafael Mayer, *Revista de Direito Imobiliário*, vol. 9, p. 55-57).

Cite-se, ainda, parecer do Dr. José Celso do Mello Filho, Curador de Registros Públicos da Capital/SP, nos autos da Dúvida n. 659/84, da 1ª Vara de Registros Públicos de São Paulo, no qual diversos outros julgados do Tribunal Paulista são mencionados.

Para rematar, abalizada doutrina adota o entendimento da unanimidade, nos termos das lições de Pontes de Miranda[754] e J. Nascimento Franco e Nisske Gondo.[755]

No aspecto registral, portanto, o entrave à alteração da convenção, no que diz respeito à alteração ou restrição à destinação, é que implica alteração da especificação do condomínio.

E a unanimidade, nesse caso, decorre de exigência da segurança estática: *o titular de um direito posicional no registro não pode ser atingido na sua posição tabular, sem que haja, expressamente, sua manifestação volitiva*, salvo nas hipóteses determinadas na lei *numerus clausus*, como no caso de prescrições extintiva e aquisitiva, reclamando, todavia, vias ordinárias.

A título exemplificativo, as *Normas de Serviço da Corregedoria Geral da Justiça do Tribunal de Justiça de São Paulo*, disciplinando mais amplamente a modificação de especificações condominiais, dispõem:

> **A alteração da especificação exige a anuência da totalidade dos condôminos** *(item 74, cap. XX – atualmente item 84 da subseção V do cap. XX).*

Sem observar essa importante distinção, notadamente que a restrição ao uso determinado no ato de instituição do condomínio se trata de alteração da destinação, a exigir a unanimidade, alguns julgados se contentam com alteração da convenção pelo voto de 2/3 dos condôminos, tal qual delineada pela primeira parte do art. 1.351.[756]

---

[754] PONTES DE MIRANDA, Francisco Cavalcanti. *Tratado de direito privado*. 3. ed. reimpr. Rio de Janeiro: Borsoi, 1971, §1.342, n. 2.

[755] FRANCO, J. Nascimento; GONDO, Nisske. *Incorporações imobiliárias*. São Paulo: RT, 1984, p. 23; 135.

[756] TJSP. Apelação Cível n. 1002697-72.2018.8.26.0704, 36ª Câmara de Direito Privado, Foro Regional XV – Butantã, 2ª Vara Cível, Rel. Milton Carvalho, j. 21.02.2019, data de registro: 27.02.2019. Neste aresto, em que pese a proibição ter sido afastada, assim se pronunciou o Desembargador Arantes Theodoro na declaração de voto vencedor: "Com efeito, por se cuidar de restrição a direito assegurado na convenção condominial aquela sorte de deliberação reclamava aprovação por 2/3 dos titulares das unidades, consoante previa o art. 1.351 do Código Civil...".

Apelação – Ação anulatória de assembleia condominial c.c obrigação de não fazer – Sentença de procedência – Assembleia que deliberou sobre proibição de locação de unidade condominial por prazo inferior a doze meses – Deliberação que implica na (sic) alteração da convenção do condomínio que não estabelece limitações à locação – Necessidade de observância do *quorum* qualificado previsto no art. 1.351, do Código Civil – Maioria qualificada não observada – Nulidade da assembleia – Sentença mantida – Necessidade de majoração dos honorários advocatícios em grau recursal – Recurso desprovido. (TJSP. Apelação Cível n. 1021565-70.2018.8.26.0002, 28ª Câmara de Direito Privado, Foro Regional II – Santo Amaro, 1ª Vara Cível, Rel. Cesar Luiz de Almeida, j. 10.12.2018, data de registro: 10.12.2018).

Agravo de instrumento – Condomínio – Tutela de urgência – Deliberação em assembleia que estabeleceu prazo para locação de curta temporada – Convenção de condomínio que era silente em relação a este ponto – Necessidade de alteração da convenção com o *quorum* previsto no art. 1.351 do CC e convocação específica – Decisão reformada. Agravo de Instrumento provido. (TJSP. Agravo de Instrumento n. 2224345-22.2017.8.26.0000, Rel. Jayme Queiroz Lopes, 36ª Câmara de Direito Privado, Foro Central Cível – 32ª Vara Cível, j. 23.03.2018, Data de Registro: 23.03.2018).

Quanto ao respeito da destinação residencial e à exigência de alteração da convenção, o seguinte aresto:[757]

> Ação declaratória de inexigibilidade de débito c/c obrigação de não fazer – Ação julgada improcedente, procedente a reconvenção – Falta de fundamentação da sentença – Inocorrência – Locação por temporada por meio do site Airbnb, que não desnatura a utilização da unidade condominial com destinação residencial – Restrição que, embora decidida em assembleia, não está prevista expressamente na convenção, o que invalida a aplicação de multa – Discussão acerca do cabimento da limitação e vícios da assembleia que ultrapassam a pretensão autoral – Razões acolhidas para julgar procedente a ação e improcedente a reconvenção, invertidas as sucumbências – Sentença modificada – Recurso provido, rejeitada a preliminar. (TJSP. Apelação Cível n. 1117942-37.2017.8.26.0100, 25ª Câmara de Direito Privado, Foro Central Cível, 23ª Vara Cível, Rel. Claudio Hamilton, j. 16.05.2019, data de registro: 20.05.2019).

Nada obstante, já se entendeu que eventuais vícios na assembleia que alterou a convenção devem ser questionados pelas vias ordinárias, aplicando-se o entendimento segundo o qual a assembleia gera efeitos até que seja invalidada.[758]

---

[757] Da fundamentação se extrai: O fato de a autora locar o imóvel por temporada, ainda que por locação diária através do site Airbnb, não desqualifica a natureza residencial da utilização do imóvel, admitida pelo art. 48 da Lei de Locação. Em outras palavras, a utilização do imóvel para locação por curtíssimo espaço de tempo não implica descumprimento à destinação residencial imposta na convenção de condomínio.
Isso porque a restrição imposta pelo condomínio envolve a destinação das unidades condominiais, portanto, nos termos do art. 1.332, III, deve estar prevista em convenção condominial.
Em igual sentido:
Ação anulatória de decisão assemblear e de obrigação de fazer. Assembleia condominial que, por maioria, deliberou proibir a locação por temporada. Restrição ao direito de propriedade. Matéria que deve ser versada na convenção do condomínio. Ocupação do imóvel por pessoas distintas, em espaços curtos de tempo (Airbnb), que não descaracteriza a destinação residencial do condomínio. Precedentes. Recurso desprovido. (TJSP. Apelação n. 1065850-40.2017.8.26.0114, 36ª Câmara de Direito Privado, Rel. Milton Carvalho, j. 12.07.2018).
Ação declaratória e cominatória – Deliberação em assembleia que alterou o regulamento interno do condomínio para proibir a locação por temporada das unidades por período inferior a quinze dias – Pedido de tutela provisória visando a afastar a restrição – Imposta – Possibilidade – Presença de verossimilhança das alegações limitação ao uso da propriedade que depende da alteração da própria convenção condominial, mediante aprovação por *quorum* qualificado – Tutela – concedida – Decisão reformada. Agravo provido. (TJSP. Agravo de Instrumento n. 2253643-59.2017.8.26.0000, 30ª Câmara de Direito Privado, Foro Plantão, 1ª CJ – Santos, Vara Plantão – Santos, Rel. Andrade Neto, j. 08.08.2018, data de registro: 10.08.2018).

[758] Enquanto não anulada, a decisão votada em assembleia tem plena eficácia e produz todos os seus efeitos, devendo ser respeitada por todos os condôminos. Ademais, descabe em sede de ação de cobrança discussão acerca de nulidade da assembleia. Apelação desprovida (TJSP. Apelação sem Revisão n. 0048843-31.2002.8.26.0000, 6ª Câmara do Terceiro Grupo (Extinto 2° TAC), Foro Central Cível, 16ª V. Cível, Rel. Andrade Neto, j. 18.02.2004, data de registro: 26.02.2004).
Apelações – Ação de obrigação de não fazer cumulada com declaratória de inexigibilidade de multa – Condomínio réu que pretende obstar a autora de locar sua unidade por curto período de tempo, disponibilizando o imóvel na plataforma digital "Airbnb", tendo inclusive lhe aplicado multa por conta disso – Sentença de improcedência – Recurso adesivo do réu – Não conhecimento – Ausência de interesse recursal – Formulação de pedido que coincide com o que se reconheceu em seu favor na sentença apelada – (...). Recurso da autora – Ausência de vedação em convenção condominial à época da propositura da ação – Utilização que não desconfigura a finalidade residencial do edifício – Inexistia qualquer justificativa jurídica para restringir o direito de propriedade da ré, impondo-se a anulação da multa que lhe foi aplicada – Alteração da convenção condominial no curso do processo,

Nessa medida:

> Ação de obrigação de não fazer – Locação de curta temporada em condomínio residencial – Tutela de urgência deferida – Garantia da segurança e sossego dos demais moradores – convenção condominial recém-modificada para proibir expressamente a locação nos moldes efetuados pela plataforma 'Airbnb' – Agravo de instrumento não provido. (TJSP. Agravo de Instrumento n. 2253219-80.2018.8.26.0000, 33ª Câmara de Direito Privado, Foro de Valinhos – 3ª Vara, Rel. Eros Piceli, j. 27.02.2019, data de registro: 27.02.2019).

O Desembargador Eros Piceli, relator desse caso, deixou consignado que "a alteração é válida e obriga a agravada, assim como os demais condôminos, enquanto não impugnada judicialmente".

2. Corrente que sustenta a impossibilidade de locação por temporada nos condomínios com destinação residencial por se tratar de destinação não residencial

A par do meu entendimento sobre o tema, é importante consignar que existe corrente diversa sustentando que a locação por curta temporada, notadamente por meio de aplicativos e por meios eletrônicos de oferta, não respeita a destinação residencial, ou seja, por se tratar de exploração do imóvel por curto lapso temporal, com rotatividade elevada, a utilização, somente por esse aspecto, seria "não residencial", se aproximando do contrato de hospedagem.[759]

Para quem assim pensa, a destinação residencial implica permanência do residente por tempo razoável e a locação por curto espaço não respeitaria esse requisito, transformando a locação em "não residencial".

Com todo respeito a quem assim sustenta, me parece que o entendimento está divorciado da lei e, por esta simples razão, não prospera.

Com efeito, repita-se o teor do art. 48 da Lei 8.245/1991, que trata da locação por temporada, até noventa dias, sem estabelecer prazo mínimo, como locação residencial:

> Art. 48. Considera-se locação para temporada aquela **destinada à residência** temporária do locatário, para prática de lazer, realização de cursos, tratamento de saúde, feitura de obras em seu imóvel, e outros fatos que decorrem tão somente de determinado tempo, e contratada **por prazo não superior a noventa dias**, esteja ou não mobiliado o imóvel.

Extraem-se do voto vencido do Desembargador paulista Pedro Baccarat[760] as razões da referida corrente[761], da qual me divorcio pelas razões já expostas.

---

que passou a incluir vedação expressa à situação tratada nos autos – Eventuais vícios, formais ou materiais, da assembleia e da convenção devem ser impugnados pelas vias próprias, uma vez que transbordam a causa de pedir e os pedidos da presente ação – Perda superveniente do objeto que foi causada pelo réu, devendo este arcar com a integralidade das custas, despesas processuais e honorários advocatícios (art. 85, § 10, do Código de Processo Civil) – Recurso da autora parcialmente provido – Recurso adesivo do réu não conhecido. (TJSP. Apelação Cível n. 1033138-05.2018.8.26.0100, 25ª Câmara de Direito Privado, Foro Central Cível – 13ª Vara Cível, Rel. Hugo Crepaldi, j. 13.12.2018, data de registro: 14.12.2018).

[759] No STJ, REsp 1884483/PR, foi nesse sentido o voto do relator designado.

[760] TJSP. Apelação Cível n. 1002697-72.2018.8.26.0704, 36ª Câmara de Direito Privado, Foro Regional XV – Butantã – 2ª Vara Cível, Rel. Milton Carvalho, j. 21.02.2019, data de registro: 27.02.2019.

[761] Apelação – Ação de obrigação de não fazer – Sentença de procedência – Unidade condominial que passou a ser locada por curta temporada através de plataformas digitais – Situação que se assemelha à hotelaria e hospedaria – Característica não residencial – Convenção condominial e regimento interno que preveem a finalidade estritamente residencial – Impossibilidade do tipo de locação

Na sua fundamentação, reconhece que o art. 1.336, IV, do Código Civil, autoriza o condômino a fruir, ou seja, admite que a locação está autorizada, pois a fruição é um dos atributos do direito de propriedade, mas, na medida em que a destinação estampada na convenção é residencial, sustenta que só se admite a residência "em caráter permanente, ou quando menos, em caráter duradouro", visto que, do contrário, possui finalidade característica de hotelaria ou hospedaria, e, assim, não residencial.

Nos termos do seu voto, argumenta que "a noção de residência não se extrai apenas da oposição ao uso comercial, mas especialmente de sua duração. Residente é o que se acha em determinado lugar em caráter permanente, esta a noção que distingue residentes de turistas, domicílios eleitorais ou tributários. Impõe-se, então, reconhecer que nos condomínios cujas convenções referem-se ao uso residencial cumpre aos que pretendem fazer uso de suas unidades para locações de curta duração e compartilhadas, promoverem a alteração da norma interna, para nela consignar a possibilidade deste uso não residencial. Em síntese, são

---

pretendida pelo autor – Sentença reformada – Recurso provido. (TJSP. Apelação Cível n. 1027326-50.2016.8.26.0100, 28ª Câmara de Direito Privado, Foro Central Cível – 2ª Vara Cível, Rel. Cesar Luiz de Almeida, j. 15.10.2018, data de registro: 15.10.2018).

Apelação cível – Interposição contra sentença que julgou procedente ação de obrigação de não fazer e improcedente a ação ordinária conexa. Imóvel residencial que passou a ser oferecido para locação por meio do site Airbnb.com.br., situação que se assemelha à hotelaria e hospedaria. Característica não residencial. Observação da cláusula quarta, parágrafo único, da Convenção do Condomínio, e do art. 1.336, IV, do Código Civil. Honorários advocatícios majorados, nos termos do art. 85, § 11, do Código de Processo Civil de 2015. Sentença mantida. (TJSP. Apelação Cível n. 1001165-97.2017.8.26.0510, 33ª Câmara de Direito Privado, Foro de Rio Claro – 2ª Vara Cível, Rel. Mario A. Silveira, j. 27.08.2018, data de registro: 31.08.2018).

Apelação – Locação residencial – Ação de despejo por infração às disposições contratuais – Sublocação do imóvel por meio de plataformas eletrônicas (Casa Férias, Mercado Livre, Airbnb) – Infração caracterizada – Despejo bem decretado. A locadora autorizou a ocupação do imóvel por pessoas distintas do locatário, temporariamente, ainda que de forma remunerada. Essa cláusula, contudo, não parece conferir permissão ao locatário para descaracterizar a finalidade da locação, dando ao imóvel uso diverso do previsto no contrato. Deve-se entender que os hóspedes poderiam ser recebidos pelo locatário, desde que ele lá mantivesse sua residência habitual, o que não descaracterizaria a finalidade convencionada para o uso do imóvel, pois essa interpretação é a única que pode ser dada ao conjunto das disposições contratuais. Ao divulgar o imóvel para locação nas plataformas digitais, o locatário descaracterizou a finalidade residencial da locação, pois na linha do entendimento prevalente desse Tribunal a locação de imóvel em plataformas não tem caráter residencial. Os anúncios colacionados ao processo dão a entender que todo o imóvel era disponibilizado para locação, até para grupos relativamente grandes (15 pessoas), e por tempo indeterminado, o que revela não estar recebendo pessoas, esporádica e temporariamente, enquanto o locatário mantinha no imóvel sua morada habitual. Apelação desprovida. (TJSP. Apelação Cível n. 1001110-67.2017.8.26.0116, 30ª Câmara de Direito Privado, Foro de Campos do Jordão – 1ª Vara, Rel. Lino Machado, j. 05.12.2018, data de registro: 06.12.2018).

Condomínio – Ação de obrigação de não fazer com pedido de tutela de evidência – Decisão de Primeiro Grau que revogou a liminar anteriormente concedida, a fim de obstar o condomínio de vedar ou criar embaraços à locação dos imóveis das autoras na modalidade 'on-line' por temporada (Airbnb) – Regulamento Interno do Condomínio que veda tal prática – Utilização de imóvel residencial com contornos de hotelaria, em condomínio, configurando-se, tal modalidade, na prática, uma atividade com fins comerciais – Alta rotatividade de pessoas no condomínio, que altera a rotina e a segurança do local, não se vislumbrando, por ora, restrição ao direito de propriedade, mas, sim, medida proibitiva e protetiva do interesse geral dos moradores – Decisão mantida – Recurso não provido. (TJSP. Agravo de Instrumento 2187081-34.2018.8.26.0000, 31ª Câmara de Direito Privado, Foro Regional II – Santo Amaro – 8ª Vara Cível, Rel. Carlos Nunes, j. 07.01.2019, data de registro: 07.01.2019).

os que pretendem dar novo uso às unidades condominiais que devem promover a alteração da convenção, sendo suficientes aos moradores que exijam o cumprimento da convenção que antes fixou o uso exclusivamente residencial".[762]

Nesse sentido, o seguinte julgado:

> *Condomínio – Ação de obrigação de não fazer com pedido de tutela de urgência – Decisão de Primeiro Grau que concedeu a tutela de urgência para fim de que o condomínio requerido se abstenha de multar o requerente pelo recebimento de visitas em sua residência, que caracterizem locação temporária inferior a 180 dias, sob pena de multa a ser oportunamente fixada – Pretensão de locação do imóvel do autor em qualquer modalidade, inclusive 'on-line' por temporada (Airbnb) – Convenção Condominial que veda tal prática ao dispor que **as unidades autônomas possuem destinação residencial – Utilização de imóvel residencial com contornos de hotelaria, em condomínio, configurando-se, tal modalidade, na prática, uma atividade com fins comerciais** – Alta rotatividade de pessoas no condomínio que altera a rotina e a segurança do local, não se vislumbrando, por ora, restrição ao direito de propriedade, mas sim, medida proibitiva e protetiva do interesse geral dos moradores – Decisão reformada – Recurso provido. (TJSP. Agravo de Instrumento n. 2257026-11.2018.8.26.0000, 31ª Câmara de Direito Privado, Foro Central Cível – 6ª Vara Cível, Rel. José Augusto Genofre Martins, j. 11.03.2019, data de registro: 11.03.2019).*

Nesse aresto, foi admitida a regulamentação – não alteração – da Convenção, estabelecendo que "a locação temporária não poderia ser inferior a 180 dias", dispensado o *quorum* qualificado; o que, no meu entendimento, desvirtua a norma cogente da Lei do Inquilinato insculpida no art. 48, que diz exatamente o contrário, ou seja, que a locação temporária não pode ultrapassar 90 dias, sob pena de se considerar locação por 30 meses.

Portanto, não só não se pode desvirtuar norma cogente quanto à restrição, por atingir atributo do direito de propriedade – a fruição –, deveria ser tomada à unanimidade.

Também, nesse julgado, sustentou-se que a locação por aplicativo tem natureza comercial, afrontando o teor do art. 48 da Lei do Inquilinato, o que fez nos seguintes termos: "nesse tipo de modalidade de locação on-line temporária, contratada por aplicativo Airbnb, o que se tem é o uso do imóvel, pelo proprietário, para uma espécie de locação, tida como para temporada, mas que, entretanto, tem contornos de hotelaria, semelhantes à finalidade hoteleira ou de hospedaria e pensão, o que é vedado pelo condomínio, em suas normas internas, configurando-se, tal modalidade, na prática, uma nítida atividade comercial".

Nada obstante, conforme tratei acima, com supedâneo em abalizada doutrina, para que se caracterize contrato de hospedagem, os serviços prestados devem ter caráter de contraprestação, pois assim ocorre em hotéis e hospedarias.

Nada disso ocorre em locação para temporada em condomínios edilícios, cujos serviços, ainda que existam, estão à disposição dos moradores, e não se trata de contraprestação do locador.

Simples oferta de arrumação e limpeza tampouco alteram a natureza jurídica do contrato, devido à irrelevância dessas ações diante da flagrante preponderância da locação.

---

[762] No mesmo sentido:
"Agravo de instrumento. Condomínio. Tutela de urgência de natureza antecedente. Pretensão para que possa o proprietário livremente locar seu imóvel por temporada mediante uso de aplicativos, bem como para ser afastada a restrição de uso das áreas comuns pelos inquilinos. Locação por uso de aplicativos ou plataformas eletrônicas ('Airbnb' e afins) que possui finalidade característica de hotelaria ou hospedaria. Deliberações tomadas em assembleia geral ordinária por medida de segurança aos condôminos. Inteligência do art. 300 do CPC/2015. Necessidade de dilação probatória. Recurso improvido". (Agravo de Instrumento n. 2102787-49.2018, Rel. Des. Adilson de Araújo, j. 14.06.2018).

> Justificou-se, ainda, no interesse de manter a segurança dos condôminos e na dificuldade de fiscalização, o que se fez com os seguintes argumentos: "como se sabe, a alta rotatividade de pessoas estranhas no espaço coletivo acaba alterando a sua rotina, dificultando a fiscalização e a segurança do condomínio, criando riscos a todos os demais moradores. Assim sendo, não se vislumbra, no caso, uma restrição pura e simples ao direito de propriedade do autor, mas, sim, a tomada de medidas protetivas dos interesses gerais dos moradores, pelo grupo que integra a gestão do Condomínio, em prol da manutenção das normas estabelecidas na Convenção".

> Como afirmei alhures, a unidade fica sujeita às penalidades decorrentes do descumprimento das normas legais e convencionais pelos inquilinos, não sendo possível e sequer razoável presumir, por antecipação, que ocorrerá violação. De mais a mais, cabe aos condomínios se organizar com cadastros e resumo das normas, obrigando os locadores a entregar tais documentos dentro do poder de regulamentar o uso, mas não impedir a locação permitida por norma cogente (art. 48 da Lei do Inquilinato), pressupondo a violação dos deveres impostos aos residentes.

> Curioso julgado, embora tenha admitido a possibilidade de locação para temporada, ateve-se à forma de divulgação da locação, que ressaltava as características do condomínio, que possui, no seu interior, um clube para os moradores, como se tal fato, por si só, desnaturasse o uso residencial.

> Eis o julgado:

>> *Condomínio Edilício – Ação de procedimento comum proposta por condômina contra condomínio, buscando que este permita o acesso de qualquer pessoa autorizada aos seus apartamentos, declarar nula deliberação tomada em assembleia de alteração de regimento interno,[763] julgada improcedente – Segundo a convenção, os edifícios que constituem o condomínio possuem natureza exclusivamente residencial – Convenção condominial que é dotada de força cogente e obriga a toda a coletividade condominial, devendo os condôminos se comportar com respeito e obediência a ela – Locação de unidades condominiais por temporada através de plataforma de hospedagens on-line (Airbnb, Booking e afins) – **Situação que autorizaria a locação, não fosse a evidente intenção da autora, em anúncio publicado, de oferecer a terceiros frequência a um clube – Característica não residencial** – Sentença mantida – Recurso improvido, com observação. (TJSP. Apelação Cível n. 1067304-03.2017.8.26.0002, 32ª Câmara de Direito Privado, Foro Regional II – Santo Amaro – 7ª Vara Cível, Rel. Caio Marcelo Mendes de Oliveira, j. 24.04.2019, data de registro: 24.04.2019).*

---

[763] Regulamento mencionado no corpo do julgado:
É proibido:
1. Utilizar, alugar, ceder, emprestar ou explorar, no todo ou em parte, o imóvel para fins que não seja estritamente residencial, em especial para situações análogas a apart hotel, (flat), bem como para Repúblicas e para residência multifamiliar (residência compartilhada para mais de uma família).
2. Alugar, ceder ou empresar o imóvel para diferentes pessoas em período inferior a 90 (noventa) dias, de modo a impedir a utilização desordenada das áreas comuns por pessoas estranhas e garantir a segurança dos demais condôminos.
§ 1º Na hipótese de locação do imóvel, válida somente com finalidade residencial, o proprietário deverá comunicar imediatamente a Administração do Condomínio e apresentar cópia autenticada do Contrato de Locação, devidamente assinado, com as firmas reconhecidas de todas assinaturas, antes do início de sua vigência, que deverá conter o nome dos locatários, moradores, telefones, placas de veículos e prazo contratual para fins de contrato.
§ 2º Os funcionários do Condomínio estão orientados a não permitir a entrada de pessoas no Condomínio, cuja autorização não tenha sido fornecida na forma descrita acima, bem como em caso de exceder os limites impostos por este Regulamento Interno.

Nesse precedente, assim como nos demais, há distinção que decorre da forma da oferta – que, no meu entendimento, é irrelevante – de tal sorte que, ao mencionar a oferta de "acomodações" para viajantes, o Airbnb se assemelharia à oferta de hospedaria/hotelaria.

Na fundamentação, o julgado ateve-se aos termos constantes do site Airbnb: "Hospede uma experiência", "Acomodações únicas para sua próxima viagem" e "Acomodações para seu tipo de viagem".

Extrai-se do julgado: "Neste ponto, cumpre registrar que segundo o Dicionário Houaiss da Língua Portuguesa (Ed. Objetiva, 2009), 'acomodação' é definido como '1. ato de alojar(-se), de hospedar(-se)', 'hóspede' é definido como '1. indivíduo que se acomoda por tempo provisório em casa alheia, hotel, albergue etc...' e 'hospedaria' é definido como '1. estabelecimento que oferece hospitalidade, mediante pagamento; hospedagem, pousada; 1.1 em certas comunidades, casa que serve de abrigo para viajantes, romeiros etc.; albergue, alojamento'".

Todavia, também se hospeda em residências, sendo comum o termo "quarto dos hóspedes".

De mais a mais, trata-se de forma gramatical para forçar a interpretação segundo a qual o uso não seria residencial, mas comercial, o que não se sustenta em razão, insisto, do teor do art. 48 da Lei do Inquilinato.

E literalidade por literalidade, também se colhe do *site* Airbnb: "Conheça suas Obrigações Legais. Você é responsável por compreender e cumprir todas as leis, regras, regulamentos e contratos com terceiros que se aplicam ao seu Anúncio ou Serviços de Anfitrião. Por exemplo: alguns proprietários, contratos de locação ou normas de associações de proprietários e condomínios restringem ou proíbem sublocações, aluguéis de curta temporada e/ou estadias de longa duração. Algumas cidades têm leis de zoneamento ou outras normas que restringem o aluguel de curta duração em imóveis residenciais".[764]

No Tribunal de Justiça do Rio de Janeiro, se extrai o seguinte aresto:

> *Apelação. Condomínio residencial. Locação de apartamento por temporada em curto período de poucos dias. Assembleia ordinária e extraordinária que criou regras restringindo a locação por temporada no condomínio ao prazo mínimo de 30 (trinta) dias, bem como, limitou a habitação de 6 (seis) pessoas por unidade. Ação proposta pela proprietária objetivando a declaração de nulidade da referida cláusula aprovada na referida assembleia condominial que restringiu o prazo mínimo para o contrato de aluguel por temporada e limitou a habitação de pessoas por unidade. Sentença de procedência, pautando-se no direito de propriedade garantido pela Constituição Federal e no art. 1.228 do Cód. Civil que confere ao proprietário a faculdade de usar, gozar e dispor da coisa. Inconformismo do condomínio. Sentença que merece reforma. Direito de propriedade que não pode ser exercido de forma absoluta, em prejuízo do sossego e segurança dos demais condôminos. Aplicação da teoria da pluralidade dos direitos limitados. Precedentes. Apelação provida.*
>
> *1. O condômino pode dispor da sua unidade conforme melhor lhe convier, que é um direito que lhe assiste por força do art. 1.335 do Código Civil e em função do exercício regular do direito de propriedade descrito na Constituição Federal. Por outro lado, existem limitações ao exercício desse direito e o limite é a perturbação ao sossego, saúde, segurança e aos bons costumes daqueles que detêm a copropriedade, além das limitações impostas pelo direito de vizinhança (arts. 1.277 e 1.336, IV, do CC). E, ainda, há limitação ao exercício do direito de propriedade em função da supremacia do interesse coletivo daqueles condôminos (em geral) diante do direito individual de cada condômino (teoria da pluralidade dos direitos).*

---

[764] Airbnb. Disponível em: <https://www.Airbnb.com.br/terms>. Acesso em: 20.08.2023.

2. É lícito ao proprietário emprestar a sua unidade, ocupá-la pelo número de pessoas que julgar conveniente, seja a título gratuito ou oneroso, não cabendo ao condomínio regular tal prática, salvo se a mesma estiver interferindo na rotina do prédio, ou seja, causando perturbação ao sossego, saúde, segurança, aos bons costumes, ou estiver desviando a finalidade do prédio. No caso, a própria autora confessa, às fls. 4 (índice 00003), que 'o apartamento foi alugado 22 vezes durante a totalidade do ano de 2015 (até o final de dezembro)'. Portanto, restou reconhecido que a apelada utiliza sua unidade, situada em prédio estritamente residencial, como se fosse hotel de alta rotatividade, o que por certo, em razão da grande quantidade de pessoas estranhas no condomínio, causa insegurança aos demais condôminos.

3. Por certo que, no caso, não foi o fato de a unidade da autora ser locada por temporada que levou o Condomínio réu a convocar a Assembleia, mas, sim, a ocupação em alta rotatividade, comumente por poucos dias, e o comportamento inadequado dos locatários (turistas e/ou estrangeiros), causando abalo ao sossego e à segurança dos demais condôminos, como restou comprovado no relato prestado pelo Condomínio através da sua síndica no termo circunstanciado da 13ª Delegacia de Polícia (fls. 142/145 – índice 0000141) que ocasionou o processo em trâmite perante o 4º Juizado Especial Criminal do Leblon (Processo n. 0498447-28.2015.8.19.0001).

4. Ressalte-se, ainda, que na verdade a autora realiza locação diária, conforme minuta de contrato de locação trazido às fls. 40/41 (índice 000040), onde consta que 'o valor da diária é de R$ ...., totalizando o período da locação o valor de R$ .....'. Ora, a locação por diárias é exclusiva de meios de hospedagem e é necessário que o estabelecimento seja enquadrado como comercial e tenha autorização de funcionamento, sendo que um prédio residencial não pode funcionar dessa forma por inúmeros fatores, inclusive sob pena de autuação da municipalidade, já que depende de enquadramento específico (Decreto n. 84.910/1980; Portaria n. 100/2011 do Ministério do Turismo, o Sistema Brasileiro de Classificação de Meios de Hospedagem (SBClass) e Lei Federal n. 11.771/2008 – Política Nacional de Turismo).

5. A locação por diária, que vem ocorrendo por meio de sites especializados, vem representando efetivamente uma concorrência aos apart-hotéis, flats e similares, e, por isso, desvia da finalidade do edifício residencial, trazendo inclusive encargos extras à portaria, principalmente quanto à segurança do condomínio. E, nesse sentido, os tribunais regionais têm decidido com base na Teoria da Pluralidade dos Direitos Limitados. Trata-se de limitação ao exercício do direito de propriedade em função da supremacia do interesse coletivo daquela coletividade. O proprietário tem todo direito em emprestar, ceder, alugar, alugar por temporada, ou seja, exercer livremente seu direito sobre o bem, escolhendo como deseja ocupá-lo. O que não pode é causar perturbação, desassossego, insegurança aos demais condôminos. Portanto, em função das múltiplas propriedades dentro do condomínio existe limite entre o exercício do direito de propriedade individual e o interesse coletivo.

6. Convenção que prevê em seu art. 2º que 'cada coproprietário tem o direito de gozar e dispor do apartamento ou loja que lhe pertencer, como lhe aprouver, sem entretanto, prejudicar os apartamentos ou lojas dos demais coproprietários, nem comprometer a segurança e solidez do prédio ou o seu bom nome, tudo sem prejuízo dos dispositivos na presente convenção'.

7. Postura adotada pela apelada, disponibilizando o apartamento em locações por diárias, em curtos períodos, ocasionando alta rotatividade de pessoas, que interfere na finalidade residencial de um condomínio, o que autoriza aos demais condôminos se reunir em assembleia, com o quorum legal, a fim de regrar as condições necessárias para o seu funcionamento.

8. Cláusula aprovada em assembleia que não afronta o direito de propriedade da apelada, garantindo o direito de usar e fruir de sua unidade, desde que não cause dano ou incômodo aos demais condôminos. Como cediço, o direito de propriedade não mais é considerado como absoluto, de vez que sofre limitações impostas pela lei, e, no caso, tratando-se, como se trata

TÍTULO I – DA LOCAÇÃO • **Art. 48**

de condomínio edilício, há regra específica vedando a utilização das unidades de maneira prejudicial aos demais condôminos. Precedentes jurisprudenciais.

9. Sentença merece reforma para julgar improcedentes os pedidos autorais, invertendo-se os ônus da sucumbência estabelecidos na sentença.

10. Apelação à que se dá provimento. (TJRJ. Apelação n. 0486825-49.2015.8.19.00010, 19ª Câmara Cível, Des. Juarez Fernandes Folhes, j. 16.05.2017).

Em suma, com todo respeito que merecem, as decisões que nesses termos sustentam a natureza "não residencial" da locação para temporada afrontam, a toda evidência, o art. 48 da Lei 8.245/1991.

O que se deve coibir nos termos da lei é a conduta que afronta os direitos dos condôminos, notadamente decorrentes do sossego, saúde e segurança, mas não proibir aquilo que a lei permite.

O condomínio tem, à sua disposição, a possibilidade de multar a unidade infratora, inclusive impondo, se o caso, a pena pecuniária do décuplo do valor da cota condominial por reiterado comportamento antissocial gerador de incompatibilidade de convivência ou de 5 condomínios no caso de reiterado descumprimento dos deveres (arts. 1.336, IV e § 2º, e 1.337 do Código Civil), sendo, portanto, ilegal, por não comportar supedâneo na lei, e inconstitucional, por afrontar o direito de propriedade (CF, art. 5º, XXII) na sua vertente da fruição, vedar a locação por temporada, ainda que haja rotatividade, pois a lei não restringe.

3. Natureza jurídica das plataformas de oferta de imóveis por curto espaço de tempo e a questão da necessidade de respeitar as normas que regulam a intermediação de negócios imobiliários

Outra discussão que sobrepaira as plataformas de oferta de imóveis para temporada é a sua natureza jurídica e, conseguintemente, a necessidade ou não de respeitar as normas que regulam a atividade de intermediação imobiliária no Brasil.

De um lado, as plataformas eletrônicas de oferta de imóveis sustentam que não fazem intermediação de locações e, nessa medida, servem, apenas, como meio colocado à disposição dos locadores para oferta de imóveis pela rede mundial de computadores, notadamente porque: i) a atividade principal é o desenvolvimento de ações voltadas à área de marketing; ii) a plataforma Airbnb consiste em um espaço disponibilizado por meio de um sítio eletrônico na internet apenas para "conectar" pessoas; iii) tratativas são realizadas diretamente e exclusivamente pelos "hóspedes" e pelos "anfitriões" sem qualquer interferência do Airbnb nos negócios celebrados; iv) não é proprietária dos imóveis anunciados; e v) a sua atividade comercial é similar aos classificados de imóveis.

Nos autos do Processo n. 5016668-76.2017.4.03.6100, perante a 5ª Vara Cível Federal de São Paulo, na ação anulatória de multa promovida pelo Airbnb em face do Creci-SP, o juízo concedeu liminar, posteriormente confirmada na sentença, para suspender a cobrança da multa imposta pelo conselho com a seguinte fundamentação:

(...) Assim, à primeira vista, tem-se que a atividade desempenhada pela autora consiste na disponibilização de plataforma digital, que permite a interação entre usuários com interesses comuns, não atuando propriamente na intermediação da compra, venda, permuta ou locação de imóveis.

Trata-se do fornecimento de ambiente interativo para obtenção do resultado final pretendido pelas partes, sobre o qual a parte autora não interfere, na medida em que nada dispõe sobre valores, forma de contratação ou responsabilidades. É dizer, o negócio é entabulado diretamente entre as partes, que se utilizam apenas do ambiente digital para busca das informações que necessitam, de onde se extrai não se enquadrar propriamente no conceito de corretagem descrito pela legislação. (...)

Em suma, o fundamento utilizado pelo Airbnb é que se restringe ele a "tão somente disponibilização do espaço eletrônico (*marketplace*) com informações a partir das quais os usuários irão realizar um negócio jurídico..." e que "não compete à plataforma qualquer interferência na relação entre usuários...", concluído que "a plataforma do Airbnb não realiza a apresentação ou aproximação das partes; não as aconselha; não revê os negócios por elas celebrado e não se manifesta sobre o negócio entabulado pelas partes".

No Juízo da 1ª Vara Federal de João Pessoa, Seção Judiciária da Paraíba-PB, na ação anulatória 0809588-64.2017.4.05.8200, em que o Creci/PB saiu vencido em primeiro grau de jurisdição, a sentença enfrentou o enquadramento do Airbnb e a descrição da sua atividade da seguinte maneira: "em que pese a descrição da atividade econômica 'corretagem de aluguel de imóveis' na inscrição da autora junto à Receita Federal, deve-se atentar para a atuação fática da empresa, que se consubstancia na mera disponibilização da plataforma digital de marketing e divulgação dos anúncios de acomodações por pessoas de todo o mundo. Por conseguinte, parece desarrazoada a tese de que a Airbnb deveria estar inscrita no Creci-PB para veicular anúncios digitais e auferir comissão com as contratações celebradas, pois o fornecimento do serviço de forma gratuita seria enriquecimento indevido dos anunciantes, além de que, assumindo a validade dessa exigência, haveria de se reconhecer, também, a obrigatoriedade da inscrição de todos os veículos de anúncios imobiliários, a exemplo dos jornais com classificados de imóveis e demais 'sites' ou aplicativos criados com a mesma finalidade".

Em suma, admitiu-se a tese segundo a qual o Airbnb funciona, apenas, como meio eletrônico de anúncios.

Contrapondo-se a esses fundamentos, o Creci de São Paulo sustenta que existe a interferência do Airbnb nos negócios celebrados pelos usuários, o que faz nos seguintes termos, extraídos dos autos do Processo n. 5016668-76.2017.4.03.6100 perante a 5ª Vara Cível Federal de São Paulo: "(...) as atividades desenvolvidas pela autora indubitavelmente invadem as atividades privativas dos corretores de imóveis nos exatos termos da lei de regência, à lume do parágrafo único do art. 3º, da Lei 6.530/1978 c/c arts. 2º e 3º do Decreto n. 81.871/1978. Inadequado seria se olvidar que a mencionada Lei Federal define não só a atuação do corretor de imóveis, mas sim *disciplina o sistema de transação imobiliária no país* (interpretação sistemática e teleológica), deixando claro, portanto, a necessidade da existência do corretor de imóveis no *comércio de transações imobiliárias*".

Em outras palavras, sustenta o Creci, com fundamento nas normas que regulam a atividade de corretagem imobiliária, que toda transação imobiliária no Brasil com a participação de um terceiro submete-se às normas que regulam a atividade do corretor de imóveis.

Nessa medida, invoca os seguintes dispositivos:

> *Lei Federal n. 6.530/1978:*
>
> *Art. 3º Compete ao Corretor de Imóveis exercer a intermediação na compra, venda, permuta e locação de imóveis, podendo, ainda, opinar quanto à comercialização imobiliária.*
>
> *Parágrafo único. As atribuições constantes deste artigo poderão ser exercidas, também, por pessoa jurídica inscrita nos termos desta lei.*
>
> *Decreto n. 81.871/1978*
>
> *Art. 2º Compete ao Corretor de Imóveis exercer a intermediação na compra, venda, permuta e locação de imóveis e opinar quanto à comercialização imobiliária.*
>
> *Art. 3º As atribuições constantes do artigo anterior poderão, também, ser exercidas por pessoa jurídica, devidamente inscrita no Conselho Regional de Corretores de Imóveis da Jurisdição.*

TÍTULO I – DA LOCAÇÃO • **Art. 48**

> *Parágrafo único. O atendimento ao público interessado na compra, venda, permuta ou locação de imóvel, cuja transação esteja sendo patrocinada por pessoa jurídica, somente poderá ser feito por Corretor de Imóveis inscrito no Conselho Regional da jurisdição.*
>
> *Código Civil:*
>
> *Art. 729. Os preceitos sobre corretagem constantes deste Código não excluem a aplicação de outras normas da legislação especial.*

Invoca-se, também, o objeto social do Airbnb, que inclui "promover a intermediação de serviços de hospedagem de curto e longo prazo e promover a intermediação de serviços de hospedagem de curto e longo prazo em casas e apartamentos particulares", de tal sorte que foi cadastrado junto à Receita Federal com descrição de atividades secundárias de *corretagem de aluguel de imóveis*.

Sustenta o Creci, inclusive, que "o pagamento é realizado pelo 'hóspede' para a empresa Autora que deduz desse valor seus honorários pelos serviços de intermediação prestados (quota-parte 'hóspede' e quota-parte 'anfitrião') e repassa o pagamento, abatida tais despesas para o 'anfitrião'". Conclui que, por essa razão, "não há como sustentar que essa operação não configura intermediação de locação de imóvel para temporada", inclusive porque, pela informação contida no próprio *site* da Airbnb (https://www.Airbnb.com.br/help/article/1857/what-are-Airbnb-service-fees), cobra sua remuneração sob a rubrica de 'prestação de serviço'".

Nesse sentido, o Creci-SP, ainda nos autos do Processo n. 5016668-76.2017.4.03.6100, perante a 5ª Vara Cível Federal de São Paulo, menciona a defesa levada a efeito pelo Airbnb no Processo n. 1009888-93.2017.8.26.0320, perante a 4ª Vara Cível da Comarca de Limeira-SP, no qual o Airbnb confessa "efetiva intervenção nos negócios havidos entre seus clientes, notadamente, para solucionar problemas nas locações por temporada que são negociadas em sua plataforma, extrapolando a previsão do objetivo social e invadindo as atividades privativas do profissional Corretor de Imóveis".[765]

Assim, se intervém de forma significativa, extrapola os limites que permitiriam qualificar-se como mero instrumento eletrônico de divulgação, passando, na verdade, a atuar na intermediação de negócios imobiliários, o que requer o respeito às normas que normatizam a atividade no Brasil, notadamente a Lei Federal n. 6.530/1978 e sua regulamentação.

---

[765] "26. Nota-se que o Airbnb, tão logo cientificado do problema pela Anfitriã, prontamente contatou a Hóspede para prestar-lhe assistência (Doc. 04). Situações em que o Hóspede enfrenta uma questão negativa na viagem são excepcionais na comunidade Airbnb. A despeito disso, **a plataforma prevê medidas de assistência e auxílio ao Hóspede** (Doc. 02 – O que é a Política de Reembolso Airbnb), **que vão desde o reembolso dos valores até o auxílio para a locação de novas acomodações, similares à originalmente reservada, na mesma área**. Para tanto, é necessário que o Hóspede **entre em contato com o Airbnb** dentro de 24 horas a contar do momento em que descobrir a existência de uma Questão Negativa na Viagem, comprovando a questão por meio de fotos, vídeos ou documentos.

27. Fica claro, portanto, que, ao contrário do que alega, a Hóspede não contatou o Airbnb antes de deixar o imóvel para que a empresa pudesse atuar no caso e fornecer uma solução para o problema, deixando de observar os Termos de Uso da plataforma, acerca da política de reembolso por questões negativas na viagem, com os quais anuiu previamente (Doc. 02):" (*g.n.*) (cópia anexa para simples conferência – fls. 131): 05. Como se vê, com apenas dois parágrafos é possível constatar todas as inverdades que a "Autora sustenta em todo o seu longo arrazoado. Ora, alegar como alega a Autora reiteradamente em sua inicial e manifestações que não tem qualquer ingerência nos negócios realizados entre seus clientes, ultrapassa os limites da boa-fé, ao arrepio das regras consagradas nos arts. 5º, 77, inciso I, 80, inciso II, pois nítido o intuito de induzir esse MM. Juízo ao erro alterando a verdade dos fatos".

Art. 49. O locador poderá receber de uma só vez e antecipadamente os aluguéis e encargos, bem como exigir qualquer das modalidades de garantia previstas no art. 37 para atender as demais obrigações do contrato.

Comentários (Marcos Lopes Prado):

A grande vantagem da locação para temporada é a possibilidade da cobrança antecipada e integral (ou parcelada, a critério do locador) dos aluguéis e dos encargos locatícios por parte dos locadores. Esse permissivo legal já constava na legislação anterior e foi mantido pela atual Lei 8.245/1991, pois é a razão de ser do tratamento normativo próprio e especial para a locação para temporada.

No regime da locação urbana comum (residencial ou não residencial), a cobrança antecipada do aluguel constitui contravenção penal, punível com prisão simples de cinco dias a seis meses ou multa de três a 12 meses do valor do último aluguel atualizado, revertida em favor do locatário, nos termos do art. 43, III, da Lei 8.245/1991. Uma única exceção é concedida para as locações comuns que não estejam garantidas por qualquer uma das modalidades permitidas pelo art. 37 da Lei 8.245/1991, nas quais o locador pode exigir do locatário o pagamento mensal antecipado do aluguel e dos encargos, apenas e tão somente, até o sexto dia útil de cada mês vincendo, durante o todo o período de vigência da locação, nos termos do art. 42 da Lei 8.245/1991.

No caso das locações para temporada, o permissivo legal para a cobrança antecipada dos aluguéis e dos respectivos encargos locatícios é ainda mais amplo do que ocorre nas locações comuns (residenciais ou comerciais) e sem garantias, posto que: (i) a antecipação é integral para todo o prazo contratado da locação (até 90 dias), de uma só vez, na data de início do prazo locatício; e (ii) aplica-se, mesmo que o contrato de locação para temporada já esteja garantido, expressamente, por uma (e apenas uma) das modalidades de garantia permitidas pelo art. 37 da Lei 8.245/1991 (por exemplo: caução em dinheiro no valor de até três aluguéis ou de bens móveis ou imóveis, fiança (pessoal, corporativa ou bancária) ou seguro de fiança locatícia). Contudo, como o locatário para temporada quase nunca reside na cidade de localização do imóvel locado, raramente encontrará fiador pessoal a lhe garantir a locação, sendo mais comum a garantia do seguro ou da caução em dinheiro, nesses casos.

Portanto, nas locações para temporada o locador pode exigir do locatário a antecipação integral dos aluguéis e, cumulativamente, uma (e apenas uma) modalidade de garantia locatícia. A permissão legal ao locador para temporada para exigir do locatário qualquer uma das modalidades de garantia permitidas pelo art. 37 da Lei 8.245/1991 justifica-se, sobretudo, mas não exclusivamente, pela necessidade de reparação a eventuais danos causados pelo locatário ao imóvel locado e/ou ao seu mobiliário e utensílios, posto que o simples valor dos aluguéis totais antecipados não tem esse escopo de garantia e nem seria suficiente, em muitos casos, para tanto, em virtude do prazo curto de vigência que caracteriza a locação para temporada (até 90 dias).

Sylvio Capanema de Souza lembra que "há perigosos inconvenientes, que exigem redobrada cautela dos locadores. A deterioração dos imóveis alugados por temporada é bem maior e acelerada do que a que se verifica nos demais casos, inclusive, porque é frequente que eles sejam ocupados por várias pessoas, para diluição do custo do aluguel. Os móveis, equipamentos e utensílios desgastam-se também muito rapidamente, exigindo constantes reposições, sem falar que podem ser levados pelos locatários, ao final do prazo. Há casos, ainda, de locatários que usam o telefone, quando instalado no imóvel e integrando a locação, para fazer ligações internacionais, cuja cobrança só chega ao locador após a desocupação".[766]

Art. 50. Findo o prazo ajustado, se o locatário permanecer no imóvel sem oposição do locador por mais de trinta dias, presumir-se-á prorrogada a locação por tempo indeterminado, não mais sendo exigível o pagamento antecipado do aluguel e dos encargos.

Parágrafo único. Ocorrendo a prorrogação, o locador somente poderá denunciar o contrato após trinta meses de seu início ou nas hipóteses do art. 47.

Comentários (Marcos Lopes Prado):

Findo o prazo da locação para temporada, a lei dá ao locador o prazo de 30 dias para intimar o locatário a devolver as chaves do imóvel locado, se isso não for realizado espontaneamente pelo locatário. Segundo Sylvio Capanema de Souza, "esse prazo tem natureza decadencial e não exige a lei forma especial para o aviso, que, entretanto, deve ser inequívoco (judicial ou extrajudicial)",[767] sob pena da automática conversão da locação para temporada em locação comum por prazo indeterminado, com as consequências legais tratadas a seguir.

Em ocorrendo a oposição e o aviso inequívoco do locador, no prazo de até 30 dias seguintes ao término do prazo da locação para temporada, caso o locatário não desocupe o imóvel locado para temporada, imediatamente, a Lei do Inquilinato faculta ao locador o despejo liminar, em 15 dias, independentemente da audiência do locatário, desde que prestada caução no valor equivalente a três meses de aluguel, devendo ter sido proposta a respectiva ação de despejo em até 30 dias após o vencimento do contrato de locação para temporada, nos termos do art. 59, § 1º, III, da Lei 8.245/1991.

Considerando as vantagens concedidas pelo legislador ao locador para temporada, sobretudo, a possibilidade de cobrança antecipada dos aluguéis e de simultânea exigência de garantia locatícia, além do valor médio de mercado do aluguel para temporada ser reconhecidamente elevado e superior ao valor médio de mercado do aluguel do mesmo imóvel para locações comuns, o limite temporal máximo de até 90 dias de vigência da locação para temporada deve ser respeitado. Essa foi a intenção do legislador.

Contudo, o mercado imobiliário é sempre muito dinâmico e criativo. A prática tem demonstrado diversas tentativas comerciais de ampliação do limite temporal da lei. Um exemplo frequente é a celebração de contratos de locações para temporada do mesmo imóvel, entre as mesmas partes, com prazos sucessivos de 90 dias cada um, ininterruptos ou não. A nosso ver, toda e qualquer prorrogação do prazo máximo de 90 dias, sem qualquer fundamento concreto em necessidade real e temporária do locatário, como a prorrogação imprevista do prazo de um curso ou de um tratamento médico, viola claramente a intenção do legislador e descaracteriza a própria natureza especial da locação para temporada, convertendo-a numa

---

[766] SOUZA, Sylvio Capanema de. *A Lei do Inquilinato comentada*. 9. ed. Rio de Janeiro: Forense, 2014, p. 206.

[767] SOUZA, Sylvio Capanema de. *A Lei do Inquilinato comentada*. 9. ed. Rio de Janeiro: Forense, 2014, p. 209.

locação comum (residencial, se o locatário for pessoa física, e não residencial, se o locatário for pessoa jurídica).

Sylvio Capanema de Souza ensina que tal tentativa é nula, nos termos do art. 45 da Lei 8.245/1991 e caracteriza "intenção de fraudar a lei, evitando as limitações impostas à locação residencial, ao simular uma locação para temporada. Com isso, o locador consegue receber antecipadamente o aluguel e se evita a periodicidade anual, além da limitação de índice de correção, sendo ainda mais fácil despedir o locatário. (...) Mesmo que haja pequenos intervalos entre os contratos, deve-se considerar a locação como comum, residencial, desde que convencido o juiz que houve a intenção de fraudar a lei, já que não se verificou a solução de continuidade na ocupação do imóvel. (...) A matéria é de prova, devendo ser decidida diante do caso concreto".[768]

O tema é polêmico e comporta certa divergência doutrinária. Sílvio de Salvo Venosa defende posição mais flexível, no sentido que "Imagine-se, por exemplo, uma locação temporária para tratamento de saúde do locatário ou ocupante do imóvel. Se não terminado o tratamento no prazo de noventa dias, nada impede que nos trinta dias seguintes ao término do prazo as partes realizem novo contrato por temporada. Nada impede que se faça coincidir o termo do contrato com o termo da causa que o originou. Se o contrato foi elaborado para o locatário realizar um curso de especialização, pode o término do contrato coincidir com o término do curso. Se este superar os noventa dias, podem as partes se comprometer a realizar um novo contrato, sendo que essa avença é mera promessa de contratar, não é contrato definitivo. Renovado o contrato por outro período inferior ou igual a noventa dias, não perderá ele a finalidade da lei. Eventuais tentativas de fraude dependerão do exame das circunstâncias do caso concreto. (...) Contudo, não pode a resolução do contrato ficar subordinada, por exemplo, ao início das chuvas na orla marítima, ao término do tratamento de saúde, ao final da reforma do imóvel do locatário ou à aprovação do inquilino em curso que frequenta. A Lei é expressa no sentido de que se trata de negócio jurídico a prazo e não condicional".[769]

Porém, há sólida jurisprudência inibindo a prorrogação injustificada do prazo da locação para temporada. Em precisa decisão citada por Carlos Roberto Gonçalves,[770] o Tribunal de Justiça do Distrito Federal – TJDF, na Apelação Cível 3.411.694/DF, 2ª Turma, Rel. Des. Edson Smaniotto, em 08.05.1995, já decidiu que: "Elemento essencial da locação para temporada é o prazo não superior a noventa dias (art. 48 da Lei nº 8.245/91). A celebração sucessiva de contratos de locação 'por temporada', relativa ao mesmo imóvel, sem qualquer intervalo, evidencia tentativa de fraude aos preceitos legais, de ordem pública, com o indisfarçável objetivo de o locador, fugindo da locação residencial ordinária, obter o pagamento antecipado do aluguel de três meses e reajustar, trimestralmente, o valor locativo, ao seu exclusivo talante. Prorrogação do contrato por prazo indeterminado e improcedência do pedido de despejo fundado no término do prazo". Em outra exemplar decisão citada por Sílvio de Salvo Venosa,[771] o Tribunal de Justiça do Estado de São Paulo – TJSP, na Apelação

---

[768] SOUZA, Sylvio Capanema de. *A Lei do Inquilinato comentada*. 9. ed. Rio de Janeiro: Forense, 2014, p. 206-207.

[769] VENOSA, Sílvio de Salvo. *Lei do Inquilinato comentada* – doutrina e prática. 12. ed. São Paulo: Atlas, 2013, p. 230.

[770] GONÇALVES, Carlos Roberto. *Direito civil brasileiro* – contratos e atos unilaterais. 12. ed. São Paulo: Saraiva, 2015, vol. 3, p. 330.

[771] VENOSA, Sílvio de Salvo. *Lei do Inquilinato comentada* – doutrina e prática. 12. ed. São Paulo: Atlas, 2013, p. 228.

Cível 1.177.868-0/3, da relatora Des. Rosa Maria de Andrade Nery, 34ª Câmara de Direito Privado, em 15.12.2008, já decidiu que: "Locação. Residencial. Contrato por temporada. Alegação de que a locação era residencial, por prazo indeterminado e o contrato simulado. Avença escrita como locação temporária, firmada para temporada. Auto de despejo que indica essa qualidade de locação. Inadimplemento de inquilino evidenciado. Recurso desprovido".

Cabe salientar que, havendo a prorrogação da locação para temporada por prazo indeterminado, não há que se falar na aplicação de multa por desocupação antecipada do imóvel pelo locatário. Sobre isso, o Tribunal de Justiça do Estado de São Paulo já decidiu, nos seguintes termos: "Locação de imóveis. Ação de cobrança de valores e reparação de danos. 1. Não há irregularidade na relação locatícia que perdura por prazo indeterminado com o fim do contrato por temporada. Artigo 50 da Lei 8.245/91. 2. Vigendo por prazo indeterminado, as obrigações do locatário têm por termo final a data da desocupação do imóvel, na data da entrega das chaves. 3. Deve o locatário devolver o imóvel nas condições encontradas no início do trato locatício, nos termos da lei e do contrato. 4. Os danos a serem reparados no imóvel locado devem restar devidamente comprovados, para que o locador faça jus à reparação respectiva. 5. Tendo havido prorrogações sucessivas do contrato escrito, e vigendo, por último, contrato por prazo indeterminado, não há falar-se em incidência da cláusula penal referente a três aluguéis, dada a natureza compensatória, mormente quando o inadimplemento já vem penalizado com a multa moratória, e os danos comportam pleito específico. 6. Deram parcial provimento ao recurso, para os fins constantes do acórdão".[772]

Importante salientar que a locação residencial para temporada não se confunde com a locação de *apart*-hotéis, hotéis-residência, *flats*, condo-hotéis ou assemelhados, cuja disciplina legal é estabelecida pelo Código Civil e não pela Lei do Inquilinato, por exclusão expressa de abrangência prevista no seu art. 1º, parágrafo único, "a", nº 4. Na prática, na locação residencial para temporada, ainda que o imóvel locado esteja mobiliado, não há a prestação de serviços comerciais, tipicamente hoteleiros, como acontece nos *apart*-hotéis, hotéis-residência, *flats*, condo-hotéis ou assemelhados, que são prédios e empreendimentos comerciais, inclusive para fins de categorias de uso, de zoneamento, de ocupação do solo, de obtenção de alvarás de obra, de concessão de licenças de funcionamento e de deferimento de aprovações urbanísticas municipais, em geral. "Nestes, há um misto de contrato de locação de coisa e de locação de serviços, caracterizando, muito mais, o contrato atípico de hospedagem", ressalta Sylvio Capanema de Souza.[773]

Tratando-se de locação residencial para temporada, a lei atual impôs a sua automática conversão em locação comum e sua prorrogação por prazo indeterminado, após a permanência do locatário, no imóvel locado, por mais de 30 dias passados da data de vencimento do prazo locatício contratado. E, por força do disposto no art. 47 da Lei 8.245/1991, nas locações residenciais contratadas com prazo de vigência inferior a 30 meses, uma vez encerrado o período locatício, há sua prorrogação automática por prazo indeterminado, somente podendo ser retomado o imóvel locado pelo locador, com a chamada "denúncia cheia" ou motivada, taxativamente, em algum dos fundamentos exaustivos dos arts. 9º e 47

---

[772] TJSP, Ap 0001644-07.2007.8.26.0301, 25ª Câmara de Direito Privado, Rel. Vanderci Álvares, j. 06.03.2013.
[773] SOUZA, Sylvio Capanema de. *A Lei do Inquilinato comentada*. 9. ed. Rio de Janeiro: Forense, 2014, p. 207.

da Lei 8.245/1991, a saber: "por mútuo acordo; em decorrência da prática de infração legal ou contratual; em decorrência da falta de pagamento do aluguel e demais encargos; para a realização de reparações urgentes determinadas pelo Poder Público, que não possam ser normalmente executadas com a permanência do locatário no imóvel ou, podendo, ele se recuse a consenti-las; em decorrência de extinção do contrato de trabalho, se a ocupação do imóvel pelo locatário relacionada com o seu emprego; se for pedido para uso próprio, de seu cônjuge ou companheiro, ou para uso residencial de ascendente ou descendente que não disponha, assim como seu cônjuge ou companheiro, de imóvel residencial próprio; se for pedido para demolição e edificação licenciada ou para a realização de obras aprovadas pelo Poder Público, que aumentem a área construída, em, no mínimo, vinte por cento ou, se o imóvel for destinado à exploração de hotel ou pensão, em cinquenta por cento; ou, se a vigência ininterrupta da locação ultrapassar cinco anos".[774]

Como já comentado, a única exceção legal ocorre nos casos em que a locatária é pessoa jurídica e, após os 90 dias iniciais, há a prorrogação da locação, por prazo indeterminado, nos termos do art. 50 da Lei 8.245/1991, comentado a seguir. Nesses casos, a locação perderá o seu caráter especial para temporada e, em virtude do comando imperativo do art. 55 da Lei 8.245/1991, passará a ser uma locação comum e de finalidade não residencial, excepcionalmente. Assim sendo, para a locação comercial com prazo indeterminado, aplica-se o disposto no art. 57 da Lei 8.245/1991, que admite a denúncia vazia ou imotivada por parte do locador, concedendo-se ao locatário o prazo de 30 dias para a desocupação do imóvel. Contudo, entendemos que o art. 55 da Lei do Inquilinato não pode ser aplicado, genericamente, como um artifício simulado para fraudes de locadores de má-fé, o que seria fulminado da nulidade determinada pelo art. 45 do mesmo diploma legal. Mais uma vez, a matéria é fática e de prova, cujo ônus é do locador. Cabe ao Judiciário analisar e julgar cada caso concreto, a fim de determinar a disciplina legal aplicável àquela locação para temporada e a eventual possibilidade da denúncia vazia (imotivada), em ruptura à limitação do parágrafo único do art. 50 da Lei 8.245/1991, ou não.

No caso da prorrogação por prazo indeterminado das locações para temporada, há certa dificuldade prática para a fixação do novo valor mensal do aluguel, bem como para a periodicidade e a eleição de índice de correção monetária do mesmo, o que não foi tratado e nem resolvido pela Lei do Inquilinato. O problema que se coloca é que o aluguel para temporada é quase sempre fixado em valor único e total para o prazo locatício (superior ao período mensal), além de ser comumente superior ao valor médio do aluguel das locações comuns. Da mesma forma, como o prazo da locação para temporada é curto, não se costuma prever qualquer índice ou periodicidade de correção monetária do valor do aluguel.

Para isso, Sylvio Capanema de Souza defende solução que nos parece acertada ao problema. "Nestes casos, a solução seria considerar que o preço total se dividirá, igualmente, pelo número de meses do período avençado para a locação. Este será o aluguel mensal devido, a partir da prorrogação. (...) Ocorrendo a prorrogação, manter-se-á o seu valor? Não se logrando solução amigável, e tornando-se excessivamente oneroso o contrato, rompendo-se de maneira manifesta o seu equilíbrio econômico, poderá o locatário se valer da regra do artigo 478 do Código Civil para pleitear a modificação do aluguel, adequando-o ao mercado

---

[774] Lei Federal 8.245, de 18 de outubro de 1991. Lei do Inquilinato. *Website* do Palácio do Planalto: <http://www.planalto.gov.br/ccivil_03/leis/l8245.htm>, incisos dos arts. 9º e 47. Acesso em: 21 set. 2015.

das locações residenciais. O mais provável, entretanto, é que o locatário prefira desocupar o imóvel, ainda mais nos tempos atuais, em que não é difícil encontrar unidades disponíveis. (...) No momento, o prazo mínimo de correção para a locação residencial é anual, e é este que deverá ser adotado, no silêncio do contrato".[775] Quanto ao índice de correção monetária a ser aplicado ao novo aluguel, parece-nos que a melhor solução será a adoção automática daquele índice reconhecidamente mais praticado pelo mercado imobiliário da cidade de localização do imóvel locado, na data da aplicação da respectiva correção. Nos dias atuais, em São Paulo/SP ou no Rio de Janeiro/RJ, por exemplo, seria o IGP-M/FGV ou seu sucessor, na sua falta, extinção ou substituição.

Por fim, importante ressaltar que, em caso de eventual alienação do imóvel locado para temporada a terceiros pelo locador, durante o prazo determinado de vigência da locação para temporada, o locatário (i) será, também, titular do direito de preferência para a aquisição do imóvel locado, nos termos dos arts. 27 a 34 da Lei 8.245/1991, independentemente de cláusula contratual expressa, para tanto, e/ou da locação constar averbada na matrícula do imóvel locado, nos termos do art. 167, II, nº 16, da Lei 6.015/1973 (embora, na ausência de tal averbação, somente reste ao locatário um pedido de indenização por perdas e danos comprovados); e (ii) poderá ter o direito de exigir o respeito à locação para temporada, no prazo acordado, pelo terceiro adquirente do imóvel locado, caso o contrato de locação para temporada contemple tal previsão expressa e conste registrado na matrícula do imóvel locado, nos termos do art. 167, I, nº 3, da Lei 6.015/1973.

Na hipótese de já ter vencido o prazo determinado da locação para temporada e ter havido a sua conversão em locação comum (residencial ou não residencial), por prazo indeterminado, entendemos que (i) continuará havendo o direito de preferência do locatário para a aquisição do imóvel locado frente terceiros interessados, nas mesmas condições anteriores, mas (ii) deixará de contar o locatário com a segurança da vigência da locação, posto que o prazo indeterminado fulmina esse direito perante o terceiro comprador do imóvel locado, nos termos do art. 8º da Lei 8.245/1991, tanto para as locações residenciais como para as locações comerciais. Da mesma forma, se a locação para temporada com prazo vencido vier a ser convertida em locação comum e não residencial, por força do art. 55 da Lei 8.245/1991, o locatário jamais irá adquirir o direito à ação renovatória da locação, por conta do prazo indeterminado dessa locação.

Por fim, vale lembrar que o Tribunal de Justiça do Estado de São Paulo já decidiu nos seguintes termos: "Locação não residencial. Despejo por falta de pagamento cumulado com cobrança de aluguéis e encargos locatícios. Cláusula contratual que previa a necessidade de prévia comunicação da locatária manifestando interesse na continuidade da relação locatícia e a elaboração de um novo contrato. Prorrogação do contrato por prazo indeterminado que decorre da lei. Artigo 50 da Lei n. 8.245/91. Impossibilidade de prevalecimento da cláusula contratual, sob pena de enriquecimento sem causa da locatária. Impossibilidade de cobrança de multa contratual e juros moratórios sobre as parcelas de IPTU. Ausência de previsão legal. Encargos que devem incidir somente em relação aos aluguéis vencidos. Recurso parcialmente provido".[776]

---

[775] SOUZA, Sylvio Capanema de. *A Lei do Inquilinato comentada*. 9. ed. Rio de Janeiro: Forense, 2014, p. 209-210.
[776] TJSP, Ap 9183229-63.2007.8.26.0000, 31ª Câmara de Direito Privado, Rel. Hamid Bdine, j. 26.02.2013.

Seção III
Da locação não residencial

Art. 51. Nas locações de imóveis destinados ao comércio, o locatário terá direito a renovação do contrato, por igual prazo, desde que, cumulativamente:

I – o contrato a renovar tenha sido celebrado por escrito e com prazo determinado;

II – o prazo mínimo do contrato a renovar ou a soma dos prazos ininterruptos dos contratos escritos seja de cinco anos;

III – o locatário esteja explorando seu comércio, no mesmo ramo, pelo prazo mínimo e ininterrupto de três anos.

§ 1º O direito assegurado neste artigo poderá ser exercido pelos cessionários ou sucessores da locação; no caso de sublocação total do imóvel, o direito a renovação somente poderá ser exercido pelo sublocatário.

§ 2º Quando o contrato autorizar que o locatário utilize o imóvel para as atividades de sociedade de que faça parte e que a esta passe a pertencer o fundo de comércio, o direito a renovação poderá ser exercido pelo locatário ou pela sociedade.

§ 3º Dissolvida a sociedade comercial por morte de um dos sócios, o sócio sobrevivente fica sub-rogado no direito a renovação, desde que continue no mesmo ramo.

§ 4º O direito a renovação do contrato estende-se às locações celebradas por indústrias e sociedades civis com fim lucrativo, regularmente constituídas, desde que ocorrentes os pressupostos previstos neste artigo.

§ 5º Do direito a renovação decai aquele que não propuser a ação no interregno de um ano, no máximo, até seis meses, no mínimo, anteriores à data da finalização do prazo do contrato em vigor.

Comentários (Luiz Antonio Scavone Junior):

1. O bem jurídico a ser protegido com a ação renovatória

O *ponto* é um dos elementos do estabelecimento empresarial e nada mais é que a sua localização.

A locação tratada no art. 51 é a locação tradicionalmente denominada comercial, empresarial ou "protegida".

Dessa maneira, ao iniciar o tratamento legal da ação renovatória, a Lei do Inquilinato, no art. 51, deixou clara a ideia segundo a qual o que se protege, indubitavelmente, é a locação "destinada ao comércio", ainda que o § 4º do mencionado dispositivo (art. 51) tenha estabelecido a possibilidade de proteção aos contratos firmados com indústrias e sociedades simples ("civis"), visto que exigiu a finalidade lucrativa, ressalvando a necessidade de respeito aos "pressupostos previstos" no dispositivo.

E qual o principal pressuposto para proteção conferida pela Lei do Inquilinato à locação?

A resposta se dá com simplicidade jurídica: existência de empresa e de ponto, este como elemento do estabelecimento empresarial (ou fundo de comércio).

Para a teoria da empresa, desenvolvida no direito italiano, pouco importa o gênero da atividade econômica, mas, sim, o seu desenvolvimento espelhado na organização do capital, do trabalho e da tecnologia com a consequente circulação das riquezas, consubstanciadas naquilo que é capaz de satisfazer as necessidades humanas.

O que interessa, portanto, é a forma empresarial de conduzir a atividade econômica, traduzida pela organização profissional como "um complexo de bens, cada qual com individualidade própria, com existência autônoma, mas que, em razão da simples vontade de seu titular, encontram-se organizados para a exploração da empresa, formando, assim, uma unidade, adquirindo um valor patrimonial pelo seu todo".[777]

Em consonância com o acatado, o empresário se vale do "estabelecimento empresarial" que, segundo Fábio Ulhoa Coelho, representa "o conjunto de bens que o empresário reúne para exploração de sua atividade econômica. Compreende os bens indispensáveis ao desenvolvimento da empresa, como mercadorias em estoque, máquinas, veículos, marca e outros sinais distintivos, tecnologia etc. Trata-se de elemento indissociável à empresa".[778]

Posta assim a questão, é o "ponto", como elemento fundamental do estabelecimento empresarial, o bem jurídico a ser protegido em razão da ação renovatória na exata medida em que, *bem localizado, o valoriza.*

Se o imóvel pertence ao empresário, a proteção legal ao "ponto" se dá pelas normas vigentes que garantem o direito de propriedade.

A anterior Lei de Luvas (Decreto nº 24.150, de 20.04.1934) fornecia importante indicação da *mens legis* na sua exposição de motivos, segundo a qual: (i) o valor incorpóreo do fundo de comércio se integra, em parte, no valor do imóvel, trazendo, destarte, pelo trabalho alheio, benefícios ao proprietário; (ii) não seria justo atribuir exclusivamente ao proprietário tal quota de enriquecimento, em detrimento, ou melhor, com o empobrecimento do inquilino que criou o valor; (iii) uma tal situação valeria por um locupletamento, condenado pelo direito moderno.

Nessa exata medida, se o imóvel ocupado pelo estabelecimento empresarial for locado, para que haja proteção ao ponto ou ao estabelecimento empresarial por meio da renovação compulsória da locação, o contrato deverá preencher os requisitos da Lei nº 8.245/1991.

Nessa medida, são lapidares as razões extraídas do seguinte julgado, que negou o direito à ação renovatória de estacionamento:

> "Locação – Ação renovatória – Serviços de estacionamento localizado em condomínio terceirizados à administradora – Locação atípica de prestação de serviços – Ausência de fundo de comércio necessário ao direito de renovação compulsória do contrato locativo – Regência do Código Civil – Incidência do art. 1º, parágrafo único, letra "a", item 2, da Lei 8.245, de 18.10.1991 – Extinção do processo mantida – Apelação improvida. 1. O contrato de locação de espaço para estacionamento em condomínio edilício, firmado com empresa administradora, configura, na sua essência, mera terceirização dos serviços de controle de estacionamento de veículos automotores. 2. Como os usuários se utilizam do espaço alugado, apenas como meio para a procura das atividades exercidas nas unidades condominiais, não conferem ao locador o reconhecimento de ponto ou

---

[777] CAMPINHO, Sergio. *Curso de direito comercial: direito de empresa.* 16. ed. São Paulo: Saraiva Educação, 2019, p. 302.

[778] COELHO, Fábio Ulhoa. *Curso de direito comercial*, v. 1, Direito de empresa, 13. ed., São Paulo: Saraiva, 2009, p. 96.

fundo comercial protegido pela Lei nº 8.245/1991 na forma do art. 1º, parágrafo único, letra "a", item 2, desse Diploma Legal, tais contratos são regidos pelo Código Civil" (TJSP, Apelação 001.25.165500-2, 26ª Câmara de Direito Privado, Rel. Norival Oliva, j. 14.04.2009).

Nesse sentido, consignou o relator que *não há ponto comercial a ser protegido*, assim entendido "o local em que se encontra o estabelecimento empresarial. A proteção jurídica do ponto decorre da sua importância para o sucesso da empresa", como ensina Fábio Ulhoa Coelho, em seu *Curso de Direito Comercial* (vol. I, p. 103).

Continuou deduzindo, ainda com fundamento na doutrina de Fábio Ulhoa Coelho que *também não resguarda o fundo de comércio, de que trata o art. 51, inc. III, da Lei nº 8.245/91*, que o mesmo autor, com a habitual precisão, destaca na obra supracitada, p. 106: "Finalmente, no que diz respeito ao requisito material, impõe-se a exploração, ininterrupta, pelo locatário, de uma mesma atividade econômica no prédio locado, por pelo menos 3 anos. Este requisito de caracterização da locação empresarial está relacionado com o sobrevalor agregado ao imóvel, em razão da exploração de uma atividade econômica no local, de sorte a transformá-lo em referência para os consumidores. Ora, esse sobrevalor só existe após uma certa permanência da atividade no ponto, que foi estimada pelo legislador em 3 anos. De acordo com a regra estabelecida, sem a exploração de uma mesma atividade no prédio locado, pelo prazo em questão, o empresário locatário não cria, com o seu estabelecimento, nenhuma referência aos consumidores digna de tutela jurídica. O seu fundo de empresa não merece proteção do direito porque não transcorreu um tempo considerado mínimo, pela lei, para a consolidação de uma clientela. O requisito material deve estar atendido à data do ajuizamento da ação renovatória (Buzaid, 1957:293/193). Assim, num contrato com prazo determinado de 5 anos, a exploração do mesmo ramo de atividade econômica deve ter se iniciado, no mais tardar, até o décimo oitavo mês de sua vigência. Se houver, depois, mudança no ramo de atividade explorado, o locatário perde o direito de inerência ao ponto". A conclusão da inexistência do fundo de comércio, baseia-se num raciocínio simples: nenhum dos interessados procura estacionar seu veículo com vistas à atividade da locatária, mas, sim, buscando as unidades condominiais seja para o uso de moradia ou a procura de atividade comercial ali desenvolvida. É assente na doutrina e jurisprudência, que não basta o preenchimento do prazo para ter direito à renovação compulsória. Só há essa proteção, para aquelas atividades desenvolvidas por locatário à custa de seu engenho pessoal, de modo a valorizar a ocupação.

Tratando de estacionamento, além da inexistência de ponto, a 29ª Câmara do Tribunal de Justiça de São Paulo, no julgamento da Apelação 9052185-91.2002.8.26.0000, reconheceu a inaplicabilidade da Lei 8.245/1991 para renovação compulsória pela incidência da exceção de que trata o item II da letra "a" do parágrafo único do art. 1º da Lei nº 8.245/1991, remetendo a disciplina para o Código Civil, considerando a inexistência de fundo de comércio a proteger, com a seguinte ementa:

> "Ação renovatória – Espaço para exploração de estacionamento em shopping center – Locação atípica com caráter de prestação de serviços inaplicabilidade da Lei 8.245/1991 a impedir a renovação automática – Recursos providos para extinguir o feito sem exame do mérito." (TJSP, Apelação 9052185-91.2002.8.26.0000, Rel. Francisco Thomaz, 29ª Câmara, j. 14.09.2005).

Dos fundamentos do aresto, importa destacar: "Ainda que assim não fosse não parece que a autora tenha fundo de comércio a ser protegido, exercendo atividade que mais se aproxima da mera prestação de serviços terceirizados ao *shopping*. Ora, diante de tal conceito, resta evidente que a simples exploração de área para estacionamento de veículos não ostenta o aludido fundo de comércio, sobretudo encontrando-se nas dependências de *shopping center*, onde o ponto, a freguesia e clientela são do empreendimento e não estacionamento".

Reconheceu o julgado que o único diploma aplicável é o Código Civil, visto se tratar de contrato atípico, tudo em razão do art. 1º, parágrafo único, "a", "2" da Lei do Inquilinato:

> Art. 1º A locação de imóvel urbano regula-se pelo disposto nesta lei.
>
> Parágrafo único. Continuam regulados pelo Código Civil e pelas leis especiais:
>
> a) as locações: (...)
>
> 2. de vagas autônomas de garagem ou de espaços para estacionamento de veículos.

Nada obstante, o STJ já estendeu a compreensão do ponto, como elemento do fundo empresarial, aos locais onde a empresa mantém seus depósitos ou atividades relevantes ao seu funcionamento e manutenção da clientela, como é o caso de contrato de locação para instalação de antenas de celulares:

> "(...) As ERBs são, portanto, estruturas essenciais ao exercício da atividade de prestação de serviço de telefonia celular, que demandam investimento da operadora, e, como tal, integram o fundo de comércio e se incorporam ao seu patrimônio. O cabimento da ação renovatória não está adstrito ao imóvel para onde converge a clientela, mas se irradia para todos os imóveis locados com o fim de promover o pleno desenvolvimento da atividade empresarial, porque, ao fim e ao cabo, contribuem para a manutenção ou crescimento da clientela. (...)." (STJ, REsp 1.790.074/SP, Rel. Min. Nancy Andrighi, j. 25.06.2019).

Deveras, responde Sylvio Capanema de Souza à dúvida segundo a qual caberia ou não a proteção ao estabelecimento comercial à empresa que "mantém fechadas as portas do imóvel, transformando-o apenas em depósito, sem acesso dos fregueses". E responde: "Entendemos que sim, desde que a prova produzida revele, extreme de dúvidas, que o depósito é indispensável ao desenvolvimento da atividade empresarial do locatário, exercida em outro local, próximo ou distante. Neste caso, o depósito seria um prolongamento natural e necessário do estabelecimento empresarial, a ele se estendendo a proteção especial, em obediência ao princípio de que o acessório segue o principal".[779]

Concordo com a extensão da proteção aos contratos de locação de telefonia, visto que são relevantes, no que diz respeito à localização, para manutenção da clientela como elemento do fundo empresarial, mas faço ressalvas aos depósitos tendo em vista que podem ser alocados em qualquer local próximo sem que isso afete a clientela, de tal sorte que não são imprescindíveis, no que toca à localização, à manutenção do estabelecimento empresarial.

---

[779] SOUZA, Sylvio Capanema de. *A Lei do Inquilinato comentada artigo por artigo*. Rio de Janeiro: Forense, 2017, p. 229.

2. As luvas

A expressão "luvas" deriva das procissões do século XVIII nas quais o andor com a imagem de Cristo era levado por fiéis de quem se exigia o uso de luvas fornecidas pela igreja que, por sua vez, cobrava uma quantia pequena dos pretendentes da honra de levar a padiola.

Para o Direito Imobiliário o termo foi emprestado para significar aquilo que muitas vezes o locatário paga para ter o seu *ponto*. Portanto, a este pagamento também se atribui, por extensão ao significado original, a denominação "luvas".

De Plácido e Silva esclarece que "luvas, na terminologia jurídica, são gratificações ou compensações em dinheiro, dadas por uma pessoa a outra, para que consiga desta um serviço, ou dela obtenha uma preferência",[780] a exemplo de alugar um imóvel que lhe conceda a possibilidade de renovação legal.

Nesse sentido, até para que possamos entender o que se passa hoje, mister se faz um breve escorço histórico.

Isto porque, no início do século passado, o Código Civil de 1916, impregnado de individualismo e liberalismo,[781] regulava as locações de imóveis urbanos.

Segundo aquele Código, finda a locação, o locatário deveria devolver o imóvel, sob pena de esbulho.

Neste caso, o empresário ficava à mercê de sua própria sorte e o "ponto", muitas vezes formado pelo seu esforço e trabalho, era incorporado ao patrimônio do locador.

Nessa medida, para acabar com o locupletamento dos locadores, foi elaborado um anteprojeto de autoria de Jorge Fontenelle e Justo de Morais, que se transformou no Decreto 24.150. Promulgado em 1934 por Getúlio Vargas, ficou conhecido como "Lei de Luvas", revogada apenas pela Lei do Inquilinato que, todavia, abarcou seus principais dispositivos.

Foi esta a origem da possibilidade de o comerciante, hoje empresário, buscar a renovação obrigatória do contrato de locação.

Todavia, essa possibilidade nunca foi absoluta, tendo em vista a necessidade de se respeitar os requisitos legais para o nascimento do direito à renovação compulsória.

De outro lado, respeitados os requisitos, entre os quais o principal é o prazo contratual ou a soma de prazos ininterruptos de cinco anos, o juiz não pode deixar de renovar o contrato por sentença, estabelecendo mais um prazo equivalente a, no mínimo, cinco anos.

E assim por diante, a cada final de prazo contratual.

Ocorre que o pagamento de "luvas" na renovação é contravenção penal, nos termos do art. 43, I, da Lei 8.245/1991.

Observe-se, contudo, que a Lei do Inquilinato só torna nula a cláusula contratual que vise impor pagamento de luvas (obrigação pecuniária) para a renovação (art. 45).

---

[780] SILVA, De Plácido e. *Vocabulário jurídico*. Rio de Janeiro: Forense, 1994.
[781] O Código Civil de 1916 foi concebido no início do século XX, impregnado pelo liberalismo decorrente da teoria econômica do *laissez-faire* (deixar fazer) de Adam Smith, segundo o qual havia uma "mão invisível" representada pelo mercado, que tudo regula.

Todavia, no início do contrato que se submeterá à renovatória, e só nesse momento (celebrado por prazo superior a cinco anos), é possível a cobrança de luvas.

É nesse sentido o teor do Enunciado 9 do Centro de Estudos do extinto Segundo Tribunal de Alçada Civil de São Paulo: "Art. 45. A Lei 8.245/1991 não proíbe a cobrança de luvas no contrato inicial da locação comercial".[782]

Sem que seja concedida a proteção ao ponto, com a concessão de contrato de locação com os requisitos da ação renovatória, não é possível a cobrança das luvas:

> "Locação comercial. Prazo inferior a cinco anos. Cobrança de luvas. Inadmissibilidade ante a impossibilidade de renovação. Interpretação do artigo 45, da Lei 8.245/1991. O contrato de locação comercial com prazo inferior a cinco anos, sem direito à renovação, não admite a cobrança de luvas, que deve ficar condicionada às vantagens que o contrato concede ao inquilino para que este possa alcançar fundo de comércio eficaz".[783]

O assunto está sujeito a acaloradas discussões, havendo quem sustente a impossibilidade de cobrança das "luvas", mesmo que só uma vez, no início da locação comercial sujeita à renovatória, em razão do art. 43, I, da Lei 8.245/1991.

Por outro lado, em sentido completamente oposto, Francisco Carlos Rocha de Barros defende que não é ilícito cobrar "luvas" pela renovação. O que não se admite, segundo ele, é a cláusula impondo a cobrança por ocasião da renovação, ou seja, se o locatário pagar, para facilitar a renovação, não poderá repetir (pedir de volta em ação de repetição do indébito).[784]

Seja como for, o inquilino que pagou luvas ou adquiriu o estabelecimento empresarial juntamente com a locação, deverá se acautelar e registrar seu contrato, tomando a cautela de nele fazer constar a cláusula de vigência.[785]

É evidente que a cláusula de vigência, que obriga os adquirentes a respeitar o prazo do contrato firmado com o locador, somente será eficaz em face desses terceiros se estiver registrada.

Se não estiver, o adquirente poderá denunciar o contrato em 90 dias contados da alienação, para desocupação voluntária em 90 dias, sob pena de despejo.

O adquirente poderá, inclusive, se insurgir contra a ação renovatória, que não o obriga e, nesta medida:

---

[782] "Locação de imóvel. Despejo. Retomada imotivada. Reconvenção. 'Luvas'. Benfeitorias. Multa. Despejo, perda de objeto com a desocupação voluntária. O pagamento pelo fundo de comercio não é vedado na Lei 8.245/1991 quanto tratar-se da primeira locação e não renovação. Não há se falar em indenização e/ou retenção do imóvel, por benfeitorias para adequação do comércio do inquilino. Não havendo infração contratual, não há se falar em multa, vez que livremente pactuadas as cláusulas da locação atípica ('Shopping Center')" (TJSP, Apelação 992060333730 (1049420700), Marília, 28ª Câmara de Direito Privado, Rel. Júlio Vidal, j. 01.06.2010, data de registro: 21.06.2010).

[783] 2º TACivSP, Ap. s/ Rev. 463.048, 1ª Câmara, Rel. Juiz Souza Aranha, 26.08.1996, *JTA* (*Lex*) 161/534. Em sentido contrário: *JTA* (*Lex*) 157/359, Ap. c/ Rev. 422.220, 10ª Câmara, Rel. Juiz Marcos Martins, j. 20.09.1995.

[784] BARROS, Francisco Carlos Rocha de. *Comentários à Lei do Inquilinato*. 2. ed. rev. e atual. São Paulo: Saraiva, 1997, p. 228.

[785] Mais ou menos nos seguintes termos: "Eventuais adquirentes do imóvel ora locado ficam obrigados a respeitar o prazo do presente contrato, pactuado com o locador".

"Locação. Ação Renovatória. Imóvel alienado. Retomada pelo adquirente. Admissibilidade. Ação procedente. Recurso da autora não provido. O adquirente do imóvel não é obrigado a respeitar o contrato em vigor com o anterior locador, uma vez não registrado tal contrato no cartório do registro de imóveis, sendo irrelevante ser proposta ação renovatória em face do anterior locador, presente o teor do artigo 8º, § 1º, da Lei 8.245/91".[786]

Neste julgado, com supedâneo em farta doutrina, o relator asseverou que não importa que a alienação tenha sido por meio de doação (no caso de pai para filho), posto que ausente cláusula de vigência registrada, apta a obrigar terceiros que podem denunciar a locação em curso.

Entende-se, inclusive, que, na hipótese, havendo ação renovatória em curso, restará ela prejudicada:

"Locação predial. Intercorrente alienação do imóvel locado. Contrato, onde ausente cláusula de vigência excepcional, oponível a terceiro adquirente. Denúncia imotivada promovida pelo novo proprietário. Ação de despejo. Fundamento do artigo 8º, da Lei nº 8.245/91. Atendido requisito premonitório. Renovatória em curso, prejudicada. Despejo procedente. Sentença mantida. Improvido apelo da ré. Locação, onde não se reservou especial circunstância de vigência oponível a terceiro adquirente, agregada do correspectivo aperfeiçoamento registraria, embaraço não há para a intervenção resolutória, sob simples conveniência, imotivada, do novo senhorio (artigo 8º, da Lei nº 8.245/91)".[787]

3. Requisitos para se obter a renovação

A Lei 8.245/1991, no art. 51, que ora comento, estabelece os requisitos que devem ser provados na petição inicial da ação renovatória.

São eles:

a) contrato a renovar celebrado por escrito e prazo de cinco anos;

b) exploração trienal da atividade empresarial;

c) propositura da ação em tempo hábil;

Além desses, enumerados no artigo em tela, o art. 71, para o qual também remetemos o leitor, estabelece outros requisitos:

d) perfeito cumprimento do contrato em curso;

e) apresentação de garantia;

f) proposta de novo aluguel e condições.

Vejamos, então, detalhadamente, cada um desses requisitos do presente artigo:

a) Contrato a renovar e novo prazo a ser concedido pela ação renovatória

O primeiro requisito que possibilita a ação renovatória é o contrato escrito, com prazo de cinco anos, no mínimo, pactuado expressamente.

---

[786] 2º TACiv/SP. Ap. c/ Rev. 773.834-0/0, Rel. Gilberto dos Santos, j. 17.05.2004.
[787] 2º TACCiv/SP, Ap. s/ Rev. 588.886-00/2, 11ª Câmara, Rel. Juiz Carlos Russo, j. 31.07.2000.

TÍTULO I – DA LOCAÇÃO • **Art. 51**

A renovação se fará pelo mesmo prazo do contrato que será renovado.

Portanto, se o contrato for de sete anos, a renovação dar-se-á por mais um prazo de sete anos.

Seja como for, o contrato deve ser escrito e por prazo determinado.

Convém lembrar que o contrato de locação pode ter sido ajustado verbalmente. A locação se comprovará, nessa hipótese, pelos recibos, depósitos, testemunhas etc., mas não terá validade para justificar a ação renovatória.[788]

Da mesma forma, o contrato que já terminou e continua em vigor por prazo indeterminado é válido, mas não serve para contagem do prazo da ação renovatória.

Observe-se, todavia, que é possível a soma de prazos de contratos escritos, sucessivos e ininterruptos, que perfaçam cinco ou mais anos.

A esta possibilidade de somar os prazos dá-se o nome de *accessio temporis*.

> "Locação comercial. Ação renovatória. Acessão de tempo. – É pacífico o entendimento desta Corte no sentido de que se breve o interregno entre os contratos escritos, é permitido o *acessio temporis* para viabilizar o perfazimento do prazo mínimo legal, exigido na lei de luvas para a renovação da locação. Recurso especial conhecido e provido."[789]

Pequenos prazos de interrupção com vigência do anterior contrato por prazo indeterminado, notadamente no período suficiente para que as partes negociem novo contrato, não afastam o direito à ação renovatória.

O problema é saber qual seria esse lapso temporal, posto que decorrente de interpretação jurisprudencial (alguns dias, meses?).

Como assevera Francisco Carlos Rocha de Barros, "os fatos são mais ricos e criativos do que a lei; a vida, constantemente, teima em surpreender e desafiar a sabedoria do legislador e dos juízes".[790]

---

[788] "Contrato escrito e verbal. Impossibilidade da soma. A lei exige como requisito de admissibilidade da ação, a existência de contrato escrito, com o prazo mínimo de cinco anos. A Jurisprudência admite o *acessio temporis* resultante da soma de vários prazos inferiores a cinco anos, desde que resultantes de contratos escritos, ainda que entre eles exista um pequeno interregno. Mas não é possível aceitar que um contrato de dois anos seja acrescido de mais três de locação verbal" (TACiv/RJ, Ap 1.866/91, 6ª Câmara, unânime, Juiz: Nilson de Castro Diao, j. 30.04.1991).

[789] STJ, REsp 14.540/SP (9100184284), 4ª Turma, Rel. Min. César Asfor Rocha, *DJ* 14.04.1997, p. 12.747.

[790] BARROS, Francisco Carlos Rocha de. *Comentários à Lei do Inquilinato*. São Paulo: Saraiva, 1997, p. 283. Neste sentido:
"Locação comercial. Renovatória. Prazo de cinco anos. Contratos escritos separados por breve período de locação verbal. Contrato posterior com eficácia *ex tunc*. Accessio temporis. Admissibilidade. Em sendo contratado o novo ajuste com eficácia *ex tunc*, o espaço de tempo acaso existente entre os contratos fica coberto pelo novo trato locatício, viabilizando a *acessio temporis*" (2º TACiv/SP, AI 226.487, 8ª Câmara, Rel. Juiz Narciso Orlandi, j. 27.09.1988).
"Locação comercial. Renovatória. Prazo de cinco anos. Contratos escritos separados por longo período de locação verbal. *Acessio temporis*. Inadmissibilidade. A existência de interrupção de 8 meses e meio entre o contrato de locação impede o reconhecimento da *acessio temporis* que permite o cômputo dos prazos para ajuizamento da ação renovatória" (2º TACiv/SP. Ap. c/ Rev. 330.246, 3ª Câmara, Rel. Juiz Teixeira de Andrade, j. 11.05.1993, *JTA* (*Lex*) 144/411). No mesmo sentido: *JTA* (Lex) 50/232, 134/332, 139/403, *JTA* (Saraiva) 76/205, 81/303, 82/246, *JTA* (RT) 83/382, 90/340, 99/248, 100/204, 105/368,

Nessa eventualidade, de acordo com a Lei do Inquilinato (art. 51, II), a princípio a renovação se dará pelo prazo do último contrato.

Assim, já se decidiu que, se o prazo do último contrato for de três anos, a renovação será efetuada por mais três anos.[791]

Ocorre que a interpretação jurisprudencial é, majoritariamente, em sentido contrário à interpretação literal da lei.

Entende-se, mesmo no caso de *acessio temporis*, ou seja, no caso de soma de contratos ininterruptos, que a renovação mínima será de cinco anos e, nesse sentido, encontramos o Enunciado 6 do Centro de Estudos do Segundo Tribunal de Alçada Civil de São Paulo: "Art. 51. Na renovação judicial do contrato de locação, o prazo mínimo do novo contrato é de cinco anos".

Igualmente, o seguinte julgado:

> "Unânime. Locação não residencial. Renovatória. Prazo. Exigindo a lei que o locatário de imóvel não residencial, para obter a renovação compulsória, comprove tenha sido celebrado por escrito o contrato de locação, e que este dure há no mínimo cinco anos, seja o quinquênio resultante da soma dos prazos inferiores ou não, a referência a igual prazo, constante do art. 51 da Lei 8.245/1991, se prende àquele mínimo, e não ao do último contrato, no caso de ter sido necessária a *acessio temporis*".[792]

Esta é a lição de Francisco Carlos Rocha de Barros: "Complica-se a questão para a hipótese de *accessio temporis*. A primeira impressão que se tem é no sentido de que a renovação se dará pelo mesmo prazo do último contrato, podendo ser, portanto, inferior a cinco anos. Não nos parece ser essa a melhor solução. Além das dificuldades decorrentes da necessidade de repetir-se, em curtos períodos, sucessivas ações renovatórias, o prazo de cinco anos já se encontra identificado com a proteção legal que merece o fundo de comércio. Essa é uma

---

108/453 (em.), 109/299, 109/343, 111/238, 111/422, 112/418, 114/353, 123/215, 124/348, 129/335, *RTJ* 57/348, 66/254, 71/897, *RT* 495/253, 597/135, *Jur. Bras.* 57/165; Ap. 214.043, 5ª Câmara, Rel. Juiz Sebastião Amorim, j. 26.08.1987; AI 242.460, 5ª Câmara, Rel. Juiz Alves Bevilacqua, j. 05.09.1989; AI 262.056, 4ª Câmara, Rel. Juiz Aldo Magalhães, j. 22.05.1990; Ap. c/ Rev. 276.926, 1ª Câmara, Rel. Juiz Quaglia Barbosa, j. 03.09.1990; Ap. c/ Rev. 287.232, 7ª Câmara, Rel. Juiz Garrido de Paula, j. 05.03.1991; EI 310.837, 1ª Câmara, Rel. Juiz Magno Araújo, j. 16.09.1991; AI 327.156, 1ª Câmara, Rel. Juiz Quaglia Barbosa, j. 14.10.1991; Ap. c/ Rev. 311.688, 2ª Câmara, Rel. Juiz Batista Lopes, j. 06.04.1992; Ap. c/ Rev. 315.802, 3ª Câmara, Rel. Juiz João Saletti, j. 06.07.1992; Ap. c/ Rev. 332.062, 4ª Câmara, Rel. Juiz Amaral Vieira, j. 15.04.1993; Ap. c/ Rev. 372.194, 4ª Câmara, Rel. Juíza Luzia Galvão Lopes, j. 22.02.1994. Obs.: o julgado merece um reparo: não há intervalo com locação verbal, visto que, ao fim do prazo estipulado, este se prorroga por prazo indeterminado.

[791] "Locação comercial. Renovatória (artigo 51 da Lei 8.245/1991). Prazo do novo contrato. Fixação inferior a cinco anos e com base no último contrato. Admissibilidade. Por orientação jurisprudencial, tem-se que o correto é renovar o imóvel por período igual ao do último contrato" (2º TACiv/SP, Ap. c/ Rev. 428.709, 4ª Câmara, Rel. Juiz Carlos Stroppa, j. 09.05.1995). No mesmo sentido: quanto ao Decreto 24.150/34: *JTA* (RT) 88/262, *RTJ* 74/99; quanto à Lei 8.245/1991: Ap. c/ Rev. 453.083, 12ª Câmara, Rel. Juiz Campos Petroni, j. 09.05.1996; STJ, REsp 4.844/RJ, Rel. Min. Assis Toledo, j. 21.09.1994, *DJU* 17.10.1994, p. 27.909; STJ, REsp 75.795/DF, 6ª Turma, Rel. Min. Vicente Cernicchiaro, j. 19.12.1995, *DJU* 17.03.1997, p. 7.560. Em sentido contrário: quanto ao Decreto 24.150/34: *JTA* (Saraiva) 79/194, 71/317, 76/280, *RTJ* 66/414, 54/497.

[792] Tribunal de Alçada de Minas Gerais, Apelação 0205997-2/00/BH, 1ª Câmara Cível, Rel. Juiz Herondes de Andrade, j. 05.12.1995.

ideia consolidada na consciência do povo. De mais a mais, se a lei acaba por reconhecer a *acessio temporis* para atingir aquele prazo, qual a razão para desprezá-lo quando se concede a renovação? (...) Na verdade, deveria a questão ter ficado resolvida de modo a não permitir dúvidas e propiciar discussões. Pacificar-se-ia, por exemplo, deixando claro que a renovação, qualquer que fosse o prazo do contrato renovando, sempre seria dada por cinco anos. Aliás, com algum esforço, pode-se dar essa interpretação à norma sob análise. Basta entender que, ao se referir a 'igual prazo', tomou como parâmetro não o do contrato renovando, mas aquele especificado no inciso II, ou seja, cinco anos (de um só contrato ou resultante da soma de prazos de mais de um)".[793]

Neste sentido, a seguinte decisão:

"Locação comercial. Renovatória. Prazo do novo contrato. Fixação em cinco anos. Prazo inferior do contrato renovando. Irrelevância. Admissibilidade. Exegese do artigo 51, II da Lei 8.245/1991. Tratando-se de pedido renovatório calcado em *acessio temporis*, comprobatório do preenchimento do quinquênio legal, injustificável a renovação pelo prazo de duração determinada do último contrato, o qual, embora tenha influído na consumação do aludido quinquênio, por si só seria insuficiente para embasar o direito à renovação".[794]

No mesmo sentido:

"Locação comercial. Renovatória. (...) Prazo de cinco anos fixado pela sentença. Contrato anterior de dois anos. Tratando-se de pedido renovatório calcado em 'acessio temporis', comprobatório do preenchimento do quinquênio legal, injustificável a renovação pelo prazo de duração determinada do último contrato o qual, embora tenha influído na consumação do aludido quinquênio, por si só seria insuficiente para embasar o direito à renovação. Correção do prazo fixado. Aplicação do artigo 51, II, da Lei do Inquilinato".[795]

O Superior Tribunal de Justiça, a quem compete a uniformização do direito federal, por meio de acórdão relatado pela Ministra Nancy Andrighi (REsp 1.323.410), deixou assentado na exata medida em que a Lei 8.245/1991 defere o direito à ação renovatória ao empresário que conta com o ponto e menciona renovação "por igual prazo", se refere ao prazo fixo de cinco anos e não o prazo estipulado pelo último contrato celebrado entre as partes, seja ele maior ou menor (no caso de *acessio temporis*): "A renovação do contrato de locação não residencial, nas hipóteses de *acessio temporis*, dar-se-á pelo prazo de cinco anos, independentemente do prazo do último contrato que completou o quinquênio necessário ao ajuizamento da ação. O prazo máximo da renovação também será de cinco anos, mesmo que a vigência da avença locatícia, considerada em sua totalidade, supere esse período". Explicou a ministra:

"Recurso especial. Ação renovatória de contrato. Locação comercial. 'Accessio temporis'. Prazo da renovação. Artigos analisados: Art. 51 da Lei 8.245/91. 1. Ação renovatória

---

[793] BARROS, Francisco Carlos Rocha de. *Comentários à Lei do Inquilinato*. 2. ed. rev. e atual. São Paulo: Saraiva, 1997, p. 279-280.
[794] 2º TACiv/SP, Ap. c/ Rev. 459.211, 7ª Câmara, Rel. Juiz Antônio Marcato, j. 06.08.1996.
[795] TJSP, Apelação 1070977-0/7, 32ª Câmara de Direito Privado, Rel. Des. Ruy Coppola, j. 29.03.2007.

de contrato de locação comercial ajuizada em 09.06.2003. Recurso especial concluso ao Gabinete em 07.12.2011. 2. Discussão relativa ao prazo da renovação do contrato de locação comercial nas hipóteses de 'accessio temporis'. 3. A Lei 8.245/91 acolheu expressamente a possibilidade de 'accessio temporis', ou seja, a soma dos períodos ininterruptos dos contratos de locação para se alcançar o prazo mínimo de 5 (cinco) anos exigido para o pedido de renovação, o que já era amplamente reconhecido pela jurisprudência, embora não constasse do Decreto nº 24.150/1934. 4. A renovatória, embora vise garantir os direitos do locatário face às pretensões ilegítimas do locador de se apropriar de patrimônio imaterial, que foi agregado ao seu imóvel pela atividade exercida pelo locatário, notadamente o fundo de comércio, o ponto comercial, também não pode se tornar uma forma de eternizar o contrato de locação, restringindo os direitos de propriedade do locador, e violando a própria natureza bilateral e consensual da avença locatícia. 5. O prazo 5 (cinco) anos mostra-se razoável para a renovação do contrato, a qual pode ser requerida novamente pelo locatário ao final do período, pois a lei não limita essa possibilidade. Mas permitir a renovação por prazos maiores, de 10, 15, 20 anos, poderia acabar contrariando a própria finalidade do instituto, dadas as sensíveis mudanças de conjuntura econômica, passíveis de ocorrer em tão longo período de tempo, além de outros fatores que possam ter influência na decisão das partes em renovar, ou não, o contrato. 6. Quando o art. 51, 'caput', da Lei 8.245 dispõe que o locatário terá direito à renovação do contrato 'por igual prazo', ele está se referido ao prazo mínimo exigido pela legislação, previsto no inciso II do art. 51 da Lei 8.245/91, para a renovação, qual seja, de 5 (cinco) anos, e não ao prazo do último contrato celebrado pelas partes. 7. A interpretação do art. 51, 'caput', da Lei 8.245/91, portanto, deverá se afastar da literalidade do texto, para considerar o aspecto teleológico e sistemático da norma, que prevê, no próprio inciso II do referido dispositivo, o prazo de 5 (cinco) anos para que haja direito à renovação, a qual, por conseguinte, deverá ocorrer, no mínimo, por esse mesmo prazo. 8. A renovação do contrato de locação não residencial, nas hipóteses de 'accessio temporis', dar-se-á pelo prazo de 5 (cinco) anos, independentemente do prazo do último contrato que completou o quinquênio necessário ao ajuizamento da ação. O prazo máximo da renovação também será de 5 (cinco) anos, mesmo que a vigência da avença locatícia, considerada em sua totalidade, supere esse período. 9. Se, no curso do processo, decorrer tempo suficiente para que se complete novo interregno de 5 (cinco) anos, ao locatário cumpre ajuizar outra ação renovatória, a qual, segundo a doutrina, é recomendável que seja distribuída por dependência para que possam ser aproveitados os atos processuais como a perícia. 10. Conforme a jurisprudência pacífica desta Corte, havendo sucumbência recíproca, devem-se compensar os honorários advocatícios. Inteligência do art. 21 do CPC [atual art. 86] c/c a Súmula 306/STJ. 11. Recurso especial parcialmente provido".[796]

Outra questão surge na exata medida daqueles contratos deliberadamente firmados por prazo pouco inferior a cinco anos.

Teria o locatário direito à renovatória?

Existem algumas decisões deferindo renovação a esses contratos, sendo, igualmente, campo fértil a interpretações.

---

[796] STJ, REsp 1.323.410/MG, 3ª Turma, Rel. Min. Nancy Andrighi, j. 07.11.2013, *DJe* 20.11.2013.

De quanto seria esse prazo "pouco inferior"?[797]

> "As circunstâncias de cada caso, a personalidade dos contratantes, o grau de instrução de um e de outro e tudo o mais que possa ser levado em conta poderão autorizar convencimento no sentido de que o locador não mereceria enriquecer à custa do trabalho desenvolvido pelo locatário."[798]

Por fim, mister se faz verificar que existem decisões teratológicas, já que o assunto é fértil em interpretações, algumas curiosas, como a que abaixo se transcreve, cuja lucidez emana do voto vencido:

> "Prorrogação legal. *Acessio temporis*. Direito a renovação. Exercício. A prorrogação, por força de lei, de contrato por prazo determinado em contrato por prazo indeterminado não transforma o contrato escrito em contrato verbal. Em consequência, para a formação do prazo mínimo de cinco anos do contrato a renovar, é admissível a soma de prazos ininterruptos de contratos escritos de prazo determinado com os de contratos escritos por prazo indeterminado. O direito a renovação se exerce com a simples distribuição da petição inicial da ação renovatória. Decadência não consumada. Votei vencido convicto de que o entendimento firmado pela maioria no caso julgado resultou em violação literal e do propósito anímico do legislador ao editar a norma do inciso II do art. 51 da Lei 8.245/1991. Juiz Jayro Ferreira".[799]

Seja como for, se a locação se prorrogar por prazo indeterminado, não há que se falar em direito à renovatória, exceto possibilidade de *accessio temporis* e breve hiato entre um contrato e outro.

---

[797] "Locação comercial. Renovatória. Prazo inferior a cinco anos. Exclusão do regime protetivo. Fraude à lei. Inocorrência. A estipulação de prazo de quatro anos de duração do pacto locatício não traduz o alegado objetivo de fraudar a lei, impedindo a renovação, pois, trata-se de ato perfeitamente lícito, inserido no âmbito da autonomia da vontade individual" (2º TACiv/SP. Ap. c/ Rev. 463.628, 1ª Câmara, Rel. Juiz Souza Aranha, j. 30.09.1996). Referência: STJ, REsp 15.358-0/PR, 3ª Turma, Rel. Min. Nilson Naves, j. 16.06.1992, *DJU* 24.08.1992, p. 12.997. No mesmo sentido: *JTA* (Lex) 42/169, 148/222, *JTA* (Saraiva) 82/210, *JTA* (RT) 86/376, 87/272, 111/423, 114/400, 124/331. Em sentido contrário: *JTA* (RT) 87/359, 104/306; Ap. c/ Rev. 350.249, 4ª Câmara, Rel. Juiz Amaral Vieira, j. 27.07.1993.

"Locação comercial. Renovatória. Prazo inferior a cinco anos. Exclusão do regime protetivo do Decreto 24.150/34. Fraude à lei. Ocorrência. Quando o locatário já é estabelecido no local e se sujeita a um contrato de prazo pouco inferior a cinco anos, pode-se presumir ter ele sofrido uma imposição fraudatória do direito a renovação. Em tal contingência, o contrato traz em si, implícita, a fraude à lei, a qual, sendo deduzida só desse fato, dispensa quaisquer outras demonstrações" (2º TACiv/SP. AI 162.780, 4ª Câmara, Rel. Juiz Accioli Freire, j. 25.10.1983, in *JTA* (RT) 87/359. Referência: FRANCO, Nascimento; GONDO, Nisske. *Ação renovatória e ação revisional de aluguel*. 4. ed. São Paulo: RT, 1983, p. 83. No mesmo sentido: *JTA* (RT) 104/306. Em sentido contrário: *JTA* (Saraiva) 82/210, *JTA* (RT) 86/376, 87/272, *JTA* (Lex) 42/169; Ap. 158.855, 4ª Câmara, Rel. Juiz Lothario Octaviano, j. 02.08.1983; AI 221.100, 8ª Câmara, Rel. Juiz Mello Junqueira, j. 14.06.1988.

"Locação comercial. Renovatória. Prazo de cinco anos. Contrato de quatro anos. Cláusula de prorrogação automática por mais um ano. Previsão que satisfaz o requisito legal. Carência afastada. Admissível a *acessio temporis* de vários contratos escritos e ininterruptos para o exercício da renovatória, outra atitude não se pode adotar se um único contrato estipula quatro anos iniciais e já prevê, expressamente, sua prorrogação por mais um ano" (2º TACiv/SP, Ap. 170.814, 7ª Câmara, Rel. Juiz Gildo dos Santos, j. 20.06.1984, in *JTA* (RT) 93/266.

[798] BARROS, Francisco Carlos Rocha de. *Comentários à Lei do Inquilinato*. 2. ed. rev. e atual. São Paulo: Saraiva, 1997, p. 281.

[799] TACiv/RJ, Apelação 6.872/96, 8ª Câmara, Juíza Cássia Medeiros, 06.11.1996.

Por fim, importantíssimo ressaltar que o locatário deverá tomar a cautela de inserir cláusula de vigência e registrar o contrato de locação junto ao Cartório de Registro de Imóveis da circunscrição imobiliária competente.

Isso porque a ausência dessa providência o submete a eventual despejo promovido pelo adquirente com fundamento no art. 8º, § 1º, da Lei 8.245/1991, ainda que o contrato esteja em vigor ou lhe conceda a possibilidade da ação renovatória.

Na jurisprudência encontramos o seguinte:

> "Ação renovatória de locação. Intervenção do adquirente do imóvel locado como assistente. Propositura da ação de despejo por ele com fundamento no artigo 8º da Lei 8.245/91. Improcedência da renovatória e procedência da ação de despejo para determinar a desocupação do imóvel em trinta dias com fundamento no artigo 74 da Lei do Inquilinato, com a redação dada pela Lei nº 12.112, de 9 de dezembro de 2009, com reflexo nas verbas de sucumbência. Litisconsórcio. Artigo 48 do CPC. A formação do litisconsórcio não se confunde com a figura do assistente simples. A regra é que, nas relações com a parte contrária, cada litisconsorte seja tido como litigante autônomo, podendo até mesmo na hipótese do assistido quedar-se inerte, prosseguir o interessado (litisconsortes) produzindo provas a resguardar seus direitos. Os atos e as omissões de um não prejudicarão, nem beneficiarão os outros. Locação. Alienação de Imóvel. Na hipótese de alienação de imóvel objeto de locação residencial ou comercial, só não é rompida a locação se houver no contrato cláusula de vigência em caso de venda e ele estiver registrado na matrícula do bem. Ausente qualquer um dos requisitos legais, a consequência é a improcedência da ação renovatória do aluguel com a procedência da ação de despejo nos termos da Lei do Inquilinato que, enquanto não modificada, continua produzindo seus efeitos. Recurso oferecido pela construtora provido".[800]

Nesses casos, embora o assunto seja polêmico e não haja expressa disposição na Lei do Inquilinato, entendemos que o locatário fará jus à indenização pela perda do ponto, componente importante do estabelecimento empresarial, além de outros prejuízos que puder provar tendo em vista que o contrato não foi, por ele, locador original, respeitado no que diz respeito ao prazo pactuado.

b) Exploração trienal

É imprescindível que o autor prove o exercício de atividade empresarial no mesmo ramo de atividade por, no mínimo, três anos ininterruptos, imediatamente anteriores à propositura da ação.

Poderá ampliar ou reduzir a atividade, acrescentando ou diminuindo outras, *v.g.*, padaria que acrescenta atividade de restaurante. Não poderá, entretanto, alterar a sua natureza, *v.g.*, restaurante que se torna padaria.[801]

---

[800] TJSP, Apelação 9272369-74.2008.8.26.0000/SP, 28ª Câmara de Direito Privado, Rel. Júlio Vidal, j. 13.12.2011, data de registro: 17.12.2011; outros números: 1206553500.
[801] "Locação comercial. Renovatória. Requisito. Exploração do mesmo ramo de comércio por três anos (artigo 51, III, da Lei 8.245/1991). Ampliação do ramo comercial. Não descaracterização. Admissibilidade. A ampliação da atividade comercial não descaracteriza o requisito da exploração trienal do mesmo ramo de comércio, quando dela resulta apenas um acréscimo à anterior, que persiste

Entende-se que o prazo de três anos é necessário para que se forme uma clientela. Poderia ser de dois, de quatro, mas a lei entendeu fixá-lo em três anos.

c) Propositura da ação em tempo hábil

O prazo para propositura da ação renovatória começa um ano antes do fim do contrato e vai até seis meses antes desse término. Portanto, o locatário conta com o penúltimo semestre de contrato para propor a ação.

Trata-se de prazo decadencial que, se for perdido, permite ao locador a denúncia do contrato ao seu final e consequente despejo do locatário.

Convém ressaltar que não adianta propor a ação antes desse prazo e, tampouco, haverá possibilidade jurídica do pedido depois dele.

Como se trata de prazo de direito material, se expirar em dia não útil, a ação deverá ser proposta em dia útil anterior.

De outro lado, atendida a propositura no prazo legal, a citação posterior não interfere na eficácia da ação, posto que retroage à data da distribuição.[802]

É preciso atentar para o prazo decadencial, de natureza material e não processual.

Sendo assim, sua contagem está supedaneada na lei civil, no caso, Lei 810/1949,[803] e no art. 132, § 3º, do Código Civil.

Portanto, se no contrato de locação pactuou-se prazo de cinco anos, por exemplo, a partir de 15 de fevereiro de 2020, o final do prazo será no dia 15 de fevereiro de 2025, mesmo que se tenha colocado no contrato o seu final no dia 14 de fevereiro de 2025.

Assim, importantíssima a observância do prazo para a propositura da ação renovatória. Se for perdido, nenhum direito remanesce para o locatário que permaneceu inerte, de tal sorte que não há falar em qualquer indenização pelo ponto, elemento do fundo empresarial que foi perdido em razão da incúria do seu titular.

E mais: a denúncia do contrato prorrogado por prazo indeterminado ou no seu termo é um direito do locador e não representa qualquer abuso ou confere ao locatário direito de ser indenizado.

---

com caráter principal e predominante" (2º TACiv/SP, Ap. c/ Rev. 517.945, 9ª Câmara, Rel. Juiz Marcial Hollanda, j. 27.05.1998). Referências: VENOSA, Sílvio de Salvo. *Nova Lei do Inquilinato comentada*, p. 176; BARROS, Francisco Carlos Rocha de. *Comentários à Lei do Inquilinato*. 2. ed. rev. e atual. São Paulo: Saraiva, 1997, p. 283.

"Ampliação do ramo de atividade não importa mudança de fundo de comércio" (TACiv/RJ, Apelação 995/89, 7ª Câmara, Unânime, Juiz Hugo Barcellos, 26.04.1989).

[802] De acordo com os arts. 240 e 312 do Código de Processo Civil, a ação considera-se proposta no momento da distribuição, sendo a citação apenas uma condição de validade, ou seja, a ação considera-se proposta na data da distribuição, condicionada à existência de citação válida. Portanto, no caso, basta a distribuição no prazo, condicionada, por evidente, à citação.

[803] "Art. 1º Considera-se ano o período de 12 meses contados do dia do início ao dia e mês correspondentes do ano seguinte.

Art. 2º Considera-se mês o período do tempo contado do dia do início ao dia correspondente do mês seguinte.

Art. 3º Quando no ano ou mês do vencimento não houver o dia correspondente ao do início do prazo, este se findará no primeiro dia útil subsequente.

Art. 4º Revogam-se as disposições em contrário."

Nesse sentido:

"Ação de despejo por denúncia vazia. Locação de imóvel comercial. Prorrogação do contrato por prazo indeterminado. Indenização por fundo de comércio. Tendo em vista que o réu, locatário, não ajuizou, no prazo previsto na Lei do Inquilinato, a competente ação renovatória, não pode requerer, após a prorrogação do contrato por prazo indeterminado, a condenação da autora, locadora, ao pagamento de indenização relativa ao fundo de comércio. Aplicação do brocado latino 'dormientibus non sucurrit jus'. Ausência de má-fé da Autora. Recurso do réu não provido".[804]

Posta assim a questão, é possível afirmar que, ultrapassado *in albis* o prazo legal para a propositura da ação renovatória (requisito insculpido no art. 51, I, da Lei 8.245/1991), a proteção ao ponto deixa de existir.

Isso porque, no prazo estabelecido na Lei do Inquilinato, o locatário deixou de exercer seu direito de obter a renovação, operando-se a decadência (*dormientibus non sucurrit jus*).

Com isso, ao final do contrato ou com o contrato prorrogado por prazo indeterminado, ao locador é deferido o direito de retomar o imóvel (arts. 56 e 57 da Lei 8.245/1991) sem nada pagar ao locatário.

Em suma, como os arts. 56 e 57 da Lei 8.245/1991 preveem, respectivamente, a possibilidade da ação direta de despejo em até 30 dias do termo final do contrato e a possibilidade de denúncia imotivada do contrato de locação prorrogado por prazo indeterminado, o locador que assim postula exerce regularmente o seu direito, não havendo falar-se em ato ilícito por abuso desse direito, ausência de boa-fé ou qualquer indenização a ser paga ao locatário que deve, assim, imputar seu prejuízo à sua incúria.

De outro lado, é possível, diante da pletora de feitos que assoberba o Poder Judiciário, que seja necessária a propositura de uma segunda ação renovatória na pendência da primeira, visto que o prazo da eventual primeira renovação esteja se esgotando.

Nesse caso não há prejudicialidade da segunda ação renovatória em razão da primeira, mas exatamente o contrário, da primeira em relação à segunda.

Isto porque não admitida a renovação na primeira refrega, não haverá contrato a renovar para justificar a segunda.

Neste sentido:

"Agravo de instrumento – locação de imóvel – renovatória – prejudicialidade externa – Anterior ação renovatória entre as mesmas fartes julgada improcedente, na qual há recurso de apelação recebido em ambos os efeitos e se encontra aguardando julgamento – suspensão do andamento da ação. Admissibilidade. Agravo de Instrumento improvido". (TJSP; Agravo de Instrumento 0454681-06.2010.8.26.0000; 36ª Câmara de Direito Privado; Foro Regional II – Santo Amaro – 5ª Vara Cível; Rel. Jayme Queiroz Lopes; j. 17.03.2011; data de registro: 22.03.2011)

"Locação Comercial – Renovatória – Pendência de julgamento definitivo de ação renovatória anterior – Impossibilidade de julgamento da segunda ação, sob pena

---

[804] TJSP, Apelação 0004184-29.2010.8.26.0590, 27ª Câmara de Direito Privado, Rel. Berenice Marcondes Cesar, j. 19.03.2013, registro: 02.04.2013. Outros números: 41842920108260590.

de conflito de decisões – Suspensão do processo. Não pode ser julgada a ação renovatória se outra ação renovatória anterior pende de julgamento definitivo, devendo o processo permanecer suspenso até o trânsito em julgado da primeira ação, sob pena de conflito de decisões". (Apelação com Revisão 454.458-9/00, rel. Des. Luís de Carvalho)

4. Quem pode ajuizar a ação renovatória (legitimidade ativa)

Sob a égide da Lei anterior (Lei de "Luvas"), repercutindo na atual Lei 8.245/1991 e decorrente do Código Civil de 2002, deixou-se de lado o conceito de "comerciante" para, em seu lugar, como vimos, adotar-se o conceito de "empresário".

É preciso observar que a Lei de Luvas, Decreto 24.150/1934, foi superada pela Lei 8.245/1991. Entretanto, "seguindo a concepção do dirigismo contratual, editou-se a Lei 8.245/1991, que rege os contratos de locação predial urbana, reafirmando, com pequenas modificações, as antigas disposições contidas na Lei de Luvas no tocante ao direito à renovação do contrato de locação".[805]

A Lei do Inquilinato pacificou a questão, concedendo a possibilidade de ajuizamento da renovatória aos empresários detentores de *ponto*, elemento fundamental para o exercício do direito subjetivo de renovação do contrato de locação.

Nesse sentido, faltando o conceito de empresarialidade, estar-se-á à margem da proteção do *ponto* e, assim como a sociedade que se destina à exploração de estacionamentos, especialmente em condomínios e *shopping centers*.

> "Locação comercial. Renovatória. Escritório de advocacia. Postulação por advogado autônomo, que não constituiu sociedade civil. Descabimento. Inaplicabilidade do artigo 51, parágrafo 4º, da Lei 8.245/1991. Locação contratada por advogado, sem constituição de sociedade civil com fins lucrativos, não se enquadra no artigo 51, parágrafo 4º, da Lei 8.245/1991, para fins do direito à ação renovatória."[806]

Interessante que, mesmo tratando-se de sociedade de advogados, há entendimento segundo o qual, faltando a atividade comercial e, nesta medida, o *ponto* como elemento do fundo empresarial, não há proteção decorrente da ação renovatória.

Em suma, o objetivo da lei é proteger o ponto como elemento do fundo empresarial e, ausente a necessidade da sua proteção, posto ser irrelevante para a atividade, não há possibilidade jurídica de o locatário invocar a ação renovatória.

Neste sentido:

> "Locação. Escritório de advocacia. Ação renovatória. Dec. 24.150/34. Impossibilidade. Ausência de fundo de comércio. O Decreto 24.150/34 foi editado com a finalidade de impedir a cobrança das chamadas 'luvas', por ocasião da renovação do contrato de locação comercial ou industrial, assegurando a proteção do fundo de comércio. O escritório de advocacia não pode ser concebido como atividade comercial capaz de garantir a

---

[805] STJ, REsp 278.768/CE.
[806] 2º TACiv/SP, Ap. s/ Rev. 454.800, 10ª Câmara, Rel. Juiz Euclides de Oliveira, j. 28.05.1996, *JTA* (LEX) 160/294. No mesmo sentido: *JTA* (LEX) 163/540.

possibilidade de ingressar com ação renovatória com base no Dec. 24.150/34. Recurso Especial não conhecido".[807]

No seu voto, esclareceu o relator, mencionando, inclusive, outro precedente do Superior Tribunal de Justiça: *Dentro dessa visão teleológica, somente os contratos de locação comercial podem ser amparados pela renovação judicial. Daí por que não vejo como modificar o entendimento do aresto impugnado, que concluiu pela inexistência de atividade comercial a ser amparada pela renovatória contratual. Registre-se, nesse sentido, o seguinte precedente deste Tribunal, "verbis"*: "REsp – Civil – Locação – Renovatória – Escritório de Advocacia – A renovatória visa a conferir a empresa que gerou o fundo de comércio".[808] No voto condutor do referido julgado, conclui o eminente Ministro Vicente Cernicchiaro: "... No caso dos autos, trata-se de um escritório de advocacia. As hipóteses mencionadas na lei citada dizem respeito à característica da atividade de empresas e, inclusive, caracterizam o ponto, o fundo de comércio. Deslocar tais empresas de um local para outro pode afetar profundamente a freguesia. O escritório de advocacia não apresenta essas características. A transladação de um local para outro, em princípio, não afeta o profissional ser procurado por seus clientes".

Assim, respeitados esses requisitos, podem ingressar com a ação renovatória, além do locatário:

a) o sócio de sociedade empresarial que forma o *ponto* como elemento do fundo empresarial;
b) o sócio supérstite;
c) o sublocatário; e,
d) a massa falida.

O sócio de sociedade empresarial:

Nos termos do art. 51, § 2º, da Lei 8.245/1991, quando o contrato autorizar que o locatário utilize o imóvel para as atividades de sociedade de que faça parte a quem pertencerá o fundo empresarial, o direito a renovação poderá ser exercido pelo locatário ou pela sociedade.

Ainda que as sociedades sejam pessoas jurídicas regularmente constituídas e, nesta medida, com existência distinta daquela atribuída aos seus membros, defere-se ao sócio o direito de requerer a renovação em nome próprio, repetida a norma que já estava no Decreto 24.150/1934, art. 3º, § 1º.

A lei, neste ponto, apenas reconhece o fato da necessidade de a pessoa natural, futura sócia de pessoa jurídica, por razões burocráticas, ser obrigada a apresentar o local da sede antes da regular constituição da sociedade.

Por fim, verifica-se que já se deferiu às sociedades irregulares ou sociedades de fato, através de seus sócios, a legitimidade à propositura da ação renovatória, provados os demais requisitos.

O sócio supérstite:

O § 3º do art. 51 da Lei 8.245/1991 estabelece que, dissolvida a sociedade comercial por morte de um dos sócios, o sócio sobrevivente fica sub-rogado no direito à renovação, desde que continue no mesmo ramo.

---

[807] STJ, REsp 278.768/CE, 6ª Turma, Rel. Min. Vicente Leal, j. 18.04.2002, *DJ* 27.05.2002, p. 205.
[808] REsp 119.480/SP, Rel. Min. Luiz Vicente Cernicchiaro, *DJ* 13.10.1997.

O cessionário e sucessor:

Nos termos do art. 51, § 1º, da Lei do Inquilinato, o direito de renovação compulsória assegurado aos locatários poderá ser exercido pelos seus cessionários ou sucessores.

Sabe-se que a cessão poderá ser do fundo de comércio, que não está abarcada pela restrição do art. 13 – e nem poderia – inexigindo anuência do locador.

Diferente seria a cessão da locação, que exige anuência expressa do locador, conforme examinamos quando tratamos da ação de despejo por cessão ou empréstimo não consentido.

É verdade que a cessão pode já ser autorizada no contrato e, nessa hipótese, por evidente, autorizada estará.

Mister acentuar que na cessão da locação desprovida da cessão do fundo de comércio, o locatário não poderá pleitear a renovação na exata medida em que não dispõe de fundo de comércio a ser protegido.

O cessionário do fundo de comércio, por seu turno, também não poderá exercer a renovatória vez que não é locatário.

Há possibilidade de o cessionário legítimo acrescer, para efeito do triênio de exploração da mesma atividade. Todavia, o simples sucessor na locação não é, necessariamente, do fundo de comércio. Portanto, essa circunstância deve ser provada pelo cessionário e, nesse sentido:

> "Locação comercial. Renovatória. Cessão de sociedade. Consentimento do locador. Ausência. Carência. Exegese do artigo 13 da Lei 8.245/1991. A cessão de sociedade é regulada na lei locacional, de modo a se exigir consentimento expresso do locador. Ausente a prova a respeito da providência e demonstrado que o comportamento das sociedades sucessora e sucedida, formadas por membros da mesma família, é temerário, a carência de ação é medida que se impõe".[809]

Entretanto, a escorreita lição dada alhures por Jorge Tarcha[810] deve ser observada:

> "Entende-se que a propriedade empresarial é um direito real, que adere ao estabelecimento. É impossível, pois, alienar este sem ceder o contrato de locação.
>
> O sucessor, assim como o cessionário, também pode ser legitimado ativo, desde que seja sucessor do estabelecimento e não somente da locação.
>
> Deveras, não basta a cessão ou sucessão da locação, para justificar a existência da ação renovatória. É indispensável que se mantenha o fundo de comércio (modernamente designado como estabelecimento).
>
> Vamos dar um exemplo: um comerciante é cessionário somente em uma locação por cinco anos, mas o seu ramo de negócio é diferente.
>
> Terá ele direito à renovação? Em princípio, não, pois que não lhe foi cedido o fundo de comércio, vale dizer, o estabelecimento.
>
> Mas, se ainda restarem três anos de contrato, e nesse prazo remanescente tiver ele oportunidade para formar o seu próprio fundo de comércio, explorando-o, ininterruptamente, poderá pleitear a renovação.

---

[809] 2º TACiv/SP, Ap. c/ Rev. 475.216, 6ª Câmara, Rel. Juiz Aclibes Burgarelli, j. 17.03.1997, *JTA* (LEX) 165/440.
[810] TARCHA, Jorge. *Curso de direito imobiliário*. São Paulo: FMU, 1995.

Este novo fundo de comércio criado pelo cessionário na locação do imóvel é tão merecedor da proteção da lei, quanto o cedente.

Basta que ao ajuizar a renovatória o seu autor-cessionário tenha a dupla titularidade: locação e negócio.

Imaginem, agora, um contrato de locação por cinco anos, ostentando uma cláusula que proíbe a cessão do contrato de locação, sem prévio assentimento do locador.

Notem, a esse respeito, o artigo 13 da Lei 8.245/1991.

Ambos os textos legais exigem o consentimento do locador, para que o locatário possa ceder a locação.

Mas, atenção: no que tange à locação amparada pela possibilidade de renovatória, embora sujeita a chuvas e trovoadas, há jurisprudência que considera essa necessidade de autorização como in fraudem legis (em fraude à lei)".

Nesse sentido:

"Preliminares. Rejeição. Retomada. Requisitos. Presunção de sinceridade. Aluguel até a desocupação. Fixação. Dúplice é a natureza da ação renovatória, podendo o locador deduzir pedido de retomada com o consequente despejo do locatário. Daí, não ser de rigor reunião da ação de despejo em curso em Juízo distinto, pois inviável decisões conflitantes. A cessão do negócio, inclusive do direito a renovação do contrato de locação, não pode ficar a mercê de autorização do locador, sobretudo nos casos em que este poderá inviabilizar o próprio negócio do locatário, constituindo-se, assim, em verdadeiro abuso de direito a proteção legal do fundo de comércio. Não perde a titularidade de parte a cessão do negócio do locatário no curso da ação renovatória, em consonância com o disposto no art. 42 do Código de Processo Civil [atual art. 109].[811] Preliminares de decadência, ilegitimidade ativa *ad causam* e ausência de fundo de comércio, rejeitadas no despacho saneador e mantidas em grau de recurso. Comprovados os requisitos para o exercício da retomada, para instalar-se no terreno estoque e armazenamento de mercadorias de Drogarias, cujo capital se acha dividido entre as três filhas do locador, defere-se a 'reprise'. A jurisprudência tem sufragado que milita em favor do retomante a presunção de sinceridade do pedido. No período que inicia com o término do contrato até a entrega das chaves deverá viger o aluguel atualizado, aquele arbitrado pelo perito e adotado na sentença, conforme jurisprudência do Egrégio STJ".[812]

Continua Jorge Tarcha:

"Argumenta-se no sentido de que a regra da Lei do Inquilinato e do Código Civil é de caráter geral sobre as locações de prédios, não se aplicando às locações nas quais cabe a defesa do fundo de comércio.

Assim, considera-se inválida a cláusula que proíbe a cessão da locação. E nem poderia ser de outra forma, já que o § 1º do artigo 51 da Lei 8.245/1991 permite que o cessionário ajuíze a ação renovatória.

---

[811] *Perpetuatio jurisdicionis*.
[812] TACiv/RJ, Apelação 3.579/96, 4ª Câmara, unânime, Juiz Paulo Gustavo Rebello Horta, 23.05.1996.

É evidente que o comerciante que também é locatário somente poderá vender o seu estabelecimento se o contrato de locação acompanhar o negócio.

O contrato que preenche as condições de ajuizamento da renovatória faz parte do estabelecimento.

Ele integra o conjunto de bens incorpóreos ou imateriais do fundo de comércio, que pertence, é claro, ao comerciante locatário.

Então, permite-se a cessão da locação, independentemente da anuência do locador, para assegurar ao proprietário do fundo de comércio, o poder de dispor livremente dele.

De um modo geral pode-se considerar como "sucessores" do titular da locação e do negócio:

a) o cessionário;

b) os herdeiros e o cônjuge do sucedido;

c) o espólio deste, na pessoa do inventariante;

d) a sociedade transformada ou resultante da fusão da sociedade locatária com outras;

e) o sócio que, extinta a sociedade, adquire seu fundo de comércio;

f) qualquer sócio ou herdeiro do sócio falecido, desde que entre o sucedido e o sucessor haja continuidade na relação jurídica locativa e na atividade comercial ou industrial".

Observem que estas regras valerão mesmo que haja mudança na estrutura jurídica do locatário: passagem do estado de comerciante individual para o de sociedade, ou transformação, incorporação, fusão, cisão ou mesmo mudança da composição social – entrada e saída de sócios.

Quanto a essa última hipótese (mudança na composição social), não se pode olvidar o art. 50 do atual Código Civil, que segundo o qual a pessoa jurídica possui existência distinta da de seus membros, sem contar o inc. XVII do art. 5º da Constituição Federal, que determina que é plena a liberdade de associação.

De qualquer forma, entendemos que o contrato de locação não possui o condão de impedir a alteração social, sendo nula qualquer disposição nesse sentido, sendo lícito, todavia, no nosso entendimento, condicionar contratualmente a alteração à anuência do locador sob pena de infração contratual e despejo.

> "Despejo. Infração contratual. Cessão de cotas da sociedade locatária. Cláusula proibitória livremente pactuada. Violação. Caracterização. Não há vedação na Lei 8.245, de 18.10.91, para que as partes estipulem a exigência do prévio consentimento do locador para prosseguimento do contrato locativo – firmado *intuitu personae* em relação aos sócios da locatária – quando houver alteração do quadro social. Configura infração contratual a falta desse consentimento ensejando a rescisão e o consequente despejo."[813]

---

[813] 2º TACiv/SP, Apel. s/ Rev. 511.924, 2ª Câmara, Rel. Juiz Norival Oliva, j. 16.02.1998. No mesmo sentido: *JTA* (RT) 111/398, Apel. c/ Rev. 327.443, 6ª Câmara, Rel. Juiz Eros Piceli, j. 15.06.1992. Em sentido contrário: *JTA* (RT) 118/429(em.), Apel. c/ Rev. 236.523, 4ª Câmara, Rel. Juiz Telles Correa, j. 20.06.1989. Em sentido contrário: "Despejo. Infração contratual. Cessão de cotas de sociedade locatícia. Não caracterização. Não há infringência do contrato locativo pela só alteração do quadro

O sublocatário:

Na sublocação existe relação jurídica exclusivamente entre locatário e sublocatário. Este último, a princípio, não conta com qualquer vínculo que o una ao locador, ainda que seja autorizado por este.

Todavia, o sublocatário não fica à margem da proteção, notadamente em razão de expedientes que poderiam ser levados a efeito pelos locadores que, se não fosse a legitimidade do sublocatário, poderiam afastar o direito à renovatória ao locar a alguém da sua confiança que, então, efetivaria a sublocação.

Bem assim surgiu a regra do § 1º do art. 51 da Lei do Inquilinato, que legitima o sublocatário à propositura da ação renovatória.

A norma em análise é fruto de fato socialmente relevante e reiterado que, por esse motivo, foi abarcado pela lei.

E as condições que devem ser preenchidas pelo sublocatário para a ação direta de renovação são as mesmas condições previstas para o locatário.

Havendo mais de um sublocatário do imóvel locado, defere-se a possibilidade de cada um ingressar com ação renovatória autônoma pela parte que ocupar.

A massa falida:

O falido pode propor ação renovatória.

Para tanto, o administrador judicial, que deve zelar pelo fundo empresarial do falido, o representará na ação.

5. Contra quem é ajuizada a renovatória (legitimidade passiva)

Não somente ao locador a lei defere a possibilidade de ser réu na ação renovatória. Também podem figurar como réus da referida ação o promitente comprador e o locador usufrutuário ou fideicomissário.

Nos termos do § 1º do art. 8º da Lei 8.245/1991, o promitente comprador do imóvel locado é parte legítima para responder pela ação renovatória na exata medida em que é equiparado ao proprietário para o efeito de denúncia do contrato de locação.

Para tanto, devem estar presentes os seguintes requisitos: a promessa deve ser irrevogável e irretratável e o contrato deve estar registrado junto à matrícula do imóvel locado.

Igualmente, o fato de o locador ser usufrutuário ou fideicomissário o legitima para figurar no polo passivo da ação renovatória.

Todavia, o juiz não pode conceder renovação por prazo superior à duração do usufruto ou fideicomisso posto que não pode conceder a quem quer que seja, de forma derivada, mais direitos do que possui aquele que os deve conceder, notadamente o prazo para usufruir do imóvel.

---

social da pessoa jurídica. O contrário implicaria negar-se vigência ao princípio básico da teoria da personalidade jurídica (artigo 20 do Código Civil), segundo a qual a pessoa jurídica tem existência distinta de seus membros" (2º TACiv/S, Ap. c/ Rev. 326.112, 2ª Câmara, Rel. Juiz Norival Oliva, j. 16.03.1993, in *JTA* (Lex) 144/374). Referências: MONTEIRO, Washington de Barros. *Curso de direito civil* – parte geral. 28. ed. São Paulo: Saraiva, 1988, p. 110-112; RODRIGUES, Silvio. *Direito.* 18. ed. São Paulo: Saraiva, 1989, vol. I, p. 77.

Art. 52. O locador não estará obrigado a renovar o contrato se:

I – por determinação do Poder Público, tiver que realizar no imóvel obras que importarem na sua radical transformação; ou para fazer modificações de tal natureza que aumente o valor do negócio ou da propriedade;

II – o imóvel vier a ser utilizado por ele próprio ou para transferência de fundo de comércio existente há mais de um ano, sendo detentor da maioria do capital o locador, seu cônjuge, ascendente ou descendente.

§ 1º Na hipótese do inciso II, o imóvel não poderá ser destinado ao uso do mesmo ramo do locatário, salvo se a locação também envolvia o fundo de comércio, com as instalações e pertences.

§ 2º Nas locações de espaço em *shopping centers*, o locador não poderá recusar a renovação do contrato com fundamento no inciso II deste artigo.

§ 3º O locatário terá direito a indenização para ressarcimento dos prejuízos e dos lucros cessantes que tiver que arcar com mudança, perda do lugar e desvalorização do fundo de comércio, se a renovação não ocorrer em razão de proposta de terceiro, em melhores condições, ou se o locador, no prazo de três meses da entrega do imóvel, não der o destino alegado ou não iniciar as obras determinadas pelo Poder Público ou que declarou pretender realizar.

Comentários (Luiz Antonio Scavone Junior):

A Lei do Inquilinato estabelece, no art. 52, as defesas do locador na ação renovatória.

Vamos a elas:

1. Necessidade de obras determinadas pelo Poder Público que importem em radical transformação do imóvel, ou que aumente o valor do negócio ou da propriedade

É preciso observar que a exigência do Poder Público para obras é coincidência que não deveria constar da lei. É que essa exigência deve ocorrer, exatamente, por ocasião da contestação.

Ora, para obras urgentes já há o despejo do art. 9º, IV, da Lei 8.245/1991.

Entretanto, a lei está aí, e, ocorrendo a coincidência, não haverá renovação.

De qualquer modo, a contestação deverá trazer prova da determinação do Poder Público ou relatório pormenorizado das obras a serem realizadas e da estimativa de valorização que sofrerá o imóvel, assinado por engenheiro devidamente habilitado que responderá pela veracidade das informações, nos termos do que dispõe o § 3º do art. 72.

O segundo critério é meramente econômico, ou seja, depende de verificação de aumento do valor da propriedade ou negócio.

Estranha a menção à "valorização do negócio", que é do locatário e não do locador.

Essa hipótese só pode ser admitida quando a locação envolva o fundo de comércio (§ 1º do art. 52), quando o locador também é proprietário das instalações, *v.g.*, posto de gasolina, cinema, hotel etc.

O locador que se defende assim deve provar a propriedade na hipótese de aumento do valor, mas não do negócio, inferência que se extrai do inc. I do art. 52.

Por fim, convém ressaltar que, realizando as obras que disse que faria, no prazo de 60 dias da entrega, ocorrerá o crime do art. 44, sujeitando o locador às sanções do parágrafo único.[814]

Além dessa sanção, existe a previsão de indenização por lucros cessantes e ressarcimento dos prejuízos, nos termos do § 3º do art. 52,[815] faculdade que pode ser exercida três meses após a entrega do imóvel.

Não se concebendo duplo ressarcimento pelo mesmo fato, a escolha (inc. III do art. 44 e § 3º do art. 52) caberá ao locatário.

2. Utilização própria do imóvel ou dos descendentes, ascendentes ou cônjuge que se estabeleçam no local

Trata-se da chamada "exceção de retomada".

Na primeira hipótese do inc. II do art. 52, de retomada para o locador, o uso que se dará é ilimitado, mesmo que residencial. Todavia, sendo para exploração empresarial (do locador), o ramo não poderá ser o mesmo daquele explorado pelo inquilino (inc. II, § 1º), salvo se a locação, perfeitamente delimitada no contrato, também envolvia o fundo de comércio com todas as instalações.

É o caso típico da locação com as instalações como, por exemplo, entre outras, de um posto de gasolina ou de uma padaria com todos os equipamentos, desde que tais circunstâncias constem no contrato que deverá descrever os equipamentos e instalações que compõem a atividade empresarial que integram a locação.

A segunda hipótese, pela leitura do artigo, pressupõe uma sociedade, já que fala em "maioria do capital", na qual participem o locador e/ou cônjuge e/ou ascendente e/ou descendente, que transferirá fundo de comércio preexistente há pelo menos um ano.[816]

---

[814] "Art. 44. Constitui crime de ação pública, punível com detenção de três meses a um ano, que poderá ser substituída pela prestação de serviços à comunidade: (...)
III – não iniciar o proprietário, promissário-comprador ou promissário-cessionário, nos casos do inciso IV do art. 9º, inciso IV do art. 47, inciso I do art. 52 e inciso II do art. 53, a demolição ou a reparação do imóvel, dentro de sessenta dias contados de sua entrega; (...)
Parágrafo único. Ocorrendo qualquer das hipóteses previstas neste artigo, poderá o prejudicado reclamar em processo próprio, multa equivalente a um mínimo de doze e um máximo de vinte e quatro meses do valor do último aluguel atualizado ou do que esteja sendo cobrado do novo locatário, se realugado o imóvel."

[815] "§ 3º O locatário terá direito a indenização para ressarcimento dos prejuízos e dos lucros cessantes que tiver que arcar com a mudança, perda do lugar e desvalorização do fundo de comércio, se a renovação não ocorrer em razão de proposta de terceiro, em melhores condições, ou se o locador, no prazo de três meses da entrega do imóvel, não der o destino alegado ou não iniciar as obras determinadas pelo Poder Público ou que declarou pretender realizar."

[816] "Locação comercial. Ação renovatória. Pedido de retomada do imóvel para uso próprio. Artigo 52, II, primeira parte da lei de locação. Desnecessidade do locador comprovar a titularidade de fundo de comércio existente há no mínimo um ano e da detenção da maioria do capital social. Presunção de sinceridade do motivo declarado para retomada que, embora de natureza relativa, não é infirmada pela parte contrária. Renovação do contrato. Impossibilidade. Retomada autorizada. Sentença mantida. Apelação desprovida" (TJSP, Apelação 9105869-57.2004.8.26.0000, Sorocaba, 30ª Câmara de Direito Privado, Rel. Andrade Neto, j. 24.02.2010, data de registro: 10.03.2010. Outros números: 875831/0-00, 992.04.002656-5).

Essas pessoas individualmente ou conjuntamente (locador, cônjuge, descendente ou ascendente) deverão contar com a maioria (predominância, de acordo com a Súmula 486 do STF)[817] do capital dessa sociedade.

Portanto, na segunda hipótese do inc. II, exige-se:

a) retomada para uma sociedade;

b) participação, nessa sociedade, com maioria do capital, do locador e/ou cônjuge e/ou descendente e/ou ascendente;

c) transferência do fundo de comércio, existente há mais de um ano, que não coincida com aquele do locatário.

Convém ressaltar que, não utilizando o imóvel para o destino declinado no prazo de três meses, o locador estará sujeito a indenizar o locatário, nos termos do § 3º do art. 52. Não há crime tipificado para essa hipótese no art. 44.

> "Locação comercial. Indenização prevista no artigo 52, § 3º, da Lei 8.245/1991. Retomada deferida em ação renovatória. Desvio de uso. Admissibilidade. Se a retomada do prédio se deu para uso do locador em atividade diversa daquela utilizada pelo locatário, inadmissível o posterior desvio para o mesmo ramo de comércio deste, o que impõe obrigação de indenizar, nos termos do artigo 52, § 3º, da lei predial."[818]

Há precedente que não admitiu defesa atinente à utilização para uso próprio quando se pretende instalar atividade totalmente discrepante da vocação comercial do local do imóvel, por se entender que, neste caso, há indício de fraude:

> "Locação comercial. Renovatória. Retomada. Imóvel localizado em zona comercial altamente especializada. Instalação de ramo comercial diverso. Inadmissibilidade. Não se pode admitir como sincera a pretensão de instalar em zona altamente especializada ramo de atividade totalmente diverso daquele criado durante longos anos pelos comerciantes do local, sendo inadmissível a retomada".[819]

Nas locações em *Shopping Centers*, pelas peculiaridades da espécie, ao locador não cabe a defesa do inc. II do art. 52, em face da ação renovatória proposta pelo locatário.

Em outras palavras, não cabe a defesa fundada na hipótese de o imóvel ser utilizado pelo próprio locador ou para transferência de fundo de comércio existente há mais de um ano, sendo detentor da maioria do capital o locador, seu cônjuge, ascendente ou descendente.

Art. 53. Nas locações de imóveis utilizados por hospitais, unidades sanitárias oficiais, asilos, estabelecimentos de saúde e de ensino autorizados e fiscalizados pelo Poder Público, bem como por entidades religiosas devidamente registradas, o contrato somente poderá ser rescindido. (Redação dada pela Lei nº 9.256, de 9.1.1996)

I – nas hipóteses do art. 9º;

---

[817] Interpretação literal exigiria o mínimo de 51%.
[818] 2º TACiv/SP, Ap. c/ Rev. 434.191, 10ª Câmara, Rel. Juiz Euclides de Oliveira, j. 09.08.1995, in *JTA* (LEX) 156/350.
[819] 2º TACiv/SP, Ap. c/ Rev. 378.427, 1ª Câmara, Rel. Juiz Souza Aranha, j. 21.02.1994, *JTA* (LEX) 151/367.

II - se o proprietário, promissário comprador ou promissário cessionário, em caráter irrevogável e imitido na posse, com título registrado, que haja quitado o preço da promessa ou que, não o tendo feito, seja autorizado pelo proprietário, pedir o imóvel para demolição, edificação, licenciada ou reforma que venha a resultar em aumento mínimo de cinquenta por cento da área útil.

Comentários (Mariana Bittar Moura Mattos Rodrigues Cavariani e Beatriz Villaça Avoglio de Souza Marcomini):

A Lei do Inquilinato trouxe tratamento diferenciado para as locações não residenciais de imóveis utilizadas por hospitais, unidades sanitárias oficiais, asilos, estabelecimentos de saúde e de ensino autorizados e fiscalizados pelo Poder Público, bem como por entidades religiosas devidamente registradas.

Assim, o art. 53 determina que tais locações não poderão ser rescindidas, senão nas hipóteses ali autorizadas. Independe se o contrato vigora por prazo determinado ou indeterminado, pois buscou o legislador, ao trazer tais limitações, privilegiar o interesse social, resguardando essas locações.

As locações de imóveis destinados às atividades do art. 53 poderão ser rescindidas somente nas seguintes hipóteses: a primeira, indicada no inc. I, refere-se às situações elencadas no do art. 9º, já comentado anteriormente: (i) por mútuo acordo das partes; (ii) por prática de infração legal ou contratual; (iii) falta de pagamento do aluguel e demais encargos; ou (iv) para a realização de reparações urgentes determinadas pelo Poder Público, que não possam ser normalmente executadas com a permanência do locatário no imóvel ou, podendo, ele se recuse a consenti-las. Já o inc. II, traz a hipótese de rescisão para a realização de demolição, edificação, licenciada ou reforma que venha a resultar em aumento mínimo de 50% da área útil, devendo ser alegadas exclusivamente pelo proprietário do imóvel, pelo promissário comprador ou promissário cessionário, nestes dois últimos casos, desde que tenha celebrado o contrato em caráter irrevogável e estar imitido na posse, com título registrado, que haja quitado o preço da promessa ou que, não o tendo feito, seja autorizado pelo proprietário.

Quanto ao inc. II, nota-se a preocupação do legislador em assegurar o direito da rescisão não apenas ao proprietário, mas também ao promissário comprador ou cessionário, desde que observados os requisitos ali determinados. Assim, ao propor a ação de despejo com fulcro no que traz o inc. II do art. 53, é importante que o autor comprove o atendimento a tais requisitos.

É importante compreender a intenção do legislador ao estabelecer regras específicas a tais locações, de modo que a atividade realizada no imóvel deve atender àquelas descritas no art. 53. Uma locação destinada ao exercício de atividades administrativas de uma instituição de saúde, por exemplo, não pode ser considerada como estabelecimento de saúde, assim como farmácias, clínicas médicas etc. Da mesma forma, uma escola de idiomas não será considerada como entidade de ensino, para aquilo que prevê o art. 53.

> "Trata-se de norma protetiva, de caráter eminentemente social, destinada a salvaguardar a permanência daqueles estabelecimentos ante o importante papel que desempenham, daí por que seu despejo está circunscrito às hipóteses supracitadas. Por conseguinte, o escoamento do prazo contratualmente estabelecido ou a denúncia do contrato *in casu* indeterminado, esta, aliás, causa declinada pelo autor como motivadora da desocupação

requerida, não bastam para amparar a procedência do pedido, eis que estranhas ao rol para tanto taxativamente previsto em lei."[820]

No que tange à atividade de hospital, "a existência de leitos para a internação é o requisito caracterizador. Além disso, os atos constitutivos da sociedade locatária poderão confirmar a atividade por ela desenvolvida. Como a lei não distingue, a norma abrange hospitais públicos e particulares. (...) Unidade sanitária oficial é toda instalação, pessoal e/ou humana, de qualquer porte, que o Poder Público – federal, estadual ou municipal – mantém para prestar qualquer serviço que interesse à saúde e à higiene, agindo preventivamente ou não. Supõe gratuidade do serviço".[821]

Em posição contrária, Sylvio Capanema de Souza entende que, "quanto aos hospitais e unidades sanitárias, assim entendidas postos de vacinação, de saúde, de controle de epidemias etc., são protegidos apenas os oficiais".[822]

Quanto aos asilos, "o que caracteriza o asilo é sua finalidade, assistencial aos desprotegidos e necessitados: atividade beneficente, caridosa, filantrópica. Se o locatário exerce atividade lucrativa, não merece a proteção deste artigo. A norma tem direção certa: estabelecimentos pios".[823]

> "Constatada a exploração de asilo por empresa privada, com fins eminentemente lucrativos, afasta-se a incidência das escusas do art. 53 da Lei nº 8.245/91, cujas raízes têm inspirações sociais e assistenciais, ficando possibilitada a denúncia vazia do contrato locatício e o consequente despejo da locatária (...)."[824]

Quanto aos estabelecimentos de ensino, traz Gildo dos Santos que "a atual lei somente se aplica a estabelecimentos de ensino oficiais e particulares destinados a cursos disciplinados pela legislação em vigor, abrangendo o ensino fundamental, o ensino médio e o superior (universitário), além dos supletivos e profissionalizantes, não os cursos de ensino livre, ainda que especializado".[825]

> "Questão controvertida diz respeito aos chamados cursos maternais, jardins de infância e creches. A jurisprudência dominante é no sentido de que as creches ou jardins maternais que não ministrem qualquer tipo de ensinamento, ainda que meramente socializante, funcionando como verdadeiros 'depósitos de crianças', não fazem jus à proteção especial. Só o exame do caso concreto, após o encerramento da instrução,

---

[820] Acórdão de 23.01.2013 da 12ª Câmara Cível do TJMG, nos autos da Apelação Cível 1.0024.11.207582-5/001, tendo como relator o Des. Saldanha da Fonseca.
[821] BARROS, Francisco Carlos Rocha de. *Comentários à Lei do Inquilinato*. 2. ed. rev. e atual. São Paulo: Saraiva, 1997, p. 327-328.
[822] SOUZA, Sylvio Capanema de. *A Lei do Inquilinato comentada*. 9. ed. rev., atual. e ampl. Rio de Janeiro: Forense, 2014, p. 232.
[823] BARROS, Francisco Carlos Rocha de. *Comentários à Lei do Inquilinato*. 2. ed. rev. e atual. São Paulo: Saraiva, 1997, p. 328.
[824] Acórdão de 16.04.2002 da 6ª Turma do STJ, nos autos do Recurso Especial 406.553/MG, tendo como relator o Min. Fernando Gonçalves.
[825] SANTOS, Gildo dos. *Locação e despejo* – comentários à Lei 8.245/91. 6. ed. rev., ampl. e atual. São Paulo: RT, 2010, p. 361.

permitirá ao juiz definir se o imóvel locado pode se enquadrar no modelo de 'estabelecimento de ensino'".[826]

Já as entidades religiosas, "note-se que a hipótese não se limita a templos religiosos, mas a imóveis utilizados por essas entidades. A dicção é extremamente ampliativa e pode absorver situações inusitadas, não imaginadas pelo legislador original do inquilinato. Caberá à jurisprudência restringir os abusos".[827]

Tendo em vista a ausência de definições quanto ao que caracteriza cada atividade do art. 53, verifica-se que para cada uma delas abre-se margem a discussões do que pode ou não ser considerada atividade de hospitais, unidades sanitárias oficiais, asilos, estabelecimentos de saúde e de ensino autorizados e fiscalizados pelo Poder Público, e entidades religiosas devidamente registradas. Resta aos juízes a análise de cada caso, para verificar o atendimento aos requisitos da Lei. Isto é o que extraímos da análise da atual jurisprudência:

"Apelação. Ação de despejo. Denúncia vazia (imotivada). Locação não residencial. Estabelecimento de ensino. Centro universitário. Clínica-escola de fisioterapia. Art. 53 da lei de locações. Instituição autorizada e fiscalizada pelo poder público. Ônus da prova. Locatário. Art. 333, inciso II, CPC. Para que o estabelecimento de ensino locatário faça jus ao regime jurídico das locações privilegiadas (art. 53 da Lei nº 8.245/1991) deve provar sua condição de instituição autorizada e fiscalizada pelo Poder Público".[828]

"Apelação. Locação não residencial. Ação de despejo. Denúncia vazia. Possibilidade. Locação vigente por prazo indeterminado. Notificação do locatário devidamente realizada. Aplicação do artigo 57 da Lei de Locação. Inaplicabilidade do artigo 47 da Lei nº 8.245/91. Norma que trata apenas das locações residenciais. Não incidência da regra do artigo 63 da Lei de Locação. Vigendo locação não residencial por prazo indeterminado, a retomada do imóvel é possível pela simples conveniência do locador, desde que satisfeita exigência legal de que o locatário seja notificado do intento do locador e seja concedido prazo de trinta dias para desocupação do bem, conforme dispõe a norma do artigo 57 da Lei nº 8.245/91. A norma do artigo 47 da Lei nº 8.245/91 aplica-se apenas às locações residenciais, tendo em vista a especial proteção que o Legislador quis dar a esse tipo de contrato, em razão de destinar-se à moradia. Não se aplica, também, ao caso dos autos a regra do artigo 53 da Lei de Locação, pois no imóvel locado está estabelecida uma farmácia, que consiste em atividade de comércio de produtos farmacêuticos, situação que não se subsume às hipóteses previstas no dispositivo de lei citado, que se refere a 'locações de imóveis utilizados por hospitais, unidades sanitárias oficiais, asilos, estabelecimentos de saúde e de ensino autorizados e fiscalizados pelo Poder Público'. Apelação desprovida."[829]

---

[826] SOUZA, Sylvio Capanema de. *A Lei do Inquilinato comentada*. 9. ed. rev., atual. e ampl. Rio de Janeiro: Forense, 2014, p. 234.

[827] VENOSA, Sílvio de Salvo. *Lei do Inquilinato comentada*. 5. ed. rev. e atual. São Paulo: Atlas, 2001, p. 234.

[828] Ementa do acórdão de 27.03.2014 da 13ª Câmara Cível do TJMG, nos autos da Apelação Cível 1.0702.11.041190-8/001, tendo como relatora Des. Cláudia Maia.

[829] Ementa do acórdão de 13.05.2015 da 30ª Câmara Cível do TJSP, nos autos da Apelação Cível 0032218-18.2009.8.26.0309, tendo como relator Des. Lino Machado.

"Recurso. Apelação. Locação de imóveis. Denúncia vazia. Imóvel urbano com fins não residenciais. Templo religioso. Despejo por denúncia vazia. Descabimento. Imóvel locado que figura como sede de entidade religiosa, regularmente registrada nos órgãos competentes. Enquadramento na regra protetiva prevista no artigo 53 da Lei 8.245/91. Impossibilidade de se denunciar o contrato de locação por ato unilateral do locador. Precedentes. Sentença reformada. Recurso provido."[830]

Importante, ainda, destacar o recente Informativo 547 do STJ:

"Direito civil. Interpretação do art. 53 da Lei de Locações. Pode haver denúncia vazia de contrato de locação de imóvel não residencial ocupado por instituição de saúde apenas para o desempenho de atividades administrativas, como marcação de consultas e captação de clientes, não se aplicando o benefício legal previsto no art. 53 da Lei de Locações. O objetivo do legislador ao editar o referido artigo fora retirar do âmbito de discricionariedade do locador o despejo do locatário que preste efetivos serviços de saúde no local objeto do contrato de locação, estabelecendo determinadas situações especiais em que o contrato poderia vir a ser denunciado motivadamente. Buscou-se privilegiar o interesse social patente no desempenho das atividades-fim ligadas à saúde, visto que não podem sofrer dissolução de continuidade ao mero alvedrio do locador. Posto isso, há de ressaltar que, conforme a jurisprudência do STJ, esse dispositivo merece exegese restritiva, não estendendo as suas normas, restritivas por natureza do direito do locador, à locação de espaço voltado ao trato administrativo de estabelecimento de saúde".[831]

Como se verá adiante, os §§ 2º e 3º do art. 63, especificam diferentes prazos para a ação de despejo proposta com base no art. 53, mais uma vez ressaltando a preocupação do legislador no tratamento diferenciado de tais locações.

Art. 54. Nas relações entre lojistas e empreendedores de *shopping center*, prevalecerão as condições livremente pactuadas nos contratos de locação respectivos e as disposições procedimentais previstas nesta lei.

§ 1º O empreendedor não poderá cobrar do locatário em *shopping center*:

a) as despesas referidas nas alíneas *a, b* e *d* do parágrafo único do art. 22; e

b) as despesas com obras ou substituições de equipamentos, que impliquem modificar o projeto ou o memorial descritivo da data do habite-se e obras de paisagismo nas partes de uso comum.

§ 2º As despesas cobradas do locatário devem ser previstas em orçamento, salvo casos de urgência ou força maior, devidamente demonstradas, podendo o locatário, a cada sessenta dias, por si ou entidade de classe exigir a comprovação das mesmas.

Comentários (Marcelo Terra e Caio Mário Fiorini Barbosa):

Primeiramente, importante observar que o *shopping center*, apesar de voltado à exploração de atividades não residenciais, distingue-se consideravelmente dos imóveis não residenciais comuns, merecendo, por isso, tratamento diferenciado da lei.

---

[830] Ementa do acórdão de 18.07.2012 da 25ª Câmara Cível do TJSP, nos autos da Apelação Cível 0007806-76.2011.8.26.0010, tendo como relator o Des. Marcondes D'Angelo.
[831] STJ, REsp 1.310.960/SP, Rel. Min. Paulo de Tarso Sanseverino, j. 04.09.2014.

O *shopping center* é empreendimento complexo em que o empreendedor, além de construir, por si ou por terceiro, o prédio no qual será feita sua implantação, organiza a concentração planejada de serviços e lojas, estabelecendo, de acordo com as necessidades do mercado local, as atividades que serão ali exploradas pelos lojistas, locatários.

O planejamento mencionado objetiva não apenas disponibilizar ao consumidor, em um mesmo espaço físico, variados produtos e serviços, como também estimular que o cliente de determinada loja, aproveitando-se da facilidade gerada pela proximidade física, torne-se cliente de outras.

Na prática, o lojista recebe não apenas os seus clientes naturais, como também aqueles que, por força da estrutura do *shopping center*, por vezes consomem os produtos e serviços fornecidos pelos demais lojistas.

Importante, então, que a estruturação e o planejamento idealizados pelo empreendedor do *shopping center* viabilizem sintonia e convívio harmonioso das lojas e dos lojistas.

Conforme observa Fábio Ulhoa Coelho, "ao locar uma loja em centros de compras, o empreendedor não pode perder de vista o complexo comercial como um todo, devendo atentar à necessária combinação da diversidade de ofertas (*tenant mix*), fator inerente ao sucesso do seu empreendimento".[832]

Segundo Sílvio de Salvo Venosa, "nos *shopping centers* deve ser levado em conta o denominado *tenant mix*. Essa terminologia inglesa consiste no plano de determinação dos ramos e localização das lojas e pontos de venda dentro do centro de compras, gravitando em torno das chamadas lojas-âncora, as quais funcionam como ponto magnético da clientela. Esse aspecto pode ter importantes reflexos no exame da relação locatícia nesse empreendimento, uma vez que o lojista não pode livremente mudar de ramo de comércio".[833]

Nesse sentido, por vezes, o empreendedor se verá obrigado recusar propostas de locação individualmente tentadoras de potenciais lojistas, momentaneamente ou não, incompatíveis com o *tenant mix*, evitando-se, assim, o comprometimento do negócio maior, que é o *shopping center* como um todo.

Da mesma forma, cabe ao empreendedor fiscalizar se o lojista está cumprindo o contrato no que diz respeito ao ramo de comércio ajustado, impedindo que eventuais descumprimentos levem ao desequilíbrio do *tenant mix*.

Na prática, se o correto planejamento do *shopping center* potencializa o número de consumidores e, por conseguinte, o volume de vendas, por outro, a má estruturação do negócio pode comprometer o desempenho das lojas. É o que ocorre quando, num mesmo *shopping center*, além da demanda, diversas lojas oferecem ao consumidor o mesmo tipo de produto ou serviço, criando, entre elas, prejudicial concorrência.

O desempenho é prejudicado, também, quando no mesmo *shopping center* determinadas lojas voltam seus produtos e serviços para público muito distinto daquele pretendido pelo *shopping center* e, por conseguinte, da maioria dos lojistas (ordinariamente definidos também à luz do público-alvo imaginado para o empreendimento).

---

[832] OLIVEIRA, Juarez de (coord.). *Comentários à Lei de Locação de imóveis urbanos:* Lei n. 8.245/91, de 18 de outubro de 1991. São Paulo: Saraiva, 1992, p. 338.
[833] VENOSA, Sílvio de Salvo. *Lei do Inquilinato comentada:* doutrina e prática: Lei n. 8.245, de 18-10-1991. 8. ed., 3. reimp. São Paulo: Atlas, 2006, p. 256.

É que, na prática, isso impede o já mencionado compartilhamento de clientes entre as lojas e, por vezes, se a incompatibilidade for muito acentuada, acaba por afastar frequentadores do *shopping center*.

Trata-se, sem dúvida, de atividade extremamente dinâmica e singular que, à luz das exigências do mercado consumidor e da concorrência externa, gerada, na maioria das vezes, por outros *shopping centers*, hoje cada vez mais próximos uns dos outros, deve permanentemente se atualizar, seja incorporando às lojas as marcas em ascensão no mercado, seja oferecendo novos e diferenciados produtos e serviços.

Justamente em razão das particularidades do negócio que envolve o *shopping center* é que a lei do inquilinato, com limitadas ressalvas, deixou a critério do empreendedor e dos lojistas a livre pactuação das condições do contrato de locação.

Conforme se extrai do *caput* do dispositivo em exame, a livre pactuação das condições contratuais não pode modificar as disposições procedimentais previstas nos arts. 58 e seguintes da Lei, que tratam das ações de despejo, consignação em pagamento de aluguel e acessório da locação, revisionais e renovatórias de contrato locação.

Portanto, as partes, empreendedor e lojista, não poderão, por exemplo, prever a renúncia, pelo lojista, ao direito de judicialmente exigir a renovação do contrato, direito esse que lhe é assegurado através de ação renovatória, prevista nos arts. 71 e seguintes da Lei.

A propósito, ainda que o tema seja objeto do art. 52 desta Lei, importante que se lembre que, tratando-se de locação de espaço em *shopping center*, a Lei é até mais restritiva no que diz respeito às hipóteses de recusa, pelo locador, à renovação.

Diferentemente do que ocorre em relação às locações não residenciais comuns, na locação de espaço em *shopping centers*, o locador não poderá se desobrigar da renovação do contrato sob o argumento de que o imóvel (espaço) será utilizado por ele próprio ou para transferência de fundo de comércio existente há mais de um ano, quando detentor da maioria do capital o locador, seu cônjuge, ascendente ou descendente (art. 52, II, § 2º, da Lei).

Aliás, a ação renovatória relativa à locação de espaço em *shopping center* é uma inovação trazida pela Lei Federal 8.245/1991, que, na essência, objetivou impedir a rotatividade do fundo de comércio constituído pelo lojista. Conforme item "11" de sua exposição de motivos, "nas locações não residenciais, constatou-se que a atual lei estava a exigir, apenas, pequenos contornos de modernidade, sendo pouco alterada na sua essência. Assegurou-se, assim, o direito à ação renovatória às locações em *Shopping Center*, algo que o antigo Decreto-lei nº 24.150, elaborado no distante ano de 1934, não poderia mesmo prever. As renovatórias, apenas nestes casos, não permitirão a recusa à renovação com fundamento no uso próprio do locador, com que se evitará a rotatividade do fundo de comércio originalmente destinado à locação".

Sobre isso, a propósito, a nosso ver com razão, Fábio Ulhoa Coelho observa que "a solução do legislador não é a melhor e, em algumas hipóteses, nem sequer poderá ser aceita. Efetivamente, ao reconhecer o direito de inerência ao ponto dos locatários de espaços em *shopping centers*, a lei ignorou as especificidades de um empreendimento desse gênero, tratando um tema altamente complexo com uma simplicidade inoportuna".[834]

---

[834] OLIVEIRA, Juarez de (coord.). *Comentários à Lei de Locação de imóveis urbanos:* Lei n. 8.245/91, de 18 de outubro de 1991. São Paulo: Saraiva, 1992, p. 338.

Isso porque há situações em que a renovação do contrato de determinado lojista poderá significar prejuízo para o *shopping center* e, até mesmo, para os demais lojistas. Conforme destacado por Fábio Ulhoa Coelho, "a dinâmica característica desse tipo de empreendimento, em certas ocasiões, revela-se incompatível com a permanência de alguns negociantes. Se, por exemplo, uma determinada marca de produtos de perfumaria tem recebido uma aceitação maior que outra, o *shopping center*, com espaço locado para o comerciante titular desta última, tem interesse, partilhado por todos demais locatários, em substituí-lo pelo titular daquela primeira, em ascensão".[835]

O lojista, cujos produtos ou serviços se mostram em descompasso com a atual realidade do *shopping center*, naturalmente, não trará e, por vezes, repelirá, o consumidor que o empreendimento pretende atingir.

Para hipóteses como essa, Fábio Ulhoa Coelho sugere que, mediante comprovação do prejuízo econômico (o que, na prática, mostra-se tarefa árdua, já que vários outros fatores poderão levar à redução das receitas do locador), em prestígio ao direito e à função social da propriedade, o locador possa se opor à renovação do contrato, garantindo-se, contudo, ao locatário preterido o direito de indenização pela perda do ponto.

Note-se que, diferentemente do que ocorre na locação não residencial comum, em que o fundo de comércio é desenvolvido e pertence ao próprio locatário (exceção feita às hipóteses em que o fundo de comércio integra o objeto da locação, como por vezes ocorre, por exemplo, nas locações de postos de combustíveis), no *shopping center*, o principal fundo de comércio, em regra, pertence justamente ao empreendedor, locador.

A respeito, Sylvio Capanema de Souza esclarece que, "na locação comum, o fundo de comércio pertence exclusivamente ao locatário, sendo por ele criado, com seu trabalho diuturno. Daí por que cabe a ele, e só a ele, escolher o ramo de atividade, decidir quanto à decoração da loja, fixar o seu horário de funcionamento, sua política de promoção de vendas, o melhor momento para proceder a uma liquidação e tudo mais que diga respeito à sua atividade comercial. Nos *shopping centers*, ao contrário, coexistem dois fundos de comércio, sendo um do locatário e outro do próprio complexo econômico, que funciona como polo de atração de clientela, mercê das facilidades que oferece e da segurança que proporciona, com áreas comuns de estacionamento, lazer, alimentação etc.".[836]

As distinções entre a locação não residencial comum e a locação de espaço em *shopping center* não se resumem a isso.

Excepcionando regra contida no art. 22 da Lei, que estabelece obrigações do locador, o § 1º do art. 54, quando expressamente proíbe que o empreendedor cobre do locatário as despesas extraordinárias de condomínio referidas nas alíneas "a" ("obras de reformas ou acréscimos que interessem a estrutura integral do imóvel"), "b" ("pintura das fachadas, empenas, poços de aeração e iluminação, bem como das esquadrias externas") e "d" ("indenizações trabalhistas e previdenciárias pela dispensa de empregados, ocorridas em data anterior ao início da locação") do *parágrafo único* do art. 22, implicitamente, permite que do lojista se cobrem despesas com "obras destinadas a repor as condições de habitabilidade" (alínea "c"),

---

[835] OLIVEIRA, Juarez de (coord.). *Comentários à Lei de Locação de imóveis urbanos:* Lei n. 8.245/91, de 18 de outubro de 1991. São Paulo: Saraiva, 1992, p. 337.
[836] SOUZA, Sylvio Capanema de. *Da locação do imóvel urbano.* Rio de Janeiro: Forense, 2002, n. 257, p. 361-362, *in* TJSP, Apelação 9164054-59.2002.8.26.0000, Rel. Des. Palma Bisson, j. 24.02.2011.

"instalação de equipamentos de segurança e de incêndio, de telefonia, de intercomunicação, de esporte e de lazer" (alínea "e"), "despesas com decoração" (alínea "f"), e "constituição de fundo de reserva" (alínea "g").

Também não poderão ser cobradas do locatário as despesas com obras ou substituições de equipamentos, que impliquem modificar o projeto ou o memorial descritivo da data do habite-se e obras de paisagismo nas partes de uso comum.

A propósito, sem justificativa, parece haver tratamento diferenciado para situações análogas. Por exemplo, o lojista pode ser cobrado por despesas de decoração, mas não por obras de paisagismo.

A rigor, na medida em que tanto a decoração, como o paisagismo, integram medidas para modernização e atualização do *shopping center*, o que na prática atrai um maior número de frequentadores e clientes, desde que previstas em orçamento, como impõe o § *2º* do dispositivo em questão, não nos parece razoável a previsão legal que proíbe a cobrança de obras de paisagismo nas partes de uso comum.

A situação naturalmente se distingue daquelas envolvendo obras de maior vulto, "que impliquem modificar o projeto ou o memorial descritivo da data do habite-se", pois relacionadas à estrutura do prédio e que, portanto, em princípio, devem ser assumidas pelo empreendedor.

É o que ocorre, por exemplo, na hipótese de ampliação do *shopping center*, com a criação de nova ala, agregando-se ao empreendimento novas lojas.

As peculiaridades da locação em um *shopping center* vão além das regras especialmente a ela impostas pela legislação. Em razão da liberdade de contratar, expressamente conferida pelo legislador, como visto, o aluguel, elemento essencial da locação, ordinariamente, recebe tratamento bastante diferenciado.

Em regra, além do aluguel mensal *mínimo*, de valor certo e periodicamente objeto de reajuste monetário, costumam, empreendedor e locatário, estabelecer também um aluguel *variável*, normalmente representado por um percentual do faturamento da loja.

Para aferir se o aluguel variável vem sendo calculado e pago adequadamente, constitui prerrogativa do locador, inclusive durante o expediente comercial, a averiguação do faturamento do locatário. A respeito, Gildo dos Santos destaca acórdão de relatoria do então Desembargador Quaglia Barbosa (JTACiv – *RT* 107/348), no qual se destacou que "a fiscalização pelo locador, do efetivo registro das vendas operadas pelo locatário, quando a base de cálculo do aluguel tenha sido ajustada segundo o faturamento do inquilino, não colide com a ideia do sigilo comercial, até porque aquelas operações não poderiam estar revestidas de segredo *inter partes* e as pessoas vinculadas por um contrato não têm o direito de esconder, uma da outra, os atos negociais que praticam à sombra do mesmo contrato".[837]

Nem todas as atividades, contudo, encontram espaço para o aluguel variável. É, por exemplo, o que ocorre com os espaços locados às agências bancárias, cada vez mais comuns nos *shopping centers*.

Nas ações revisionais de aluguel de *shopping centers*, assim como nas ações renovatórias, o objeto da revisão será exclusivamente o aluguel mínimo, passível de ajuste ao "preço de mercado" (art. 19), e não o aluguel variável, *calculado em função do desempenho comercial*

---

[837] SANTOS, Gildo dos. *Locação e despejo:* comentários à Lei 8.245/91. 5. ed. rev., atual. e ampl. de acordo com o Código Civil de 2002. São Paulo: RT, 2004, p. 397.

do locatário. Nesse sentido, a Colenda Sétima Câmara do Segundo Tribunal de Alçada Civil de São Paulo, em acórdão relatado pelo Desembargador Antonio Rigolin, teve a oportunidade de decidir que "a revisão judicial, destinada a adequar a renda locatícia ao preço do mercado, só pode enfocar o valor relacionado ao aluguel mínimo, pois a parte variável já sofre os ajustes em decorrência das oscilações do mercado" (Agravo de Instrumento 807809-00/7, j. 26.08.2003). Na Apelação 1025010-0/0, de relatoria do Desembargador Francisco Thomaz, a 29ª Câmara do Tribunal de Justiça de São Paulo anulou sentença que, em sede de ação renovatória, acolheu pretensão de lojista para reduzir o aluguel variável de 7% para 6% do faturamento. O acórdão reproduz trecho de doutrina de Ladislau Karpat, que, com felicidade, ensina que "o mecanismo central de funcionamento do *Shopping Center* é o aluguel fixado em percentual, que foge à apreciação do juiz por ocasião da renovação do contrato. Ao contrário, seria até absurdo crer que, locatários ou mesmo locadores, viessem a Juízo, através da ação renovatória, e conseguissem alterar uma condição negocial que eventualmente, mas com certeza refletir-se-ia no próprio mecanismo do *Shopping*... (*Shopping Centers, Manual Jurídico*, Hemus Editora Ltda., 1ª edição, 1993, pág. 51)".

A modificação do aluguel variável, portanto, não obstante possível, dependerá de consenso das partes contratantes, na linha do que estabelece o art. 18 desta Lei.

Além disso, constitui prática de mercado a cobrança das chamadas "luvas" ou *res sperata*, segundo Sílvio de Salvo Venosa, "retribuição ao empreendedor pela cessão do fundo de comércio, com toda a estrutura que o acompanha. É o que se chama de 'sobrefundo de comércio', representado por bens imateriais de que o empreendimento é detentor, permanentemente. Tem em mira o lucro futuro, cuidando-se de modalidade de coisa futura. Daí por que se considera existir um fundo de comércio no próprio centro comercial em si, cuja parcela é cedida ao lojista".[838]

Por fim, ainda em relação ao aluguel, considerando que a maior concentração de vendas ocorre no período das festas de final de ano, o que, naturalmente, representa significativo incremento do faturamento do lojista, é frequente, também, a contratação do décimo terceiro aluguel ou do aluguel em dobro no mês de dezembro.

À luz da autonomia da vontade, a nosso ver corretamente, a jurisprudência vem prestigiando o dispositivo. A questão foi objeto de exame pela 36ª Câmara de Direito Privado do Tribunal de Justiça de São Paulo, em acórdão relatado pelo Des. Palma Bisson, que assim concluiu: "cuidando-se de locação em *Shopping Center*, não é abusiva a cláusula que prevê o pagamento do aluguel em dobro no mês de dezembro, por ser regra o prevalecimento, naquela, das condições livremente pactuadas entre lojistas e empreendedores (Lei 8.245/91, art. 54)".[839] Em sede de ação civil pública, proposta pelo Instituto Brasileiro de Defesa de Lojistas de *Shopping Centers*, a 28ª Câmara do Tribunal de Justiça de São Paulo, em acórdão relatado pelo Des. Cesar Lacerda, destacou que "a previsão contratual em questão não reflete frontal violação dos princípios da boa-fé objetiva, probidade, transparência, equilíbrio contratual ou função social do contrato, nem deixa transluzir abuso de direito, enriquecimento ilícito e sem causa, abuso de poder econômico, desequilíbrio contratual ou onerosidade excessiva, a despeito do que sustentam os agravados. Os locatários não estavam obrigados a aceitar os

---

[838] SOUZA, Sylvio Capanema de. *Da locação do imóvel urbano*. Rio de Janeiro: Forense, 2002, n. 257, p. 255.
[839] Apelação 9164054-59.2002.8.26.0000, j. 24.02.2011.

termos da locação. Se o fizeram, foi porque consideraram o ajuste razoável e agiram dentro da liberdade de contratar".[840]

Para concluir este capítulo, merece destaque outro dispositivo, comumente presente nos contratos de locação em *shopping center*, denominado "cláusula de raio" ou "cláusula de exclusividade territorial".

Em síntese, de modo a preservar o já comentado *tenant mix* e, por conseguinte, o sucesso do empreendimento, a cláusula de raio objetiva impedir que determinados lojistas, cujas marcas representam diferencial e importante atrativo para o *shopping*, abram outras lojas para exploração das mesmas marcas dentro de uma determinada distância (raio) do *shopping center*, garantindo-se com isso, naquele perímetro, exclusividade.

Por vezes, também a depender da vontade e interesse das partes, a cláusula de raio tem aplicação mais restrita, de modo que a proibição fica limitada à abertura de novas lojas da marca apenas em outros *shopping centers*, localizados dentro do perímetro estabelecido consensualmente, e não nas ruas.

No entender daqueles que defendem a ilegalidade do dispositivo, a cláusula atentaria contra a livre concorrência e a livre iniciativa, resguardadas pela Constituição Federal. Além disso, a regra seria contrária ao direito do consumidor, pois, na prática, extrairia do consumidor a possibilidade de escolha, já que eliminada a possibilidade se ter a determinada marca em mais de um lugar abrangido pelo raio fixado.

A questão, na esfera administrativa, foi examinada pelo CADE, Conselho Administrativo de Defesa Econômica, no Processo 08012.00991/98-82, oportunidade em que se reconheceu que a cláusula em questão representa infração à ordem econômica, segundo o art. 20, I, II e IV c/c o art. 21, IV e V, da Lei 8.884/1994 (dispositivos estes revogados pelo art. 127 da Lei 12.529, de 30 de novembro de 2011). Nos termos da decisão, "a conduta perpetrou: a) uma limitação à esfera de ação dos lojistas, que viram a sua capacidade de expansão limitada, impedindo-lhes, assim, de aumentar o seu faturamento com estabelecimentos instalados em determinados locais; b) aos *shopping centers* identificados como concorrentes pelas representadas, que foram impedidos de contratar com determinados lojistas que, se por acaso compusessem os seus *tenant mix*, poderiam proporcionar uma maior diversificação, possibilitando-lhes uma maior atratividade e o oferecimento de maior bem-estar aos consumidores que o frequentam".

Na esfera judicial, por outro lado, os precedentes localizados se inclinam para conclusão oposta.

De maneira profunda e didática, a 30ª Câmara do Tribunal de Justiça de São Paulo, na Apelação 9219951-28.2009.8.26.0000, sob relatoria do Des. Edgard Rosa, destaca que tais "tais disposições de não concorrência nos 'Shopping Centers' visam resguardar os interesses de tais centros comerciais que, na complexa e peculiar atividade desenvolvida, procuram organizar seu espaço físico de maneira estratégica, formando o seu 'tenant mix' com vistas a atrair o público-alvo por eles definido. Daí a seleção dos produtos almejados por essa gama de clientes e das lojas frequentadas por tais consumidores", concluindo que, apesar do entendimento do CADE a respeito do assunto, as "cláusulas de interdição de concorrência nos *shopping centers*, a exemplo da cláusula de raio discutida no caso em apreço, são perfeitamente válidas

---

[840] Agravo de Instrumento 1.140.641-0/1, j. 18.12.2007. No mesmo sentido: TJSP, Apelação 0025608-51.2009.8.26.0562, Rel. Des. Soares Levada, j. 24.03.2014.

e encontram seu fundamento na necessidade de assegurar a cliente do centro comercial e, por consequência, o faturamento e a própria continuidade do negócio. A única exigência que se tem feito a cláusulas convencionais de interdição de concorrência, tanto pela doutrina quanto pela jurisprudência estrangeiras, é a definição de limites precisos de objeto, de tempo e de espaço, em observância ao princípio da livre concorrência, contemplado no art. 170 da Constituição da República (Cfr. Fábio Konder Comparato, *Exclusão de sócio, independentemente de específica previsão legal ou contratual. Ensaios e pareceres de direito empresarial. Rio de Janeiro: Forense, 1978*, p. 27)". Conforme consistente fundamentação ali trazida, "a cláusula não representa qualquer óbice ao princípio da livre iniciativa. Tampouco se reconhece restrição indevida à liberdade de concorrência. Afinal, a cláusula de raio tem o mesmo fundamento lógico das cláusulas de interdição de concorrência, tal como ocorre nos contratos de alienação e de cessão de exploração (contratos de trespasse), admitida de forma pacífica pela doutrina e pela jurisprudência pátrias em decorrência do princípio da boa-fé objetiva, que deve nortear as relações entre os contratantes em geral (Cfr. Ricardo Negrão, 'Manual de Direito Comercial e de Empresa', vol. 1, Saraiva, 7ª ed., pp. 118-119)".

Nelson Kojranski observa que "a doutrina prestigia a validade da 'cláusula de raio', 'como compensação aos benefícios trazidos pela estrutura do *shopping center*' (Sylvio Capanema de Souza, *A Lei do Inquilinato Comentada*, 6ª ed., GZ, 2010, pág. 237). Ricardo Negrão e Daniela Grassi Quartucci, em obra coletiva denominada *Direito Imobiliário*, argumentam que 'a existência de lojas iguais a constantes do *Shopping* em sua vizinhança é fator de risco para todo o empreendimento', pelo que aplaudem a cláusula como uma garantia de competitividade de inserção no mercado varejista aos próprios lojistas que integram o centro comercial. (ed. Elsevier, 2008, pág. 21)".[841]

Em princípio, portanto, desde que observados limites de objeto, de tempo e de espaço, a validade da cláusula de raio vem sendo prestigiada.

Trata-se de importante mecanismo para a preservação e o equilíbrio do *tenant mix* do empreendimento. Não se trata, pois, de restrição imposta pelo empreendedor objetivando resguardar interesses exclusivamente próprios, mas os interesses dos lojistas como um todo. Para a marca "A", que viu na clientela de "B", a possibilidade real de expansão do número de seus clientes, o descumprimento da cláusula de raio por "B", inevitavelmente, levaria a que aquela expectativa inicial de "A", ao menos em parte, não se concretizasse.

Importante lembrar, por fim, que o descumprimento da cláusula de raio pelo lojista configura infração contratual motivadora de despejo, despejo este que, à luz da demonstração da infração em si (mediante simples prova de que outra loja foi aberta dentro do raio definido) e dos prejuízos que vem sendo causados ao *tenant mix* do empreendimento (prova essa, sem dúvida, mais complexa), poderá se dar inclusive de forma liminar (tutela de urgência), nos termos do art. 300 do Código de Processo Civil/2015, uma vez que a situação em questão não está contemplada pelo art. 59 da Lei 8.245/1991, que trata das hipóteses de despejo liminar.

Art. 54-A. Na locação não residencial de imóvel urbano na qual o locador procede à prévia aquisição, construção ou substancial reforma, por si mesmo ou por terceiros, do imóvel então especificado pelo pretendente à locação, a fim de que seja a este locado por prazo determinado, prevalecerão as condições livremente pactuadas no contrato respectivo e as disposições procedimentais previstas nesta Lei. (Incluído pela Lei nº 12.744, de 2012)

---

[841] KOJRANSKI, Nelson. *Tribunal do Direito*, julho de 2013, p. 6.

§ 1º Poderá ser convencionada a renúncia ao direito de revisão do valor dos aluguéis durante o prazo de vigência do contrato de locação. (Incluído pela Lei nº 12.744, de 2012)

§ 2º Em caso de denúncia antecipada do vínculo locatício pelo locatário, compromete-se este a cumprir a multa convencionada, que não excederá, porém, a soma dos valores dos aluguéis a receber até o termo final da locação. (Incluído pela Lei nº 12.744, de 2012)

§ 3º (Vetado). (Incluído pela Lei nº 12.744, de 2012)

Comentários (Frederico Favacho):

Contrato *Built to Suit* (BTS) ou Contrato de Construção Ajustada pode ser definido como um contrato no qual o locador do imóvel é também responsável pela disposição das respectivas acessões e benfeitorias construídas ou adaptadas de acordo com instruções e projeto do locatário.

Este modelo desenvolveu-se no mercado imobiliário americano e é nele que encontramos as definições e conceitos originais sobre este contrato.

> "An arrangement in which a property owner agrees to construct a building according to a tenant's exact specifications, and then to lease the property to the tenant, preferably on a long-term basis."[842]

> "An agreement whereby the owner of real estate pays to construct a building to the specifications of a potential tenant. In exchange, the tenant agrees to rent both the land and the building from the owner."[843]

O modelo americano do *built to suit* chega ao Brasil no final dos anos 1990 quando, a partir da promulgação da Lei 9.514/1997, criou-se o novo Sistema de Financiamento de Crédito Imobiliário, criando as condições para que este mercado se desenvolvesse.

Na exposição de motivos da Lei 9.514, de 20 de novembro de 1997, lê-se:

> "o presente projeto de lei orienta-se segundo diretrizes de desregulamentação da economia e modernização dos instrumentos e mecanismos de financiamento à atividade produtiva. Seu objetivo fundamental é estabelecer as condições mínimas necessárias ao desenvolvimento de um mercado financeiro imobiliário, para que se criem novos instrumentos e mecanismos que possibilitem a livre operação do crédito para o setor e a mobilização dos capitais necessários à sua dinamização".

Tais condições foram: (i) a possibilidade de securitização de créditos imobiliários; (ii) a criação dos Certificados de Recebíveis Imobiliários (CRI); (iii) possibilidade de criação das

---

[842] Tradução livre do organizador: "Um acordo em que um proprietário concorda em construir um edifício de acordo com as especificações exatas de um inquilino e, em seguida, alugar a propriedade para o inquilino, de preferência por um longo prazo." (The Complete Real Estate Encyclopedia by Denise L. Evans, JD & O. William Evans, JD. (2007). Retrieved August 3 2015 from <http://financial-dictionary.thefreedictionary.com/built+to+suit>).

[843] Tradução livre do organizador: "Um acordo pelo qual o proprietário do imóvel paga para construir um prédio de acordo com as especificações de um potencial inquilino. Em troca, o inquilino concorda em alugar o terreno e o prédio do proprietário." (Farlex Financial Dictionary. (2009). Retrieved August 3 2015 from <http://financial-dictionary.thefreedictionary.com/Build+to+Suit>).

companhias securitizadoras de créditos imobiliários; (iv) a instituição do regime fiduciário sobre estes títulos imobiliários; e (v) a alienação fiduciária de bens imóveis em garantia das operações de financiamento imobiliário.

Securitizar é transformar direitos creditórios – como os provenientes das vendas a prazo nas atividades comerciais, financeiras ou prestação de serviços – em títulos negociáveis no mercado. O Certificado de Recebível Imobiliário, assim, é uma securitização de direitos creditórios originados nos financiamentos imobiliários.

O regime de securitização de créditos imobiliários permitiu que o empreendedor pudesse financiar seu projeto e empreendimento antecipando seu fluxo de caixa futuro (pagamento das parcelas futuras de contratos de compra e venda dos imóveis ou, no caso dos contratos *built to suit*, pagamento dos aluguéis vincendos) por meio da emissão de um título representativo desses créditos, o Certificado de Recebível Imobiliário, livremente negociável no mercado de capitais.

Por falta de tipicidade legal, o modelo BTS foi inicialmente tratado como contrato atípico cuja celebração era autorizada pelo art. 425 do Código Civil no âmbito da autonomia privada dos particulares (para um estudo mais completo sobre o contrato BTS anteriormente à Promulgação da Lei 12.744/2012 veja-se: Gaspareto e Capanema), só tendo sido reconhecido pelo direito objetivo brasileiro com a promulgação da Lei 12.744, de 19 de dezembro de 2012, a qual, inclusive adotou para o modelo BTS a denominação contrato de construção ajustada.

Na definição trazida pela Lei 12.744/2012, o contrato de construção ajustada é a locação não residencial de imóvel urbano na qual o locador procede à prévia aquisição, construção ou substancial reforma, por si mesmo ou por terceiros, do imóvel então especificado pelo pretendente à locação, a fim de que seja a este locado por prazo determinado.

Importante notar que a referida Lei 12.744/2012 trouxe para o ordenamento jurídico brasileiro a tipificação do modelo BTS fazendo-o mediante a inclusão do art. 54-A na Lei 8.245, de 18 de outubro de 1991, que dispõe sobre as locações dos imóveis urbanos e os procedimentos a elas pertinentes, Lei do Inquilinato ou Lei de Locação dos Imóveis Urbanos. No entanto, ao fazê-lo buscou privilegiar o princípio da autonomia das partes, tão cara ao modelo americano de onde o contrato de construção ajustada inspirou-se. Assim, prescreve o dispositivo legal que neste contrato prevalecerão as condições livremente pactuadas entre as partes, bem como as disposições procedimentais previstas naquela Lei. Assim, é possível afirmar que a Lei de Locação dos Imóveis Urbanos aplica-se subsidiariamente às previsões estabelecidas nos contratos. Em outras palavras, não havendo uma exclusão expressa dos dispositivos previstos naquela lei ou não tendo o contrato disposto de maneira diversa, aplicam-se aos contratos BTS as disposições referentes às locações urbanas, tais como o direito de preferência, benfeitorias, entre outras.

Embora a Lei 12.744/2012 tenha incluído o modelo BTS na Lei de Locação de Imóveis Urbanos mediante o acréscimo de um único artigo, não deixou de endereçar os dois pontos mais polêmicos do modelo BTS, a saber, a questão da revisão do valor dos aluguéis durante o prazo de vigência do contrato de locação e a possibilidade de denúncia antecipada do vínculo locatício pelo locatário, dispondo:

> "§ 1º Poderá ser convencionada a renúncia ao direito de revisão do valor dos aluguéis durante o prazo de vigência do contrato de locação.
>
> § 2º Em caso de denúncia antecipada do vínculo locatício pelo locatário, compromete-se este a cumprir a multa convencionada, que não excederá, porém, a soma dos valores dos aluguéis a receber até o termo final da locação".

Em breve voltaremos a estes pontos para melhor discorrê-los.

TÍTULO I – DA LOCAÇÃO • **Art. 54-A**

1. Hipóteses de estruturação da operação *built to suit*

O modelo BTS deve ser entendido como uma típica operação de *Project Finance*, estrangeirismo incorporado ao vocabulário econômico que expressa uma forma de engenharia financeira suportada contratualmente pelo fluxo de caixa de um projeto, servindo como garantia os ativos e recebíveis desse mesmo projeto.[844]

Project financing pode ser definido como a captação de fundos para financiar um projeto de investimento economicamente segregável no qual os provedores de fundos encaram primariamente o fluxo de caixa do projeto como a fonte de fundos para atender ao serviço da dívida e prover o retorno ao capital de risco investido no projeto.[845]

Figueiredo e Grava, em trabalho apresentado no XIV Congresso Brasileiro de Engenharia de Avaliações e Perícias – Cobreap – Ibape/BA, assim apresentam o conceito de *Projec Finance*:

> "quando se trata de financiar e executar um projeto de grande porte o empreendedor, mesmo sendo uma grande empresa, precisa recorrer ao mercado para obter os recursos necessários. No caso de um mercado maduro como o norte-americano e lembrando que, por hipótese, estamos considerando um investimento de vulto, a busca de capital sempre tomará como alternativa a emissão de uma *security*, ou título negociável mercado de capitais, mesmo que seja para a emissão de dívida e não de ações. Então, o desenho de uma estrutura de *project finance* deve apresentar características que a tornem atrativa ao investidor típico desse mercado. Embora não haja uma definição formal é possível dizer que são desejáveis as seguintes características: – Estabilidade do fluxo de caixa que remunerará os títulos, em particular os títulos de dívida, que se destinam a investidores que buscam baixo risco financeiro. – Isolamento do projeto de forma a que o comprador do título assuma apenas o risco do próprio projeto e não um risco adicional decorrente de outras atividades do empreendedor. Este isolamento é usualmente obtido pela utilização de uma sociedade de propósito específico (SPE), que nada mais é do que uma sociedade cujo objeto social é altamente restritivo, considerando apenas os atos estritamente necessários às atividades operacionais do projeto e a obrigação de remuneração dos investidores. – Conforto quanto à execução das obras de construção e/ou implantação do projeto. Esta é uma fase pré-operacional em que o projeto não gera receita e o empreendedor deverá demonstrar ao investidor sua capacidade de execução das obras, diretamente ou através de subcontratação. Pode haver uma garantia formal ou, dependendo de cada caso, esta poderá ser substituída pela apresentação de credenciais convincentes por parte do empreendedor. – Conforto quanto à operação. Situação semelhante à do item precedente, relacionada agora à execução das atividades a partir da implementaçao do projeto, já em sua fase operacional. Novamente o empreendedor deverá demonstrar sua capacidade de operação ou uma contratação por longo prazo de um agente capacitado para a operação. Nesta etapa é menos comum o uso de garantias formais como cartas de garantia ou apólices de seguro. – Conforto quanto à colocação

---

[844] Disponível em: <http://www.bndes.gov.br/SiteBNDES/bndes/bndes_pt/Institucional/Apoio_Financeiro/Produtos/Project_Finance/>. Acesso em: 8 ago. 2015.

[845] FINNERTY, John D. *Project Financing*. New York: Wiley, 1996 *apud* FIGUEIREDO, Flavio Fernando de; GRAVA J. William. *A economia dos empreendimentos* built-to-suit. Trabalho apresentado no XIV COBREAP – Congresso Brasileiro de Engenharia de Avaliações e Perícias. Ibape/BA. Disponível em: <http://www.mrcl.com.br/xivcobreap/tt39.pdf>. Acesso em: 8 ago. 2015, p. 2.

do produto ou serviço decorrente do projeto, em sua fase operacional. O desafio agora é o de demonstrar ao investidor a viabilidade comercial do projeto. (...) Concluindo, ao relacionar o projeto diretamente à sua estrutura de financiamento, o *project finance* aumenta a eficiência econômica, maximizando o acesso dos empreendedores às fontes de financiamento e reduzindo o custo de capital, com ganhos não só para os empreendedores mas para toda a sociedade através do desenvolvimento econômico".

Na figura 1 a seguir vemos a representação gráfica de um *Project Financing* típico.

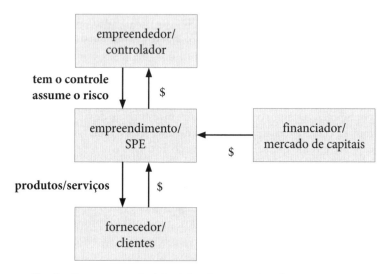

Fig. 1 – Estrutura societária típica de um *project finance*.

Definido o conceito de *project financing*, o *built to suit* pode ser visto simplesmente como um caso particular em que o projeto é imobiliário, cujo modelo está representado na figura 2 a seguir.

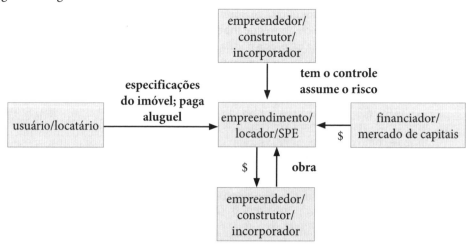

Fig. 2 – Estrutura de *project finance* aplicada ao caso do *built to suit*.

Importante destacar que este modelo de *Project financing* via contratos BTS permite às empresas contratantes (locatárias) evitar o aumento da quantidade de seus ativos patrimoniais ou mesmo a sua diminuição (desmobilização de ativos) com a consequente liberação de capitais para reinvestimentos no próprio negócio, o que gera impactos imediatos sobre os seus índices como o ROE – Return On Equity (em português: Retorno sobre o Patrimônio), indicador financeiro percentual que se refere à capacidade de uma empresa em agregar valor a ela mesma utilizando os seus próprios recursos. Isto é, o quanto ela consegue crescer usando nada além daquilo que ela já tem.

Neste ponto entra um novo agente no contrato BTS qual seja, o investidor, normalmente um fundo de investimento imobiliário. Os Fundos Imobiliários são condomínios de investidores, administrados por instituições financeiras e fiscalizados pela CVM. Tem por objetivo aplicar recursos em negócios com base imobiliária, como desenvolvimento de empreendimentos imobiliários, imóveis já prontos ou títulos financeiros imobiliários, como CRI, LH, LCI ou cotas de fundos imobiliários já constituídos.

Nos termos da Lei 8.668, de 25.06.1993, que dispõe sobre a constituição e o regime tributário dos fundos de investimento imobiliário e dá outras providências "(...) Fundos de Investimento Imobiliário, sem personalidade jurídica, caracterizados pela comunhão de recursos captados por meio do Sistema de Distribuição de Valores Mobiliários, na forma da Lei nº 6.385, de 7 de dezembro de 1976, destinados a aplicação em empreendimentos imobiliários".

Nesse modelo de operação, os recebíveis (aluguéis vincendos) darão lastro à emissão de Cédulas de Crédito Imobiliário ou Letras de Crédito Imobiliário que, por sua vez, darão lastro à emissão de Certificado de Recebíveis Imobiliários, um título de crédito nominativo, de livre negociação, lastreado em créditos imobiliários, que constitui promessa de pagamento em dinheiro. O CRI é de emissão exclusiva das Companhias Securitizadoras de Créditos Imobiliários e só pode ser emitido com uma única e exclusiva finalidade: aquisição de créditos imobiliários.

A Cédula de Crédito Imobiliário é um título representativo de crédito imobiliário, sendo financiamentos imobiliários realizados no âmbito do SFH ou do SFI, promessa de compra e venda de imóveis, operações de mútuo com garantia imobiliária ou direitos oriundos de contratos de locação, emitido com ou sem garantia, real ou fidejussória, e remunerado pelos índices de preços.

É um título executivo extrajudicial, exigível pelo valor apurado de acordo com as cláusulas e condições pactuadas no contrato que lhe deu origem.

A CCI é emitida pelo credor do crédito imobiliário e poderá ser integral, quando representar a totalidade do crédito, ou fracionária, quando representar parte dele. Uma das principais vantagens deste título é o fato de o crédito nele representado poder ser utilizado como lastro de CRI – Certificado de Recebíveis Imobiliários.

Podem ser Registradores/Emissores e Custodiantes as Instituições detentoras do crédito imobiliário, como Banco Comercial (inclusive o banco cooperativo), o Banco de Investimento, o Banco Múltiplo (inclusive o banco cooperativo), a Caixa Econômica Federal, o Banco de Desenvolvimento, Sociedade de Crédito Financiamento e Investimento, a Sociedade de Crédito Imobiliário, a Sociedade Corretora de Títulos e Valores Mobiliários, a Sociedade Distribuidora de Títulos e Valores Mobiliários e Cia. Hipotecária autorizadas pelo Banco Central a realizar operações de crédito imobiliário.

Podem ser Agente de Pagamento as mesmas naturezas econômicas dos Registradores acima citados e as Pessoas Jurídicas não Financeiras e Companhia Securitizadora de Créditos Imobiliários.

É facultado que as seguintes atividades atribuídas ao Registrador de CCI – Cédula de Crédito Imobiliário – sejam exercidas por Agente de Pagamento:

I. lançamento do preço unitário de Evento relativo ao crédito imobiliário representado na CCI, no Sistema de Custódia Eletrônica, nas hipóteses e na forma indicadas neste Manual de Operações, inclusive se o título estiver registrado em Conta de Cliente de sua titularidade – caso o Registrador tenha indicado, por ocasião do registro da cédula, que o processamento da correspondente liquidação financeira deve ocorrer no âmbito da Cetip;

II. cobrança e repasse dos pagamentos de principal e de acessórios relativos ao direito creditório representado na CCI, inclusive se o título estiver registrado em Conta de Cliente de sua titularidade, caso o Registrador tenha indicado, por ocasião do registro da cédula, que o processamento da correspondente liquidação financeira deverá ocorrer no âmbito da Cetip; e

III. lançamento da operação de resgate antecipado.

A responsabilidade pela execução de atividade assumida por Agente de Pagamento é exclusivamente deste, não podendo, em hipótese alguma, ser imputada ao Registrador.[846]

A Letra de Crédito Imobiliário é um título de crédito nominativo, de livre negociação, lastreada por créditos imobiliários garantidos por hipoteca ou por alienação fiduciária, conferindo aos seus tomadores direito de crédito pelo valor nominal, juros e, se for o caso, atualização monetária nela estipulada.

A LCI é emitida pelo credor do crédito imobiliário e deve representar a totalidade do crédito. É lastreada em créditos imobiliários de vários empreendimentos.

Ao emitir LCIs os agentes financeiros não precisam aguardar o vencimento das prestações dos compradores finais para recuperar o capital de um projeto. Desta forma, recuperam o capital investido, ficando livre para reinvesti-lo em novos empreendimentos.

Podem ser Registradores/Emissores: Instituição detentora do crédito imobiliário como Banco Comercial (inclusive o banco cooperativo), o Banco Múltiplo com carteira de crédito imobiliário ou carteira comercial, a Caixa Econômica Federal, as sociedades de crédito imobiliário, as associações de poupança e empréstimo, as companhias hipotecárias, os Bancos de Investimento, o Banco Múltiplo 20 – Carteira de Crédito, Financiamento e Investimento e demais instituições que venham a ser expressamente autorizadas pelo Banco Central do Brasil.[847]

O modelo BTS, no entanto, não atende apenas a um critério de *Project Financing*, mas, no caso brasileiro, ainda atende a razões como as tributárias. Isto porque o Fisco dá tratamento distinto às despesas operacionais (de locação) e aos custos de depreciação e amortização (atinentes à propriedade) incorridos pelas pessoas jurídicas tributadas pelo regime do lucro real para fins de Imposto de Renda Pessoa Jurídica (IRPJ) e Contribuição Social sobre o Lucro Líquido (CSLL). Enquanto as locações são integralmente dedutíveis, a propriedade predial admite apenas uma dedução das quotas de depreciação das edificações – de 4,5% ao ano sobre o valor da construção –, sendo irrecuperáveis, para fins tributários, os valores investidos na aquisição do respectivo terreno. Isto equivale a dizer que o pagamento de locação de um

---

[846] Disponível em: <http://www.cetip.com.br/informacao_tecnica/regulamento_e_manuais/manuais_de_operacoes/Imobiliarios/Cetip_WebHelp/Conhecendo_os_produtos.htm>. Acesso em: 11 ago. 2015.

[847] Disponível em: <http://www.cetip.com.br/informacao_tecnica/regulamento_e_manuais/manuais_de_operacoes/Imobiliarios/Cetip_WebHelp/Conhecendo_os_produtos.htm>. Acesso em: 11 ago. 2015.

prédio, composto de terreno e edificação, tem um efeito redutor do valor do IRPJ e da CSLL a pagar maior do que a simples depreciação permitida pela legislação fiscal exclusivamente para as edificações incluídas no ativo de uma empresa.

2. Especificação do objeto do contrato BTS – Cuidados a serem tomados

Sendo o BTS um contrato pelo qual uma parte concorda em construir, adaptar ou reformar um edifício de acordo com as especificações da outra parte e esta se obriga a locar este mesmo edifício por um prazo e por um aluguel determinados, não é difícil perceber que os direitos e obrigações recíprocas vão além daqueles comumente previstos na Lei de Locações Urbanas. O contrato BTS não é, obviamente, uma singela locação de imóveis.[848]

Benemond sugere, por exemplo, a aplicação com parcimônia, aos contratos BTS, das normas atinentes à empreitada, além daquelas próprias à locação urbana:

> "Tanto a construção quanto a reforma do empreendimento *buil to suit* devem, a nosso ver, seguir as regras estabelecidas no Código Civil para empreitada (artigo 610 e seguintes). Isto porque, a empreitada, segundo Nelson Rosenvald, é o contrato pelo qual uma das partes (empreiteiro) se obriga perante a outra (dono da obra) à realização de certa obra, mediante um preço, sem que se configure dependência ou subordinação – conceito este que pode ser identificado no *built to suit*. Assim, a responsabilidade do empreiteiro do empreendimento *built to suit* no que diz respeito ao seu trabalho e, conforme o tipo de contratação, ao material fornecido, deve ser apurada observando-se as regras do Código Civil".

A Lei 12.744/2012 neste ponto parece seguir a tendência do Direito Continental (*Civil Law*) de aproximar-se da prática da *Commom Law* com sua ênfase na liberdade contratual e na vinculação das partes ao quanto contratado ao deixar a definição das regras aplicáveis aos contratos BTS à definição das próprias partes, salvo pelas disposições procedimentais previstas na Lei de Locação Urbana.

Por esta razão é natural que os analistas do modelo BTS se voltem para o mercado onde estas operações já estão estruturadas e consolidas há mais tempo, como o mercado americano, e dele extrair os principais cuidados a ele associados acelerando, com isso, a curva de aprendizado que seria natural na introdução no nosso mercado desse novo modelo.

Assim, vamos apresentar, a seguir, as principais recomendações encontradas na literatura americana relacionada aos direitos e obrigações recíprocas nos contratos BTS (cf. MOORE) e, na sequência, veremos como estes mesmos direitos e obrigações estão inseridos no ordenamento brasileiro.

Normalmente, em um contrato BTS o contratado/locador terá funções típicas de empreiteiro sob as especificações do locatário, mesmo quando o proprietário transfira as responsabilidades da construção para terceiros.

Como resultado, um contrato BTS deve incluir as especificações e cuidados típicos de um contrato de construção por empreitada além de observar aqueles específicos que decorrerão da relação duradoura que as partes manterão durante todo o prazo de locação do imóvel.

---

[848] Nesse sentido: TJSP, Ap 0036632-84.2007.8.26.0000, Rel. Des. Amorim Cantuária. Julg. 11.05.2001. 25ª Câmara de Direito Privado.

A empreitada é o contrato em que uma das partes se sujeita à execução de uma obra, mediante remuneração a ser paga pelo outro contratante, de acordo com as instruções recebidas e sem relação de subordinação (sobre contratos de empreitada, cf. Marques de Souza e Paiva).

Benemond chama a atenção para o fato de que a construção e a locação podem estar disciplinadas em instrumentos separados, mas isto poderá ser, ao final, desinteressante tanto para fins de apresentação do projeto para o mercado imobiliário quanto para fins tributários.

Assim, os contratos *built to suit* devem observar, entre outros, os seguintes cuidados:

(i) Verificar se o local é adequado para o projeto.

Os contratantes, em especial o futuro locador, devem examinar o local, a disponibilidade de serviços de utilidade pública, o zoneamento da propriedade, os pontos de acesso, e todas as melhorias que podem ser necessárias. Neste ponto é importante lembrar que, ao contrário de uma situação de contrato de construção por empreitada típica, em um BTS, o locador é ou será dono do imóvel em que o projeto será construído, e o locatário esperará que o locador responda para sua regularidade e adequação.

Uma vez que o locatário vai impor prazos ao locador para a construção e conclusão, o proprietário precisa certificar-se se poderá haver problemas na obtenção de licenças, concessões, bem como dos riscos potenciais antes que se comprometa com datas fixas. Se o locador sabe que certas questões, por exemplo, a obtenção de uma alteração de zoneamento urbano ou permissão, podem causar atrasos, deve identificá-las no contrato e prever que os prazos serão estendidos proporcionalmente àqueles atrasos.

O proprietário também deve identificar as questões de infraestrutura que podem exigir alterações na construção. Por exemplo, se as autoridades competentes ainda não estenderam todas as utilidades e serviços para o *site*, o proprietário pode levar o locatário a concordar com antecedência que o locador pode prestar serviços temporários de utilidade alternativos até aquelas autoridades os providenciem.

Em razão da legislação ambiental brasileira, o proprietário poderá, ainda, exigir garantias e compromissos por parte do locatário de que sua atividade não causará contaminação, degradação ou qualquer outra ilicitude que possa, de alguma forma, vincular a propriedade do imóvel.

A investigação preliminar sobre as condições do imóvel, seja em relação à sua localização, ao acesso a serviços públicos, às restrições por força de zoneamento urbano ou Plano Diretor, à acessibilidade a rotas de tráfego etc. é fundamental para que a discussão futura sobre a utilidade do imóvel objeto do contrato BTS seja evitada e, por consequência, o próprio contrato questionado.

(ii) Identificar precisamente o projeto.

Ambas as partes vão ter problemas se o contrato não identificar com alguma precisão e certeza o que o proprietário deve construir.

Por conta disso, as partes do contrato BTS devem gastar o tempo que for necessário na fase pré-contratual para garantir que todas as condições do contrato foram devidamente avaliadas e analisadas. Antes de assinar o contrato de BTS, o locador, por exemplo, deverá ser capaz de determinar se o local é adequado para as melhorias requeridas pelo locatário, ter um cronograma razoável para a construção, bem como uma estimativa do custo de construção, tanto para estabelecer o valor do aluguel quanto para providenciar suficiente financiamento.

O locatário, por sua vez, quererá ter certeza de que proprietário entregará as melhorias e equipamentos de que necessita para o seu negócio e a única maneira que o locatário pode ter certeza que ele vai conseguir o que quer e espera é ser o mais específico possível.

Ambas as partes estarão mais bem servidas se um conjunto de desenhos preliminares do projeto e especificações forem amplamente discutidos e acordados e passarem a fazer parte integrante do contrato.

O locador deverá incluir previsões contratuais claras determinando que o locatário pagará por todos os recursos ou equipamentos que estiverem fora do escopo inicial do projeto e, portanto, o locatário deverá ter muito cuidado com alterações do projeto ao longo da construção ou reforma do edifício, mantendo-se o mais fiel possível ao projeto inicial. Por outro lado, se alterações se fizerem necessárias, as partes certamente quererão ter uma regra previamente acordada para a alocação dos respectivos custos.

As partes têm que chegar a acordo sobre procedimentos para a elaboração e aprovação de pedidos de alteração. O proprietário pode querer ser capaz de fazer alterações que são exigidas por lei ou que são necessários para obter licenças sem o consentimento do locatário. O locatário, por outro lado, não vai querer que o proprietário seja capaz de substituir materiais ou alterações no *design* ou características funcionais das melhorias – mas certamente quererá poder exigir do proprietário que ele faça alterações que sejam necessárias mesmo após aprovação do plano final. Geralmente, as partes podem estabelecer prazo-limite para a aprovação pelo locatário de alterações solicitadas pelo proprietário e aprovação pelo locador de alterações solicitadas pelo locatário.

O contrato poderá estabelecer, ainda, que na medida em que o locatário solicite alterações nos planos que impliquem mais custo, ele arque com este custo adicional, em um montante fixo, antes ou durante a construção, ou por meio de um aumento no valor do aluguel que vai amortizar a melhoria custos, com o fator de juros pactuados.

Questões como manutenção do imóvel depois de entregue ao locatário, adaptações, novas reformas e, principalmente, garantia das funcionalidades e da qualidade do imóvel, equipamentos e acessórios, devem ser necessariamente endereçados pelo contrato.

A garantia sobre o imóvel prevista nas disposições aplicáveis ao contrato de empreitada, por exemplo, não se adéqua necessariamente ao BTS na medida em que o imóvel entregue pelo construtor é do locador, ainda que o projeto originalmente seja do locatário.

(iii) Especificar termos de conclusão e aceitação do imóvel.

O locatário vai querer ter certeza de que as melhorias foram construídas de acordo com os planos e especificações aprovadas, que todos os serviços públicos estão conectados, e que todos os sistemas mecânicos estão funcionando corretamente, por isso, vai querer inspecionar e aprovar as melhorias antes de considerá-las concluídas. O objetivo do proprietário, por sua vez, é o de evitar que o locatário rejeite as melhorias, a menos que elas não estejam de acordo com os projetos finais. O contrato, portanto, deverá endereçar este momento da vistoria, inclusive admitindo, se necessário, a participação de um terceiro, independente e neutro, para confirmá-la. Além disso, o contrato poderá ainda estipular que as partes prepararão e concordarão com uma eventual lista de pendências a serem solucionada em um determinado prazo sob pena de consequências também nele previstas.

Neste ponto, o proprietário estará com pressa para que o locatário entre na posse do imóvel e comece a pagar seu aluguel (ou a sua renda total se o contrato fixou o pagamento de um aluguel parcial durante a construção). Ele também quererá a declaração de ter cumprido o prazo de conclusão de construção e, com isso, evitar possíveis sanções contratuais que incorreria em caso de atraso. Consequentemente, o proprietário buscará estabelecer prazos para a vistoria e a aprovação pelo locatário. Por outro lado, o locatário, ainda que tenha a mesma pressa para entrar na posse do imóvel, quererá ter tempo suficiente para realizar a avaliação com precisão. Por isso, é importante que as partes não subestimem este ponto do contrato e tenham certeza de que o prazo fixado e a forma de aceitação da obra pelo locador lhes sejam confortáveis.

(iv) Olhar para o futuro.

O contrato BTS é uma relação de longo prazo entre o proprietário e o locatário e, como vimos, com poucas possibilidades de saída ou revisão desta relação. Por esta razão as partes, ao entrarem neste contrato, devem ter olhos para o futuro, buscando antever questões como: crescimento da atividade do locatário e necessidade de expansão ou adequação de suas instalações; mudanças do entorno, inclusive potencial mudança de zoneamento urbano; mudança do mercado imobiliário com o crescimento de oferta de novos imóveis para locação; possíveis alterações de conjuntura econômica nacional ou internacional e seus reflexos na liquidez e capacidade de pagamento por parte do locatário; possibilidade de aquisição do imóvel por parte do locatário ou terceiros etc.

3. Disposições procedimentais

A limitação da autonomia das partes para os fins de estabelecimento das regras a serem aplicadas aos contratos BTS está, por força do art. 54-A, *caput*, *in fine*, nas disposições procedimentais.

Disposições procedimentais são aquelas que se referem a procedimentos.

Procedimento é a forma que a lei estabelece para se tratarem as causas em juízo, as formas a que estão subordinados o cumprimento dos atos e os trâmites do processo (cf. *Novo Dicionário Aurélio da Língua Portuguesa*).

Araújo Cintra ensina: "costuma-se falar em três classes de normas processuais: a) normas de organização judiciária, que tratam primordialmente da criação e estrutura dos órgãos judiciários e seus auxiliares; b) normas processuais em sentido restrito, que cuidam do processo como tal, atribuindo poderes e deveres processuais; c) normas procedimentais, que dizem respeito apenas ao *modus operandi*, inclusive a estrutura e coordenação dos atos processuais que compõem o processo".

No caso da Lei de Locação Urbana as disposições procedimentais são aquelas que estão sob o Título II – Dos Procedimentos, arts. 58 a 75, não se devendo esquecer, o art. 5º que, embora não esteja sob o mesmo título, claramente dispõe sobre procedimento ao prescrever que seja qual for o fundamento do término da locação, a ação do locador para reaver o imóvel é a de despejo.

Assim, compreendem as disposições procedimentais aquelas que dispõem sobre as ações de despejo, consignação em pagamento de aluguel e acessório da locação, revisionais de aluguel e renovatórias de locação, inclusive para dizer que esses processos tramitam durante as férias forenses e não se suspendem pela superveniência delas; que é competente para conhecer e julgar tais ações o foro do lugar da situação do imóvel, salvo se outro houver sido eleito no contrato; que o valor da causa corresponderá a 12 meses de aluguel, ou, na hipótese do inc. II do art. 47, a três salários vigentes por ocasião do ajuizamento; que, desde que autorizado no contrato, a citação, intimação ou notificação far-se-á mediante correspondência com aviso de recebimento, ou, tratando-se de pessoa jurídica ou firma individual, também mediante *telex* ou *fac-símile*, ou, ainda, sendo necessário, pelas demais formas previstas no Código de Processo Civil e que desde que autorizado no contrato, a citação, intimação ou notificação far-se-á mediante correspondência com aviso de recebimento, ou, tratando-se de pessoa jurídica ou firma individual, também mediante *telex* ou *fac-símile*, ou, ainda, sendo necessário, pelas demais formas previstas no Código de Processo Civil.

O contrato BTS, portanto, está, em princípio, sujeito àqueles mesmos procedimentos, quando aplicáveis.

A questão que se apresenta neste caso está em saber quais os procedimentos aplicáveis nas discussões que possam surgir ainda na fase de construção ou reforma do imóvel, antes de o locatário entrar na posse do imóvel e do pagamento dos aluguéis e se se poderá incluir cláusulas de arbitragem nos contratos BTS.

Ainda em Araujo Cintra: "Incidindo sobre a atividade estatal, através da qual se desenvolve a função jurisdicional, a norma de processo integra-se no direito público. E, com efeito, a relação jurídica que se estabelece no processo não é uma relação de coordenação, mas, como já vimos, de poder e sujeição, predominando sobre os interesses divergentes dos litigantes o interesse público na resolução (processual e, pois, pacífica) dos conflitos e controvérsias. A natureza de direito público da norma processual não importa em dizer que ela seja necessariamente cogente. Embora inexista processo convencional, mesmo assim, em certas situações admite-se que a aplicação da norma processual fique na dependência da vontade das partes – o que acontece em vista dos interesses particulares dos litigantes, que no processo se manifestam. Têm-se, no caso, as normas processuais dispositivas. (...) Em decorrência de sua instrumentalidade ao direito material, as normas processuais, na maior parte, apresentam caráter eminentemente técnico. Entretanto, a neutralidade ética que geralmente se empresta à técnica não tem aplicação ao processo, que é um instrumento ético de solução de conflitos, profundamente vinculado aos valores fundamentais que informam a cultura da nação (...). Dessa forma, o caráter técnico da norma processual fica subordinado à sua adequação à finalidade geral do processo".

O art. 54-A, ao determinar a aplicação daqueles procedimentos aos contratos BTS não o fez com o caráter de limitador ou de exclusão a qualquer outro procedimento aplicável a estes contratos como, por exemplo, ações declaratórias, medidas cautelares, entre outros, mas como indicador de que a relação entre os contratantes, naquela parte mais duradoura, a locação em si, na medida em que gerar conflito, deverá ser pacificada por meio dos instrumentos processuais próprios da locação na medida em que estes foram desenhados para estes conflitos. Todavia, na medida em que o conflito decorrer de aspectos não condizentes com aqueles instrumentos processuais, nada impedira às partes buscar, no espectro de instrumentos processuais disponíveis, aquele que lhe possa servir.

Como ensina Miranda: "A principal regra jurídica de interpretação do direito processual é a que se pode formular do modo seguinte: 'a regra jurídica processual há de entender-se mera regra para que se realize o direito objetivo e, pois, no sentido de não atingir o direito material. Se, em algum ponto, há derrogação a esse, em vez de (ou) junto à regra jurídica processual está a regra de direito material, heterotópica, a que se deve tal derrogação'. Na interpretação mesma da regra de direito processual não se deve adotar a que lhe atribua dificultar ou diminuir eficácia das regras de direito material, como se ela criasse óbice ou empecilho à prestação de direito material".

Em relação à arbitragem, não vemos impeditivo para esta escolha como meio de solução dos conflitos que porventura venham a aparecer ao longo do contrato BTS e dele decorrentes.

A disposição do art. 54-A não impede a opção pela arbitragem, na medida em que os direitos envolvidos no contrato BTS são patrimoniais e disponíveis e não há, em princípio, questões de ordem pública envolvidas na celebração destes contratos.

Segundo Pereira: "Os arts. 851 e 852 do Código Civil, que é uma lei de mesma hierarquia posterior à Lei de Arbitragem, adotam um modo diverso de definir a arbitrabilidade objetiva. Primeiro, como fórmula geral, o Código Civil prevê no art. 851 a arbitrabilidade subjetiva ('pessoas que podem contratar') e alude simplesmente a 'litígios'. No art. 852, estabelece campos nos quais não poderá haver arbitragem: (a) questões de estado (estado civil, capacidade), (b) de direito pessoal de família e (c) outras questões 'que não tenham caráter estritamente patrimonial'. Portanto, o Código Civil não mais tratou da disponibilidade em geral como critério de arbitrabilidade. Apenas reafirmou a patrimonialidade, vedando a arbitragem em certos casos específicos e nos que se enquadrem em uma fórmula geral de não patrimonialidade".

Obviamente, as medidas de força, para a execução das sentenças arbitrais, como sabido, deverão ser obtidas por meio do Poder Judiciário que detém o monopólio da força. Havendo a necessidade de medidas coercitivas durante o procedimento arbitral, o árbitro ou o tribunal arbitral têm a prerrogativa de apreciá-las e determiná-las, solicitando, por meio de Carta Arbitral, a cooperação do Poder Judiciário, que seria originariamente competente para julgar a causa para a sua implementação, conforme determinam os arts. 22-B e 22-C da Lei de Arbitragem e o art. 237, inc. IV, do Código de Processo Civil (Lei 13.105/2015).

4. Revisão do valor do aluguel

Como aponta Zanchim, uma das primeiras normas brasileiras a tratar sobre o tema da revisão judicial de contratos por desequilíbrio de prestações por força da alteração das circunstâncias foi o Decreto 24.150, de 20 de abril de 1934, que fixou critério objetivo para a intervenção judicial em contratos de locação por força de mudanças no contexto econômico que implicasse uma variação superior a 20% "das estimativas feitas".

O referido Decreto foi revogado pela Lei 8.245/1991, mas esta, no seu art. 19, permite a revisão judicial do preço do aluguel, não havendo acordo entre locador e locatário, após três anos de vigência contratual ou do acordo anteriormente realizado, a fim de ajustá-lo ao preço do mercado (Diniz, 127). O procedimento da ação revisional está previsto nos arts. 68 a 70 daquela mesma Lei.

Esta possibilidade legal de revisão judicial do preço do aluguel é um importante remédio para as partes contratantes para adequarem o contrato ao mercado imobiliário de locação, permitindo assim, tanto ao locador quanto ao locatário, uma saída para manter o contrato de locação e, ao mesmo tempo, ajustar o valor do aluguel para que fique condizente com o cobrado para a locação de imóveis semelhantes na mesma região.

Ocorre que, como vimos anteriormente, a lógica financeira dos contratos BTS é outra. Trata-se de financiamento de projeto e, desta forma os aluguéis são fixados a partir de cálculos econômicos e financeiros prevendo a devolução do valor investido acrescido do valor necessário para a remuneração do capital e o ganho atrativo o suficiente para garantir a participação dos investidores.

Ademais, os aluguéis em um contrato BTS normalmente são securitizados, vale dizer, dão lastro à criação de títulos representativos desses recebíveis que serão, então, negociados no mercado e monetizados pelo locador. Por esta razão, a revisão do valor dos aluguéis, para maior ou para menor, não é particularmente interessante para essa operação.

Por esta razão, a § 1º do art. 54-A dispôs que "poderá ser convencionada a renúncia ao direito de revisão do valor dos aluguéis durante o prazo de vigência do contrato de locação".

Com esta disposição contratual, independentemente da variação do mercado imobiliário de locação local, as partes do contrato BTS e, principalmente, os investidores, terão a certeza e a tranquilidade de saber que os aluguéis não se alterarão.

Esta renúncia ao direito de revisão do valor dos aluguéis, todavia, a nosso ver, não afasta de todo a possibilidade da revisão judicial dos contratos BTS.

O art. 317 do Código Civil brasileiro dispõe que "Quando, por motivos imprevisíveis, sobrevier desproporção manifesta entre o valor da prestação devida e o do momento de sua execução, poderá o juiz corrigi-lo, a pedido da parte, de modo que assegure, quanto possível, o valor real da prestação".

Quando falamos de revisão de um contrato o pressuposto será sempre o desequilíbrio das prestações aliado à alteração imprevisível das circunstâncias que o cerca implicando a onerosidade excessiva para uma das partes. Estes são os elementos que estão intrínsecos à teoria da cláusula *rebus sic stantibus*.

A cláusula *rebus sic stantibus* é a abreviação da fórmula *contractus qui habent tractum sucessivum et dependentiam* de futuro *rebus sic stantibus intelligentur*.

Para Otavio Luis Rodrigues Junior: "Os contratos que têm trato sucessivo ou a termo ficam subordinados, a todo tempo, ao mesmo estado de subsistência das coisas". Sua origem remonta a fragmentos do Digesto, no entanto a maioria dos autores entende que sua formulação deveu-se ao contributo dos canonistas da Idade Média.[849]

Segundo o jurista Carlos Roberto Gonçalves: "Entre nós, a teoria em tela foi adaptada e difundida por Arnoldo Medeiros da Fonseca, com o nome de teoria da imprevisão, em sua obra *Caso fortuito e teoria da imprevisão*. Em razão da forte resistência oposta à teoria revisionista, o referido autor incluiu o requisito da imprevisibilidade, para possibilitar a sua adoção. Assim, não era mais suficiente a ocorrência de um fato extraordinário, para justificar a alteração contratual. Passou a ser exigido que fosse também imprevisível. É por essa razão que os tribunais não aceitam a inflação e alterações na economia como causa para a revisão dos contratos. Tais fenômenos são considerados previsíveis entre nós. A teoria da imprevisão consiste, portanto, na possibilidade de desfazimento ou revisão forçada do contrato quando, por eventos imprevisíveis e extraordinários, a prestação de uma das partes tornar-se exageradamente onerosa – o que, na prática, é viabilizado pela aplicação da cláusula *rebus sic stantibus*, inicialmente referida".[850]

Citando Zanchim uma vez mais: "a jurisprudência sempre se apegou ao critério da imprevisão do fato que desequilibra as prestações contratuais, decidindo pela intervenção nas avenças quando as ocorrências não tinham como ser antecipadas e não o fazendo em caso de previsibilidade delas".

A verificação da imprevisibilidade, contudo, não é algo simples de se fazer e, diante das divergências teórica e jurisprudencial, várias figuras jurídicas vêm sendo agregadas na tentativa de sua definição, sendo a mais comum a boa-fé (Zanchim).

---

[849] RODRIGUES JUNIOR, Otavio Luis. *Revisão judicial dos contratos*: autonomia da vontade e teoria da imprevisão. 2. ed. São Paulo: Atlas, 2006, p. 35-37.
[850] FERREIRA, Antonio Carlos. Revisão judicial de contratos: diálogo entre a doutrina e a jurisprudência do Superior Tribunal de Justiça. *Revista de Direito Civil Contemporâneo*, vol. 1, p. 27-39, out.-dez. 2014.

Outro aspecto a ser considerado antes da intervenção judicial em contrato está na análise do seu risco intrínseco, sua álea, ou seja, a possibilidade de perda patrimonial desvinculada do comportamento das partes.

Ainda Zanchim: "Assim, antes da intervenção judicial em um contrato, deve-se perguntar primeiro se o evento que desequilibra as prestações foi causado por uma das partes. Sendo positiva a resposta, não é o caso de revisão, mas de responsabilidade civil. Sendo negativa, passa-se à segunda pergunta: o evento está na álea ordinária, natural ou comum do contrato? Se sim, afasta-se a revisão. Se não, ela se justifica".

5. Denúncia antecipada do contrato

Assim como a revisão do valor dos aluguéis subverte a lógica do contrato BTS e do *project financing* por trás deste modelo, a possibilidade de denúncia do contrato, resilição, especialmente pelo locatário, também tem o mesmo efeito de trazer insegurança para um contrato que necessariamente deve ser pensado em longo prazo.

De fato, "a devolução do imóvel, em pleno curso do contrato, tiraria do empreendedor--construtor o maior atrativo do negócio, que é a certeza da percepção dos aluguéis, pelo prazo necessário ao retorno do capital investido" (Souza).

Um dos princípios do direito contratual é o da obrigatoriedade. Uma vez celebrado, o contrato deve ser cumprido. Não fosse assim, não haveria segurança jurídica, econômica e social. Esse princípio, no entanto, não é absoluto. Especialmente no caso dos contratos de execução estendida no tempo, algumas situações permitem a quebra da intangibilidade dos contratos, como a onerosidade excessiva, como já vimos anteriormente.

O art. 473 do Código Civil expressamente dispõe que a resilição unilateral, nos casos em que a lei expressa ou implicitamente o permita, opera mediante denúncia notificada à outra parte, fazendo a ressalva, todavia que se, porém, dada a natureza do contrato, uma das partes houver feito investimentos consideráveis para a sua execução, a denúncia unilateral só produzirá efeito depois de transcorrido prazo compatível com a natureza e o vulto dos investimentos.

Pois é nesse contexto que a Lei 8.245/91, alterada pela Lei 12.744/2012, traz a previsão do § 2º do art. 54-A, dispondo que, em caso de denúncia antecipada do vínculo locatício pelo locatário, compromete-se este a cumprir a multa convencionada, que não excederá, porém, a soma dos valores dos aluguéis a receber até o termo final da locação.

Esta redação permite claramente concluir, por outro lado, que o contrato BTS pode prever multa convencional para o caso de resilição igual ao valor da soma dos valores dos aluguéis a receber até o seu termo final.

Esta disposição traz segurança aos investidores, pois, garante o adimplemento dos títulos correspondentes aos recebíveis daquele contrato.

É possível discutir se esta soma dos valores dos aluguéis a receber até o termo final deverá corresponder à soma dos valores nominais de cada aluguel vincendo ou se se poderá trazer esta soma a valor presente, descontando-se os juros embutidos no contrato, o que representaria um valor absoluto menor, sem comprometer os investimentos feitos pelos investidores.

O processo de calcular valores presentes muitas vezes é referido como **fluxo de caixa descontado**. Diz respeito a responder à seguinte pergunta: "Se posso ganhar $i\%$ sobre meu dinheiro, qual é o máximo que eu estaria disposto a pagar agora por uma oportunidade de receber FVn em dinheiro em n períodos a partir de hoje?". Esse processo, na verdade, é o inverso da composição dos juros. Em vez de encontrar o valor futuro em dinheiro presente investido a uma determinada taxa, a prática de desconto determina o valor presente de um montante futuro, considerando uma oportunidade de ganhar certo retorno sobre o dinheiro. Essa taxa anual de retorno é também conhecida como *taxa de desconto, retorno exigido, custo de capital e custo de oportunidade* (Gitman e Madura).

6. Sublocação

Um ponto importante a merecer destaque é a questão da sublocação.

A sublocação vem a ser um contrato de locação que se efetiva entre o locatário de um bem e terceiro (sublocatário), com a prévia permissão do locador, que, participando de uma primeira relação jurídica *ex locato* (contrato de locação), se vincula a uma segunda (contrato de sublocação), tendo-se em conta, nas duas, o mesmo objeto locado.[851]

Como esclarece Diniz, a sublocação será admitida se não for expressamente proibida; essa regra, porém, é inaplicável à locação de prédio urbano, para o qual a sublocação é proibida, a menos que haja prévio consentimento por escrito do locador. A relação sublocatícia não passa de uma permissão do locador, regida no que couber, pelas mesmas disposições legais relativas à locação.

De pronto, esclareça-se que a sublocação prevista nos arts. 14 a 16 da Lei de Locação dos Imóveis Urbanos é absolutamente compatível com o modelo BTS.

Um ponto que surge, no entanto, é o da previsão inserta no art. 43 daquela lei, que determina constituir contravenção penal, punível com prisão simples de cinco dias a seis meses ou multa de três a 12 meses do valor do último aluguel atualizado, revertida em favor do locatário, exigir na sublocação, aluguel maior do que o estipulado no contrato de locação original.

Esta previsão legal origina-se da preocupação do legislador com a especulação imobiliária típica de uma época em que o déficit de residências para locações e a restrição de acesso ao crédito para financiamento de imóveis poderia criar situações de exploração dos sublocatários por sublocadores especuladores.

Como os contratos de locação no modelo BTS são contratos de longo prazo e, como vimos, com possibilidade de renúncia expressa ao direito de revisão dos aluguéis é possível que, em determinado momento, o mercado imobiliário esteja aquecido e que seja possível e interessante para o locatário sublocar o imóvel por um valor maior.

A nosso ver, não há razão atual para tipificar-se este comportamento como contravenção. De fato, está claro que o modelo BTS serve à expansão da oferta imobiliária na medida em que cria mecanismos de financiamento para a construção de novos edifícios, com isso diminuindo a pressão da demanda de imóveis para locação sobre a oferta de imóveis disponíveis, ajudando a diminuir o valor dos aluguéis, o que é o oposto da especulação. Além disso, também está claro que, ao entrar em um contrato de longo prazo com regras que fixam o valor dos aluguéis durante sua vigência e ao oferecer as garantias necessárias para que este contrato BTS se mantenha de pé e atraia investidores, o locatário assume todos os riscos, riscos maiores, inclusive, do que aquele que poderá repassar ao sublocatário (riscos estes no mínimo correspondentes àqueles envolvidos com a fase inicial do contrato BTS, o da construção do próprio edifício).

---

[851] Cf. TUCCI, Rogério Lauria; AZEVEDO, Álvaro Villaça. *Tratado da locação predial urbana*. São Paulo: Saraiva, 1980, vol. 1, p. 41, *apud* DINIZ, Maria Helena. *Tratado teórico e prático dos contratos*. 3. ed. São Paulo: Saraiva, 1999, vol. 2.

Assim, parece-nos razoável que, em caso de sublocação, o sublocador, neste caso, possa pedir um aluguel superior àquele do seu próprio contrato de locação.

Guardadas as devidas proporções, entendemos que neste caso não há antijuridicidade assim como no caso da cobrança de luvas, já pacificada em nossos tribunais.

Nesse sentido:

> "A Lei nº 8.245/91, em seu art. 45, veda, expressamente, a cobrança de 'luvas' – obrigações pecuniárias – quando da renovação do contrato. Contudo, silencia, ao contrário da legislação anterior (Dec. 24.150/34), no que se refere ao contrato inicial. Não há, pois, qualquer proibição, sequer implícita, quanto à sua cobrança. Não afasta esse entendimento o disposto no art. 43 da Lei nº 8.245/91, pois o dispositivo veda a cobrança de valores além dos encargos permitidos e não expressamente elencados. Assim, apesar de não se fazer referência às 'luvas' iniciais para permiti-las, tampouco se faz para proibi-las, o que, em termos obrigacionais, tendo em conta a liberdade contratual, faz concluir pela possibilidade da cobrança de valor sob esse título".[852]

7. Registro do contrato BTS

A Lei de Registros Públicos – Lei 6.015, de 31 de dezembro de 1973 – dispõe, em seu art. 129, que estão sujeitos a registro, no Registro de Títulos e Documentos, para surtir efeitos em relação a terceiros, os contratos de locação de prédios, ressalvando, ainda, a obrigatoriedade do registro do contrato no Registro de Imóveis caso tenha sido consignada cláusula de vigência no caso de alienação da coisa locada. É caso excepcional de duplo registro. Levado a assentamento apenas no de títulos, preserva posse direta do locatário, ainda que venha a ser turbada por terceiro que exiba segundo contrato locatício firmado pelo proprietário ou comprovante de registro de seu título aquisitivo na serventia imobiliária (Ceneviva).

Evidentemente, considerando-se o longo período de vigência do contrato BTS e o comum processo de securitização dos recebíveis dele decorrentes, as partes terão todo o interesse no registro deste contrato tanto no Registro de Títulos e Documentos como no Registro de Imóveis, garantindo a sua oponibilidade a terceiros e sua manutenção mesmo em face da alienação do imóvel (esta última, possível inclusive por força de excussão judicial em razão de dívida do proprietário).

Note-se, no entanto, que, quando da promulgação da Lei 12.744/2012, houve veto presidencial ao § 3º do art. 54-A, que aquela Lei incluiria e que disporia nos seguintes termos:

> "§ 3º Desde que devidamente registrado o contrato de locação no registro de títulos e documentos da situação do imóvel, os valores relativos aos aluguéis a receber até o termo final contratado serão livremente negociáveis pelo locador com terceiros, na forma dos artigos 286 e 298 da Lei nº 10.406 de 10 de janeiro de 2002 – Código Civil, responsabilizando-se o locatário e eventuais garantidores pelo respectivo adimplemento".

As razões do veto presidencial foram as seguintes:

> "Ao exigir que o contrato seja levado ao Registro de Títulos e Documentos, o dispositivo cria ônus adicional, contrário à própria finalidade do projeto. Ademais, a supressão do dispositivo não obsta a cessão de crédito nos termos da legislação vigente".

---

[852] REsp 406.934/RJ, 5ª Turma, Rel. Min. Felix Fischer, *DJ* 22.04.2002, p. 253.

TÍTULO I – DA LOCAÇÃO • Art. 54-A

Conforme Benemond, o contrato BTS já deve ser registrado e averbado no Cartório de Registro de Imóveis da circunscrição do imóvel, a fim de assegurar o direito de preferência da contratante na aquisição do imóvel e de garantir a sua permanência no imóvel em caso de venda de terceiros. Assim, exigir que o contrato seja levado a registro no Cartório de Registro de Títulos e Documentos para realização da cessão dos créditos do empreendedor é, além de completamente inadequado, custoso às partes contratantes, razão pela qual foi acertado o veto ao dispositivo legal acima.

> **Nota do organizador Luiz Antonio Scavone Junior:**
>
> Em complemento, anoto que a Lei 12.744/2012 estabeleceu definição legal para o contrato *built-to-suit*, ampliando sua abrangência, que não se circunscreve mais apenas à construção, de tal sorte que passa a ser aquele contrato de locação não residencial mediante o qual o locador, ou alguém por ele, em razão de especificações descritas pelo locatário no contrato, leva a efeito aquisição, construção ou reforma do imóvel antes da ocupação, de acordo com as necessidades do locatário, submetendo o pacto à Lei do Inquilinato.
>
> Verifica-se, na medida do texto legal, que se exige prévia aquisição, reforma ou construção a pedido do locatário.
>
> É óbvio que a anterioridade exigida por lei para configurar o contrato em questão se refere à ocupação do locatário e não ao pacto em si.
>
> Isso porque é evidente, evidentíssimo, aliás, que a aquisição, reforma ou construção será descrita no contrato, possibilitando ao locador, com o pacto firmado, o investimento de acordo com a necessidade do locatário em troca da legítima expectativa do retorno gerado pelos alugueres durante o prazo convencionado.
>
> Trata-se de contrato bilateral, de tal sorte que a obrigação do locador de construir, reformar ou adquirir para entregar o imóvel à locação tem como causa, como motivo da sua existência, a obrigação do locatário de pagar os aluguéis pactuados.
>
> A lei se refere, ainda, à possibilidade de a construção ou reforma ser levada a efeito pelo próprio locador ou por terceiros.
>
> A par da análise gramatical, a expressão "por si mesmo ou por terceiros" envolve a possibilidade de o locador mandar construir ou reformar, contratando, para tanto, por exemplo, empreiteira ou construtora.
>
> Todavia, penso que a aquisição deve ser levada a efeito pelo próprio locador, que poderá se valer de corretores para a aquisição ou financiar a aquisição, mas deverá adquirir ele próprio de acordo com as necessidades do locatário espelhadas no contrato.
>
> Outrossim, exigiu-se, expressamente, para configuração do contrato de locação por encomenda, que o prazo seja determinado, eliminando a hipótese de celebrá-lo, desde o início, por prazo indeterminado.
>
> É evidente que, vencido o prazo, por se tratar de contrato de locação não residencial, abstraída a hipótese de renovação compulsória que tratarei mais adiante, o contrato vigerá por prazo indeterminado nos termos da regra geral estampada no art. 56, parágrafo único, da Lei do Inquilinato.
>
> Outrossim, em que pese a tradição de denominar o contrato ora em análise de "built-to-suit", é preciso verificar que, além da construção, a lei abarcou também a aquisição e a reforma.
>
> Posta dessa maneira a questão, o contrato built-to-suit abarca apenas uma parte da definição legal, de tal sorte que é conveniente denominar a modalidade descrita no art. 54 de "locação por encomenda".

Renúncia ao direito de pedir revisão:

Como já afirmado nos comentários a este artigo, abarcando alguns precedentes, o § 1º do art. 54-A permite, expressamente, na locação por encomenda, que as partes pactuem a renúncia ao direito de pedir revisão do contrato.

Se a possibilidade para as demais modalidades de contrato de locação é discutível e até questionável, a teor do art. 45 da Lei do Inquilinato, que determina a característica de ordem pública das normas da Lei 8.245/1991, a norma agora excepcionou expressamente a modalidade de locação por encomenda, na qual não existe mais qualquer dúvida quanto à possibilidade de as partes renunciarem ao direito de pedir revisão.

E a regra vem com razão, tendo em vista que o investimento do locador não pode ficar à mercê de revisão pela redução eventual do valor da locação, tendo em vista que o aluguel remunerará investimento feito exclusivamente para atender as necessidades do locatário.

De fato, a iniciativa merece aplauso, posto que, não sendo obrigatória e decorrendo do poder negocial das partes, premia o equilíbrio do contrato ante o investimento feito pelo locador.

De outro lado, embora o dispositivo não seja expresso, em razão dos princípios da equidade, da socialidade e da boa-fé, que devem permear os contratos, o pacto de renúncia ao direito de pedir revisão deve abranger ambas as partes, de tal sorte que locador e locatário renunciarão ao direito estampado no art. 19 da Lei do Inquilinato.

Cláusula penal (multa) por devolução antecipada equivalente à soma dos aluguéis até o final do contrato:

Igualmente, como já fora tratado nos comentários, nos termos do art. 4º da Lei do Inquilinato, nas locações de imóveis urbanos, residenciais ou não residenciais, a multa por devolução antecipada é proporcional, ou seja, a multa estipulada no contrato deve ser reduzida proporcionalmente ao cumprimento do prazo.

Assim, por exemplo, em contrato de 30 meses com multa equivalente a 3 aluguéis, a devolução antecipada pelo locatário, depois de 15 meses de vigência do contrato, implicará a incidência de multa equivalente a 1,5 aluguel, ou seja, descumprida a metade do prazo contratual, o locatário paga a metade da multa. No mesmo exemplo, se devolvesse o imóvel depois de 20 meses de vigência, teria descumprido 1/3 do contrato e pagaria multa de 1 aluguel (1/3 da multa pactua) pela devolução antecipada.

Depois do prazo, por outro lado, basta ao locatário avisar com 30 dias de antecedência sob pena de pagar o "aviso prévio", ou seja, se, no período de prorrogação legal (arts. 47 e 56, parágrafo único, da Lei 8.245/1991), após o final do prazo contratado, resolver devolver o imóvel, deve avisar com 30 dias de antecedência sob pena de pagar o equivalente a um aluguel na data da devolução (art. 6º da Lei do Inquilinato).

Voltando à multa proporcional por devolução antecipada, em razão da proporcionalidade exigida por lei, nas demais hipóteses de locação não se admite pacto de multa equivalente ao número de meses do contrato de locação (multa no valor total do contrato nos termos do art. 412 do Código Civil, lei geral) e isto por uma simples razão: a redução proporcional determinada pelo art. 4º da Lei do Inquilinato (lei especial) seria inócua.

Por exemplo: se no contrato de locação com prazo de 30 meses houver pacto de multa de 30 aluguéis, a devolução do imóvel, depois de 15 meses, implicará o pagamento da metade da multa (metade do prazo não foi cumprido), o que representaria multa equivalente aos meses restantes e a proporcionalidade restaria prejudicada.

Ocorre que, no contrato de locação por encomenda (inclusive no *built-to-suit*), a cobrança dos meses restantes como multa se justifica em função do equilíbrio que se espera nesta modalidade de contrato de locação.

Por esta simples razão jurídica, sempre defendi, como exceção, a legalidade do pacto de multa irredutível pelo número de meses restantes no contrato *built-to-suit* e, agora, no contrato de locação sob encomenda (aquisição, reforma ou construção por encomenda do locatário).

Neste contrato há um diferencial: o locador investiu a pedido e por encomenda do locatário, sendo legítima a sua expectativa de receber os aluguéis pelo período contratado, verificando o retorno do seu investimento.

Muitas vezes, trata-se de construção ou reforma cuja disposição serve exclusivamente aos interesses do locatário e, ainda que não seja o caso, o investimento foi feito com a finalidade específica daquela locação e sob encomenda.

Posta assim a questão, a Lei 12.744/2012 estabelece de forma cristalina que o limite da multa por devolução antecipada nos contratos de locação por encomenda seja a soma dos valores dos aluguéis a receber até o termo final da locação.

Importante observar que a multa aplicada deve ter como parâmetro o valor do aluguel vigente à época da sua aplicação, sem os encargos, posto que se trata de aplicação de penalidade e a norma deve ser interpretada restritivamente.

Esta multa não é automática e depende de pacto, mas, se pactuada for, entendo que é irredutível em razão do necessário equilíbrio do contrato, não se aplicando o art. 413 do Código Civil, que determina a redução equitativa por excesso.

Trata-se da aplicação do princípio da especialidade e, portanto, dos arts. 4º e 54-A, § 2º, da Lei 8.245/1991, com a redação dada pela Lei 12.744/2012.

Condições livremente pactuadas e as disposições procedimentais da Lei do Inquilinato:

O *caput* do art. 54-A traz norma curiosa, mas não nova, segundo a qual, no contrato de locação por encomenda que agora define, "prevalecerão as condições livremente pactuadas no contrato respectivo e as disposições procedimentais previstas nesta Lei" (Lei 8.245/1991).

A ideia não é mesmo nova e repete a atecnia dura e unanimemente criticada pela doutrina, constante do art. 54, que trata das locações em *shopping centers*.

Quanto a esta crítica, que se aplica integralmente à redação do art. 54-A, interessante verificar o que escreveu Waldir de Arruda Miranda Carneiro: "[prevalecerão] sobre o quê? A redação da norma dá absurda impressão de que a prevalência é sobre a própria norma inquilinária. A melhor doutrina, porém, assumiu que, com essa ressalva, o legislador pretendeu simplesmente deixar claro que as convenções incomuns às locações em geral, mas próprias àquelas estabelecidas em centros comerciais [agora nas locações por encomenda, idem], não afastariam a natureza locatícia do contrato".[853]

De fato, a redação defeituosa do art. 54, agora repetida no art. 54-A, levou outros autores de espeque sobre o tema a afirmarem a impropriedade do texto.

Com efeito, afirmou Francisco Carlos Rocha de Barros: "Em primeiro lugar, exceção à norma do art. 45 só se admitiria se adotada explicitamente. Da imprecisão da expressão 'prevalecerão as condições livremente pactuadas' não se pode extrair tratamento privilegiado para o locador (...)".[854]

---

[853] CARNEIRO, Waldir de Arruda Miranda. *Anotações à Lei do Inquilinato*. São Paulo: RT, 2000, anotação ao art. 54.
[854] BARROS, Francisco Carlos Rocha de. *Comentários à Lei do Inquilinato*. 2. ed. São Paulo: Saraiva, 1997, p. 342.

Não de forma diferente, Gildo dos Santos, para quem se trata de "regra desnecessária [dizer que se aplicam as condições livremente pactuadas], por isso que, pelo princípio da liberdade de contratar, as disposições ajustadas pelas partes sempre prevalecem, salvo se atentarem contra a lei, a moral, os bons costumes, a ordem pública".[855]

Por fim, apenas para ilustrar o teor das críticas à igual expressão do art. 54, Sílvio de Salvo Venosa afirmou: "que se aplicam as disposições contratuais entre as partes, que não contrariarem a presente lei, disso não há dúvida".[856]

Portanto, a correta interpretação indica a possibilidade de as partes acrescentarem pactos peculiares à modalidade de locação por encomenda à avença locatícia, notadamente quanto aos parâmetros da construção, reforma ou aquisição pelo locador, prazo para a conclusão das obras e início do vencimento dos aluguéis e da relação locatícia, além de penalidades em razão do desrespeito a esses prazos, entre outras avenças peculiares, como o pagamento de luvas se se tratar de contrato empresarial com os requisitos para a ação renovatória.

O que é claro é que a locação decorrente de encomenda, com prévia construção, reforma ou aquisição pelo locador se submete integralmente à Lei do Inquilinato, quer nos aspectos materiais, quer nos aspectos processuais, a par de o contrato conter cláusulas especiais e atípicas que não possuem o condão de desnaturar o pacto, afastando-o da aplicação da cogente Lei do Inquilinato nos termos do art. 45.

É de meridiana clareza a constatação segundo a qual as normas que decorrem da Lei 8.245/1991 são, em regra, cogentes, de tal sorte que não podem ser afastadas pela vontade das partes.

A decantada liberdade de contratar e a autonomia da vontade estão bitoladas, neste caso, pelas normas de ordem pública, que são aquelas que não admitem alteração pela vontade das partes, posto que a sua aplicação interessa à sociedade como um todo preservar em razão dos interesses jurídicos e morais em jogo ("jus publicum privatorum pactis derrogare non potest").

Em consonância com o acatado, e até porque se aplicam expressamente as regras procedimentais da Lei 8.245/1991, é inafastável o direito do locatário (que dispõe dos requisitos necessários) de promover, nos termos dos arts. 51 e 71 da Lei 8.245/1991, a ação renovatória da locação celebrada, ainda que tenha dado ao contrato a denominação estrangeira, ou qualquer outra que se queira atribuir.

Todavia, havendo ação renovatória procedente, outro será o contrato, perdendo as características peculiares como a eventual renúncia à revisão anteriormente estipulada entre as partes e multa integral, caso contratada originariamente, que passará a ser proporcional de acordo com a regra geral do art. 4º da Lei do Inquilinato.

Isso porque, ainda que se considere a renovação do contrato, a especialidade do contrato em tela não mais se justifica, tendo em vista que se presume que o prazo original tenha sido suficiente para garantir o retorno do investimento do locador.

No mais, a ação de despejo é igualmente aplicável ao contrato de locação por encomenda, tanto em decorrência de infração contratual quanto ao final do prazo estabelecido, neste caso se não for a hipótese de ação renovatória, o que se afirma nos termos do art. 5º da Lei 8.245/1991, que está assim redigido: "seja qual for o fundamento do término da locação, a ação do locador para reaver o imóvel é a de despejo".

---

[855] SANTOS, Gildo dos. *Locação e despejo*. 6. ed. São Paulo: RT, 2010, p. 366.
[856] VENOSA, Sílvio de Salvo. *Lei do Inquilinato comentada*. 8. ed. São Paulo: Atlas, 2008, p. 252.

Para terminar, reforço, como já fiz alhures e os comentários aqui tratados versaram, que tudo recomenda, diante da natureza econômica do negócio, cláusula arbitral, perfeitamente possível neste caso.

A celeridade empreendida ao processo pelo procedimento arbitral, nos termos da Lei 9.307/1996, meio alternativo de solução de conflitos referentes a direitos patrimoniais e disponíveis, é de todo desejável para resolver as questões exsurgentes do contrato de locação por encomenda (*built-to-suit*, por reforma ou aquisição) e, nessa medida, nossa obra: *Manual de Arbitragem* (4. ed. São Paulo: Revista dos Tribunais, 2011, p. 43).

Em resumo:

a) O contrato de locação por encomenda (que inclui o contrato *built-to-suit*) é contrato de locação não residencial mediante o qual o locador ou alguém por ele, em razão de especificações descritas pelo locatário no contrato, leva a efeito aquisição, construção ou reforma do imóvel antes da ocupação, de acordo com as necessidades do locatário, submetendo o pacto à Lei do Inquilinato.

b) As suas características são:

b.1) Destinação não residencial;

b.2) Descrição, no contrato, das necessidades do locatário e dos parâmetros para aquisição, reforma ou construção do imóvel;

b.3) Aquisição, pelo locador, do imóvel encomendado pelo locatário ou, ainda, construção ou reforma pelo locador ou por alguém por ele determinado;

b.4) Contrato firmado por prazo determinado, qualquer que seja;

b.5) Possibilidade de renúncia ao direito de pedir revisão do aluguel (Lei 8.245/1991, art. 54-A, § 1º) por ambas as partes;

b.6) Possibilidade de pactuar cláusula penal (multa), no caso de devolução antecipada, até o limite determinado pela soma dos aluguéis a receber até o final do contrato;

c) Tratando-se de contrato típico, regulado por lei especial e normas, em regra, cogentes, as partes não podem afastar a aplicabilidade da Lei 8.245/1991 (Lei do Inquilinato), mas podem incluir pactos peculiares à modalidade de locação por encomenda, notadamente quanto aos parâmetros da construção, reforma ou aquisição pelo locador, prazo para a conclusão das obras, início da relação locatícia e aluguéis, além de penalidades em razão do desrespeito a esses prazos, entre outras avenças peculiares;

d) O contratante (locatário) poderá devolver o imóvel antes do prazo contratado, nos termos dos arts. 4º e 54-A, § 2º, da Lei 8.245/1991, pagando a multa pactuada, irredutível, cujo limite é a soma dos valores dos aluguéis desde a devolução até a data final estipulada no contrato;

e) O direito à renovação compulsória do contrato, respeitados os requisitos dos arts. 51 e 71 da Lei 8.245/1991, não pode ser afastado no contrato de locação por encomenda, a teor do art. 45 da mesma Lei, não contando o novo contrato, entretanto, com as características peculiares, como renúncia à ação revisional e multa integral por devolução antecipada;

f) Ao término do contrato, se não for o caso de ação renovatória, a ação para retomada será a de despejo (Lei 8.245/1991, art. 5º); e

g) Recomenda-se, diante da natureza econômica do contrato, a utilização de cláusula arbitral nos termos da Lei 9.307/1996, garantindo celeridade à solução de eventuais conflitos exsurgentes do negócio entabulado.

Art. 55. Considera-se locação não residencial quando o locatário for pessoa jurídica e o imóvel, destinar-se ao uso de seus titulares, diretores, sócios, gerentes, executivos ou empregados.

Comentários (Mariana Bittar Moura Mattos Rodrigues Cavariani e Beatriz Villaça Avoglio de Souza Marcomini):

Com o advento da Lei 8.245/1991 ficou consolidado o entendimento acerca da natureza das locações celebradas por pessoas jurídicas para residência de seus empregados, sócios, diretores etc. Tal entendimento seguiu os preceitos já praticados, majoritariamente, pelos Tribunais, ou seja, sendo a locação firmada por pessoa jurídica para residência de pessoas ligadas às suas atividades comerciais e objeto social, esta era considerada locação não residencial.

Para alguns doutrinadores a inclusão de tal artigo "decorre da preocupação relacionada com aspectos fiscais, como o de aumentar as despesas da sociedade, diminuindo o seu lucro, ou de dar um salário indireto ao empregado, oferecendo-lhe moradia sem que isso, antes, o onerasse em termos de imposto de renda".[857]

Isto, pois, conforme dispõe a Lei 8.383, de 30 de dezembro de 1991, o aluguel de imóvel para uso de administradores, diretores, empregados e afins de empresas privadas integrantes da remuneração destes tem descontos de imposto de renda na fonte. Independente do aspecto fiscal, na esfera de locação predial tal vantagem mostra-se irrelevante ao passo que o foco está no fato de a empresa locar o imóvel para atingir seu objeto social.

Sendo a locação celebrada com uma pessoa jurídica (na qualidade de locador), a destinação desta, mesmo para residência de uma pessoa física a esta vinculada, tem um viés comercial, corporativo, que diverge daquele protegido pelo regramento das locações residenciais, qual seja a função social, a defesa da parte contratante mais frágil, até porque, sendo o locador pessoa jurídica, com fins de lucro, existe um equilíbrio econômico entre as partes e não há que se levantar qualquer fragilidade por parte do locatário.

Há quem defenda que a inclusão de tal artigo não foi acertada, uma vez que o que define o teor da locação, se residencial ou comercial, seria sua destinação, e isso logicamente se verifica da locação prevista neste art. 55. Francisco Carlos Rocha de Barros, em seus *Comentários à Lei do Inquilinato*, dispõe desta forma:

> "Sempre marchamos com os que pensavam em sentido contrário, defendendo a natureza residencial dessa locação e argumentando: a) a destinação da locação é que importa, e não a personalidade jurídica do locatário; b) apesar dos objetivos sociais da empresa locatária, a utilização do imóvel sempre será para fim residencial; c) o déficit habitacional é que justifica proteção a locação residencial – ainda que a locatária seja pessoa jurídica, quem vai residir no imóvel é pessoa física, justamente por causa desse déficit. Está presente um interesse empresarial, sem dúvida, mas a locação atende a uma necessidade habitacional. Some-se, ainda, que seria absurdo chamar de não residencial uma locação que, pela natureza do imóvel, inadmitisse outra utilização que não fosse a residencial".[858]

Como se pode verificar, os argumentos utilizados pela corrente contrária à disposição legal do art. 55 baseiam-se especificamente na destinação e característica do imóvel locado

---

[857] SANTOS, Gildo dos. *Locação e despejo* – comentários à Lei 8.245/91. 6. ed. rev., ampl. e atual. São Paulo: RT, 2010, p. 374-375.
[858] BARROS, Francisco Carlos Rocha de. *Comentários à Lei do Inquilinato*. 2. ed. rev. e atual. São Paulo: Saraiva, 1997, p. 346.

e na função social da propriedade, quando indica, especificamente, o déficit habitacional. Porém, entendemos que, sendo a pessoa jurídica responsável pelos custos da locação, integrando seu custo operacional, não há qualquer oneração econômica a pessoa física. Ademais, em caso de denúncia da locação, enquanto não seja encontrado outro imóvel para instalação de seu empregado, diretor etc., é totalmente viável e utilizado na prática seu alojamento em um hotel ou *flat*.

A despeito de correntes doutrinárias contrárias aos preceitos legais do art. 55, insta ressaltar que este seguiu o quanto defendido pela jurisprudência majoritária anterior à promulgação da Lei 8.245/1991, o que continuou a ser verificado mesmo após a sua promulgação, conforme se extrai de algumas decisões do Superior Tribunal de Justiça:

> "Consoante reiterados julgados deste Tribunal, é cabível denúncia imotivada da locação não residencial destinada à moradia de funcionário da pessoa jurídica locatária".[859]

> "A locação contratada por pessoa jurídica para residência de seu empregado possui natureza não residencial e, portanto, cabível a retomada sem causa."[860]

> "As locações residenciais, quando contratadas por empresa para uso de seus agentes, são reguladas como não residenciais, sendo possível despejo imotivado."[861]

Independentemente do disposto pelo art. 55, cabe ao magistrado avaliar a situação caso a caso, para definição da aplicabilidade do regramento deste artigo ou não, até porque por vezes nos deparamos com relações contratuais de cunho efetivamente residencial no qual o locador exige a figura da pessoa jurídica para celebração do contrato, sem que se apliquem de fato todos os requisitos legais para tal fim.

Ademais, é importante ressaltar que o rol de qualificação das pessoas as quais residirão nos imóveis locados pelas pessoas jurídicas, constante do art. 55, é meramente exemplificativo. O que se exige é que tais pessoas estejam vinculadas ao objeto social e às atividades das pessoas jurídicas, sendo tais custos com a locação integrantes, em grande parte, da remuneração das pessoas físicas a residirem no imóvel locado.

Outro aspecto de reflexão seria se a substituição da pessoa física a residir no imóvel locado caracterizaria infração contratual. Não estando indicada vedação expressa no contrato, entendemos não ficar caracterizada a infração contratual, até porque tal rotatividade é inerente a este tipo de locação.

Por outro lado, estando tal vedação estabelecida contratualmente, indicando um empregado específico a estabelecer sua residência no imóvel, a sua substituição caracterizaria infração contratual. Porém, esse tipo de vedação contratual é pouco praticada no mercado, até porque limita as chances do locador em obter interessados na locação do imóvel.

---

[859] Acórdão de 06.09.2001 da 6ª Turma do Superior Tribunal de Justiça, nos autos do Recurso Especial 246.674/SP, tendo como relator o Min. Vicente Leal.

[860] Acórdão de 02.05.1995 da 6ª Turma do Superior Tribunal de Justiça, nos autos do Recurso Especial 61.320/SP, tendo como relator o Min. Adhemar Maciel.

[861] Acórdão de 21.02.1995 da 6ª Turma do Superior Tribunal de Justiça, nos autos do Recurso Especial 29.283/RJ, tendo como relator o Min. Pedro Acioli.

Neste sentido, também entende Sylvio Capanema de Souza e defende que a própria lei já traz a segurança necessária ao locador:

> "É que, celebrado o contrato por um ano, e sendo sua natureza não residencial, caso a locatária substitua o morador, e com isto não concorde o locador, bastar-lhe-á, ao final do prazo, denunciar a locação, promovendo, a seguir, a ação de despejo".[862]

Art. 56. Nos demais casos de locação não residencial, o contrato por prazo determinado cessa, de pleno direito, findo o prazo estipulado, independentemente de notificação ou aviso.

Parágrafo único. Findo o prazo estipulado, se o locatário permanecer no imóvel por mais de trinta dias sem oposição do locador, presumir-se-á prorrogada a locação nas condições ajustadas, mas sem prazo determinado.

Comentários (Mariana Bittar Moura Mattos Rodrigues Cavariani e Beatriz Villaça Avoglio de Souza Marcomini):

Assim como já constava da antiga Lei do Inquilinato (Lei 6.649/1979), em seu art. 5º, terminado o prazo contratualmente estipulado, o locador poderá reaver o imóvel sem necessidade de qualquer comunicação ao locatário.

O art. 56 veio esclarecer o que muito se discutia antes do advento da atual Lei do Inquilinato, qual seja o prazo para propositura de ação de despejo, sem a necessidade de notificação prévia. Portanto, hoje não mais há espaço para discutir-se tal prazo, uma vez que o legislador tratou de estabelecê-lo, seguindo o já praticado pela jurisprudência.

Tais discussões culminaram na orientação da Súmula 14 do extinto 2º Tribunal de Alçada Civil de São Paulo: "É dispensável a notificação premonitória, quando o pedido de retomada de prédio não residencial se dá logo após o término do contrato, notadamente se a ação é ajuizada dentro em 30 (trinta) dias".

Na mesma linha temos os seguintes julgados:

> "Processual civil. Apelação. Ação de despejo. Locação não residencial. Contrato com prazo determinado. Continuidade da ocupação resistida pelo locador. Prorrogação por ausência de denúncia formal. Impossibilidade. Inteligência do art. 56 da Lei do Inquilinato. Imposição de multa por litigância de má-fé. Não caracterização. Recurso parcialmente provido.
>
> Na locação de imóvel não residencial, com prazo determinado, não se exige do locador a denúncia do contrato como requisito necessário ao rompimento da relação locatícia, que tem seu termo com o fim do prazo estipulado no respectivo negócio. Inteligência do art. 56, p. único, da Lei 8.245/91. Havendo questão sobre a qual a sentença deveria se pronunciar, mas não o fez, não incide em má-fé a parte que opõe embargos declaratórios ao fundamento de omissão. Recurso parcialmente provido".[863]

---

[862] SOUZA, Sylvio Capanema de. *A Lei do Inquilinato comentada*. 9. ed. rev., atual. e ampl. Rio de Janeiro: Forense, 2014, p. 243.

[863] Ementa do acórdão de 29.05.2008 da 3ª Câmara Cível do TJMA, nos autos da Apelação Cível 018219/2006, tendo como relatora a Des. Cleonice Silva Freire.

"Civil. Ação de despejo. Decisão contrária a preliminar de exigência prévia de notificação. Desacolhimento. Apelação. Locação comercial. Prazo determinado. Término. Notificação. Desnecessidade.

Desnecessária, na espécie, a notificação ou aviso do término da locação comercial, pois, em se tratando de contrato por prazo determinado, este cessa de pleno direito findo o prazo estipulado – art. 56 da Lei 8.245/91. O ajuizamento da ação de despejo, no prazo previsto no parágrafo único do artigo 56 da Lei nº 8.245/91, demonstra de forma cabal a oposição do locador em prorrogar o contrato firmado entre as partes. Não há, portanto, que se falar em presunção de prorrogação do contrato. A declaração da incompetência relativa, em ação de despejo, depende da iniciativa exclusiva do réu, por meio de exceção de incompetência, de modo que a sua inércia gera a prorrogação da competência do juízo perante o qual corre a demanda".[864]

Caso o locador não ajuíze a ação de despejo dentro dos 30 dias o contrato continuará a viger, porém, por prazo indeterminado, podendo ser denunciado conforme regramento constante do art. 57 da Lei do Inquilinato, o qual será tratado a seguir.

A propositura da ação de despejo, portanto, caracteriza a oposição do locador acerca da permanência do locatário no imóvel. Assim ensina Sílvio de Salvo Venosa: "Essa oposição, dentro em trinta dias do término do prazo, se consubstancia pelo ajuizamento da ação de despejo".[865]

A propositura tempestiva da ação de despejo nos termos do artigo em análise é de suma importância para obtenção de liminar judicial nos termos do inc. VIII do § 1º do art. 59 da Lei 8.245/1991.[866]

O regramento previsto no artigo em análise abarca as locações não residenciais, incluindo, a nosso ver, aquela prevista no art. 55. No entanto, alguns doutrinadores questionam tal inclusão, interpretando o início de tal artigo "nos demais casos de locação não residencial" como uma forma de excetuar o art. 55 do regramento do art. 56:

"Mister registrar, ante a redação do artigo 56, que a locação de imóvel por pessoa jurídica destinada a seus quadros de diretoria ou empregados, denominada não residencial atípica, não está sujeita a denúncia vazia prevista no artigo 56, pois foi por ele expressamente excepcionada. Nesse caso, a locação somente poderá ser rescindida nas hipóteses previstas nos artigos 46 e 47 da nova Lei de Locações".[867]

---

[864] Decisão Monocrática de 05.11.2012 do Superior Tribunal de Justiça, nos autos do Recurso Especial 1.349.917/DF, tendo como relator o Min. Ricardo Villas Bôas Cueva.

[865] VENOSA, Sílvio de Salvo. *Lei do Inquilinato comentada*. 5. ed. rev. e atual. São Paulo: Atlas, 2001, p. 242.

[866] "Art. 59. (...) § 1º Conceder-se-á liminar para desocupação em quinze dias, independentemente da audiência da parte contrária e desde que prestada a caução no valor equivalente a três meses de aluguel, nas ações que tiverem por fundamento exclusivo: (...)
VIII – o término do prazo da locação não residencial, tendo sido proposta a ação em até 30 (trinta) dias do termo ou do cumprimento de notificação comunicando o intento de retomada."

[867] LEVENHAGEN, Carlos Augusto de Barros. *Lei do Inquilinato*: Lei 8.245, de 18-10-1991: comentários, prática. 2. ed. São Paulo: Atlas, 1996, p. 62.

"Curiosidade que merece ser apontada: o artigo seguinte, que reconhece a extinção do vínculo locatício pelo término do prazo do contrato, começa com a expressão 'nos demais casos', indicando que a locação prevista neste art. 55 estaria excluída."[868]

Em sentido contrário e seguindo nosso entendimento, defende Gildo dos Santos: "O tipo de locação que ora cuidamos apresenta inúmeras vantagens para o locador, entre as quais a cessação do ajuste de pleno direito findo o prazo contratual (art. 56), autorizando a retomada". Ao referir-se à "locação que ora cuidamos", Gildo dos Santos trata daquela prevista no art. 55.[869]

No mesmo sentido entende Sílvio de Salvo Venosa: "Mantém a lei a denominada denúncia vazia para os imóveis não residenciais. A lei anterior reintroduzira o princípio do Código Civil, apenas nessas locações não residenciais. Ao falar em demais casos de locação não residencial, a lei se refere aos contratos protegidos pela ação renovatória. São também não residenciais e se regulam dessa forma as locações referidas no artigo anterior e as unidades de *shopping centers*, quando não albergadas pela renovação compulsória".[870]

Quando a lei se referiu aos demais casos de locação não residencial, por óbvio quis incluir aquela constante do art. 55 e não a excluir.

Outra questão interessante a ser abordada refere-se àqueles contratos de locação em que está expressamente prevista a possibilidade de prorrogação do prazo. Para Gildo dos Santos restaria inaplicada a regra do art. 56 e prorrogada automaticamente a relação locatícia caso exista previsão contratual expressa quanto ao prazo a ser prorrogado e novo valor do aluguel.[871]

Não tem sido outro o entendimento da jurisprudência sobre o tema:

> "Locação de imóvel não residencial. Ação de despejo. Alegação de notificação para rescisão e desocupação no prazo final previsto da locação. Existência de aditamento contratual, que prorrogou o contrato inicial por cinco anos e ainda previu prorrogação automática por igual período ao término da locação. Locador que não denunciou o contrato no prazo de 210 dias previsto no aditamento. Locação que continua em curso, prorrogada que foi por cláusula expressa, que não é ilegal ou contrária à Lei de Locações. Caso de improcedência da demanda. Apelo da ré provido".[872]

> "Apelação. Locação não residencial. Despejo. Denúncia vazia. Impossibilidade. Contrato prorrogado por prazo determinado automaticamente. Ausência de notificação

---

[868] BARROS, Francisco Carlos Rocha de. *Comentários à Lei do Inquilinato*. 2. ed. rev. e atual. São Paulo: Saraiva, 1997, p. 347.
[869] SANTOS, Gildo dos. *Locação e despejo* – comentários à Lei 8.245/91. 6. ed. rev., ampl. e atual. São Paulo: RT, 2010, p. 376.
[870] VENOSA, Sílvio de Salvo. *Lei do Inquilinato comentada*. 5. ed. rev. e atual. São Paulo: Atlas, 2001, p. 242.
[871] SANTOS, Gildo dos. *Locação e despejo* – comentários à Lei 8.245/91. 6. ed. rev., ampl. e atual. São Paulo: RT, 2010, p. 380.
[872] Ementa do acórdão de 05.03.2015 da 32ª Câmara de Direito Privado do TJSP, nos autos da Apelação Cível 004182-26.2014.8.26.0297, tendo como relator Ruy Coppola.

prévia manifestando desinteresse na renovação, conforme previsão contratual. Sentença de improcedência mantida. Recurso improvido."[873]

"Agravo de instrumento. Ação de despejo. Concessão de liminar para desocupação de imóvel não residencial. Fumaça do bom direito. Inexistente. Contrato por prazo determinado. Cláusula de prorrogação automática por igual período. Permanência do locatário no imóvel sem oposição do locador no momento oportuno. Vigência do contrato por tempo determinado. Impossibilidade de retomada do imóvel por denúncia vazia. Decisão reformada. Agravo conhecido e provido. Tratando-se de contrato de locação por prazo determinado, não é cabível ação de despejo imotivado, estando o locatário em dia com as suas obrigações locatícias, nos termos do art. 4º, da Lei n. 8.245/91."[874]

Art. 57. O contrato de locação por prazo indeterminado pode ser denunciado por escrito, pelo locador, concedidos ao locatário trinta dias para a desocupação.

Comentários (Mariana Bittar Moura Mattos Rodrigues Cavariani e Beatriz Villaça Avoglio de Souza Marcomini):

O contrato de locação não residencial celebrado por prazo indeterminado ou que se prorrogou após o término do prazo contratual, poderá, a qualquer tempo, ser denunciado pelo locador, desde que o locatário seja previamente notificado para desocupação do imóvel em 30 dias, prazo este que, quando findo, permite a propositura da ação de despejo se o locatário não desocupar o imóvel.

É a chamada "denúncia vazia" ou "denúncia imotivada" que, como o próprio nome diz, independe de motivação pelo locador.

Como esclarece Francisco Carlos Rocha de Barros:

"Sobre o momento em que se desfaz a relação obrigacional, a regra é a seguinte: como a denúncia é uma manifestação reptícia de vontade, torna-se eficaz no momento em que o destinatário-inquilino a recebe. A lei proclama, aqui e ali, que o efeito da denúncia só se produzirá após a fluência de determinado prazo, contado do instante em que o destinatário-inquilino tomou conhecimento da denúncia. Mas a denúncia ocorreu já naquele instante".[875]

"Com efeito, escoado o período de vigência da locação não residencial (artigo 56, da Lei nº 8.245/91) ou, se indeterminada, externado o desinteresse na manutenção do contrato (artigo 57, da Lei nº 8.245/91), e não caracterizada hipótese de renovação forçada, assiste mesmo ao locador que não mais deseja mantê-la reaver o imóvel.

---

[873] Ementa do acórdão de 06.11.2014 da 25ª Câmara de Direito Privado do TJSP, nos autos da Apelação 0204349-73.2011.8.26.0100, tendo como relator o Des. Walter Cesar Exner.
[874] Ementa do acórdão de 04.08.2015 da 2ª Câmara Cível do TJMS, nos autos do Agravo de Instrumento 1407329-49.2015.8.12.0000, tendo como relator o Des. Marcos José de Brito Rodrigues.
[875] BARROS, Francisco Carlos Rocha de. *Comentários à Lei do Inquilinato*. 2. ed. rev. e atual. São Paulo: Saraiva, 1997, p. 36.

Esta é a disciplina legal dispensada às locações não residenciais, assim genericamente consideradas."[876]

Ou seja, basta que o contrato vigore por prazo indeterminado e que seja o locatário notificado, para permitir a retomada do imóvel pelo locador. Não cabe discussão quanto à motivação do locador para retomar o imóvel, visto que é desnecessária.

Neste sentido, Sílvio de Salvo Venosa cita a Súmula 21 do extinto 2º TACSP: "Na denúncia vazia é inadmissível qualquer discussão a respeito de eventual sinceridade do pedido (Súmula 21 do 2º TACSP), nem há necessidade de qualquer motivação".[877]

"Ora, presentes os requisitos ao deferimento do pleito inicial de despejo, por denúncia vazia, quais sejam a relação locatícia, que se encontra por prazo indeterminado, a notificação do locatário aos fins de retomada do imóvel pelo autor, e a inércia do requerido, imperiosa a procedência da ação."[878]

"Resume-se, então, a situação sob exame às seguintes com conclusões: se a locação for por prazo indeterminado, o desfazimento depende de prévia notificação com o prazo de trinta dias; se a locação for por prazo determinado, esta pode findar-se se assim desejar o locador (bem como o locatário), e se a locação originalmente por prazo determinado passar a indeterminado, é imprescindível a notificação de que trata o art. 57."[879]

Para propositura da ação de despejo pelo locador é importante o atendimento ao prazo de 30 dias, após notificação, para que o locatário desocupe o imóvel. Somente quando ultrapassado tal prazo poderá o locador ingressar com a ação de despejo.

---

[876] Acórdão de 23.01.2013 da 12ª Câmara Cível do TJMG, nos autos da Apelação Cível 1.0024.11.207582-5/001, tendo como relator o Des. Saldanha da Fonseca.
[877] VENOSA, Sílvio de Salvo. *Lei do Inquilinato comentada*. 5. ed. rev. e atual. São Paulo: Atlas, 2001, p. 243.
[878] Acórdão de 06.03.2013 da 12ª Câmara Cível do TJMG, nos autos da Apelação Cível 1.0079.10.035683-5/001, tendo como relator o Des. Nilo Lacerda.
[879] VENOSA, Sílvio de Salvo. *Lei do Inquilinato comentada*. 5. ed. rev. e atual. São Paulo: Atlas, 2001, p. 244.

TÍTULO II
DOS PROCEDIMENTOS

CAPÍTULO I
Das Disposições Gerais

Art. 58. Ressalvados os casos previstos no parágrafo único do art. 1º, nas ações de despejo, consignação em pagamento de aluguel e acessório da locação, revisionais de aluguel e renovatórias de locação, observar-se-á o seguinte:

I – os processos tramitam durante as férias forenses e não se suspendem pela superveniência delas;

II – é competente para conhecer e julgar tais ações o foro do lugar da situação do imóvel, salvo se outro houver sido eleito no contrato;

III – o valor da causa corresponderá a doze meses de aluguel, ou, na hipótese do inciso II do art. 47, a três salários vigentes por ocasião do ajuizamento;

IV – desde que autorizado no contrato, a citação, intimação ou notificação far-se-á mediante correspondência com aviso de recebimento, ou, tratando-se de pessoa jurídica ou firma individual, também mediante *telex* ou *fac-símile*, ou, ainda, sendo necessário, pelas demais formas previstas no Código de Processo Civil;

V – os recursos interpostos contra as sentenças terão efeito somente devolutivo.

Comentários (Leonard Ziesemer Schmitz e Eduardo Aranha Alves Ferreira):

1. Panorama geral do dispositivo

O art. 58 da Lei 8.245/1991 apresenta regras gerais dos procedimentos previstos para as ações locatícias (despejo, consignação em pagamento, revisionais de aluguel e renovatórias de locação), que dentro da sistemática processual são *procedimentos especiais*. Dentre outras coisas, o artigo estabelece a ininterrupção dos processos em caso de férias forenses, a competência para dirimir as controvérsias, o valor da causa a forma de citação, intimação ou notificação, com regência supletiva do CPC, e a ausência de efeito suspensivo nos recursos tirados contra a sentença em ações locatícias.

Contudo, o dispositivo ressalva que as ações locatícias não se aplicam às relações elencadas pelo parágrafo único do art. 1º da Lei 8.245/1991. Tal previsão, vale dizer, seria até mesmo desnecessária, já que o próprio dispositivo que inaugura a Lei de Locações já dá conta de que toda a regulação da matéria relacionada às relações jurídicas lá trazidas deve se dar pelo Código Civil ou por leis especiais.

Assim, não se prestam as ações locatícias a tratar da *locação de imóveis públicos* (art. 1º, parágrafo único, *a*, I), da *locação de vagas de garagem e estacionamentos de veículos* (art. 1º, parágrafo único, *a*, II), da *locação de espaços destinados à publicidade* (art. 1º, parágrafo único, *a*, III), da *locação de locais para hospedagem* (art. 1º, parágrafo único, *a*, IV) e do *arrendamento mercantil* (art. 1º, parágrafo único, *b*). Para tais casos, portanto, a tutela jurisdicional deverá ser prestada por meio dos procedimentos previstos na legislação especial que delas tratar, ou pelo procedimento ordinário de que cuida o CPC/2015.

Os incisos do art. 58 passam a tratar, então, das peculiares regras aplicáveis às ações locatícias.

2. As férias forenses

O inc. I do art. 58 da Lei de Locação dispõe que as ações locatícias, elencadas no *caput* do dispositivo, não terão sua tramitação preservada, ainda que no curso de férias forenses.

É preciso destacar, primeiramente, que as férias forenses não significam a total paralisação da atividade judicial, já que o art. 93, XII, da CF/1988 veda a suspensão das atividades do Poder Judiciário: "XII – a atividade jurisdicional será ininterrupta, sendo vedado férias coletivas nos juízos e tribunais de segundo grau, funcionando, nos dias em que não houver expediente forense normal, juízes em plantão permanente". O dispositivo constitucional visa, claramente, à celeridade processual, vedando, com efeito, as chamadas férias coletivas.[1]

A regra do art. 58, I, portanto, harmoniza-se com a previsão constitucional (inserida pela EC 45/2004), na medida em que o Poder Judiciário, a fim de atender às demandas que não devem ser suspensas, ainda que temporariamente, deverá sempre estar apto a exercer a jurisdição, isto é, jamais interromper por completo suas atividades. A questão se justifica pelo fato de haver, no País, uma multiplicidade elevada de demandas locatícias, as quais ficavam suspensas antes da previsão aqui discutida.[2]

Não há dúvidas quanto a não suspensão dos prazos em processos que tratem de locação, como, aliás, já decidiu o STJ ao considerar intempestivo recurso de apelação interposto após o prazo, por ter a parte computado o costumeiro período de suspensão da atividade forense nos finais de ano.[3]

Ademais, a promulgação do Novo Código de Processo Civil traz um aparente conflito entre o art. 58, I, da Lei de Locações e o art. 220 do CPC/2015, na medida em que este estabelece a suspensão de todos os prazos processuais entre os dias 20 de dezembro e 20 de janeiro do ano seguinte. Muito embora o § 1º do dispositivo determine a continuidade das atividades forenses, o § 2º prevê a não realização de audiências e sessões de julgamento.

Como dito, a antinomia é apenas aparente, já que o art. 215, III, do CPC/2015 exclui da paralisação durante as férias forenses, todos os processos determinados por lei, como é o caso da Lei 8.245/1991 (Lei de Locações).

Portanto, remanesce a regra de que as ações locatícias mantiveram seu curso regular durante o período disciplinado pelo CPC/2015 como de suspensão dos prazos processuais (recesso forense).[4]

---

[1] MENDES, Gilmar F.; STRECK, Lênio L. Comentário ao art. 93, XII. In: CANOTILHO, J. J. Gomes; MENDES, Gilmar F.; SARLET, Ingo W.; STRECK, Lênio L. (coords.). *Comentários à Constituição do Brasil*. São Paulo: Saraiva/Almedina, 2013, p. 1.326.

[2] RESTIFFE NETO, Paulo; RESTIFFE, Paulo Sérgio. *Locação*: questões processuais. 4. ed. São Paulo: RT, 2000, p. 81.

[3] STJ, REsp 766.154/PR, Rel. Min. Maria Thereza de Assis Moura, j. 20.09.2007.

[4] Nesse sentido, também VIVEIROS, Estefânia. Comentário ao art. 215. In: WAMBIER, Teresa Arruda Alvim et al. (coords.). *Breves comentários ao Novo Código de Processo Civil*. São Paulo: RT, 2015, p. 647.

3. A competência

O inc. II do dispositivo em comento trata da competência para apreciação das demandas judiciais que envolvam questões locatícias, estabelecendo que seja competente para dirimir as controvérsias a comarca em que se situa o imóvel locado, ressalvando a possibilidade de eleição de foro.

Muito embora o art. 58, II, da Lei de Locações traga critério de fixação de competência lastreado na situação do imóvel, tal situação não é capaz de desnaturar as características típicas da relação locatícia, isto é, as ações locatícias continuam versando sobre obrigações de natureza pessoal,[5] e não real, como uma singela análise do dispositivo pode sugerir.[6] A regra aqui estabelecida difere, portanto, daquela instituída pelo art. 47 do CPC/2015, porquanto, a despeito de fixar a competência no local de situação do imóvel, funda-se em direitos reais, e não pessoais, como no caso da locação.

Acertada a opção feita pelo legislador, ao instituir como competente o foro da situação da coisa locada, já que com isso minoram-se os custos extras (despesas tidas pela parte com contratação de advogado ou deslocamento à sede do Juízo, *v.g.*) do processo para as partes, bem como por possibilitar um melhor exame da controvérsia pelo julgador, que estará mais próximo do objeto do litígio.[7]

Trata-se, portanto, de competência territorial e, diante disso, de natureza relativa, admitindo, como faz o próprio dispositivo, a alteração por consenso das partes, por meio de cláusula contratual de eleição de foro.[8] É possível, além disso, que mesmo não tendo sido fixado foro diverso daquele em que se situa o imóvel, haver tramitação da ação locatícia fora do Juízo competente, pelo texto do dispositivo, para dirimir a controvérsia. É o caso de prorrogação da competência por não ter havido na contestação a alegação de incompetência relativa do Juízo. Note-se que o CPC/2015 alterou a forma de alegação de incompetência relativa que, ao tempo do CPC/1973 (art. 112), deveria ser arguida por exceção de incompetência, peça apartada da contestação (modalidade mais comum de defesa). O CPC/2015, portanto, confere ao réu o direito de se insurgir contra a competência indicada pelo autor da demanda no bojo da própria peça de contestação, como se pode inferir do art. 64. Ao tempo do CPC revogado, somente a incompetência absoluta poderia ser arguida por meio da própria contestação, em preliminar (art. 301, II).

Com efeito, não sendo alegada a incompetência relativa em preliminar de contestação, ter-se-á por prorrogada a competência daquele Juízo relativamente incompetente, passando, portanto, a ter competência para julgar a ação locatícia proposta (cf. art. 65 do CPC/2015).

Por fim, pela própria natureza relativa da competência estabelecida pelo art. 58, II, da Lei de Locações, poderá ela ser alterada por acordo de vontades das partes contratantes.

Importante ressaltar que "o acordo há de constar de negócio escrito, aludindo expressamente a determinado negócio jurídico (art. 63, § 1º, CPC). Foro de eleição oral é, para o

---

[5] SANTOS, Gildo dos. *Locação e despejo:* comentários à Lei 8.245/91. 5. ed. São Paulo: RT, 2004, p. 420.
[6] Assim, aliás, já julgou o STJ, cf. REsp 1.196.824/AL, Rel. Min. Ricardo Villas Bôas Cueva, j. 19.02.2013.
[7] VENOSA, Sílvio de Salvo. *Lei do Inquilinato comentada*: doutrina e prática. 10. ed. São Paulo: Atlas, 2010, p. 260.
[8] VENOSA, Sílvio de Salvo. *Lei do Inquilinato comentada:* doutrina e prática. 10. ed. São Paulo: Atlas, 2010, p. 260 e SANTOS, Gildo dos. *Locação e despejo:* comentários à Lei 8.245/91. 5. ed. São Paulo: RT, 2004, p. 421.

direito, ato jurídico inexistente. O foro contratual, como qualquer negócio processual, obriga herdeiros e sucessores (art. 63, § 2º, CPC)".[9]

Sendo reputada abusiva a cláusula contratual que elege foro diverso daquele que deflui do texto legal, determina o art. 63, § 3º, do CPC/2015 que os autos sejam remetidos ao foro do domicílio do réu. Tal regra, importa dizer, deve ser compatibilizada com o art. 58, II, da Lei de Locações, devendo ler-se, em caso de ação locatícia, que os "autos serão remetidos ao foro de situação do imóvel".

4. O valor da causa

O art. 58, III, da Lei de Locações estabelece o valor da causa para as ações locatícias, fixando-o em 12 vezes o valor da locação, correspondendo, pois, a um ano de contrato, salvo em caso de extinção do contrato de trabalho, quando tal foi a causa para a ocupação do imóvel pelo locatário (art. 47, II, da Lei de Locações), hipótese em que o valor da causa corresponderá a três meses de aluguel.

Não restam dúvidas de que em quaisquer das ações locatícias (despejo, consignação, revisional e renovatória), o valor da causa será o correspondente à renda anual da locação, ou a três meses de aluguel, nos casos em que o empregador é o locador, firmando contrato de locação com o locatário em decorrência de ser ele, também, seu empregado, isto é, findo o contrato de trabalho, pode haver o despejo por parte do empregador-locador, contra o empregado-locatário.

A fixação da renda anual como parâmetro para o valor da causa já vinha sendo aplicada antes mesmo da edição da Lei 8.245/1991 (Lei de Locações), tendo o STF, ao tempo competente para analisar o direito infraconstitucional, firmado posição extraível de sua Súmula 449: "O valor da causa, na consignatória de aluguel, corresponde a uma anuidade" (aprovada em 01.10.1964). Tal posição ganha ainda mais força, na medida em que a Lei de Locações é clara ao fixar os parâmetros de que se valerá o autor da ação locatícia para dar valor à causa.

Importante frisar que o valor da causa corresponderá à multiplicação do valor do aluguel, e apenas dele, não se incluindo eventuais taxas, impostos ou mesmo contribuições condominiais que estejam incluídas no contrato de locação.[10]

A inclusão da expressa previsão do valor da causa na Lei de Locações é bastante benéfica, tendo em vista que, quando de sua promulgação, vigorava o CPC/1973, que não tinha em seu bojo qualquer norma específica sobre a matéria, o que permitia a interpretação de que o valor da causa, nas ações locatícias, corresponderia ao valor do contrato, na forma do revogado art. 259, V, trazendo dúvidas quanto ao valor da causa quando estivesse em debate contrato de locação por prazo indeterminado.[11]

Aponta Maria Helena Diniz, com propriedade, que as regras de fixação do valor da causa ora comentadas, sobretudo com relação às ações que não decorrem da extinção do contrato de trabalho, só podem ser aplicadas a contratos cujo prazo seja igual ou superior a 12 meses, porquanto, do contrário, não haveria razão para fixar o valor da causa em patamar superior ao do próprio contrato entabulado. Sendo o prazo inferior a 12 meses, portanto, o valor da causa deverá corresponder ao valor do contrato de locação.[12]

---

9   DIDIER JR., Fredie. *Curso de direito processual civil*. 17. ed. Salvador: JusPodivm, 2015, p. 227.
10 SANTOS, Gildo dos. *Locação e despejo:* comentários à Lei 8.245/91. 5. ed. São Paulo: RT, 2004, p. 422.
11 ASSIS, Araken de. *Locação e despejo*. Porto Alegre: Sergio Antonio Fabris Editor, 1992, p. 43.
12 DINIZ, Maria Helena. *Lei de Locações de Imóveis Urbanos comentada*. São Paulo: Saraiva, 1992, p. 233.

5. A comunicação dos atos processuais

O art. 58, IV, da Lei de Locações dispõe a possibilidade de que os contratos de locação prevejam que as comunicações de atos judiciais e extrajudiciais se façam por meio de cartas com aviso de recebimento, ou em caso de pessoa jurídica ou empresário individual, por meio de *fac-símile* ou *telex*, bem como por outras formas que forem previstas pelo CPC.

Quando da promulgação da Lei de Locações (Lei 8.245/1991), ainda era regra geral, no processo civil, que a citação fosse feita por mandado, entregue ao réu por Oficial de Justiça. Contudo, a Lei 8.710/1993 alterou o art. 222 do então vigente CPC/1973, que fez regra a citação por correio. No mesmo sentido, a alteração do art. 238 do CPC/1973 fez imperiosa a adoção da intimação por via postal como regra geral.

O CPC/2015 manteve a citação postal como regra geral, conforme se extrai do art. 247, *caput*, aprimorando a regra no tocante às intimações, que se farão, quando possível, por via eletrônica (art. 270), e subsidiariamente por carta registrada, na forma do art. 273, II, do CPC/2015.

Portanto, desde a promulgação da Lei 8.710/1993, já não se fazia mais necessária a autorização contratual para que as citações, intimações e notificações fossem feitas por correio, mantendo-se a desnecessidade na perspectiva do CPC/2015. Com efeito, não é necessária a prévia autorização de que trata a parte inicial do inc. IV do art. 58 da Lei de Locações.[13]

Acrescente-se à citação, intimação ou notificação por *telex* ou *fac-símile*, a possibilidade de comunicação por correio eletrônico – *e-mail*,[14] que passou a ser uma obrigação das empresas privadas (salvo enquadradas como microempresas ou empresas de pequeno porte) e pública, bem como às entidades e entes públicos, que deverão manter cadastro eletrônico para recebimento de citações e intimações. Assim, nem mesmo as comunicações por meios telemáticos imprescinde de autorização contratual, haja vista a expressa previsão do art. 246, §§ 1º e 2º, do CPC/2015.

O mesmo deve ser aplicado às notificações extrajudiciais, que poderão ser feitas por correio, mediante aviso de recebimento, a fim de dar maior grau de confiabilidade ao ato. É o caso, por exemplo, da notificação premonitória, que antecede o despejo por denúncia vazia, que poderá se fazer por via postal, independentemente de autorização contratual expressa.[15]

6. O efeito devolutivo da apelação

O inc. V do art. 58 da Lei de Locações prevê que a apelação interposta contra a sentença proferida em qualquer ação locatícia terá apenas efeito devolutivo.

De início, convém anotar que não se pode falar especificamente em efeito suspensivo do recurso. Recursos não são dotados de tal efeito, que se encontra, embora em via diversa, nas próprias decisões judiciais. Isto é, não é o recurso de apelação que, de ordinário, é dotado de efeito suspensivo (art. 1.012 do CPC/2015), mas a própria espécie de pronunciamento judicial

---

[13] VENOSA, Sílvio de Salvo. *Lei do Inquilinato comentada:* doutrina e prática. 10. ed. São Paulo: Atlas, 2010, p. 262.
[14] VENOSA, Sílvio de Salvo. *Lei do Inquilinato comentada:* doutrina e prática. 10. ed. São Paulo: Atlas, 2010, p. 263.
[15] SANTOS, Gildo dos. *Locação e despejo:* comentários à Lei 8.245/91. 5. ed. São Paulo: RT, 2004, p. 425.

– sentença – por ele atacado é que subordina sua eficácia a evento futuro, qual seja, o trânsito em julgado. Assim, "o recurso apenas prolonga o estado de ineficácia da decisão".[16]

Portanto, a previsão normativa aqui comentada é de que as sentenças proferidas em ações locatícias têm eficácia imediata, ainda que haja prolongamento da pendência da lide, por meio do recurso ao órgão jurisdicional superior.

Houve recentemente no Brasil a intenção legislativa de tornar todas as sentenças eficazes desde logo, prevendo o Anteprojeto do Código de Processo Civil que "os recursos, salvo disposição legal em sentido diverso, não impedem a eficácia da decisão" (art. 908), inexistindo exceção à regra quando se tratou da apelação. Contudo, durante o processo legislativo, especialmente na Câmara dos Deputados, entendeu-se por bem manter o comumente chamado efeito suspensivo à apelação (art. 1.012 do CPC/2015), excetuando a regra geral instituída pelo art. 995 do CPC/2015.

Independentemente da previsão expressa da lei processual, é certo que às ações locatícias deve-se manter a aplicação do art. 58, V, da Lei de Locações, de modo que as sentenças produzirão efeitos imediatamente.

A previsão especial contida na Lei de Locações exsurge, segundo Sílvio de Salvo Venosa, da situação que o chamado efeito suspensivo acarretou ao País. Justifica o autor que a morosidade na tramitação do processo, especialmente analisado sob a perspectiva das ações locatícias, combinada com a suspensão da eficácia das sentenças proferidas, deu aos locatários "instrumentos de moratória ou injusto enriquecimento", ao se valerem dos recursos de apelação, por exemplo, para perpetuar o estado de ineficácia da decisão, forçando os locadores a, muitas vezes, aceitar prazos enormes para desocupação do imóvel alugado, ou com valores ínfimos de locação, apenas pelo fato de que mesmo sendo procedente a demanda, o tempo que decorreria até o trânsito em julgado da decisão, ou, ao menos, até a prolação de acórdão, que por via de regra pode ser executado desde logo, seria um desestímulo. Isso acarretou, conclui o jurista, a sensível diminuição da quantidade de imóveis postos à locação, atingindo de forma inexorável a questão habitacional no Brasil.[17]

Dessa forma, a eficácia imediata das sentenças em ações locatícias acabou por ter influência positiva na medida em que alterou aquilo que se verificava na prática, consistente na "perpetuação" da mora do locatário, que permanecia em imóvel alheio, ainda que sem realizar a devida contraprestação, até que se tornasse eficaz a decisão, com o trânsito em julgado ou com a prolação do julgamento colegiado (suscetível de pronta execução provisória).

Havia, anteriormente, uma única exceção prevista na Lei de Locações, estabelecendo a ineficácia pontual da sentença. Tratava-se da sentença de improcedência de ação renovatória de locação, que estaria subordinada ao trânsito em julgado para que se pudesse expedir o competente mandado de despejo para ser cumprido em até seis meses. Era o que previa o art. 74: "não sendo renovada a locação, o juiz fixará o prazo de até seis meses após o trânsito em julgado da sentença para desocupação, se houver pedido na contestação".

Contudo, a Lei 12.112/2009 alterou o dispositivo, diminuindo o prazo de desocupação para 30 dias, suprimindo, além disso, a menção ao trânsito em julgado. Segundo Venosa, o

---

[16] JORGE, Flávio Cheim. *Teoria geral dos recursos cíveis*. 7. ed. São Paulo: RT, 2015, p. 338.
[17] VENOSA, Sílvio de Salvo. *Lei do Inquilinato comentada:* doutrina e prática. 10. ed. São Paulo: Atlas, 2010, p. 264.

prazo de 30 dias ainda é subordinado ao trânsito em julgado da decisão,[18] posição com a qual, com a devida vênia, não nos servimos de concordar, já que a supressão dos termos "após o trânsito em julgado" demonstra a clara intenção de não mais subordinar a eficácia da sentença ao trânsito em julgado.

No mesmo sentido, já julgou o STJ, ao considerar que, tendo natureza dúplice a ação renovatória (pode acarretar a renovação da locação, em proveito do autor/locatário, ou a extinção do contrato, em proveito do réu/locador), o julgamento de improcedência (em proveito do réu/locador, portanto) terá conteúdo de despejo, que deve ser executado (provisoriamente) desde logo.[19]

Portanto, não mais se vislumbra exceção à regra geral do microssistema das relações locatícias de que as sentenças proferidas podem ser executadas imediatamente.

Por fim, muito embora o chamado efeito suspensivo da apelação não decorra da lei (*ope legis*), é possível a suspensão da eficácia da sentença por meio de requerimento dirigido ao tribunal competente para apreciar o recurso de apelação, ou ao relator, quando já distribuído o recurso. É o que se extrai do art. 1.012, § 3º, do CPC/2015. Assim, enquanto pendente de distribuição do recurso no órgão recursal, deverá o pedido de suspensão da decisão recorrida, ser dirigido ao tribunal, na pessoa de seu presidente (inc. I do dispositivo), ao passo que já tendo havido distribuição, a análise caberá ao próprio relator (cf. inc. II). É o que se tem por concessão de efeito suspensivo *ope judicis*.[20]

Poderá ser suspensa a eficácia da sentença quando houver risco de dano grave ou de difícil reparação, somado à probabilidade de provimento do recurso (art. 995 do CPC/2015).

Dessa forma, havendo grave risco ao réu, e sendo provável o acolhimento de suas razões de recorrer, isto é, demonstrando ele ser plausíveis suas alegações, poderá o relator suspender a eficácia da sentença proferida pelo primeiro grau de jurisdição. Trata-se, vale dizer, de hipótese de concessão de tutela provisória de urgência.

Portanto, é possível ao autor de qualquer das ações locatícias que, diante da sentença de procedência, promova o cumprimento provisório de sentença, aplicando-se o mesmo à improcedência da ação renovatória de locação, conforme já explicitado, devendo o exequente prestar caução real ou fidejussória, a fim de garantir a liquidação de prejuízos que venha a suportar o executado, caso haja reforma da decisão exequenda, na forma do art. 64 da Lei de Locações, já que a responsabilidade do exequente em cumprimento provisório de sentença é objetiva, na forma do art. 520, I, do CPC/2015.

CAPÍTULO II
Das Ações de Despejo

Art. 59. Com as modificações constantes deste capítulo, as ações de despejo terão o rito ordinário.

§ 1º Conceder-se-á liminar para desocupação em quinze dias, independentemente da audiência da parte contrária e desde que prestada a caução no valor equivalente a três meses de aluguel, nas ações que tiverem por fundamento exclusivo:

---

[18] VENOSA, Sílvio de Salvo. *Lei do Inquilinato comentada:* doutrina e prática. 10. ed. São Paulo: Atlas, 2010, p. 354.
[19] STJ, REsp 1.307.530/SP, Rel. Min. Sidnei Beneti (relator para acórdão), j. 11.12.2012.
[20] JORGE, Flávio Cheim. *Teoria geral dos recursos cíveis*. 7. ed. São Paulo: RT, 2015, p. 391.

I – o descumprimento do mútuo acordo (art. 9º, inciso I), celebrado por escrito e assinado pelas partes e por duas testemunhas, no qual tenha sido ajustado o prazo mínimo de seis meses para desocupação, contado da assinatura do instrumento;

II – o disposto no inciso II do art. 47, havendo prova escrita da rescisão do contrato de trabalho ou sendo ela demonstrada em audiência prévia;

III – o término do prazo da locação para temporada, tendo sido proposta a ação de despejo em até trinta dias após o vencimento do contrato;

IV – a morte do locatário sem deixar sucessor legítimo na locação, de acordo com o referido no inciso I do art. 11, permanecendo no imóvel pessoas não autorizadas por lei;

V – a permanência do sublocatário no imóvel, extinta a locação, celebrada com o locatário;

VI – o disposto no inciso IV do art. 9º, havendo a necessidade de se produzir reparações urgentes no imóvel, determinadas pelo poder público, que não possam ser normalmente executadas com a permanência do locatário, ou, podendo, ele se recuse a consenti-las; (Incluído pela Lei nº 12.112, de 2009)

VII – o término do prazo notificatório previsto no parágrafo único do art. 40, sem apresentação de nova garantia apta a manter a segurança inaugural do contrato; (Incluído pela Lei nº 12.112, de 2009)

VIII – o término do prazo da locação não residencial, tendo sido proposta a ação em até 30 (trinta) dias do termo ou do cumprimento de notificação comunicando o intento de retomada; (Incluído pela Lei nº 12.112, de 2009)

IX – a falta de pagamento de aluguel e acessórios da locação no vencimento, estando o contrato desprovido de qualquer das garantias previstas no art. 37, por não ter sido contratada ou em caso de extinção ou pedido de exoneração dela, independentemente de motivo. (Incluído pela Lei nº 12.112, de 2009)

§ 2º Qualquer que seja o fundamento da ação dar-se-á ciência do pedido aos sublocatários, que poderão intervir no processo como assistentes.

§ 3º No caso do inciso IX do § 1º deste artigo, poderá o locatário evitar a rescisão da locação e elidir a liminar de desocupação se, dentro dos 15 (quinze) dias concedidos para a desocupação do imóvel e independentemente de cálculo, efetuar depósito judicial que contemple a totalidade dos valores devidos, na forma prevista no inciso II do art. 62. (Incluído pela Lei nº 12.112, de 2009)

Comentários (Marcio Lamonica Bovino):

Segundo o atual Código de Processo Civil, aplica-se a todas as causas o procedimento comum, salvo disposição em contrário que trate do procedimento especial. O procedimento comum pode ser ordinário ou sumário.[21] O procedimento comum ordinário, por sua vez, inicia-se pelos requisitos da inicial do art. 319 e se encerra no art. 538, que trata das regras do cumprimento de sentença judicial.

Pela pertinência com o tema aqui tratado, segundo a regra do art. 58 da Lei das Locações, as ações de despejo tramitam e não se suspendem durante as férias forenses, e devem ser

---

[21] CPC/2015: "Art. 318. Aplica-se a todas as causas o procedimento comum, salvo disposição em contrário deste Código ou de lei. Parágrafo único. O procedimento comum aplica-se subsidiariamente aos demais procedimentos especiais e ao processo de execução".

propostas foro do lugar da situação do imóvel, salvo se outro houver sido eleito no contrato. O valor da causa deve corresponder a 12 meses de aluguel, e o mais relevante, os recursos interpostos contra as sentenças terão efeito somente devolutivo.

De acordo com a redação original da Lei das Locações, cabimento *inaudita altera pars* de liminar de retomada restringia-se às hipóteses de distrato com prazo mínimo de seis meses de desocupação do imóvel, no caso de extinção do contrato de trabalho, ao final do contrato de locação por temporada, após a morte do locatário que não deixe sucessor legítimo que também ocupasse o imóvel e, finalmente, caso a ocupação do imóvel se desse apenas pelo locatário, a despeito da extinção do contrato de locação.

Após a reforma introduzida pela Lei 12.112, de 2009, as hipóteses de cabimento, *inaudita altera pars*, de liminar de retomada alcançaram também a necessidade de desocupação para fins de reparações urgentes no imóvel determinadas pelo poder público, não substituição de fiador exonerado dentro do prazo de 30 dias, ações propostas até 30 dias depois do término do prazo determinado nas locações comerciais, no caso de falta de pagamento de aluguel e acessórios sem a presença de garantia.

Importante discussão sobre o tema envolve a taxatividade ou não do art. 59 da Lei das Locações, relativo ao cabimento de liminar nas ações de despejo. Segundo posicionamento do STJ, "O rol previsto no art. 59, § 1º, da Lei nº 8.245/94, não é taxativo, podendo o magistrado acionar o disposto no art. 273 do CPC para a concessão da antecipação de tutela em ação de despejo, desde que preenchidos os requisitos para a medida".[22]

No caso de locação verbal, a Colenda 36ª Câmara de Direito Privado do Tribunal de Justiça de São Paulo, sob a relatoria do Desembargado Jayme Queiroz Lopes, ao julgar o Agravo de Instrumento 2138685-31.2015.8.26.0000, entendeu ausente o requisito da prova inequívoca que pudesse justificar o despejo liminar: "Agravo de instrumento locação denúncia vazia despejo com base no artigo 59, § 1º, VIII, da Lei 8.245/91. Contrato de locação verbal não cabimento ausência dos requisitos necessários possibilidade de reapreciação após o contraditório. Agravo de Instrumento improvido e Agravo Regimental prejudicado".

A respeito do tema, foram citados outros dois precedentes: "Locação de imóveis. Despejo. Denúncia vazia. Liminar para desocupação do imóvel sem audiência da parte contrária e mediante prestação de caução. Inadmissibilidade. Ajuste locatício verbal. Decisão mantida. Recurso improvido. Ainda que a nova redação do artigo 59 da Lei do Inquilinato tenha previsto expressamente a possibilidade de despejo liminar nas ações por denúncia vazia de imóvel não residencial, certo é que, na hipótese dos autos, tratando-se de relação locatícia verbal, não há como deferir, por ora, a liminar postulada, ressalvada a possibilidade de ulterior apreciação após a formação do contraditório".[23] "Ação de despejo. Denúncia vazia. Contrato verbal. Impossibilidade de concessão de medida liminar, ausentes outras provas da relação locatícia havida entre as partes. Agravo improvido".[24]

Pela regra do art. 15 da Lei das Locações, rescindida ou finda a locação, qualquer que seja sua causa, resolvem-se as sublocações. Logo, pode ser do interesse do sublocatário participar da ação de despejo ajuizada pelo locador em face do locatário, especialmente nas hipóteses de sublocação total do imóvel. O sublocatário pode ter interesse, por exemplo, de exercer o

---

[22] STJ, REsp 1.207.161/AL, 4ª Turma, Rel. Min. Luis Felipe Salomão, j. 08.02.2011, *DJe* 18.02.2011.
[23] TJSP, AI 0313880-40.2010.8.26.0000, Rel. Des. Orlando Pistoresi.
[24] TJSP, AI 2003422-95.2013.8.26.0000, Rel. Des. Nestor Duarte.

direito de renovar o prazo do contrato não residencial na forma do § 1º do art. 51 da Lei das Locações. Pode, ainda, efetuar a purga da mora do locatário/sublocador em ação de despejo por falta de pagamento ajuizada pelo locador.

Tem cabimento a assistência (simples ou litisconsorcial) quando, pendendo uma causa entre duas ou mais pessoas, terceiro tiver interesse jurídico em que a sentença seja favorável a uma delas.[25]

No caso da locação, conforme dito acima, ajuizada ação de despejo por falta de pagamento pelo locador em face do locatário, é possível que o sublocatário tenha interesse de purgar a mora de modo evitar a rescisão da locação e, por consequência, da sublocação.

A nosso ver é litisconsorcial a modalidade de assistência do sublocatário na ação de despejo em que são partes locador e locatário, uma vez a sentença a ser proferida influirá na relação jurídica entre o sublocatário e o locatário.

Uma vez ingressado nos autos da ação de despejo ajuizada pelo locador em face do locatário, não poderá o sublocatário rediscutir a mesma matéria em processo posterior, ou mesmo discutir a justiça da decisão, salvo se alegar e provar que pelo estado em que recebera o processo, ou pelas declarações e atos do assistido, fora impedido de produzir provas suscetíveis de influir na sentença, ou ainda, que desconhecia a existência de alegações ou de provas, de que o assistido, por dolo ou culpa, não se valeu.

Em caso de falta de pagamento de aluguel e acessórios nos contratos nos quais inexista qualquer uma das garantias previstas no art. 37 da Lei das Locações,[26] é cabível o pedido liminar de despejo. No entanto, por ser uma medida drástica, optou o legislador por permitir ao locatário inadimplente a mesma possibilidade da purga da mora com o pagamento integral dos valores atrasados, tal qual acontece nos contratos de locação com a presença de uma das garantias.

Parece-nos razoável aplicar, por analogia, a regra do parágrafo único do art. 62 da Lei das Locações, impedindo a emenda da mora se o locatário já houver utilizado essa faculdade nos 24 meses imediatamente anteriores à propositura da ação.

Art. 60. Nas ações de despejo fundadas no inciso IV do art. 9º, inciso IV do art. 47 e inciso II do art. 53, a petição inicial deverá ser instruída com prova da propriedade do imóvel ou do compromisso registrado.

Comentários (Marcio Lamonica Bovino):

Nas ações de despejo que tenham como causa de pedir próxima a realização de reparações urgentes determinadas pelo Poder Público, que não possam ser normalmente executadas com a permanência do locatário no imóvel ou, podendo, ele se recuse a consenti-las, ou ainda nos

---

[25] CPC/1973:
Simples: "Art. 50. Pendendo uma causa entre duas ou mais pessoas, o terceiro, que tiver interesse jurídico em que a sentença seja favorável a uma delas, poderá intervir no processo para assisti-la".
Litisconsorcial: "Art. 54. Considera-se litisconsorte da parte principal o assistente, toda vez que a sentença houver de influir na relação jurídica entre ele e o adversário do assistido. Parágrafo único. Aplica-se ao assistente litisconsorcial, quanto ao pedido de intervenção, sua impugnação e julgamento do incidente, o disposto no art. 51".
[26] São elas: caução; fiança; seguro de fiança locatícia e cessão fiduciária de quotas de fundo de investimento.

casos de locação verbal contendo pedido de demolição e edificação licenciada, ou para a realização de obras já autorizadas que aumentem a área construída no mínimo em 20% ou 50% (nos casos de hotel ou pensão), e finalmente nos casos de locações de imóveis utilizados por hospitais, unidades sanitárias oficiais, asilos, estabelecimentos de saúde e de ensino autorizados e fiscalizados pelo Poder Público ou entidades religiosas, cabe ao locador fazer prova do título de propriedade ou compromisso de compra e venda registrado na matrícula do imóvel.

A petição inicial deve ser instruída com todos os documentos indispensáveis à propositura da ação. Verificando o juiz que a petição inicial não preenche os requisitos legais, determinará que o autor a emende, ou a complete, no prazo de dez dias. Se o autor não cumprir a diligência, o juiz deve indeferir a petição inicial com fundamento no inc. VI do art. 295 do CPC/1973.[27]

Art. 61. Nas ações fundadas no § 2º do art. 46 e nos incisos III e IV do art. 47, se o locatário, no prazo da contestação, manifestar sua concordância com a desocupação do imóvel, o juiz acolherá o pedido fixando prazo de seis meses para a desocupação, contados da citação, impondo ao vencido a responsabilidade pelas custas e honorários advocatícios de vinte por cento sobre o valor dado à causa. Se a desocupação ocorrer dentro do prazo fixado, o réu ficará isento dessa responsabilidade; caso contrário, será expedido mandado de despejo.

Comentários (Marcio Lamonica Bovino):

Nas hipóteses de locações não residenciais ou residenciais com contrato escrito e prazo inferior a 30 meses, quando ambas estiverem na situação de prorrogação do prazo de forma indeterminada, e finalmente nas locações verbais onde a causa de pedir do despejo baseia-se em pedido de demolição e edificação licenciada, ou para a realização de obras já autorizadas que aumentem a área construída no mínimo em 20% ou 50% (nos casos de hotel ou pensão), uma vez ajuizada a ação de despejo pelo locador, o locatário, no prazo da contestação, pode concordar com a desocupação em seis meses, isentando-se do pagamento das custas e honorários advocatícios. Sendo necessário o mandado de despejo decorrido o prazo fixado judicialmente, perde o réu o benefício da isenção.

Caberia o questionamento se o locatário, acusado de cometer infração contratual, poderia formular pedido de desocupação no prazo de seis meses, em que pese a ausência de previsão legal.

A nosso ver, o pedido de desocupação em ação de despejo por infração contratual, somente seria possível com a concordância do locador, de modo a preservar o interesse da parte lesada e evitar o favorecimento daquele que não honrou os seus compromissos de locatário.

Art. 62. Nas ações de despejo fundadas na falta de pagamento de aluguel e acessórios da locação, de aluguel provisório, de diferenças de aluguéis, ou somente de quaisquer dos acessórios da locação, observar-se-á o seguinte: (Redação dada pela Lei nº 12.112, de 2009)

---

[27] CPC/1973: "Art. 283. A petição inicial será instruída com os documentos indispensáveis à propositura da ação"; "Art. 284. Verificando o juiz que a petição inicial não preenche os requisitos exigidos nos arts. 282 e 283, ou que apresenta defeitos e irregularidades capazes de dificultar o julgamento de mérito, determinará que o autor a emende, ou a complete, no prazo de 10 (dez) dias. Parágrafo único. Se o autor não cumprir a diligência, o juiz indeferirá a petição inicial"; "Art. 295. A petição inicial será indeferida: (...) VI – quando não atendidas as prescrições dos arts. 39, parágrafo único, primeira parte, e 284".

I – o pedido de rescisão da locação poderá ser cumulado com o pedido de cobrança dos aluguéis e acessórios da locação; nesta hipótese, citar-se-á o locatário para responder ao pedido de rescisão e o locatário e os fiadores para responderem ao pedido de cobrança, devendo ser apresentado, com a inicial, cálculo discriminado do valor do débito; (Redação dada pela Lei nº 12.112, de 2009)

II – o locatário e o fiador poderão evitar a rescisão da locação efetuando, no prazo de 15 (quinze) dias, contado da citação, o pagamento do débito atualizado, independentemente de cálculo e mediante depósito judicial, incluídos: (Redação dada pela Lei nº 12.112, de 2009)

a) os aluguéis e acessórios da locação que vencerem até a sua efetivação;

b) as multas ou penalidades contratuais, quando exigíveis;

c) os juros de mora;

d) as custas e os honorários do advogado do locador, fixados em dez por cento sobre o montante devido, se do contrato não constar disposição diversa;

III – efetuada a purga da mora, se o locador alegar que a oferta não é integral, justificando a diferença, o locatário poderá complementar o depósito no prazo de 10 (dez) dias, contado da intimação, que poderá ser dirigida ao locatário ou diretamente ao patrono deste, por carta ou publicação no órgão oficial, a requerimento do locador; (Redação dada pela Lei nº 12.112, de 2009)

IV – não sendo integralmente complementado o depósito, o pedido de rescisão prosseguirá pela diferença, podendo o locador levantar a quantia depositada; (Redação dada pela Lei nº 12.112, de 2009)

V – os aluguéis que forem vencendo até a sentença deverão ser depositados à disposição do juízo, nos respectivos vencimentos, podendo o locador levantá-los desde que incontroversos;

VI – havendo cumulação dos pedidos de rescisão da locação e cobrança dos aluguéis, a execução desta pode ter início antes da desocupação do imóvel, caso ambos tenham sido acolhidos.

Parágrafo único. Não se admitirá a emenda da mora se o locatário já houver utilizado essa faculdade nos 24 (vinte e quatro) meses imediatamente anteriores à propositura da ação. (Redação dada pela Lei nº 12.112, de 2009)

Comentários (Marcio Lamonica Bovino):

Dentre as obrigações assumidas pelo locatário, sem dúvida o pagamento pontual dos aluguéis é a mais relevante. Afinal de contas, quando o locador decide ceder o uso da coisa para terceiro, essa decisão tem por fundamento a necessidade ou interesse da remuneração. Quando o locatário deixa de cumprir a obrigação de pagamento do aluguel, dispõe o locador da ação de despejo por falta de pagamento.

No despejo por falta de pagamento, a causa de pedir próxima (a remota é a própria relação locatícia) pode envolver:

– o(s) aluguel(éis) vencido(s) e não pago(s);

– os acessórios da locação (condomínio, IPTU, água, luz, telefone, gás etc.);

– o aluguel provisório fixado em ação revisional ou renovatória;

– as diferenças de aluguéis resultantes de fixação judicial em ações revisional ou renovatória.

Na inicial, o locador deve formular pedido de rescisão do contrato de locação, podendo, ou não, cumular pedido de cobrança dos aluguéis e acessórios da locação vencidos e não pagos.

Pela regra do art. 327 do Código de Processo Civil, é permitida a cumulação de vários pedidos, desde que:

- os pedidos sejam compatíveis entre si;
- o juiz da causa seja competente para conhecer os pedidos cumulados;
- os pedidos cumulados não contemplem tipo de procedimento conflitantes, salvo se o autor optar pelo procedimento ordinário.

Quando o locador opta apenas pelo pedido de rescisão da locação, é parte legítima para responder pela demanda apenas e tão somente o locatário. Caso o locador, além do obrigatório pedido de rescisão da locação, também cumular pedido de cobrança dos aluguéis vencidos e não pagos, nesta hipótese tem-se a formação de litisconsórcio passivo necessário, onde o locatário é citado para responder ao pedido de rescisão e cobrança, e o fiador (caso exista) para responder apenas ao pedido de cobrança.

Segundo o art. 113 do Código de Processo Civil, duas ou mais pessoas podem litigar, no mesmo processo, em conjunto, ativa ou passivamente, quando:

- entre elas houver comunhão de direitos ou de obrigações relativamente à lide;
- os direitos ou as obrigações derivarem do mesmo fundamento de fato ou de direito;
- entre as causas houver conexão pelo pedido ou pela causa de pedir;
- ocorrer afinidade de questões por um ponto comum de fato ou de direito.

No caso da ação de despejo por falta de pagamento cumulada com pedido de cobrança, entendemos que o direito ou as obrigações entre locatário e garantidor derivam do mesmo fundamento de fato (falta de pagamento de aluguel) e de direito (solidariedade passiva do devedor principal e seu garantidor), somada a afinidade de questões por um ponto comum de fato ou de direito.

O litisconsórcio passivo é necessário (art. 114 do CPC), uma vez que o juiz deve decidir a lide (cobrança) de modo uniforme para todas as partes (locatário e fiador).

Note-se que pela regra do art. 117 do CPC, os litisconsortes serão considerados, em suas relações com a parte adversa, como litigantes distintos, ou seja, os seus atos e as omissões não prejudicarão os outros, mas os poderão beneficiar.

A inicial da ação de despejo por falta de pagamento cumulada com cobrança deve, obrigatoriamente, vir acompanhada de cálculo discriminado do valor do débito, sob pena de ser indeferida.

Assim, se o locatário confessar o valor do débito sem questionar o cálculo discriminado apresentado pelo locador, isso não impede que o fiador assim o faça, até porque, cada litisconsorte tem o direito de promover, de forma independente, o andamento do processo (art. 118 do CPC).

Independentemente do pedido do locador, como o pagamento do aluguel consiste em obrigação de prestações sucessivas (art. 320 do CPC), considerar-se-ão incluídos no pedido os aluguéis vencidos e não pagos e os vincendos que porventura não sejam pagos no curso do processo.

Citados (locatário e fiador, conforme a situação), os réus podem evitar a rescisão da locação depositando, no prazo de 15 dias (o mesmo prazo da defesa), o pagamento do débito apontado na inicial. É o que a doutrina reconhece como purga da mora, benesse que se admite apenas de dois em dois anos.

Numa ação de despejo por falta de pagamento, purgar (resolver, eliminar o erro, purificar, limpar) a mora (estado de inadimplência de obrigação assumida[28]), implica uma segunda e derradeira chance do locatário ou seu fiador de eliminar o débito apontado pelo locador, dando sequência ao contrato de locação.

A purgação da mora deve abranger, sob pena de ser considerada ineficaz: (i) os aluguéis e acessórios da locação vencidos e os que se vencerem até o depósito, acrescido das multas ou penalidades contratuais, quando presentes no contrato; (ii) os juros de mora contratuais ou, na sua falta, os legais (*); (iii) as custas e os honorários do advogado do locador, fixados em 10% sobre o montante devido, se do contrato não constar disposição diversa.[29]

(*) Pela redação do art. 406 do Código Civil, "Quando os juros moratórios não forem convencionados ou o forem sem a taxa estipulada, ou quando provierem de determinação da lei, serão fixados segundo a taxa que estiver em vigor para a mora do pagamento de impostos devidos à Fazenda Nacional". É entendimento pacificado pelo Superior Tribunal de Justiça em sede de recurso repetitivo, que "Conforme decidiu a Corte Especial, 'atualmente, a taxa dos juros moratórios a que se refere o referido dispositivo [art. 406 do CC/2002] é a taxa referencial do Sistema Especial de Liquidação e Custódia – SELIC, por ser ela a que incide como juros moratórios dos tributos federais (arts. 13 da Lei 9.065/95, 84 da Lei 8.981/95, 39, § 4º, da Lei 9.250/95, 61, § 3º, da Lei 9.430/96 e 30 da Lei 10.522/02)' (EREsp 727.842, *DJ* de 20/11/08)" (REsp 1.102.552/CE, Rel. Min. Teori Albino Zavascki, sujeito ao regime do art. 543-C do CPC, pendente de publicação).[30]

Nesse sentido, a taxa de juros de mora do Sistema Especial de Liquidação e de Custódia (SELIC), utilizada pela Receita Federal para a cobrança dos débitos fiscais, é de 1% ao mês, nos termos do art. 161, § 1º, do Código Tributário Nacional.

Efetuada a purga parcial da mora, se o locador justificar (através de cálculos) a diferença, intimados, locatário ou o fiador poderão complementar o depósito no prazo de dez dias. Não sendo integralmente complementado o depósito, o pedido de rescisão prosseguirá pela diferença, podendo o locador levantar a quantia depositada.

Neste ponto é importante destacar que o locatário pode purgar parcialmente a mora apontada pelo locador (valor incontroverso), e no mesmo prazo de 15 dias apresentar contestação sobre o saldo controverso.

A cobrança dos aluguéis, caso acolhida, por ser um pedido cumulado, admite o cumprimento de sentença antes mesmo da desocupação do imóvel.

Art. 63. Julgada procedente a ação de despejo, o juiz determinará a expedição de mandado de despejo, que conterá o prazo de 30 (trinta) dias para a desocupação voluntária, ressalvado o disposto nos parágrafos seguintes. (Redação dada pela Lei nº 12.112, de 2009)

---

[28] CC: "Art. 394. Considera-se em mora o devedor que não efetuar o pagamento e o credor que não quiser recebê-lo no tempo, lugar e forma que a lei ou a convenção estabelecer".

[29] CC: "Art. 395. Responde o devedor pelos prejuízos a que sua mora der causa, mais juros, atualização dos valores monetários e honorários de advogado. Parágrafo único. Se a prestação, devido à mora, se tornar inútil ao credor, este poderá enjeitá-la, e exigir a satisfação das perdas e danos".
CC: "Art. 401. Purga-se a mora: I – por parte do devedor, oferecendo este a prestação mais a importância dos prejuízos decorrentes do dia da oferta. II – (...)".

[30] REsp 1.112.746/DF, 1ª Seção, Rel. Min. Castro Meira, j. 12.08.2009, *DJe* 31.08.2009.

§ 1º O prazo será de quinze dias se:

a) entre a citação e a sentença de primeira instância houverem decorrido mais de quatro meses; ou

b) o despejo houver sido decretado com fundamento no art. 9º ou no § 2º do art. 46. (Redação dada pela Lei nº 12.112, de 2009)

§ 2º Tratando-se de estabelecimento de ensino autorizado e fiscalizado pelo Poder Público, respeitado o prazo mínimo de seis meses e o máximo de um ano, o juiz disporá de modo que a desocupação coincida com o período de férias escolares.

§ 3º Tratando-se de hospitais, repartições públicas, unidades sanitárias oficiais, asilos, estabelecimentos de saúde e de ensino autorizados e fiscalizados pelo Poder Público, bem como por entidades religiosas devidamente registradas, e o despejo for decretado com fundamento no inciso IV do art. 9º ou no inciso II do art. 53, o prazo será de um ano, exceto no caso em que entre a citação e a sentença de primeira instância houver decorrido mais de um ano, hipótese em que o prazo será de seis meses. (Redação dada pela Lei nº 9.256, de 9.1.1996)

§ 4º A sentença que decretar o despejo fixará o valor da caução para o caso de ser executada provisoriamente.

Comentários (Marcio Lamonica Bovino):

Considerando que as decisões proferidas em ação de despejo comportam, como regra geral, recurso de apelação apenas no efeito devolutivo (art. 58, V, da Lei das Locações), cabe ao locador decidir ou não pelo início do cumprimento dos arts. 513 e seguintes do CPC.[31]

Caso a ação de despejo tenha por fundamento mútuo acordo de desocupação não cumprido pelo locatário, ou a causa de pedir consista na prática de infração legal, infração contratual, falta de pagamento de aluguel e acessórios, ou ainda para realização de reparos determinados pelo Poder Público, o prazo para que o locatório desocupe voluntariamente o imóvel será de 15 dias contados do cumprimento do mandado de despejo.

Também será de 15 dias o prazo para desocupação voluntária no caso de locação residencial ajustada originariamente por escrito e por prazo igual ou superior a 30 meses, cujo prazo tenha sido prorrogado e o contrato denunciado pelo locador.

---

[31] CPC: "Art. 513. O cumprimento da sentença será feito segundo as regras deste Título, observando-se, no que couber e conforme a natureza da obrigação, o disposto no Livro II da Parte Especial deste Código. § 1º O cumprimento da sentença que reconhece o dever de pagar quantia, provisório ou definitivo, far-se-á a requerimento do exequente. § 2º O devedor será intimado para cumprir a sentença: I – pelo *Diário da Justiça*, na pessoa de seu advogado constituído nos autos; II – por carta com aviso de recebimento, quando representado pela Defensoria Pública ou quando não tiver procurador constituído nos autos, ressalvada a hipótese do inciso IV; III – por meio eletrônico, quando, no caso do § 1º do art. 246, não tiver procurador constituído nos autos; IV – por edital, quando, citado na forma do art. 256, tiver sido revel na fase de conhecimento. § 3º Na hipótese do § 2º, incisos II e III, considera-se realizada a intimação quando o devedor houver mudado de endereço sem prévia comunicação ao juízo, observado o disposto no parágrafo único do art. 274. § 4º Se o requerimento a que alude o § 1º for formulado após 1 (um) ano do trânsito em julgado da sentença, a intimação será feita na pessoa do devedor, por meio de carta com aviso de recebimento encaminhada ao endereço constante dos autos, observado o disposto no parágrafo único do art. 274 e no § 3º deste artigo. § 5º O cumprimento da sentença não poderá ser promovido em face do fiador, do coobrigado ou do corresponsável que não tiver participado da fase de conhecimento".

Considerando que as decisões proferidas em ação de despejo comportam, como regra geral, recurso de apelação apenas no efeito devolutivo (art. 58, V, da Lei das Locações), cabe ao locador decidir ou não pelo início do cumprimento de sentença na forma dos arts. 513 e seguintes do CPC.

Caso a ação de despejo tenha por fundamento mútuo acordo de desocupação não cumprido pelo locatário, ou a causa de pedir consista na prática de infração legal, infração contratual, falta de pagamento de aluguel e acessórios, ou ainda para realização de reparos determinados pelo Poder Público, o prazo para que o locatário desocupe voluntariamente o imóvel será de 15 dias contados do cumprimento do mandado de despejo.

Também será de 15 dias o prazo para desocupação voluntária no caso de locação residencial ajustada originariamente por escrito e por prazo igual ou superior a 30 meses, cujo prazo tenha sido prorrogado e o contrato denunciado pelo locador.

Art. 64. Salvo nas hipóteses das ações fundadas no art. 9º, a execução provisória do despejo dependerá de caução não inferior a 6 (seis) meses nem superior a 12 (doze) meses do aluguel, atualizado até a data da prestação da caução. (Redação dada pela Lei nº 12.112, de 2009)

§ 1º A caução poderá ser real ou fidejussória e será prestada nos autos da execução provisória.

§ 2º Ocorrendo a reforma da sentença ou da decisão que concedeu liminarmente o despejo, o valor da caução reverterá em favor do réu, como indenização mínima das perdas e danos, podendo este reclamar, em ação própria, a diferença pelo que a exceder.

Comentários (Marcio Lamonica Bovino):

A sentença que decretar o despejo fixará o valor da caução não inferior a seis meses nem superior a 12 meses do aluguel, para o caso de ser executada provisoriamente. Essa caução tem natureza indenizatória compensatória, ou seja, uma vez cumprida a ordem de despejo com posterior reversão da decisão no Tribunal, cabe ao locatário ressarcir-se das perdas e danos advindos da rescisão da locação.

Nesse sentido:

"Locação de imóvel. Ação de despejo em fase de cumprimento de sentença. Oposição de embargos à execução em lugar de impugnação. Impossibilidade de recebimento dos embargos, por não se tratar de hipótese de erro justificável e por não estarem preenchidos os requisitos da impugnação, que era o meio jurídico adequado à pretensão dos apelantes. A garantia integral do juízo é pressuposto para o processamento da impugnação ao cumprimento de sentença, não bastando que tenha havido penhora de valor correspondente a apenas parte da dívida. Inteligência do artigo 475-J, § 1º, do CPC. Recurso não provido".[32]

"Agravo de instrumento. Locação de imóvel. Ação de despejo por falta de pagamento cumulada com cobrança. Execução provisória da sentença. Intimação pessoal para desocupação voluntária. Ausência. Situação provocada pelo próprio locatário que,

---

[32] TJSP, 29ª Câmara de Direito Privado, São Paulo, Rel. Silvia Rocha, j. 29.07.2015, data de registro: 07.08.2015.

procurado pelo oficial de justiça em quatro oportunidades, não foi encontrado, o que autoriza o deferimento do pleito do locador para que o despejo fosse realizado nos termos do art. 65 da Lei nº 8.245/91. Prestação de caução. Desnecessidade. Não depende da prestação de caução a execução provisória da sentença que decreta o despejo, quando fundada na falta de pagamento. Desocupação voluntária. Fixação do prazo em quinze dias. Possibilidade, tendo em vista o tempo decorrido entre a citação do locatário e a prolação da sentença, bem como o fato de o despejo ter sido decretado com fundamento no art. 9º da Lei nº 8.245/91. Recurso não provido."[33]

"Processual civil. Prestação de serviços. Ação de cobrança julgada procedente. Execução provisória. Impugnação rejeitada. Agravo interposto pela executada. Cerceamento de defesa não configurado. Juros de mora que devem ser calculados por mês. Honorários de sucumbência. Incidência sobre o valor da condenação, excluídas as verbas indevidas. Recolhimento da taxa judiciária vinculado à satisfação da execução. Artigo 4º, inciso III, da Lei Estadual nº 11.608/03. Impossibilidade de cobrança em execução provisória. Impugnação parcialmente acolhida. Agravo provido."[34]

Art. 65. Findo o prazo assinado para a desocupação, contado da data da notificação, será efetuado o despejo, se necessário com emprego de força, inclusive arrombamento.

§ 1º Os móveis e utensílios serão entregues à guarda de depositário, se não os quiser retirar o despejado.

§ 2º O despejo não poderá ser executado até o trigésimo dia seguinte ao do falecimento do cônjuge, ascendente, descendente ou irmão de qualquer das pessoas que habitem o imóvel.

Comentários (Marcio Lamonica Bovino):

Caso o locatário, intimado via mandado de despejo, não desocupe o imóvel voluntariamente, cabe ao locador a iniciativa do despejo coercitivo, inclusive mediante o emprego de força policial. A ordem de despejo coercitivo deve ser cumprida por oficial de justiça, devendo constar no mandado a ordem de arrombamento, quando e se necessária. Os móveis e utensílios serão entregues à guarda do próprio locatário despejado, ou permanecerão em depósito do autor. Esses bens móveis deixados no imóvel podem ser destinados à caridade, caso não venham a ser retirados em prazo razoável a ser fixado pelo juiz da causa, levando-se em consideração as circunstâncias e as peculiaridades do caso concreto. O depositário responderá pela guarda e conservação dos bens que lhe forem confiados.

Nesse sentido:

"Locação de imóveis. Ação de depósito. Imissão das locadoras na posse do imóvel locado, com depósito dos bens móveis que se encontravam no local. Alegação de que os bens dados em depósito não teriam sido integralmente devolvidos, ou que teriam

---

[33] TJSP, 28ª Câmara de Direito Privado, São Paulo, Rel. Cesar Lacerda, j. 04.08.2015, data de registro: 07.08.2015.
[34] 29ª Câmara de Direito Privado, São Paulo, Rel. Carlos Henrique Miguel Trevisan, j. 05.08.2015, data de registro: 07.08.2015.

se deteriorado durante o tempo que permaneceram em depósito. Descabimento da indenização, posto que sequer é possível aferir quais bens não teriam sido devolvidos, além de não constar nos autos estimativa confiável de valores. Ademais, a proprietária dos bens desidiosa com a retirada das coisas. As locadoras não são obrigadas a suportar os encargos de depósito dos referidos bens, além do inadimplemento já suportado. Sentença mantida. Recurso desprovido".[35]

"Agravo de instrumento. Ação de despejo. Bens móveis deixados no imóvel pela locatária. Encargo do depositário que não pode perdurar por tempo indeterminado. Hipótese em que é possível liberar o depositário do encargo e autorizar a doação dos bens em favor de instituição de caridade. Medidas que devem ser precedidas da intimação da agravada para remover seus móveis voluntariamente, como forma de atestar a presença do intuito de abandoná-los. Recurso parcialmente provido."[36]

"Agravo de instrumento. Interposição contra decisão que indeferiu o pedido de devolução/disponibilização imediata dos bens sem custos. Ação de despejo. Mandado cumprido. Bens enviados para depósito, nos termos do artigo 65, § 1º, da Lei 8.245/91. Réu que deverá diligenciar diretamente ao depósito para retirada dos bens, arcando, se for o caso, com as despesas do depósito. Benefício da justiça gratuita que não se estende à retirada dos bens. Decisão mantida."[37]

"Ação de despejo. Locatária que descumpre o acordo homologado judicialmente para desocupação do imóvel em 90 dias. Pedido da locadora de lacração do estabelecimento comercial, ante a existência de diversas máquinas de grande porte, cuja retirada demandaria contratação de mão de obra especializada. Impossibilidade. Ausência de previsão legal ou contratual da providência. Levantamento da lacração, garantindo o acesso do locatário ao imóvel, tudo sem prejuízo da desocupação forçada, para a qual a locadora deverá providenciar os meios. Recurso provido."[38]

"Agravo de instrumento. Locação de imóvel comercial. Ação de despejo por falta de pagamento. Expedição de mandado de despejo coercitivo. Despejo efetivado. Depósito dos bens. Não localização dos bens e do paradeiro do depositário. Efetivado o transporte dos bens das agravadas pelos agravantes, os quais providenciaram o caminhão e indicaram o local para guarda e conservação, são corresponsáveis pelo desaparecimento dos bens. Entendimento deste E. Tribunal de Justiça. Questões de apuração de responsabilidade civil e ou criminal que devem ser remetidas para as vias próprias, fugindo ao objeto da ação de retomada e cobrança de valores devidos por contrato. Possibilidade de, havendo reconhecimento de direito de crédito do requerido, tornando-se líquido e

---

[35] TJSP, 33ª Câmara de Direito Privado, São Paulo, Rel. Carlos Nunes, j. 15.09.2014, data de registro: 17.09.2014.
[36] TJSP, 36ª Câmara de Direito Privado, São Bernardo do Campo, Rel. Milton Carvalho, j. 30.07.2015, data de registro: 01.08.2015.
[37] TJSP, 33ª Câmara de Direito Privado, São Paulo, Rel. Mario A. Silveira, j. 06.07.2015, data de registro: 08.07.2015.
[38] TJSP, 36ª Câmara de Direito Privado, São Paulo, Rel. Pedro Baccarat, j. 07.05.2015, data de registro: 07.05.2015, Voto 19.402.

certo, de compensação em execução de sentença. Decisão judicial agravada que objetiva apenas esclarecimento, sem prejuízo do andamento do processo e eventual manejo da parte requerida na busca da responsabilização pelo desvio ou perdimento dos seus bens. Agravo de instrumento provido."[39]

"Agravo. Locação não residencial. Ação de despejo por falta de pagamento. Antecipação de tutela indeferida para arrolamento de bens. Medida que se destina a evitar o extravio ou a dissipação de bens. Arrolamento que se faz necessário para que se conserve o patrimônio dos autores. Hipótese não expressamente enquadrada na lei específica. Possibilidade de deferimento com base no artigo 273 do CPC. Precedente desta câmara. Tutela deferida. Recurso provido. O arrolamento de bens destina-se a evitar o extravio ou a dissipação de bens (art. 855 do CPC). No caso, as partes firmaram contrato de locação comercial verbal pelo qual foi passado o ponto comercial juntamente com todos os equipamentos. Vê-se, pois, que o objetivo da antecipação de tutela de arrolamento de bens é evitar o desvio ou dissipação dos bens, que, segundo os agravantes, fazem parte do seu patrimônio. Além disso, é forçoso reconhecer a admissibilidade da concessão de tutela antecipada em ação de despejo, mesmo quando não expressamente enquadrada na Lei nº 8.245/91, conforme precedente desta Câmara."[40]

Art. 66. Quando o imóvel for abandonado após ajuizada a ação, o locador poderá imitir-se na posse do imóvel.

Comentários (Marcio Lamonica Bovino):

A imissão de posse de imóvel abandonado deve ser antecedida de constatação, e demonstrada mediante auto circunstanciado.

Nesse sentido:

"Locação. Ação de despejo por falta de pagamento cumulada com cobrança. Desocupação do imóvel no curso da demanda. Imissão de posse. Possibilidade. Inteligência do art. 66 da Lei nº 8.245/91. Agravo provido, com observação. Em princípio, a imissão de posse na ação de despejo deve ser antecedida de constatação, demonstrada mediante auto circunstanciado".[41]

"Civil e processual. Ação de despejo por falta de pagamento dos aluguéis cumulada com cobrança. Imóvel abandonado no curso da lide e imitido na posse do locador. Perda do objeto da ação nessa parte. Sentença de procedência quanto à cobrança dos aluguéis. Pretensão à reforma. Reconhecimento, de ofício, da nulidade da citação por hora certa e, em consequência, de todos os atos processuais ulteriores, inclusive da sentença

---

[39] TJSP, 35ª Câmara de Direito Privado, São Paulo, Rel. Leonel Costa, j. 03.11.2014, data de registro: 03.11.2014.
[40] TJSP, 31ª Câmara de Direito Privado, Guarulhos, Rel. Adilson de Araujo, j. 21.10.2014, data de registro: 21.10.2014.
[41] TJSP, 26ª Câmara de Direito Privado, Santa Rita do Passa Quatro, Rel. Renato Sartorelli, j. 30.07.2015, data de registro: 01.08.2015.

guerreada (artigo 248 do Código de Processo Civil). Consideração, ademais, de que era incabível o julgamento antecipado da lide. Recurso prejudicado."[42]

"Locação. Ação de despejo c.c. cobrança. Pedido dos locadores de imissão na posse do imóvel. Constatação pelo oficial de justiça de que o local está ocupado por pessoa estranha à relação locatícia, mas que alega conhecimento e anuência dos locadores quanto a essa situação. Sem prova inconcussa do abandono do imóvel, caracterizado pela inexistência de ocupantes, o locador não pode imitir-se liminarmente em sua posse. Exegese do art. 66 da Lei 8.245/91. Recurso improvido."[43]

"Locação de imóveis. Despejo por falta de pagamento cumulado com cobrança. Constatação de que a locatária procedeu à desocupação do imóvel. Imissão de posse ao locador. Prosseguimento quanto à cobrança. Alegação de que a locatária entregou as chaves do imóvel a uma vizinha, situação noticiada à administradora do imóvel. Abandono do imóvel. Enquadramento. Chaves entregues a quem não tinha poderes para recebê-las. Rescisão da relação 'ex locato' com a imissão de posse. Art. 66 da Lei. 8.245/91. Débito locatício persistente até a data de imissão de posse no imóvel. Contas de consumo. Valor excedente. Apuração de débito anterior ao início da locação. Desconto dos meses excedentes. Necessidade. Sentença parcialmente reformada. Recurso parcialmente provido."[44]

"Locação. Ação de despejo por falta de pagamento c.c cobrança. Abandono do imóvel pelo locatário. Ciência inequívoca da desocupação do imóvel através do mandado de citação expedido. Inércia do locador. Rescisão contratual reconhecida. Locatário que não se desincumbe da obrigação de pagamento de aluguéis e encargos da locação até a rescisão do negócio. Recurso do réu parcialmente provido."[45]

CAPÍTULO III
Da Ação de Consignação de Aluguel e Acessórios da Locação

Art. 67. Na ação que objetivar o pagamento dos aluguéis e acessórios da locação mediante consignação, será observado o seguinte:

I – a petição inicial, além dos requisitos exigidos pelo art. 282 do Código de Processo Civil, deverá especificar os aluguéis e acessórios da locação com indicação dos respectivos valores;

II – determinada a citação do réu, o autor será intimado a, no prazo de vinte e quatro horas, efetuar o depósito judicial da importância indicada na petição inicial, sob pena de ser extinto o processo;

III – o pedido envolverá a quitação das obrigações que vencerem durante a tramitação do feito e até ser prolatada a sentença de primeira instância, devendo o autor promover os depósitos nos respectivos vencimentos;

---

[42] TJSP, 27ª Câmara de Direito Privado, Santos, Rel. Mourão Neto, j. 31.03.2015, data de registro: 31.03.2015.
[43] 34ª Câmara de Direito Privado, Sorocaba, Rel. Gomes Varjão, j. 09.09.2013, data de registro: 10.09.2013.
[44] TJSP, 32ª Câmara de Direito Privado, Ribeirão Bonito, Rel. Rocha de Souza, j. 08.08.2013, data de registro: 09.08.2013.
[45] TJSP, 27ª Câmara de Direito Privado, Jales, Rel. Berenice Marcondes Cesar, j. 05.02.2013, data de registro: 18.02.2013.

IV – não sendo oferecida a contestação, ou se o locador receber os valores depositados, o juiz acolherá o pedido, declarando quitadas as obrigações, condenando o réu ao pagamento das custas e honorários de vinte por cento do valor dos depósitos;

V – a contestação do locador, além da defesa de direito que possa caber, ficará adstrita, quanto à matéria de fato, a:

a) não ter havido recusa ou mora em receber a quantia devida;

b) ter sido justa a recusa;

c) não ter sido efetuado o depósito no prazo ou no lugar do pagamento;

d) não ter sido o depósito integral;

VI – além de contestar, o réu poderá, em reconvenção, pedir o despejo e a cobrança dos valores objeto da consignatória ou da diferença do depósito inicial, na hipótese de ter sido alegado não ser o mesmo integral;

VII – o autor poderá complementar o depósito inicial, no prazo de cinco dias contados da ciência do oferecimento da resposta, com acréscimo de dez por cento sobre o valor da diferença. Se tal ocorrer, o juiz declarará quitadas as obrigações, elidindo a rescisão da locação, mas imporá ao autor-reconvindo a responsabilidade pelas custas e honorários advocatícios de vinte por cento sobre o valor dos depósitos;

VIII – havendo, na reconvenção, cumulação dos pedidos de rescisão da locação e cobrança dos valores objeto da consignatória, a execução desta somente poderá ter início após obtida a desocupação do imóvel, caso ambos tenham sido acolhidos.

Parágrafo único. O réu poderá levantar a qualquer momento as importâncias depositadas sobre as quais não penda controvérsia.

Comentários (Daniel Willian Granado):

1. Consignação em pagamento

A consignação em pagamento constitui forma de extinguir obrigações, nos termos do art. 334 do Código Civil. Os arts. 539 a 549 do CPC/2015 cuidam de disciplinar as regras relativas à ação de consignação em pagamento, como procedimento especial, na medida em que tal pretensão apresenta certas particularidades que demandam tratamento diferenciado.

Os casos de consignação em pagamento encontram-se previstos na lei material, sobretudo no art. 335 do CC/2002, ao lado de outros casos expressamente previstos em lei, como o art. 164 do CTN ou ainda o art. 24 da Lei 8.245/1991. Tem-se, contudo, que a hipótese mais corriqueira de consignação diz respeito à recusa do credor em receber a prestação.

2. Ação de consignação de aluguel e acessórios da locação

O presente dispositivo disciplina a denominada ação de consignação de aluguel e acessórios da locação. Cuida-se de ação declaratória quanto ao juízo de procedência do pedido formulado pelo devedor, eis que o Poder Judiciário declara a satisfação e a extinção da obrigação.

Tal ação judicial visa ao pagamento forçado dos aluguéis e seus acessórios, liberando-se o devedor em caso de juízo de procedência, afastando-se, consequentemente, sua mora. Em outras palavras, a ação de consignação tem lugar, sobretudo, se o devedor quiser pagar e o credor não quiser receber, além de outros casos, previstos no art. 335 do CC/2002, evidentemente, se disserem respeito a aluguéis e respectivos acessórios, como, por exemplo, a dúvida a respeito de quem deve recebê-los.

Na consignação em pagamento de aluguéis deve-se perquirir, portanto, a mora do locador quanto ao recebimento dos aluguéis. Também encontra ampla aplicação se o objeto a ser consignado forem as chaves, representativas do imóvel em si, eis que nem todo contrato de locação se finda de forma consensual.

Conforme decisões do STJ, a ação consignatória do art. 67 pode ser proposta com a finalidade de se consignar as chaves do imóvel:

> "Processo civil. Civil. Locação. Ação de consignação em pagamento. Artigo 535 do CPC. Violação. Inocorrência. Lei do Inquilinato. Entrega das chaves. Possibilidade.
>
> 1. Não há falar em violação do disposto no artigo 535, I, do Código de Processo Civil, porquanto o acórdão recorrido, com base na interpretação de cláusula contratual, bem como na análise dos aspectos fáticos da demanda, concluiu que a responsabilidade da locatária estava limitada à data de liberação do imóvel pela administradora.
>
> 2. A ação consignatória prevista no artigo 67 da Lei nº 8.245/91 pode ser utilizada para a devolução do próprio imóvel, representada pela entrega das chaves.
>
> 3. Recurso não conhecido".[46]

De outro lado, ainda que não seja observado o art. 67 para a consignação das chaves, já se decidiu que a decisão judicial que resolva a consignação deve ser mantida em função dos princípios da economia e da efetividade processuais.

> "Processual civil. Locação. Recurso especial. Ação de consignação para depósito das chaves do imóvel e da multa rescisória proporcional. Possibilidade. Prequestionamento. Ausência. Súmulas 282 e 356/STF. Reexame de matéria fático-probatória. Impossibilidade. Súmula 7/STJ. Recurso especial conhecido e improvido.
>
> 1. Em respeito aos princípios da efetividade e da economia processual, deve-se manter o acórdão, tendo em vista que, não obstante a controvérsia a respeito de qual seria o procedimento mais adequado para interposição da ação consignatória de aluguéis e para entrega das chaves do imóvel locado – aquele disciplinado no art. 890 do CPC ou o do art. 67 da Lei 8.245/91 –, o resultado final seria o mesmo, uma vez que, ainda que aplicado à hipótese o procedimento da Lei do Inquilinato, como defende o recorrido, seria admissível a ação consignatória para entrega das chaves do imóvel.
>
> 2. A teor da pacífica e numerosa jurisprudência, para a abertura da via especial, requer-se o prequestionamento da matéria infraconstitucional. A exigência tem como desiderato principal impedir a condução ao Superior Tribunal de Justiça de questões federais não debatidas no Tribunal de origem. Hipótese em que a questão concernente à realização da vistoria no imóvel, pelo locador, ora recorrente, não foi debatida no

---

[46] REsp 463.337/MG, 6ª Turma, Rel. Min. Paulo Gallotti, j. 20.02.2003, *DJ* 14.04.2003, p. 257.

acórdão recorrido. Incidência das Súmulas 282 e 356/STF. Ademais, a apuração de tal fato demandaria ainda o exame de matéria fático-probatória, inviável em sede especial, nos termos da Súmula 7/STJ.

3. Recurso especial conhecido e improvido."[47]

O regramento geral da ação consignatória encontra-se previsto no CPC. Contudo, diante do procedimento especial estabelecido no art. 67 da Lei 8.245/1991, a consignação de aluguéis e acessórios da locação seguirá o procedimento especial previsto no presente dispositivo legal, de modo que as disposições do CPC terão aplicação subsidiária, naquilo que não conflitarem com o art. 67.

A esse respeito, já se decidiu o seguinte:

> "Locação. Ação de consignação em pagamento. Propositura pelo rito do Código de Processo Civil. Julgamento com base na Lei nº 8.245/91. Não realizada intimação do autor para realização do depósito inicial. Não formalizados os depósitos das prestações que venceram no curso da lide. Sentença de improcedência na forma. Inciso III do art. 67 da Lei de Locações. Prejuízo para a parte. Ocorrência. 1. O fato de a ação ter sido proposta com base no que dispõe o rito ordinário do art. 890 do Código de Processo Civil e não o estabelecido no art. 67 da Lei nº 8.245/91, não é óbice ao seu regular processamento, pois, havendo previsão de procedimento especial, a demanda deve ser a este submetida. 2. A subsunção da lide aos ditames da lei do inquilinato deve ser feita por inteiro, sob pena de gerar incongruências intransponíveis à regular marcha processual, que possam gerar óbices ao exercício do direito da parte. 3. O juiz de primeiro grau, ao adotar o rito da lei de locações, conquanto o depósito inicial já tivesse sido realizado, deveria ter mandado intimar o Autor para que este o formalizasse também em relação às prestações vincendas sob pena de, restando inerte, submeter-se às consequências previstas na legislação de regência. 4. Recurso especial conhecido e provido".[48]

3. Legitimidade na ação consignatória

A legitimidade ativa na ação de consignação é atribuída ao locatário, que tem interesse em liberar-se quanto ao pagamento dos aluguéis. Terceiros interessados também estão legitimados a requerer a consignação, nos termos do art. 539 do CPC/2015. Assim, por exemplo, o herdeiro do locatário, nos termos do art. 11 da Lei 8.245/1991, o cônjuge, o fiador etc.

De outro lado, o locador é o legitimado passivo na ação consignatória, vale dizer, a pessoa em favor de quem se faça o depósito. De ressaltar que os acórdãos do STJ afastam a legitimidade passiva da administradora de imóvel para figurar na ação de consignação, eis que, embora mandatária do locador, não está autorizada a ser demandada em nome próprio, em função de inexistência de legitimidade extraordinária:

> "Processo civil. Locação. Ação de consignação em pagamento. Administradora. Ilegitimidade passiva.

---

[47] REsp 692.650/SP, 5ª Turma, Rel. Min. Arnaldo Esteves Lima, j. 12.09.2006, *DJ* 09.10.2006, p. 345.
[48] STJ, REsp 782.618/ES, 5ª Turma, Rel. Min. Laurita Vaz, j. 03.11.2009, *DJe* 30.11.2009.

1. O administrador de imóvel é parte ilegítima para figurar no polo passivo de ação de consignação em pagamento dos valores de aluguéis, mandatário que é do locador, não podendo ser demandado em seu nome.

2. Precedentes desta Corte.

3. Recurso especial conhecido, mas improvido".[49]

4. Competência

O foro competente para apreciar a ação consignatória, por força do art. 58, II, da Lei 8.245/1991, é o do local do imóvel. Contudo, nada obsta que cláusula de eleição de foro venha a modificar a competência territorial nessas hipóteses.

5. Momento para propositura da ação de consignação

A ação consignatória pode ser proposta em qualquer momento. Calha observar, contudo, que não há interesse, em princípio, na propositura de ação de consignação se já houver anterior propositura de ação de despejo e respectiva citação do locatário, na medida em que os valores podem ser depositados nos autos dessa última. A esse respeito, já se decidiu:

> "Apelação. Locação. Ação de consignação em pagamento. Sentença que indeferiu a inicial e julgou extinto o processo, sem exame do mérito, nos termos do art. 267, VI, do CPC de 1973 [correspondente ao art. 485, VI, do CPC/2015], por ausência de interesse de agir. Insurgência. Ilegitimidade passiva da imobiliária corré, administradora da locação, por não ser credora dos encargos locatícios que se pretende consignar nesta ação. Propositura de anterior ação de despejo por falta de pagamento c/c pedido de cobrança de aluguéis. Superveniente perda do interesse de agir para a propositura desta ação porque as verbas locatícias deveriam ser depositadas nos autos daquela ação a partir da citação dos autores desta ação (art. 62, II e V, da Lei de Locações). Extinção, de ofício e sem exame do mérito desta ação, em razão da ilegitimidade passiva da imobiliária corré (art. 267, VI e § 3º, do CPC [correspondente ao art. 485, VI e § 3.º, do CPC/2015]). Recurso desprovido".[50]

6. Petição inicial da ação de consignação

O art. 67, I, regulamenta as peculiaridades da petição inicial da ação de consignação de aluguéis e acessórios. Nesse sentido, além dos requisitos gerais do art. 319 do CPC/2015, como o juízo ao qual é dirigida, valor da causa (correspondente a 12 meses de aluguel, nos termos do art. 58, III, da Lei 8.245/1991 e Súmula 449 do STF), fundamentos de fato e de direito etc., deverá também indicar os aluguéis e acessórios locatícios e respectivos valores, eis que se exige que o débito seja líquido. Inclui-se no pedido a quitação das obrigações que vencerem durante a tramitação do feito, até ser prolatada a sentença de primeiro grau (art. 67, III).

Uma vez determinada a citação do réu, o autor será intimado para, no prazo de 24 horas, efetuar o depósito judicial da importância indicada na petição inicial, sob pena de extinção

---

[49] REsp 77.404/SP, 6ª Turma, Rel. Min. Paulo Gallotti, j. 21.08.2001, DJ 07.10.2002, p. 306.
[50] TJSP, Apelação 0010616-50.2013.8.26.0011/SP, 35ª Câmara de Direito Privado, Rel. Morais Pucci, j. 03.08.2015, data de registro: 04.08.2015.

do processo sem resolução do mérito (art. 67, II). Também deverá promover os depósitos sucessivos, nos respectivos vencimentos, justamente porque a dívida locatícia consiste em prestações periódicas (art. 67, III).

Permite-se também a consignação extrajudicial de aluguéis, nos termos do art. 539, § 1º, do CPC/2015, eis que compatível com o procedimento do art. 67 da Lei 8.245/1991. Nesse caso, o locatário pode efetuar o depósito em estabelecimento bancário oficial, cientificando-se o locador por carta com aviso de recebimento, para que manifeste a recusa no prazo de dez dias.

Passado o prazo sem qualquer recusa, o devedor ficará liberado da obrigação. Caso contrário, se houver recusa, a ação de consignação deverá ser proposta dentro de um mês (art. 539, § 3º, do CPC/2015), com a prova do depósito e da recusa. Caso não seja proposta a ação dentro desse prazo, o depósito ficará sem efeito, podendo o depositante levantá-lo. A propósito da admissão do depósito extrajudicial na consignação de aluguéis, assim já decidiu o STJ:

> "Locação. Aluguéis. Consignação extrajudicial. Credor. Notificação. Pessoal.
>
> I – O depósito extrajudicial dos aluguéis tem o efeito de desonerar o locatário da obrigação.
>
> II – É necessário que o locatário comprove o efetivo conhecimento do depósito pelo locador, o que se perfaz com a notificação pessoal deste. Interpretação sistemática do § 1º do art. 890 com o art. 223, parágrafo único do CPC [correspondente ao art. 539, § 1º, do CPC/2015].
>
> Recurso especial desprovido".[51]

7. Defesas do réu

Uma vez citado, o réu deverá oferecer contestação no prazo de 15 dias, contados da juntada aos autos do mandado de citação ou do aviso de recebimento.

Caso contrário, em caso de revelia, o pedido será acolhido, liberando-se o autor. Semelhante providência deverá ocorrer se o credor concordar com os valores depositados. Nesses dois casos, o credor será condenado ao pagamento de custas e honorários de 20% do valor dos depósitos (art. 67, IV).

Contudo, caso o credor venha a contestar, poderá levantar todas as defesas processuais pertinentes e, quanto à matéria de fato, poderá alegar não ter havido recusa ou mora em receber a quantia devida; ter sido justa a recusa; não ter sido efetuado o depósito no prazo ou no lugar do pagamento; não ter sido o depósito integral.

Ao lado disso, poderá o réu ainda oferecer reconvenção, requerendo o despejo, cumulada com cobrança dos valores objeto da consignatória ou da diferença do depósito inicial, em caso de alegação de falta de integralidade de depósito. Nesse caso, a reconvenção funcionará como ação autônoma e deverá ser apresentada simultaneamente com a contestação.

Após ter ciência da resposta do réu, é dado ao autor complementar o depósito efetuado, no prazo de cinco dias. Nesse caso, contudo, a complementação do depósito deverá ser acrescida de 10% sobre o valor da diferença. Ao lado disso, caso tenha sido complementado o depósito, o autor estará liberado da obrigação, mantendo-se, ainda, a existência do contrato de locação.

Contudo, em caso de complementação do depósito nos termos do art. 67, VII, o autor deverá pagar ao réu os valores de sucumbência, consistentes no reembolso de custas e honorários advocatícios de 20% sobre o valor dos depósitos.

---

[51] STJ, REsp 618.295/DF, 5ª Turma, Rel. Min. Felix Fischer, j. 06.06.2006, *DJ* 01.08.2006, p. 514.

Ainda, em caso de ajuizamento de reconvenção em que se cumulem pedidos de rescisão contratual e cobrança de valores objeto da consignatória, a cobrança só é exigível após a desocupação do imóvel, isso, é claro, se ambos os pedidos tiverem sido acolhidos.

Tenha-se presente, ademais, que é dado ao réu levantar a qualquer momento as importâncias depositadas a respeito das quais não haja controvérsia. Com efeito, por se tratar de obrigações periódicas, o réu pode levantar, no curso da ação, as quantias depositadas a respeito das quais não pairem controvérsia.

8. Sentença e recurso

O julgamento de procedência da consignação implica a liberação do autor/devedor quanto à obrigação do pagamento dos aluguéis. De outro lado, caso o réu tenha ajuizado reconvenção, seu julgamento de procedência poderá implicar, dependendo dos pedidos formulados, a condenação do autor/reconvindo ao pagamento dos aluguéis, a rescisão contratual e, ainda, a determinação do despejo.

Contra tal decisão, cabe recurso de apelação, no prazo de 15 dias, sem efeito suspensivo, nos termos do disposto no art. 58, V, da Lei 8.245/1991, por se tratar de sentença.

CAPÍTULO IV
Da Ação Revisional de Aluguel

Art. 68. Na ação revisional de aluguel, que terá o rito sumário, observar-se-á o seguinte: (Redação dada pela Lei nº 12.112, de 2009)

I – além dos requisitos exigidos pelos arts. 276 e 282 do Código de Processo Civil, a petição inicial deverá indicar o valor do aluguel cuja fixação é pretendida;

II – ao designar a audiência de conciliação, o juiz, se houver pedido e com base nos elementos fornecidos tanto pelo locador como pelo locatário, ou nos que indicar, fixará aluguel provisório, que será devido desde a citação, nos seguintes moldes: (Redação dada pela Lei nº 12.112, de 2009)

a) em ação proposta pelo locador, o aluguel provisório não poderá ser excedente a 80% (oitenta por cento) do pedido; (Incluída pela Lei nº 12.112, de 2009)

b) em ação proposta pelo locatário, o aluguel provisório não poderá ser inferior a 80% (oitenta por cento) do aluguel vigente; (Incluída pela Lei nº 12.112, de 2009)

III – sem prejuízo da contestação e até a audiência, o réu poderá pedir seja revisto o aluguel provisório, fornecendo os elementos para tanto;

IV – na audiência de conciliação, apresentada a contestação, que deverá conter contraproposta se houver discordância quanto ao valor pretendido, o juiz tentará a conciliação e, não sendo esta possível, determinará a realização de perícia, se necessária, designando, desde logo, audiência de instrução e julgamento; (Redação dada pela Lei nº 12.112, de 2009)

V – o pedido de revisão previsto no inciso III deste artigo interrompe o prazo para interposição de recurso contra a decisão que fixar o aluguel provisório. (Incluído pela Lei nº 12.112, de 2009)

§ 1º Não caberá ação revisional na pendência de prazo para desocupação do imóvel (arts. 46, parágrafo 2º e 57), ou quando tenha sido este estipulado amigável ou judicialmente.

§ 2º No curso da ação de revisão, o aluguel provisório será reajustado na periodicidade pactuada ou na fixada em lei.

Comentários (João Luís Zaratin Lotufo):

O art. 68 da Lei do Inquilinato trata da questão procedimental da ação revisional de aluguel, dispositivo que sofreu alteração em sua redação pela Lei 12.112, de 2009.

Dentro da sistemática, o dispositivo ora em comento é o instrumento pelo qual as partes de um contrato de locação materializam o art. 19 da presente lei, de sorte que, não havendo acordo, após três anos da entabulação, possível o pleito judicial de revisão.

Em razão da oscilação do mercado imobiliário, a Lei do Inquilinato permite a revisão dos aluguéis fixados, de forma a permitir que os valores sejam readequados às perspectivas econômicas supervenientes à contratação, ou seja, possibilitando o reequilíbrio do negócio entabulado entre locador e locatário, seja a locação para fins residenciais ou não residenciais.

A alteração superveniente do mercado imobiliário há de ser tal que configure um desequilíbrio entre as prestações do locador e do locatário, sendo sensível a ambas as partes. É dizer: não basta uma simples oscilação pontual.

A grande maioria dos contratos de locação imobiliária contém cláusulas de reajuste, em especial a correção monetária com base em índices oficiais, desde que a periodicidade não seja inferior a 12 meses, em respeito ao quanto disposto no *caput* do art. 2º da Lei 10.192, de 2001.

A via judicial deve ser sempre a última alternativa, razão pela qual o dispositivo do art. 19 especifica que a revisão tem lugar quando não houver acordo.

Assim, considerando a disposição do art. 79, que determina a aplicação das normas do Código Civil em caso de omissão na presente lei, devem as partes observar a cláusula geral da boa-fé e renegociar a locação que fugiu dos padrões da normalidade para o caso específico. Diante da quebra do equilíbrio contratual, a boa prática do tráfico jurídico exige um comportamento leal e cooperativo de ambas as partes no sentido de renegociação da avença inicial.

O dever de renegociação é uma obrigação legal que decorre da eficácia da boa-fé e da confiança recíproca, "consubstanciando-se a readequação do contrato (*adequamento*) como verdadeiro princípio geral dos contratos de execução diferida ou de longa duração".[52] Portanto, sendo o contrato de locação um negócio jurídico de execução continuada, de rigor que as partes reequilibrem as prestações, na hipótese de superveniente alteração das circunstâncias do mercado imobiliário.

No entanto, inexistindo colaboração ou entendimento entre as partes, a parte que se sentir prejudicada tem a possibilidade de recorrer ao Poder Judiciário com base na Ação Revisional, fazendo o juiz as vezes das partes para reequilibrar o contrato, se o caso.

Para Luis Fernando Cirillo, "trata-se de instrumento que serve à função social do contrato, que não será atingida se o aviltamento ou excesso do montante do aluguel propiciar o locupletamento de uma das partes em detrimento da outra".[53] Contudo, ousamos discordar, pois, a nosso sentir, trata-se de instrumento que encontra seu fundamento no princípio da justiça contratual, ou seja, tem a função precípua de reequilibrar o negócio jurídico pactuado entre as partes do contrato de locação, fato que não interfere diretamente na sociedade.

---

[52] NERY JUNIOR, Nelson; SANTOS, Thiago Rodovalho dos. Renegociação contratual. *Separata da Revista dos Tribunais*, São Paulo: RT, ano 100, vol. 906, p. 113-155, 2011, p. 141.

[53] CIRILLO, Luis Fernando. Principais aspectos jurídicos das ações revisional, consignatória de alugueres e acessórios e renovatória de contrato de locação imobiliária urbana. In: GUERRA, Alexandre; BENACCHIO, Marcelo (coords.). *Direito imobiliário brasileiro*. São Paulo: Quartier Latin, 2011, p. 457.

Diz-se, assim, que a ação revisional tem natureza constitutiva, "porque capaz de modificar alguns elementos do contrato".[54]

Anteriormente à alteração de 2009, a ação revisional de aluguel corria pelo rito sumaríssimo, o qual foi substituído pelo rito sumário, em virtude da alteração do Código de Processo Civil de 1973, ocorrida em 1994 pela Lei 8.952.

No que diz respeito à nomenclatura do rito a ser seguido, a adequação da Lei do Inquilinato se deu com atraso, considerando que o Código de Processo Civil de 1973 havia substituído o procedimento sumaríssimo pelo sumário com bastante antecedência. No entanto, a alteração foi mais formal do que propriamente substancial, não havendo prejuízo às partes. Neste sentido, o Tribunal de Justiça de São Paulo, antes da alteração da Lei do Inquilinato, já classificava o rito sumaríssimo como rebatizado pelo sumário, *in verbis*: "Ação revisional de aluguel. Rito sumário. Inteligência do artigo 68, *caput*, da Lei 8.245/91. Em face do que dispõe o artigo 68, *caput*, da Lei 8.245/91, a ação revisional de aluguel terá o rito sumário, nome com que, em reforma do CPC, foi rebatizado o sumaríssimo".[55]

A ideia central, ao se optar pelo procedimento mais célere, é de concentração e celeridade processual.[56] O tempo é questão preponderante no tráfico jurídico em geral, especialmente no ramo imobiliário em que a alteração superveniente das circunstâncias pode significar a impossibilidade ou a onerosidade do cumprimento do contrato.

Em que pese a disposição legal estabelecer como regra o rito sumário, alguns magistrados entendem por bem determinar o processamento pelo rito ordinário, sem qualquer justificativa, hipótese em que o Tribunal de Justiça de São Paulo tem formado jurisprudência para afastar tal prática. Neste sentido: "Agravo de instrumento. Locação. Ação revisional de aluguel. Ação processada pelo rito ordinário. Inadmissibilidade. Artigo 68 da Lei nº 8.245/91 que prevê expressamente a observância do procedimento sumário. Ausência de qualquer fundamento que justifique o abandono do rito previsto na lei de regência. Fixação de aluguel provisório em, no mínimo, 80% do valor vigente. Exegese do art. 68, inciso II, alínea 'b', da Lei 8.235/91. Recurso provido".[57]

De toda sorte, cumpre ressaltar que a conversão para o rito ordinário tem espaço para as hipóteses em que se exige a produção de prova técnica de maior complexidade e não resulte em prejuízo para as partes. Assim é o posicionamento do Superior Tribunal de Justiça, conforme os acórdãos proferidos no AgRg no REsp 648.095/ES e no REsp 62.253/SP. Neste último julgado, o Ministro Felix Fischer entende que "preferido o rito ordinário ao sumaríssimo, e não advindo nenhum prejuízo para a defesa, que inclusive utilizou-se dos prazos previstos naquele rito, não se pode, no transcorrer do processo, alterar a forma procedimental sob pretexto de determinar o curso do feito durante as férias, impossibilitando assim a interrupção de prazo para apelação, que estaria, deste modo, intempestiva".

---

[54] AMORIM, José Roberto Neves. Revisional e renovatória de locação. In: CASCONI, Francisco Antonio; AMORIM, José Roberto Neves (coords.). *Locações:* aspectos relevantes. São Paulo: Método, 2004, p. 113.
[55] Acórdão de 23.06.1999 da 5ª Câmara do Segundo Tribunal de Alçada Civil, nos autos da Apelação s/ Revisão 548617-00/3, tendo como relator o Juiz Dyrceu Cintra.
[56] BARROS, Francisco Carlos Rocha de. *Comentários à Lei do Inquilinato.* 2. ed. rev. e atual. São Paulo: Saraiva, 1997, p. 534.
[57] Acórdão de 26.02.2015 da 32ª Câmara de Direito Privado do Tribunal de Justiça de São Paulo, nos autos do Agravo de Instrumento 2009447-56.2015.8.26.0000, tendo como relator o Des. Ruy Coppola.

A questão a ser enfrentada decorre do fato de o atual Código de Processo Civil (Lei 13.105, de 2015), em vigor desde março de 2016, não ter acolhido a dualidade de procedimentos como o precedente Código de Processo Civil de 1973. O atual diploma instrumental não contém previsão sobre o procedimento sumário, de sorte que o procedimento ordinário foi substituído pelo procedimento comum. Sendo assim, a Ação Revisional deverá seguir o procedimento comum, previsto nos arts. 318 e seguintes do atual Código de Processo Civil. No entanto, os requisitos indispensáveis para a propositura permanecem os mesmos.

Conforme aponta José Roberto Neves Amorim, "o principal requisito é o temporal, haja vista a necessidade de três anos de contrato, ou do último acordo, ou, ainda, da última revisão".[58] Deve, portanto, permanecer inalterado o ajuste locatício por três anos, de sorte que a sub-rogação operada com o locador ou com o locatário não interrompe o prazo.

A legitimidade para propor a Ação Revisional é de ambas as partes, ou seja, locador ou locatário. Aquele pode pretender a majoração do valor do aluguel, enquanto este a redução. Há que se considerar a hipótese de sublocação, abrindo-se a possibilidade para o ajuizamento tanto para o sublocador como para o sublocatário, não participando da lide o locador. Este não faz parte da relação entre aqueles, mesmo que a sublocação seja ilegítima.

Para Francisco Carlos Rocha de Barros, o fiador não é litisconsorte necessário, não havendo, portanto, necessidade de citá-lo. Para o autor, o fiador pode, porém, intervir como assistente do locatário, considerando o interesse comum, apontando que "tendo sido a ação ajuizada pelo locador, não vemos razão para impor a obrigação de intimar o fiador. Este, quando assumiu a fiança, responsabilizou-se por todas as obrigações assumidas pelo afiançado enquanto locatário, daí não haver razão para considerar-se exonerado de obrigações que venham a ser judicialmente impostas ao locatário".[59] Em sentido contrário é o posicionamento de Luis Fernando Cirillo, para quem "a sentença que modificar o valor do aluguel não produzirá efeito em relação ao fiador que não integrar o polo passivo da ação revisional", pois "a revisão do aluguel, no bojo de processo judicial do qual o fiador não participou, equivale ao aditamento, que o Superior Tribunal de Justiça, na sua Súmula 214, já assentou não vincular o fiador que não o celebra".[60] O STJ, por sua vez, pacificou o entendimento de que o fiador deve necessariamente integrar o polo passivo da demanda, afirmando, neste sentido, o Ministro Arnaldo Esteves de Lima que "é a jurisprudência do Superior Tribunal de Justiça no sentido de que, 'Não tendo o **fiador** integrado a **ação revisional,** não pode ser demandado pelos valores que por ela forem acrescidos ao antes contratado, sendo, na espécie, de todo irrelevante a previsão de responsabilização até a entrega das chaves, dessarte, notória a sua ilegitimidade passiva para a **ação** que executa título judicial emanado daquela **ação** revisora do locativo'".[61]

---

[58] AMORIM, José Roberto Neves. Revisional e renovatória de locação. In: CASCONI, Francisco Antonio; AMORIM, José Roberto Neves (coords.). *Locações:* aspectos relevantes. São Paulo: Método, 2004, p. 114.

[59] BARROS, Francisco Carlos Rocha de. *Comentários à Lei do Inquilinato.* 2. ed. rev. e atual. São Paulo: Saraiva, 1997, p. 535.

[60] CIRILLO, Luis Fernando. Principais aspectos jurídicos das ações revisional, consignatória de alugueres e acessórios e renovatória de contrato de locação imobiliária urbana. In: GUERRA, Alexandre; BENACCHIO, Marcelo (coords.). *Direito imobiliário brasileiro.* São Paulo: Quartier Latin, 2011, p. 463.

[61] Acórdão de 01.03.2007 da 5ª Turma do Superior Tribunal de Justiça, nos autos do Recurso Especial 672.615/RS, tendo como relator o Min. Arnaldo Esteves Lima.

Antes da entrada em vigor do atual CPC, o procedimento que devia ser adotado era o sumário, quando a parte deveria indicar o rol de testemunhas de plano. Na oportunidade, se houvesse necessidade de perícia, deveria também apontar o assistente técnico e oferecer quesitos, logo na peça inicial, sob pena de preclusão.

Contudo, com a entrada em vigor do Código de Processo Civil de 2015, deverão ser observados os requisitos do art. 319, pelo que, em regra, não há mais a exigência de indicação do rol de testemunhas e do assistente técnico logo na petição inicial, bastando observar a exigência da parte final do inc. I do referido artigo, qual seja, a indicação do valor do aluguel cuja fixação é pretendida.

O valor da causa deve corresponder a 12 meses de aluguel, conforme preceito do art. 58, III, da presente lei. No entanto, deverá se tomar por base para a fixação do valor da causa o valor corrente do aluguel, e não o valor que se pretende seja fixado.

Entendendo cabível, dentro das circunstâncias apresentadas pelas partes e principalmente pelo autor da demanda, poderá o juiz acolher o pedido de antecipação da tutela jurisdicional e fixar aluguel provisório. Contudo, o valor deste não poderá exceder 80% do pretendido pelo locador, ou, na hipótese de ajuizamento pelo locatário, ser inferior a 80% do valor do aluguel vigente (inc. II, alíneas "a" e "b"). São requisitos para a antecipação da tutela (i) o pedido expresso, impossibilitando o arbitramento de ofício pelo juiz; e (ii) a demonstração de plano da desproporção entre as obrigações do locador e do locatário.

Uma vez fixado aluguel provisório, antes mesmo de oferecer a contestação, o réu poderá requerer a revisão do aluguel provisório, embasando seu pedido (inc. III). Não atendido o reclamo do réu, começará a fluir, então, o prazo para eventual interposição de Agravo de Instrumento, visto que o pedido de revisão previsto no inc. III interrompe o prazo para manejo do recurso (inc. V). De toda sorte, não havendo modificação ou efeito suspensivo sobre a decisão de que fixar os aluguéis provisórios, estes serão devidos desde a citação, em respeito ao quanto disposto na parte final do inciso II do artigo ora em comento. Cumpre ressaltar que "não se revê, pois, o aluguel do mês inteiro, mas apenas o do correspondente aos dias que se seguiram ao da citação. No caso, o aluguel será revisto *pro rata die*".[62]

Em regra, a contestação deverá ser apresentada na audiência de conciliação, em observação ao procedimento sumário. No entanto, na vigência do Novo CPC, considerando a inexistência do procedimento sumário, fica a dúvida se a contestação deverá ser apresentada na própria audiência de conciliação ou no prazo previsto no art. 335, I, do atual CPC, qual seja, 15 dias após a audiência de conciliação. *Ad cautelam*, deverá o réu apresentar a contestação na audiência de conciliação, considerando a disposição do inc. IV do artigo ora em comento. De toda sorte, de rigor que o legislador adéque a presente lei aos moldes do Novo CPC, fixando de forma clara e objetiva o prazo para apresentação da contestação, afastando, dessa forma, a possibilidade de decisões desencontradas.

Vale ressaltar que a propositura da ação revisional encontra óbice na hipótese de pendência de prazo para desocupação do imóvel locado, ou quando tenha sido estipulado de forma consensual ou judicial.

Por fim, havendo fixação de aluguel provisório, este será reajustado nos moldes fixados pela parte no contrato ou pela periodicidade fixada na lei.

---

[62] BARROS, Francisco Carlos Rocha de. *Comentários à Lei do Inquilinato*. 2. ed. rev. e atual. São Paulo: Saraiva, 1997, p. 542.

TÍTULO II – DOS PROCEDIMENTOS • **Art. 68**

Nota do organizador Luiz Antonio Scavone Junior:

Não se admite ação revisional no prazo para desocupação

Nos casos de denúncia imotivada dos arts. 46, § 2º, e 57, e só nesses casos,[63] pendente prazo para desocupação, não se admitirá a ação de revisão de aluguéis.

Aplica-se a vedação, portanto, durante o prazo para desocupação voluntária nas seguintes hipóteses (art. 68, § 1º; arts. 46, § 2º, e 57):

a) locação residencial pelo prazo de 30 meses prorrogada por prazo indeterminado;
b) locação não residencial prorrogada por prazo indeterminado;
c) mútuo acordo;
d) pendente o prazo fixado judicialmente, mesmo que em decisão homologatória.

O que se quer dizer é que no prazo para desocupação voluntária concedido na notificação e nas hipóteses legais, antes da ação de despejo, não é possível requerer revisão.

Não teria mesmo sentido requerer revisão antes de saber se haverá a desocupação voluntária no prazo da notificação, que é de 30 dias ou quando tenha sido este prazo estipulado amigável ou judicialmente.

Nesse sentido:

> Locação de bem imóvel ação revisional de aluguel c/c indenizatória. (...) Pedido revisional juridicamente impossível. Pendência de prazo para desocupação do imóvel. Sentença anulada, com observação. (TJSP; Apelação Cível 0053097-13.2012.8.26.0577; 35ª Câmara de Direito Privado; Foro de São José dos Campos – 5ª Vara Cível; Rel. Melo Bueno; j. 11.11.2013; data de registro: 11.11.2013)

> Locação – Revisional – Pendência de prazo para desocupação – Descabimento – Exegese do artigo 68, § 1º, da Lei 8.245/1991. Na vigência do prazo da notificação denunciando o contrato locatício, seja este residencial, seja comercial, não poderá o senhorio promover ação revisional de aluguel, direito que lhe socorre, contudo, após superado o prazo, sem atendimento pelo inquilino (Segundo TAC/SP Apel. s/ rev. nº 451.032, 11ª Câm., Rel. Juiz Mendes Gomes, j. em 1º.04.96. No mesmo sentido: AI nº 373.666, 5ª Câm., Rel. Juiz Alves Bevilacqua, j. 03.03.93).

No curso da ação de despejo, e fora das hipóteses dos arts. 46, § 2º, e 57, nada obsta o pedido de revisão.[64]

---

[63] Uma norma restritiva de direito (direito de pedir revisão), deve ser interpretada restritivamente.

[64] **Segundo Tribunal de Alçada Civil de São Paulo.** Locação Revisional – Pendência de ação de despejo – Inexistência de prazo para desocupação – Admissibilidade – Exegese do § 1º do artigo 68 da Lei 8.245/1991. Decretado o despejo em processo instaurado sob a égide da lei anterior, e estando a respectiva sentença sujeita a recurso com efeito suspensivo, nada obsta o ajuizamento de ação revisional de aluguel pelo locador (AI nº 375.365, 7ª Câm., Rel. Juiz Antonio Marcato, j. 22.12.92. No mesmo sentido: AI nº 362.996, 7ª Câm., Rel. Juiz Ary Casagrande, j. 08.09.92; AI nº 370.273, 2ª Câm., rel. Juiz Andreatta Rizzo, j. 26.10.92; AI nº 372.330, 7ª Câm., Rel. Juiz Antonio Marcato, j. 17.11.92; AI nº 362.872, 5ª Câm., Rel. Juiz Ismeraldo Farias, j. 02.09.92).
Segundo Tribunal de Alçada Civil de São Paulo. Locação – Revisional – Pendência de prazo para desocupação do artigo 78 da Lei 8.245/1991 – Admissibilidade – Restrição do artigo 68, § 1º – Inabrangência. O impedimento do artigo 68, § 1º, não se aplica à hipótese de denúncia imotivada baseada no disposto no artigo 78, ambos da Lei 8.245. No caso, a pendência do prazo de 12 meses para desocupação não impede a propositura de ação revisional de aluguel (AI nº 448.600, 4ª Câm., Rel. Juíza Luzia Galvão Lopes, j. 12.12.95, in JTA (Lex) 156/279. No mesmo sentido: Apel.

Valor do aluguel no caso de obras feitas pelo locatário

Nos termos do art. 35 da Lei 8.245/1991, o locatário faz jus às benfeitorias úteis desde que necessárias mesmo que não autorizadas.

Nada obstante, o mesmo dispositivo permite pacto em sentido diverso, expresso no instrumento contratual.

Sendo assim, é praxe que os contratos, normalmente redigidos pelos locadores, contemplem cláusula de renúncia, pelo inquilino, de gastos com as benfeitorias e acessões feitas no imóvel locado que, nos termos dessas cláusulas, ficam incorporadas ao imóvel sem direito de retenção ou indenização.

Nessa medida, o locador, pela vis attractiva exercida pelo solo e pela regra geral segundo a qual o acessório (benfeitoria ou acessão), além de seguir o principal (o solo), passa a ser de propriedade do dono do principal, os locadores são legítimos proprietários daquilo que se incorpora no imóvel.

Posta assim a questão, na ação revisional, resta saber se o locador pode pedir revisão do aluguel, com pretenso acréscimo de valor, tendo em vista a obra feita pelo inquilino.

O STJ sempre entendeu que, diferentemente do que ocorre na renovatória do contrato, na qual o locador pode pleitear que o aluguel pelo novo período leve em consideração o estado atual do imóvel mesmo que as obras tenham sido feitas pelo inquilino, na ação revisional essa mesma solução não seria possível.

Nesse sentido, judicioso julgado da pena do Ministro Paulo Dias Moura Ribeiro:

> Agravo Interno nos Embargos de Declaração no Recurso Especial. Recurso interposto na vigência do NCPC. Ação revisional de aluguel. Acessões realizadas pelo locatário. Desconsideração para efeito de fixação de novo valor de aluguel. Decisão mantida. (...) A ação revisional de aluguel de benfeitorias e acessões realizadas pelo locatário não devem ser consideradas para efeito do cálculo do novo valor do aluguel. Tais melhoramentos e edificações, no entanto, poderão ser levadas em conta na fixação do aluguel por ocasião da renovatória, em novo contrato. Precedentes. (...) 4. Agravo interno não provido, com aplicação de multa. (AgInt nos EDcl no REsp 1.727.589/SP, 3ª Turma, Rel. Min. Moura Ribeiro, j. 07.08.2018, *DJe* 14.08.2018).

Deveras, as obras levadas a efeito pelo inquilino, ainda que do recebimento de indenização por elas tenha renunciado, não poderiam mesmo gerar frutos civis (espécie de bem acessório) ao locador por capital que ele não investiu.

Trata-se de enriquecimento ilícito e afronta à boa-fé (CC, art. 412).

Na ação renovatória, na qual também se discute o valor do aluguel, é diferente pois se trata de um novo contrato e, a princípio, o valor investido pelo inquilino que renuncia ao direito

---

s/ rev. nº 372.479, 1ª Câm., Rel. Juiz Claret de Almeida, j. 04.11.93; AI nº 411.939, 2ª Câm., Rel. Juiz Norival Oliva, j. 13.06.94; Apel. s/ rev. nº 430.082, 6ª Câm., Rel. Juiz Paulo Hungria, j. 26.04.95; AI nº 434.181, 2ª Câm., Rel. Juiz Diogo de Salles, j. 15.05.95; Apel. s/ rev. nº 436.164, 11ª Câm., rel. Juiz José Malerbi, j. 07.08.95; AI nº 438.596, 1ª Câm., Rel. Juiz Souza Aranha, j. 18.09.95; AI nº 442.274, 1ª Câm., Rel. Juiz Renato Sartorelli, j. 18.09.95. MS 440.101, 7ª Câm., Rel. Juiz Emmanoel França, j. 19.9.95; AI nº 442.612, 8ª Câm., Rel. Juiz Narciso Orlandi, j. 28.09.95; AI nº 442.604, 3ª Câm., Rel. Juiz Francisco Barros, j. 17.10.95; Apel. s/ rev. nº 41.599, 9ª Câm., Rel. Juiz Eros Piceli, j. 08.11.95; Apel. s/ rev. nº 443.949, 1ª Câm., Rel. Juiz Magno Araújo, j. 04.12.95; AI nº 449.544, 3ª Câm., Rel. Juiz Oswaldo Breviglieri, j. 05.12.95; Apel. s/ rev. nº 447.623, 2ª Câm., Rel. Juiz Andreatta Rizzo, j. 29.01.96; Apel. s/ rev. nº 450.632, 3ª Câm., Rel. Juiz Milton Sanseverino, j. 30.01.96; AI nº 466. 609, 3ª Câm., Rel. Juiz João Saletti, j. 20.08.96).

de receber pelas benfeitorias e acessões deve levar em consideração o primeiro prazo, até porque existem defesas possíveis e o direito à renovação não é absoluto.

Ocorre que, no EREsp 1.411.420, julgado no dia 03.06.2020, decidiu o STJ que, na ação revisional de contrato de locação, o valor do aluguel deve levar em consideração a obra realizada pelo locatário com autorização do locador.

A nova solução, se for estendida para hipóteses em que não haja pagamento ou compensação ao locatário pelas benfeitorias, é inoportuna e gera insegurança.

É preciso, entretanto, observar que neste recurso, o contrato determinava que haveria compensação dos valores gastos pelo inquilino ao final do contrato.

Se o entendimento do EREsp 1.411.420 for aplicado indistintamente, mesmo nos casos em que não houver compensação ou indenização paga ao inquilino pelas benfeitorias ou acessões, implicará enriquecimento ilícito pois significará deferir fruto civil, espécie de bem acessório, a quem não empregou capital (principal) algum.

Entendimento desse jaez seria completo desvirtuamento da regra geral que regula os bens reciprocamente considerados, insculpida no art. 92 do Código Civil e que, por tal razão, não pode ser aplicado.

Sobre qual capital (bem principal) – já que as obras que servirão para cálculo do aluguel não representam investimento do locador – o acessório (aluguel, que é fruto civil), incidirá?

O fato de as benfeitorias levadas a efeito pelo inquilino serem indenizadas, o que só ocorrerá, nos termos do art. 35 da Lei 8.245/1991, se o contrato for silente – e normalmente não é, pois contempla cláusulas de renúncia –, ou se as partes assim convencionarem, pode autorizar a revisão, mas, para tanto, o locador deverá demonstrar que indenizará ou que já indenizou as benfeitorias ou acessões, hipótese rara na prática contratual.

Renúncia ao direito de pedir revisão

O direito, de certa forma, pode ser classificado em dois grandes grupos, ou seja:

a) dos direitos patrimoniais (direitos reais e pessoais);
b) dos direitos não patrimoniais (vida, liberdade, nome etc.).

Sendo o direito à revisão um direito patrimonial, nada obsta a renúncia expressa no contrato, durante o prazo original, que não está inserta nas vedações do art. 45 da Lei 8.245/1991 de acordo com a maioria dos julgados.

> Locação. Ação revisional de aluguel. Sentença de improcedência. Interposição de apelação pela autora. Partes contratantes que renunciaram expressamente ao direito de pedir a revisão do valor dos aluguéis, previsto no artigo 19 da Lei nº 8.245/1991, durante o prazo original do contrato de locação. Renúncia ao direito de pedir a revisão do valor do aluguel durante o prazo original da locação é perfeitamente válida, no caso concreto, não implicando violação do artigo 45 da Lei nº 8.245/1991, porquanto se refere a direito patrimonial que é disponível. Descabimento da intervenção do Poder Judiciário para modificar o que as partes livremente ajustaram. Livre pactuação de cláusula de renúncia ao direito reclamado. Improcedência do pedido de revisão do valor dos aluguéis era mesmo medida imperiosa. Documentos acostados aos autos, especialmente o contrato de locação firmado entre partes, são suficientes para o deslinde da causa. Rejeição da pretensão de retorno dos autos à origem para produção de provas. Pretensão de arbitramento dos honorários advocatícios sucumbenciais por apreciação equitativa, na forma do artigo 85, § 8º, do CPC/2015. Acolhimento. Reforma da r. sentença, para arbitrar os honorários advocatícios sucumbenciais no importe de R$ 10.000,00, com correção monetária a partir deste julgamento, o que considero suficiente para remunerar dignamente o trabalho

desempenhado pelo patrono da ré. Apelação parcialmente provida. (TJSP; Apelação Cível 1055351-05.2018.8.26.0100; 29ª Câmara de Direito Privado; Foro Central Cível – 45ª Vara Cível; Rel. Carlos Dias Motta; j. 05.02.2014; data de registro: 30.04.2019)

Locação. Ação revisional de aluguel. Alegação de nulidade de cláusula contratual impeditiva de revisão do aluguel. Hipótese de direito disponível, o que propicia o reconhecimento da validade e da eficácia da estipulação contratual. Prevalência do pacto das partes. Improcedência mantida. Recurso improvido. A renúncia ao direito de pleitear a revisão do valor do aluguel durante o prazo da locação é perfeitamente admissível, sendo válida e eficaz a cláusula, o que desautoriza invocar a norma do artigo 45 da Lei nº 8.245/91. Trata-se de direito patrimonial, de onde advém a possibilidade de livre disposição pelas partes. (Apelação nº 0001585-56.2011.8.26.0405, 31ª Câmara de Direito Privado do Tribunal de Justiça de São Paulo, Rel. Antônio Rigolin, j. 29.08.2017)

No STJ:

Agravo Interno no Recurso Especial. Locação. Imóvel não residencial. Aluguel. Revisão do valor. Cláusula de renúncia. Validade. (...) 2. É firme a orientação do Superior Tribunal de Justiça no sentido de que a disposição contratual de renúncia à revisão do valor de aluguel de imóvel não residencial é compatível com os arts. 19 e 45 da Lei nº 8.245/1991. Precedentes. 3. A invalidação da cláusula de locação garantida com renúncia de reajuste do valor do aluguel viola o equilíbrio da relação contratual, quando o locatário alienou o bem objeto da locação em leilão, confiando na validade da referida disposição contratual, livremente assumida pelo arrematante/locador. 4. Agravo interno não provido. (AgInt no Recurso Especial nº 1.650.333/MG, 3ª Turma do C. Superior Tribunal de Justiça, Rel. Min. Ricardo Villas Bôas Cueva, j. 28.08.2018).

Referindo-se à validade da renúncia durante o prazo original, o que autorizaria a revisão com a prorrogação do prazo contratual por força de lei:

Agravo interno. Locação. Valor pactuado. Revisão. Impossibilidade. Cláusula de renúncia. Validade. Precedentes. 1. Havendo, no contrato de locação, cláusula expressa de renúncia ao direito de revisão, fica impedida a alteração, no prazo original, do valor fixado para o aluguel. 2. Agravo interno ao qual se nega provimento (AgRg no REsp 692.703/SP, Rel. Min. Celso Limongi (Des. Conv. do TJ/SP), 6ª Turma, *DJe* 07.06.2010).

Qualquer acordo interrompe o prazo trienal ou é necessário que esse acordo tenha colocado o aluguel no valor de mercado?

Qualquer acordo, mesmo que não tenha elevado o aluguel ao preço de mercado, interrompe o prazo para a ação revisional.

Nesse sentido:

"Locação – revisional – acordo para término de ação de despejo por falta de pagamento – inadmissibilidade. A existência de qualquer acordo de revisão dos alugueres obsta a ação revisional, ainda que para pôr fim à ação de despejo por falta de pagamento, com a fixação de novo aluguel" (Apel. s/ rev. 382.754, 8ª Câm., Rel. Juiz Vidal de Castro, j. 05.05.94).

Enunciado nº 16 do Centro de Estudos do Segundo Tribunal de Alçada Civil de São Paulo – Artigos 18 e 19 – O acordo das partes que, no contrato de locação, inserir ou modificar a periodicidade dos reajustes, interrompe o prazo para o ajuizamento da ação revisional.

Criação de um limitador para o aluguel provisório requerido pelo locatário pela Lei 12.112/2009

Nada obstante não houvesse expressa disposição da possibilidade da revisão do valor do aluguel por ação proposta pelo locatário, mormente em razão de a Lei 8.245/1991 ter sido elaborada

TÍTULO II – DOS PROCEDIMENTOS • **Art. 68**

em período de exacerbada inflação, no qual era praticamente impossível imaginar a redução do valor do aluguel, a partir da estabilização da moeda passou-se a admitir, até pelo princípio da igualdade, que, a requerimento do locatário, os aluguéis fossem revistos para baixo.

Com efeito, a jurisprudência adotou o critério de permitir que a diminuição do valor do aluguel se operasse na razão de até oitenta por cento do pedido, que sempre foi considerado como pedido da redução pretendida pelo autor.

Nesse sentido, na hipótese de aluguel de R$ 20.000,00 com pedido de revisão para R$ 10.000,00, o juiz poderia fixar o aluguel provisório entre R$ 12.000,00 e R$ 20.000,00.

Inexplicavelmente, a redação final do inciso II do art. 68 da Lei 8.245/1991, com a redação dada pela Lei 12.112/2009, quebrou essa isonomia, ao estabelecer que o juiz está limitado a conceder redução de apenas 20% na hipótese do pedido efetuado pelo locatário. Na dicção da lei, permite-se ao juiz fixar o valor do aluguel provisório não inferior a "80% (oitenta por cento) do aluguel vigente".

No exemplo dado, ainda que o locatário aponte na petição inicial, com elementos de convencimento, que o aluguel foi reduzido de R$ 20.000,00 para R$ 10.000,00, em tese o juiz somente poderá conceder redução de R$ 4.000,00, fixando o aluguel provisório em R$ 16.000,00.

Entretanto, no mesmo caso citado, se a revisão for proposta pelo locador que aponta o valor de R$ 20.000,00 ante aluguel vigente de R$ 10.000,00, o juiz poderia fixar o aluguel provisório de R$ 18.000,00, ou seja, "80% (oitenta por cento) do pedido" de aumento indicado na petição inicial, considerado o significado até então empregado doutrinária e jurisprudencialmente ao termo legal "pedido", o que representa aumento de R$ 8.000,00.

É preciso insistir que, a par do imbróglio gerado pela modificação, "pedido" sempre significou, no caso, o "pedido" de aumento ou o de redução pretendidos, respectivamente, pelo locador e pelo locatário.

Nessa medida, ensina Francisco Carlos Rocha de Barros: "A fixação do limite de 80% vale também para a hipótese de fixação de aluguel provisório quando a ação revisional é movida pelo locatário. O cálculo complica-se, mas conhecimentos elementares de matemática podem resolver a questão. Se o aluguel vigente for dez, e o locatário pretender reduzi-lo para cinco, o aluguel provisório não poderá ser inferior a seis. O locatário pleiteia pagar cinco a menos do que deve. Oitenta por cento de cinco é quatro. Assim, só pode conseguir, provisoriamente, pagar quatro a menos do valor vigente, ou seja, 80% da redução por ele pretendida".[65]

Posta desta maneira a questão, a continuar o pedido com o mesmo significado empreendido pela doutrina e pela jurisprudência, poder-se-á gerar profunda injustiça e afronta ao princípio da isonomia. Nesse caso, será juridicamente impossível explicar a diferença de tratamento legal entre locador e locatário na fixação do aluguel provisório.

Em suma, percebe-se nitidamente que a lei confundiu o sentido doutrinário e jurisprudencial empreendido ao termo "pedido" da redação original, que significava o valor do aumento ou da redução pretendidos.

Por outro lado, mesmo que o "pedido" da redação original nas ações revisionais propostas pelo locador passe a ter o significado de "aluguel total pedido", como parece ser o caso, a afronta ao princípio da igualdade ainda é flagrante, se for este comparado com a possibilidade de o juiz fixar o aluguel provisório em não menos que "80% (oitenta por cento) do aluguel vigente" na ação proposta pelo locatário.[66]

---

[65] Francisco Carlos Rocha de Barros, *Comentários à lei do inquilinato*, cit., p. 542.
[66] A redação original do projeto era ainda pior e, pelo que se percebe, durante a sua tramitação, a tentativa de correção foi em vão. Com efeito, previa que, "em ação proposta pelo locatário, o alu-

Em consonância com o acatado, atribuído ao pedido este sentido (de valor total do aluguel objeto do pedido), na ação proposta pelo locador que, a título exemplificativo, diante de aluguel vigente de R$ 10.000,00, pretende outro de R$ 20.000,00, em tese, o juiz pode fixar o aluguel provisório em R$ 16.000,00, ou seja, "80% (oitenta por cento) do 'aluguel objeto do' pedido", o que representa aumento de R$ 6.000,00.

Por outro lado, na ação proposta pelo locatário que, diante de aluguel vigente de R$ 20.000,00, pretende outro de R$ 10.000,00, o juiz estará limitado a fixar o aluguel provisório nos mesmos R$ 16.000,00, ou seja, "80% (oitenta por cento) do aluguel vigente", o que representa, por outro lado, redução de apenas R$ 4.000,00.

A se considerar a justificação do projeto que culminou com a Lei 12.112/2009 e a alteração do art. 68 da Lei do Inquilinato, não nos parece que tenha sido esta a *mens legis* na exata medida em que encontramos nela o seguinte: "As alterações propostas no art. 68 consistem, essencialmente: (...) na criação de um limitador para o aluguel provisório requerido pelo locatário, nos mesmos moldes do limitador já existente para o aluguel provisório postulado pelo locador, assim conferindo tratamento isonômico entre as partes e no aperfeiçoamento da sistemática de revisão do aluguel provisório, desafogando-se os Tribunais de segunda instância ao conferir segurança jurídica para o réu questionar o valor do aluguel provisório perante o juiz de primeiro grau, sem precisar interpor desde logo recurso da decisão que o fixa."

Em suma, ao tentar aplicar tratamento isonômico entre locador e locatário, a lei feriu princípios elementares de matemática, desigualando as ações propostas por locadores e locatários, demandando interpretação sistemática com a Constituição Federal e aplicação dos princípios da boa-fé, da eticidade, da operabilidade e da socialidade.

Posta assim a questão e a par da alteração, entendemos que ao juiz é possível continuar deferindo o aluguel provisório pedido pelo locatário no limite de 80% (oitenta por cento) da redução apontada na exordial com elementos de verossimilhança e continuar aplicando o entendimento segundo o qual o pedido, para o locador, é o pedido de aumento do aluguel, fixando a majoração em até 80% (oitenta por cento) da diferença pretendida.

Esta é a única maneira de amoldar de forma isonômica a ação revisional proposta pelo locador e pelo locatário, como, aliás, já levava a efeito a jurisprudência.

Art. 69. O aluguel fixado na sentença retroage à citação, e as diferenças devidas durante a ação de revisão, descontados os alugueres provisórios satisfeitos, serão pagas corrigidas, exigíveis a partir do trânsito em julgado da decisão que fixar o novo aluguel.

§ 1º Se pedido pelo locador, ou sublocador, a sentença poderá estabelecer periodicidade de reajustamento do aluguel diversa daquela prevista no contrato revisando, bem como adotar outro indexador para reajustamento do aluguel.

§ 2º A execução das diferenças será feita nos autos da ação de revisão.

---

guel provisório não poderá ser inferior a 120% (cento e vinte por cento) do pedido". Nitidamente concedia-se ao "pedido" o significado de "valor do aluguel pedido". Ocorre que, neste caso, a isonomia também seria quebrada, visto que, no exemplo que demos, de diminuição de R$ 20.000,00 para R$ 10.000,00, o juiz poderia conceder redução de até R$ 8.000,00, fixando o aluguel em R$ 12.000,00, ou seja, 120% do aluguel total pedido pelo locatário. Na mesma hipótese, se o pedido fosse do locador, de aumento de R$ 10.000,00 para 20.000,00, o juiz poderia aumentar apenas R$ 6.000,00 e fixar o aluguel em até R$ 16.000,00, ou seja, 80% (oitenta por cento) do aluguel pedido pelo locador.

Comentários (João Luís Zaratin Lotufo):

Na hipótese de procedência da ação, o juiz fixará o valor do aluguel definitivo, que será tomado por base desde a citação. Eventuais diferenças em relação aos pagamentos efetuados durante a lide serão exigíveis a partir do trânsito em julgado, devendo os respectivos valores ser corrigidos com base na tabela prática do respectivo Tribunal. Neste sentido: "Agravo de instrumento. Ação revisional de aluguel ajuizada pela locatária. Execução das diferenças entre o aluguel provisório e o definitivo. Mora configurada somente a partir do trânsito em julgado da sentença. Inteligência do art. 69 da Lei n. 8.245/91. Aplicação do índice de correção monetária pela tabela prática. Honorários advocatícios bem fixados em 10% do valor do excesso de diferença indevidamente postulado, o que traduz correta base de cálculo. Recurso provido".[67]

O *caput* do artigo ora em comento menciona apenas e tão somente a correção das diferenças devidas, sendo silente em relação aos juros. Típico caso de silêncio eloquente do legislador. Muito se discutiu sobre a possibilidade de inserção de juros de mora no cálculo das diferenças devidas, se devidos desde a citação da ação revisional ou somente após o trânsito em julgado. A justificativa para a inserção dos juros desde a citação se dá com base na Súmula 254 do STF: "Incluem-se os juros moratórios na liquidação, embora omisso o pedido inicial ou a condenação". No entanto, a questão na ação revisional é peculiar, não havendo que se falar em juros antes do efetivo trânsito em julgado. Neste sentido, Nelson Nery Junior destaca que "tendo em vista que o novo aluguel somente foi constituído [estabelecido] pela sentença, somente após seu trânsito em julgado é que se torna possível falar-se em mora [retardamento], porque a **obrigação** nasceu com a sentença e só há falar-se em mora depois da **constituição** e do incumprimento da obrigação".[68]

Há que ressaltar, contudo, a vedação ao abuso do direito de recorrer para impossibilitar o trânsito em julgado da ação, procrastinando, assim, o cumprimento da obrigação de pagar as diferenças. Nesta hipótese, poderá o réu ser condenado por litigância de má-fé a ato atentatório à dignidade da justiça.

Além da revisão do valor do aluguel, havendo pedido expresso do locador ou do sublocador, poderá o juiz alterar a periodicidade do reajustamento do aluguel, desde que não inferior a 12 meses, sob pena de nulidade, bem como adotar indexador diverso do pactuado inicialmente pelas partes.

Havendo diferença entre os valores efetivamente pagos e o valor fixado na sentença, poderá o credor executar seu crédito nos próprios autos da ação de revisão. Poderá ser executado, inclusive, o fiador, porém, desde que regularmente intimado nos autos da ação.

Art. 70. Na ação de revisão do aluguel, o juiz poderá homologar acordo de desocupação, que será executado mediante expedição de mandado de despejo.

Comentários (João Luís Zaratin Lotufo):

A ação revisional tem como escopo a revisão dos valores dos aluguéis e da periodicidade de seu reajustamento, bem com o do respectivo indexador.

---

[67] Acórdão de 05.02.2015 da 25ª Câmara de Direito Privado do Tribunal de Justiça de São Paulo, nos autos do Agravo de Instrumento 220799-31.2014.8.26.0000, tendo como relator o Des. Edgard Rosa.
[68] NERY JUNIOR, Nelson. *Soluções práticas de direito* – direito privado: teoria geral: direito das obrigações: contratos. São Paulo: RT, 2010, vol. II, p. 375.

O art. 70, no entanto, possibilita que as partes estabeleçam acordo para desocupação do imóvel, o qual poderá ser homologado pelo juiz para o desfazimento do contrato.

Ocorrendo o acordo judicial no bojo da ação revisional, mesmo que referente à desocupação, possível a sua execução nos mesmos autos, ou seja, o juiz poderá determinar a expedição de mandado de despejo caso o locatário não desocupe voluntariamente o imóvel.

CAPÍTULO V
Da Ação Renovatória

Art. 71. Além dos demais requisitos exigidos no art. 282 do Código de Processo Civil, a petição inicial da ação renovatória deverá ser instruída com:

I – prova do preenchimento dos requisitos dos incisos I, II e III do art. 51;

II – prova do exato cumprimento do contrato em curso;

III – prova da quitação dos impostos e taxas que incidiram sobre o imóvel e cujo pagamento lhe incumbia;

IV – indicação clara e precisa das condições oferecidas para a renovação da locação;

V – indicação do fiador quando houver no contrato a renovar e, quando não for o mesmo, com indicação do nome ou denominação completa, número de sua inscrição no Ministério da Fazenda, endereço e, tratando-se de pessoa natural, a nacionalidade, o estado civil, a profissão e o número da carteira de identidade, comprovando, desde logo, mesmo que não haja alteração do fiador, a atual idoneidade financeira; (Redação dada pela Lei nº 12.112, de 2009)

VI – prova de que o fiador do contrato ou o que o substituir na renovação aceita os encargos da fiança, autorizado por seu cônjuge, se casado for;

VII – prova, quando for o caso, de ser cessionário ou sucessor, em virtude de título oponível ao proprietário.

Parágrafo único. Proposta a ação pelo sublocatário do imóvel ou de parte dele, serão citados o sublocador e o locador, como litisconsortes, salvo se, em virtude de locação originária ou renovada, o sublocador dispuser de prazo que admita renovar a sublocação; na primeira hipótese, procedente a ação, o proprietário ficará diretamente obrigado à renovação.

Comentários (Luiz Antonio Scavone Junior):

A ação renovatória observa o procedimento comum. Portanto, segue o roteiro desta espécie com a peculiaridade da fixação de aluguel provisório.

Com o atual Código de Processo Civil, Lei 13.105/2015, *as remissões a disposições do Código de Processo Civil revogado, existentes em outras leis* (como é o caso da Lei do Inquilinato), *passam a referir-se às que lhes são correspondentes* no novo CPC (Lei 13.105/2015, art. 1.046, § 4º).

Assim, a menção aos requisitos da petição inicial do art. 282 do CPC de 1973 deve ser entendida como referente ao art. 319 do atual CPC, aos quais se acrescem a demonstração dos requisitos tratados no art. 51, para onde remetemos o leitor, e dos seguintes, insculpidos neste artigo:

1. Perfeito cumprimento do contrato em curso, inclusive demonstração do pagamento de impostos e taxas

Exige-se a prova do pagamento pontual dos aluguéis, impostos, taxas, condomínio (se houver), prêmio de seguro e tudo o mais que estiver previsto como obrigações do locatário no contrato e na lei, *v.g.*, no art. 23 da Lei 8.245/1991.

Qualquer infração contratual constituirá impedimento ao bom êxito da ação (*v.g.*, mau uso, sublocação não consentida, modificação estrutural, deterioração do imóvel etc.).[69]

Tem-se considerado que "pequenas" infrações não impedem o direito à renovatória.

O assunto é polêmico. Será que a infração abaixo é grave, a ponto de impedir a renovatória?

"Locação comercial. Renovatória. Infração contratual. Fato impeditivo. Ocorrendo infração contratual, tal como, o pagamento em local diverso ao avençado vedado está o aforamento da ação renovatória, nos termos do artigo 5º, letra 'b', do Decreto nº 24.150/34 [revogado pelo art. 90 da Lei 8.245/91]. 2º TACCivSP."[70]

Maior discussão se verifica quanto ao atraso passado de aluguéis, ou seja, se o pagamento atrasado de aluguéis – mesmo que em sede de purgação de mora na ação de despejo por falta de pagamento – impediria a renovação.

De questionável legalidade, encontramos o antigo enunciado, o de nº 14 do Centro de Estudos do extinto Segundo Tribunal de Alçada Civil de São Paulo: "Arts. 71, II, e 62, II. A emenda da mora em ação de despejo por falta de pagamento, constituindo exercício de legítimo direito, não descaracteriza o exato cumprimento do contrato de locação comercial".[71]

---

[69] "Locação comercial. Renovatória. Infração contratual. Natureza leve. Irrelevância. Admissibilidade. No caso de pequenas infrações contratuais cuja prática não denota má-fé, tem-se admitido a renovatória, o que ocorre também se o locador tolerar alguma infração" (2º TACiv/SP, Ap. c/ Rev. 410.724, 9ª Câmara, Rel. Juiz Francisco Casconi, j. 10.08.1994). No mesmo sentido: *JTA* (LEX) 159/270, *JTA* (RT) 121/306, Ap. c/ Rev. 458.089, 9ª Câmara, Rel. Juiz Francisco Casconi, j. 19.06.1996.

[70] Ap. c/ Rev. 330.246, 3ª Câmara, Rel. Juiz Teixeira de Andrade, j. 11.05.1993, in *JTA* (Lex) 144/411. No mesmo sentido: EDcl. 365.497, 8ª Câmara, Rel. Juiz Renzo Leonardi, j. 24.03.1994; Ap. c/ Rev. 368.064, 7ª Câmara, Rel. Juiz Antonio Marcato, j. 17.05.1994.

[71] Neste sentido: "Locação comercial. Renovatória. Infração contratual. Impontualidade no pagamento do aluguel. Irrelevância. Purgação da mora admitida. Descaracterização. Não descaracteriza o exato cumprimento do contrato de locação comercial (artigo 71, inciso II, da Lei 8.245/1991), o locatário, – exercendo legítimo direito seu (artigo 36 da Lei 6.649/79 e 62, inciso II, da Lei 8.245/1991), – ter purgado a mora em ação de despejo por falta de pagamento, mormente em virtude de dificuldade momentânea" (2º TACiv/SP, AI 366.000, 3ª Câmara, Rel. Juiz João Saletti, j. 15.09.1992, in *JTA* (LEX) 142/230). Referências: BUZAID, Alfredo. *Da ação renovatória*. 2. ed. 1981, p. 330-331; SANTOS, Gildo dos. *Locação e despejo* – comentários à Lei 8.245/1991, p. 208. No mesmo sentido: *JTA* (RT) 114/306, AI 192.923, 1ª Câmara, Rel. Juiz Franklin Neiva, j. 21.05.1986; Ap. c/ Rev. 282.233, 7ª Câmara, Rel. Juiz Gildo dos Santos, j. 29.01.1991; AI 393.703, 3ª Câmara, Rel. Juiz João Saletti, j. 15.03.1994; Ap. c/ Rev. 455.817, 6ª Câmara, Rel. Juiz Lagrasta Neto, j. 06.03.1996.
Em sentido contrário: *JTA* (LEX) 38/433, 92/268, *JTA* (Saraiva) 72/255, *JTA* (RT) 96/338, 97/253, 107/417, 108/452 (em.), 123/371 (em.) – Ap. c/ Rev. 286.836, 1ª Câmara, Rel. Juiz Magno Araújo, j. 18.03.1991; Ap. c/ Rev. 297.437, 2ª Câmara, Rel. Juiz Andreatta Rizzo, 03.07.1991; AI 330.485, 8ª Câmara, Rel. Juiz Vidal de Castro, j. 19.09.1991; AI 359.726, 8ª Câmara, Rel. Juiz Narciso Orlandi, j. 30.07.1992; AI 361.744, 5ª Câmara, Rel. Juiz Ismeraldo Farias, j. 02.09.1992; Ap. c/ Rev. 462.022, 5ª Câmara, Rel. Juiz Pereira Calças, j. 21.08.1996.
O assunto não é pacífico:
"Locação comercial. Renovatória. Infração contratual. Impontualidade nos pagamentos dos aluguéis. Purgação da mora possibilitada. Irrelevância. Caracterização a impedir a renovação. O locatário impontual não tem o direito de renovar a locação comercial, sendo evidente que não houve o exato cumprimento do contrato renovando" (2º TACiv/SP, Ap. c/ Rev. 462.022, 5ª Câmara, Rel. Juiz Pereira Calças, j. 21.08.1996). No mesmo sentido: *JTA* (LEX) 38/433, 134/330, 141/247,

Um detalhe que, às vezes, passa despercebido é o seguro contra incêndio, obrigação estipulada como praxe nos contratos que, muitas vezes, não é respeitado por absoluto esquecimento ou ausência de leitura cuidadosa do instrumento, o que pode impedir a renovação do contrato:

> "Locação. Imóvel não residencial. Renovatória. Ação julgada improcedente. Não observância do artigo 71, II e VI, da Lei 8.245/91. Ausência de prova do cumprimento do contrato. Falta de demonstração da anuência dos antigos fiadores quanto aos encargos da fiança em relação ao contrato a ser renovado, bem como da outorga uxória. Não comprovação de quitação das despesas ordinárias e da contratação do seguro contra incêndio por determinado período do prazo da locação. Infração grave do locatário a obstar o pleito renovatório. Recurso improvido. Não restam atendidos os requisitos exigidos pela lei para acolhimento da ação renovatória, tendo o locatário deixado de provar o exato cumprimento do contrato, não juntando prova da anuência dos antigos fiadores quanto aos encargos da fiança em relação ao contrato a ser renovado, nem sequer da outorga uxória, além de não ter demonstrado a quitação das despesas ordinárias, como lhe competia, e a contratação do seguro contra incêndio do imóvel por todo o período do prazo da locação, razão pela qual a improcedência da ação era medida de rigor".[72]

Quanto aos tributos, condomínios e demais despesas que recaírem sobre o imóvel, cuja obrigação de pagamento é do locatário, tem-se entendido, não de forma pacífica ou majoritária, que o pagamento a destempo, já quitado, não impede a renovação, assim como o pagamento de aluguéis fora do prazo.

Como não há exercício regular de direito de pagar essas despesas intempestivamente, como ocorre com os aluguéis, por força do art. 62 da Lei 8.245/1991, entendemos que estará obstada a renovatória se qualquer delas tiver sido paga fora do vencimento.[73]

2. Apresentação de garantia

Para renovação do contrato deverá a inicial vir acompanhada de carta do antigo fiador e de seu cônjuge, se casado,[74] aceitando o encargo para o novo período.

É possível, também mediante carta, a apresentação de novo fiador.

Em ambos os casos, exige a lei a prova da idoneidade financeira do fiador.

143/277, JTA (Saraiva) 72/255, JTA (RT) 96/338, 97/253, 107/417, 108/452 (em.), 123/369, 123/371 (em.) – Ap. c/ Rev. 286.836, 1ª Câmara, Rel. Juiz Magno Araújo, j. 18.03.1991; AI 330.485, 8ª Câmara, Rel. Juiz Vidal de Castro, j. 19.09.1991; Ap. c/ Rev. 368.587, 4ª Câmara, Rel. Juiz Carlos Stroppa, j. 16.08.1994; Ap. c/ Rev. 429.110, 12ª Câmara, Rel. Juiz Luiz de Carvalho, j. 04.05.1995. Em sentido contrário: JTA (RT) 114/306 – AI 192.923, 1ª Câmara, Rel. Juiz Franklin Neiva, j. 21.05.1986; Ap. c/ Rev. 282.233, 7ª Câmara, Rel. Juiz Gildo dos Santos, j. 29.01.1991.

[72] TJSP, Apelação 1007394-71.2014.8.26.0577, São José dos Campos, 32ª Câmara de Direito Privado, Rel. Kioitsi Chicuta, j. 30.04.2015, data de registro: 30.04.2015.

[73] No mesmo sentido: BARROS, Francisco Carlos Rocha de. *Comentários à Lei do Inquilinato*. São Paulo: Saraiva, 1997, p. 597. Em sentido contrário, admitindo o pagamento a destempo, desde que já quitado: VENOSA, Sílvio de Salvo. *Lei do Inquilinato comentada*. São Paulo: Atlas, 1997, p. 259.

[74] Salvo no regime da separação (CC, art. 1.647).

O sistema antes adotado pela Lei do Inquilinato, fugindo da tradição do nosso direito, de gerar consequências pela redução da capacidade da garantia durante o contrato,[75] exigia, como requisito da ação renovatória, que o autor comprovasse a idoneidade financeira apenas de novos fiadores, não fazendo a mesma exigência se os fiadores do contrato a renovar fossem os mesmos.

Todavia, os contratos de locação, ordinariamente, duram tempo suficiente para que a situação do fiador original se altere.

Em consonância com o acatado, tratando-se de garantia pessoal, é possível que o fiador disponha de seus bens durante o prazo contratual e não seja mais financeiramente idôneo no momento da prorrogação.

Posta assim a questão, a redação do inc. V do art. 71 da Lei do Inquilinato dada pela Lei 12.112/2009 exige, em qualquer caso, que o autor da ação renovatória prove a idoneidade dos fiadores, sejam eles os mesmos do contrato a renovar ou outros, que serão indicados mediante declaração que apontará, respectivamente, declaração com aceitação do encargo por novo período ou anuência expressa em constituir fiança.[76]

Mas o que é ser idôneo para a lei, que não define o critério?

Sugere a lei que essa idoneidade seja medida pelo patrimônio do indivíduo, muito embora, em alguns casos, a simples idoneidade moral possa ser admitida.

Dá sua impressão Rocha Barros: "Não cremos que se recuse fiança prestada pelo presidente do Tribunal de Justiça, ainda que esse cidadão disponha apenas do salário que recebe mensalmente".[77]

Do ponto de vista prático, duvidamos que tal posição possa alcançar guarida jurisprudencial.

Para nós esta prova será feita mediante juntada de certidões de distribuição de ações, certidões negativas de protestos e prova da capacidade financeira por meio de certidões recentes da matrícula de imóveis ou documentos de propriedade de bens móveis suficientes para garantir os aluguéis.

Havendo impugnação fundamentada, a questão será decidida pelo juiz, oportunizando a comprovação posterior da idoneidade pelo autor da ação.[78]

---

[75] Nessa medida, o teor do art. 954, III, do Código Civil de 1916, repetido pelo art. 333, III, do Código Civil atual, que permite, inclusive, a cobrança antecipada da dívida se as garantias, ainda que fidejussórias, cessarem ou se tornarem insuficientes.

[76] Nos termos da justificação do projeto: "Encontram-se na jurisprudência precedentes que interpretam o art. 71, V, no sentido de dispensar o locatário de comprovar a idoneidade financeira do fiador indicado quando for o mesmo do contrato renovado, exigindo tal comprovação somente quando houver substituição do fiador. A apresentação dessa prova, contudo, justifica-se em qualquer dessas hipóteses, pois, ao longo do prazo contratual (que, em caso de renovação compulsória, não é menor que cinco anos), o fiador pode sofrer redução substancial no seu patrimônio, enfraquecendo a garantia".

[77] BARROS, Francisco Carlos Rocha de. *Comentários à Lei do Inquilinato*. São Paulo: Saraiva, 1997, p. 600.

[78] "Locação comercial. Renovatória. Fiador. Prova de idoneidade. Satisfação durante a ação. Admissibilidade. A idoneidade financeira e econômica do fiador pode ser demonstrada no curso da ação, ensejando, se caso, designação de audiência ou concessão de prazo hábil para a comprovação de que as certidões exibidas pelo réu dizem respeito a homônimo" (2º TACCivSP, Ap. 458.017, 6ª Câmara, Rel. Juiz Paulo Hungria, j. 07.08.1996 (quanto à Lei 8.245/1991)). No mesmo sentido: *JTA* (LEX)

Por fim, interessante questão é a da possibilidade de se prestar outra garantia, ante a omissão do inc. V do art. 71, que só mencionou fiança.

Tem-se entendido que, desde que não represente diminuição da garantia, não há razão para inadmitir outras modalidades, devidamente estipuladas no art. 37 da Lei 8.245/1991 (seguro-fiança e caução).

Outrossim, *ação de renovação é a que corresponde à pretensão a novo negócio jurídico de locação.*[79]

Sendo outro negócio e sendo legal outra forma de garantia, não havendo razão plausível para recusa do réu, não há como o juiz indeferir a renovatória por esse motivo e, nesse sentido:

> "Substituição dos primitivos fiadores por caução. Possibilidade. Se a locatária não pode apresentar os mesmos fiadores, nem encontra quem os substitua, nada obsta que possa dar a garantia prevista no item I do art. 37 da Lei 8.245/1991, ou seja, a caução. Além de ser medida legal, há que se considerar que a locatária, ao longo de vinte anos, sempre cumpriu com suas obrigações contratuais, sendo a recusa do locador um mero capricho".[80]

3. Proposta de novo aluguel e condições oferecidas para a locação

Na ação renovatória, de certa forma, já está contida a revisão do valor do aluguel, posto que o contrato será renovado pelo valor de mercado e não pelo valor do contrato.

Portanto, na petição inicial, o inquilino deve deixar bem claras as condições que oferece para renovação, mormente que, repita-se, a *ação de renovação é a que corresponde à pretensão a novo negócio jurídico de locação.*[81]

Portanto, deverá especificar:

a) modalidade de garantia (como já vimos);

b) novo prazo (também já analisado);

c) forma e índice de reajuste;

d) novo aluguel.

O locatário, autor da ação renovatória, deverá especificar, principalmente, qual o aluguel que pretende pagar, bem como a periodicidade dos reajustes.

O juiz não está obrigado a determinar a realização de perícia para a apuração do valor locatício nas ações renovatórias quando ocorrer ausência de impugnação por parte do réu, seja através de silêncio na contestação, seja pela revelia, podendo acolher integralmente a proposta formulada pelo locatário.[82]

144/519 (em.), *JTA* (RT) 87/258, 94/349, 104/352, 129/375 – AI 388.595, 3ª Câmara, Rel. Juiz Teixeira de Andrade, j. 23.09.1993; Ap. c/ Rev. 382.651, 5ª Câmara, Rel. Juiz Ricardo Dipp, j. 09.03.1994; REsp 6.589/MG, *DJU* 19.08.1991, p. 10.997.

[79] PONTES DE MIRANDA, Francisco Cavalcanti. *Comentários ao Código de Processo Civil*. 2. ed. Rio de Janeiro: Forense, 1959, t. 5, p. 397.

[80] TACCivRJ, Apelação 14.288/93, 6ª Câmara, unânime, Juiz Nilson de Castro Diao, j. 15.03.1994.

[81] PONTES DE MIRANDA, Francisco Cavalcanti. *Comentários ao Código de Processo Civil*. 2. ed. Rio de Janeiro: Forense, 1959, t. 5, p. 397.

[82] 2º TACCivSP, Ap. c/ Rev. 283.374, 8ª Câmara, Rel. Juiz Martins Costa, j. 06.02.1991.

Este valor deverá ser razoável. Não é razoável propor um aluguel muito baixo, para auxiliar a negociação a ser feita em audiência, mesmo porque o autor poderá ser punido por litigância de má-fé.

Além dessa pena, poderá o autor ser sucumbente, apesar de ter seu contrato renovado, em virtude de decair de parte do pedido pelo acatamento do valor pleiteado na contestação do réu e posterior perícia.[83]

Ademais, o juiz não fica adstrito a esse valor, que pode ser contestado e fixado em 80% do valor indicado pelo réu-locador.

É conveniente que o autor deixe consignado na inicial que se submete ao aluguel que for arbitrado, de tal sorte que, não concordando com o aluguel da contraproposta, inserta na contestação, consignará na réplica que aceita o valor que for arbitrado, evitando a sucumbência.

Mister se faz que a procuração outorgada ao advogado do autor contenha poderes especiais para propor essas condições, que refogem aos poderes *ad judicia*.[84]

É preciso notar, entretanto, que a dispensa do reconhecimento de firma na procuração, de acordo o art. 105 do Código de Processo Civil, só atinge os poderes da cláusula *ad judicia*.

Portanto, havendo outros poderes na procuração, que não os judiciais, como no caso – Código Civil, arts. 654 e 692, cumulados com o Código de Processo Civil, art. 105 –, mister se faz o reconhecimento da firma do outorgante.

> "Superior Tribunal de Justiça. Recurso Especial nº 155.582/RS (9700825779). Por unanimidade, conhecer do recurso e dar-lhe provimento. 21.05.1998. Quinta Turma. Processual civil. Procuração. Poderes especiais. Art. 38 do Código de Processo Civil [atual art. 105]. Reconhecimento de firma. Para a prática de atos processuais em geral, é dispensável o reconhecimento de firma no instrumento de procuração. Já para a validade das cláusulas com poderes especiais contidos no mandato, necessário que se faça o reconhecimento de firma. Precedente. Recurso conhecido e provido. Relator: Ministro Felix Fischer. Fonte: *DJ*: 29.06.1998, p. 267. Doutrina: obra: tratado de direito processual civil, vol. 2, 2ª ed., p. 687, Autor: Arruda Alvim."

4. Legitimidade no caso de sublocação e seus efeitos

Conforme visto, o art. 51, § 1º, da Lei 8.245/1991 dispõe que "no caso de sublocação total do imóvel, o direito à renovação somente poderá ser exercido pelo sublocatário". Destarte, "sublocado totalmente o imóvel locado, ostenta legitimidade ativa para a ação renovatória o sublocatário, não a locatária sublocadora, nos termos do art. 51, § 1º, da Lei Federal nº 8.245/1991".[85]

Em consonância com o acatado, o inc. VII do art. 71 exige que o cessionário ou sucessor faça prova da sua regular condição, lembrando que nos termos do art. 13, a cessão da locação e a sublocação dependem da anuência do locador e o parágrafo único, dispõe que "proposta

---

[83] VENOSA, Sílvio de Salvo. *Lei do Inquilinato comentada*. São Paulo: Atlas, 1997, p. 259.
[84] FRANCO, J. Nascimento; GONDO, Nisske. *Ação renovatória e ação revisional de aluguel*. São Paulo: Sugestões literárias, 1968, p. 102; VENOSA, Sílvio de Salvo. *Lei do Inquilinato comentada*. São Paulo: Atlas, 1997, p. 259.
[85] TJSP, Apelação 9141620-03-2007.8.26.0000, 27ª Câmara de Direito Privado, Rel. Des. Morais Pucci, j. 31.07.2012.

a ação pelo sublocatário do imóvel ou de parte dele, serão citados o sublocador e o locador, como litisconsortes, salvo se, em virtude de locação originária ou renovada, o sublocador dispuser de prazo que admita renovar a sublocação; na primeira hipótese, procedente a ação, o proprietário ficará diretamente obrigado à renovação".

Isto significa que, se a ação for proposta pelo sublocatário da totalidade do imóvel, quem tem legitimidade ativa para a propositura da ação renovatória é apenas o sublocatário, que deverá colocar sublocador e locador no polo passivo. Procedente a ação, o sublocador é excluído da relação contratual e a renovação se dará exclusivamente entre locador e sublocatário que deixa de sê-lo para assumir a condição de locatário.

Posta desta maneira a questão na lei, ensina a Professora Maria Helena Diniz que "com a procedência da renovatória, formar-se-á um vínculo locatício entre locador e sublocatário, que, então, se transformará em locatário, eliminando-se a figura do locatário-sublocador. (...) Com isso não se prejudicará sublocação destinada a um fundo de comércio pela circunstância de o locatário-sublocador e o locador rescindirem a locação. A sublocação não se extinguirá se o sublocatário propuser renovatória contra o locador".[86]

No Superior Tribunal de Justiça encontramos o seguinte precedente:

> "A disposição inscrita no art. 71, parágrafo único, da Lei 8.245/91, autoriza ao sublocatário que, à época de ajuizamento da ação renovatória, desde que não disponha o sublocador de prazo que viabilize a continuidade do locativo, seja aquela ação manejada contra o locador e o sublocador, que integrarão o polo passivo na condição de litisconsortes, restando o locador diretamente obrigado à renovação".[87]

No Tribunal de Justiça de São Paulo: "Locação de bem imóvel. Ação renovatória. Demanda proposta pela sublocatária. Sublocação total. Exclusão da sublocadora da relação locatícia renovanda. Cabimento. Inteligência dos artigos 51, § 1º e 71, parágrafo único, ambos da Lei nº 8.245/91. Sublocadora que não deve arcar com os ônus sucumbenciais. Ação procedente. Recurso provido".[88]

Em igual sentido: "Locação comercial. Renovatória. Sublocação integral do imóvel. Sublocatário que mantém fundo de comércio no imóvel tem direito a renovação em contrato a ser celebrado direta e exclusivamente com a locadora. Exclusão da locatária-sublocadora. Sistema privilegia a proteção ao fundo de comércio em detrimento da atividade especulativa do locatário-sublocador. Inteligência dos artigos 51, § 1º e 71, parágrafo único, da Lei n. 8.245/91. Recurso provido".[89]

Conclui-se, de outro lado que, não havendo prazo suficiente à renovação da sublocação, embora o locador deva figurar juntamente com o sublocador no polo passivo da ação, neste caso o sublocador-locatário não será excluído da relação jurídica e o contrato a renovar será o de locação, que estabeleceu o vínculo locatício que se pretende manter para a subsistência da

---

[86] DINIZ, Maria Helena. *Lei de Locações de Imóveis Urbanos comentada*. 12. ed. São Paulo: Saraiva, 2012, p. 355.
[87] STJ, REsp 151.715/SP, 5ª Turma, Rel. Min. Gilson Dipp, j. 21.10.1999.
[88] TJSP, Apelação 143942-72.2009.8.26.0100, 35ª Câmara de Direito Privado, Rel. Des. Melo Bueno, j. 09.09.2013.
[89] TJSP, Apelação 0107440-05.2007.8.26.0004/SP, 28ª Câmara de Direito Privado, Rel. Gilson Delgado Miranda, j. 26.05.2015, data de registro: 28.05.2015.

própria sublocação. O fato de o locador não ser parte no contrato de sublocação não significa que não seja parte na relação locatícia – como de fato o é – tratando-se dessa relação o denominado "contrato a renovar". Nesse caso, o sublocatário pode exercer plenamente os direitos conferidos ao locatário, inclusive o de renovação, e deve colocar ambos no polo passivo, sem que implique isso sucumbência para o sublocador.

Quanto ao polo passivo da ação, o dispositivo em questão estipula que, nas ações renovatórias propostas pelo sublocatário total ou parcial, deve haver litisconsórcio passivo necessário entre o locador e o sublocador, salvo se este último dispuser de prazo que admita renovar, por si só, a sublocação.

Se o sublocador contar com prazo suficiente para a renovação da sublocação, o que é raro, a legitimidade passiva será exclusiva dele, sublocador. Por exemplo: o locatário-sublocador conta ainda com 15 anos de prazo e subloca por cinco anos. O sublocatário deve dirigir sua pretensão exclusivamente ao sublocador.

Art. 72. A contestação do locador, além da defesa de direito que possa caber, ficará adstrita, quanto à matéria de fato, ao seguinte:

I – não preencher o autor os requisitos estabelecidos nesta lei;

II – não atender, a proposta do locatário, o valor locativo real do imóvel na época da renovação, excluída a valorização trazida por aquele ao ponto ou lugar;

III – ter proposta de terceiro para a locação, em condições melhores;

IV – não estar obrigado a renovar a locação (incisos I e II do art. 52).

§ 1º No caso do inciso II, o locador deverá apresentar, em contraproposta, as condições de locação que repute compatíveis com o valor locativo real e atual do imóvel.

§ 2º No caso do inciso III, o locador deverá juntar prova documental da proposta do terceiro, subscrita por este e por duas testemunhas, com clara indicação do ramo a ser explorado, que não poderá ser o mesmo do locatário. Nessa hipótese, o locatário poderá, em réplica, aceitar tais condições para obter a renovação pretendida.

§ 3º No caso do inciso I do art. 52, a contestação deverá trazer prova da determinação do Poder Público ou relatório pormenorizado das obras a serem realizadas e da estimativa de valorização que sofrerá o imóvel, assinado por engenheiro devidamente habilitado.

§ 4º Na contestação, o locador, ou sublocador, poderá pedir, ainda, a fixação de aluguel provisório, para vigorar a partir do primeiro mês do prazo do contrato a ser renovado, não excedente a oitenta por cento do pedido, desde que apresentados elementos hábeis para aferição do justo valor do aluguel.

§ 5º Se pedido pelo locador, ou sublocador, a sentença poderá estabelecer periodicidade de reajustamento do aluguel diversa daquela prevista no contrato renovando, bem como adotar outro indexador para reajustamento do aluguel.

Comentários (Luiz Antonio Scavone Junior):

O locador poderá se defender ao contestar a ação renovatória, aduzindo as seguintes matérias:

a) falta dos requisitos legais;

b) insuficiência do valor do aluguel proposto pelo autor;

c) existência de melhor proposta;

d) necessidade de obras determinadas pelo poder público que importem em radical transformação do imóvel, ou que aumente o valor do negócio ou da propriedade (art. 52, I); e,

e) utilização própria do imóvel ou dos descendentes, ascendentes ou cônjuge que se estabeleçam no local (art. 52, II).

1. Falta dos requisitos legais

O autor da ação deve preencher os requisitos enumerados nos arts. 51 e 71, para os quais remetemos o leitor, de tal sorte que a ausência de qualquer deles é matéria de defesa.

2. Insuficiência do valor do aluguel proposto pelo autor

Nesse caso, não se trata de recusa à renovação, mas da proposta que a acompanha, obrigando ao arbitramento judicial.

O réu deverá, nos termos do § 1º, apresentar contraproposta.

Muito se discute acerca do valor que será discutido, mormente que há nítida contradição da lei que, no inc. II do art. 72, se refere, impropriamente, ao aluguel da época da renovação.[90]

Como a ação é proposta no penúltimo semestre do prazo contratual, seria estranho entender, literalmente, que corresponderá a um valor que vigorará quase um ano depois.

Resta evidente que a lei quis mencionar o valor da época em que a ação renovatória foi proposta, assim como no § 1º, que deve ser interpretado conjuntamente, não havendo motivos para o alarido doutrinário que se verifica.

De acordo com o § 4º do art. 72, é possível a fixação de aluguel provisório, de tal sorte que será fixado em até 80% do pedido efetuado em contestação,[91] conforme está dito na norma.

Esse aluguel passará a vigorar contemporaneamente ao início do contrato renovando:

> "Enunciado nº 29 do Centro de Estudos do Segundo Tribunal de Alçada Civil de São Paulo – Artigo 72, § 4º – O aluguel provisório a ser arbitrado na ação renovatória deve ser contemporâneo ao início do contrato renovando, facultado ao locador, nessa ocasião, oferecer elementos hábeis à aferição do justo valor".

De acordo com a ementa abaixo, há necessidade de perícia para transformação do aluguel provisório em definitivo, necessidade essa que tem sido estendida aos provisórios:

> "Locação comercial. Renovatória. Aluguel provisório. Transformação para aluguel definitivo. Perícia. Necessidade. O aluguel provisório não pode tornar-se definitivo sem apoio em prova técnica".[92]

---

[90] "Art. 72. (...) II – não atender, a proposta do locatário, o valor locativo real do imóvel na época da renovação, excluída a valorização trazida por aquele ao ponto ou lugar."

[91] Pelo princípio da eventualidade, é o momento oportuno (Código de Processo Civil, art. 336). Todavia, a instrumentalidade do processo civil permite afirmar que pode ser ao depois, desde que não prejudique o procedimento, até porque o aluguel provisório só vai vigorar no primeiro mês do contrato objeto da renovatória (BARROS, Francisco Carlos Rocha de. *Comentários à Lei do Inquilinato*. São Paulo: Saraiva, 1997, p. 629).

[92] 2º TACCivSP, Ap. c/ Rev. 424.200, 4ª Câmara, Rel. Juiz Mariano Siqueira, j. 07.02.1995.

3. Existência de melhor proposta

A defesa, nos termos do inc. III do art. 72, pode fundar-se na melhor proposta de terceiro, o que não é comum ou recomendável em razão das consequências insculpidas no art. 75, para onde remetemos o leitor.

Neste caso, na contestação o locador deverá juntar prova documental da proposta assinada pelo terceiro e por duas testemunhas (§ 2º do art. 72), com a indicação do ramo que será explorado, que não pode coincidir com aquele do locatário, evitando o locupletamento indevido do ponto formado.

Com a ciência da proposta, na réplica, para evitar a improcedência da ação e o despejo, pode o locatário aceitar as mesmas condições. Entende-se que proposta melhor não é só aquela atinente ao valor mais elevado de aluguel.

Qualquer outro benefício, como, por exemplo, a obrigação de realizar benfeitorias, pode caracterizar a melhor proposta.

Inadmissível, segundo alguns, a inclusão de "luvas" nessa "melhor proposta":

> "Locação comercial. Renovatória. Aluguel. Fixação. Inexigibilidade do valor relativo a 'luvas'. Interpretação do artigo 45, parte final, da Lei 8.245/1991. Em lide de renovatória é inexigível o cabimento de quantia a título de luvas, pois, o pressuposto de sua admissibilidade consistente na transferência da posse direta da propriedade já existe em favor do inquilino, esbarrando a pretensão no disposto na parte final do artigo 45 da Lei 8.245/1991, quando cogita de imposição pecuniária relacionada ao exercício do direito previsto no seu artigo 51".[93]

Entretanto, Francisco Carlos Rocha de Barros, embora admita que o locador não pode exigir contratualmente o pagamento de "luvas" por ocasião da renovação, ensina que apenas a cláusula que a impõe é nula e não sua cobrança.

Nessa esteira, aceita a contestação com o argumento de melhor proposta, que contenha o pagamento de "luvas".

Assim se manifesta:

> "Já vimos, nos comentários ao inciso II deste artigo, que o locador, ao contestar, não pode exigir o pagamento de 'luvas'. Além do obstáculo do art. 45, observamos que a disputa entre a oferta do locatário e a contraproposta do locador será judicialmente resolvida através de prova apta à apuração de um valor que, no caso, não pode ser integrado por 'luvas.'"

No caso deste inciso III, quando o locador apresenta proposta de terceiro, empolgando, entre outras, a vantagem do pagamento de 'luvas', nenhum dos obstáculos supra-assinalados marcará presença.

Poder-se-ia argumentar, dizendo que as 'luvas' prometidas pelo terceiro significariam imposição de obrigação pecuniária impeditiva da renovação, o que seria considerado caso de nulidade (art. 45). Mas não se deve esquecer que qualquer proposta de terceiro,

---

[93] 2º TACCivSP, Ap. c/ Rev. 413.497, 7ª Câmara, Rel. Juiz Demóstenes Braga, j. 20.09.1994 – *JTA* (LEX) 153/338. No mesmo sentido: – quanto a imóvel situado em *Shopping Center*: *JTA* (LEX) 156/356.

ofertando melhores condições, mesmo sem promessa de pagar 'luvas', sempre será barreira de natureza pecuniária que poderá impedir a renovação se o locatário não aceitar as condições daquela proposta. Não se perca de vista que a lei, explicitamente, admite a proposta de terceiro, em condições melhores, como fato que o locador pode alegar como defesa na ação renovatória.

A questão das 'luvas', analisada aqui e nos comentários feitos ao art. 45, merece uma reflexão final: o Decreto nº 24.150/34 execrava-as, fulminando-as de nulidade, não importando o momento em que aparecessem, a forma que adotassem e tampouco as razões do pagamento das mesmas. Formou-se, assim, um verdadeiro tabu contra as 'luvas'. Todavia, todos sabemos que elas, por baixo do pano, sempre estiveram presentes na contratação e renovação das locações comerciais e industriais.

A lei atual, é induvidoso, escolheu fórmula mais enxuta, permitindo contratações transparentes. Mesmo assim, percebe-se alguma resistência para a aceitação das novas regras.

Dizem que o uso do cachimbo faz a boca torta. Compreende-se, pois, que um preconceito cultivado com carinho por mais de meio século esteja embaçando nosso olhar. A receita é simples: esfregar as pálpebras".[94]

Admitida a proposta de terceiro como "melhor", obstada estará a renovatória, desde que o locatário não iguale as propostas (Lei do Inquilinato, art. 72, § 2º).

Se o locatário impugnar a proposta, o terceiro deve ser citado para integrar a lide (Código de Processo Civil, art. 506), a requerimento do locatário, mormente que o art. 75 da Lei 8.245/1991 determina que esse terceiro é solidário no pagamento da indenização devida ao locatário em virtude dessa proposta.

Formar-se-á, de forma extravagante, um litisconsórcio apenas em relação à indenização porventura devida, não se tratando o proponente de coautor.[95]

Essa indenização deve, obrigatoriamente, ser requerida pelo locatário na réplica, bem como a citação do proponente, e decorre, exclusivamente, da não renovação em razão da proposta de terceiro. Não se cogita de culpa ou dolo.

O juiz condenará o locador e o proponente, ficando o valor sujeito a liquidação.

Buscando alterar este panorama, o dispositivo sob comento continha, ainda, mecanismos que não só acabavam com a referida indenização como também previam a possibilidade de liminar para desocupação em 15 dias, caso, na réplica, o locatário não aceitasse cobrir a oferta do terceiro.[96]

As alterações que foram vetadas continham o seguinte teor: "§ 1º Conceder-se-á liminar para desocupação em 15 (quinze) dias, contados da intimação do locatário, por si ou seu advogado, quando houver, na contestação, pedido de retomada fundado em melhor proposta de terceiro. § 2º A desocupação liminar somente será indeferida se: I – a proposta de terceiro

---

[94] BARROS, Francisco Carlos Rocha de. *Comentários à Lei do Inquilinato*. São Paulo: Saraiva, 1997, p. 616.
[95] BARROS, Francisco Carlos Rocha de. *Comentários à Lei do Inquilinato*. São Paulo: Saraiva, 1997, p. 625.
[96] Justificativa do projeto: "No que toca ao § 1º do art. 74, cria-se hipótese de retomada liminar, em caso de resistência à renovação fundada em melhor proposta de terceiro, facultando-se ao locatário 'cobrir' a proposta do terceiro. A liminar fundamenta-se no fato de que a demora na retomada faz perecer a proposta do terceiro, uma vez que nenhum comerciante contingenciará investimentos e aguardará pelo longo período de tramitação de um processo em primeira instância a implementação de um negócio que talvez não venha a ocorrer".

não atender aos requisitos previstos no § 2º do art. 72; II – o locatário aceitar, em réplica, as mesmas condições ofertadas pelo terceiro. § 3º A execução provisória da retomada fica condicionada à prestação de caução no valor não inferior a 6 (seis) meses nem superior a 12 (doze) meses do aluguel, atualizado até a data da prestação da caução".[97]

Eis as razões do veto: "Atualmente, são previstas três hipóteses em que o locatário terá direito a indenização para ressarcimento dos prejuízos e dos lucros cessantes que tiver que arcar com mudança, perda do lugar e desvalorização do fundo de comércio, são elas: a) melhor proposta de terceiro; b) o locador não der o destino alegado; e c) o locador não iniciar as obras determinadas pelo Poder Público ou que declarou pretender realizar. Todavia, os parágrafos do art. 74 somente preveem procedimento diferenciado na concessão de providência liminar para a hipótese de melhor proposta de terceiro, sendo que para as outras, tão relevantes quanto a contemplada pelo texto projetado, nada se disse. Tal previsão, se sancionada, ensejará previsão pouco sistêmica no contexto da lei de locações, o que é absolutamente indesejável e contrário ao interesse público, sendo que a regra prevista no *caput* certamente atenderá satisfatoriamente os provimentos judiciais relativos às três hipóteses mencionadas".

Art. 73. Renovada a locação, as diferenças dos aluguéis vencidos serão executadas nos próprios autos da ação e pagas de uma só vez.

---

[97] Comentávamos, acerca desses dispositivos, o seguinte: é evidente que a proposta do terceiro deve ser melhor que aquela do locatário inserida na petição inicial da ação renovatória, feita nos termos do art. 71, IV, ou seja, com precisão (valor, índice de reajuste e periodicidade de reajuste). Assim, na contestação com supedâneo no § 1º deste artigo, o locador fará juntar a proposta do terceiro com os requisitos do § 2º do art. 72 e requererá ao juiz a concessão da desocupação no prazo de quinze dias, caso o locatário, na réplica, não concorde em igualar a proposta. Resta saber o que ocorre no caso de simulação de proposta. Nesta medida, duas possibilidades podem surgir: o terceiro não ocupa o imóvel após a concessão da liminar ou não se comprova o pagamento dos aluguéis nos termos propostos. Em ambos os casos, não há o retorno do locatário ao imóvel, ainda que providencie a juntada de documento no curso da instrução, na apelação, ou em momento posterior, mesmo em segundo grau, para provar a insinceridade da proposta, nos termos do permissivo do art. 493 do Código de Processo Civil, que admite o conhecimento de fato impeditivo, modificativo ou extintivo do direito, posterior à propositura da ação e que possa influir no julgamento da causa. Ainda que o dispositivo processual civil se refira à possibilidade de o juiz tomar o conhecimento e levar em conta no momento de proferir a sentença, não se descarta a possibilidade da sua aplicação nos tribunais, como ensina Antonio Cláudio da Costa Machado, segundo o qual "a regra se aplica também ao acórdão" (MACHADO, Antonio Cláudio da Costa. *Código de Processo Civil interpretado*. 12. ed. São Paulo: Manole, 2013, p. 481). Portanto, desalojado liminarmente pela aceitação da "melhor proposta de terceiro", provada a insinceridade da proposta, caberá ao juiz julgar procedente a ação renovatória ou ao tribunal dar provimento à apelação. Mesmo assim, como não há retorno do locatário ao imóvel, deverá este buscar a indenização por perdas e danos em ação própria de indenização, ou seja, desvalorização do fundo de comércio, lucros cessantes e outros prejuízos que provar nos termos do art. 75, ainda que a ação tenha sido julgada procedente. Seja como for, entendemos que a concessão de liminar deve passar pelo crivo do juiz, que poderá avaliar a verossimilhança da proposta apresentada e, se entender necessário, determinar a realização de perícia, oitiva de testemunhas e até do proponente, a requerimento do locatário na réplica, para aferir a sinceridade da proposta antes de conceder a liminar. Da concessão ou não da liminar caberá agravo, inclusive com a possibilidade de antecipação de tutela recursal para suspender a decisão do juízo *a quo* ou conceder o que foi negado (CPC, art. 527, III) [atual art. 1.019, I].

Comentários (Luiz Antonio Scavone Junior):

Negada ou não a renovatória – e nesse sentido o dispositivo deve ser lido em consonância com o § 4º do art. 72 – o réu fará jus ao aluguel provisório, inclusive das diferenças entre estes e aqueles definitivos fixados na sentença de improcedência (até a desocupação) ou procedência e, nesse sentido:

> "Locação comercial. Renovatória. Aluguel provisório. Renovação negada. Pagamento até efetiva desocupação. Necessidade. Devido o pagamento do aluguel provisório até a efetiva desocupação, quando negada a renovação do contrato de locação ou extinto o processo por não preencher o locatário as condições da ação, havendo pedido expresso na contestação".[98]

Tais diferenças deverão ser suportadas pelo autor da ação renovatória e pagas de uma só vez.

Como já vimos, a alegação da insuficiência de aluguéis não possui o condão de impedir a renovação do contrato. Todavia, poderá acarretar a sucumbência do autor, mesmo que tenha obtido a renovação.

Art. 74. Não sendo renovada a locação, o juiz determinará a expedição de mandado de despejo, que conterá o prazo de 30 (trinta) dias para a desocupação voluntária, se houver pedido na contestação. (Redação dada pela Lei nº 12.112, de 2009)

§ 1º (Vetado) (Incluído pela Lei nº 12.112, de 2009)

§ 2º (Vetado) (Incluído pela Lei nº 12.112, de 2009)

§ 3º (Vetado) (Incluído pela Lei nº 12.112, de 2009)

Comentários (Luiz Antonio Scavone Junior):

A par do que dispõe o inc. V do art. 58, segundo o qual os recursos interpostos contra as sentenças terão efeito somente devolutivo, inclusive nas ações renovatórias, o fato é que, em razão da redação original do art. 74, o prazo para desocupação se prorrogava para até seis meses a partir do trânsito em julgado da sentença.

Em outras palavras, a ausência do efeito suspensivo ao recurso de apelação do locatário vencido em primeiro grau não gerava qualquer efeito prático, posto que o prazo concedido para desocupação na sentença (de até seis meses) encontrava seu termo inicial no trânsito em julgado.

Neste sentido, decisão do extinto Segundo Tribunal de Alçada Civil:

> "Recurso. Apelação. Duplo efeito (devolutivo e suspensivo). Locação comercial. Renovatória. Retomada deferida. Admissibilidade. Prevalência do art. 74 sobre a regra do art. 58, V da Lei 8.245/1991. De acordo com a disposição do art. 74 da Lei do Inquilinato, apenas após o trânsito em julgado da sentença que não renovar a locação é que será fixado prazo para desocupação, configurando-se esta regra, portanto, em exceção ao que dispõe o art. 58, V, da mesma norma".[99]

---

[98] 2º TACCivSP, AI 462.729, 11ª Câmara, Rel. Juiz Clóvis Castelo, j. 05.08.1996, in *JTA* (LEX) 164/340.

[99] AgIn 812.868-00/6, 7ª Câmara, 14.10.2003, Rel. Juiz Miguel Cucinelli. Sobre o tema, verificam-se as seguintes referências: SANTOS, Gildo dos. *Locação e despejo*. 3. ed. São Paulo: RT, 1999,

TÍTULO II – DOS PROCEDIMENTOS • **Art. 74**

Com a nova redação do art. 74, o prazo para desocupação a ser fixado na sentença, que antes podia chegar a seis meses, passa a ser de 30 dias, não havendo mais falar-se em exceção à regra do inciso V do art. 58, posto que suprimida a expressão "após o trânsito em julgado da sentença".

Com efeito, desde que o locador faça o pedido expresso na contestação, julgada improcedente a ação renovatória, decretar-se-á o despejo com prazo de 30 dias para desocupação voluntária.

É imprescindível, neste caso, analisar a redação anterior à Lei 12.112/2009 do artigo sob comento.

Com efeito, assim dispunha: "Art. 74. Não sendo renovada a locação, o juiz fixará o prazo de até seis meses após o trânsito em julgado da sentença para desocupação, se houver pedido na contestação".

Portanto, percebe-se a sensível alteração na medida em que a atual redação prevê que "não sendo renovada a locação, o juiz determinará a expedição de mandado de despejo".

Não haveria o menor sentido na supressão da exceção à regra do art. 58 da Lei do Inquilinato se fosse o caso de manter o duplo efeito ao recurso de apelação, com todo o respeito a quem pensa diversamente.

Nesse sentido:

> "Agravo de Instrumento. Ação renovatória de locação julgada improcedente. Pedido de retomada do imóvel. Impugnação contra decisão que recebeu o recurso de apelação no duplo efeito. Incidência do disposto nos artigos 58, inciso V, e 74, ambos da Lei nº 8.245/91, este último com a nova redação dada pela Lei nº 12.112/09, que suprimiu a observância a prazo de seis meses após o trânsito em julgado da sentença, o que atribuía efeito prático suspensivo ao recurso. Norma processual de aplicação imediata. Decretação imediata do despejo para desocupação voluntária em trinta dias. Decisão reformada. Agravos providos". (TJSP; Agravo de Instrumento 2111744-78.2014.8.26.0000; 36ª Câmara de Direito Privado; Foro de Santos – 6ª. Vara Cível; Rel. Sá Moreira de Oliveira; j. 30.10.2014; data de registro: 06.11.2014)

> "Civil. Processo Civil. Ação renovatória de aluguel. Apelação. Recebimento no duplo efeito. Inadmissibilidade. Inteligência do art. 58, V, da Lei 8.245. "(...) No caso, inexistindo fundamentação relevante que justifique a atribuição de efeito suspensivo, não há razão para negar a incidência da norma do artigo 58, V, da Lei nº 8.245/91". (...) 4. Recurso improvido". (TJSP; Apelação 1007008-16.2014.8.26.0068; 35ª Câmara de Direito Privado; Foro de Barueri – 1ª Vara Cível; Rel. Artur Marques, j. 28.04.2016, data de registro: 28.04.2016)

Colhe-se, neste último julgado, na fundamentação do V. aresto: "Os argumentos expostos pela apelante não prosperam, ainda que se baseiem "na melhor doutrina", porque o texto legal é claro, e, embora o jargão "a lei não abriga palavras inúteis" nem sempre se aplique perfeitamente à realidade, o legislador não teria utilizado "sentença" se quisesse ter se referido a "decisão transitada em julgado". Ora, se mesmo nas ações de despejo a regra é o recebimento

---

p. 463-464; BARROS, Francisco Carlos Rocha de. *Comentários à Lei do Inquilinato*. 2. ed. São Paulo: Saraiva, 1997, p. 651.

da apelação no efeito meramente devolutivo, que dirá nas ações renovatórias. Vale lembrar que a ação renovatória é um instrumento de suma importância para servir de garantia ao locador não residencial que não será, necessariamente, e subitamente, surpreendido com o encerramento do contrato de locação, o que poderia colocar em sério risco sua atividade mercantil. Trata-se, contudo, a renovatória, de exceção a uma regra muitas vezes olvidada pela profusão de concessões legais: o exercício do direito de propriedade, que cabe, por óbvio, ao proprietário, a quem a Constituição Federal plasmou garantias inafastáveis, respeitados, obviamente, os limites em que o livre exercício do direito de propriedade poderia atingir os direitos e garantias alheios. Portanto, cabe rememorar à apelante que a ação renovatória existe, mas é, por si mesma, uma exceção à regra geral da livre disposição, pelo proprietário, do seu imóvel. Dessa forma, exceção que é, deve ser tratada como tal, não se aplicando interpretações enviesadas da legislação para se garantir ao locatário mais direitos em relação ao imóvel do que ao próprio titular da propriedade".

Importante ressaltar, nestes termos, que a execução provisória não é automática na hipótese de improcedência da ação renovatória com a decretação do despejo do locatário.

Isso porque o despejo poderá ser executado provisoriamente desde que o locador tenha requerido na contestação e que, nos termos do art. 64, seja prestada caução de valor não inferior a seis meses nem superior a 12 meses do aluguel atualizado até a data do depósito judicial.

Percebe-se que, agora, com exceção da necessidade do pedido expresso, a execução provisória do despejo se amolda perfeitamente ao sistema geral de prestação de cauções insculpido no art. 64,[100] que exige valor não inferior a seis meses e nem superior a 12 meses de aluguel, admitindo-se a modalidade real ou fidejussória, a critério do locador.[101]

Resta saber se é possível ou não admitir a caução real ou fidejussória também na hipótese de execução provisória do despejo em razão da improcedência da ação renovatória.

A resposta positiva se impõe. Não há motivo para, quanto à modalidade de garantia, deixar de aplicar o teor do § 1º do art. 64, segundo o qual a caução poderá ser real ou fidejussória e será prestada nos autos da execução provisória.

Caberá ao juiz, apenas, controlar a idoneidade e o valor da caução e não a sua modalidade.

Em outras palavras, pretendida a caução fidejussória pelo locador, pode o juiz determinar a prova da idoneidade financeira e jurídica do garante, bem como, no caso de caução real, o valor do bem a ser admitido como garantia.

---

[100] "Art. 64. Salvo nas hipóteses das ações fundadas no art. 9º, a execução provisória do despejo dependerá de caução não inferior a 6 (seis) meses e nem superior a 12 (doze) meses do aluguel, atualizado até a data da prestação da caução. § 1º A caução poderá ser real ou fidejussória e será prestada nos autos da execução provisória. § 2º Ocorrendo a reforma da sentença ou da decisão que concedeu liminarmente o despejo, o valor da caução reverterá em favor do réu, como indenização mínima das perdas e danos, podendo este reclamar, em ação própria, a diferença pelo que exceder."

[101] Segundo Waldir de Arruda Miranda Carneiro, a caução fica "a critério do exequente e não do juiz. Presentes os requisitos legais, não pode o juiz impor a modalidade de caução (real ou fidejussória), cuja escolha é faculdade da parte" (*Anotações à Lei do Inquilinato*. São Paulo: RT, 2000, p. 554). Nessa medida: "Agravo de instrumento contra decisão que indeferiu a oferta de caução real para execução provisória do despejo. A lei faculta ao locador a opção de prestar a caução nas modalidades estabelecidas no art. 64 da Lei 8.245/1991. Não pode haver limitação judicial à escolha da caução. Decisão reformada para admitir a caução real pelo imóvel oferecido. Recurso provido" (TJSP, 26ª Câmara de Direito Privado, Rel. Carlos Alberto Garbi, j. 12.05.2009, registro 17.06.2009).

Seja como for, nos termos do art. 74, *caput*, não há mais a necessidade de esperar o trânsito em julgado para execução provisória do despejo em caso de improcedência da ação renovatória, qualquer que seja o fundamento da defesa.

Neste caso, se a caução fixada pela sentença para execução provisória (*caput* do art. 64) não for suficiente, o acolhimento da contestação fundada nas hipóteses enumeradas no art. 72 demandará ação própria a ser proposta pelo locatário para buscar indenização suplementar, a teor do § 2º do art. 64, segundo o qual "ocorrendo a reforma da sentença ou da decisão que concedeu liminarmente o despejo, o valor da caução reverterá em favor do réu, como indenização mínima das perdas e danos, podendo este reclamar, *em ação própria*, a diferença pelo que a exceder".

Em resumo, o locatário desalojado por execução provisória terá que pleitear perdas e danos suplementares à caução (desvalorização do fundo de comércio, lucros cessantes, despesas com mudança e outros prejuízos que provar) em ação autônoma, caso seja dado provimento à apelação ou seja revertida a decisão de qualquer maneira no âmbito de recursos ao Tribunal de segundo grau ou recursos aos Tribunais Superiores.

Entendemos que a ação de indenização deverá ser distribuída livremente, cabendo ao antigo locatário provar, juntando cópias da ação renovatória, que foi desalojado e que conseguiu reverter a decisão de primeiro grau.

Art. 75. Na hipótese do inciso III do art. 72, a sentença fixará desde logo a indenização devida ao locatário em consequência da não prorrogação da locação, solidariamente devida pelo locador e o proponente.

Comentários (Luiz Antonio Scavone Junior):

Não renovada a locação pela melhor proposta de terceiro, o juiz deve fixar o valor da indenização correspondente aos lucros cessantes, perda do ponto e consequente desvalorização do fundo de comércio, apurada em liquidação a ser paga tanto pelo locador quanto pelo proponente, solidariamente.

Evidentemente que, em função da funesta consequência da defesa calcada em melhor proposta de terceiro, é pouco provável que alguém se arrisque a utilizá-la.

TÍTULO III
DAS DISPOSIÇÕES FINAIS E TRANSITÓRIAS

Art. 76. Não se aplicam as disposições desta lei aos processos em curso.

Comentários (Leonard Ziesemer Schmitz e Eduardo Aranha Alves Ferreira):

1. Direito intertemporal

O art. 76 da Lei de Locações traz regra de direito intertemporal, consistente na inaplicabilidade daquele diploma aos processos que discutam relações locatícias, e que ainda estejam pendentes. De forma geral, a aplicação da lei no tempo é dada pelo art. 6º da Lei de Introdução às Normas do Direito Brasileiro (Decreto-lei 4.657/1942): "A Lei em vigor terá efeito imediato e geral, respeitados o ato jurídico perfeito, o direito adquirido e a coisa julgada"; respeita-se, aí, o disposto no art. 5º, XXXVI, da Constituição.

Em matéria de direito processual, há basicamente três correntes ou linhas de pensamento sobre o comportamento de uma lei nova em relação a demandas em curso. Uma delas enxerga o processo como um todo indivisível; outra, separa o processo por fases (postulação, saneamento, instrução, decisão e execução), e outra ainda busca o *isolamento* dos atos processuais. No sistema de isolamento dos atos processuais, não se consideram as fases processuais, mas os atos em si, de modo que, tendo início o prazo para determinada manifestação da parte, por exemplo, não será possível aplicar lei nova que extingue a modalidade de manifestação, já que a lei revogada, quando ainda em vigor, havia criado direito que veio a ser adquirido pela parte. Isso, levando em conta que cada ato ou expectativa de ato processual consolidada é como um direito processual adquirido, que não pode ser ferido pela entrada em vigor da lei nova.[1] Quer dizer, a entrada em vigor de novas disposições processuais atinge demandas em curso, tendo preservados os atos praticados.

Este, aliás, é o sistema adotado pela legislação processual, via de regra, tendo em vista que tanto o CPC/1973, em seu art. 1.211, segunda parte ("Ao entrar em vigor, suas disposições aplicar-se-ão desde logo aos processos pendentes"), quanto o CPC/2015, em seus arts. 14 ("A norma processual não retroagirá e será aplicável imediatamente aos processos em curso, respeitados os atos processuais praticados e as situações jurídicas consolidadas sob a vigência da norma revogada") e 1.046 ("Ao entrar em vigor este Código, suas disposições se aplicarão desde logo aos processos pendentes, ficando revogada a Lei nº 5.869, de 11 de janeiro de 1973") demonstram que, com a promulgação de lei processual nova, os feitos pendentes passam a ser regidos pela nova norma jurídica, preservando-se, apenas, os atos processuais já praticados ou que já possam ser exercidos.[2]

---

[1] LACERDA, Galeno. *O novo direito processual civil e os feitos pendentes.* Rio de Janeiro: Forense, 1974, p. 13.

[2] Nesse sentido, v. CARNEIRO, Paulo Cezar Pinheiro. Comentário ao art. 14. In: WAMBIER, Teresa Arruda Alvim et al. (coords.). *Breves comentários ao Novo Código de Processo Civil.* São Paulo: RT, 2015, p. 91-92; CRAMER, Ronaldo. Comentário ao art. 1.046. In: WAMBIER, Teresa Arruda Alvim et al. (coords.). *Breves comentários ao Novo Código de Processo Civil.* São Paulo: RT, 2015, p. 2.359; SANTOS, Gildo dos. *Locação e despejo:* comentários à Lei 8.245/91. 5. ed. São Paulo: RT, 2004, p. 636.

Assim, vale dizer, já se posicionou também o STJ, no julgamento do REsp 1.124.979/RO, Rel. Min. Laurita Vaz, j. 03.05.2011, *v.g.*

Essa regra geral *não se aplica* aos processos cuidados pela Lei de Locações, tendo em vista a exceção expressa do art. 76, que fala de uma *unidade processual*. Assim, a lei nova é inaplicável a qualquer processo em curso quando da sua publicação (momento em que se torna eficaz a lei), entendendo-se que "um processo deve começar e terminar segundo uma única lei, seja a antiga ou a nova".[3]

Portanto, com relação às disposições da Lei 8.245/1991 (Lei de Locações), que tenham natureza processual, sua aplicação fica restrita aos processos iniciados após a sua publicação, ao passo que aquelas de natureza material deixam também de ser aplicadas aos atos jurídicos que já tenham se aperfeiçoado, não alterando, ademais, os direitos adquiridos pelas partes em relações locatícias, pela incidência de normas anteriores, em atenção ao que preconiza o art. 5º, XXXVI, da CF/1988.

A grande questão, portanto, diz respeito à definição do momento a partir do qual se deve considerar existente o processo, a fim de poder definir-se o campo de incidência imediata da lei nova. Poder-se-ia pensar, como ressalta Sílvio de Salvo Venosa, que a intenção do legislador ordinário era a de considerar inaplicável a lei nova aos processos em que já houvesse citação. Contudo, ao dispor o então vigente CPC/1973 (art. 263) que a ação se tem por proposta com a distribuição, em comarcas com mais de uma vara, ou despachada, quando se tratar de vara única, pode-se concluir, também com Venosa, que o sentido do art. 76 da Lei de Locações é o de que se considera "processo em curso" aquela ação que houver sido distribuída ou despachada.[4]

Portanto, quando entrou em vigor a Lei 8.245/1991 (Lei de Locações), todas as demandas anteriormente distribuídas ou despachadas mantiveram-se regidas pelas leis anteriores que foram revogadas (a partir daquele momento, é claro), pela nova Lei de Locações, tratando-se daquelas elencadas no art. 90 da lei.

Diga-se, por fim, que a questão, atualmente, não mais guarda grande relevância, porquanto passados mais de 30 anos da entrada em vigor da Lei n. 8.245, dificilmente se localizará no campo forense alguma demanda que tenha sido iniciada antes dela, o que é minimamente de se esperar, tendo em vista o direito fundamental à celeridade processual, prevista pelo art. 5º, LXXVIII, da CF/1988. De qualquer forma, não sendo possível afirmar peremptoriamente que já não mais existem demandas propostas anteriormente à lei comentada, deve-se dizer que sua regência normativa será pelas leis anteriores à de n. 8.245/1991.

Art. 77. Todas as locações residenciais que tenham sido celebradas anteriormente à vigência desta lei serão automaticamente prorrogadas por tempo indeterminado, ao término do prazo ajustado no contrato.

Comentários (Sabrina Berardocco):

Regra de transição entre a lei anterior (Lei 6.649/1979) e a atual (Lei 8.245/1991) dirigida unicamente às locações residenciais trouxe um impacto direto na forma de resolução do contrato de locação, no que tange à denúncia cheia ou vazia.

---

[3] SANTOS, Gildo dos. *Locação e despejo:* comentários à Lei 8.245/91. 5. ed. São Paulo: RT, 2004, p. 636.
[4] VENOSA, Sílvio de Salvo. *Lei do Inquilinato comentada:* doutrina e prática. 10. ed. São Paulo: Atlas, 2010, p. 360.

Assim, todos os contratos de locação residenciais firmados antes da entrada em vigor da Lei 8.245/1991 (art. 89) e, portanto, antes do dia 20.12.1991, serão considerados por prazo indeterminado, mesclando as duas regras contidas nos *caputs* dos arts. 46 e 47.

Ou seja, a regra permite que a locação residencial firmada na vigência da lei anterior (Lei 6.649/1979) seja denunciada pela conveniência do locador (lógica do § 2º do art. 46) e, portanto, denúncia vazia, condicionada, entretanto, à ocorrência de dois elementos: *(1)* que a locação esteja em vigor, de forma ininterrupta, por mais de cinco anos (lógica do inc. V do art. 47); *(2)* que a notificação conceda um prazo de 12 meses para desocupação (art. 78).

O locador poderá ainda, denunciar a locação residencial de forma motivada, conforme incs. I a IV do art. 47 já comentado, sendo esta a melhor interpretação. Francisco Carlos Rocha de Barros, em comentários ao art. 78 levanta essa dúvida, esclarecendo com muita clareza:

> "Questão interessante é saber se o locador, no caso das locações empolgadas pelos arts. 77 e 78, poderá retomar o imóvel nas situações previstas no art. 47. Entendemos que sim. Defendemos que esta lei, apesar de ter conferido a denúncia vazia do art. 78, não retirou do locador o direito de se valer de qualquer das hipóteses de retomadas previstas no art. 47. (...) A legislação inquilinária sempre procurou proteger o inquilino. O despejo motivado (art. 47), por exemplo, é mais favorável ao locatário, pois restringe a retomada apenas para as situações legalmente declaradas. Mais do que isso, impõe ao locador, em determinadas situações, a obrigação de dar ao imóvel o destino declarado, sob pena de sanções civis e criminais (art. 44). Assim, se a denúncia cheia significa proteção maior para o inquilino, por que negá-la ao locador?".[5]

Logo, as locações residenciais, ajustadas anteriormente à Lei 8.245/1991, por força de disposição legal, são consideradas por prazo indeterminado, incidindo, a partir da nova lei, as possibilidades de denúncia motivada do art. 47 e imotivada (arts. 47, V, e 78), sendo certo que essa interpretação prestigia o espírito da lei, no tocante à proteção do locatário de imóvel residencial, seguindo o protecionismo da legislação anterior.

Assim, o locatário de imóvel residencial com prazo indeterminado que ultrapassar cinco anos de locação de forma ininterrupta poderá ser despejado, pelo pedido imotivado do locador, mediante notificação para desocupação com prazo de 12 meses. Se, porém, a locação residencial, com prazo indeterminado, não ultrapassar cinco anos, o locador poderá pleitear o despejo de forma motivada, conforme incs. I a IV do art. 47.

Art. 78. As locações residenciais que tenham sido celebradas anteriormente à vigência desta lei e que já vigorem ou venham a vigorar por prazo indeterminado, poderão ser denunciadas pelo locador, concedido o prazo de doze meses para a desocupação.

Parágrafo único. Na hipótese de ter havido revisão judicial ou amigável do aluguel, atingindo o preço do mercado, a denúncia somente poderá ser exercitada após vinte e quatro meses da data da revisão, se esta ocorreu nos doze meses anteriores à data da vigência desta lei.

---

[5] BARROS, Francisco Carlos Rocha de. *Comentários à Lei do Inquilinato*. 2. ed. São Paulo: RT, 1997, p. 667-668.

Comentários (Sabrina Berardocco):

O *caput* deste artigo complementa o conteúdo do artigo anterior (art. 77), no sentido de ser possível a denúncia do contrato de locação residencial, mediante a denúncia vazia e a notificação com a concessão de 12 meses para a desocupação. A notificação do art. 78 também é uma condição especial da ação de despejo, cuja ausência acarretará a extinção do processo sem julgamento do mérito. Nesse sentido:

> "Locação de imóvel residencial. Denúncia vazia. Contrato celebrado antes da vigência da Lei 8.245/91. Prorrogado por prazo indeterminado. Notificação. Na locação residencial por prazo indeterminado, o locador pode retomar o imóvel, imotivadamente, desde que notifique o locatário, concedendo-lhe o prazo de doze meses para a desocupação voluntária. Recurso improvido".[6]

> "Despejo. Denúncia vazia. Imóvel residencial. Contrato celebrado sob a égide da lei anterior. Notificação premonitória. Prazo de 12 (doze) meses nos termos do art. 78 da Lei n. 8.245/91. Exigência como condição de procedibilidade. Não observância. Carência da ação decretada. Extinção do feito. Nos termos do art. 78 da Lei n. 8.245/91, tratando-se de contrato de locação celebrado na vigência da lei do inquilinato anterior e vigorando por prazo indeterminado, a notificação premonitória com prazo de um ano para a desocupação do imóvel pelo locatário é imprescindível para o ajuizamento da ação de despejo imotivada. Inobservando o autor tal exigência legal é de ser decretada a carência da ação, com a extinção do feito."[7]

> "Locação. Ação de despejo. 'Denúncia vazia transitória' – para locação firmada na vigência da Lei do Inquilinato anterior, e que se prorrogou por tempo indeterminado, tem aplicação a disposição transitória do art. 78 da Lei n. 8245/91, para retomada imotivada do imóvel locado – condição especial da ação de despejo é a notificação premonitória denunciando a locação e concedendo o prazo de doze meses ao locatário para desocupação voluntária do imóvel locado. Notificação ineficaz. Carência da ação por impossibilidade jurídica do pedido. Extinção do processo sem julgamento de mérito. Recurso do Autor não provido."[8]

O espírito de tal regra foi garantir aos locatários residenciais um tempo maior para a desocupação, num nítido caráter social da nova lei (Lei 8.245/1991). Gildo dos Santos aponta que "o restabelecimento puro e simples da denúncia vazia, para as locações residenciais, poderia gerar um caos social, sendo compreensível que a nova lei tenha estipulado um prazo longo visando à desocupação do imóvel locado, a fim de que haja tempo para uma desejada acomodação dos contratantes, até mesmo em termos de mercado de imóveis destinados à locação".[9]

O parágrafo único deste artigo traz mais uma proteção ao locatário, impedindo o despejo caso o aluguel tenha sido revisto, nos 12 meses anteriores à vigência da lei, de forma judicial

---

[6] Ap. s/ Rev. 1174380007/SP, 34ª Câmara de Direito Privado, Rel. Emanuel Oliveira, j. 01.12.2008.
[7] Ap. s/ Rev. 717235200, 31ª Câmara, Rel. Des. Paulo Ayrosa, j. 19.04.2005.
[8] Ap. s/ Rev. 846570-0/2, 27ª Câmara, Rel. Des. Berenice Marcones César, j. 30.08.2005.
[9] SANTOS, Gildo dos. *Locação e despejo* – comentários à Lei 8.245/91. 6. ed. São Paulo: RT, 2010, p. 599-600.

ou amigavelmente, atingindo o valor de mercado. Em tal hipótese, a denúncia só poderá ser exercitada 24 meses da data da revisão.

Referida regra, em verdade, outorga o prazo de 36 meses para a desocupação do imóvel pelo locatário, caso tenha havido acordo judicial ou amigável quanto ao valor do aluguel um ano antes da entrada em vigor desta lei. Diz-se 36 meses, porque por 24 meses o locador não poderá denunciar a locação e, quando o fizer, terá que conceder 12 meses para a desocupação.

Em verdade, passados mais de 20 anos da vigência da Lei 8.245/1991, tal regra não será mais utilizada, pois se destinava a acordos (judiciais ou amigáveis de revisão do aluguel) celebrados até dezembro de 1990 e que só poderiam ser denunciados após 24 meses da entrada em vigor da lei (dezembro de 1991), portanto, somente a partir de dezembro de 1993, com a concessão de prazo de 12 meses para a desocupação. Todos os acordos nesse sentido firmados após 20.12.1991, não são atingidos pela restrição do parágrafo único.

Art. 79. No que for omissa esta lei aplicam-se as normas do Código Civil e do Código de Processo Civil.

Comentários (Tatiana Bonatti Peres):

O presente artigo não representa inovação ao ordenamento jurídico brasileiro, tendo em termos práticos uma finalidade meramente didática. Isto, pois, conforme o § 2º do art. 2º da Lei de Introdução às Normas do Direito Brasileiro (Decreto-lei 4.657, de 4 de setembro de 1942), "[a] lei nova, que estabeleça disposições gerais ou especiais a par das já existentes, não revoga nem modifica a lei anterior".

Art. 80. Para os fins do inciso I do art. 98 da Constituição Federal, as ações de despejo poderão ser consideradas como causas cíveis de menor complexidade.

Comentários (Marcio Lamonica Bovino):

Segundo o inc. III do art. 3º da Lei 9.099/1995, apenas as ações de despejo para uso próprio poderão ser julgadas pelos Juizados Especiais Cíveis, cabendo ao locador optar pelo procedimento ordinário caso entenda por mais conveniente. Se o locador for pessoa jurídica e não estiver enquadrado nos conceitos de microempreendedores individuais, microempresas e empresas de pequeno porte, Organização da Sociedade Civil de Interesse Público ou sociedades de crédito ao microempreendedor, não poderão valer-se do procedimento do JEC Cível.[10]

Art. 81. O inciso II do art. 167 e o art. 169 da Lei nº 6.015, de 31 de dezembro de 1973, passam a vigorar com as seguintes alterações:

"Art. 167. ....

---

[10] Lei 9.099/1995: "Art. 8º (...) § 1º Somente serão admitidas a propor ação perante o Juizado Especial: I – as pessoas físicas capazes, excluídos os cessionários de direito de pessoas jurídicas; II – as pessoas enquadradas como microempreendedores individuais, microempresas e empresas de pequeno porte na forma da Lei Complementar nº 123, de 14 de dezembro de 2006; III – as pessoas jurídicas qualificadas como Organização da Sociedade Civil de Interesse Público, nos termos da Lei nº 9.790, de 23 de março de 1999; IV – as sociedades de crédito ao microempreendedor, nos termos do art. 1º da Lei nº 10.194, de 14 de fevereiro de 2001".

II – ....

16) do contrato de locação, para os fins de exercício de direito de preferência."

"Art. 169. ....

....

III – o registro previsto no nº 3 do inciso I do art. 167, e a averbação prevista no nº 16 do inciso II do art. 167 serão efetuados no cartório onde o imóvel esteja matriculado mediante apresentação de qualquer das vias do contrato, assinado pelas partes e subscrito por duas testemunhas, bastando a coincidência entre o nome de um dos proprietários e o locador."

Comentários (Gisela Sampaio da Cruz Guedes e Carla Wainer Chalréo Lgow):

O artigo em comento tem relação com o direito de preferência atribuído ao locatário, examinado detidamente nos comentários aos arts. 27 a 34, *supra*, para os quais remetemos o leitor.

A Lei 6.015/1973 ("Lei de Registros Públicos"), desde sua entrada em vigor, já previa, em seu art. 167, I, 3), a possibilidade de registrar, no Registro Geral de Imóveis ("RGI"), os contratos de locação com cláusula de vigência, de modo a conferir publicidade à pactuação, para que o locatário pudesse exigir a manutenção do contrato de aluguel mesmo após a alienação do imóvel locado a terceiro.

Silenciava, contudo, a respeito da possibilidade de averbar os contratos de locação, mesmo sem cláusula de vigência, para fins de garantir oponibilidade *erga omnes* ao direito de preferência do locatário. Nas palavras de Sylvio Capanema de Souza, "ficam, agora, os registros de imóveis autorizados a proceder à averbação de contratos de locação mesmo que deles não conste cláusula de vigência ou de respeito, e só para assegurar o caráter real do direito de preferência do locatário".[11]

O registro é importante porque, como previsto no já comentado art. 33 da Lei do Inquilinato, o direito à execução específica do direito de preferência diante da alienação indevida do imóvel locado a terceiro depende da averbação do contrato de aluguel junto à matrícula do imóvel pelo menos 30 dias antes da alienação.

Como explicado nos comentários ao art. 33, a publicidade alcançada com a averbação do contrato de locação não eleva o direito de preferência do locatário à categoria dos direitos reais; o que se assegura, com a averbação, são os efeitos reais do direito de preferência: "em ambos os casos [registro do contrato com cláusula de vigência ou averbação para fins do exercício do direito de preferência] objetiva-se, pelo assentamento, a publicidade. Em nenhum deles há direito real: o nível é obrigacional. Todavia, alcançam-se efeitos realiformes, ou eficácia real, por força do ingresso no cadastro e o presumível conhecimento dele derivado".[12]

Sylvio Capanema de Souza ressalta que poderá haver dificuldades de averbação caso o locador não seja proprietário, e sim mero possuidor do imóvel locado, pois, como visto, a lei exige que o nome do locador coincida ao menos com o nome de um dos proprietários. Diante

---

[11] SOUZA, Sylvio Capanema de. *A Lei do Inquilinato comentada artigo por artigo*. 8. ed. Rio de Janeiro: Forense, 2012, p. 405.

[12] SANTOS, Gildo dos. *Locação e despejo*: comentários à Lei 8.245/91. 5. ed. São Paulo: RT, 2004, p. 670.

dessa situação, a seu ver, a questão poderia ser dirimida pelo juiz, "em processo de dúvida, a ser oferecida pela parte ou pelo Oficial".[13]

Já Gildo dos Santos lembra que a previsão legislativa "tem ainda reflexo direto nos emolumentos a serem pagos à serventia", pois "o custo da averbação é significativamente menor [que o custo do registro], facilitando economicamente".[14]

No julgamento do Recurso Especial 475.033, o Superior Tribunal de Justiça reiterou os termos do art. 81, ao afirmar que "a averbação no registro de imóveis, de que depende a oponibilidade do contrato de locação ao novo adquirente, tem como requisitos legais a apresentação de qualquer das vias do contrato, assinado pelas partes e subscrito por duas testemunhas, bastando a coincidência entre o nome de um dos proprietários e o locador", e que "possui legitimidade para o registro do contrato de locação (...), sobretudo, o próprio locatário, em cujo interesse dispôs o artigo 81 da Lei do Inquilinato".[15] No caso concreto, uma das alegações, refutada pelo tribunal, era que o imóvel locado pertencia a mais de um proprietário, e que apenas um deles, no caso o condômino responsável pela administração do imóvel, havia celebrado o contrato de aluguel.

Art. 82. O art. 3º da Lei nº 8.009, de 29 de março de 1990, passa a vigorar acrescido do seguinte inciso VII:

"Art. 3º ....

....

VII – por obrigação decorrente de fiança concedida em contrato de locação."

Comentários (Alessandro Schirrmeister Segalla):

O artigo sob análise introduziu o inc. VII ao art. 3º da Lei 8.009/1990, conhecida pelo nome de "lei do bem de família".

Remetemos o leitor aos nossos comentários ao art. 37, II, desta Lei, nos quais já abordamos os precedentes emanados dos Colendos Supremo Tribunal Federal e Superior Tribunal de Justiça, no sentido de considerar constitucional a penhora do bem de família do fiador.

Art. 83. Ao art. 24 da Lei nº 4.591, de 16 de dezembro de 1964 fica acrescido o seguinte § 4º:

"Art. 24. ....

....

§ 4º Nas decisões da assembleia que envolvam despesas ordinárias do condomínio, o locatário poderá votar, caso o condômino locador a ela não compareça."

---

[13] SOUZA, Sylvio Capanema de. *A Lei do Inquilinato comentada artigo por artigo*. 8. ed. Rio de Janeiro: Forense, 2012, p. 406.
[14] SANTOS, Gildo dos. *Locação e despejo*. 7. ed. rev., ampl. e atual. São Paulo: RT, 2011, p. 670.
[15] STJ, REsp 475.033, 6ª Turma, Rel. Min. Hamilton Carvalhido, j. 16.12.2003, v.u., *DJ* 09.12.2004, p. 215.

TÍTULO III – DAS DISPOSIÇÕES FINAIS E TRANSITÓRIAS • **Art. 85**

Comentários (Renato Pinheiro Jabur):

O art. 83 da Lei do Inquilinato incluiu o § 4º ao art. 24 da Lei 4.591, de 16 de dezembro de 1964 (Lei de Condomínios e Incorporações). Note-se que o art. 83 foi derrogado pela Lei 9.267, de 25 de março de 1996, que conferiu nova redação justamente ao § 4º do art. 24 da Lei 4.591/1964.

A redação atual consolidada do art. 24 da Lei 4.591/1964 (já com a alteração ao § 4º decorrente da Lei 9.267/1996) é a seguinte:

> "Art. 24. Haverá, anualmente, uma assembleia geral ordinária dos condôminos, convocada pelo síndico na forma prevista na Convenção, à qual compete, além das demais matérias inscritas na ordem do dia, aprovar, por maioria dos presentes, as verbas para as despesas de condomínio, compreendendo as de conservação da edificação ou conjunto de edificações, manutenção de seus serviços e correlatas.
>
> § 1º As decisões da assembleia, tomadas, em cada caso, pelo *quorum* que a Convenção fixar, obrigam todos os condôminos.
>
> § 2º O síndico, nos oito dias subsequentes à assembleia, comunicará aos condôminos o que tiver sido deliberado, inclusive no tocante à previsão orçamentária, o rateio das despesas, e promoverá a arrecadação, tudo na forma que a Convenção previr.
>
> § 3º Nas assembleias gerais, os votos serão proporcionais às frações ideais do terreno e partes comuns, pertencentes a cada condômino, salvo disposição diversa da Convenção.
>
> § 4º Nas decisões da Assembleia que não envolvam despesas extraordinárias do condomínio, o locatário poderá votar, caso o condômino-locador a ela não compareça. (Redação dada pela Lei nº 9.267, de 25.3.1996)".

O art. 83, ao incluir o § 4º ao art. 24 da Lei de Condomínios e Incorporações, traz em seu bojo uma regra de justiça: como é obrigação do locatário pagar as despesas ordinárias de condomínio (art. 23, XII), pode ele participar das respectivas assembleias condominiais em que tais despesas serão votadas, desde que o locador não esteja presente.

A alteração trazida pela Lei 9.267/1996 estendeu os poderes do locatário nas assembleias gerais em caso de ausência do locador: se antes o locatário somente poderia votar nas deliberações que envolvessem despesas ordinárias, ele passou a poder votar em quaisquer deliberações, exceto as que envolvam despesas extraordinárias do condomínio.

Art. 84. Reputam-se válidos os registros dos contratos de locação de imóveis, realizados até a data da vigência desta lei.

Comentários (Gabriel Seijo Leal de Figueiredo):

O dispositivo preserva a validade dos registros de contratos de locação realizados antes da edição da Lei 8.245/1991. A norma deve ser entendida na mais ampla acepção, abrangendo registros, averbações transcrições e inscrições. Trata-se de uma aplicação do princípio *tempus regit actum*.

Art. 85. Nas locações residenciais, é livre a convenção do aluguel quanto a preço, periodicidade e indexador de reajustamento, vedada a vinculação à variação do salário mínimo, variação cambial e moeda estrangeira:

I – dos imóveis novos, com habite-se concedido a partir da entrada em vigor desta lei;

II – dos demais imóveis não enquadrados no inciso anterior, em relação aos contratos celebrados, após cinco anos de entrada em vigor desta lei.

Comentários (Marcelo Chiavassa de Mello Paula Lima):

Este dispositivo encontra-se no título III, destinado às disposições finais e transitórias da lei. Quando da edição da lei de locação (1991), era importante definir quando começariam a ser aplicadas as disposições aqui tratadas aos contratos de locação celebrados sob a égide da legislação anterior.

A fim de solver este problema, especificamente em relação à convenção do aluguel (preço, periodicidade e indexador de reajustamento, regulado pelo art. 17 e seguintes desta Lei), o legislador estipulou que nas locações residenciais, o disposto nos arts. 17 e seguintes terão aplicação imediata aos imóveis novos, com habite-se concedido a partir da entrada em vigor desta lei.

Se o imóvel não fosse novo (leia-se, com habite-se expedido antes da vigência da Lei de Locação), a livre convenção do aluguel quanto a preço, periodicidade e indexador de reajustamento (proibida a vinculação à variação do salário mínimo, variação cambial e moeda estrangeira) passaria a ter aplicação imediata depois de cinco anos da vigência da lei.

> "Locação. Aluguel. Imóvel residencial. Habite-se concedido após a Lei 8.245/91. Livre convenção. Aplicação do art. 85 com observância das restrições do art. 17 da referida lei. (...)
>
> Para os imóveis residenciais novos, ou seja, cujo habite-se venha a ser concedido após 20 de dezembro de 1991, é livre a convenção do aluguel, não só quanto ao preço como também no que se refere à periodicidade e indexador da correção, vedados apenas os índices referidos no art. 17 da Lei 8.245/91."[16]

Atualmente, contudo, este dispositivo não mais tem aplicação prática, exatamente pelo decurso do prazo quinquenal.

Art. 86. O art. 8º da Lei nº 4.380, de 21 de agosto de 1964 passa a vigorar com a seguinte redação:

"Art. 8º O sistema financeiro da habitação, destinado a facilitar e promover a construção e a aquisição da casa própria ou moradia, especialmente pelas classes de menor renda da população, será integrado."

Comentários (Rennan Faria Krüger Thamay):

Trata-se de importante dispositivo que tem como compromisso garantir que o Sistema Financeiro da Habitação, que é integrado, *facilite e promova a construção e a aquisição da casa própria ou de moradia* para os cidadãos em geral, dirigindo-se especialmente aos de *classes de menor renda da população*.

---

[16] 2º TACSP, Ap. s/ Rev. 430.795, 11ª Câmara de Direito Privado, Rel. Des. Artur Marques, j. 22.05.1995.

Compromete-se o dispositivo com a *socialização da casa própria ou moradia*. De fato, mister destacar que não se trata apenas de dispositivo que se dirige à aquisição da casa própria, mas também à construção de moradias que comportem a locação a famílias de menor potencial de renda, fazendo com que, de certa forma, se implemente o direito à moradia, assim como determina o art. 6º da Constituição.

Essa construção foi possível pelo fato de ter, a vigente norma, acrescentado os termos "ou moradia" na redação primitiva, ao tratar destinação do Sistema Financeiro da Habitação. Com isso, facilita-se o acesso de todos à aquisição, construção ou *locação social* de imóvel.

O Sistema Financeiro da Habitação,[17] destinado a facilitar e promover a construção e a aquisição da casa própria ou moradia, especialmente pelas classes de menor renda da população, será integrado: (a) pelos bancos múltiplos; (b) pelos bancos comerciais; (c) pelas caixas econômicas;[18] (d) pelas sociedades de crédito imobiliário; (e) pelas associações de poupança e empréstimo; (f) pelas companhias hipotecárias; (g) pelos órgãos federais, estaduais e municipais, inclusive sociedades de economia mista em que haja participação majoritária do poder público, que operem, de acordo com o disposto nesta Lei, no financiamento de habitações e obras conexas; (h) pelas fundações, cooperativas e outras formas associativas para construção ou aquisição da casa própria sem finalidade de lucro, que se constituirão de acordo com as diretrizes desta Lei; (i) pelas caixas militares; (j) pelas entidades abertas de previdência complementar; (k) pelas companhias securitizadoras de crédito imobiliário; e (l) por outras instituições que venham a ser consideradas pelo Conselho Monetário Nacional como integrantes do Sistema Financeiro da Habitação.

É de se destacar que o entendimento predominante na jurisprudência do STJ é no sentido de que "o agente financeiro, nos contratos de mútuo submetidos ao Sistema Financeiro da Habitação, responde solidariamente com a empresa seguradora pelos vícios de construção do imóvel. A ação proposta com o objetivo de cobrar indenização do seguro adjeto ao mútuo hipotecário, em princípio, diz respeito ao mutuário e a seguradora, unicamente. Todavia, se essa pretensão estiver fundada em vício de construção, ter-se-á hipótese de responsabilidade solidária do agente financeiro".[19]

Ademais, segundo o STJ: "A obra iniciada mediante financiamento do Sistema Financeiro da Habitação acarreta a solidariedade do agente financeiro pela respectiva solidez e segurança".[20] Assim, segundo essa Corte, "o agente financeiro é parte legítima na ação de resolução contratual proposta por mutuários em virtude de vícios constatados no edifício,

---

[17] "Agravo regimental. Sistema Financeiro da Habitação. Saldo residual. Contrato sem cobertura do FCVS. Responsabilidade do mutuário. 1. 'Nos contratos de financiamento celebrados no âmbito do SFH, sem cláusula de garantia de cobertura do FCVS, o saldo devedor residual deverá ser suportado pelo mutuário' (REsp 1.447.108/CE, Rel. Ministro Ricardo Villas Bôas Cueva, Segunda Seção, julgado em 22/10/2014, *DJe* 24/10/2014). 2. Agravo regimental não provido" (STJ, AgRg no REsp 1.287.993/CE 2011/0251522-5, 4ª Turma, Rel. Min. Luis Felipe Salomão, j. 17.03.2015, *DJe* 25.03.2015).

[18] "Processo civil. Agravo regimental. Sistema Financeiro da Habitação. Cobertura do FCVS. A Caixa Econômica Federal deve integrar a lide como litisconsorte necessária nas ações em que se discute acerca de contratos de mútuo com a previsão de cobertura do Fundo de Compensação de Variações Salariais. Agravo regimental desprovido" (STJ, AgRg no AREsp 168.962/SP 2012/0081881-5, 1ª Turma, Rel. Min. Ari Pargendler, j. 19.09.2013, *DJe* 15.10.2013).

[19] AgRg no Ag 1.061.396/PE, 3ª Turma, Rel. Min. Sidnei Beneti, j. 23.06.2009, *DJe* 29.06.2009.

[20] AgRg no Ag 932.006/SC, 4ª Turma, Rel. Min. Aldir Passarinho Junior, j. 20.11.2007, *DJ* 17.12.2007, p. 205.

dada a inequívoca interdependência entre os contratos de construção e de financiamento (cf. REsp 331.340/DF, Quarta Turma, Rel. Min. Barros Monteiro, *DJ* de 14.03.2005)".[21] Por isso, a ação de rescisão de contrato tem como qualidade estender a responsabilidade ao agente financeiro pela solidez e segurança da obra.[22]

Com efeito, "a análise econômica da função social do contrato, realizada a partir da doutrina da análise econômica do direito, permite reconhecer o papel institucional e social que o direito contratual pode oferecer ao mercado, qual seja a segurança e previsibilidade nas operações econômicas e sociais capazes de proteger as expectativas dos agentes econômicos, por meio de instituições mais sólidas, que reforcem, ao contrário de minar, a estrutura do mercado. 2. Todo contrato de financiamento imobiliário, ainda que pactuado nos moldes do Sistema Financeiro da Habitação, é negócio jurídico de cunho eminentemente patrimonial e, por isso, solo fértil para a aplicação da análise econômica do direito. 3. A Lei n. 10.931/2004, especialmente seu art. 50, inspirou-se na efetividade, celeridade e boa-fé perseguidos pelo processo civil moderno, cujo entendimento é de que todo litígio a ser composto, dentre eles os de cunho econômico, deve apresentar pedido objetivo e apontar precisa e claramente a espécie e o alcance do abuso contratual que fundamenta a ação de revisão do contrato. 4. As regras expressas no art. 50 e seus parágrafos têm a clara intenção de garantir o cumprimento dos contratos de financiamento de imóveis tal como pactuados, gerando segurança para os contratantes. O objetivo maior da norma é garantir que, quando a execução do contrato se tornar controvertida e necessária for a intervenção judicial, a discussão seja eficiente, porque somente o ponto conflitante será discutido e a discussão da controvérsia não impedirá a execução de tudo aquilo com o qual concordam as partes. 5. Aplicam-se aos contratos de financiamento imobiliário do Sistema de Financiamento Habitacional as disposições da Lei n. 10.931/2004, mormente as referentes aos requisitos da petição inicial da ação de revisão de cláusulas contratuais, constantes do art. 50 da Lei n. 10.931/2004. 6. Recurso especial provido".[23]

Com toda essa estrutura, busca-se que, pelo Sistema Financeiro da Habitação,[24] possa-se dar acesso à moradia a todo e qualquer cidadão, assim como preceitua o disposto em comento desta Lei de Locações.

Em relação à moradia, algumas considerações merecem ser feitas. Pode-se afirmar que com o acréscimo da expressão "moradia" ampliou-se a aplicabilidade do Sistema Financeiro

---

[21] AgRg no Ag 683.809/SC, 4ª Turma, Rel. Min. Fernando Gonçalves, j. 18.08.2005, *DJ* 05.09.2005, p. 428.
[22] REsp 579.464/DF, 3ª Turma, Rel. Min. Carlos Alberto Menezes Direito, j. 14.12.2004, *DJ* 11.04.2005, p. 289.
[23] STJ, REsp 1.163.283/RS 2009/0206657-6, 4ª Turma, Rel. Min. Luis Felipe Salomão, j. 07.04.2015, *DJe* 04.05.2015.
[24] "Embargos declaratórios recebidos como agravo regimental. Sistema Financeiro da Habitação. Saldo residual. Contrato sem cobertura do FCVS. Responsabilidade do mutuário. 1. Os embargos declaratórios não se prestam a perquirições acerca do alcance do julgado embargado. Conforme já decidiu esta Corte, 'não cabe ao Tribunal, que não é órgão de consulta, responder a 'questionários' postos pela parte sucumbente, que não aponta de concreto nenhuma obscuridade, omissão ou contradição no acórdão (...)' (EDcl no REsp 739/RJ, Rel. Ministro Athos Carneiro, Quarta Turma, julgado em 23/10/1990). 2. 'Nos contratos de financiamento celebrados no âmbito do SFH, sem cláusula de garantia de cobertura do FCVS, o saldo devedor residual deverá ser suportado pelo mutuário' (REsp 1.447.108/CE, Rel. Ministro Ricardo Villas Bôas Cueva, Segunda Seção, julgado em 22/10/2014, *DJe* 24/10/2014). 3. Embargos recebidos como agravo regimental, ao qual se nega provimento" (STJ, EDcl no REsp 1.312.505/RN 2012/0046010-2, 4ª Turma, Rel. Min. Luis Felipe Salomão, j. 17.03.2015, *DJe* 25.03.2015).

da Habitação,[25] permitindo-se que, além de facilitada seja a aquisição da casa própria pelas pessoas mais carentes, sejam construídas moradias que permitam a ocorrência da *locação para pessoas mais carentes*, socializando-se constitucionalmente a locação de imóveis, criando o fenômeno da *locação social*.

Tragicamente a locação social não tem sido implementada a contento pelas autoridades públicas, muito embora o objetivo seja louvável e extremamente necessário para o Brasil e parcela significativa de sua população.

Com efeito, isso se poderia dar em relação àquelas famílias que, em decorrência da baixa renda, não podem, ainda, adquirir a casa própria. É, evidentemente, para essas pessoas que a norma se direciona, criando a oportunidade para que possam (ou devessem poder) ter acesso pleno à moradia por meio da locação social.

Segundo o STJ, "a execução hipotecária proposta para cobrança de crédito vinculado ao Sistema Financeiro da Habitação sujeita-se ao prazo prescricional de 05 (cinco) anos previsto no artigo 206, § 5º, I, do Código Civil".[26]

Destarte, "a utilização do Sistema Francês de Amortização, Tabela Price, para o cálculo das prestações da casa própria não é ilegal e não enseja, por si só, a incidência de juros sobre juros, sendo necessário demonstrar a existência de amortizações negativas, o que não ocorreu no caso dos autos. 2. É possível a aplicação da Taxa Referencial (TR) para correção do saldo devedor de contrato de mútuo habitacional vinculado ao Sistema Financeiro da Habitação, ainda que firmado antes da vigência da Lei 8.177/91, desde que pactuado o mesmo índice aplicável à caderneta de poupança. 3. A Segunda Seção desta Corte firmou o entendimento de que a devolução em dobro dos valores pagos pelo consumidor somente é possível quando demonstrada a má-fé do credor. 4. Agravo regimental a que se nega provimento".[27]

---

[25] "Agravo regimental em agravo em recurso especial. Sistema Financeiro de Habitação. Ação revisional. Contrato de gaveta. Ilegitimidade passiva. Revisão. Inviabilidade. Súmula nº 7/STJ. 1. Na cessão de direitos sobre imóvel financiado no âmbito do Sistema Financeiro da Habitação-FCVS, firmada após 25/10/1996, a concordância da instituição financeira é indispensável para que o cessionário adquira legitimidade ativa para ajuizar ação revisional de cláusulas contratuais. 2. Rever as conclusões do acórdão recorrido acerca da validade de documento como sendo apto a comprovar a data da cessão demandaria o reexame de matéria fático-probatória, procedimento vedado pela Súmula nº 7/STJ. 3. Agravo regimental não provido" (STJ, AgRg no AREsp 387.824/AM 2013/0285369-0, 3ª Turma, Rel. Min. Ricardo Villas Bôas Cueva, j. 21.10.2014, *DJe* 28.10.2014).

[26] STJ, REsp 1.385.998/RS 2013/0151902-8, 3ª Turma, Rel. Min. Sidnei Beneti, j. 03.04.2014, *DJe* 12.05.2014.

[27] STJ, AgRg no AREsp 621.594/PR 2014/0288176-5, 4ª Turma, Rel. Min. Raul Araújo, j. 19.03.2015, *DJe* 20.04.2015. E veja-se: "Administrativo. Sistema Financeiro de Habitação. Contrato com cobertura do FCVS. Capitalização de juros. Coeficiente de equiparação salarial. Revisão de provas e de cláusulas contratuais. Súmulas 5 e 7 do STJ. CDC. Inaplicabilidade. 1. O STJ tem reiteradamente entendido que a capitalização de juros na Tabela Price e a incidência do CES demandam reexame de provas e cláusulas contratuais, o que é vedado pelas Súmulas 5 e 7/STJ. 2. A Primeira Seção do STJ pacificou o entendimento de serem inaplicáveis as regras do Código de Defesa do Consumidor ao contrato de mútuo habitacional firmado no âmbito do Sistema Financeiro da Habitação, com cobertura do FCVS, tendo em vista que a garantia ofertada pelo Governo Federal, de quitar o saldo residual do contrato com recursos do mencionado Fundo, configura cláusula protetiva do mutuário e do SFH, fato que afasta a utilização das regras previstas no citado Código. Desta feita, não há amparo legal à pretensão da recorrente de devolução em dobro dos valores pagos a maior. 3. Agravo Regimental não provido" (STJ, AgRg no REsp 1.471.367/PR 2014/0186846-0, 2ª Turma, Rel. Min. Herman Benjamin, j. 10.02.2015, *DJe* 20.03.2015).

Alerte-se que "é lícita a desocupação do imóvel, em execução regida pela Lei nº 5.741/1971. Não enseja indenização por danos materiais a desocupação de imóvel alugado para terceiros, objeto de financiamento regido pelo SFH, com finalidade estritamente social e assistencial, cujo contrato proíbe o mutuário de dar-lhe outra destinação que não seja para sua residência própria e de seus familiares. A interrupção do contrato de locação para terceiros, no caso, não é causa de constrangimento indevido, situação vexatória ou sofrimento psíquico-emocional a ensejar indenização por danos morais, já que o mutuário assumiu os riscos da desocupação do imóvel quando inadimpliu o contrato, e sujeitou-se a uma possível rescisão contratual".[28]

Toda a estrutura normativa da Lei de Locações resta aplicável ao Sistema Financeiro da Habitação, caso, por evidente, esteja-se diante de uma *locação social* realizada, aplicando-se as estruturas normativas já investigadas anteriormente.

Assim, o que se pretendeu com a previsão foi dar ao cidadão o mais amplo e completo acesso à moradia, assim como a possibilidade de construir ou adquirir a casa própria, repercutindo de forma direta na Lei de Locações, especialmente por criar a pouco aplicada *locação social*, que merece mais atenção do poder público por ser uma tradicional política pública garantida pelo art. 6º da Constituição, direito de fundamentação de aplicabilidade plena e eficácia imediata.

Art. 87. (Vetado).

Comentários (Renato Pinheiro Jabur):

O Projeto de Lei 912, de 1991 (Projeto de Lei 52/1991, no Senado Federal), que originou a Lei do Inquilinato, foi objeto de dois vetos parciais pelo Presidente da República. Foram vetados os arts. 87 e 88, conforme a Mensagem de Veto 565/1991, publicada no *Diário Oficial da União* de 21 de outubro de 1991.

O teor do art. 87 e seu parágrafo único, ambos vetados, era o seguinte:

> "Art. 87. O Governo Federal poderá isentar do imposto de renda o lucro apurado na alienação de imóveis por pessoa física, desde que esse lucro seja aplicado na aquisição ou construção de outro imóvel residencial, no prazo de um ano, a contar da data da alienação.
>
> Parágrafo único. O disposto neste artigo estende-se aos casos em que o alienante aplique o valor do lucro imobiliário na aquisição de imóvel residencial para parente até 2º grau, desde que o donatário, na data da aquisição, não possua imóvel da mesma espécie".

Note-se que artigo com teor e propósito bastante semelhantes acabou sendo consagrado na Lei 11.196, de 21 de novembro de 2005:

> "Art. 39. Fica isento do imposto de renda o ganho auferido por pessoa física residente no País na venda de imóveis residenciais, desde que o alienante, no prazo de 180 (cento e oitenta) dias contado da celebração do contrato, aplique o produto da venda na aquisição de imóveis residenciais localizados no País.

---

[28] TRF-5, AC 422.324/SE 2006.85.00.004144-6, 3ª Turma, Rel. Des. Federal Vladimir Carvalho (Substituto), j. 11.10.2007, *DJ* 27.03.2008, p. 1.045, n. 59.

§ 1º No caso de venda de mais de 1 (um) imóvel, o prazo referido neste artigo será contado a partir da data de celebração do contrato relativo à 1ª (primeira) operação.

§ 2º A aplicação parcial do produto da venda implicará tributação do ganho proporcionalmente ao valor da parcela não aplicada.

§ 3º No caso de aquisição de mais de um imóvel, a isenção de que trata este artigo aplicar-se-á ao ganho de capital correspondente apenas à parcela empregada na aquisição de imóveis residenciais.

§ 4º A inobservância das condições estabelecidas neste artigo importará em exigência do imposto com base no ganho de capital, acrescido de:

I – juros de mora, calculados a partir do 2º (segundo) mês subsequente ao do recebimento do valor ou de parcela do valor do imóvel vendido; e

II – multa, de mora ou de ofício, calculada a partir do 2º (segundo) mês seguinte ao do recebimento do valor ou de parcela do valor do imóvel vendido, se o imposto não for pago até 30 (trinta) dias após o prazo de que trata o *caput* deste artigo.

§ 5º O contribuinte somente poderá usufruir do benefício de que trata este artigo 1 (uma) vez a cada 5 (cinco) anos".

Art. 88. (Vetado).

Comentários (Renato Pinheiro Jabur):

Como mencionado acima, nos comentários ao art. 87, houve dois vetos ao Projeto de Lei 912, de 1991, que originou a Lei do Inquilinato. Além do art. 87, foi vetado o art. 88, cujo teor era o seguinte:

> "Art. 88. O Governo Federal poderá dispor que os pagamentos efetuados a título de aluguel sejam deduzidos na declaração de imposto de renda até o seu limite máximo".

Art. 89. Esta lei entrará em vigor sessenta dias após a sua publicação.

Comentários (Tatiana Bonatti Peres):

Como regra geral, as leis entram em vigor no ordenamento jurídico brasileiro no prazo de 45 dias, conforme o art. 1º da Lei de Introdução às Normas do Direito Brasileiro (Decreto-lei 4.657, de 4 de setembro de 1942): "Salvo disposição contrária, a lei começa a vigorar em todo o país quarenta e cinco dias depois de oficialmente publicada".

No entanto, a Lei do Inquilinato, de acordo com seu art. 89, começou a vigorar 60 dias após a sua publicação no *Diário Oficial da União*, ocorrida em 21 de outubro de 1991.

Art. 90. Revogam-se as disposições em contrário, especialmente:

I – o Decreto nº 24.150, de 20 de abril de 1934;

II – a Lei nº 6.239, de 19 de setembro de 1975;

III – a Lei nº 6.649, de 16 de maio de 1979;

IV – a Lei nº 6.698, de 15 de outubro de 1979;

V – a Lei nº 7.355, de 31 de agosto de 1985;

VI – a Lei nº 7.538, de 24 de setembro de 1986;

VII – a Lei nº 7.612, de 9 de julho de 1987; e

VIII – a Lei nº 8.157, de 3 de janeiro de 1991.

Brasília, 18 de outubro de 1991; 170º da Independência e 103º da República.

Fernando Collor – *Jarbas Passarinho*

Este texto não substitui o publicado no *DOU* de 21.10.1991

Comentários (Daniel Willian Granado):

1. Revogação de dispositivos

O dispositivo em apreço cuida da revogação expressa de alguns diplomas legais que existiam quando da entrada em vigor da Lei 8.245/1991.

Nessa linha, foram revogadas, além das disposições em contrário, expressamente o Decreto 24.150/1934, que cuidava de disciplinar as condições e o processo de renovação dos contratos de locação de imóveis destinados a fins comerciais ou industriais; a Lei 6.239/1975, que disciplinava as ações de despejo de hospitais, unidades sanitárias oficiais e estabelecimentos de saúde e ensino; a Lei 6.649/1979, que cuidava da locação predial urbana; a Lei 6.698/1979, que dispunha a respeito do reajuste do aluguel nas locações residenciais; a Lei 7.355/1985, que alterou o art. 7º da Lei 6.649/1979 (antiga lei do inquilinato); a Lei 7.538/1986, que cuidava de suspender as execuções de despejo relativas a prédios urbanos residenciais e não residenciais; a Lei 7.612/1987, que tratava da suspensão das execuções de ações de despejo relativas a prédios urbanos residenciais; a Lei 8.157/1991, que veio a modificar a antiga lei de locações, relativamente às ações revisionais e reajuste de aluguéis.

BIBLIOGRAFIA

ALCURE, Fábio Neffa. *Problemas atuais das relações locatícias*: resultados alcançados através da aplicação direta e indireta das normas constitucionais. 2014. Dissertação (Mestrado em Direito) – Pontifícia Universidade Católica do Rio de Janeiro, Rio de Janeiro, 2014.

ALEXY, Robert. *Teoría de los derechos fundamentales*. Trad. Ernesto Garzón Valdés. Madrid: Centro de Estudios Políticos y Constitucionales, 2001.

ALVES, Ricardo Luiz. O direito de preferência do locatário na Lei do Inquilinato. *Informativo jurídico Consulex*, Brasília: Consulex, vol. 16, n. 19, maio 2002.

ALVIM, Arruda. *Manual de direito processual civil*: segunda parte. 16. ed. rev., atual. e ampl. São Paulo: RT – Thomson Reuters, 2013.

ALVIM, Arruda; ALVIM, Thereza (coords.). *Comentários ao Código Civil brasileiro*: do direito das obrigações, comentário ao art. 233. Rio de Janeiro: Forense, 2003.

ALVIM NETTO, José Manoel de Arruda. *Manual de direito processual civil*: parte geral. 6. ed. rev. e atual. São Paulo: RT, 1997. vol. 1.

AMARAL, Francisco. *Direito civil*: introdução. 5. ed. Rio de Janeiro: Renovar, 2003.

AMORIM, José Roberto Neves. Revisional e renovatória de locação. *In*: CASCONI, Francisco Antonio; AMORIM, José Roberto Neves (coords.). *Locações*: aspectos relevantes. São Paulo: Método, 2004.

ANDRADE, Manuel Augusto Domingues de. *Teoria geral da relação jurídica*. Coimbra: Almedina, 1972. vol. 2.

ASSIS, Araken de. *Locação e despejo*. Porto Alegre: Sergio Antonio Fabris Editor, 1992.

ASSIS, Araken de. *Resolução do contrato por inadimplemento*. 3. ed. rev. e atual. São Paulo: RT, 1999.

AZEVEDO, Álvaro Villaça. Das várias espécies de contrato. *In*: TEIXEIRA, Sálvio de Figueiredo (coord.). *Comentários ao novo Código Civil*. Rio de Janeiro: Forense, 2005. vol. 7.

AZEVEDO, Álvaro Villaça; TUCCI, Rogério Lauria. Lei do Inquilinato. Exercício do direito de preferência e de apuração de perdas e danos, em virtude de preterição. *Revista dos Tribunais*, São Paulo: RT, vol. 547, maio 1981.

AZEVEDO, Gilmar Alves. *Lei do Inquilinato comentada*. Publicação independente, 2002.

AZEVEDO JR., José Osório de. *Direitos imobiliários da população urbana de baixa renda*. São Paulo: Sarandi, 2011.

BAPTISTA, Luiz Olavo. *Contratos internacionais*. São Paulo: LexMagister, 2011.

BAPTISTA, Mario Neves. *O pacto de preempção e o terceiro adquirente de má-fé*: conceito, história e efeitos do pacto de preempção. Recife: Imprensa Industrial, 1948.

BARATA, Carlos Lacerda. *Da obrigação de preferência*: contributo para o estudo do artigo 416º do Código Civil. Coimbra: Coimbra Ed., 2002.

BARROS, Francisco Carlos Rocha de. *Comentários à Lei do Inquilinato*. 2. ed. rev. e atual. São Paulo: Saraiva, 1997.

BEDAQUE, José Roberto dos Santos. *In*: WAMBIER, Teresa Arruda Alvim et al. (coord.). *Breves comentários ao Novo Código de Processo Civil*. São Paulo: RT, 2015.

BENEMOND, Fernanda Henneberg. *Contratos* built to suit. 2. ed. São Paulo: Almedina, 2015.

BEVILÁQUA, Clóvis. *Código Civil dos Estados Unidos do Brasil comentado*. Rio de Janeiro: Ed. Rio, 1958. vol. 4.

BUSSADA, Wilson. *Direito de preferência interpretado pelos tribunais*. São Paulo: Hemus, 1993.

CAHALI, Yussef Said. *Prescrição e decadência*. São Paulo: RT, 2012.

CAMBLER, Everaldo Augusto. *As obrigações divisíveis e indivisíveis e o novo Código Civil*. *In*: ALVIM, Arruda; CÉSAR, Joaquim Portes de Cerqueira; ROSAS, Roberto (coords.). *Aspectos controvertidos do novo Código Civil*: escritos em homenagem ao Ministro José Carlos Moreira Alves. São Paulo: RT, 2003.

CAMBLER, Everaldo Augusto (coord.). *Curso avançado de direito civil*: direito das obrigações. São Paulo: RT, 2001. vol. 2.

CAMBLER, Everaldo Augusto. *Responsabilidade civil na incorporação imobiliária*. 2. ed. rev., atual. e ampl. São Paulo: RT – Thomson Reuters, 2014.

CAMPINHO, Sérgio. Regime jurídico do contrato. O contrato de locação na falência. Direito de preferência do locatário do falido. A falência e o princípio da "venda (não) rompe a locação". *Revista Semestral de Direito Empresarial*, Rio de Janeiro: Renovar, vol. 2, jan.-jun. 2008.

CANOTILHO, J. J. Gomes; MENDES, Gilmar F.; SARLET, Ingo W.; STRECK, Lênio L. (coords.). *Comentários à Constituição do Brasil*. São Paulo: Saraiva/Almedina, 2013.

CARNEIRO, Waldir de Arruda Miranda. *Anotações à Lei do Inquilinato*. São Paulo: RT, 2000.

CARVALHO FILHO, Milton Paulo de. *In*: PELUSO, Cezar (coord.). *Código Civil comentado*: doutrina e jurisprudência. 3. ed. rev. e atual. Barueri: Manole, 2009.

CARVALHOSA, Modesto. *Comentários à Lei de Sociedades Anônimas*: artigos 75 a 137. 6. ed. rev. e atual. São Paulo: Saraiva, 2014. 2º vol.

CASSAROTTE, Marijane Fernanda. O direito de preferência e suas peculiaridades. *Revista Síntese de Direito Imobiliário*, São Paulo: IOB, vol. 21, maio-jun. 2014.

CATALAN, Marcos. Do pacto de preferência no contrato de compra e venda: direito pessoal ou obrigação com eficácia real? *Revista Jurídica Empresarial*, Porto Alegre: Notadez, vol. 5, nov.-dez. 2008.

CENEVIVA, Walter. *Lei dos Registros Públicos comentada*. Edição atualizada de acordo com o novo Código Civil, o Estatuto da Cidade e as normas sobre o Patrimônio de Afetação. São Paulo: Saraiva, 2002.

CENEVIVA, Walter. *Lei dos Registros Públicos comentada*. 20. ed. São Paulo: Saraiva, 2011.

CHALHUB, Melhim Namem. *Direitos reais*. 2. ed. rev., atual. e ampl. São Paulo: RT, 2014.

CHICUTA, Kioitsi. A locação de imóveis e o sistema registrário. *Doutrinas Essenciais de Direito Registral*, São Paulo: RT, vol. 5, dez. 2011.

CHICUTA, Kioitsi. Locação de imóveis e o sistema registrário. *Revista de Direito Imobiliário*, São Paulo: RT, vol. 37, jan.-abr. 1996.

CHINELATO, Silmara Juny. *Comentários ao Código Civil*. Coord. Antônio Junqueira de Azevedo. São Paulo: Saraiva, 2004. vol. 18.

CINTRA, Antonio Carlos de Araujo; GRINOVER, Ada Pellegrini; DINAMARCO, Cândido Rangel. *Teoria geral do processo*. 12. ed. São Paulo: Malheiros, 1996.

CIRILLO, Luis Fernando. Principais aspectos jurídicos das ações revisional, consignatória de alugueres e acessórios e renovatória de contrato de locação imobiliária urbana. *In*: GUERRA, Alexandre; BENACCHIO, Marcelo (coord.). *Direito imobiliário brasileiro*. São Paulo: Quartier Latin, 2011.

COELHO, Fábio Ulhoa. *Curso de direito comercial*: direito de empresa. 13. ed. São Paulo: Saraiva, 2009. vol. 1.

COELHO, Fábio Ulhoa. *Curso de direito comercial.* 9. ed. de acordo com a nova Lei de Falências. São Paulo: Saraiva, 2006. vol. 2.

COELHO, José Fernando Lutz. *Locação*: questões atuais e polêmicas. Curitiba: Juruá, 2005.

COMPARATO, Fábio Konder. Exclusão de sócio, independentemente de específica previsão legal ou contratual. *Ensaios e pareceres de direito empresarial*. Rio de Janeiro: Forense, 1978.

COMPARATO, Fábio Konder. Função social da propriedade dos bens de produção. *Revista de Direito Mercantil, Industrial, Econômico e Financeiro*, São Paulo: Malheiros, n. 63, jul.-set. 1986.

COMPORTI, Marco. *Contributo allo studio del diritto reale*. Milão: Giuffrè, 1977.

CORDEIRO, António Menezes. *Direito das obrigações*. Lisboa: Associação Académica da Faculdade de Direito de Lisboa, 1980. vol. 1.

CORDEIRO, António Menezes. *Tratado de direito civil português*: direito das obrigações – contratos, negócios unilaterais. Coimbra: Almedina, 2010. vol. 2, t. II.

COSTA, Carlos Celso Orcesi. *Locação de imóvel urbano*. São Paulo: Saraiva, 1992.

COSTA, Mário Júlio de Almeida. *Direito das obrigações*. 12. ed. Coimbra: Almedina, 2009.

COSTA, Mário Júlio de Almeida. *O depósito do preço na acção de preferência*: separata da revista de legislação e de jurisprudência. Coimbra: Coimbra Ed., 1997.

CRAMER, Ronaldo. Comentário ao art. 1.046. *Breves comentários ao novo Código de Processo Civil*. São Paulo: RT, 2015.

CRETELLA NETO, José. *Contratos internacionais* – cláusulas típicas. Campinas: Millenium, 2011.

DIAS, Maria Berenice. *Manual de direito das famílias*. 5. ed. rev., atual. e ampl. São Paulo: RT, 2009.

DIDIER JR., Fredie. *Curso de direito processual civil*. 17. ed. Salvador: JusPodivm, 2015.

DÍEZ-PICAZO, Luis; GULLÓN, Antonio. *Sistema de derecho civil*. Madrid: Tecnos, 2013. vol. I.

DINAMARCO, Cândido Rangel. *Instituições de direito processual civil*. São Paulo: Malheiros, 2001. vol. 3.

DINIZ, Maria Helena. *Curso de direito civil brasileiro*: teoria geral do direito civil. 24. ed. São Paulo: Saraiva, 2007. vol. 1.

DINIZ, Maria Helena. *Curso de direito civil brasileiro*: teoria geral do direito civil. 32. ed. São Paulo: Saraiva, 2015.

DINIZ, Maria Helena. *Lei de Locações de Imóveis comentada*. 10. ed. rev. e atual. São Paulo: Saraiva, 2009.

DINIZ, Maria Helena. *Lei de Locações de Imóveis Urbanos comentada*. São Paulo: Saraiva, 1992.

DINIZ, Maria Helena. *Lei de Locações de Imóveis Urbanos comentada*. 12. ed. São Paulo: Saraiva, 2012.

DINIZ, Maria Helena. *Lei de Locações de Imóveis Urbanos comentada*. 13. ed. rev. e atual. São Paulo: Saraiva, 2014.

DINIZ, Maria Helena. *Sistemas de registros de imóveis*. São Paulo: Saraiva, 2000.

DINIZ, Maria Helena. *Tratado teórico e prático dos contratos*. 3. ed. São Paulo: Saraiva, 1999. vol. 2.

FARIA, Cristiano Chaves de; ROSENVALD, Nelson. *Direito das famílias*. Rio de Janeiro: Lumen Juris, 2008.

FARIAS, Cristiano Chaves de; ROSENVALD, Nelson. *Curso de Direito Civil*. 9. ed. Salvador: JusPodivm, 2013, vol. 5.

FEDERIGHI, Wanderley José. Direito de preferência e locação. *Revista de Direito Privado*, São Paulo: RT, vol. 7, jul.-set. 2001.

FERNANDES, Luís A. Carvalho. *Simulação e tutela de terceiros*. Lisboa: Associação Acadêmica da Faculdade de Direito de Lisboa, 1988.

FERREIRA, William Santos. *In*: WAMBIER, Teresa Arruda Alvim et al. (coord.). *Breves comentários ao Novo Código de Processo Civil*. São Paulo: RT, 2015.

FIGUEIREDO, Flavio Fernando de; GRAVA, J. William. A economia dos empreendimentos built-to-suit. *In*: CONGRESSO BRASILEIRO DE ENGENHARIA DE AVALIAÇÕES E PERÍCIAS – COBREAP, 14., Ibape. Anais [...] Ibape/BA: MRCL, 2007. Disponível em: <http://www.mrcl.com.br/xivcobreap/tt39.pdf>. Acesso em: 8 ago. 2015.

FIGUEIREDO, Gabriel Seijo Leal de. *Contrato de fiança*. São Paulo: Saraiva, 2010.

FIGUEIREDO, Luiz Augusto Haddad. *Built to suit*. *Revista de Direito Imobiliário*, São Paulo: RT, vol. 72, jan.-jun. 2012.

FRANCO, J. Nascimento; GONDO, Nisske. *Ação renovatória e ação revisional de aluguel*. São Paulo: Sugestões Literárias, 1968.

FRANCO, J. Nascimento; GONDO, Nisske. *Incorporações imobiliárias*. São Paulo: RT, 1984.

FRANCO, Vera Helena de Mello. *Manual de direito comercial:* o empresário e seus auxiliares, o estabelecimento empresarial, as sociedades. 2. ed. rev., atual. e ampl. São Paulo: RT, 2004. vol. 1.

GAGLIANO, Pablo Stolze; PAMPLONA FILHO, Rodolfo. *Novo curso de direito civil:* parte geral. 8. ed. rev., atual. e reform. São Paulo: Saraiva, 2006. vol. 1.

GASPARETTO, Rodrigo Ruete. *Contratos* built to suit. 4. ed. São Paulo: Scortecci, 2011.

GITMAN, Lawrence J.; MADURA, Jeff. *Administração financeira:* uma abordagem gerencial. São Paulo: Addison Wesley, 2003.

GODOY, Claudio Luiz Bueno de. *Código civil comentado:* doutrina e jurisprudência. Coord. Cezar Peluso. 3. ed. rev. e atual. Barueri: Manole, 2009.

GOMES, Orlando. *Contratos*. 26. ed. atual. por Antônio Junqueira de Azevedo e Francisco Paulo de Crescenzo Marino. Rio de Janeiro: Forense, 2009.

GOMES, Orlando. *Direitos reais*. 8. ed. Rio de Janeiro: Forense, 1983.

GOMES, Orlando. *Direitos reais*. 18. ed. atual. por Humberto Theodoro Júnior. Rio de Janeiro: Forense, 2002.

GOMES, Orlando. *Introdução ao Direito Civil*. 18. ed. Rio de Janeiro: Forense, 2001.

GONÇALVES, Carlos Roberto. *Direito Civil brasileiro*. 7. ed. São Paulo: Saraiva, 2010. vol. 2.

GONÇALVES, Carlos Roberto. *Direito civil brasileiro –* contratos e atos unilaterais. 12. ed. São Paulo: Saraiva, 2015. vol. 3.

GUEDES, Agostinho Cardoso. *O exercício do direito de preferência*. Porto: Coimbra Ed., 2006.

GUEDES, Gisela Sampaio da Cruz. *Lucros cessantes*: do bom senso ao postulado normativo da razoabilidade. São Paulo: RT, 2011.

HANADA, Fábio; HANADA, Andréa Ranieri. *A Lei do Inquilinato sob a ótica da doutrina e da jurisprudência*. São Paulo: LEUD, 2010.

JORGE, Flávio Cheim. *Teoria geral dos recursos cíveis*. 7. ed. São Paulo: RT, 2015.

KATAOKA, Eduardo Takemi. Contornos dogmáticos do direito de superfície no Brasil. *In*: TEPEDINO, Gustavo; FACHIN, Luiz Edson (coord.). *O direito e o tempo*: embates jurídicos e utopias contemporâneas. Estudos em homenagem ao professor Ricardo Pereira Lira. Rio de Janeiro: Renovar, 2008.

LACERDA, Galeno. *O novo direito processual civil e os feitos pendentes*. Rio de Janeiro: Forense, 1974.

LEITÃO, Helder Martins. *Da acção de preferência*. 7. ed. Coimbra: Almeida & Leitão Ltda., 2009.

LEITÃO, Luís Manuel Teles de Menezes. *Direito das obrigações*: introdução, da constituição das obrigações. 4. ed. Coimbra: Almedina, 2005. vol. 1.

LEVENHAGEN, Carlos Augusto de Barros. *Lei do Inquilinato:* Lei 8.245, de 18-10-1991: comentários, prática. 2. ed. São Paulo: Atlas, 1996.

LGOW, Carla Wainer Chalréo. *Direito de preferência*. São Paulo: Atlas, 2013.

LÔBO, Paulo Luiz Netto. *Direito civil*: famílias. São Paulo: Saraiva, 2008.

LÔBO, Paulo Luiz Netto. Parte especial: das várias espécies de contratos. *In*: AZEVEDO, Antônio Junqueira de (coord.). *Comentários ao Código Civil*. São Paulo: Saraiva, 2003. vol. 6.

LOPES, Miguel Maria de Serpa. *Curso de direito civil*. 4. ed. Rio de Janeiro: Freitas Bastos, 1993. vol. 4.

LOUREIRO, Francisco Eduardo. *In*: PELUSO, Cezar (coord.). *Código Civil comentado*: doutrina e jurisprudência: Lei nº 10.406, de 10.01.2002. 8. ed. rev. e atual. Barueri: Manole, 2014.

LOUREIRO, José Pinto. *Manual dos direitos de preferência*. Coimbra: Livraria Gonçalves, 1944. vol. 1.

LOUREIRO, José Pinto. *Manual dos direitos de preferência*. Coimbra: Livraria Gonçalves, 1945. vol. 2.

LUZ, Aramy Dornelles da. *A nova Lei do Inquilinato na prática*. São Paulo: RT, 1992.

LUZ, Valdemar P. da. Direito de preferência. *Revista dos Tribunais*, São Paulo: RT, vol. 752, jun. 1998.

MARCELINO, Américo Joaquim. *Da preferência*: estudos, notas da doutrina e jurisprudência e legislação mais comum. 3. ed. Coimbra: Coimbra Ed., 2007.

MARTINEZ, Pedro Romano. *Direito das obrigações* (apontamentos). Lisboa: Associação Académica da Faculdade de Direito de Lisboa, 2003.

MARTINS-COSTA, Judith. *A boa-fé no direito privado*: sistema e tópica no processo obrigacional. São Paulo: RT, 1999.

MESQUITA, Manuel Henrique. *Obrigações reais e ónus reais*. Coimbra: Almedina, 1997.

MEZZARI, Mario Pazutti. *Caução de imóveis*. 17 ago. 2008. Disponível em: <http://arisp.wordpress.com/2008/08/17/caucao-de-imoveis/>. Acesso em: 29 maio 2012.

MONTEIRO, Franklin Delano do Rego. *A nova Lei do Inquilinato*. Rio de Janeiro: Forense, 1996.

MONTEIRO, Washington de Barros. *Curso de direito civil* – direito das sucessões. 38. ed. São Paulo: Saraiva, 2011. vol. 6.

MOORE, Marie A. Avoiding the 'Gotcha' – Build to suit construction issues. *Retail Law Strategist*, vol. 8, n. 5, maio 2008. Disponível em: <http://www.shergarner.com/Publications/Avoiding-the-Gotcha.pdf>. Acesso em: 11 ago. 2015.

MORAES, Maria Celina Bodin de. *In*: BITTAR, Carlos Alberto (org.). *A Lei do Inquilinato anotada e comentada*. 2. ed. Rio de Janeiro: Forense Universitária, 1995.

MOREIRA, Pery. *Lei do Inquilinato comentada* – atualizada e conforme o novo Código Civil. São Paulo: Memória Jurídica, 2003.

NANNI, Giovanni Ettore. O negócio de acertamento como espécie de negócio jurídico. *Letrado*, IASP, vol. 96, set.-out. 2011.

NEGRÃO, Theotonio. *Código de Processo Civil e legislação processual em vigor*. 42. ed. São Paulo: Saraiva, 2010.

NEGRÃO, Theotonio et al. *Código de Processo Civil e legislação processual em vigor*. 44. ed. São Paulo: Saraiva, 2012.

NERY JUNIOR, Nelson. *Soluções práticas de direito* – direito privado: teoria geral: direito das obrigações: contratos. São Paulo: RT, 2010. vol. II.

NERY JUNIOR, Nelson; SANTOS, Thiago Rodovalho dos. Renegociação contratual. *Separata da Revista dos Tribunais*, São Paulo: RT, ano 100, vol. 906, 2011.

NOGUEIRA, Pedro Henrique. *In*: WAMBIER, Teresa Arruda Alvim et al. (coord.). *Breves comentários ao Novo Código de Processo Civil*. São Paulo: RT, 2015.

NONATO, Orozimbo. *Curso de obrigações (generalidades – espécies)*. Rio de Janeiro: Forense, 1959. vol. I.

OLIVEIRA, Euclides de. *União estável*: do concubinato ao casamento. 6. ed. atual. e ampl. São Paulo: Método, 2003.

OLIVEIRA, Juarez de (coord.). *Comentários à Lei de Locação de Imóveis Urbanos:* Lei n. 8.245/91, de 18 de outubro de 1991. São Paulo: Saraiva, 1992.

OLIVEIRA, Lauro Laertes de. *Da fiança.* São Paulo: Saraiva, 1981.

PACHECO, José da Silva. Manual do Inquilinato. In: FERREIRA, Pinto. *A legislação do inquilinato e a locação mista.* São Paulo: RT, 1970.

PACHECO, José da Silva. *Tratado das locações, ações de despejo e outras.* São Paulo: RT, 2000.

PAIVA, Alfredo de Almeida. *Aspectos do contrato de empreitada.* 2. ed. Rio de Janeiro: Forense, 1997.

PASQUALOTTO, Adalberto. *Contratos nominados III.* Coord. Miguel Reale e Judith Martins-Costa. São Paulo: RT, 2008.

PEDROTTI, Irineu; PEDROTTI, William. *Comentários à Lei de Locação.* São Paulo: Método, 2005.

PELUSO, Cezar (coord.). *Código Civil comentado* – doutrina e jurisprudência. 7. ed. Barueri: Manole, 2013.

PEREIRA, Caio Mário da Silva. *Instituições de direito civil.* 20. ed. atual. por Maria Celina Bodin de Moraes. Rio de Janeiro: Forense, 2004. vol. 1.

PEREIRA, Caio Mário da Silva. *Instituições de direito civil* – contratos. Declaração unilateral de vontade. Responsabilidade civil. 12. ed. Rio de Janeiro: Forense, 2005. vol. III.

PEREIRA, Cesar A. Guimarães. Arbitrabilidade. *Manual de arbitragem para advogados.* Confederação das Associações Comerciais e Empresariais do Brasil, 2015.

PERES, Tatiana Bonatti. *Direito agrário:* direito de preferência legal e convencional. São Paulo: Almedina, 2016.

PERES, Tatiana Bonatti. Locação empresarial: a cláusula de vigência e os princípios contratuais atuais. In: PERES, Tatiana Bonatti (org.). *Temas relevantes de direito empresarial.* Rio de Janeiro: Lumen Juris, 2014.

PERES, Tatiana Bonatti. *Temas de direito imobiliário e responsabilidade civil.* Rio de Janeiro: Lumen Juris, 2012.

PERES, Tatiana Bonatti. *Temas relevantes de direito empresarial.* Rio de Janeiro: Lumen Juris, 2014.

PERES, Tatiana Bonatti. *Temas relevantes de direito imobiliário e responsabilidade civil.* 2. ed. Rio de Janeiro: Lumen Juris, 2015.

PINHEIRO, Rosalice Fidalgo; ISAGUIRRE, Katya. O direito à moradia e o STF: um estudo de caso acerca da impenhorabilidade do bem de família do fiador. *In*: TEPEDINO, Gustavo; FACHIN, Luiz Edson (orgs.). *Diálogos sobre Direito Civil*. Rio de Janeiro: Renovar, 2008. vol. 2.

PINTO, José Guy de Carvalho. *Locação e ações locativas*. São Paulo: Saraiva, 1997.

POLIDO, Walter Antonio. *Contrato de seguro*: novos paradigmas. São Paulo: Roncarati, 2010.

PONTES DE MIRANDA, Francisco Cavalcanti. *Tratado de direito privado*. 3. ed. reimpr. Rio de Janeiro: Borsoi, 1971.

PONTES DE MIRANDA, Francisco Cavalcanti. *Tratado de direito privado*. T. 44, 3. ed. 2. reimp. Rio de Janeiro: Borsoi, 1972.

PONTES DE MIRANDA, Francisco Cavalcanti. *Comentários ao Código de Processo Civil*. 2. ed. Rio de Janeiro: Forense, 1959. t. 5.

PONTES DE MIRANDA, Francisco Cavalcanti. *Comentários ao Código de Processo Civil* – arts. 1º a 45. Rio de Janeiro: Forense, 1996. t. I.

PONTES DE MIRANDA, Francisco Cavalcanti. *Tratado de direito privado*. 3. ed. São Paulo: RT, 1984. vol. 40.

PONTES DE MIRANDA, Francisco Cavalcanti. *Tratado de direito privado*. 3. ed. 2. reimp. São Paulo: RT, 1984. t. 22.

PONTES DE MIRANDA, Francisco Cavalcanti. *Tratado de direito privado*. Atual. por Vilson Rodrigues Alves. Campinas: Bookseller, 2005. t. XXXIX.

PONTES DE MIRANDA, Francisco Cavalcanti. *Tratado de direito privado*. Atual. por Vilson Rodrigues Alves. Campinas: Bookseller, 2005. t. XL.

POPP, Carlyle. Do direito de preferência na Lei do Inquilinato em vigor. *Jurisprudência Brasileira*, Curitiba: Juruá, vol. 176, dez. 1995.

PRATA, Ana Maria Correia Rodrigues. *O contrato-promessa e o seu regime civil*. Coimbra: Almedina, 1999.

REIS, Adriana Marchesini dos. Contrato de seguro. *In*: PERES, Tatiana Bonatti (org.). *Temas relevantes de direito empresarial*. Rio de Janeiro: Lumen Juris, 2014.

RESTIFFE NETO, Paulo; RESTIFFE, Paulo Sérgio. *Locação*: questões processuais. 4. ed. São Paulo: RT, 2000.

RESTIFFE NETO, Paulo; RESTIFFE, Paulo Sérgio. *Locação*: questões processuais e substanciais. 5. ed. São Paulo: Malheiros, 2009.

RODRIGUES JUNIOR, Otavio Luiz. *Compra e venda, troca, contrato estimatório*. In: AZEVEDO, Álvaro Villaça (coord.). *Código Civil comentado*. São Paulo: Atlas, 2008. vol. 6, t. I.

SANTOS, Gildo dos. *Locação e despejo* – comentários à Lei 8.145/91. 5. ed. São Paulo: RT, 2004.

SANTOS, Gildo dos. *Locação e despejo* – comentários à Lei 8.245/91. 6. ed. São Paulo: RT, 2010.

SANTOS, Gildo dos. *Locação e despejo*. 7. ed. rev., ampl. e atual. São Paulo: RT, 2011.

SANTOS, Gildo dos. *Locação e Despejo*: comentários à Lei 8.245/91. 7. ed. São Paulo: RT, 2013.

SANTOS, J. M. Carvalho. *Código Civil brasileiro interpretado*. 2. ed. Rio de Janeiro: Freitas Bastos, 1938, vol. 19.

SCAVONE JUNIOR, Luiz Antonio. *A caução na locação de imóveis urbanos*. Disponível em: <http://www.scavone.adv.br/index.php?a-caucao-na-locacao-de-imoveis-urbanos>. Acesso em: 29 maio 2012.

SCAVONE JUNIOR, Luiz Antonio. *Direito imobiliário* – teoria e prática. 7. ed. Rio de Janeiro: Forense, 2014.

SCAVONE JUNIOR, Luiz Antonio. *Reforma da Lei do Inquilinato*. São Paulo: RT, 2009.

SEGALLA, Alessandro. *Contrato de fiança*. São Paulo: Atlas, 2013.

SEGALLA, Alessandro. *Legitimação extraordinária e relações de locação*. Disponível em: <http://www.tex.pro.br/>. Acesso em: 24 ago. 2009.

SERRA, Adriano Paes da Silva Vaz. Anotação ao acórdão do STJ de 6 de março de 1979. *Revista de Legislação e Jurisprudência*, Coimbra: Coimbra Ed., ano 112, vol. 3.649, dez. 1979.

SILVA, Regina Beatriz Tavares da (org.). *Código Civil comentado*. 8. ed. São Paulo: Saraiva, 2012.

SIMÃO, José Fernando. *Crônica de uma morte anunciada*: a fiança locatícia. Disponível em: <http://www.flaviotartuce.adv.br/secoes/verartigoc.asp?art=162>. Acesso em: 17 ago. 2009.

SLAIBI FILHO, Nagib. *Comentários à nova Lei do Inquilinato*. 9. ed. Rio de Janeiro: Forense, 1996.

SLAIBI FILHO, Nagib; SÁ, Romar Navarro de. *Comentários à Lei do Inquilinato*. 10. ed. Rio de Janeiro: Forense, 2010.

SOUZA, Selma Maria Marques de. *A responsabilidade civil no contrato de empreitada e o cumprimento imperfeito*. Belo Horizonte: D'Placido, 2014.

SOUZA, Sylvio Capanema de. *A Lei do Inquilinato comentada*. 5. ed. Rio de Janeiro: GZ, 2009.

SOUZA, Sylvio Capanema de. *A Lei do Inquilinato comentada*. 6. ed. Rio de Janeiro: GZ, 2010.

SOUZA, Sylvio Capanema de. *A Lei do Inquilinato comentada*. 7. ed. Rio de Janeiro: GZ, 2012.

SOUZA, Sylvio Capanema de. *A Lei do Inquilinato comentada*. 9. ed. Rio de Janeiro: Forense, 2014.

SOUZA, Sylvio Capanema de. *A Lei do Inquilinato comentada artigo por artigo*. 8. ed. Rio de Janeiro: Forense, 2012.

SOUZA, Sylvio Capanema de. *A Lei do Inquilinato comentada artigo por artigo*. 11. ed. Rio de Janeiro: Forense, 2019.

SOUZA, Sylvio Capanema de. A locação do imóvel urbano e seus novos modelos. *Revista da EMERJ*, vol. 13, n. 50, 2010.

SOUZA, Sylvio Capanema de. *Da locação do imóvel urbano*. Rio de Janeiro: Forense, 2002.

SWENSSON, Walter Cruz. Preferência do inquilino para a aquisição do imóvel locado – natureza do direito instituído pela lei do inquilinato. *Revista de Direito Civil, Imobiliário, Agrário e Empresarial*, São Paulo: RT, vol. 11, jan.-mar. 1980.

TARCHA, Jorge. *Curso de direito imobiliário*. São Paulo: FMU, 1995.

TELLES, Inocêncio Galvão. *Direito das obrigações*. 7. ed. Coimbra: Coimbra Ed., 1997. vol. 1.

TEPEDINO, Gustavo. Direito das coisas. *In*: AZEVEDO, Antônio Junqueira de (coord.). *Comentários ao Código Civil*. São Paulo: Saraiva, 2011. vol. 14.

TEPEDINO, Gustavo; BARBOZA, Heloisa Helena; MORAES, Maria Celina Bodin de (coord.). *Código Civil interpretado conforme a Constituição da República*. Rio de Janeiro: Renovar, 2006. vol. 2.

THEODORO JÚNIOR, Humberto. *Inovações na Lei do Inquilinato*: visão esquemática das alterações provocadas pela Lei nº 12.112, de 09.12.2009. Rio de Janeiro: GZ, 2010.

THEODORO JÚNIOR, Humberto. Negócio jurídico. Existência. Validade. Eficácia. Vícios. Fraude. Lesão. *Revista dos Tribunais*, São Paulo: RT, vol. 780, out. 2000.

TOSTA, Jorge; BENACCHIO, Marcelo. *In*: TOLEDO, Armando Sérgio Prado (coord.). *Negócio jurídico*. São Paulo: Quartier Latin, 2013.

TWORKOWSKI, Carlos Alberto. A averbação e o registro dos contratos de locação no Registro de Imóveis: repercussões legais. *Revista de Direito Imobiliário*, São Paulo: RT, vol. 62, jan.-jun. 2007.

VENOSA, Sílvio de Salvo. *Direito civil*: contratos em espécie. 5. ed. São Paulo: Atlas, 2005. vol. 3.

VENOSA, Sílvio de Salvo. *Direito civil*: teoria geral das obrigações e teoria geral dos contratos. 5. ed. São Paulo: Atlas, 2005. vol. 2.

VENOSA, Sílvio de Salvo. *Lei do Inquilinato comentada*. São Paulo: Atlas, 1997.

VENOSA, Sílvio de Salvo. *Lei do Inquilinato comentada*. 5. ed. São Paulo: Atlas, 2011.

VENOSA, Sílvio de Salvo. *Lei do Inquilinato comentada*. 8. ed. São Paulo: Atlas, 2005.

VENOSA, Sílvio de Salvo. *Lei do Inquilinato comentada*. 13. ed. São Paulo: Atlas, 2014.

VENOSA, Sílvio de Salvo. *Lei do Inquilinato comentada:* doutrina e prática: Lei n. 8.245, de 18-10-1991. 8. ed., 3. reimp. São Paulo: Atlas, 2006.

VENOSA, Sílvio de Salvo. *Lei do Inquilinato comentada* – doutrina e prática. São Paulo: Atlas, 2010.

VENOSA, Sílvio de Salvo. *Lei do Inquilinato comentada* – doutrina e prática. 12. ed. São Paulo: Atlas, 2013.

VIANA, Marco Aurélio S. *Comentários ao Novo Código Civil*: dos direitos reais. arts. 1.225 a 1.510. 2. ed. São Paulo: Forense, 2004. Vol. 17.

VIANA, Marco Aurélio S. Dos direitos reais. *In*: TEIXEIRA, Sálvio de Figueiredo (coord.). *Comentários ao novo Código Civil*. 3. ed. Rio de Janeiro: Forense, 2007. vol. 16.

WAISBERG, Ivo; GORNATI, Gilberto. *Direito bancário:* contratos e operações bancárias. São Paulo: Quartier Latin, 2012.

WAMBIER, Teresa Arruda Alvim et al. (coords.). *Breves comentários ao Novo Código de Processo Civil*. São Paulo: RT, 2015.

ZANCHIM, Kleber Luiz. *Contratos empresariais.* Categoria – interface com contratos de consumo e paritários – revisão judicial. São Paulo: Quartier Latin, 2012.